AF191859

**FSC**
www.fsc.org

MIX

Papier aus ver-
antwortungsvollen
Quellen
Paper from
responsible sources

FSC® C105338

# Seneca

# Briefe an Lucilius

## die Sitten betreffend

in deutscher Übersetzung von

Michael Weischede

Verlag: BoD · Books on Demand GmbH, In de Tarpen 42,
22848 Norderstedt
Druck: Libri Plureos GmbH, Friedensallee 273, 22763 Hamburg

**ISBN 978-3-7693-1645-2**

**© 2024 Michael Weischede**

Das Werk einschließlich aller seiner Teile ist urheberrechtlich geschützt.
Alle Rechte bleiben vorbehalten.

Bibliografische Information der Deutschen Nationalbibliothek

Die Deutsche Nationalbibliothek verzeichnet diese Publikation in der
Deutschen Nationalbibliografie; detaillierte bibliografische Daten sind im
Internet über http://dnb.dnb.de abrufbar.

# Vorwort

Senecas Briefe an seinen Freund Lucilius gehören zu den wenigen Texten der lateinischen Literatur, die auch nach dem Zusammenbruch des Römischen Reiches nicht in Vergessenheit gerieten. Während die meisten Publikationen der Antike erst in der Renaissance „wiedergeboren" wurden, stießen die Epistulae morales ad Lucilium bis in unsere Zeit hinein durchgängig auf eine interessierte Leserschaft. Dieses Buch enthält sämtliche 124 Briefe, die der römische Politiker und Philosoph in den 60er-Jahren des ersten Jahrhunderts n.Chr. an seinen Freund geschrieben hat, in deutscher Übersetzung. Damit diese hinsichtlich Grammatik und Vokabular auch für Schüler nachvollziehbar bleibt, bemüht sie sich, soweit es die deutsche Sprache zulässt, um Nähe zum lateinischen Original.

Dortmund im November 2024

# Buch 1 – Brief 1

Seneca grüßt seinen Lucilius,

(1) Mache es so, mein Lucilius: schütze dich vor dir selbst und sammle und bewahre daher die Zeit, die bisher entweder in Anspruch genommen wurde, [oder] gestohlen wurde oder verloren ging. Überzeuge dich, dass es so ist, wie ich schreibe: einige Zeiten werden uns geraubt, einige heimlich weggenommen, einige entgleiten den Händen. Der schmählichste Verlust ist jedoch einer, der durch Nachlässigkeit entsteht. Und sofern du es beachten willst: ein großer Teil des Lebens entgleitet denjenigen, die schlecht handeln, ein sehr großer denjenigen, die nichts tun, das gesamte Leben denjenigen, die Nebensächliches betreiben.

(2) Wen wirst du mir benennen, der den ungefähren Preis der Zeit bestimmen kann, der den Tag würdigen kann, der verstehen kann, dass er täglich stirbt. In dieser Sache nämlich werden wir getäuscht, dass wir den Tod in der Ferne erblicken: ein großer Teil von ihm verstreicht eben jetzt; der Tod umfasst alles, was an Lebenszeit zurückliegt. Mache es also, mein Lucilius, wie du schreibst, dass du es machst: alle Stunden zu pflegen. Auf diese Weise wird es geschehen, dass du weniger vom folgenden Tag abhängig bist, wenn du vom heutigen Besitz ergreifst. Während es aufgeschoben wird, eilt das Leben vorbei.

(3) Alles sind fremde Güter, Lucilius, nur die Zeit gehört uns. Die Natur hat uns in den Besitz dieser einen vergänglichen und flüchtigen Sache gebracht, aus der [uns] vertreibt, wer immer will. Und eine so große Dummheit besitzen die Sterblichen, dass sie es zulassen, dass ihnen angerechnet wird, was das Geringste und Wertloseste, jedenfalls das Ersetzbare ist, sooft sie es erlangt haben, dass niemand, der die Zeit in Empfang genommen hat, glaubt, das er irgendetwas schuldig ist, während dies doch das Einzige ist, was er gewiss nicht mit Dank zurückgeben kann.

(4) Du wirst dich vielleicht fragen, was ich selbst tue, der ich dich diese [Dinge] lehre. Ich werde es aufrichtig bekennen: [es ist das] was bei einem Ausschweifenden, aber Gewissenhaften sich einstellt – die Summe des Aufwands ist mir bekannt. Ich kann nicht behaupten, nichts [an Zeit] zu verschwenden, aber ich kann benennen, sowohl warum, als auch auf welche Weise ich etwas verschwende; über die Gründe meiner Armut kann ich Rechenschaft ablegen. Aber mir wird das von sehr vielen zuteil, die nicht durch ihre Schuld in Not gebracht wurden: alle verzeihen, aber niemand eilt zur Hilfe.

(5) Wie ist es also? Ich halte den, der hinreichend besitzt, nicht für arm, wie wenig auch immer noch vorhanden ist; du jedoch, ich wünsche es dir, bewahrst hoffentlich die Deine, und tatsächlich wirst du zu einem günstigen Zeitpunkt beginnen. Denn wie unsere Vorfahren wussten: „Am Boden [des Fasses] kommt die Sparsamkeit zu spät"; auf dem Grund verbleibt nämlich nicht nur sehr wenig, sondern auch das Schlechteste. Lebe wohl.

# Buch 1 – Brief 2

Seneca grüßt seinen Lucilius,

(1) Aus den [Dingen], die du mir schreibst, und aus denen, die ich höre, erkenne ich gute Hoffnung für dich: du schwenkst nicht ab und du wirst auch nicht durch Ortsveränderungen beunruhigt. Ein solcher unsteter Aufenthalt ist typisch für ein krankes Gemüt: ich glaube, der bedeutendste Beweis für einen geordneten Verstand ist es, Halt zu machen und bei sich verweilen zu können.

(2) Beachte aber Folgendes, damit diese Lektüre vieler Autoren oder aller Gattungen von Büchern nicht etwas Unstetes und Unbeständiges aufweist. Es ist notwendig, bei den wahren Talenten zu verweilen und an ihnen zu wachsen, falls du dir etwas aneignen willst, das sicher im Bewusstsein verweilen soll. Nirgends ist, wer überall ist. Dadurch, dass sie das Leben auf Reisen verbringen, geschieht ein solches, dass sie viele Gastfreundschaften, aber wenige Freunde besitzen; dasselbe passiert notwendigerweise denjenigen, die sich niemandes Geiste freundschaftlich annähern, sondern alles hastig und in Eile übergehen.

(3) Die Nahrung, die nach der Aufnahme sofort ausgestoßen wird, ist nicht von Nutzen und gelangt auch nicht in den Körper; ebenso hält nichts [mehr] die Gesundung auf, wie der häufige Wechsel der Heilmittel; eine Wunde, in der Heilmittel ausprobiert werden, kommt nicht zur Vernarbung; eine Jungpflanze, die man oft versetzt, wird nicht kräftig heranwachsen; nichts ist in dem Maße nützlich, dass es im Vorübergehen hilft. Eine Vielzahl an Büchern bindet an mehreren Punkten zugleich; weil du also nicht lesen kannst, soviel du besitzt, ist es ausreichend zu besitzen, soviel du lesen kannst.

(4) „Aber", entgegnest du, „bald will ich dieses Buch aufrollen, bald jenes." Auch wenn er Abneigung empfindet, ist es typisch für den Magen, viele Dinge auszuprobieren; jedes Mal wenn sie verschiedenartig und entgegengesetzt sind, verunreinigen sie und ernähren nicht. Lies deshalb immer das für gut Befundene, und wann immer es beliebt, zu anderen abzuschweifen, kehre zu den ersteren zurück. Erwirb täglich etwas an Beistand gegen die Armut, etwas gegen den Tod und nicht weniger gegen die übrigen Miseren; und immer wenn du vieles überfliegst, wähle eines aus, das du dir an jenem Tag zu eigen machst.

(5) Ich selbst mache dies ebenso; vom größten Teil, das ich gelesen habe, eigne ich mir irgendetwas an. Gegenwärtig ist es Folgendes, was ich bei Epikur vorgefunden habe – ich bin es nämlich gewohnt, auch in fremde Lager hinüberzuwechseln, nicht wie ein Überläufer, sondern wie ein Kundschafter: „Eine ehrenvolle Sache", sagt er, „ist die frohe Armut".

(6) Jene ist jedoch keine Armut, wenn sie froh ist; nicht der zu wenig besitzt, sondern der mehr begehrt, ist arm. Was kommt es nämlich darauf an, wie viel bei ihm im Geldkasten, wie viel auf dem Speicher liegt, wie viel Vieh er hütet oder gegen Zins ausleiht, wenn er nach Fremdem trachtet, wenn er nicht das Erworbene, sondern das zu Erwerbende zusammenrechnet. Was könnte ein Maß für das Reichtum sein, fragst du? Das erste, zu besitzen, was notwendig ist, das nächste, was genügend ist. Lebe wohl.

———

## Buch 1 – Brief 3

Seneca grüßt seinen Lucilius,

(1) Wie du schreibst, hast du deinem Freund Briefe übergeben, die er an mich übergeben soll; sodann forderst du mich auf, nicht alles mit ihm zu besprechen, das sich auf dich bezieht, weil du nämlich selbst nicht gewohnt seist, ein solches zu tun. Zugleich hast du also jenen in dem Brief sowohl einen Freund genannt, als es auch geleugnet. Wenn du daher jenes typisches Wort wie üblich benutzt und derart jenen Freund gerufen hast, wie wir alle Amtsträger „gute Männer" nennen, wie wir Entgegenkommende, wenn uns der Name nicht in den Sinn kommt, mit „Herren" grüßen, mag es hier gehen.

(2) Aber wenn du irgendjemand als Freund erachtest, dem du nicht ebenso viel vertraust wie dir selbst, irrst du gewaltig und hast nicht zur Genüge die Kraft der echten Freundschaft erfahren. Beratschlage du alles mit einem wahren Freund, aber zuerst über ihn selbst: nach der Freundschaft muss man vertrauen, vor der Freundschaft beurteilen. Diejenigen bringen der wahren Lehre zuwider die Verpflichtungen durcheinander, die entgegen der Lehren des Theophrast urteilen, wenn sie geliebt haben, und nicht lieben, wenn sie geurteilt haben. Bedenke lange, ob du irgendjemanden in deinen Freundeskreis aufnehmen darfst. Sooft es zu geschehen gefällt, lasse dich mit ganzem Herzen auf jenen ein; dann sprich furchtlos mit ihm wie mit dir [selbst].

(3) Du jedenfalls lebe so, dass du dir nichts anvertraust, dass du nicht auch deinem Feind anvertrauen könntest; aber weil manches dazwischen tritt, das die Gewohnheit zu Geheimnissen gemacht hat, teile mit dem Freund alle Sorgen, alle deine Gedanken. Falls du ihn für zuverlässig hältst, wirst du ihn dazu machen; denn einige haben gelehrt zu betrügen, während sie fürchten, betrogen zu werden, und sie haben ihm durch ihren

Argwohn das Recht zugestanden, moralisch falsch zu handeln. Welchen Grund gibt es, warum ich irgendwelche Worte in der Gegenwart meines Freundes zurückhalten sollte? Welchen Grund gibt es, warum ich mich in seiner Gegenwart nicht für allein halten sollte?

(4) Manche erzählen Entgegenkommenden, was man nur Freunden anvertrauen darf, und entleeren in die erstbesten Ohren, was sie bedrückt; einige scheuen andererseits sogar die Mitwisserschaft der Liebsten und, nicht einmal sich selbst vertrauen wollend, verbergen sie, wenn sie es können, jedes Geheimnis im Inneren. Keins von beiden sollte man tun; beides ist nämlich ein Fehler, sowohl sich allen anzuvertrauen, als auch keinem, doch möchte ich den einen als sittlich besser bezeichnen, den anderen als sicherer.

(5) Beides solltest du tadeln, sowohl diejenigen, die immer ohne Ruhe sind, als auch diejenigen, die immer untätig sind. Denn weil erstere sich über den Trubel freut, ist sie nicht Betriebsamkeit, sondern das Hin- und Herlaufen eines erregten Geistes, und letztere ist keine Ruhe des Gemüts, die jede Bewegung für eine Belästigung hält, sondern ein Mangel an Energie und Trägheit.

(6) Deshalb wird das, was ich bei Pomponius gelesen habe, dem Herzen anvertraut: „Manche haben sich so weit in einen Schlupfwinkel geflüchtet, dass sie glauben, alles, was sich im Lichte befindet, im Trüben zu sein." Diese sind miteinander zu verbinden: sowohl muss der Ruhende handeln, als auch der Handelnde ruhen. Erwäge es nicht ohne die Natur der Dinge: sie wird dir versichern, sowohl den Tag als auch die Nacht erschaffen zu haben. Lebe wohl.

———

# Buch 1 – Brief 4

Seneca grüßt seinen Lucilius,

(1) Setze die Reise fort, wie du sie begonnen hast, und betreibe eifrigst, so viel du kannst, damit du dich länger an einem fehlerfreien und wohlgeordneten Verstand erfreuen kannst. Sicherlich wirst du es genießen, selbst wenn du nur verbesserst, selbst wenn du nur ordnest: jenes sinnliche Vergnügen ist jedoch ein anderes, das aus der Betrachtung eines von jeglichem Makel reinen und strahlenden Geistes in sich aufgenommen wird.

(2) Behalte besonders im Gedächtnis, wie viel Freude du verspürtest, als du nach dem Ablegen der Toga mit Purpurbesatz die Toga der Männer angelegt hast und auf das Forum geführt worden bist: erwarte Größeres, wenn du deine kindliche Wesensart ablegst und die Philosophie dich unter die Männer aufnimmt. Bisher ist nämlich noch nicht die Kindheit, sondern, was schlimmer ist, die Kindlichkeit vorhanden; und es ist gerade deshalb schlimmer, weil wir das Ansehen des Alters, die Fehler der Kinder, und nicht nur der Kinder, sondern der Kleinkinder besitzen: jene fürchten Unbedeutendes, diese Unbegründetes, wir jedes von beiden.

(3) Schreite sogleich voran: du wirst einsehen, etwas deshalb weniger zu fürchten, weil es große Angst verursacht. Kein Übel ist groß, weil es das letzte ist. Der Tod kommt zu dir: du müsstest ihn fürchten, wenn er [zur gleichen Zeit] mit dir existieren könnte. Es ist naturgegeben, dass er entweder nicht eingetroffen, oder vergangen ist.

(4) „Es ist schwierig", sagst du, „den Verstand zur Geringschätzung des Lebens zu bewegen." Siehst du nicht, wie sehr es aus nichtigen Gründen geringgeschätzt wird? Der eine erhängte sich mit einem Strick vor der Tür der Geliebten, ein zweiter stürzte sich vom Dach, um den sich ärgernden Herrn nicht mehr länger zu hören, ein anderer stieß sich das Schwert in

die Eingeweide, damit er nicht unmittelbar nach der Flucht zurückgebracht wurde: Glaubst du nicht, die Tugend wird das zustande bringen, was eine allzu große Angst zustande bringt? Keinem kann ein sorgloses Leben widerfahren, der zu sehr überlegt, es zu verlängern und der viele Konsuln als großes Glück zählt.

(5) Darüber denke jeden Tag nach, damit du mit gelassenem Herzen das Leben zurücklassen kannst, das viele so umschlingen und festhalten, wie diejenigen, die vom reißenden Fluss weggerissen werden, Dornensträucher und raue Steine. Die meisten wogen elend hin und her zwischen Todesangst und Lebensqual und sie wollen nicht leben, sie wissen nicht zu sterben.

(6) Mach dir also ein angenehmes Leben, indem du alle Besorgnis darüber ablegst. Kein Gut ist dem Besitzenden förderlich, wenn der Geist nicht auf seinen Verlust vorbereitet ist; der Verlust keiner Sache ist jedoch leichter als derjenige, der nicht vermisst werden kann, nachdem er verloren wurde. Also sporne dich an und härte dich gegen das ab, das auch die Mächtigsten treffen kann.

(7) Über den Kopf des Pompeius haben ein Schutzbefohlener und ein Eunuch das Votum abgegeben, über Crassus der grausame und siegesstolze Parther; Gaius Caesar befahl Lepidus, dem Tribunen Dexter den Kopf hinzuhalten, er selbst hat ihn Chaerea überlassen; niemanden hat das Schicksal soweit emporgehoben, dass es nicht so viel ihm drohte, wie es überlassen hatte. Traue dieser Windstille nicht: in einem Augenblick wird das Meer aufgewühlt; an derselben Stelle, wo sie an dem Tag [auf den Wellen] tanzten, werden die Schiffe verschlungen.

(8) Bedenke, dass sowohl ein Räuber als auch ein Feind das Messer an deine Kehle setzen kann; selbst wenn eine höhere Gewalt abwesend ist: jeder Sklave besitzt die freie Entscheidung über dein Leben und deinen

Tod. Ich sage es so: wer auch immer sein Leben verachtet hat, ist deines Herr. Erinnere dich an die Beispiele derer, die durch Anschläge von Hausgenossen umgekommen sind, entweder durch offene Gewalt oder durch List: du wirst einsehen, dass nicht weniger durch den Zorn der Sklaven als durch den der Könige umgekommen sind. Was kümmert es dich also, wie mächtig derjenige sein mag, den du fürchtest, wenn jeder in der Nähe das fertigbringen kann, was du fürchtest.

(9) Aber wenn du etwa in die Hand der Feinde gerätst, wird der Sieger befehlen, dich abzuführen – dahin freilich, wohin du [ohnehin] geführt wirst. Was betrügst du dich selbst und erkennst nun zum ersten Mal das, was du vor Zeiten erlitten hast? Ich sage es so: seitdem du geboren wurdest, wirst du [zum Tode] geführt. Dieses und anderes dieser Art muss im Geiste überdacht werden, wenn wir ruhig unsere letzte Stunde erwarten wollen, deren Befürchtung alle übrigen [Stunden] ruhelos macht.

(10) Aber, um dem Brief eine Ende zu setzen, erfahre, was mir am heutigen Tag gefallen hat – und auch dies ist aus fremden Gärtchen entnommen: „Großer Reichtum ist durch das Gesetz der Natur bestimmte Armut". Aber weißt du, welche Grenzen uns jenes Gesetz der Natur setzt? Nicht hungern, nicht dürsten, nicht frieren. Um Hunger und Durst zu vertreiben, ist es nicht notwendig, vor prächtigen Häusern zu sitzen, nicht gewichtige Hochmut und auch nicht schmachvolle Milde zu ertragen, und es ist nicht notwendig, die Meere zu befahren und auch nicht den Kriegslagern zu folgen: es ist leicht zu beschaffen, was die Natur begehrt und mitgegeben hat.

(11) Für Unnötiges wird sich angestrengt; das ist es, was die Toga abnutzt, was uns zwingt, im Kriegszelt zu verkümmern, was uns an fremde Küsten treibt: Zur Hand ist, was ausreichend ist. Wer sich mit der Armut gut stellt, ist reich. Lebe wohl.

# Buch 1 – Brief 5

(1) Ich heiße es nicht nur gut, sondern ich freue mich, dass du hartnäckig studierst und, alles außer Acht lassend, auf dieses eine hinarbeitest, um dich täglich zu bessern, und ich ermutige dich nicht nur, standhaft zu bleiben, sondern ich bitte dich sogar. An Folgendes erinnere ich dich jedoch, damit du nicht nach Art derer, die sich nicht wünschen, Fortschritte zu machen, sondern angeschaut zu werden, irgendetwas tust, das in deiner äußeren Erscheinung oder der Gesamtheit der Lebensweise auffallend sein soll.

(2) Vermeide eine rohe Lebensweise, einen ungeschorenen Kopf, einen zu nachlässigen Bart, einen auferlegten Hass gegen das Geld, ein auf dem Boden errichtetes Schlaflager und was auch sonst noch dem Ehrgeiz auf zerstörerischem Wege folgt. Allein schon der Name der Philosophie, auch wenn sie maßvoll betrieben wird, ist Missfallen erregend: was, wenn wir anfangen würden, uns von der Lebensweise der Menschen hervorzuheben? Im Inneren mag alles verschieden sein, unser Äußeres sollte mit dem Volke harmonieren.

(3) Die Toga soll nicht strahlen, gewiss soll sie nicht schmutzig sein; wir wollen kein Silbergeschirr besitzen, in das sich durch die Reliefkunst massives Gold senkt, aber wir sollten es nicht als Beweis der Mäßigung ansehen, dem Gold und dem Silber entbehrt zu haben. Dies wollen wir tun, um ein besseres, nicht um ein entgegengesetztes Leben wie das Volk anzustreben: ansonsten halten wir fern von uns, die wir verbessern wollen, und wir vertreiben sie; und ebenso bewirken wir nur so viel, dass sie nichts von uns nachahmen wollen, solange sie befürchten, dass sie alles nachahmen müssen.

(4) Dies verheißt die Philosophie zuerst: eine gemeinsame Sinnesart, Menschenfreundlichkeit und Gemeinschaft; von diesem Bekenntnis wird uns die Verschiedenartigkeit trennen. Wir sollten einsehen, dass jenes, durch das wir Verehrung erlangen wollen, nicht lächerlich und lästig ist. Allerdings ist es unser Ziel, naturgemäß zu leben: gegen die Natur ist dieses: seinen Körper zu quälen, leichte Eitelkeiten zu hassen, sich um Unsauberkeit zu bemühen und nicht nur billige Speisen zu verwenden, sondern ekelhafte und rohe.

(5) Wie es Genusssucht ist, die köstlichen Dinge zu begehren, so ist es Torheit, die üblichen und die mit nicht viel [Geld] leicht zu beschaffenden zu meiden. Genügsamkeit fordert die Philosophie, nicht Plage; andererseits kann es keine einfache Genügsamkeit geben. Diese Vorschrift gefällt mir: das Leben soll gehörig eingerichtet werden zwischen den guten und den öffentlichen Sitten; mögen alle unsere Lebensweise beargwöhnen, aber anerkennen.

(6) „Was also? Werden wir dasselbe tun wie die Übrigen? Wird nichts zwischen uns und jenen liegen?" Sehr viel [sogar]: Dass wir der großen Menge unähnlich sind, kann wissen, wer uns näher kennenlernt; wer unser Haus betritt, soll lieber uns bewundern als unseren Hausrat. Jener ist groß, der mit den Tongefäßen so umgeht wie mit dem Silbergeschirr, und jener ist nicht geringer, der mit dem Silbergeschirr so umgeht wie mit den Tongefäßen; es ist typisch für einen schwachen Charakter, dass er Reichtum nicht aushalten kann.

(7) Doch um den kleinen Gewinn auch dieses Tages mit dir zu teilen: bei unserem Hecaton habe ich gefunden, dass die Einschränkung unser Begierden auch als Heilmittel bei Ängsten dient. „Du wirst aufhören, dich zu fürchten", sagt er, „wenn du aufhörst zu hoffen." Du wirst einwenden: „Auf welche Weise existieren jene so sehr verschiedenen [Regungen] gleichzeitig?" Es ist so, mein Lucilius: obwohl sie wahrgenommen wer-

den, in Feindschaft zu geraten, sind sie verbunden. Sowie eine Kette zugleich sowohl den Gefangenen als auch den Wachsoldaten verbindet, so gehen jene, die so verschieden sind, gemeinsam einher: der Hoffnung folgt unmittelbar die Angst.

(8) Und ich wundere mich auch nicht, dass es so kommt: jede von den beiden ist typisch für schwankende Gemüter, jede von den beiden besorgt in der Erwartung der Zukunft. Die größte Schuld der beiden ist es, dass wir nicht für die Gegenwart gerüstet werden, sondern wir Überlegungen in die Ferne vorausschicken; und so ist die Voraussicht, das höchste Gut der menschlichen Bestimmung, ins Schlechte gewendet worden.

(9) Wilde Tiere meiden die Gefahren, die sie wahrnehmen; sie sind sorglos, wenn sie entflohen sind: wir beunruhigen uns sowohl mit dem Kommenden als auch mit der Vergangenheit. Viele von unseren Vorteilen schaden uns: die Erinnerung bringt nämlich die Pein der Angst zurück, die Voraussicht nimmt sie vorweg; nur im Jetzt ist niemand unglücklich. Lebe wohl.

———

# Buch 1 – Brief 6

Seneca grüßt seinen Lucilius,

(1) Ich meine, Lucilius, dass ich nicht nur gebessert, sondern verwandelt werde; dass nichts in mir vorhanden ist, was verändert werden muss, dieses verheiße oder erhoffe ich noch nicht. Warum sollte ich nicht vieles innehaben, was geborgen, was abgeschwächt und was ermuntert werden müsste? Und gerade dies ist der Beweis für einen gewandelten Charakter, weil er eigene Fehler wahrnimmt, die er bisher nicht kannte; manche Kranke beglückwunscht man, wenn sie von sich aus bemerkt haben, dass sie krank sind.

(2) Deshalb wollte ich meine unerwartete Veränderung so sehr mit dir teilen; damals hatte ich begonnen, unsere Freundschaft im sicheren Vertrauen zu betrachten; jener wahrhaftigen, die nicht die Hoffnung, nicht die Furcht und nicht die Sorge um den eigenen Vorteil zerreißt, jene, mit der die Menschen sterben, für die sie sterben.

(3) Ich werde dir viele nennen, die nicht einen Freund entbehren, sondern der Freundschaft: das kann nicht geschehen, wenn ein gleicher, das sittlich Gute wünschender Wille die Herzen in eine Gemeinschaft zieht. Warum sollte er es nicht können? Sie wissen nämlich, dass sie von sich aus alles gemeinsam besitzen, und im höheren Maße gewiss das Unglück.

(4) Wohl sehe ich, du kannst es dir nicht vorstellen, wie viel an Bedeutung mir an einzelnen Tagen zugetragen wird. „Aber schreibe uns das", sagst du, „was du so wirksam erprobt hast". Tatsächlich wünsche ich, alles auf dich zu übertragen, und ich freue mich, dabei manches zu lernen, dass ich lehren kann; und nicht irgendeine Sache wird mich erfreuen, mag sie auch vortrefflich und nützlich sein, die ich für mich allein wissen wollte. Falls die Weisheit mit dieser Einschränkung überlassen wird, um sie geheim zu

halten und nicht weiter zu verbreiten, werde ich sie ablehnen: ohne einen Kameraden ist ein ansprechender Besitz nicht von Nutzen.

(5) Ich werde dir deshalb von selbst aus die Briefe senden, und damit du nicht viel Zeit aufwenden musst, während du nach allen Seiten Nutzbringendes zu erforschen suchst, lege ich Notizen bei, damit du unverzüglich gerade zu dem gelangst, was ich billige und bewundere. Doch mehr als ein Vortrag wird dir eine lebendige Rede und ein geselliger Umgang nützen; in dieser Sache musst du als Anwesender erscheinen, zuerst, weil die Menschen mehr den Augen als den Ohren Glauben schenken, sodann, weil lang der Weg ist über Anweisungen, kurz und erfolgreich über Beispiele.

(6) Kleanthes hätte Zenon nicht nachgeahmt, wenn er ihn lediglich gehört hätte: er nahm an dessen Leben teil, durchforschte seine Gedanken und beobachtete ihn, ob er gemäß seiner Regel lebe. Platon, Aristoteles und die ganze Schar, die eine andere Richtung der Weisheit beschreiten wollte, haben mehr aus dem Lebenswandel als aus den Worten des Sokrates abgeleitet; Metrodoros, Hermachos und Polyainos machte nicht der Unterricht, sondern der vertraute Umgang mit Epikur zu großen Männern. Und ich hole dich nicht nur herbei, damit du Fortschritte machst, sondern [auch] um mir zu helfen: am meisten werden wir nämlich einer dem anderen nützen.

(7) Einstweilen, da ich dir ja den täglichen Lohn schulde, möchte ich vorbringen, was mich heute bei Hekaton erfreut hat. „Du fragst", sagt er, „was ich heute erreicht habe? Ich habe begonnen, mir ein Freund zu sein". Er ist ein großes Stück vorwärts geschritten: Niemals wir er allein sein. Verstehe, dass jeder diesen Freund besitzt. Lebe wohl.

———

# Buch 1 – Brief 7

Seneca grüßt seinen Lucilius,

(1) Du fragst, was du als besonders vermeidenswert ansehen sollst? Die Menschenmenge. Du wirst dich ihr noch nicht gefahrlos aussetzen. Ich werde meine Schwäche gewiss eingestehen: niemals bringe ich die Denkart, die ich hinausgetragen habe, wieder zurück; manches von dem, das ich geordnet habe, wird verwirrt, manches von dem, das ich vertrieben habe, kehrt zurück. Was den Invaliden zuteil wird, die ein lang andauerndes Siechtum so sehr geschwächt hat, dass sie ohne Unwohlsein nirgendwohin herausgetragen werden können, das ist uns geschehen, deren Geist unmittelbar nach langer Krankheit wieder erfrischt wird.

(2) Der Umgang mit vielen ist verhängnisvoll: niemand, der uns nicht irgendein Laster entweder empfiehlt oder aufdrückt oder aus Unwissenheit damit befleckt. Je größer jedenfalls die Öffentlichkeit ist, mit der wir vermengt werden, desto höher ist der Gefahrengrad. Nichts aber ist so verderblich für die guten Sitten, wie untätig in irgendeinem Schauspiel zu sitzen. Dann nämlich werden sich durch das Vergnügen leichter schlechte Eigenschaften einschleichen.

(3) Was meinst du, dass ich urteile? Kehre ich gieriger, ehrgeiziger und verschwenderischer zurück? Ja, tatsächlich sogar grausamer und unmenschlicher, weil ich unter Menschen gewesen bin. Zufällig bin ich in ein mittägliches Schauspiel hineingeraten, Spiel und Humor sowie etwas Erholung erhoffend, damit die Augen der Menschen vor dem geronnenen Menschenblut Ruhe finden können. Das Gegenteil ereignet sich: alles was vorher ausgefochten wurde, beruhte auf Barmherzigkeit; nun, nachdem die Possen beiseite gelassen wurden, findet das reine Morden statt. Sie haben nichts, womit sie sich schützen können; den ganzen Körper zum Hieb entblößt, stoßen sie niemals vergebens mit der Hand zu.

(4) Das ziehen die meisten den gewöhnlichen und geforderten Gladiatorenpaaren vor. Warum sollten sie es nicht vorziehen? Kein Helm, kein Schild wird das Schwert abprallen lassen. Wozu ein Schutz? Wozu Geschicklichkeit? All das verzögert den Tod. Am Morgen werden die Menschen den Löwen und Bären vorgeworfen, zu Mittag ihren Zuschauern. Sie heißen es gut, dass die Mörder den künftigen Mördern entgegengeworfen werden und sie behalten sich den Sieger für ein anderes Blutbad vor; am Ende steht der Tod der Kämpfenden. Mit Feuer und Schwert werden sie ihre Taten vollbringen.

(5) Das geschieht, während der Kampfplatz unbesetzt ist. „Aber mancher hat einen Raub begangen, einen Menschen umgebracht." Was also? Weil er gemordet hat, verdient er es, dass er dies erleidet: Warum hast du es verdient, Unglücklicher, dass du es dir ansiehst? „Töte, schlage, verbrenne! Warum läuft er so furchtsam in das Schwert hinein? Warum tötet er so wenig skrupellos? Warum stirbt er nicht bereitwillig genug? Mit Schlägen sollen sie ins Unglück getrieben werden, die wechselseitigen Hiebe sollen sie mit bloßer und entgegengehaltener Brust auffangen." Die Vorstellung ist unterbrochen worden: „Unterdessen werden den Menschen hoffentlich die Kehlen durchgeschnitten, damit sich etwas tut." Nun gut, versteht ihr nicht wenigstens, dass sich schändliche Vorbilder reichlich über diejenigen ergießen, die sie geben? Dankt den unsterblichen Göttern, dass ihr den unterweist, grausam zu sein, der es nicht zu lernen vermag.

(6) Ein empfindsamer und im Guten zu wenig gefestigter Charakter muss der Menge entzogen werden: leicht wird er zur Mehrheit überlaufen. Eine verschiedenartige Menge hätte einem Sokrates, einem Cato, einem Laelius ihre Denkart entreißen können: von uns, die wir eben erst den Charakter formen, kann schon gar niemand den Ansturm von schlechten Eigenschaften aushalten, der mit einem so großen Gefolge auftritt.

(7) Ein einziges Vorbild für Prunksucht oder Geiz erzeugt viel Schlechtes: ein verwöhnter Hausfreund entkräftet und verweichlicht uns nach und nach, ein reicher Nachbar erregt Habsucht, obgleich rein und ehrlich hat uns ein missgünstiger Vertrauter wieder mit seiner Schlechtigkeit angesteckt: was glaubst du, geschieht mit den Charakteren, gegen die vor aller Welt ein Angriff erfolgt ist?

(8) Du müsstest entweder nachahmen oder hassen. Beides aber ist zu vermeiden: weder solltest du den Schlechten ähnlich werden, weil es viele sind, noch den vielen feindlich gesinnt, weil sie verschieden sind. Ziehe dich, soweit du kannst, in dich selbst zurück; verweile mit denen, die dich besser machen wollen, lasse jene herein, die du besser machen kannst. Das geschieht wechselseitig, und die Menschen lernen, während sie lehren.

(9) Es besteht kein Grund, dass dich die Ruhmsucht zur Preisgabe deiner Sinnesart in die Öffentlichkeit lockt, um jenen dort etwas vortragen oder darlegen zu wollen; das zu tun, würde ich von dir verlangen, wenn du für dieses Publikum die geeignete Ware besitzen würdest: [aber] es gibt niemanden, der dich verstehen könnte. Irgendjemand vielleicht, der eine oder andere, wird dazukommen, und auch diesen musst du selbst unterweisen und zum Verständnis deiner [Gedanken] ausbilden. „Für wen also habe ich das gelernt?" Es steht nicht zu fürchten, dass du Zeit vergeudet hast, wenn du für dich [selbst] gelernt hast.

(10) Aber damit ich heute nicht allein für mich gelernt habe, werde ich drei Aussprüche mit in etwa fast dem gleichen Gedanken, die mir ganz besonders ins Auge fallen, mit dir teilen, von denen dieser Brief für einen die Schuld einlösen wird, zwei nimm im Voraus an. Demokrit sagt: „Einer ist mir wert wie das gesamte Volk, und das gesamte Volk wie einer."

(11) Vortrefflich auch jener, wer immer es war (über den Verfasser wird nämlich gestritten), als von jenem gefragt wurde, wozu er unter so großer Sorgfalt die Wissenschaft betrachtet habe, obgleich sie die wenigsten erreichen wird: „Genug", antwortete er, „sind mir wenige, genug ist einer, genug ist keiner". [Und] Epikur ungemein gut mit diesem dritten hier, als er einem von seinen Studiengefährten schrieb: „Dieses", sagte er, „[übergebe] ich nicht den Vielen, sondern dir; denn wir sind einer dem anderen ein ausreichend großes Publikum."

(12) Diese, mein Lucilius, muss du im Bewusstsein bewahren, damit du das Vergnügen geringschätzt, das aus dem Applaus der Mehrheit entsteht. Viele loben dich: ob du wohl besitzt, weshalb du dir gefällst, wenn du derjenige bist, den viele zu schätzen wissen? Im Inneren sollen deine guten Eigenschaften gelegen sein. Lebe wohl.

---

# Buch 1 – Brief 8

Seneca grüßt seinen Lucilius,

(1) „Du forderst mich auf", sagst du, „die Menge zu meiden, mich zurückzuziehen und mich mit meinem guten Gewissen zu begnügen? Wo sind jene eure Lehren, die verlangen, im Handeln zu sterben?" Was? Ich scheine dir der Ansicht zu sein, der Untätigkeit zuzureden? Ich habe mich deshalb verborgen und die Türen hinter mir geschlossen, damit ich in einem höheren Grade nützlich sein kann. Kein Tag verlässt mich in Muße; einen Teil der Nacht widme ich den Studien; ich enthalte mich nicht des Schlafs, ich unterliege ihm, und, obgleich die Augen durch Schlaflosigkeit ermüdet sind und zufallen wollen, halte ich sie an der Arbeit fest.

(2) Ich habe mich nicht nur von den Menschen, sondern auch von den Geschäften zurückgezogen, und zwar zuerst von meinen [eigenen] Geschäften: ich betreibe die Obliegenheit der Nachkommen. Ich schreibe ihnen etwas auf, das nützlich sein kann; ich überliefere Aufzeichnungen mit heilsamen Belehrungen, so zum Beispiel die Zusammensetzungen von brauchbaren Medikamenten, nachdem ich an meinen [eigenen] Geschwüren – die, wenn sie auch nicht völlig geheilt sind, aufgehört haben, sich auszubreiten – erprobt habe, dass sie wirksam sind.

(3) Ich zeige anderen den richtigen Weg, den ich spät und ermattet vom Umherirren erkannt habe. Ich rufe: „Vermeidet alles, was dem einfachen Volk gefällt und was [euch] der Zufall zuteilt; haltet bei jedem zufälligen Glück misstrauisch und furchtsam ein: sowohl ein Wildtier als auch ein Fisch werden in ihrer Hoffnung auf etwas Erfreuliches getäuscht. Schätzt ihr diese Geschenke des Zufalls? Fallen sind es. Wer auch immer von euch ein sicheres Leben führen will, umgeht, soweit er es nur kann, diese mit Vogelleim bestrichenen Wohltaten, in denen wir Unglücklichen auch

durch dieses getäuscht werden: wir glauben sie ergriffen zu haben und bleiben [tatsächlich] kleben.

(4) Ein solcher Kurs führt in die Abgründe hinab; am Ende dieses herausragenden Lebens steht der Untergang. Fernerhin ist es sicherlich nicht möglich, sich zu widersetzen, wenn der Erfolg anfängt, uns vom rechten Weg abzubringen, oder wenigstens aufrecht oder ein für alle mal zugrunde zu gehen. Das Schicksal wendet sich nicht, sondern es bringt uns kopfüber zu Fall und wirft uns zu Boden.

(5) Haltet deshalb an dieser gesunden und vernünftigen Lebensweise fest, dass ihr dem Körper nur so viel nachgebt, wie es für eine gute Gesundheit genügend ist. Er muss härter behandelt werden, damit er nicht einem verderblichen Verlangen nachgibt: die Nahrung soll den Hunger stillen, das Trinken den Durst löschen, die Kleidung die Kälte abhalten und das Haus soll Schutz bieten gegen die Unbilden der Zeit. Ob dieses aus einem Rasenstück oder aus schillerndem Stein aus fremder Gegend errichtet ist, macht keinen Unterschied: wisset, dass der Mensch ebenso gut von einem Strohdach geschützt wird wie [von einem] aus Gold. Verachtet alles, was überflüssige Arbeit macht wie zum Beispiel Schmuck und Zierrat; begreift, dass nichts bewundernswert ist mit Ausnahme des Geistes, dem [wenn selbst] von Größe nichts groß erscheint."

(6) Wenn ich dieses mit mir, wenn ich dieses mit der Nachwelt bespreche, scheine ich dir [dann] nicht im höheren Grade nützlich zu sein, als wenn ich, zu einem Gerichtstermin berufen, auf das Forum ginge, Testamentsurkunden mit dem Ring besiegelte oder im Senat dem Amtsbewerber Stimme und Hand überließe? Glaube mir, die auf nichts hinzuarbeiten scheinen, vollbringen Großes: sie erörtern das Menschliche und das Göttliche zugleich.

(7) Aber schon muss ein Ende gemacht und, wie ich es eingeführt habe, etwas für diesen Brief entlohnt werden. Dies wird nicht von mir geleistet: wir beuten weiterhin Epikur aus, von dem ich diesen Spruch am heutigen Tag gelesen habe: „Du musst der Philosophie dienen, um wahre Freiheit zu erreichen." Der sich jener unterwirft und anvertraut, wird nicht von Tag zu Tag hingehalten: er wird sogleich im Kreis herum [in die Freiheit] geführt; gerade das nämlich bedeutet Freiheit – der Philosophie zu dienen.

(8) Es ist möglich, dass du mich fragst, aus welchem Grund ich so viel vortrefflich Gesagtes lieber von Epikur als von den Unseren wiedergebe: was ist es gleichwohl, weshalb du anscheinend glaubst, dass jene Äußerungen Epikur gehören, nicht der Allgemeinheit? Wie viele Dichter besingen, was von den Philosophen entweder gesagt worden ist oder gesagt werden müsste! Ich erwähne nicht die Tragödien, auch nicht unsere Lustspiele – diese besitzen nämlich auch etwas an Ernst und gehören in die Mitte zwischen den Komödien und den Tragödien: so viel an wohl formulierten Versen liegt inmitten der derb-komischen Bühnenstücke! Wie viele [Reime] des Pūblilius müssten nicht von volkstümlichen, sondern von tragischen Schauspielern gesprochen werden!

(9) Einen Vers von ihm möchte ich wiedergeben, der sich auf die Philosophie und den Teil bezieht, der gerade eben zu lesen war, in welchem er in unserem Besitz befindliche Zufälle abstreitet: „Fremd bleibt alles, je mehr es aus einem Wunsch heraus eintritt."

(10) Ich erinnere mich, dass diese Ansicht – nicht um ein Weniges – besser und kürzer von dir vorgetragen wurde: „Es ist nicht das Deine, was der Zufall zu Deinem gemacht hat." Ich werde auch den Folgenden, immer noch recht guten Ausspruch von dir nicht verschweigen: „Was an Gutem gegeben werden konnte, vermag genommen zu werden." Dieses rechne ich nicht als Schuld an: aus deinem Geiste [entnommen], gehört es dir. Lebe wohl.

# Buch 1 – Brief 9

Seneca grüßt seinen Lucilius,

(1) Du wünschst zu wissen, ob Epikur in einem Brief diejenigen zu Recht tadelt, die behaupten, dass der Philosoph sich selbst zur Genüge ist und er daneben einen Freund nicht brauche. Das wird Stilpon von Epikur vorgeworfen und auch denjenigen, denen eine empfindungslose Wesensart als höchstes Gut erschien.

(2) Man stößt unvermeidlich auf eine Doppeldeutigkeit, wenn wir „ἀπάθεια" schnell mit einem Wort wiedergeben und es „impatientia" nennen würden; es kann nämlich das Gegenteil von dem verstanden werden, was wir zu bezeichnen wünschen. Wir wollen denjenigen benennen, der jede Empfindung eines Übels zurückweist: wahrgenommen wird ein solcher, der kein Übel ertragen kann. Überlege also, ob es zweckmäßiger ist, entweder von einem unverwundbaren Charakter zu sprechen oder von einem Charakter, der sich außerhalb von jeder Empfindung gestellt hat.

(3) Dieses hier ist der Unterschied zwischen uns und jenen: unser Weiser gewinnt zwar die Oberhand über jede Widrigkeit, aber er fühlt sie; ihrer nimmt sie nicht einmal wahr. Uns und ihnen gemeinsam ist es, dass sich der Weise auf sich selbst beschränkt. Obgleich er sich selbst genügt, wünscht [der unsere] aber gleichwohl, sowohl einen Freund zu haben als auch einen Nachbarn und Gefährten.

(4) Erkenne, wie er sich genug sein kann: zuweilen beschränkt er sich auf einen Teil seiner selbst. Wenn er die Hand entweder durch eine Krankheit oder einen Feind verliert, wenn ein Unglück ihm ein oder beide Augen raubt, sein Zurückgebliebenes wird ihn zufriedenstellen und er wird mit dem beeinträchtigten und amputierten Körper ebenso froh sein, wie er es

mit dem unversehrten war; aber lieber will er, dass diejenigen, die er nicht vermisst, wenn sie fehlen, vorhanden bleiben.

(5) Insofern genügt der Weise sich selbst, dass er sich nicht wünscht, ohne Freund zu sein, sondern dass er es kann; und das, was ich als „kann" bezeichne, ist solcherart beschaffen: er erträgt den Verlust mit gleichmütigem Herzen. Ohne einen Freund wird er selbst dann nicht sein: es liegt in seiner Hand, wie schnell er ihn ersetzen kann. Wie Phidias unverzüglich eine andere Statue erschafft, wenn er eine verdorben hat, so wird dieser Meister im Schließen von Freundschaften an die Stelle desjenigen, den er verloren hat, einen anderen einsetzen.

(6) Du fragst, auf welche Weise er sich schnell befreunden wird? Ich werde es dir sagen, wenn ich mich mit dir darauf geeinigt habe, dass ich dir sofort auszahlen werde, wozu ich verpflichtet bin, und wir mit diesem Brief die Rechnung ausgleichen. Hekaton sagt: „Ich werde dir einen Liebestrank ohne eine Arznei verordnen, ohne eine Kräuterpflanze, ohne den Spruch irgendeiner Zauberin: wenn du geliebt werden willst, liebe". Er betrachtet aber nicht nur die Gewohnheit einer alten und zuverlässigen Freundschaft als eine große Freude, sondern auch den Anfang und das Erlangen einer neuen.

(7) Insofern besteht ein Unterschied zwischen dem Bauern, der erntet, und dem, der sät, sowie zwischen dem, der einen Freund gewonnen hat, und dem, der ihn gewinnt. Der Philosoph Attalus pflegte zu sagen, dass es angenehmer ist, einen Freund zu gewinnen, als einen zu haben, „sowie es für den Künstler erfreulicher ist zu malen, als gemalt zu haben". Jene geschäftige Unruhe bei der eigenen künstlerischen Tätigkeit trägt ein außerordentliches Vergnügen durch die Beschäftigung selbst in sich: nicht in gleicher Weise wird erfreut, der seine Hand vom vollendeten Werk abgewendet hat. Von nun an freut er sich über die Frucht seiner Geschicklich-

keit: die Kunstfertigkeit an sich hat er genossen, während er malte. Reich an Früchten ist die Jugendzeit der Kinder, aber lieblicher ist die Kindheit.

(8) Nun sollten wir zum Thema zurückkehren. Auch wenn der Weise sich selbst zur Genüge ist, will er trotzdem einen Freund besitzen, um, wenn für nichts anderes, sich in der Freundschaft zu üben, damit ein so großes Vermögen nicht darniederliegt, nicht dazu, was Epikur auch in diesem Brief nannte, „um einen zu haben, der sich im Krankheitsfall ans Bett setzen und der zur Hilfe eilen würde, nachdem man ins Gefängnis geworfen oder mittellos geworden ist", sondern um jemanden zu haben, dem er [der Weise] selbst bei Krankheit beistehen und den er – obgleich von einer feindlichen Bewachung umringt – selbst befreien könnte. Wer an sich selbst denkt und deswegen zu einer Freundschaft gelangt, hat Schlechtes im Sinn. Auf welche Weise auch immer es angefangen hat, so endet es: er hat einen Freund erworben, um ihn angesichts der Fesseln Hilfe zu bringen; sobald zum ersten Mal eine Kette klirrt, wird er verschwinden.

(9) Das sind die Freundschaften, die das Volk als wankelmütig bezeichnet; wer aus Zweckmäßigkeit zum Freund genommen wurde, wird solange Beifall finden, wie er nützlich ist. Deswegen bestürmt eine Schar an Freunden den Mächtigen, in der Nähe der Gestürzten herrscht Einsamkeit, und daher entfliehen die Freunde, wenn sie auf die Probe gestellt werden; deswegen gibt es so viele dieser frevelhaften Beispiele der einen, die aus Angst im Stich lassen, der anderen, die aus Angst verraten. Anfang und Ende müssen miteinander harmonieren: wer eine Freundschaft begonnen hat, weil es förderlich ist, wird sie auch beenden, weil es förderlich ist. Irgendein Preis entgegen der Freundschaft wird recht sein, falls irgendetwas ausgenommen ihrer selbst an ihr gefällt.

(10) „Warum erwirbst du einen Freund?" Damit ich jemanden habe, für den ich sterben kann, damit ich jemanden habe, dem ich ins Exil folge, dessen Tod ich mich sowohl entgegenstemme als auch auf mich nehme:

auf welche Weise *du* es bestimmst, ist es ein Handelsgeschäft, das sich an das Nützliche wendet, das prüft, was es an Gewinn geben könnte, nicht Freundschaft.

(11) Ohne Zweifel besitzt die Leidenschaft zwischen Liebenden manche Ähnlichkeit mit einer Freundschaft; man könnte sagen, dass eine übertrieben heftige Freundschaft besteht. Ob also vielleicht irgendjemand wegen des Gewinns liebt? Vielleicht wegen der Prunksucht oder des Ruhms? Alle anderen Dinge missachtend, entflammt die Liebe aus sich selbst heraus die Herzen mit der Begierde des Körpers nicht ohne Hoffnung auf eine gegenseitige Wertschätzung. Was also? Gerinnt aus einem ehrbaren Grund eine unsittliche Leidenschaft?

(12) „Es geht jetzt nicht darum", sagst du, „ob eine Freundschaft um ihrer selbst zu erstreben sei." Im Gegenteil muss tatsächlich nichts im höheren Grade geprüft werden; wenn sie nämlich wegen ihrer selbst erstrebenswert ist, kann zu ihr gelangen, der sie sich selbst zur Genüge ist. „Auf welche Weise nähert er sich ihr also?" Wie zu einer schönen Sache, nicht vom Gewinn verleitet und auch nicht vom Wankelmut des Schicksals eingeschüchtert; derjenige entreißt der Freundschaft ihre Erhabenheit, der sie bei nützlicher Gelegenheit ergreift.

(13) „Der Weise genügt sich selbst." Dieses, mein Lucilius, fassen die meisten falsch auf. Überall drängen sie den Weisen zurück und erzwingen seine innere Zurückgezogenheit. Es muss jedoch genau bestimmt werden, was und inwieweit jene Äußerung womöglich verheißt: der Weise ist sich selbst zur Genüge, um ein glückliches Leben zu führen, nicht, um irgendwie zu leben; für dieses benötigt er nämlich viele Dinge, für jenes nur eine reine und aufrechte und das Schicksal verachtende Sinnesart.

(14) Ich will dir auch die genaue Bestimmung von Chrysipp verraten. Er sagt, dass der Weise an nichts Mangel leidet und dass er dennoch viele

Dinge braucht: „Dem Toren dagegen bedarf es an nichts – nichts weiß er nämlich zu gebrauchen – aber nach allem sehnt er sich". Der Weise benötigt sowohl Hände als auch Augen als auch zahlreiche lebensnotwendige Dinge für den täglichen Bedarf, nach keiner Sache sehnt er sich; sich nach etwas zu sehnen, ist nämlich das Zeichen eines Zwanges, einem Weisen ist [aber] nichts zwingend notwendig.

(15) Obgleich er sich also selbst genügt, benötigt er Freunde. Nicht um glücklich zu leben, wünscht er diese, möglichst zahlreich zu haben; er lebt nämlich auch ohne Freunde glücklich. Das höchste Gut fragt nicht nach äußerlichen Hilfsmitteln; es wird im Hause gebildet, es existiert ganz aus sich selbst heraus; es fängt an, des Schicksals Untertan zu sein, wenn es einen Teil von sich außerhalb sucht.

(16) „Wie gestaltet sich das zukünftige Leben des Weisen, wenn er ohne Freunde verbleiben sollte, weil er ins Gefängnis geworfen oder bei irgendeinem fremden Volk zurückgelassen oder auf einer langen Schiffsreise festgehalten oder gar an einen einsamen Strand ausgestoßen wurde?" Gleichwie es nach Art Jupiters ist, wenn er, nach Auflösung der Weltordnung und der Vereinigung der Götter in ein Einziges, in der rastenden Natur, sich seinen Gedanken hingebend, ein Weilchen zur Ruhe kommt. Ein solches macht der Weise: er zieht sich in sich zurück, er existiert für sich.

(17) Solange es ihm nämlich möglich ist, seine Angelegenheiten im eigenen Ermessen zu regeln, ist er sich selbst zur Genüge und heiratet; ist er sich selbst zur Genüge und zeugt Kinder; ist er sich selbst zur Genüge und könnte trotzdem nicht leben, wenn er ohne einen Menschen würde leben wollen. Nicht der eigene Vorteil führt zur Freundschaft, sondern ein naturgegebener Anreiz; denn wie das Bedürfnis anderer Dinge uns angeboren ist, so dasjenige der Freundschaft. Wie es eine Abneigung gegen die Einsamkeit und ein Streben nach Geselligkeit gibt, wie die Natur den Men-

schen zum Menschen leitet, so wohnt allem auch ein Anreiz inne, der bei uns ein Verlangen nach Freundschaften erzeugt.

(18) Obgleich er den Freunden in herzlicher Liebe verbunden ist, obgleich er jene mit sich auf eine Stufe stellt und oft den Vorzug gibt, wird er trotzdem ein jedes Gut auf sein Inneres begrenzen und sagen, was jener bekannte Stilpon gesagt hat, den Epikur in dem Brief tadelte. Nach der Eroberung der Heimat, dem Verlust der Kinder, dem Verlust der Ehefrau und nachdem er dem staatsverzehrenden Feuer allein und trotzdem glücklich entkommen war, entgegnete er auf die Frage von Demetrios, der wegen der Vernichtung der Städte den Beinamen Poliorketes besaß, was er denn verloren hätte, nämlich dieses: „mein ganzes Vermögen befindet sich bei mir".

(19) Siehe da, ein starker und entschlossener Mann! Er übertrifft selbst den Sieg seiner Feinde. „Nichts", sagt er, „habe ich verloren." Er hat jenen gezwungen zu erwägen, ob [nicht] er den Sieg errungen hatte. „All das Meine führe ich mit mir": Gerechtigkeit, Tapferkeit, Klugheit und eben dies, dass er nichts als Vermögen ansieht, das entrissen werden könnte. Wir bewundern manche Tiere, die ohne Leibesschaden mitten durch ein Feuer hindurchgehen: wie viel bewundernswerter ist ein Mann, der dem Schwert und der Verwüstung und dem Feuer unverletzt entkommen ist! Du siehst, um wie viel leichter es ist, einen ganzen Stamm als einen einzelnen Mann zu besiegen? Diese Aussage ist ihm mit dem Stoiker gemeinsam: in gleicher Weise trägt auch dieser den unbeschädigten Besitz durch niedergebrannte Städte davon; er ist sich nämlich selbst zur Genüge; dadurch bestimmt er bis ans Ende sein Glück.

(20) Du solltest nicht glauben, dass bloß wir edelmütige Worte im Munde führen, auch Epikur selbst, ein Kritiker des Stilpon, hat ein Wort gleich jenem fallen lassen – dieses bedenke du gut, auch wenn ich diesen Tag schon ausgeglichen habe: „Wenn von irgendeinem das Seine nicht als das

Bedeutendste betrachtet wird", sagt er, „ist er trotzdem unglücklich, auch wenn er der Herr der ganzen Welt ist". Oder, falls es dir auf diese Weise besser ausgedrückt erscheint – derart muss in der Tat unsere Herangehensweise sein, damit wir nicht den Worten dienen, sondern ihrem Sinngehalt: „Derjenige ist unglücklich, der sich nicht für äußerst glücklich hält, mag er auch die Welt beherrschen".

(21) Damit du nun aber erkennst, dass diese Gedanken von allgemeiner Art sind, offenbar von der Natur diktiert, wirst du beim Komödiendichter geschrieben finden: der ist nicht glücklich, der nicht glaubt, dass er es ist. Was macht es nämlich aus, wie beschaffen deine Lage ist, wenn sie dir schlecht erscheint?

(22) „Wie also", sagst du, „wenn sich jener, der schändlich reich ist, und jener, der Herr von vielen, aber Sklave allzu vieler ist, glücklich nennt, wird er nach seinem Wille glücklich sein?" Es kommt nicht darauf an, was er sagt, sondern was er fühlt, und nicht, was er an einem Tag, sondern was er fortwährend fühlt. Es ist jedoch nicht so, was du wohl fürchtest, dass ein so großer Besitz zu einem Unwürdigen gelangt: das Seine gefällt nur dem Weisen; alle Torheit leidet Überdruss an sich selbst. Lebe wohl.

———

# Buch 1 – Brief 10

Seneca grüßt seinen Lucilius,

(1) So ist es, meine Anschauung ändere ich nicht: meide die Menge, meide die wenigen, meide selbst den einen. Keinen habe ich, mit dem ich dich in einem gedanklichen Austausch wünschen würde. Und sieh hin, damit du meine Beurteilung kennst: ich wage es, dich dir selbst anzuvertrauen. Krates, wie man sagt, selbst ein Schüler des erwähnten Stilpon, den ich in einem früheren Briefe erwähnte, fragte, als er einen jungen Mann gesehen hat, der einsam spazieren ging, was er an jenem Ort alleine machen würde: „Ich spreche mit mir selbst", antwortete der. Ihm hat Krates entgegnet: „Ich bitte dich, sei vorsichtig und gib gründlich acht: du sprichst mit einem schlechten Menschen."

(2) Wir sind es gewohnt, den Trauernden und Ängstlichen zu behüten, damit er von der Einsamkeit keinen schlechten Gebrauch macht. Unter den Unverständigen gibt es keinen, der sich selbst überlassen werden sollte; dann verfolgen sie böse Pläne, dann ersinnen sie zukünftige Gefahren entweder für die anderen oder sich selbst, dann ordnen sie ihre verderblichen Gelüste; dann tritt der Charakter zu Tage, den jeder entweder aus Angst oder Scham verheimlicht hat, dann steigert er die Tollkühnheit, erregt die Wollust, stachelt den Jähzorn an. Kurzum, das einzig Dienliche, das die Einsamkeit besitzt – sich nicht irgendeinem anzuvertrauen, nicht den Verräter zu fürchten – geht dem geistig Schwachen verloren: er gibt sich selbst preis. Schau also, was ich von dir erhoffe, ja vielmehr, was ich mir verspreche – Hoffnung steht nämlich als Bezeichnung für ein ungewisses Gut: ich finde niemanden, mit dem ich dich lieber zusammen sein wünschte als mit dir selbst.

(3) Ich rufe mir ins Gedächtnis zurück, wie du mit beträchtlicher Leidenschaft einige Worte vorgebracht hast, erfüllt von einer so großen Stärke:

ich beglückwünschte mich sogleich und sagte: „Die sind nicht vom äußersten Lippenrand gekommen, diese Worte besitzen eine Grundlage; der Mann da ist nicht einer aus der Menge, er trachtet nach dem Glück."

(4) Sprich auf diese Weise, lebe auf diese Weise, achte darauf, dass nicht irgendeine Sache dich niederdrückt. Die Gunst deiner früheren Gebete magst du den Göttern überlassen, verrichte du von neuem andere, ersuche um einen ehrbaren Charakter, um eine gute Gesundheit des Geistes, darauf erst des Körpers. Warum solltest du diese Gebete nicht oft verrichten? Furchtlos ersuche einen Gott: du wirst ihn um kein fremdes Gut bitten.

(5) Aber, wie es meine Gewohnheit ist, werde ich den Brief mit einem kleinen Geschenk abschicken: richtig ist, was ich bei Athenodor gefunden habe: „Du sollst wissen, dass du ab diesem Augenblick frei von allen Begierden bist, wenn du dahin gelangst, dass du nichts von einem Gott erbittest, als das, was du vor allen Augen erbitten kannst." Wie groß ist nun freilich der Unverstand der Menschen! Sie flüstern den Göttern die schrecklichsten Gebete zu; falls irgendwer horchen sollte, verstummen sie, und was sie nicht wollen, dass ein Mensch es weiß, erzählen sie einem Gott. Erwäge also, ob dieses nicht vernünftigerweise gelehrt werden sollte: lebe so mit den Menschen, als ob ein Gott zusehen würde, sprich so mit einem Gott, als ob die Menschen es hörten. Lebe wohl.

# Buch 1 – Brief 11

Seneca grüßt seinen Lucilius,

(1) Dein Freund, ein tüchtiger Charakter, hat mit mir gesprochen; welch großer Verstand, welch große Begabung in ihm steckt – und welch große Fortschritte er bereits jetzt gemacht hat, zeigte die erste Unterhaltung. Sie gab uns einen Vorgeschmack, dem er entsprechen wird; er hat nämlich nicht mit Vorbereitung gesprochen, sondern nachdem er unerwartet angetroffen wurde. Als er sich sammelte, konnte er die Schüchternheit – ein gutes Zeichen bei Heranwachsenden – nur mit Mühe abschütteln; so sehr hat ihn aus der Tiefe heraus eine Röte überzogen. Dieses wird ihn, soviel ich vermute, auch als Weisen verfolgen, selbst wenn er sich gefestigt und alle schlechten Eigenschaften abgelegt haben wird. Durch keine Weisheit nämlich werden naturgegebene Fehler des Körpers oder des Geistes abgelegt: was auch immer eingeprägt und angeboren ist, wird durch Geschicklichkeit gemildert, nicht besiegt.

(2) Auch einigen der Standhaftesten bricht beim Anblick einer Menge der Schweiß aus, nicht anders als es oft bei Erschöpften oder Erhitzten geschieht, einigen zittern die Knie beim Sprechen, bei manchen klappern die Zähne aufeinander, stolpert die Zunge, schließen sich die Lippen: weder Erziehung noch Übung treibt dieses jemals aus, sondern die Natur übt ihre Macht aus und daran erinnert sie mit jenem Fehler sogar die Stärksten.

(3) Ich weiß, dass sich unter diesen überdies das Erröten befindet, das sich auch über die bedeutendsten Männern plötzlich ergießt. Sicherlich tritt es stärker in Erscheinung bei jungen Männern, die sowohl ein mehr an Leidenschaft als auch ein zarteres Gesicht besitzen; nichtsdestotrotz trifft es auch Veteranen und auch Greise. Manche müssen nie mehr gefürchtet werden, als wenn sie erröten, gleichwie sie jede Zurückhaltung fortgeschleudert hätten.

(4) Sulla war dann am gewalttätigsten, nachdem Blut sein Antlitz überkommen hatte. Für nichts besaß das Gesicht des Pompeius eine leichtere Empfänglichkeit; immer errötete er in der Gegenwart einer Menschenmenge, besonders in den Volksversammlungen. Ich erinnere mich, dass Fabian schamrot wurde, nachdem er im Senat als Zeuge hineingeführt worden war, und diese Schüchternheit schmückte ihn außerordentlich.

(5) Dieses geschieht nicht durch eine Schwäche des Charakters, sondern durch eine Ungewöhnlichkeit der Umstände, welche die Unerfahrenen, durch einen angeborenen Wesenszug des Körpers dafür Anfälligen – wenn auch nicht erschüttert – in Unruhe versetzt; denn wie manche ein günstiges, so besitzen etliche ein heftiges, erregbares und auch schnell ins Gesicht dringendes Blut.

(6) Dieses, wie erwähnt, treibt keine Weisheit aus: andernfalls würde sie, wenn sie alle Fehler tilgen könnte, das Wesen der Natur unter ihrer Herrschaft halten. Alles wird haften bleiben, was durch das Los der Geburt und des Körpers zugeteilt wurde, obgleich sich ein Charakter unablässig und über eine lange Zeit formt. Nichts davon kann verhindert, ebenso wenig wie gefordert werden.

(7) Die theatralischen Künstler, die Gemütsbewegungen nachahmen, die Furcht und Unruhe ausdrücken, die Trauer veranschaulichen, stellen mit folgendem Merkmal die Schüchternheit dar. Sie senken sicherlich den Blick, lassen im Ausdruck nach, richten die Augen fest auf den Boden und halten sie nieder: eine Schamröte können sie sich nicht abnötigen; weder lässt sie sich verhindern, noch herbeiführen. Nichts verheißt die Weisheit gegen diese, nichts bewirkt sie: sie beruhen auf eigenem Recht, sie erscheinen von selbst, sie verschwinden von selbst.

(8) Schon verlangt der Brief nach einem Schlusswort. Empfange, gewiss auch ein brauchbares und nützliches, von dem ich wünsche, dass du es dir

im Gedächtnis einprägst: „Irgendeinen tüchtigen Mann müssen wir verehren und immer vor Augen haben, damit wir so leben, als ob jener uns prüft, und alles verrichten, als ob jener uns zuschaut."

(9) Dies, mein Lucilius, lehrte Epikur; er hat uns einen Wächter und einen Lehrer zugeteilt: ein großer Teil der Fehltritte wird vereitelt, wenn zu denen, die eine Verfehlung begehen wollen, ein Zeuge herantritt. Der Geist sollte jemanden haben, den er achtet, dessen Vorbild seine Gedanken noch tugendhafter macht. Oh jener Glücklicher, der nicht nur in Anwesenheit verbessert, sondern auch in Gedanken! Oh Glücklicher, der auf eine Weise jemanden verehren kann, dass er sich auch in der Erinnerung an ihn bildet und ordnet! Wer jemanden derart verehren kann, wird [selbst] schnell verehrungswürdig sein.

(10) Daher wähle Cato aus; wenn dieser von dir als allzu streng angesehen wird, wähle Laelius, einen Mann von gelassenerer Gemütsart. Wähle den, von dem dir sowohl der Lebenswandel, als auch die Rede und selbst der Gesichtsausdruck, der den Charakter widerspiegelt, gefallen haben; diesen halte dir immer vor Augen, entweder als Wächter oder als Beispiel. Man braucht jemanden, ich sagte es, an dem unser Charakter sich unmittelbar prüfen sollte; Krümmungen wirst du nur im Verhältnis zu einer Richtschnur begradigen. Lebe wohl.

# Buch 1 – Brief 12

Seneca grüßt seinen Lucilius,

(1) Wohin auch immer ich mich wende, ich sehe Beweise für mein hohes Alter. Ich war auf meinem Landgut angekommen und beklagte mich über die Kosten für das zerfallende Gehöft. Der Verwalter erklärt mir, dass dies nicht die Schuld seiner Nachlässigkeit ist, dass er alles tue, dass aber die Villa alt ist. Diese Villa entstand unter meinen Händen: was kann mir die Zukunft bringen, wenn Steine meines Alters so sehr verfallen sind?

(2) Verärgert ergreife ich die nächste Gelegenheit, um ihn wütend anzufahren. „Es scheint", sage ich, „dass diese Platanen vernachlässigt werden. Sie haben keine Blätter. Wie knotig und vertrocknet die Äste, wie hart und rauh die Stämme sind! Das wäre nicht geschehen, wenn jemand ringsum den Boden lockern würde, wenn jemand sie bewässern würde." Er schwört bei meinem Schutzgeist, dass er alles tue, dass seine Aufmerksamkeit in nichts nachlasse, dass jene aber alt sind. Insofern sollte es unter uns bleiben, dass ich jene gepflanzt hatte, dass ich das erste Blatt von ihnen gesehen hatte.

(3) „Wer ist dieser da?", sagte ich zum Eingang zurückgewandt. „Dieser altersschwache und daher aus gutem Grund an die Haustür gesetzte? Zurecht schaut er nach draußen. Woher hast du den da bekommen? Was erfreute dich daran, eine fremde Leiche aufzunehmen?" Aber der genannte entgegnet: „Kennst du mich nicht? Ich bin Felicio, dem du gewöhnlich die kleinen Figürchen mitgebracht hast; ich bin der Sohn des Verwalters Philositus, dein kleiner Liebling." „Der muss vollkommen wahnsinnig sein", rufe ich aus. „Das Bübchen, das obendrein noch mein Entzücken geweckt hat? Es kann durchaus möglich sein: Eben erst fallen ihm die Zähne aus."

(4) Ich verdanke es meinem Landgut, das, wohin auch immer ich meine Aufmerksamkeit gelenkt hatte, mir mein Greisenalter offenkundig gemacht hat. Lasst es uns pflegen und lieben; es ist voller Freude, wenn du es zu nutzen weißt. Das Obst ist am lieblichsten, sobald es vergeht; die größte Anmut erreicht man am Ende der Jugend; der dem Wein verfallen ist, den erfreut der letzte Trank – jenem, der ihn versinken lässt, der ihm den Rausch mit vollkommenster Hand aufdrückt;

(5) das Angenehmste von allem, welches die Lust besitzt, schiebt sie auf bis zu ihrem Ende. Das sich bereits neigende Alter – jedoch nicht dasjenige, das sich zum Ende neigt – ist am angenehmsten, und ich meine, dass ebenso jenes seine Freude innehat, das auf dem äußersten Ziegel steht; oder es tritt sogar an die Stelle der sinnlichen Vergnügungen, nichts zu vermissen. Wie angenehm es ist, seine Begierden ermüdet und sogar hinter sich gelassen zu haben.

(6) „Es ist verdrießlich", sagst du, „den Tod vor Augen zu haben." Erstens ist er von Beginn an bestimmt, ebenso dem Greis wie dem jungen Mann vor Augen zu stehen – er wird sicherlich nicht gemäß der Bürgerliste herbeigerufen; sodann ist niemand so bejahrt, dass er nicht unersättlich auf nur einen einzigen Tag hofft. Ein Tag ist nämlich eine Stufe des Lebens. Das ganze Leben besteht aus Teilen und es weist Kreise auf, wobei die größeren um die kleineren herumgezogen wurden: es gibt einen, der enthält und umschlingt alles – dieser erstreckt sich von der Geburt bis zum letzten Tag; es gibt einen anderen, der die Jahre der Jugend absondert; einer existiert, der die ganze Kindheit mit seinem Umfang erfasst; es ist ferner das Jahr an sich vorhanden, das alle Zeitpunkte einschließt, durch deren Vervielfältigung das Leben zusammengesetzt wird; der Monat wird von einem engeren Kreis umgeben; die engste Kreisbahn besitzt der Tag, doch auch dieser rückt vom Anfang zum Ende heran, vom Aufgang zum Untergang.

(7) Deswegen sagte Heraklit, dessen Ausdrucksweise ihm den Beinamen ‚der Dunkle‘ einbrachte: „Ein Tag ist gleich allen." Das hat der eine so, der andere so aufgenommen. Der eine erklärte nämlich, dass er an Stunden gleich ist, und das ist nicht verkehrt; denn wenn der Tag eine Zeitdauer von 24 Stunden besitzt, ist es notwendig, dass alle Tage einander gleich sind, weil die Nacht besitzt, was der Tag verloren hat. Ein anderer sagt, dass ein Tag durch die Ähnlichkeit zu allen gleich ist, denn auch die längste Zeitdauer hält nichts inne, was du nicht auch an einem Tage entdecken könntest, Licht und Dunkelheit, und in den wechselnden Schicksalen der Welt bringt dieser vieles hervor, nichts anderes, bald kürzer, bald länger.

(8) Deshalb muss man jeden Tag so einrichten, als ob er den Trupp schließen und das Leben zur Vollkommenheit bringen und beenden würde. Pacuvius, der sich Syrien zu seinem Eigentum gemacht hat, wurde, immer wenn er sich mit Wein und jenen verderblichen Festmahlen selbst das Totenopfer dargebracht hatte, derart vom Essen in sein Schlafgemach getragen, dass unter Klatschen der Lustknaben dieses zur Musikbegleitung gesungen wurde:

*„Es ist ausgelebt, ausgelebt!"*

(9) Jeden Tag hat er sich zu Grabe getragen. Das, was jener aus schlechtem Bewusstsein tat, sollten wir aus gutem tun, und wenn wir in den Schlaf gleiten wollen, sollten wir froh und heiter sagen: „Ich habe gelebt und vollendet, was das Schicksal in seinem Lauf bestimmt hatte". Wenn der Schutzgott einen morgigen Tag hinzufügt, lasst ihn uns froh annehmen. Jener ist am glücklichsten und unbekümmerter Herr seiner selbst, der den nächsten Tag ohne Besorgnis erwartet; wer auch immer sagte: „Ich habe gelebt", erhebt sich Tag für Tag mit Gewinn.

(10) Aber schon muss ich den Brief beenden. „Er wird so ohne weiteres, ohne irgendeine Zuwendung zu mir kommen?", fragst du. Fürchte dich nicht: er bringt etwas mit sich. Weshalb habe ich etwas gesagt? Vieles. Was ist denn großartiger als dieser Spruch, den ich ihm zur Übergabe an dich weitergebe. „Es ist schlimm, in der Unvermeidlichkeit zu leben, aber es gibt keinen Zwang, in der Unvermeidlichkeit zu leben." Warum soll sie unbedeutend sein? Überall stehen viele kurze und leichte Wege zur Freiheit offen. Lasst uns dem Schutzgott danken, dass niemand im Leben gehalten werden kann: Es ist möglich, selbst die Unvermeidlichkeiten mit Füßen zu treten.

(11) „Epikur", wendest du ein, „hat gesagt: Was befasst Du dich mit einem Fremden?" Was wahr ist, ist mein; ich werde darauf beharren, dir Epikur anzuführen, damit diejenigen, die auf Worte schwören und nicht bewerten, was behauptet wird, sondern von wem, wissen sollen, dass die [Sprüche] am besten sind, die zum Gemeingut gehören. Lebe wohl.

---

---- ✦ ----

# Buch 2 – Brief 13

Seneca grüßt seinen Lucilius,

(1) Ich weiß, dass du eine große Charakterstärke besitzt; denn auch bevor du dich mit heilsamen und die Mühsal überwindenden Lehren ausgestattet hast, gefielst du dir recht wohl im widrigen Schicksal, und erst recht, nachdem du mit ihm aneinandergeraten bist und du deine Kräfte erprobt hast, die von sich aus niemals zuverlässigen Schutz gewähren können, wenn sie sich nicht hier und dort unter vielen Schwierigkeiten bewährt haben – sie irgendwann wahrhaftig und nahe herangetreten sind. Derart wird jener echte und sich nicht einem fremden Schiedsspruch beugende Charakter bewiesen; dies ist seine Feuerprobe.

(2) Ein Athlet, der niemals verprügelt wurde, kann kein großes Selbstbewusstsein in den Wettkampf miteinbringen; jener lässt sich mit hoher Erwartung auf einen Wettstreit ein, der sein eigenes Blut erblickt hat, dessen Zähne unter der Faust geborsten sind, jener, der, nachdem er zu Fall gebracht wurde, den Gegner mit ganzem Körper ertrug und, obgleich zu Boden geworfen, den Mut nicht aufgab, der sich jedes Mal wenn er hinfiel, hartnäckiger wieder erhoben hat.

(3) Also, um dieses Gleichnis zu Ende zu führen: oft schon stand das Schicksal über dir, und trotzdem hast du dich ihm nicht überlassen, sondern bist aufgesprungen und hast dich ziemlich energisch behauptet; nachdem sie herausgefordert wurde, steigert sich die Tatkraft nämlich oft. Wenn es dir richtig erscheint, nimm dennoch Hilfsmittel von mir an, mit denen du dich zu schützen vermagst.

(4) Mehr gibt es, Lucilius, das uns erschreckt, als das uns niederhält, und öfter leiden wir unter einer Einbildung als unter einer Tatsache. Ich rede mit dir nicht in der stoischen Sprache, sondern in der heutigen, anspruchs-

loseren; wir bestimmen nämlich all dieses, unbedeutend und nicht beach-
tenswert zu sein, was wir mit Klagen und Getöse ausdrücken. Wir lassen
diese tugendhaften, aber, gute Götter, wahren Worte beiseite: nur so viel
rate ich dir, damit du nicht vor der Zeit unglücklich bist, weil jenes, das
du gleichsam als bevorstehend befürchtet hast, möglicherweise niemals
eintreffen wird, sicherlich nicht eingetroffen ist.

(5) Manches beunruhigt uns also mehr, als es muss, manches beunruhigt
uns früher, als es muss, manches beunruhigt uns, obgleich es überhaupt
nicht muss; entweder übertreiben wir den Schmerz oder wir nehmen ihn
vorweg oder denken ihn uns aus.

Jenes erste soll für den Augenblick aufgeschoben werden, weil sich die
Sache im Streit befindet und wir einen Prozess eingeleitet haben. Du wirst
behaupten, dass sehr folgenschwer ist, was ich als unbedeutend bezeichnen werde; ich weiß, dass die einen unter Peitschen lachen, die anderen
bei einer Backpfeife stöhnen. Später werden wir sehen, ob dieses aus eigener Stärke oder durch unsere Schwäche Geltung haben soll.

(6) Beweise mir nur soviel, dass du, jedes Mal wenn dich diejenigen umringen, die dir einreden wollen, dass du unglücklich bist, nicht in Erwägung ziehst, was du hörst, sondern was du fühlst, und dass du mit der dir
eigenen Geduld abwägst und, der du deine Situation am besten untersucht
hast, dich auch selbst fragst: „Was ist es, weshalb jene mich beklagen?
Was ist es, dass sie sich ängstigen, dass sie gleichfalls auch eine Berührung durch mich fürchten, als ob das Unglück hinüberspringen könnte? Ist
irgendetwas Schlimmes daran, oder ist diese Sache mehr verrufen als
schlecht?" Selbst frage dich: „Quäle und betrauere ich mich vielleicht ohne Grund und bringe ich ein Übel hervor, das nicht existiert?"

(7) „Auf welche Weise werde ich erkennen", fragst du, „ob eingebildet
oder echt ist, wodurch ich geängstigt werde?" Nimm dafür als Richtschnur

entgegen: wir werden entweder durch Gegenwärtiges beunruhigt oder durch Künftiges oder durch beides. In Bezug auf Gegenwärtiges ist eine Beurteilung leicht: wenn dein Körper frei und gesund ist, und aus Unrecht nicht irgendein Leid existiert, werden wir sehen, was sich in Zukunft ereignet: der heutige Tag besitzt nichts an Unannehmlichkeit.

(8) „Aber es ereignet sich ja in der Zukunft." Erwäge zuerst, ob es sichere Beweise für eine ungünstige Zukunft gibt; gewöhnlich werden wir nämlich von Ahnungen geplagt, und es täuscht uns jenes Gerede, dass gewöhnlich einen Krieg beendet, um vieles eher jedoch einen Einzelnen aufreibt. Es ist so mein Lucilius: wir schließen uns schnell einer Vermutung an; wir widerlegen jene nicht, die uns in Angst versetzen, und wir prüfen sie nicht genau, sondern wir ängstigen uns und so wenden wir uns zur Flucht gleich jenen, die eine Staubwolke, die bei der Flucht einer Herde aufgewirbelt wurde, aus dem Kriegslager herauslockte, oder die irgendeine, ohne Zeuge verbreitete Geschichte eingeschüchtert hat.

(9) Ich weiß nicht, auf welche Weise Unwahrheiten mehr Verwirrung stiften; die Wirklichkeit hat nämlich ihr Maß: alles, was aus der Ungewissheit entsteht, wird der Vermutung und der Willkür des verängstigten Gemüts ausgeliefert. Nichts ist daher so gefährlich, nichts so unwiderruflich wie panische Ängste; die anderen sind jedenfalls ohne Ursache, diese ohne Verstand.

(10) Wir sollten daher in dieser Angelegenheit sehr sorgfältig nachforschen. In irgendeiner Zukunft ereignet sich wahrscheinlich ein Unheil; es steht allerdings nicht fest. Wie viel, das nicht erwartet wurde, ist eingetroffen? Wie viel, das erwartet wurde, hat sich nirgends eingestellt? Selbst wenn es sich in Zukunft ereignet, was hilft es, seinem Schmerz entgegenzueilen? Wenn es eintritt, wirst du schnell genug leiden: inzwischen mache dir Hoffnung auf Besseres.

(11) Was wirst du gewinnen, Lucilius? Zeit. Vieles wird dazwischen kommen, so dass eine nahe oder fast herangerückte Gefahr entweder Halt macht oder ablässt oder auf eine fremde Person übergeht: das Feuer ließ die Möglichkeit zur Flucht offen; der Sturz setzte einige sanft ab; zuweilen wurde das Schwert sogar vom Nacken abgewendet; manch einer überlebte seinen Henker. Auch das missliche Schicksal zeigt Wankelmut. Vielleicht wird es sich ereignen, vielleicht wird es sich nicht ereignen: einstweilen existiert es nicht; stell dir Gedeihlicheres vor Augen.

(12) Manchmal, ohne sichtbare Anzeichen, die vorab etwas Nachteiliges verkünden, schafft sich der Verstand unbegründete Trugbilder: entweder dreht er irgendein Wort von ungewisser Bedeutung ins Schlechtere oder er stellt sich jemandes Kränkung größer vor, als sie ist, und er bedenkt nicht, wie zornig jener ist, sondern in welchem Maße er zornig sein darf. Es gibt jedoch keinen Lebensgrund, kein Maß des Elends, wenn er sich fürchtet, so sehr er kann. Hier hilft die Klugheit, hier weise mit der Kraft des Geistes auch die augenscheinliche Furcht zurück; wenn nicht das, verhindere eine Verfehlung mit einer Verfehlung, lindere die Furcht mit der Hoffnung. Nichts von dem, was gefürchtet wird, ist so sicher, als dass nicht sicherer ist, dass sowohl die Furcht nachlässt, als auch die Hoffnungen täuschen.

(13) Wäge folglich Hoffnung und Angst ab, und sooft vollständige Ungewissheiten herrschen, sei dir gnädig: glaube, was du lieber willst. Wenn die Furcht von mehreren Meinungen getragen wird, neige dich trotzdem lieber in die erwähnte Richtung und höre auf, dich in Unruhe zu versetzen, und bedenke immer wieder dieses im Geiste, dass ein großer Teil der Menschen, obwohl ihm weder etwas an Schlechtem widerfährt noch für gewiss widerfahren wird, er leidenschaftlich bewegt ist und hierhin und dorthin rennt. Niemand nämlich leistet sich selbst Widerstand, nachdem er angefangen hat, sich in Bewegung zu setzen, und er vermindert seine Angst nicht in Bezug auf das Tatsächliche; niemand sagt: „Unzuverlässig

ist mein Zeuge, unglaubwürdig ist er: entweder hat er es sich ausgedacht oder es für wahr gehalten". Wir gestatten einem Luftzug uns zu tragen; vor Zweifeln schrecken wir für gewiss zurück; wir wahren nicht das Maß der Dinge, mit der Furcht nähert sich sogleich die Besorgnis.

(14) Es beschämt mich, in diesem Punkt derart mit dir zu sprechen und dich mit so milden Heilmitteln wiederzubeleben. Ein anderer könnte sagen: „Möglicherweise wird es nicht eintreffen" – du sage: „Was nun aber, wenn es eintreffen wird? Wir werden sehen, wer siegt. Vielleicht gerät es mir zum Vorteil, und dieser Tod wird das Leben auszeichnen". Der Schierlingsbecher hat den großen Sokrates erschaffen. Entwinde Cato das Schwert, den Beschützer der Freiheit: du wirst ihm einen großen Teil des Ruhms entreißen.

(15) Allzu lange ermuntere ich dich, obgleich du eher eine Erinnerung als eine Ermunterung benötigst. Wir führen dich nicht in eine von deiner Natur entgegengesetzten Richtung: du bist für das geboren, wovon wir sprechen; umso mehr vergrößere und ordne dein geistiges Gut.

(16) Aber alsbald möchte ich den Brief beenden, wenn ich ihm nämlich seine Parole aufgedrückt, das heißt, mit einer großartigen Äußerung zur Übergabe an dich beauftragt habe. „Inmitten der übrigen Fehler, besitzt die Dummheit auch diesen: immerwährend beginnt sie zu leben." Überlege, was diese Äußerung bedeuten soll, allerbester Lucilius, und du wirst einsehen, wie abscheulich der Wankelmut der Menschen ist, die jeden Tag ein neues Fundament fürs Leben errichten, die selbst vor dem Lebensende neue Hoffnungen zu begründen suchen.

(17) Mustere für dich jeden Einzelnen: es werden dir die alten Männer ins Auge fallen, die sich mehr denn je zu Amtsbewerbung, zu Reisen und zum Handeltreiben anschicken. Was ist aber peinlicher, als ein alter Mann, der zu leben beginnt? Ich würde den Urheber dieser Äußerung nicht hin-

zufügen, wenn sie nicht ziemlich selten und nicht unter die allgemein verbreiteten Sprüche Epikurs fallen würde, die ich mir erlaubt habe, sowohl
gutzuheißen als auch anzunehmen. Lebe wohl.

———

# Buch 2 – Brief 14

Seneca grüßt seinen Lucilius,

(1) Ich gebe zu, dass uns die Wertschätzung für unseren Körper angeboren ist; ich gebe zu, dass wir dessen Bewahrung in uns tragen. Ich bestreite nicht, dass man sich um ihn sorgen muss, ich bestreite, dass man ihm dienen muss; der Sklave vieler wird nämlich sein, der Sklave seines Körpers ist, der um seinetwillen allzu besorgt ist, der sich ganz nach ihm richtet.

(2) Auf diese Weise müssen wir uns benehmen, nicht als ob wir verpflichtet wären, des Körpers wegen zu leben, sondern als ob wir ohne den Körper nicht könnten; die Liebe zu ihm behelligt uns übermäßig mit Furcht, überhäuft uns mit Sorgen, setzt uns Kränkungen aus; gering ist die Würde von demjenigen, dem der Körper übermäßig kostbar ist. Man soll ihn gründlichst mit Aufmerksamkeit behandeln, jedoch unter der Bedingung, dass er ins Feuer geworfen werden könnte, wenn die Vernunft, die Würde, die Redlichkeit es erfordern wird.

(3) Wir sollten trotzdem, soweit wir imstande sind, gleichfalls auch den Widrigkeiten ausweichen, nicht nur den Gefahren, und uns an einen sicheren Ort zurückziehen, immer wieder ergründend, womit zu Fürchtendes abgewehrt werden kann. Wenn ich mich nicht täusche, gibt es drei Arten davon: man fürchtet Armut, man fürchtet Krankheiten, man fürchtet, was vermöge der Gewalt eines Mächtigen geschieht.

(4) Von all diesen beunruhigt uns nichts mehr als dasjenige, das von feindseligen Machthabern droht; es nähert sich nämlich mit großem Lärm und Aufruhr. Die natürlichen Übel, die ich vorgetragen habe, Armut und Krankheit, schleichen sich unbemerkt heran, flößen weder Ohren noch Augen irgendetwas an Schrecken ein: ungeheuer groß ist der Umzug des

anderen Übels; es umgibt sich mit Schwert und Feuer und auch mit Ketten und einem Rudel wilder Tiere, damit es sich auf das Fleisch der Menschen stürzt.

(5) Denke an dieser Stelle an den Kerker, die Kreuzigungen, die Folterpferde, den Widerhaken, den Pfahl, durch die Mitte des Menschen hineingetrieben, sodass er aus dem Mund zum Vorschein kommt, und an die losgerissenen Körperteile, nachdem die Pferdewagen in die entgegengesetzte Richtung getrieben wurden, an jene Tunika, mit Brennmaterial sowohl bestrichen als auch gewoben, und was immer auch sonst die Grausamkeit über dieses hinaus ersonnen hat.

(6) Es ist daher nicht verwunderlich, dass die Furcht vor der eben erwähnten Lage am größten ist, da ja deren Mannigfaltigkeit sowohl groß als auch das Werkzeug schrecklich ist. Denn wie ein Folterknecht mehr hervor-bringt, der mehrere Folterinstrumente zur Schau gestellt hat – durch den Anblick werden nämlich diejenigen gebrochen, die mit Gleichmut Widerstand geleistet hätten –, so richten von denen, die unsere Herzen unterjochen und bezwingen, diejenigen mehr aus, die halten, was sie ankündigen. Die vorher genannten Geißeln sind nicht weniger schwer – ich spreche von Hunger und Durst, von Magengeschwüren und von Fieber, das selbst die Eingeweide ausdörrt –, aber sie halten sich verborgen, sie besitzen nichts, was sie drohend ausrichten, was sie öffentlich zur Schau tragen könnten. Wie in großen Schlachten haben diese mit dem Sichtbarwerden und durch die Vorbereitung die Oberhand erlangt.

(7) Wir sollten uns deshalb Mühe geben und auf Schmähungen verzichten. Bisweilen ist es das Volk, das wir fürchten müssen; bisweilen, falls dort eine Stadtverordnung vorgibt, dass die meisten Dinge durch den Senat ausgehandelt werden, die einflussreichen Männer darin; bisweilen Einzelne, denen die Staatsgewalt sogar gegen das Volk übertragen wurde. Es ist mühsam, diese alle als Freunde zu haben, es genügt, sie nicht als

Feinde zu haben. Deshalb wird der Weise niemals Zornausbrüche der Mächtigen herausfordern, vielmehr wird er sie vermeiden, nicht anders als beim Segeln den Sturm.

(8) Als du Sizilien aufgesucht hast, überquertest du eine Meerenge. Der unbedachte Steuermann hat die Drohungen des Südwinds missachtet – es ist nämlich jener, der das Meer vor Sizilien aufwühlt und in Wirbeln zusammendrängt; er wendete sich nicht dem linken Meeresufer zu, sondern demjenigen, an dem Charybdis in der Nähe das Meer umwälzt. Aber der vorsichtigere [Steuermann] fragt freilich die Ortskundigen, welche Strömung herrscht und welche Zeichen die Wolken geben; fern von jener berüchtigten Gegend mit den Strudeln hält er den Kurs. Dasselbe macht der Weise: eine Macht, die ihm schaden will, vermeidet er, hierzu stellt er zuerst sicher, dass nicht sichtbar wird, dass er sie meidet; ein Teil seiner Sicherheit liegt nämlich auch darin, diese nicht ausdrücklich zu erstreben, weil er das, was er meidet, verurteilt.

(9) Wir müssen also überlegen, auf welche Weise wir vor der breiten Masse sicher sein können. Zuerst sollten wir keineswegs dasselbe begehren: zwischen Konkurrenten gibt es Streit. Daher sollten wir nichts besitzen, das mit großem Gewinn von jemanden, der darauf lauert, geraubt werden kann; es sollte möglichst wenig Beute an deinem Körper geben. Niemand rückt gegen das menschliche Blut wegen seiner selbst an, oder nur sehr wenige; mehr [Menschen] denken an ihren Vorteil, als dass sie einen Hass gefasst haben. Einen Nackten lässt der Räuber vorübergehen: sogar auf einem belagerten Weg hat der Arme seine Ruhe.

(10) Drei Dinge müssen daher nach alter Lehre überwunden werden, um sie zu vermeiden: Hass, Neid und Starrsinn. Auf welche Weise dies geschehen könnte, wird allein die Weisheit zeigen; das rechte Maß ist nämlich schwierig, und es ist zu fürchten, dass uns die Furcht vor dem Neid der Geringschätzung aussetzt, dass, während wir nicht verachten wollen,

anscheinend verachtet werden können. Die Macht zu haben, gefürchtet zu werden, hat vielen die Gründe geliefert, sich zu fürchten. Wir sollten uns in jeder Hinsicht zurückhalten: es schadet nicht weniger verspottet als beargwöhnt zu werden.

(11) In der Philosophie muss man deshalb Zuflucht suchen; diese Gelehrsamkeit, ich sage nicht bei den Guten, sondern bei den nur im geringen Maße Schlechten, besitzt das Ansehen der Unantastbarkeit. Denn die Beredsamkeit vor Gericht und auch jede andere, die das Volk bewegt, hat Gegner. Die eben erwähnte [Philosophie], friedlich und von privater Angelegenheit, kann nicht verachtet werden, von allen Künsten steht sie selbst bei den Schlechtesten im Ansehen. Niemals wird die Dekadenz so sehr an Kraft gewinnen, niemals wird man sich derart gegen die Sittlichkeit verschwören, dass der Name der Philosophie nicht verehrungswürdig und geweiht bleibt. Im Übrigen muss die Philosophie selbst gelassen und besonnen betrieben werden.

(12) „Was also?", sagst du, „Scheint dir ein M. Cato, der mit Vorsatz einen Bürgerkrieg aufhält, besonnen zu philosophieren? Der mitten im Kampf zwischen die tobenden Anführer tritt? Der, während die einen Pompeius, die anderen Caesar beleidigen, beide zugleich herausfordert?"

(13) Man kann darüber streiten, ob ein Weiser in jener Zeit die politische Laufbahn hätte einschlagen müssen. Was fällt dir ein, Marcus Cato? Es wird nicht mehr über die Freiheit verhandelt: die wurde einst zugrunde gerichtet. Es stellt sich die Frage, ob Caesar oder Pompeius den Staat besitzen soll: was hast du mit diesem Streit zu schaffen? Keine der Parteien sind die deinigen. Ein Herrscher wird gewählt, was geht es dich an, wer von beiden siegt? Es kann der Bessere siegen, notwendigerweise muss es der Schlechtere sein, der siegt. Ich habe mich mit der letzten Rolle Catos beschäftigt; aber nicht einmal die vorangegangenen Jahre waren so, dass sie den Weisen in jenem Raubzug der Republik geduldet hätten. Was

sonst hat Cato [getan], als laut gerufen und nutzlose Worte ausgestoßen, als er, bald vom Forum geschleppt – beim Fortschaffen von der Hand des Pöbels emporgehoben und mit Auswurf überdeckt, bald aus dem Senat in den Kerker abgeführt wurde?

(14) Aber später werden wir überlegen, ob sich der Weise den Staatsgeschäften widmen sollte: inzwischen lade ich dich zu den heutigen Stoikern ein, die sich, ausgeschlossen vom Staatsgeschäft, zurückgezogen haben, um das Leben zu huldigen und dem Menschengeschlecht Rechtsnormen zu schaffen ohne irgendeine Kränkung eines Mächtigeren. Der Weise wird die allgemeinen Sitten nicht verstören und das Volk auch nicht durch einen ungewöhnlichen Lebenswandel zu sich bekehren.

(15) „Wie also? Wird doch wenigstens derjenige sicher sein, der diesen Lebensplan befolgt?" Ich kann dir das ebenso wenig versprechen wie einem maßhaltenden Menschen eine gute Gesundheit, und trotzdem verleiht Maßhalten eine gute Gesundheit. Manch ein Schiff geht im Hafen zugrunde: aber was glaubst du, auf hoher See zu begegnen? Wie viel leichter würde diesem Gefahr drohen, der vieles treibt und unternimmt, zumal ihm nicht einmal die Muße sicher ist? Zuweilen gehen Unschuldige zugrunde. Wer leugnet das? Öfter jedoch die Schuldigen. Das Kampfgeschick bleibt dem erhalten, der durch die Rüstung hindurch getroffen wurde.

(16) Schließlich betrachtet der Weise die Absicht aller Dinge, nicht das Ergebnis; die Anfänge stehen in unserer Macht, über den Ausgang richtet das Schicksal, dem ich kein Urteilsspruch über mich gewähre. „Aber er wird irgendetwas an Mühsal mitbringen, irgendetwas an Unglück." Der Verbrecher spricht nicht schuldig, wenn er tötet.

(17) Nun streckst du die Hand aus für den täglichen Lohn. Mit einer goldenen Gabe werde ich dich sättigen, und weil das Gold erwähnt wurde, erfahre, auf welche Weise die Ausübung und der Ertrag daraus dir ange-

nehmer sein könnte. „Am meisten freut sich derjenige über den Reichtum, dem es am wenigstens nach Reichtum verlangt." „Nenne den Autor", sagst du. Damit du merkst, wie freigiebig wir sein können, besteht der Vorsatz, Fremdes zu loben: er stammt entweder von Epikur, von Metrodoros oder von irgendeinem aus jener Werkstatt.

(18) Und was für einen Unterschied macht es, wer es möglicherweise gesagt hat? Für alle sprach er es aus. Wer sich nach Reichtum sehnt, fürchtet um ihn; niemand jedoch erfreut sich an einem Sorgen bereitenden Gut. Manch einer strebt danach, jenes anzuhäufen; während er über die Vermehrung nachdenkt, vergisst er die Verwendung. Er nimmt Rechnungen an, müht sich auf dem Forum ab, wendet das Schuldbuch hin und her: aus dem Herrn wird ein Verwalter. Lebe wohl.

———

# Buch 2 – Brief 15

Seneca grüßt seinen Lucilius,

(1) Es war der Brauch der Vorfahren, der sich bis in meine Zeit hinein bewahrt hat, den ersten Worten eines Briefes hinzuzufügen: „Wenn du gesund bist, ist es gut, ich bin gesund." Völlig zu Recht sagen wir: „Wenn du philosophierst, ist es gut." Denn das heißt es schließlich, gesund zu sein. Ohne es [das Philosophieren] ist die Seele krank; auch der Körper, selbst wenn er große Stärke besitzt, ist nicht auf andere Weise gesund als der eines Rasenden oder Geisteskranken.

(2) Pflege also besonders diese Gesundheit, anschließend auch die schon erwähnte zweite [des Körpers]; diese wird dich nicht viel kosten, wenn du völlig gesund sein willst. Es ist jedenfalls töricht, mein Lucilius, und als Beschäftigung für einen gebildeten Mann keineswegs schicklich, die Oberarme zu trainieren, den Nacken auszudehnen und sogar die Seiten des Körpers zu kräftigen; wenn dir die Mast glücklich gelungen ist und die Muskeln gewachsen sind, wirst du weder jemals die Kräfte noch das Gewicht von stattlichen Ochsen erreichen. Füge nun hinzu, um wie viel der Verstand durch die allzu große Last des Körpers zerdrückt wird und weniger gewandt ist. Schränke deshalb deinen Körper ein, soviel du kannst, und verlängere den Zeitraum für den Geist.

(3) Dieser [Beschäftigung] mit Sorgfalt zugetan, schließen sich viele Unannehmlichkeiten an: zuerst die Übungen, deren Beschwerlichkeit den Geist erschöpft und zu Aufmerksamkeit und zu scharfsinnigeren Studien unfähig macht; darauf wird durch die Menge an Speisen der Scharfsinn gehemmt. Hinzukommen Sklaven der schlimmsten Art, die als Lehrer aufgenommen wurden, Menschen, die von Öl und Wein in Anspruch genommen sind, denen der Tag nach Wunsch vollendet ist, wenn sie stark geschwitzt haben, wenn sie – an Stelle dessen, was ausgeströmt ist – den

Großteil des allzu tief in den leeren Magen stürmenden Getränks zurück-geschafft haben. Trinken und Schwitzen gehört zum Leben eines Magen-kranken.

(4) Es gibt sowohl leichte als auch kurze Übungen, die den Körper ohne Verzögerung ermüden und auch Zeit sparen, deren eigentümliche Metho-de man beherrschen muss: der Lauf und das Armschwingen mit irgendei-nem Gewicht und auch der Sprung, sei es jener, der den Körper hoch emporschwingt, sei es jener, der in die Weite schleudert, oder sei es jener, wie man so sagt, nach Art der Salier, oder sogar, um es herabwürdigender zu sagen, nach Art der Tuchwalker: aus diesen wähle irgendwelche als rohe, einfache Übung aus.

(5) Was auch immer du tust, kehre schnell wieder vom Körper zum Geist zurück; ihn bilde aus in den Nächten und an den Tagen. Durch maßvolle Anstrengung wird er geformt; nicht Kälte, nicht Hitze und gewiss nicht das Alter wird dieses Training behindern. Kümmere dich um das Gut, das mit dem Alter vortrefflicher wird.

(6) Aber ich fordere dich nicht auf, immer nach einem Buch oder den Schreibtäfelchen zu streben: man muss dem Verstand manche Pause ein-räumen, auf eine Weise jedoch, dass er nicht erschlafft, sondern gelockert wird. Eine Spazierfahrt rüttelt einerseits den Körper durch, andererseits stellt sie sich nicht dem Studium entgegen: du könntest lesen, du könntest diktieren, du könntest reden, du könntest zuhören, nicht einmal ein Spa-ziergang verhindert, davon nichts zu geschehen.

(7) Was, wenn du dann zu erfahren wünschst, auf welche Weise du spazie-ren gehen sollst? Ziehe jene hinzu, denen der Hunger neue Kunststücke gelehrt hat: einen wird es geben, der deine Schritte regelt, deine Backen beim Essen aufmerksam beobachtet und so weit hervortritt, wie du seine Frechheit mit Geduld und Leichtgläubigkeit hervorgelockt hast. Du soll-

test auch nicht die Anstrengung der Stimme vernachlässigen, wobei ich dir abrate, sie über eine Tonstufe und ein festgesetztes Maß anzuheben und darauf zu senken. Wie also? Wird deine Stimme unverzüglich mit Geschrei und höchster Leidenschaft beginnen? Natürlich ist es, sich bis dahin allmählich zu steigern, sodass die Streitenden mit dem Sprechen beginnen und zum Geschrei übergehen; niemand fleht sofort die Quiriten um Beistand an.

(8) Wie auch immer es ein seelischer Drang dir also empfehlen sollte, weise die Lasterhaftigkeit bald heftiger, bald ruhiger zurecht; je nachdem dich die Stimme auch in diese Richtung ermuntert: immer wenn du sie zurücknimmst und widerrufst, soll sie maßvoll hinabgleiten, nicht hinabstürzen; sie soll die Mitten ihrer Stimmhöhe halten und nicht nach ungebildeter und bäuerlicher Sitte toben. Wir arbeiten nämlich nicht darauf hin, dass die Stimme ausgebildet wird, sondern dass sie [uns] ausbildet.

(9) Ich habe dir nicht gerade ein bisschen an Arbeit abgenommen: ein kleiner Zins und zugleich ein griechischer Spruch wird diesen Gefälligkeiten hinzugefügt. Schau mal diese hervorragende Lebensregel: „Ein einfältiges Leben ist unerfreulich, ohne Rast und Ruh; es wird ganz der Zukunft gewidmet." „Wer sagt das?", erwiderst du. Derselbe wie oben. Was hältst du nun für ein Leben, das als töricht bezeichnet wird? Das von Baba und Ision? So ist es nicht: unser [Leben] wird genannt, diejenigen, welche die blinde Leidenschaft, die Unheil anrichten und sicher niemals befriedigen wird, ins Verderben stürzt, diejenigen, die genug besessen hätten, falls irgendetwas genug sein könnte, diejenigen, die wir nicht bedenken, wie angenehm es ist, nichts zu fordern, wie großartig es ist, erfüllt zu sein und nicht von Fortuna abhängig zu sein.

(10) Erinnere dich deshalb immer wieder, Lucilius, wie viel du doch erreicht hast; sooft du siehst, wie viele dir vorangehen, bedenke, wie viele dir nachfolgen. Wenn du gegenüber den Göttern und auch gegenüber dei-

nem Leben dankbar sein willst, bedenke, wie vielen du vorangegangen bist. Was hast du mit den anderen zu schaffen? Du hast dich selbst übertroffen.

(11) Setze dir eine Grenze, die du nicht einmal überschreiten könntest, wenn du wolltest; mögen sich jene tückischen Güter irgendwann einmal entfernen, und zwar besser von denjenigen, die sie erhoffen, als von denjenigen, die sie erlangt haben. Wenn etwas in diesen an Echtem wäre, würden sie eines Tages auch Erfüllung bringen: so aber rufen sie ein verzehrendes Verlangen hervor. Der blendende Prunk sollte aufgegeben werden; und das, was das unsichere Los der Zukunft bestimmt, warum sollte ich es lieber von Fortuna durch Bitten erwirken, damit sie gewährt, was ich von mir [selbst] nicht verlange? Warum aber soll ich es verlangen? Soll ich, die menschliche Vergänglichkeit vergessend, [Materielles] anhäufen? Für was soll ich mich abmühen? Schau, dieser Tag ist der letzte; selbst wenn es nicht so wäre, ist er dem letzten nahe. Lebe wohl.

———

# Buch 2 – Brief 16

Seneca grüßt seinen Lucilius,

(1) Ich weiß, dass es dir einleuchtet, Lucilius, dass ohne ein Streben nach Weisheit niemand glücklich, nicht einmal erträglich leben kann, und dass ein glückliches Leben durch vollkommene Weisheit vollendet wird, übrigens immer noch ein erträgliches, wenn sie nur begonnen wurde. Doch das, was einleuchtend ist, muss gestärkt und durch tägliche Einübung fest verankert werden. Mehr Mühe liegt darin, Vorsätze zu befolgen, als sich das sittliche Gute vorzunehmen. Es muss fortdauernd etwas getan und durch beharrliche Anstrengung geistige Stärke hinzugewonnen werden, solange bis eine gute Gesinnung sein möge, was als guter Vorsatz vorhanden ist.

(2) Daher bedarf es für dich mir gegenüber nicht vieler Worte oder einer so langen Beteuerung: ich bin der Meinung, dass du weit vorangekommen bist. Ich weiß, woher wahrscheinlich stammt, was du schreibst: es wurde nicht verstellt und auch nicht gefärbt. Ich werde trotzdem schreiben, was ich denke: in Bezug auf dich hege ich augenblicklich Hoffnung, noch keine Zuversicht. Ich möchte, dass du ebendasselbe auch tust: es gibt keinen Grund, dass du dir schnell und leicht Vertrauen schenkst. Prüfe dich genau und zugleich erforsche und beobachte dich mannigfach; so viel vor allem erkenne: ob du in der Philosophie oder im Leben selbst Fortschritte machst.

(3) Die Philosophie ist nicht das Handwerk des Volkes und nicht der Prahlerei zugeneigt; sie beruht nicht auf Worten, sondern auf Taten. Und sie wird nicht zu dem Zweck herangezogen, dass mit etwas Unterhaltung der Tag verbracht wird, dass die übelste Langeweile durch eine wissenschaftliche Betätigung beseitigt wird: sie gestaltet und erschafft den Geist, sie richtet das Leben gehörig ein, sie lenkt das Handeln, sie zeigt auf, was ge-

tan und was gelassen werden muss, sie führt das Steuerruder und in einer gefährlichen Lage von Unschlüssigkeit lenkt sie den Kurs. Ohne sie kann niemand in Ruhe, niemand frei von Sorgen leben; in jeder einzelnen Stunde ereignen sich unzählige Dinge, die Rat erfordern, der von ihr erbeten werden muss.

(4) Mancher sagt: „Was nützt mir die Philosophie, wenn es eine Bestimmung gibt? Was nützt sie, wenn ein Gott der Herrscher ist? Was nützt sie, wenn der Zufall gebietet? Fürwahr können feststehende Dinge nicht verändert und in keiner Weise kann gegen Ungewisses im voraus gerüstet werden, sondern entweder hat sich ein Gott meiner Absicht bemächtigt und entschieden, was ich tun soll, oder das Schicksal hat nichts meinem Entschluss überlassen."

(5) Was auch immer hiervon wahr ist, Lucilius, oder ob vielleicht all dies wahr ist – es muss philosophiert werden; sei es, dass uns das Schicksal durch ein unerbittliches Gesetz fesselt, sei es, dass ein Gott als Gebieter des Universums alles bestimmt, oder dass der Zufall die menschlichen Dinge ohne Ordnung antreibt und umherwirft: die Philosophie muss uns Schutz bieten. Sie wird durch Worte ermutigen, damit wir einer Gottheit willig gehorchen, damit wir dem Schicksal trotzen; sie wird lehren, der Gottheit zu folgen, den Schicksalsschlag zu ertragen.

(6) Aber wir müssen jetzt nicht zu dieser Erörterung übergehen, was unser Recht sein würde, wenn die Vorsehung herrscht, oder wenn die Abfolge der Weltordnung die an sie Geketteten mit sich fortzieht, oder wenn unvermutete und plötzliche Ereignisse den Herrn spielen: ich kehre nun dahin zurück, dass ich dich ermahne und ermutige, nicht zuzulassen, dass dir die Begeisterung deines Geistes entgleitet und sich abkühlt. Bewahre und festige jene, damit zur Geisteshaltung wird, was Begeisterung ist.

(7) Wenn ich dich richtig kennengelernt habe, siehst du dich bereits von Anfang an danach um, was dieser Brief als kleines Geschenk mit sich bringt: durchsuche ihn gründlich und du wirst es entdecken. Es gibt keinen Grund, sich über meine Einstellung zu wundern: noch immer bin ich freigiebig in Hinsicht auf ein fremdes Gut. Warum aber sagte ich ein fremdes Gut? Alles, was Richtiges von irgendjemand gesagt wurde, gehört mir. Dieses ist gleichfalls auch von Epikur gesagt worden: „Wenn du naturgemäß lebst, wirst du niemals arm sein; so gewiss als in der Einbildung, du niemals reich sein wirst."

(8) Die Natur verlangt weniges, die Einbildung ungeheuerliches. Mag für dich all das angehäuft werden, was die vielen Reichen im Besitz hatten; mag dich ein glückliches Los über das gewöhnliche Maß an Vermögen emporheben, dich mit Gold bedecken, dich in Purpur kleiden; mag es dich zu einem solchen Luxus und Reichtum führen, dass du den Erdboden unter Marmorplatten verbirgst; mag es dir möglich sein, Reichtum nicht nur zu besitzen, sondern zu verspotten; mögen Statuen und Bilder und alles das zu dir gelangen, was irgendeine Kunst des Überflusses ausgearbeitet hat: dadurch wirst du lernen, Bedeutenderes zu begehren.

(9) Die naturgemäßen Bedürfnisse sind begrenzt: diejenigen, die aus trügerischer Einbildung geboren sind, wissen nicht, wo sie enden. Das Trügerische nämlich besitzt keine Grenze. Derjenige, der auf geradem Wege bleibt, findet irgendein Ende: das Irregehen ist unendlich. Halte dich also fern von der Einbildung, und immer wenn du zu wissen begehrst, was du erstrebst, ob du wohl ein naturgegebenes oder ein verblendetes Verlangen hegst, überlege, ob es imstande ist, irgendwo haltzumachen: wenn immer etwas allzu fern verbleibt, obwohl es weit vorangeschritten war, dann solltest du bemerken, dass es nicht naturgemäß ist. Lebe wohl.

# Buch 2 – Brief 17

Seneca grüßt seinen Lucilius,

(1) Verschmähe all dieses, wenn du weise bist, ja vielmehr, um weise zu werden, und strebe im vollen Lauf und mit allen Kräften zu einer zweckmäßigen Denkart; falls es irgendetwas gibt, durch das du gefesselt wirst, winde dich entweder heraus oder durchtrenne es. „Mein Besitz hindert mich", sagst du; „ich will ihn derart ordnen, dass er, obwohl ich gar nicht tätig bin, ausreichen kann, und dass weder die Armut mir eine Last ist noch ich irgendjemanden."

(2) Wenn du dieses sagst, scheinst du das Wesen und die Möglichkeit des Gutes, über das du nachdenkst, nicht zu verstehen; und du begreifst zwar die Dinge in der Gesamtheit, wie groß der Nutzen der Philosophie ist, die Teile jedoch siehst du noch nicht genügend scharfsinnig, und du erkennst noch nicht, wie sehr sie uns überall unterstützen kann, auf welche Weise sie sowohl im Höchsten „Hilfe leisten", um ein Wort Ciceros zu verwenden, als sich auch auf das Geringste einlassen kann. Glaube mir, ziehe sie zu Rate: sie wird dir empfehlen, dich nicht mit Rechnungen aufzuhalten.

(3) Danach sehnst du dich offenbar, und nur so viel willst du durch diesen Aufschub erreichen, dass du die Armut nicht fürchten musst: wie nun, wenn sie angestrebt werden soll? Vielen stand beim Philosophieren der Reichtum im Wege: Armut ist ungebunden, ist sorglos. Immer wenn der Feldruf ertönt, weiß sie, dass sie nicht belangt wird; immer wenn laut nach Löschwasser gebrüllt wird, fragt sie sich, wie sie hinausgelangen kann, nicht was sie heraustragen sollte; wenn man in See stechen muss, erfüllen sich die Häfen nicht mit Lärm, und die Landungsplätze befinden sich durch das Gefolge eines Einzelnen nicht in Unruhe; nicht umringt sie eine Schar von Sklaven, zu deren Ernährung die Fruchtbarkeit von Gegenden jenseits des Meeres wünschenswert ist.

(4) Es ist leicht, wenige Bäuche zu nähren, die sowohl gehörig unterwiesen wurden, als auch nichts anderes verlangen, als gesättigt zu werden: der Hunger kostet wenig, der verwöhnte Geschmack viel. Die Armut begnügt sich damit, die bevorstehenden Bedürfnisse zu befriedigen: Was ist also der Grund, weshalb du diese als Gefährtin zurückweist, deren Lebensart der vernünftige Reiche nachahmt.

(5) Wenn du frei sein willst im Geiste, ist es nötig, dass du entweder arm bist, oder dem Armen ähnlich. Eine wissenschaftliche Beschäftigung kann ohne ein Bemühen um Genügsamkeit nicht ersprießlich werden; Genügsamkeit ist jedoch freiwillige Armut. Beende also diese Entschuldigungen: „Ich besitze noch nicht so viel, wie genug ist; wenn mir jene Geldsumme zuteil wird, werde ich mich ganz der Philosophie widmen." Gleichwohl aber muss nichts eher erworben werden als das, was du aufschiebst und nach den übrigen allen anschaffst; mit diesem muss man den Anfang machen. „Ich will gehörig einrichten", entgegnest du, „wovon ich leben werde." Lerne zugleich auch, dich vorzubereiten: falls irgendetwas dich daran hindert, gehörig zu leben, gehörig zu sterben, hindert es dich nicht.

(6) Es gibt keinen Grund, dass uns die Armut von der Philosophie abhält, nicht einmal die bittere Armut. Diejenigen, die zu diesem [Ziel] eilen, müssen nämlich selbst den Hunger ertragen; den haben manche bei Belagerungen ertragen, und was sonst war der Lohn jener Geduld als nicht unter die Willkür des Siegers zu geraten? Um wie viel bedeutender ist das, was verheißen wird: immerwährende Freiheit, Furcht vor niemanden, weder Mensch noch Gott. Ob etwa selbst ein Hungernder dazu vordringen kann?

(7) Heere haben den Mangel an allen Dingen standhaft ertragen, sie lebten von den Wurzeln der Pflanzen und ertrugen einen grauenhaft zu nennenden Hunger; dies alles haben sie für eine Königsherrschaft erlitten, und umso mehr solltest du dich wundern, für eine fremde: wird irgendje-

mand zögern, die Armut zu ertragen, um den Geist von Verblendungen zu befreien? Man muss also nicht zuerst den Reichtum erwerben: es ist möglich, auch ohne Reisekasse zur Philosophie zu gelangen.

(8) Ist es so? Sobald du alles an Vermögen hast, wirst du auch die Weisheit besitzen wollen? Wird diese das vorzüglichste Schmuckstück des Lebens und gleichsam ein Anhängsel sein? Tatsächlich sollst du, wenn du einigermaßen Vermögen hast, augenblicklich philosophieren (woher weißt du denn, ob du nicht schon zu viel besitzt?), oder wenn du nichts hast, erwirb dieses eher als überhaupt irgendetwas.

(9) „Aber lebensnotwendige Dinge werden fehlen." Zunächst können sie nicht fehlen, weil die Natur sehr wenig verlangt, sich der Weise andererseits der Natur anpasst. Aber falls äußerste Notlagen eintreten, wird er umgehend aus dem Leben scheiden und aufhören, sich selbst lästig zu sein. Wenn nun knapp und misslich ist, womit er das Leben fortzuführen vermag, wird er damit zufrieden sein und nicht über die notwendigsten Bedürfnisse hinaus besorgt oder ängstlich Bauch und Schultern das Gewohnte zugestehen, und über die Beschäftigung mit dem Reichtum und die Hin- und Herlauferei derjenigen, die dem Reichtum entgegenmarschieren, wird er sorglos und fröhlich lachen

(10) und sagen: „Weshalb vertröstet du dich selbst auf lange Zeit? Du wirst doch nicht etwa auf einen Zinsvorteil, einen Gewinn aus einer Ware oder ein Testament eines reichen Greises warten, obwohl du augenblicklich reich werden kannst? Die Weisheit gewährt auf der Stelle den Reichtum, den sie jedem, der sie erworben hat, selbstlos überließ." Dies betrifft die anderen: du stehst den Wohlhabenden näher. Ändere das Zeitalter, [schon] hast du über die Maßen an Vermögen; gleichwohl besitzt aber ein jedes Zeitalter, was hinreichend ist.

(11) An dieser Stelle hätte ich den Brief beenden können, wenn ich dich nicht lausig erzogen hätte. Niemand darf den Partherkönigen die Aufwartung machen ohne ein Geschenk; ohne Bezahlung ist es nicht möglich, dir Lebewohl zu sagen. Was diese hier ist? Ich werde eine Anleihe bei Epikur aufnehmen: „Reichtum zu erwerben, war für viele nicht das Ende, sondern ein Wechsel der Beschwerlichkeiten."

(12) Über dieses wundere ich mich nicht; die Schuld liegt nämlich nicht an den Umständen, sondern am Charakter selbst. Jenes, was uns die Armut beschwerlich gemacht hat, macht auch den Reichtum beschwerlich. Wie es nichts zur Sache tut, ob du einen Kranken auf ein hölzernes oder ein goldenes Bett legst (wohin auch immer du ihn verlegst, seine Krankheit wird er mit sich tragen), so macht es nichts aus, ob ein krankes Gemüt in Reichtum oder in Armut versetzt wird: sein Leiden folgt ihm. Lebe wohl.

———————— ❦ ————————

# Buch 2 – Brief 18

Seneca grüßt seinen Lucilius,

(1) Der Monat Dezember ist da: gerade jetzt ist die Stadt mit Dampf geschwängert. Es wird das Recht auf öffentliche Ausschweifungen gewährt; alles gibt Widerhall von dem ungeheuren Prunk, als ob irgendein Unterschied bestehen würde zwischen den Saturnalien und den Tagen, an denen man die Geschäfte führen muss. So sehr liegt nichts dazwischen, dass mir derjenige nicht zu irren scheint, der sagte, dass der Dezember einst einen Monat gedauert habe, nun ein Jahr [dauert].

(2) Wenn ich dich hier hätte, würde ich gerne mit dir ein Gespräch führen, was du meinst, dass zu tun ist: ob in nichts von der alltäglichen Gewohnheit abgegangen werden muss, oder, um nicht den Anschein zu erwecken, im Widerspruch mit den öffentlichen Bräuchen zu stehen, sowohl heiter gespeist als auch die Toga abgelegt werden muss. Denn um des Vergnügens und der Feiertage willen wechseln wir die Kleidung, was außer bei einem Aufruhr und einer gefährlichen Lage der Stadt gewöhnlich nicht geschehen ist.

(3) Wenn ich dich recht kennengelernt habe, würdest du nach Einnahme der Schiedsrichterrolle wollen, dass wir dem Filzkappe tragenden Haufen weder in jeder Hinsicht ähnlich sind, noch in jeder Hinsicht unähnlich; es sei denn, dass der Geist vielleicht an diesen Tagen im höchsten Maße beherrscht werden muss, um sich dann einsam von den Vergnügungen fernzuhalten, während die ganze Menschenmenge jenen zugeneigt ist. Den sichersten Beweis der eigenen Stärke erhält er nämlich, wenn er den Verlockungen, die zur Verschwendungssucht führen, weder entgegen marschiert noch [von ihnen] verführt wird.

(4) Das eine ist um vieles tugendhafter – mit dem berauschten und sich erbrechendem Volke nüchtern und vernünftig umzugehen – das andere maßvoller – sich nicht abzusondern, sich weder zu zieren noch mit allen zu verbrüdern, und dasselbe, jedoch nicht auf dieselbe Art zu tun; es ist nämlich möglich, einen Festtag ohne Zügellosigkeit zu begehen.

(5) Im Übrigen gefällt es mir so sehr, deine Charakterstärke auf die Probe zu stellen, dass ich dir gemäß dem Rat von bedeutenden Männern ebenfalls ans Herz lege: du solltest ein paar Tage einschieben, an denen du – dich mit sehr ärmlicher und billiger Speise, mit derber und schmuckloser Kleidung begnügend – dir womöglich sagst: „Das ist es, was von mir gefürchtet wurde?"

(6) Gerade im Gefühl der Sicherheit sollte sich der Geist auf Schwierigkeiten vorbereiten und sich inmitten der Wohltaten gegen die Ungerechtigkeiten des Schicksals festigen. Ein Soldat hält mitten im Frieden Manöver ab, wirft ohne jeden Feind einen Wall auf und wird durch nutzlose Anstrengung ermattet, damit er der notwendigen gewachsen ist; willst du nicht, dass er in einer realen Begebenheit verzagt, solltest du ihn für den Kampf trainieren. Daraus ergab sich, dass sie sich in allen Monaten, gewissermaßen die Armut nachahmend, auf den Mangel eingestellt haben, damit sie nicht jemals erschreckte, was sie oft erfahren hatten.

(7) Es gibt nun keinen Grund zu glauben, dass ich etwas vorbringe über die Mahlzeiten eines Timon und die Armenstübchen und was auch immer es sonst gibt, womit sich die Verschwendungssucht im Überdruss des Reichtums die Zeit vertreibt: ein gehöriges Ruhebett sollte vorhanden sein und ein Mantel und hartes Brot, und zwar das gewöhnliche. Ertrage das an drei oder vier Tagen, manchmal an mehr Tagen, damit es keine Spielerei, sondern eine Erfahrung ist: dann, glaube mir, Lucilius, wirst du, satt von einem Zwei-As-Stück, frohlocken und begreifen, dass für die Gemütsruhe

kein günstiges Schicksal nötig ist; das nämlich, was der Notwendigkeit hinlänglich ist, wird es sogar im Zorn gewähren.

(8) Gleichwohl ist das kein Grund, warum du denken solltest, dass du Großes leistet – du wirst nämlich tun, was viele tausend der Sklaven, was viele tausend der Armen tun: aus jenem Grund respektiere dich, weil du es ohne Zwang tun wirst, weil es dir ebenso leicht sein wird, jenes immerwährend zu ertragen, wie es bisweilen zu erproben. Lasst uns den Übungspfahl bearbeiten – auch damit uns das Schicksal nicht unvorbereitet überrascht, sollte uns die Armut vertraut werden; frei von Sorgen werden wir reich sein, sofern wir erkennen, wie so gar nicht schwer es ist, arm zu sein.

(9) Epikur, der Lehrmeister der Daseinsfreude, verlebte feststehende Tage, an denen er kärglich den Hunger stillte, um zu sehen, ob in Hinsicht auf ein erfülltes und vollendetes Vergnügen irgendetwas fehle, oder wie viel fehle, und ob es angemessen sei, dass man es mit großer Mühe erkaufe. Das sagt er in seinen Briefen, die er unter der Amtsherrschaft von Charinos an Polyainos schrieb; und zwar rühmt er sich, dass er sich von nicht ganz einem As ernährt, Metrodoros, der noch nicht so große Fortschritte gemacht habe, von einem ganzen.

(10) Denkst du, dass bei einer solchen Lebensweise ein Sättigungsgefühl entsteht? Es ist sogar ein Vergnügen; jedoch nicht jenes leichte, flüchtige und wiederholte Vergnügen zur Erquickung, sondern ein dauerhaftes und wahres. Wasser und Graupen oder ein Stück Gerstenbrot sind nämlich keine erfreuliche Angelegenheit, aber der höchste Genuss ist es, selbst daraus Freude gewinnen zu können, und sich zu etwas getrieben zu haben, das keine Ungerechtigkeit des Schicksals zu rauben vermag.

(11) Reichlicher ist die Verpflegung im Kerker; die zu einer lebensbedrohenden Strafe abgesondert wurden, nährt derjenige, der sie peinigen wird,

nicht so spärlich: so groß ist die Stärke des Geistes, dass er sich aus eigenem Antrieb auf dasjenige einlässt, was nicht einmal die zum ärgsten Bestimmten fürchten müssen! Das bedeutet es, den Pfeilen des Schicksals zuvorzukommen.

(12) Beginne also, mein Lucilius, dich nach deren Lebensweise zu richten und lege einige Tage fest, an denen du dich von deinen Geschäften zurückziehst und dich nur sehr wenig um die Familienangelegenheiten kümmerst; beginne mit der Armut im Bunde zu stehen:

*Wage es, Gastfreund, den Reichtum zu verachten,*
*und stelle dich dir vor auch würdig einem Gott.*

(13) Kein anderer ist einem Gott würdig als derjenige, der den Reichtum zurückgewiesen hat; sein Eigentum untersage ich dir nicht, sondern ich will bewirken, dass du ihn ohne Sorge besitzen kannst; dieses wirst du auf eine einzige Art und Weise erreichen: wenn du überzeugt bist, dass du auch ohne ihn glücklich leben wirst, wenn du ihn immer betrachtest, als ob er vergehen wird.

(14) Aber nun wollen wir beginnen, den Brief zusammenzufalten. „Begleiche vorher, was du schuldest", sagst du. Ich werde dich auf Epikur verweisen, von ihm wird die Auszahlung erfolgen: „Der maßlose Zorn bringt unsinniges Betragen hervor." Du musst wissen, wie wahr dies ist, weil du sowohl einen Sklaven als auch einen Feind hattest.

(15) Diese Gemütsverfassung bricht plötzlich bei allen Persönlichkeiten aus; sie erwächst ebenso aus Liebe wie aus Hass, nicht weniger aus ernsthaften Dingen wie aus Spielen und Scherzen; und es ist nicht wichtig, aus wie wenig bedeutendem Grund sie entsteht, sondern in welcherlei Herzen sie gelangt. Derart sich ein Feuer nicht danach bemisst, wie heftig es angreift, sondern wo. Denn massive Dinge nehmen selbst das heftigste [Feu-

er] nicht an, dagegen trockene und leicht brennbare gleichsam den Funken immerfort begünstigen bis hin zu einem Brand. Es ist so, mein Lucilius: am Ende der ungeheuren Wut steht die Raserei, und deswegen muss der Zorn gemieden werden, nicht um der Selbstbeherrschung, sondern um der Gesundheit willen. Lebe wohl.

———

# Buch 2 – Brief 19

Seneca grüßt seinen Lucilius,

(1) Ich freue mich sehr, sooft ich deine Briefe erhalte; sie erfüllen mich nämlich mit guter Hoffnung, und sie verheißen nun nicht mehr, sondern sie sind Bürge für dich. So mache es, ich bitte und beschwöre dich – was nämlich habe ich, das ich besser einen Freund bitten könnte, als das, was ich im Begriff stehe, von mir selbst zu verlangen? Falls du in der Lage bist, entziehe dich dieser Geschäfte; wenn nicht, reiße dich los. Recht viel Zeit haben wir vergeudet: lass uns im Alter anfangen aufzubrechen.

(2) Ob das etwa Missfallen erregt? Auf dem wogenden Meer haben wir gelebt, lass uns im Hafen sterben. Aber ich möchte dir nicht raten, aus der Ruhe von der Geschäftstätigkeit, die du weder prahlend ausrufen noch verheimlichen sollst, ein hohes Ansehen zu beanspruchen; niemals jedenfalls würde ich dich, trotz der Missbilligung des Wütens der menschlichen Gattung, so weit von dieser abbringen, dass ich wünschte, dass für dich irgendein Schlupfwinkel eingerichtet wird und so auch das Vergessen: mache es derart, dass deine freie Zeit nicht in den Vordergrund tritt, aber Anerkennung findet.

(3) Diejenigen, die frische und anfängliche Pläne haben, werden dann diesbezüglich sehen können, ob sie das Leben in der Verborgenheit verbringen wollen; dir steht das nicht frei. Die Regsamkeit des Verstands, der feine Geschmack des Schriftwerks, die berühmten und vornehmen Freunde haben dich in der Öffentlichkeit bekannt gemacht; schon hat sich der Ruhm deiner bemächtigt; selbst wenn du bis zum äußersten Ende abtauchen und dich im tiefsten Inneren verbergen würdest, wird Früheres auf dich hinweisen.

(4) Verborgenheit kannst du nicht erlangen; wohin auch immer du fliehst, ein großer Teil des früheren Glanzes begleitet dich: Ruhe kannst du in Anspruch nehmen – ohne irgendjemandes Hass, ohne Sehnsucht oder Bitterkeit deines Herzens. Was gibst du denn auf, das du widerstrebend im Sinne haben könntest, nachdem es von dir zurückgelassen wurde? Die Klienten? Niemand von denen richtet sein Augenmerk auf dich persönlich, sondern auf irgendetwas *von* dir; einst wurde die Freundschaft angestrebt, nun die Beute; die im Stich gelassenen alten Leute werden ihre Testamente ändern, der morgendliche Besucher wird zu einer anderen Schwelle weiterziehen. Eine bedeutende Sache kann nicht auf Geringem beruhen: wäge ab, ob du lieber dich aufgeben willst oder etwas von deinem Habe.

(5) Wenn dir doch wenigstens zuteil geworden wäre, innerhalb der Grenze deiner Herkunft, alt zu werden, und dich das Schicksal nicht in die Höhe geleitet hätte! Der schnelle Erfolg hat dich weit von der Betrachtung eines gehörigen Lebens davongetragen; die Provinz, das Amt des Prokurators und alles, was von diesen verheißen wird; bedeutendere Pflichten werden dich danach erwarten und sogleich nach den einen die anderen: was wird das Ende sein?

(6) Was wartest du solange, bis du nicht mehr erlangen kannst, was du wünschst? Die rechte Zeit wird es niemals geben. Wir behaupten, dass es eine Abfolge von Ursachen gibt, aus denen die Weltordnung geknüpft wird, und dass es eine solche des ehrgeizigen Strebens gibt: das eine wird unmittelbar aus dem Ende des anderen geboren. Du bist in jene hineingestoßen worden, welche dir niemals von selbst ein Ende der Mühen und der Knechtschaft bereiten wird: entziehe deinen abgeriebenen Nacken dem Sklavenjoch. Ich habe jene [Abfolge], die es immer besser ist nicht aufkommen zu lassen, ein für alle Mal unterbrochen.

(7) Wenn du dich dem Privaten zuwendest, wird alles bescheidener, aber es wird dich mehr als genug zufriedenstellen: doch im Augenblick befriedigen dich die vielen und von allen Seiten aufgedrängten Dinge nicht. Ob du aber aus dem Mangel heraus den Überfluss oder im Reichtum den Hunger vorziehst? Der Erfolg ist sowohl unersättlich als auch fremder Begierde ausgesetzt; solange *dir* nichts genug ist, wirst *du* es auch nicht den anderen sein.

(8) „Wie werde ich da herauskommen?" entgegnest du. So gut wie möglich! Bedenke, wie viel du auf gut Glück fürs Geld, wie viel du emsig für ein Amt versuchtest; etwas muss man auch für die Muße wagen, oder in dieser unruhigen Spannung der Provinzialverwaltung und anschließend der städtischen Ämter alt werden, in dem Trubel und den immer neuen Unruhen, denen zu entfliehen durch keine Besonnenheit, durch keine Beruhigung der Lebensweise gelingt. Was tut es nämlich zur Sache, ob du es wünschst, zur Ruhe zu kommen? Deine Stellung hält es nicht für wünschenswerter. Was, wenn du ihr auch jetzt noch erlaubst, an Macht zu gewinnen. In dem Maße, wie sie an den Erfolg heranrückt, wird sie an die Besorgnis heranrücken.

(9) Ich will dir an dieser Stelle eine Äußerung von Maecenas vortragen, der selbst unter Folter wahre Dinge gesprochen hat: „Die Höhe selbst nämlich überzieht die Gipfel mit Donner." Falls du fragst, in welchem Buch er das geäußert hat: in dem, das mit dem Titel „Prometheus" versehen ist. Folgendes wollte er sagen: wie vom Schlag gerührt, hält die höchste Stellung gefangen. Ist also irgendeine politische Machtstellung so viel wert, dass du dir eine so überreichliche Ausdrucksweise zu eigen machst? Jener Mann war geistreich, hätte ein großes Vorbild der römischen Redekunst abgeben können, wenn der Erfolg ihn nicht entkräftet, ja sogar entmannt hätte. Dies erwartet dich am Ende, wenn du nicht die Segel einziehst, wenn du dich nicht, was jener zu spät beschloss, nahe an der Küste hältst.

(10) Mit diesem Satz von Maecenas war ich im Stande, eine angemessene Rechnung mit dir aufzusetzen, aber, so wie ich dich kenne, wirst du eine Auseinandersetzung mit mir beginnen, und wirst das, was ich schulde, nicht in abgegriffener und doch guter [Münze] annehmen wollen. Wie sich die Sache verhält, muss eine Anleihe bei Epikur gemacht werden. „Eher muss überlegt werden", sagt er, „mit wem du isst und trinkst, als was du isst und trinkst; denn ohne Freund ist die Lebensart eine Fütterung von Löwe und Wolf."

(11) Das wird dir nur gelingen, wenn du dich zurückziehst: andernfalls wirst du Gäste haben, die der Nomenklator aus der Menge der morgendlichen Besucher ausersehen hat; es irrt jedoch, der einen Freund in seiner Eingangshalle sucht und bei einem Gastmahl auf die Probe stellt. Einen in Anspruch genommenen und von seinem Besitz beherrschten Manne hat kein größeres Übel ergriffen, als dass er sich zu Freunden rechnet, denen er selbst keiner ist, weil er seine Wohltaten als wirksame Tätigkeit beurteilt, um Herzen zu gewinnen, obgleich einige, die viel schuldig sind, im höheren Grade hassen: geringe Schulden bringen einen Schuldner hervor, hohe [Schulden] einen Feind.

(12) „Was also? Verhelfen Gefälligkeiten nicht zu Freunden?" Sie verhelfen [dazu], wenn du diejenigen, die sie empfangen werden, auswählen darfst, wenn sie wohl angelegt und nicht vergeudet wurden. Also beginne nun, deines eigenen Geistes zu sein; einstweilen folge dem Rat der Philosophen, damit du eher als maßgebend zu sein erachtest, wer empfängt, als was.

———

# Buch 2 – Brief 20

Seneca grüßt seinen Lucilius,

(1) Ich freue mich, wenn du gesund bist und dich für würdig hältst, dass du irgendwann einmal dein eigener Herr wirst. Es wird mir nämlich zur Ehre gereichen, wenn ich dich von dort befreit habe, wo du, ohne Hoffnung zu entkommen, auf den Wellen treibst. Um Folgendes aber, mein Lucilius, bitte und ermuntere icha dich, dass du die Philosophie tief im Herzen aufnimmst und den Beweis deines Fortschritts nicht durch eine Rede und auch nicht durch eine Schrift antrittst, sondern durch die Festigung des Geistes und die Schwächung der Leidenschaften: beweise Worte durch Taten!

(2) Eine andere Lebensweise haben diejenigen, die Übungsreden halten und nach der Zustimmung der Zuhörerschaft streben; eine andere haben diejenigen, welche die Ohren der jungen Leute und Müßiggänger mit launenhaftem oder unbeständigem Streitgespräch in Beschlag nehmen: die Philosophie lehrt zu handeln, nicht zu reden, und sie fordert, dass ein jeder nach seinen Regeln lebt, dass das Leben nicht mit der Rede oder das Leben zu sich selbst im Widerspruch steht; dass der äußere Anstrich aller im Widerspruch stehender Handlungen ein einziger ist. Dieses ist sowohl die größte Aufgabe der Weisheit als auch ihr Kennzeichen, dass die Taten mit den Worten übereinstimmen, dass einer sich selbst überall gleich und derselbe bleibt. „Wer wird dieses leisten?" Wenige, gleichwohl einige. Dies ist nämlich schwierig; und ich behaupte jetzt nicht, dass ein Philosoph stets mit ein und demselben Schritt gehen wird, aber auf ein und demselben Weg.

(3) Beobachte dich deshalb aufmerksam, ob deine Kleidung und dein Haushalt nicht im Widerspruch stehen, ob du gegen dich freigiebig, gegen die Deinen geizig bist, ob du sparsam isst, übertrieben baust; ergreife nur

einmal eine Richtschnur, nach der du leben sollst, und gleiche dein ganzes Leben an sie an. Etliche beschränken sich zuhause, dehnen und breiten sich in der Öffentlichkeit aus. Dieser Gegensatz ist ein Fehler und das Zeichen eines schwankenden und seine Eigenart noch nicht besitzenden Charakters.

(4) Nun möchte ich auch benennen, wodurch diese Unbeständigkeit und Verschiedenartigkeit der Taten und Absichten entsteht: niemand beschließt für sich, was er will, und er bleibt auch nicht standhaft, wenn er sich etwas vorgenommen hat, sondern er übergeht es; und er ändert nicht *eine* Kleinigkeit, sondern kehrt wieder zurück, und er verfällt wieder in dieselben [Dinge], die er aufgegeben und verdammt hat.

(5) Um die alten Bestimmungen der Weisheit aufzugeben und die ganze Art und Weise des menschlichen Lebens zu begreifen, kann ich deshalb mit Folgendem zufrieden sein: Was ist Weisheit? Immer dasselbe wollen und dasselbe nicht wollen. Selbst wenn du nicht jene kleine Einschränkung hinzufügst, dass rechtschaffen ist, was du willst; es kann nämlich irgendeinem nicht immer dasselbe gefallen, wenn es nicht rechtschaffen ist.

(6) Die Menschen wissen folglich nicht, was sie wollen, außer in jenem Augenblick, in dem sie es wollen; niemand kann einen Entschluss im vollen Umfang wollen oder nicht wollen; täglich wird die Ansicht gewechselt und ins Gegenteil gewendet und noch dazu wird das Leben in den meisten Fällen wie ein Spiel geführt. Verfolge also, was du begonnen hast, und du wirst hoffentlich geführt werden, entweder zur größter Höhe oder dahin, dass du bloß erkennst, dass es das Höchste noch nicht gibt.

(7) Du fragst: „Was wird ohne Privatvermögen aus meiner jetzigen Anhängerschaft?" Wenn jener Haufen es unterlässt, von dir gefüttert zu werden, wird er sich selbst Nahrung geben, oder, was du durch deine Gefälligkeit nicht erfahren kannst, du wirst wenigstens die Armut verste-

hen: sie wird die wahren und zuverlässigen Freunde erhalten, sie wird jeden einzelnen scheiden, der nicht dir, sondern einem anderen folgte. Muss man aber die Armut nicht schon wegen dieser einen Sache gern haben, weil sie zeigen wird, von welchen du geliebt wirst? Oh, wann kommt jener Tag, an dem niemand dir zu Ehren lügen möge.

(8) Darauf also sollten sich deine Überlegungen erstrecken, um dieses sorge dich, dieses wähle, auf alle anderen Wünsche an einen Gott verzichten wollend, damit du mit dir selbst und den Reichtümern, die aus dir [selbst] heraus entstehen, zufrieden bist. Welches Glück kann näher liegend sein? Beschränke dich auf die kleinen Dinge, da Du von diesen nicht herabstürzen kannst, und damit Du das freudiger tust, wird zudem das Geschenk dieses Briefes dienen, das ich augenblicklich zusammenstelle.

(9) Magst du mich auch scheel ansehen, Epikur wird immer noch gern für mich begleichen. „Großartiger, glaube mir, wird dein Wort auf dem Krankenbett und in ärmlicher Kleidung wahrgenommen; denn jene werden nicht nur gesprochen, sondern anerkannt werden." Ich höre bestimmt auf eine andere Weise zu, was unser Demetrios sagt, nachdem ich ihn unbedeckt gesehen habe, während er auf so viel weniger als auf Stroh lag: er ist nicht der Lehrer der Wahrheit, sondern ihr Zeuge.

(10) „Was also? Ist es nicht möglich, den Reichtum, der einem in den Schoß gelegt wurde, geringzuachten?" Warum soll es nicht möglich sein? Auch jener hat einen außerordentlichen Charakter, der, von jenem umgeben, sich [selbst] verspottet, nachdem er sich groß und lange gewundert hat, wie er zu ihm gekommen ist, und er hört mehr, dass sein [Reichtum] vorhanden ist, als dass er ihn fühlt. Es bedeutet viel, sich nicht im Gefolge des Reichtums verderben zu lassen; groß ist jener, der im Reichtum arm ist.

(11) „Ich weiß nicht", wendest du ein, „wie dieser da die Armut ertragen würde, wenn er in sie hineingerät." Und ich nicht, [Epikur ...], ob dieser Arme den Reichtum gleichgültig hinnehmen würde, wenn er in ihn hineingerät; deshalb muss nach beiden Seiten die Gesinnung eingeschätzt und untersucht werden, ob sich der eine der Armut hingibt, ob sich der andere nicht dem Reichtum hingibt. Im Übrigen sind Armenbett und Lumpen ein flüchtiger Beweis des guten Willens, wenn es sich nicht erwiesen hat, dass jemand sie nicht durch Zwang erlitt, sondern sie vorgezogen hat.

(12) Im Übrigen zeugt von einem bedeutenden Charakter, zu jener [Armut] nicht wie zu etwas Besserem zu eilen, sondern sich wie auf etwas Leichteres vorzubereiten. Und, Lucilius, es ist etwas Leichteres; wenn Du ihr durch vorherige Einübung tatsächlich ein großes Stück nähergekommen sein wirst, ist sie gleichfalls auch erfreulich; ihr wohnt nämlich eine Sorglosigkeit inne, ohne die nichts angenehm ist.

(13) Ich halte folglich dasjenige für notwendig, ich habe es dir geschrieben, was große Männer oft gemacht haben: einige Tage einschieben, in denen wir uns in scheinbarer Armut auf die tatsächliche einüben; das muss umso mehr getan werden, weil wir durch sinnliche Genüsse erschlafft sind und alles Harte und Schwierige verurteilen. Vielmehr muss der Geist aus seiner Trägheit zu etwas aufgescheucht, angeregt und ermahnt werden, dass die Natur uns am wenigsten bestimmt hat. Niemand wird reich geboren: jeder, der in das Licht der Welt hinaustritt, ist aufgefordert, mit Milch und Windel zufrieden zu sein: von diesen Anfängen her verlocken uns keine Königreiche. Lebe wohl.

# Buch 2 – Brief 21

Seneca grüßt seinen Lucilius,

(1) Du glaubst, nur diese da, von denen du geschrieben hattest, machen dir zu schaffen? Am meisten hast du mit dir selbst zu tun, *du* bist dir beschwerlich. Du weißt nicht, was du willst; trefflicher untersuchst du das sittlich Gute, als dass du es befolgst; du erkennst, wo das Glück gelegen ist, wagst aber nicht, zu ihm zu gelangen. Was es aber wohl ist, das dich abhält, werde ich dir sagen, weil du selbst es nicht deutlich wahrnimmst: du bist der Ansicht, dass dieses, das du aufgeben willst, von hohem Wert ist, und jedes Mal wenn du dir jene Sorglosigkeit in Aussicht gestellt hast, zu der du zu gelangen beabsichtigst, hält dich der Glanz dieser Lebensweise, von der du dich zurückziehen willst, zurück, als ob du vorhast, dich im Schmutzigen und Finsteren zu verlieren.

(2) Du machst einen Fehler Lucilius: vom gegenwärtigen Leben schwingt man sich zu dem folgenden auf. Derselbe Unterschied, der zwischen dem Glanz und dem Licht besteht (während dieses einen unbestreitbaren, und sogar einen ihm eigenen Ursprung besitzt, erstrahlt jener durch Fremdes), der besteht zwischen diesem Leben und jenem: ersteres ist von einem Lichtschein getroffen worden, der von außen kam, und jeder, der im Weg steht, wird sogleich einen dichten Schatten auf jenes werfen: das folgende ist von seinem eigenen Licht erleuchtet. Deine Studien werden dich bekannt und berühmt machen.

(3) Ich werde auf ein Beispiel von Epikur zurückgreifen. Als er Idomeneus geschrieben und jenen vom verblendeten Leben zum zuverlässigen und dauerhaften Ruhm zurückgeführt hat – zu der Zeit als Diener eines mächtigen Königs und bedeutende Dinge verhandelnd –, sagte er: „Wenn du zu Ruhm gelangst, machen dich meine Briefe bekannter, als all jenes, was du achtest und weswegen du geachtet wirst."

(4) Hat er nun also sein Wort nicht gehalten? Wer würde Idomeneus kennen, wenn Epikur ihn nicht in seinen Briefen verewigt hätte? Alle jene Würdenträger, Statthalter und selbst der König, von dem das Ansehen des Idomeneus entlehnt wurde, hat das Vergessen in den Tiefen verborgen. Die Briefe von Cicero lassen den Namen von Atticus nicht vergehen. In keiner Weise wäre ihm der Schwiegersohn, Agrippa, nützlich gewesen, in keiner Weise der Gatte der Enkelin, Tiberius, und auch keineswegs der Urenkel, Drusus Caesar; er wäre zwischen so großen Namen verschwunden, wenn sich Cicero ihm nicht zugewendet hätte.

(5) Die unermessliche Tiefe der Zeit wird über uns einbrechen; wenige große Geister werden ihr Haupt erheben und, obgleich sie über kurz oder lang in dieselbe Stille dahinscheiden, dem Vergessen Widerstand entgegensetzen und sich daher lange [davor] bewahren. Was Epikur seinem Freund in Aussicht stellen konnte, das stelle ich dir in Aussicht, Lucilius: ich werde bei den Nachfahren Ansehen besitzen, ich kann Namen mit mir emporführen, die andauern werden. Zweien hat unser Vergil ewiges Gedenken versprochen und tatsächlich gewährt er es:

*Von Glück begünstigt beide zugleich! Falls etwas vermögen meine Lieder, kein Tag wird euch jemals aus dem Gedächtnis der Ewigkeit entnommen, solange das Geschlecht des Aeneas den unerschütterlichen Fels des Kapitols bewohnt und der römische Ahnherr die Macht innehat.*

(6) Wen auch immer der Erfolg in der Öffentlichkeit bekannt gemacht hat, welche auch immer Glieder oder Teile einer fremden Macht gewesen waren – deren Ansehen blühte, ihr Haus war gut besucht, während sie persönlich auf der Stelle traten: danach ist die Erinnerung an sie selbst bald erloschen. Die Wertschätzung der großen Geister entsteht nach und nach, und die Achtung wird nicht nur ihnen selbst erwiesen, sondern es wird alles aufgenommen, was sich ihrem Andenken angehängt hat.

(7) Damit Idomeneus nicht unentgeltlich in meinen Brief gelangt, wird er ihn selbst aus eigenen Mitteln freikaufen. An diesen hat Epikur jenen berühmtem Satz geschrieben, in dem er ihn auffordert, Pythokles nicht auf dem gewöhnlichen und zweischneidigen Weg zu Wohlstand zu verhelfen. „Wenn du Pythokles reich machen willst", sagt er, „muss nicht das Vermögen vergrößert, sondern die Geldgier vermindert werden."

(8) Und tatsächlich ist dieser Satz zu deutlich, als dass man ihn auslegen, und auch zu gut formuliert, als dass man nachhelfen müsste. Vor einer einzigen Sache warne ich dich: dass du denkst, dieses wurde nur über den Reichtum gesagt: worauf auch immer du es überträgst, es wird dennoch gelten. Wenn du Pythokles zur Tugend verhelfen willst, müssen nicht Ehrenbezeugungen hinzugefügt, sondern die ehrgeizigen Bestrebungen vermindert werden; wenn du wünschst, dass Pythokles in fortwährender Sinnesfreude lebt, müssen nicht die Freuden vermehrt, sondern die Leidenschaften vermindert werden; wenn du Pythokles ein reifes Alter gewähren und das Leben zur Vollendung bringen willst, müssen nicht Lebensjahre hinzugefügt, sondern die Lebensbedürfnisse verringert werden.

(9) Es gibt keinen Grund zu glauben, dass diese Äußerungen Epikur gehören: sie stehen der Allgemeinheit offen. Was gewöhnlich im Senat gemacht wird, denke ich, ist auch in der Philosophie zu tun: wenn jemand etwas beantragt hat, das mir zum Teil gefällt, verlange ich, diesen Antrag zu unterteilen, und schließe mich dem an, was ich für gut befinde.

Umso lieber wiederhole ich die vorzüglichen Worte Epikurs, damit sie denjenigen, die, von der Aussicht auf Lasterhaftes geleitet, bei jenem Zuflucht suchen, [und] die glauben, dass sie sogar einen Deckmantel für ihre Verfehlungen besitzen werden, den Nachweis liefern, dass, wohin auch immer sie kommen, ehrenwert gelebt werden muss.

(10) Wenn du seine Gärtchen und die Inschrift an dem kleinen Park aufsuchst: „FREMDER, HIER WIRST DU WOHL VERWEILEN, HIER IST DIE FREUDE DAS HÖCHSTE GUT", wird der gastfreundliche, gebildete Hüter dieser Stätte bereit stehen und dich sowohl mit Gerstengraupen bewirten als auch reichlich Wasser dir einschenken und sagen: „Ob du wohl gut empfangen worden bist?" „Diese Gärtchen regen nicht den Hunger an", sagt er, „sondern sie stillen ihn, und selbst mit ihren Getränken erzeugen sie keinen größeren Durst, sondern sie löschen ihn mit einem natürlichen und kostenlosen Mittel; in solchem Genuss bin ich alt geworden."

(11) Über diese Bedürfnisse spreche ich mit dir, die keine Beruhigung zulassen, denen man etwas zugestehen muss, damit sie ein Ende nehmen. Denn hinsichtlich jener auserlesenen [Bedürfnisse], die man aufschieben kann, die zu zügeln und zu unterdrücken möglich ist, möchte ich an dieses eine erinnern: diese Neigung ist angeboren, nicht unausweichlich. Du bist dieser zu nichts verpflichtet; wenn du etwas [dafür] aufwendest, ist es auf freiem Willen. Der Magen fügt sich nicht den Anweisungen: er fordert, er mahnt. Trotzdem ist er kein kleinlicher Gläubiger: mit Geringem wird er befriedigt, wenn du ihm nur gibst, was du schuldest, nicht, was du kannst. Lebe wohl.

---

# Buch 3 – Brief 22

Seneca grüßt seinen Lucilius,

(1) Nunmehr verstehst du, dass du dich von diesen Geschäften, den täuschenden und verderblichen, losreißen must; jedoch fragst du dich, auf welche Weise du dies erreichen kannst. Manches wird nur durch persönliche Anwesenheit gelehrt; ein Arzt kann anhand von Briefen nicht den Zeitpunkt fürs Essen oder fürs Bad auswählen: den Puls muss er fühlen. Es gibt ein altes Sprichwort, dass der Gladiator die Kriegslist in der Arena auswählt: manches sagt der Gesichtsausdruck des Gegners voraus, manches die Hand, die bewegt wurde, und manches, wenn man es im Auge behält, sogar die Neigung des Körpers.

(2) Was gewöhnlich zu tun, was notwendig ist, kann im Allgemeinen überliefert und beschrieben werden; nicht nur den Abwesenden, auch den Nachkommen wird ein solcher Rat erteilt: jenes andere – wann es geschehen sollte oder auf welche Weise – wird aus der Ferne niemand anraten; es muss unter den spezifischen Umständen bestimmt werden.

(3) Nicht nur Anwesenheit, sondern auch Aufmerksamkeit ist nötig, um eine schnell vergehende Gelegenheit zu beobachten; daher halte Ausschau nach dieser und ergreife diese, wenn du sie siehst, und strebe es mit ganzer Leidenschaft, mit allen Kräften an, um dich diesen Verpflichtungen zu entledigen. Und gewiss beachte, welchen Gedanken ich vorbringe: ich bin der Ansicht, dass du entweder diese Lebensweise oder das Leben [selbst] aufgeben musst. Aber zugleich urteile ich dahin, dass man einen sanften Weg einschlagen sollte, um lieber aufzuschnüren als gewaltsam auseinanderzureißen, in was du unglücklich verwickelt worden bist, wenn du dich nur, falls keine andere Möglichkeit zur Befreiung existiert, auch [wirklich] losreißt. Niemand ist so verzagt, dass er lieber beständig in der Schwebe hängen will, als einmal zu Boden zu fallen.

(4) Einstweilen, das steht zu Anfang, lass dich ja nicht verwirren; du solltest mit den Aufgaben zufrieden sein, zu denen du dich entschlossen hast, oder, wenn du es lieber so sehen willst, hineingeraten bist. Es gibt keinen Anlass, dass du nach mehr trachtest, oder aber du wirst deine Ausrede verlieren und offenbaren, dass du nicht „hineingeraten" bist. Das nämlich, was gewöhnlich behauptet wird, ist falsch: „Ich konnte nicht anders. Was, wenn du nicht gewollt hättest? Es war unausweichlich." Niemand muss die Glückseligkeit in der Karriere suchen: selbst ohne dagegen anzukämpfen, ist es nicht ohne Bedeutung, innezuhalten und dem erlangten Erfolg nicht weiter nachzusetzen.

(5) Bist du etwa beleidigt, wenn ich zur gemeinsamen Überlegung nicht nur erscheine, sondern Sachverständige hinzurufe, und noch dazu klügere, als ich selbst es bin, zu denen es mich zu verschlagen pflegt, wenn ich über etwas nachdenke. Lies den Brief von Epikur, der sich auf diese Angelegenheit bezieht, der an Idomeneus adressiert ist, welchen er bittet, insoweit es möglich ist, davonzulaufen und sich zu eilen, bevor eine höhere Gewalt dazwischentritt und ihm die Freiheit raubt, sich zurückzuziehen.

(6) Derselbe fügt freilich hinzu, dass man es nur versuchen soll, wenn es angemessen und zur rechten Zeit versucht werden kann; aber wenn jener lange Zeit angestrebte Zeitpunkt gekommen ist, sagt er, muss man aufspringen. Demjenigen, der über die Flucht nachdenkt, gestattet er nicht, sich gehen zu lassen, und er hofft außerdem auf einen vorteilhaften Ausweg aus der schwierigen Lage, sofern wir uns weder vor der rechten Zeit in Bewegung setzen noch bei günstiger Gelegenheit zögern.

(7) Ich denke, du suchst nun auch die stoische Ansicht zu ergründen. Es gibt keinen Grund, dass irgendeiner jene bei dir in den üblen Ruf der Unbesonnenheit bringen könnte: sie sind eher zu vorsichtig als zu kühn. Du erwartest vielleicht, dass sie dir dies hier sagen: „Schimpflich ist es, vor einer schweren Aufgabe zurückzuweichen; mühe dich ab mit der Ver-

pflichtung, die du einmal übernommen hast. Ein Mann, der die Anstrengung meidet, ist nicht tüchtig und entschlossen, es sei denn, dass sich sein Charakter in der schwierigen Lage gerade [erst] entwickelt."

(8) Dies wird dir gesagt werden, falls der Wert der andauernden Mühen geachtet wird, falls ein tüchtiger Mann nichts Schändliches wird machen und erleiden müssen; andernfalls wird er sich durch die schmutzige und schmachvolle Arbeit nicht aufreiben und er wird nicht um der Geschäfte willen geschäftig sein. Nicht einmal jenes, das du erwartest, dass er tun sollte, wird er tun, um, in ehrgeizigen Angelegenheiten verstrickt, beständig die Besorgnis um diese zu ertragen; sondern immer wenn er in den Dingen, mit denen er sich beschäftigt, Beschwerliches, Unsicheres und Missliches erkennt, wird er den Rückzug antreten, nicht zur Flucht sich wenden, sondern allmählich in Sicherheit bringen.

(9) Es ist jedoch leicht, mein Lucilius, den Geschäften zu entgehen, wenn du den Lohn der Geschäfte für gering einschätzt; das ist es, was uns hindert und aufhält. „Was also? So bedeutende Aussichten soll ich aufgeben? Mich aus freien Stücken von der Ernte trennen? Wird meine Seite entblößt, die Sänfte unbegleitet, das Atrium menschenleer sein?" Von daher treten die Menschen also ungern zurück und sie lieben den Lohn ihrer Mühen, die sie an und für sich verfluchen.

(10) So beklagen sie sich über den Ehrgeiz wie über die Geliebte, das heißt, wenn du ihre wahrhaftige Gemütsverfassung betrachtest, hassen sie [ihn] nicht, sondern sie hadern [mit ihm]. Schüttle diejenigen ab, die laut beklagen, was sie begehren, und über die Flucht aus ihren Geschäften sprechen, von denen sie nicht im Stande sind, sich fernzuhalten; du wirst bemerken, dass sie sich durch jene freiwillig in dem aufhalten, was sie selbst schmerzlich und unglücklich zu ertragen nennen.

(11) Es ist so, Lucilius, die Knechtschaft hält wenige fest, die Mehrheit [hält] an der Knechtschaft [fest]. Aber falls du die Absicht hast, jene aufzugeben, und die Freiheit aufrichtig dein Gefallen gefunden hat, du jedoch bloß einen Aufschub hierfür verlangst, damit es dir gelingt, dies ohne andauernde Sorge zu verwirklichen, warum sollte dich die ganze Schar der Stoiker nicht anerkennen? Alle, auch Zenon und Chrysipp, werden Mäßigung, Ehrbarkeit und das für dich Günstige empfehlen.

(12) Aber wenn du deswegen zögerst, um zu überlegen, wie viel du mit dir nehmen und mit wie großem Vermögen du die beschäftigungslose Zeit ausstatten sollst, wirst du niemals einen Ausweg finden: mit seinem Gepäck rettet sich niemand schwimmend. Mit den gnädig gesinnten Göttern steige empor zu einem besseren Leben, jedoch nicht so, wie sie denen gnädig sind, denen sie mit gütiger und freundlicher Miene glanzvolles Verderben zugewiesen haben, einzig deswegen gerechtfertigt, weil das, was beunruhigt, was peinigt, auf [eigenem] Wunsch gewährt wurde.

(13) Soeben erst habe ich dem Brief mein Zeichen aufgedrückt: [schon] muss er wieder aufgebunden werden, damit er mit der üblichen kleinen Gabe zu dir kommt und irgendeinen großartigen Ausspruch mit sich bringt; und siehe da, vor Augen tritt mir einer, ich weiß nicht, ob eher wahrhaftiger oder wohl formulierter. „Von wem", fragst du. Epikur; noch immer überbringe ich fremdes Gepäck.

(14) „Jeder tritt aus dem Leben heraus, wie er es gerade erst betreten hat." Nimm in Beschlag, wen auch immer du willst, einen jungen Mann, einen alten Mann, einen Mann in besten Jahren: ebenso furchtsam des Todes, ebenso unkundig des Lebens wirst du sie antreffen. Niemand besitzt irgendetwas, das verwirklicht worden ist; das Unsrige verschieben wir nämlich in die Zukunft. Nichts erfreut mich mehr an diesem Ausspruch, als dass den alten Greisen ihr kindisches Verhalten vorgehalten wird.

(15) „Niemand", sagt er, „geht auf andere Weise aus dem Leben, als (wie) er geboren wurde." Das ist falsch: geringer sterben wir, als wir geboren werden. Dies ist unsere Schuld, nicht die der Natur. Jene muss mit uns hadern und sagen: „Was soll das? Ich bringe euch hervor ohne Begierden, ohne Ängste, ohne Aberglaube, ohne Treulosigkeit und ohne die übrigen Geißeln: geht hinaus, so wie ihr eingetreten seid."

(16) Wenn jemand so sorglos stirbt, wie er geboren wurde, hat er Weisheit angenommen; jetzt aber laufen wir ängstlich umher, wenn eine Gefahr sich nähert, wir verlieren unsere Fassung, wir wechseln die Gesichtsfarbe und nutzlos fallen die Tränen zu Boden. Was ist schändlicher, als sogar an der Schwelle zur Sorglosigkeit in Sorge zu sein?

(17) Das ist aber die Ursache dafür, dass wir aller Tugenden ledig sind, dass wir durch den Verlust des Lebens geplagt werden. Nicht irgendein Stück von ihm ist bei uns zurückgeblieben: es ist verlebt worden und den Händen entglitten. Niemand sorgt sich darum, wie rechtschaffen er lebt, sondern wie lange, obgleich es allen gelingen kann, rechtschaffen zu leben, niemandem, lange zu leben. Lebe wohl.

———

# Buch 3 – Brief 23

Seneca grüßt seinen Lucilius,

(1) Glaubst du, dass ich dir schreiben werde, wie freundlich der Winter sich mit uns zeigt, zumal er mild und kurz war, wie karg das Frühjahr sei, wie unzeitig der Frost, und noch dazu das übrige Geschwätz derer, die nach leeren Worten trachten? Ich aber will etwas schreiben, das sowohl mir als auch dir nützlich sein kann. Was jedoch wird das sein, außer dass ich dich zu einer rechtschaffenen Gesinnung ermutige? Was dessen Grundlage sei, fragst du? Dass du dich nicht an Nichtigkeiten erfreust. Ich nannte dies, die Grundlage zu sein? Es ist der Gipfel!

(2) Derjenige gelangt zum Gipfel, der weiß, über was er sich freuen soll, der sein Glück nicht auf eine fremde Macht gebaut hat; ängstlich und seiner unsicher ist derjenige, den irgendein erhofftes Ziel lockt, mag es auch nahe sein, mag es auch unschwer zu ergreifen sein, mag ihn das Erhoffte auch niemals getrogen haben.

(3) Mache vor allem dieses, mein Lucilius: lerne, dich zu erfreuen. Glaubst du nun, dass ich – der ich zufällige Güter abwehre, der ich meine, dass man die Hoffnungen, die angenehmsten Genüsse, vermeiden muss – dir die vielen Freuden entreiße? O nein, im Gegenteil, ich will nicht, dass es dir je an Freude fehlt. Ich will, dass sie dir daheim erwächst: sie entsteht, sofern sie nur in dir selbst erschaffen wird. Die übrigen heiteren Launen erfüllen nicht das Herz; sie glätten die Stirn, sind unbeständig; es sei denn, dass du vielleicht der Meinung bist, dass sich freut, wer lächelt. Der Geist muss lebhaft, zuversichtlich und über alles hinaus aufrichtig sein.

(4) Glaube mir, wahre Freude ist eine ernste Angelegenheit. Oder meinst du, dass irgendjemand mit sorgenfreier und, wie jene Genussmenschen es

immer im Munde führen, mit heiterer Miene den Tod geringschätzt, dass er der Armut sein Haus öffnet, die Leidenschaften im Zaum hält und sich auf das Ertragen von Schmerzen vorbereitet? Wer bei sich verweilt, der besitzt eine große, aber wenig verführerische innere Freude. Im Besitz dieser Freude zu leben, wünsche ich [mir] für dich: sie wird niemals versiegen, sobald du einmal entdeckt hast, von wo her sie entnommen wird.

(5) An der Oberfläche findet die Gewinnung der unbedeutenden Metalle statt: jene sind am herrlichsten, deren Ader in der Tiefe verborgen liegt, sie wird dem beharrlich Grabenden reichlicher zurückzahlen. Dasjenige, von dem die Volksmenge erfreut wird, erweckt ein schwaches und oberflächliches Vergnügen, und alles, was seichte Freude ist, ermangelt es an Grundlage: diese hier, über die ich spreche, an die ich dich heranzuführen versuche, ist dauerhaft und eine, die sich mehr auf das Innere erstreckt.

(6) Ich bitte dich, teuerster Lucilius, tue das, was einen vom Glück Begünstigten auszeichnet: vernichte und zertrete die Dinge, die von außen glänzen, die dir von einem anderen oder in einer anderen Eigenschaft versprochen werden; strebe zur wahren Tugend und erfreue dich an dem Deinen. Was ist aber dieses „an dem Deinen"? An dir selbst und am besten Teil von dir. Auch das [zerbrechliche] Körperchen, selbst wenn nichts ohne es erschaffen werden kann, halte eher für ein notwendiges, als für ein wichtiges Etwas; nichtige Freuden gewährt es, unbedeutende, Reue verursachende, und wenn man sie nicht mit großer Selbstbeherrschung mäßigt, werden sie sich in das Entgegengesetzte verwandeln. Daher sage ich: die Freude, am Rand des Abgrunds zu stehen, neigt sich zum Leid, wenn sie nicht Maß gehalten hat. Es ist jedoch schwierig, Maß in diesem zu halten, wenn du es womöglich für einen guten Zustand hältst. Das Verlangen nach der wahren Tugend ist gefahrlos.

(7) Du fragst, was dieses ist oder woher es kommt? Ich sage es dir: aus einem guten Gewissen, aus ehrlichen Absichten, aus tugendhaften Taten,

aus der Geringschätzung von Zufälligkeiten, aus einem ruhigen und in sich zusammenhängenden Lebenslauf, der nur einen Weg verfolgt. Denn jene, die von den einen Lebensweisen in die anderen übergehen oder nicht einmal übergehen, sondern gewissermaßen vom Zufall übergesetzt werden, wie können diese Unsicheren und Ziellosen irgendetwas besitzen, das sicher ist oder Bestand haben wird?

(8) Es gibt wenige, die sich und das Ihre mit Überlegung einrichten: die übrigen – in der Art der Dinge, die auf den Flüssen schwimmen – gehen nicht voran, sondern werden davongetragen; von diesen hat die einen ein ruhig fließender Strom festgehalten und recht sanft mit sich geführt, die anderen hat ein heftigerer [Strom] fortgerissen; die einen hat er mit abnehmender Strömung an die nächst gelegene Uferstelle abgesetzt, die anderen hat die reißende Gewalt ins Meer hinausgetrieben. Deshalb müssen wir festlegen, was wir wollen, und beharrlich darin verbleiben.

(9) Dies hier ist die Gelegenheit, um die Schulden abzutragen. Ich kann dir nämlich eine Äußerung von deinem Epikur zukommen lassen und diesen Brief frei kaufen: „Es ist immer beschwerlich, das Leben zu beginnen", oder, sofern der Sinn auf diese Weise besser ausgedrückt werden kann: „Schlecht leben diejenigen, die immerwährend zu leben beginnen."

(10) „Warum?", fragst du; diese Äußerung verlangt nämlich eine Erläuterung. Weil sie immer ein unvollendetes Leben besitzen; es kann sich nun aber derjenige nicht gut gerüstet für den Tod zeigen, der gerade anfängt zu leben. Man muss es vollendet haben, um hinreichend gelebt zu haben: niemand leistet das, der das Leben eben erst beginnt.

(11) Es gibt keinen Grund zu glauben, dass es nur wenige von diesen gibt: es sind fast alle. Einige fangen sogar [erst] in dem Augenblick an, wenn es aufgegeben werden muss. Falls du dies für seltsam hältst, werde ich etwas hinzufügen, worüber du dich womöglich [noch] mehr wunderst: man-

che haben früher aufgehört zu leben, als sie es angefangen haben. Lebe wohl.

———

# Buch 3 – Brief 24

Seneca grüßt seinen Lucilius,

(1) Du schreibst, dass du dich über den Ausgang eines Prozesses in Sorge befindest, den dir die Wut eines Feindes drohend verkündet: du glaubst, dass ich empfehlen werde, dass du dir selbst recht Günstiges in Aussicht stellst und in der verführerischen Hoffnung Ruhe findest. Wozu nämlich ist es notwendig, das Schlechte herbeizurufen, es, nachdem es sich genähert hat, zum recht baldigen Erdulden vorwegzunehmen und die gegenwärtige Zeit durch die Angst um die Zukunft zu vergeuden? Es ist ohne Zweifel töricht, schon jetzt unglücklich zu sein, [nur] weil du irgendwann einmal in Zukunft unglücklich sein könntest.

(2) Aber ich werde dich auf einem anderen Weg zur Sorgenfreiheit führen: wenn du willst, dass jede Sorge abgelegt wird, stelle dir vor, dass alles, was du fürchtest, dass es geschieht, unter allen Umständen geschehen wird, und was auch immer jenes Übel ist, gehe es mit dir selbst durch und schätze deine Besorgnis ab: sicherlich wirst du erkennen, dass das, was du fürchtest, entweder nicht bedeutend oder nicht lang andauernd ist.

(3) Und man muss nicht lange Beispiele sammeln, durch die du ermutigt werden solltest: jedes Zeitalter hat jene hervorgebracht. In welchen Teil sowohl der innen- als auch der außenpolitischen Angelegenheiten du auch immer die Erinnerung geleiten magst, werden dir geniale Menschen entweder von großem Erfolg oder von großem Eifer begegnen. Kann dir etwa, falls du schuldig gesprochen wirst, etwas Ungünstigeres geschehen, als dass du in die Verbannung geschickt wirst, dass du ins Gefängnis abgeführt wirst? Muss denn jemand etwas mehr fürchten, als dass er verbrannt wird, als dass er ums Leben kommt? Bestimme diese [Qualen] jeweils einzeln und rufe deren Verächter herbei, die nicht gesucht werden müssen, sondern ausgewählt.

(4) Seine Verurteilung hat Rutilius so ertragen, als ob sie ihm in keiner Weise anders beschwerlich gewesen sei, als dass er böswillig verurteilt wurde. Tapfer ertrug Metellus die Verbannung, Rutilius sogar gerne; der eine hat sich, um zurückzukehren, dem Staat zur Verfügung gestellt, der andere verweigerte Sulla, dem zu diesem Zeitpunkt nichts versagt wurde, seine Rückkehr. Im Kerker hat Sokrates es nach allen Seiten hin betrachtet und, als es welche gab, die ihm die Flucht in Aussicht stellten, wollte er nicht weggehen, sondern blieb zurück, um den Menschen die Angst vor den beiden folgenschwersten Dingen zu nehmen: vor dem Tod und vor dem Kerker.

(5) Mucius hielt seine Hand ins Feuer. Grausam ist es zu verbrennen: wie viel grausamer [ist es], wenn du es auf eigene Veranlassung erduldest! Du siehst einen Mann, der, obwohl nicht gebildet und auch nicht durch irgendwelche Weisungen gegen den Tod oder den Schmerz gerüstet, obwohl nur in militärischer Härte unterwiesen, von sich selbst Sühne für das erfolglose Wagnis fordert; er stand da als Beobachter seiner in die feindliche Feuerschale triefenden, rechten Hand und er zog die bis auf den nackten Knochen zerfließende Hand nicht eher zurück, als bis ihm das Feuer vom Feind entzogen wurde. Es war möglich, in jenem Lager etwas Erfolgreicheres zustande zu bringen, nichts Tapfereres. Schau, wie viel energischer die Tugend darin ist, Wagnisse zu ergreifen, als die Grausamkeit, eine Strafe zu verhängen: Leichter hat Porsenna dem Mucius verziehen, dass er ihn hatte töten wollen, als Mucius sich [selbst], dass er ihn nicht getötet hatte.

(6) „Dieses Geschwätz", sagst du, „wurde in allen Schulen heruntergeleiert. Wenn wir zur Todesverachtung übergehen, wirst du mir alsbald Cato nennen." Warum sollte ich nicht über jene letzte Nacht erzählen, in der er, nachdem er ein Schwert neben sein Haupt gelegt hatte, ein Buch Platons gelesen hat? Diese zwei Werkzeuge hatte er in extremer Lage vor sich gesehen, das eine, um sterben zu wollen, das andere, um [sterben] zu kön-

nen. Nachdem er also seine Angelegenheiten geordnet hatte, wie auch immer sie mit letzter Kraft geordnet werden konnten, glaubte er, derart tätig werden zu müssen, damit es einerseits niemand möglich war, Cato zu töten, es andererseits [niemand] zuteil wurde, ihn zu retten;

(7) und dann zog er das Schwert, das er bis zu jenem Tag rein von allem Blut bewahrt hatte, [und] sagte: „Du hast nichts dadurch bewirkt, Fortuna, dass du all meinen Anstrengungen im Wege standest. Bis heute habe ich nicht für meine Freiheit, sondern für die des Vaterlands gekämpft, und ich verfolgte es nicht mit so großer Hartnäckigkeit, um frei zu leben, sondern unter Freien: nun, da ja die Angelegenheiten der Menschheit verloren sind, sollte Cato in Sicherheit geleitet werden.

(8) Darauf trieb er sich die tödliche Wunde in den Leib hinein; weil er, nachdem diese von den Ärzten verbunden worden war, zu wenig Blut, zu wenig Kraft, [aber] dieselbe Absicht hatte, führte er, nicht mehr nur auf Cäsar, sondern auf sich selbst zornig, die bloßen Hände in die Wunde und nicht entließ er jene edelmütige und alle Gewalt verachtende Seele, sondern er stieß sie hinaus.

(9) Dabei stelle ich die Beispiele nun nicht zusammen, um den Geist zu beschäftigen, sondern um dich gegen das zu ermutigen, was als höchst furchterregend betrachtet wird; müheloser aber werde ich dich ermutigen, wenn ich zeige, dass nicht nur die tüchtigen Männer diesen Moment, in dem das Leben ausgehaucht wird, gleichgültig hingenommen haben, sondern, dass etliche, in anderer Beziehung feige Menschen, in dieser Sache den Mut der Tapfersten erreicht haben, wie zum Beispiel jener Scipio, Schwiegervater des Gnaeus Pompeius, der sich, von ungünstigem Wind zurück nach Afrika getragen, mit dem Schwert durchbohrte, nachdem er gesehen hatte, dass sein Schiff von den Feinden besetzt gehalten wurde, und, als gefragt wurde, wo der Feldherr sei, gesagt hat: „Um den Feldherrn steht es gut."

(10) Dieser Ausspruch hat ihn auf gleicher Ebene mit den Ahnen gebracht und er ließ nicht zu, dass der vom Schicksal bestimmte Ruhm der Scipionen in Afrika unterbrochen wurde. Bedeutend war es, Karthago zu besiegen, mehr noch den Tod. „Um den Feldherrn steht es gut", sagte er: oder durfte ein Feldherr, und gerade der eines Cato, anders sterben?

(11) Ich verweise dich nicht wieder auf die überlieferten Geschichten und ich suche auch nicht aus allen Zeitaltern die Verächter des Todes zusammen, von denen es sehr viele gibt; sieh auf diese unsere Zeiten, über deren Trägheit und Vergnügungen wir klagen: sie wird Menschen jeden Ranges, jeden Vermögens, jeden Alters hinzufügen, die ihr Leiden durch den Tod abkürzen. Glaube mir, Lucilius, so wenig muss man den Tod fürchten, dass durch seine Gnade nichts zu fürchten ist.

(12) Vernimm deshalb ohne Sorgen die Drohungen des Feindes; und obgleich dir dein gutes Gewissen Zuversicht einflößt, erwarte gleichwohl, weil vieles über den vorliegenden Sachverhalt hinaus Einfluss hat, dasjenige, was sehr wohlgesonnen ist, aber bereite dich dazu auf dasjenige vor, was sehr ungünstig ist. Denke aber vor allem daran, den Dingen die Unruhe zu nehmen und darauf zu achten, was sich in welcher Lage auch immer ereignet: du wirst verstehen, dass außer der Furcht selbst nichts an ihnen schrecklich ist.

(13) Was du Kindern widerfahren siehst, das geschieht auch uns, den etwas älteren Kindern: Jene, die sie lieben, an die sie sich gewöhnt haben, mit denen sie spielen, erschrecken sie, wenn sie sie maskiert sehen: nicht nur den Menschen, sondern auch den Dingen muss die Maske abgenommen und ihr [wahres] Gesicht wieder zum Vorschein gebracht werden.

(14) Was zeigst du mir Schwerter und Feuer und die Schar der Henker, die rings um dich herum tobt? Beende diesen Aufzug, unter dem du dich verbirgst und die Einfältigen in Schrecken hältst: du bist der Tod, den vor

kurzem mein Sklave, den eine Sklavin gleichgültig hingenommen hat. Warum breitest du wieder Peitschen und Folterpferde mit zahlreichem Gerät vor mir aus? Wozu für jeden einzelnen Knochen jeweils einzeln angepasste Folterwerkzeuge, mit denen sie herausgerissen werden, und tausende andere Instrumente zum stückweisen Zerfleischen der Menschen? Leg nieder das, was uns in Schrecken versetzt; lass die Klagen verstummen und die Aufschreie und die während des Zerfetzens ausgestoßenen Schmerzenslaute: freilich, du bist der Schmerz, den dieser Gichtkranke dort geringschätzt, den dieser Magenkranke da gerade bei üppigen Genüssen erduldet, den die junge Frau im Kindbett erträgt. Leicht bist du, wenn ich imstande bin dich zu ertragen, kurz bist du, wenn ich es nicht kann.

(15) Das, was du oft gehört hast, oft gesagt hast, erwäge ständig im Geiste; doch ob du wahrhaftig gehört, ob du wahrhaftig gesprochen hast, prüfe am Erfolg; das ist nämlich das Schändlichste, was uns gewöhnlich vorgeworfen wird: dass wir uns mit den Worten der Philosophie beschäftigen, nicht mit den Taten. Was? Du hast nun zum ersten Mal verstanden, dass dir der Tod bevorsteht, bald die Verbannung, bald der Schmerz? Dazu bist du geboren; wir wollen uns alles, was geschehen kann, gleichsam als bevorstehend vorstellen.

(16) Ich weiß, dass du dasjenige, das zu tun ich dich auffordere, gewiss getan hast: nun rede ich dir zu, damit du deinen Geist nicht in diese bange Sorge versenkst; er wird nämlich geschwächt werden und zu wenig an Tatkraft haben, wenn er sich erheben soll. Lenke ihn ab von deiner persönlichen Lage zu der von jedermann; versichere dir [selbst], dass dein zartes Körperchen sterblich und vergänglich ist, dem nicht nur durch Unrecht oder durch einflussreiche Kräfte Leid drohen wird: selbst Vergnügungen werden sich zu Qualen wandeln, Speisen verursachen einen verdorbenen Magen, Trinkgelage eine Lähmung und ein Zittern der Muskeln, zügellose Begierden Entstellungen der Füße, der Hände und aller kleinen Gelenke.

(17) Ich werde arm sein: ich bin inmitten der Mehrheit. Ich werde verbannt: ich stelle mir vor, dass ich dort geboren wurde, wohin ich geschickt werde. Ich werde in Fesseln gelegt: was nun aber? Bin ich jetzt frei? Zudem hat mich die Natur an die schwere Bürde meines Körpers gebunden. Ich werde sterben: dadurch sagst du, ich werde nicht mehr krank sein können, ich werde nicht mehr gefesselt werden können, ich werde nicht mehr sterben können.

(18) Ich bin nicht so albern, dass ich an dieser Stelle Epikurs abgedroschenes Lied vortrage und als gewiss behaupte, dass die Ängste vor der Unterwelt grundlos sind, dass weder Ixion mit dem Rad gedreht, noch dass der Felsblock von den Schultern des Sisyphos entgegengesetzt vorangetrieben wird, noch dass irgendjemandes Eingeweide sowohl täglich erneuert, als auch gefressen werden können: niemand ist so sehr ein Kind, dass er Cerberus und die Dunkelheit und sogar das gespensterhafte Äußere von zusammenhängenden nackten Knochen fürchtet. Der Tod rafft uns entweder dahin oder er macht uns frei; der Bürde entrissen bleibt den Freigelassenen das Bessere zurück, den Dahingerafften bleibt nichts übrig, Gutes und Schlechtes ist in gleicher Weise entzogen worden.

(19) Erlaube mir an dieser Stelle deinen Vers zu zitieren, wenn ich dich auch zuerst auffordere, dass du erkennst, dass du dies nicht nur für andere geschrieben hast, sondern auch für dich selbst. Schändlich ist es, dass eine zu reden, das andere zu denken: wie viel schändlicher, dass eine zu schreiben, das andere zu denken! Ich erinnere mich, dass du jenes Thema, dass wir nicht plötzlich auf den Tod treffen, sondern stückchenweise voranschreiten, irgendwann einmal erörtert hast.

(20) Täglich sterben wir; täglich nämlich wird ein anderer Teil des Lebens genommen, und auch dann, wenn wir heranwachsen, entschwindet das Leben. Wir haben die Kindheit verloren, darauf das Knabenalter, darauf die Jugendzeit. Bis zum gestrigen Tag verliert sich alles, was an Zeit vor-

übergeht; selbst den heutigen Tag, den wir verleben, teilen wir mit dem Tod. So wie nicht der letzte herabfallende Tropfen die Wasseruhr ausleert, sondern jeder, der vorher abgeflossen ist, so bringt nicht allein die letzte Stunde, in der wir aufhören zu existieren, den Tod, sondern sie vollendet es bloß; in diesem Augenblick gelangen wir zu ihm, aber eine lange Zeit hat er sich genähert.

(21) Nachdem du dieses in deiner gewohnten Sprache niedergeschrieben hattest, gewiss immer bedeutend, gleichwohl niemals scharfsinniger als wenn du deine Äußerungen mit der Wahrheit in Einklang bringst, hast du gesagt: „Nicht ein einziger Tod naht heran, allein der letzte Tod ist derjenige, der dahinrafft." Lieber wollte ich, du würdest dich [selbst] lesen als meinen Brief; dies wird dir jedenfalls einleuchten, dass der Tod, den wir fürchten, der letzte ist, nicht der einzige.

(22) Ich verstehe, wonach du dich umschaust: du fragst dich, was ich diesem Brief beigefügt habe, welches beherztes Wort von jemanden, welche nützliche Regel. Unmittelbar aus dem Material, welches behandelt wurde, wird etwas gesendet. Es tadelt Epikur nicht weniger diejenigen, die den Tod begehren, als diejenigen, die ihn fürchten, und er sagt: „Es ist lächerlich, aus Überdruss vor dem Leben dem Tod entgegenzueilen, wenn du mit der Art und Weise deines Lebens bewirkt hast, dass dem Tod entgegengeeilt werden muss."

(23) An anderer Stelle sagte er auch: „Was ist so lächerlich, wie den Tod zu begehren, nachdem du dir mit der Angst vor dem Tod ein Leben ohne Ruhe bereitet hast." Diesem magst du auch Folgendes mit demselben Gepräge hinzufügen, dass die Unwissenheit, ja vielmehr der Wahnsinn der Menschen so groß ist, dass einige aus Angst vor dem Tod in den Tod getrieben werden.

(24) Was auch immer du davon abhandelst, du wirst deinen Geist entweder zum Ertragen des Todes oder des Lebens festigen; in beiderlei Hinsicht müssen wir uns jedenfalls ermahnen und stärken, um das Leben einerseits nicht allzu sehr zu lieben, es andererseits auch nicht allzu sehr zu hassen. Auch wenn die Vernunft den Rat gibt, sich ein Ende zu bereiten, darf es nicht unbesonnen oder überstürzt in Angriff genommen werden.

(25) Der tapfere und kluge Mann soll nicht aus dem Leben fliehen, sondern heraustreten; und vor allem sollte auch jene Gemütsverfassung vermieden werden, die viele ergriffen hat: das Verlangen zu sterben. Es gibt nämlich, mein Lucilius, wie zu anderem, so auch zum Sterben eine unbesonnene Gefühlsneigung, die oft edelmütige und vom Charakter äußerst energische Männer ergreift, oft untüchtige und mutlos darniederliegende: erstere verachten das Leben, letztere sind es müde.

(26) Manche überkommt Ekel, dasselbe zu tun und zu sehen, und nicht ein Hass auf das Leben, sondern ein Widerwille, in den wir, durch die Philosophie selbst veranlasst, verfallen, indem wir sagen: „Wie lange noch dasselbe? Freilich, ich werde aufwachen, schlafen, essen, hungern, frieren, schwitzen. Nichts hat ein Ende, sondern alles ist in einer kreisförmigen Bewegung gebunden, es läuft davon und schließt sich an; die Nacht verfolgt den Tag, der Tag die Nacht, der Sommer endet im Herbst, dem Herbst drängt der Winter nach, der vom Frühling bezähmt wird; alles zieht vorbei, doch so, dass es zurückkehrt. Nichts Neues erschaffe ich, nichts Neues sehe ich: irgendwann entsteht auch daraus Ekel erregende Langeweile." Es sind viele, die es nicht für bitter halten zu leben, sondern für überflüssig. Lebe wohl.

———

# Buch 3 – Brief 25

Seneca grüßt seinen Lucilius,

(1) Was unsere beiden Freunde betrifft, muss man einen entgegengesetzter Weg beschreiten; die schlechten Eigenschaften des einen müssen verbessert, die des anderen gebändigt werden. Ich sage es frei heraus: ich kann ihn nicht gern haben, wenn ich nicht seinen Unwillen errege. „Was denn?", sagst du, „ein vierzig Jahre altes Mündel willst du unter deiner Vormundschaft halten? Siehe sein Alter, schon verhärtet und ungefügig: man kann ihn nicht mehr ändern; [nur] junge Menschen werden geformt."

(2) Ich weiß nicht, ob ich etwas ausrichten werde: lieber will ich, dass es mir am Erfolg mangelt, als an Zuversicht. Und man sollte die Hoffnung nicht aufgeben, auch lange Zeit Kranke heilen zu können, wenn man sich gegen ihre Zügellosigkeit behauptet, wenn man sie gegen ihren Willen zwingt, sowohl vieles zu tun als auch zu ertragen. Nicht einmal was den anderen anbelangt habe ich hinreichend Zuversicht, abgesehen davon, dass er sich immer noch schämt, einen Fehler zu begehen; dieses Schamgefühl muss gepflegt werden, solange es nämlich in seinem Charakter Bestand hat, wird es manch eine Gelegenheit zu guter Hoffnung geben.

(3) Ich denke, bei diesem alten Soldaten muss man sich zurückhaltender verhalten, damit er nicht in Verzweiflung über sich selbst gerät; und es gab keinen besseren Zeitpunkt, an ihn heranzutreten, als diesen, während er innehielt, während er einem Geläuterten ähnlich war. Die anderen hat sein gegenwärtiges Nachlassen getäuscht, mich führt er nicht hinters Licht: ich erwarte, dass seine schlechten Eigenschaften, die, ich weiß es, im gegenwärtigen Augenblick ruhen, [und] nicht verschwunden sind, mit beträchtlichem Zins zurückkehren werden. Ich werde dieser Angelegenheit festgesetzte Tage opfern und in Erfahrung bringen, ob man etwas in Bewegung setzen kann, oder es nicht kann.

(4) Zeige du dich uns – wie du es tust – voller Kraft und Mut und ziehe dein Bündel zusammen; nichts von dem, was wir besitzen, ist unentbehrlich. Wir sollten zum Gebot der Natur zurückkehren; Reichtum ist leicht zu Diensten stehend. Entweder ist unentgeltlich, was wir benötigen, oder billig: die Natur verlangt nach Brot und Wasser. An diesen ist niemand arm; beschränkt auf diese kann sich jeder, der sein Verlangen verschließt, sogar mit Jupiter an Glückseligkeit messen, wie Epikur sagt, von dem ich einen Ausspruch mit dem heutigen Brief umhüllen werde.

(5) „Handle so", sagt er, „als ob Epikur alles beobachten kann." Es ist ohne Zweifel nützlich, sich einen Wächter auferlegt und auf seiner Seite zu haben, den du berücksichtigen solltest, den du bestimmst, deinem Gedachtem beizuwohnen. Umso weit großartiger ist es sicherlich, so zu leben, wie unter den Augen irgendeines tüchtigen und immer gegenwärtigen Mannes, aber ich bin auch damit zufrieden, dass du alles, was du tun wirst, so tust, als ob jemand zuschaut: das Alleinsein verführt uns zu allem Schlechten.

(6) Sobald du nun so große Fortschritte gemacht hast, dass du Achtung deiner [selbst] empfindest, wirst du den Lehrer entlassen dürfen: einstweilen kontrolliere dich an irgendeinem Vorbild – das könnte jener berühmte Cato sein oder Scipio oder Laelius oder irgendeiner, durch dessen Einschreiten auch verdorbene Menschen ihre schlechten Eigenschaften unterdrücken würden, solange bis du dich zu einem solchen gemacht hast, in dessen Begleitung man nicht zu sündigen wagt. Wenn du dieses erreicht hast und auf irgendeine Art bei dir eine Hochachtung deiner selbst entstanden ist, werde ich anfangen, dir zu gestatten, was auch Epikur an Rat gibt: „Ziehe dich besonders dann in dich selbst zurück, wenn du gezwungen sein wirst, dich in der Menschenmenge aufzuhalten."

(7) Du musst den Vielen unähnlich werden, solange bis du dich gefahrlos in dich selbst zurückziehen kannst. Betrachte jeden Einzelnen: es gibt nie-

manden, für den es nicht besser sein dürfte, mit jedem Beliebigen zusammen zu sein als mit sich selbst. „Ziehe dich vor allem dann in dich selbst zurück, wenn du genötigt wirst, dich in einer Menschenmenge aufzuhalten" – falls du ein tüchtiger, ruhiger und Maß haltender Mann bist. Andernfalls musst du dich vor dir selbst in die Menge zurückziehen: bei dir [selbst] bist du einem verderblichen Mann allzu nahe. Lebe wohl.

# Buch 3 – Brief 26

Seneca grüßt seinen Lucilius,

(1) Eben erst erzählte ich dir, dass ich mich im Blickfeld des Greisenalters befinde: jetzt fürchte ich, dass ich das Greisenalter hinter mich gelassen habe. Schon ist eine andere Bezeichnung für diese Lebensjahre, gewiss für diesen Körper, passend, weil nämlich „Greisenalter" der Name des ermatteten, aber nicht gebeugten Lebens ist: rechne mich zu den Altersschwachen und denen, die an den äußersten Punkt stoßen.

(2) Dennoch bringe ich mir Dankbarkeit vor dir zum Ausdruck: im Geiste verspüre ich nicht die Kränkung des Alters, hingegen ich sie im Körper bemerke. Nur die Laster und die Gehilfen der Laster sind gealtert; der Geist ist frisch und er freut sich, dass er nicht viel mit dem Körper zu tun hat; einen großen Teil seiner Last hat er abgelegt. Er ist ausgelassen und er fängt mit mir ein Streitgespräch über das Alter an: er behauptet, jetzt in seiner Blüte zu stehen. Lasst uns ihm glauben: er soll sein Glück genießen.

(3) Er fordert mich auf, ins Denken zu verfallen und zu erwägen, was ich von dieser Seelenruhe und der Mäßigung des Charakters der Weisheit verdanke, was dem Alter, und gründlich zu untersuchen, was ich nicht tun kann, was ich nicht [tun] will, [und] ebenso erfreue ich mich daran, alles, was ich nicht kann, anzusehen, als ob ich es nicht will: welche Beschwerde, welches Unglück gibt es denn, wenn alles zu Ende gegangen ist, was enden musste?

(4) „Das größte Unglück ist es", sagst du, „geschwächt zu werden und zugrunde zu gehen und, um es passend zu benennen, zu verwesen. Wir wurden nämlich nicht plötzlich zu Fall gebracht und vernichtet: wir werden allmählich aufgezehrt, jeder einzelne Tag entzieht uns etwas von unseren

Kräften." Ist etwa irgendein Schicksal besser, als durch die schwächende Natur an seinem Ende zu verfallen? Nicht weil ein Schicksalsschlag und sogar ein plötzliches Dahinscheiden aus dem Leben etwas Schlimmes, sondern weil diese Art und Weise, sich zu entfernen, sanfter ist. Gleichsam als ob eine Prüfung bevorstehe und jener Tag gekommen sei, der ein Urteil über alle meine Jahre abgeben wird, so beobachte ich mich doch wenigstens und spreche mir zu:

(5) „Es gibt nichts", sage ich, „was wir bisher entweder durch Taten oder mit Worten bewiesen haben; unbedeutende und trügerische Beweise des Geistes sind diese und [dazu] eingehüllt in viele gewinnende Worte: was ich erreicht habe, werde ich dem Tod anvertrauen. Nicht furchtsam mache ich mich daher auf jenen Tag gefasst, an dem ich frei von Kunstgriffen und Falschheit über mich richten werde, ob ich es unerschrocken aussprechen oder empfinden werde, ob etwa alles Heuchelei und Possenspiel gewesen sein wird, was ich gegenüber dem Schicksal an trotzigen Worten im Mund geführt habe.

(6) Wende dich ab von der Meinung der Leute: sie ist immer schwankend und wird ins Für und Wider zerlegt. Wende dich ab von den Studien, die das ganze Leben über erörtert wurden, der Tod wird über dich den Richterspruch fällen. Daher sage ich: Abhandlungen, gelehrte Unterhaltungen, gesammelte Sprüche aus den Lehren der philosophisch Gebildeten und eine feine Ausdrucksweise offenbaren nicht den wahren Kern des Charakters; denn kühn ist selbst das Reden des Furchtsamsten. Was du vollbracht hast, wird dann sichtbar werden, wenn du in den letzten Zügen liegst. Ich nehme das als Bestimmung hin, ich fürchte das Urteil nicht."

(7) Dieses sage ich von mir, aber stell dir vor, dass ich auch von dir gesprochen habe. Jünger bist du: was kommt es darauf an? Die Jahre zählen nicht. Es ist ungewiss, bei welcher Gelegenheit dich der Tod erwartet; erwarte du ihn daher bei jeder Gelegenheit.

(8) Schon wollte ich endigen und meine Hand strebte zum Schlusspunkt, aber Geld muss angelegt werden und dieser Brief soll den Sparpfennig entrichten. Stell dir vor, dass ich nicht sage, woher ich das Darlehen nehmen will: du weißt, aus wessen Geldkasten ich mich bedienen werde. Halte ein klein wenig mit mir aus, und die Auszahlung wird aus meinem Hause geleistet. Einstweilen wird uns Epikur gefällig sein, der sagt: „Bereite dich auf den Tod vor", oder, wenn dieser Gedanke auf solche Weise leichter auf uns übergehen kann: „Eine vortreffliche Sache ist es, sich an den Tod zu gewöhnen."

(9) Unnütz dasjenige zu lernen, denkst du vielleicht, was einmal nur verwendet werden muss. Genau das ist der Grund, weshalb wir es vorwegnehmen sollten: man muss immer das studieren, von dem wir nicht in Erfahrung bringen können, ob wir es verstehen.

(10) „Den Tod vorwegnehmen": der das sagt, der beschließt, die Freiheit vorwegzunehmen. Der zu sterben gelernt hat, der hat zu dienen verlernt; er ist jenseits jeder Macht, mit Gewissheit außerhalb von jeder. Was sind für ihn Kerker und Haft und Käfig? Den Zugang hat er in seiner freien Gewalt. Eine Kette gibt es, die uns gefesselt hält, die Liebe zum Leben, die zwar nicht abgelegt, aber eingeschränkt werden muss, damit, wenn die Umstände es einmal einfordern, uns nichts fesselt und nichts davon abhält, vorbereitet zu sein, dasjenige sofort zu tun, was über kurz oder lang getan werden muss. Lebe wohl.

———

# Buch 3 – Brief 27

Seneca grüßt seinen Lucilius,

(1) „Du ermahnst mich?", entgegnest du. „Hast du dich denn schon selbst ermahnt, schon auf den rechten Weg gebracht? Hast du deshalb Muße zur Besserung anderer?" Ich bin nicht so frech, dass ich als Kranker Behandlungen übernehme, sondern als ob ich in demselben Krankenzimmer liegen würde, diskutiere ich mit dir über das gemeinsame Leiden und bespreche die Heilmittel. Auf diese Weise also höre mir zu, als wenn ich mit mir [selbst] redete; ich nehme dich mit in meine Abgeschiedenheit und, dich hinzugezogen, gehe ich mit mir zu Rate.

(2) Ich rufe mir selbst zu: „Zähle deine Jahre, und es ist beschämend, dass du dasselbe willst, dasselbe beabsichtigst, das du als Junge wolltest. Dies zumindest gewähre dir in Ansehung des Todestags: mögen dich deine schlechten Eigenschaften vorher verlassen. Lass ab von jenen aufwühlenden Vergnügungen, die man teuer bezahlen muss: sie schaden nicht nur, wenn sie sich zutragen, sondern auch, nachdem sie vergangen sind. Wie die innere Unruhe bei Verbrechen nicht mit diesen selbst verschwindet – auch wenn sie nicht entdeckt worden sind, als sie sich ereigneten –, so ist die Reue den ausufernden Leidenschaften auch danach noch zu eigen. Sie sind nicht dauerhaft, sie sind nicht aufrichtig; auch wenn sie nicht schaden, sie vergehen wie im Fluge.

(3) Schau dich besser nach einem Vermögen um, das Bestand haben wird; es gibt jedoch keines außer demjenigen, das der Geist aus sich [selbst] erschafft. Allein die sittliche Vollkommenheit gewährt dauerhafte, sorglose Freude; selbst wenn ihr etwas im Weg steht, tritt es in der Art von Wolken dazwischen, die tief unten davongetragen werden und niemals die Oberhand über das Licht des Tages behalten.

(4) Wann wird es glücken, zu dieser Freude zu gelangen? Bisher wird gewiss nicht gezögert, aber man sollte sich beeilen. Viel Arbeit steht noch bevor, auf die du persönlich deinen Eifer, persönlich deine Ausdauer verwenden musst, wenn du sie hervorzurufen wünschst; diese Angelegenheit lässt keine Vertretung zu.

(5) Eine andere Art der Gelehrsamkeit lässt Beistand zu. Der Calvisius Sabinus unserer Zeit war ein reicher Mann; er besaß sowohl das Vermögen eines Freigelassenen als auch den Verstand; niemals habe ich einen unschicklicheren glücklichen Menschen gesehen. Sein Gedächtnis war so miserabel, dass ihm bald der Namen des Odysseus entfiel, bald der von Achilles, bald der von Priamos, welche er so gut gekannt hatte, wie wir unseren Erzieher kannten. Kein ältlicher Nomenklator, der die Namen nicht frei aufsagt, sondern so tut als ob, hat so verkehrt der Reihe nach die Tribus begrüßt, wie jener die Trojaner und Achäer.

(6) Trotzdem wollte er als gebildet angesehen werden. Deshalb hat er sich folgende Abkürzung ausgedacht: für eine hohe Summe kaufte er Sklaven; einen, der Homer, einen anderen, der Hesiod beherrschen sollte; außerdem hat er jeweils einen den neun Lyrikern zugewiesen. Es gibt keinen Grund, dass du dich wunderst, dass er teuer gekauft hat: er hatte keinen gefunden – er schrieb sie öffentlich aus, um sie sich zu verschaffen. Nachdem diese Dienerschaft von ihm aufgekauft worden war, schickte er sich an, seine Gäste zu belästigen. Er hatte die eben erwähnten zu Füßen, und obgleich er sich von ihnen nacheinander die Verse erbeten hat, die er vortragen sollte, verlor er sich oft mitten im Wort.

(7) Satellius Quadratus, ein Schmarotzer der reichen Dummköpfe und, da er sich fügt, auch ein Schmeichler und folglich, weil es mit diesen beiden verknüpft ist, ein Spötter, gab ihm den Rat, sich Grammatiklehrer als Brotkrümelaufleser zu halten. Nachdem Sabinus erwähnt hatte, dass jeder Sklave ihn Einhunderttausend gekostet hatte, antwortete er: „Für weniger

hättest du ebenso viele Schriftkapseln kaufen können." Jener war jedoch in einem solchen Wahn, dass er sich für kundig zu sein hielt, weil irgendeiner in seinem Haus kundig war.

(8) Er begann ihn auch anzuspornen, als Ringer zu kämpfen – einen erschöpften, blassen und schmächtigen Mann. Nachdem Sabinus erwidert hatte: „Und wie kann ich das? Ich lebe kaum noch", fuhr er fort: „Ich bitte dich, sei nicht abgeneigt, siehst du nicht, wie viele sehr starke Sklaven du besitzt?" Ein vortrefflicher Gedanke wird weder ausgeliehen noch gekauft; und ich denke, wenn er zum Verkauf stünde, würde er keinen Käufer finden; ein nichtsnutziger [Gedanke] wird dagegen jeden Tag gekauft.

(9) Aber empfange nun, was ich schulde, und lebe wohl: „Reichtum ist eine nach dem Gesetz der Natur eingerichtete Armut." Das sagt Epikur oft auf verschiedene Weise, niemals wird jedoch zu oft gesagt, was niemals hinreichend gelernt wurde; manchen muss man die Heilmittel zeigen, manchen aufnötigen. Lebe wohl.

———

# Buch 3 – Brief 28

Seneca grüßt seinen Lucilius,

(1) Du glaubst, dieses sei allein dir widerfahren, und du wunderst dich gewissermaßen über den ungewöhnlichen Umstand, dass du auf einer Reise, so lang und an so vielen mannigfaltigen Orten, die Traurigkeit und Schwere der Gedanken nicht vertrieben hast. Du musst deine Einstellung ändern, nicht die Himmelsgegend. Obwohl du das weite Meer überfahren hast, obwohl, wie unser Vergil sagt: „auch Länder und Städte entschwinden", werden dich deine Fehler begleiten, wo auch immer du hinkommst.

(2) Dieses sagte Sokrates jemanden, der dasselbe beklagte: „Warum wunderst du dich, dass dir die Reisen nichts nützen? Es bedrückt dich derselbe Grund, der dich hinausgetrieben hat." Was auf Erden Neues kann dich erfreuen? Was das Kennenlernen der Städte und Ortschaften? Dieser unstete Aufenthalt fällt dem Misslingen anheim. Du fragst dich, warum dir dieses Entfliehen nicht geholfen hat? Du fliehst mit dir [selbst]. Die Last der Seele muss man ablegen: nicht eher wird dir irgendein Ort gefallen.

(3) Bedenke, dass dein Zustand nun ein solcher ist, wie unser Vergil den der Prophetin auf die Bühne brachte – bereits erregt und angestachelt und viel des Geistes in sich tragend, der nicht der ihre war: *„Es tobt umher die Prophetin, als wenn sie den mächtigen Gott aus ihrem Inneren vertreiben könnte."* Hierhin und dorthin gehst du, um die tief sitzende Last abzuschütteln, die gerade durch den unsteten Aufenthalt drückender wird, gleichwie auf einem Schiff die nicht bewegten Lasten weniger bedrängen, begraben die ungleich durcheinander gerollten [Ladungen] diejenige Seite schneller in den Wellen, zu der sie sich geneigt haben. Alles was du tust, tust du gegen dich, und du schadest dir selbst durch deine Unruhe; du schwächst nämlich einen Kranken.

(4) Aber wenn du dich von diesem Leiden befreist, wird jede Ortsveränderung erfreulich sein; magst du auch in die entferntesten Gegenden verbannt, in jeden beliebigen Winkel des Barbarenlandes versetzt werden, wie auch immer beschaffen, wird dir jener Ort gastlich sein. Es ist von größerer Wichtigkeit wer kommt, als wohin [man kommt], und wir dürfen deshalb keinem Ort das Herz schenken. Mit dieser Überzeugung muss man leben: „Ich bin nicht für einen abgelegenen Winkel geboren, mein Vaterland ist diese ganze Welt."

(5) Wenn dir dies klar wäre, würdest du dich nicht wundern, dass dir die Mannigfaltigkeit der Weltgegenden, in die du von Zeit zu Zeit aus Abscheu der vorherigen übersiedelst, nichts helfen wird; eine nach der anderen hätte dir nämlich gefallen, wenn du jede für die Deinige halten würdest. So aber reist du nicht umher, sondern du irrst und hetzt umher, und du tauschst einen Ort gegen den anderen ein, obwohl jenes, das du suchst – gut zu leben – an jedem Ort gelegen ist.

(6) Kann denn etwas so unruhig sein wie das Forum? Auch dort ist es möglich, ruhig zu leben, falls es notwendig sein sollte. Aber falls es möglich wäre, über sich [selbst] zu bestimmen, würde ich auch in der Tat den Anblick und die Nachbarschaft des Forum weithin meiden; denn wie ungesunde Gegenden auch eine äußerst widerstandsfähige Gesundheit angreifen, so sind manch welche auch einer gedeihlichen Denkweise, die bisher noch nicht vollendet wurde und sich erholt, wenig zuträglich.

(7) Ich stehe im Widerspruch zu denen, die sich mitten in die Gefahren stürzen und die, weil ein in Aufregung versetzendes Leben ihren Beifall findet, jeden Tag in erhabenem Geiste mit den Widrigkeiten der Welt ringen. Der Weise wird dies ertragen, nicht auswählen, und er will lieber im Frieden leben als im Streit; es nützt nicht viel, die eigenen Laster aufgegeben zu haben, wenn man zugleich mit fremden [Lastern] hadern muss.

(8) „Dreißig Tyrannen", sagt man, „haben Sokrates umzingelt, und konnten seinen Willen nicht brechen." Was macht es für einen Unterschied, wie viele Herren es gibt? Knechtschaft gibt es eine einzige; wer diese nicht beachtet, ist trotz einer beliebig großen Menge an Herrschern frei.

(9) Es ist Zeit zum Schluss zu kommen, aber nur, wenn ich vorher das Wegegeld bezahlt habe: „Zu Beginn des Glücks steht das Wissen um die Fehlbarkeit." Dieses scheint mir Epikur ausgezeichnet gesagt zu haben; denn derjenige, der nicht versteht, dass er einen Fehler macht, will sich nicht bessern; du musst dich [selbst] erkennen, bevor du dich vervollkommnen kannst.

(10) Manche rühmen sich ihrer Laster: glaubst du, dass diejenigen, die ihre Fehler anstelle der Tugenden aufzählen, in irgendeiner Beziehung über ein Heilmittel nachdenken? Soweit du kannst, überführe dich deshalb selbst, sammle Beweise gegen dich; bekleide zuerst die Rolle des Anklägers, dann die des Richters, zuletzt die eines Fürsprechers; sei zuweilen unzufrieden mit dir [selbst]. Lebe wohl.

———————

# Buch 3 – Brief 29

Seneca grüßt seinen Lucilius,

(1) Du erkundigst dich nach unserem Marcellus und willst wissen, womit er sich beschäftigt. Aus keinem anderen Grund, als dass er fürchtet, die Wahrheit zu hören, kommt er selten zu uns; von diesem Risiko hält er sich fern; man muss nämlich mit keinem sprechen, wenn man nicht zuhören will. Deswegen pflegt man bei Diogenes und nicht weniger bei den übrigen Kynikern, die sich der gemeinsamen Freiheit bedienten und die Entgegenkommenden zurechtwiesen, unschlüssig zu sein, ob sie dies hätten tun dürfen. Was nämlich, wenn jemand den tauben oder – durch Geburt oder auch Krankheit – stummen [Menschen] Vorwürfe machen würde?

(2) „Warum", fragst du, „soll ich mit Worten sparen? Sie sind umsonst. Ich kann nicht wissen, ob ich dem nützlich sein werde, den ich ermahne. Folgendes weiß ich: dass ich manch einem helfen werde, wenn ich viele ermahne. Die Hand muss die Saat ausbringen: es ist unmöglich, dass demjenigen, der vieles versucht, nicht irgendwann einmal etwas gelingt."

(3) Dies, mein Lucilius, darf ein bedeutender Mann nicht tun, meine ich: seine Autorität wird vermindert und so hat sie bei denen nicht genügend an Gewicht, die sie weniger abgenutzt auf den richtigen Weg führen könnte. Ein Bogenschütze sollte nicht dann und wann einmal treffen, sondern dann und wann einmal fehlgehen; ein Kunstwerk, das durch Zufall zur Vollendung kommt, ist keines. Die Philosophie ist eine Kunst: sie soll entschlossen einfordern, soll diejenigen auswählen, die aufbrechen wollen, soll sich von denjenigen zurückziehen, die die Hoffnung aufgegeben haben, soll [aber] trotzdem nicht schnell im Stich lassen und selbst in der Hoffnungslosigkeit die letzten Heilmittel versuchen.

(4) Für unseren Marcellus gebe ich die Hoffnung noch nicht auf; im gegenwärtigen Augenblick kann er noch immer gerettet werden, aber nur dann, wenn ihm schnell die Hand gereicht wird. Es ist allerdings zu befürchten, dass er denjenigen mit sich fortzieht, der sie ihm entgegenstreckt; er besitzt eine große Geistesstärke, die sich aber schon auf das Verkehrte richtet. Trotzdem werde ich diese Gefahr auf mich nehmen und es wagen, ihm seine Fehler vorzuhalten.

(5) Er wird tun, was er gewöhnlich zu tun pflegt: er wird jene Scherze zu Hilfe nehmen, die imstande sind, bei Trauernden ein Lächeln hervorzulocken, und zuerst über sich selbst, dann über uns Witze machen; allem, was ich sagen werde, wird er zuvorkommen. Unsere Schulen wird er durchstöbern und den Philosophen ihre Spenden, ihre Mätressen und ihre Gefräßigkeit vorwerfen;

(6) er wird mir den einen beim Ehebruch zeigen, den anderen beim Besäufnis, einen dritten beim Hofdienst; er wird mir den verweichlichten Philosophen Ariston vor Augen halten, der seinen Vortrag während der Spazierfahrt hielt – diese Zeit hatte er nämlich zum Herausgeben seiner Arbeiten bestimmt. Als sich nach dessen philosophischer Lehre erkundigt wurde, sagte Scaurus: „Jedenfalls ist er kein Peripatetiker." [Und] als Iulius Graecinus, ein vortrefflicher Mann, befragt wurde, was er von demselben dachte, antwortete er: „Ich kann es dir nicht sagen; ich weiß nämlich nicht, wie er zu Fuß kämpft", als ob er nach einem Wagenlenker gefragt worden wäre.

(7) Diese Gaukler, die die Philosophie würdiger außer acht gelassen hätten, als sie zu verschachern, wird er mir ins Gesicht schleudern. Dennoch habe ich beschlossen, die Verunglimpfungen zu ertragen: jener mag mir ein Lächeln hervorlocken, ich werde ihn wohl zu Tränen rühren, oder, wenn er fortfährt, sich lustig zu machen, werde ich mich gleichsam wie bei Unglücksfällen freuen, dass ihm eine heitere Art des Wahnsinns zuteil

wird. Aber diese Heiterkeit ist nicht lange andauernd: gib acht, du wirst dieselben [Menschen] innerhalb kurzer Zeit sehr heftig lachen und sehr heftig toben sehen.

(8) Der Plan ist es, sich an ihn zu wenden und ihm vor Augen zu halten, wie viel mehr er wert war, als er vielen allzu wenig galt. Auch wenn ich seine Fehler nicht beseitige, werde ich sie hemmen; sie werden nicht aufhören, sondern nachlassen, möglicherweise nehmen sie aber auch ein Ende, wenn sie eine Aufgabe der gewohnten Lebensweise bewirken. Man darf dieses auch nicht verschmähen, weil ja doch den schwer Heimgesuchten eine heilsame Erholung als Gesundheit gilt.

(9) Während ich mich auf jenen vorbereite, bilde du – der du kannst, der du erkennst, von wo aus du dich entwickelt hast und daher ahnst, wohin du dich entwickeln könntest – unterdessen deinen Charakter aus, ermuntere den Geist, behaupte dich gegenüber den angsteinflößenden Dingen; zähle die auf, welche dir Angst machen. Darf man es etwa nicht als töricht ansehen, wenn irgendeiner die Menge an einer Stelle fürchtet, an der es einen Durchgang [nur] für einzelne gibt? In gleicher Weise ist für den Großteil keine Gelegenheit zu deinem Tod vorhanden, mögen auch viele ihn androhen. Die Natur hat dieses folgendermaßen eingerichtet: das Leben wird dir ebenso von einem Einzigen entrissen, wie ein Einziger es dir geschenkt hat.

(10) Wenn du Taktgefühl besitzen würdest, hättest du mir die letzte Rate erlassen; doch ich werde mich nicht einmal gegen Ende der Schuld geizig zeigen und dir aufdrängen, zu was ich verpflichtet bin: „Niemals habe ich Wert darauf gelegt, dem Volk zu gefallen; denn was ich kann, billigt das Volk nicht, was das Volk billigt, kann ich nicht."

(11) „Wer sagt das?", fragst du, als ob du nicht wüsstest, von wem ich verordne. Epikur; doch eben dasselbe werden dir alle aus jeder philoso-

phische Schule laut verkünden – die Peripatetiker, die Akademiker, die Stoiker, die Kyniker. Wer nämlich kann dem Volk gefallen, dem ein tugendhafter Lebenswandel gefällt? Mit verderblichen Fertigkeiten wird die Zuneigung des Volkes erworben. Du müsstest es ihnen gleich tun: sie werden nicht anerkennen, wenn sie nicht wiedererkennen. Es ist jedoch viel maßgeblicher, wie du von dir [selbst] als von den anderen gesehen wirst; nur auf schändliche Weise kann man die Liebe des Schändlichen gewinnen.

(12) Was also wird jene glücklich gepriesene und allen Künsten und Besitztümern vorzuziehende Philosophie leisten? Selbstverständlich, dass du lieber dir [selbst] gefallen willst als dem Volk, dass du Meinungen einschätzt, nicht anführst, dass du ohne Furcht vor den Göttern und den Menschen lebst, dass du [deine] Leiden entweder überwindest oder beendest. Dagegen, wenn ich dich gefeiert von den geneigten Rufen des einfachen Volkes sehe, wenn dich beim Eintreten lautes Rufen und Beifall – eine dem Pantomimen gehörige Auszeichnung – übertönen, wenn dich Frauen und Kinder aus der ganzen Stadt preisen, warum sollte ich nicht Mitleid mit dir haben, da ich doch weiß, welcher Weg zu dieser Gunst führt? Lebe wohl.

———

# Buch 4 – Brief 30

Seneca grüßt seinen Lucilius,

(1) Ich habe einen sehr tugendhaften Mann gesehen, Bassus Aufidius, als er zerrüttet gegen das Alter ankämpfte. Doch es hat ihn schon allzu lange niedergedrückt, als dass er hätte aufgerichtet werden können; mit seinem beträchtlichen und ganzen Gewicht hat sich das Alter auf ihn gelegt. Du weißt, dass er immer einen kraftlosen und ausgemergelten Körper besaß; lange hat er sich beherrscht und, um es wahrheitsgemäßer zu sagen, sich zurecht gemacht; mit einem Mal verlor er die Kräfte.

(2) So wie bei einem Schiff, das Leckwasser aufnimmt, sich dem einen oder anderen Riss entgegengestellt wird, sobald es [aber] begonnen hat, sich an vielen Stellen zu lösen und zu lockern, dem auseinander berstenden Schiff nicht geholfen werden kann, so kann in einem greisenhaften Körper die Schwäche auch nur ein wenig aufgehalten und gestützt werden. Sobald in einem morschen Gebäude jede Verbindung gleichsam getrennt wird, und, indem die eine gestützt, eine andere auseinandergerissen wird, sollte man überlegen, wie man hinausgelangen kann.

(3) Trotzdem besitzt unser Bassus einen lebhaften Geist: dieses gewährt die Philosophie, im Anblick des Todes heiter zu sein und in welcher körperlichen Verfassung auch immer tapfer und froh, und nicht die Kraft zu verlieren, so sehr die Kraft auch dahinschwinden mag. Ein großer Steuermann fährt auch mit zerrissenem Segel und, selbst wenn er abgetakelt hat, passt er die Überreste des Schiffes an den Kurs an. Dieses leistet unser Bassus und er betrachtet sein Ende mit einem solchen Bewusstsein und Gesichtsausdruck, mit dem einen Fremden zu betrachten für allzu sorglos gehalten würde.

(4) Dies ist eine bedeutende Sache, Lucilius, und muss einige Zeit lang erlernt werden: mit gelassenem Herzen zu scheiden, wenn jene unvermeidliche Stunde näherrückt. Andere Todesarten sind mit Hoffnung verbunden: eine Krankheit geht zu Ende, ein Brand wird gelöscht, ein Einsturz hat diejenigen sicher abgelegt, denen das Verschütten drohte; das Meer hat diejenigen, die es verzehrt hatte, mit derselben Stärke, wie es sie verschlang, wohlbehalten an Land geworfen; ein Soldat hat das Schwert unmittelbar vom Nacken des Todgeweihten zurückgezogen: nichts, was Hoffnung machen könnte, besitzt derjenige, den das Greisenalter zum Tode führt; diesem allein kann sich nicht widersetzt werden. Auf keine Weise sterben die Menschen sanfter, aber auch auf keine länger.

(5) Unser Bassus schien mir sich [selbst] Geleit zu geben und zur Ruhe zu betten, [und] zu leben, als ob man über sich stehen könnte, und weise das Verlangen seiner selbst auszuhalten. Tatsächlich spricht er viel über den Tod und er tut dies nach Kräften, um uns zu überzeugen, dass, falls es etwas an Unglück oder Angst in dieser Sache gibt, es ein Fehler des Sterbenden ist, nicht des Todes; dass ebenso wenig irgendetwas an ihm selbst beschwerlich ist, wie auch danach.

(6) So sehr verblendet ist aber derjenige, der sich fürchtet, was er nicht erdulden wird, der fürchtet, was er nicht empfinden wird. Oder glaubt irgendeiner, dass es so sein wird, dass derjenige [der Tod], infolge dessen nichts [mehr] gespürt wird, gespürt werden kann? „Folglich", sagt er, „existiert der Tod so weit außerhalb jeden Leids, dass er sich außerhalb jeder Furcht vor den Leiden befindet."

(7) Ich weiß, dieses wurde oft gesagt und es muss [auch] oft gesagt werden, aber weder nachdem ich es gelesen habe, hat es mir recht genützt, noch nachdem ich es von denjenigen, die darüber sprachen, gehört habe, die bestritten, dass man fürchten muss, von dessen drohender Gefahr sie

[selbst] weit entfernt waren: der Besprochene jedoch besaß bei mir die höchste Glaubwürdigkeit, weil er über den nahen Tod sprach.

(8) Jedenfalls werde ich sagen, was ich empfinde: ich glaube, dass derjenige kühner ist, der dem Tod unmittelbar gegenübersteht, als derjenige, der dem Tod nahe ist. Denn der [unmittelbar] herangerückte Tod gibt auch Unvorbereiteten den Mut, Unvermeidliches nicht zu meiden; gleich als wenn ein im ganzen Kampf äußerst ängstlicher Gladiator dem Gegner die Kehle gewährt und das fehlgehende Schwert auf sich richtet. Hingegen jener, der [in dem Sinne] nahe ist, weil er so oder so eintreten wird, verlangt nach einer lang ausdauernden Stärke des Geistes, die ziemlich selten ist, und die nur von einem Weisen an den Tag gelegt werden kann.

(9) Daher habe ich denjenigen am bereitwilligsten angehört, der gewissermaßen die Anschauung über den Tod in sich trug und gleichsam aus naher Anschauung erklärte, von welcher Art er wäre. Wie ich es einschätze, hätte es mehr Glaubwürdigkeit bei dir, mehr Gewicht, wenn irgendeiner wiederbelebt worden wäre und aus Erfahrung berichten würde, dass es im Tod nichts Schlechtes gibt: welche Unruhe das Herannahen des Todes mit sich bringt, werden dir am besten diejenigen erzählen, die sich nahe bei ihm aufhielten, die den anrückenden [Tod] sowohl gesehen als auch angenommen haben.

(10) Zu diesen darfst du auch Bassus zählen, der nicht wollte, dass wir irregeleitet werden. Er sagte, dass derjenige, der den Tod fürchtet, ebenso töricht sei, wie derjenige, der das Greisenalter fürchtet; denn wie das Greisenalter auf die Jugendzeit folgt, so der Tod auf das Greisenalter. Es hat nicht leben wollen, der nicht sterben will; das Leben wurde nämlich unter der Bedingung des Todes verliehen; bis zu diesem geht man. Diesen deshalb zu fürchten, ist typisch für Unvernünftige, weil feststehende Dinge erwartet, ungewisse gefürchtet werden.

(11) Der Tod besitzt eine gleichgültige und unerschütterliche Notwendigkeit: wer vermag es zu beklagen, dass er sich in einer Lage befindet, in der jedermann lebt? Der bedeutendste Teil der Gerechtigkeit ist nämlich die Gleichheit. Nun ist es aber überflüssig, die Angelegenheit der Natur zu betreiben, die bestimmt hat, dass unser Gesetz kein anderes ist als das ihre: alles, was sie erschaffen hat, vernichtet sie, und alles, was sie vernichtet hat, erschafft sie wieder und wieder.

(12) Wenn nun aber irgendjemandem zuteil wurde, dass ihn das Greisenalter sanft entließ, nicht plötzlich dem Leben entrissen, sondern nach und nach entzogen, ach, jener muss wahrhaftig allen Göttern danken, dass er erfüllt zur Ruhe geführt wurde, die dem Menschen notwendig, dem Müden willkommen [ist]. Manche siehst du, die wünschen sich den Tod, und zwar in einem höheren Grade, als man gewohnt ist, um das Leben zu bitten. Ich weiß nicht, von welchen ich denken soll, dass sie uns mehr Mut machen, die den Tod ausdrücklich verlangen oder die ihn heiter und mit Seelenruhe erwarten, da doch das eine aus Raserei und plötzlicher Entrüstung geschieht, das andere eine Gemütsruhe aufgrund eines sicheren Urteils ist. Mancher ist zornig zu Tode gekommen: heiter aufgenommen hat den eintreffenden Tod nur derjenige, der sich schon vor langer Zeit auf ihn gefasst gemacht hatte.

(13) Ich gestehe deshalb ein, dass ich mich aus verschiedenen Gründen recht häufig diesem von mir geschätzten Menschen genähert habe, um zu erfahren, ob ich jenen so oft als denselben vorfinden würde, ob nun die Kraft des Geistes zugleich mit den Kräften des Körpers gemindert würde; erstere ist bei ihm auf eine Weise angewachsen, wie sich der Jubel der Wagenlenker deutlicher bemerkbar zu machen pflegt, wenn er sich in der siebten Runde dem Siegespreis nähert.

(14) Jedenfalls sagte jener den Lehren Epikurs folgend, dass er zunächst hoffe, dass in jenem letzten Atemzug kein Schmerz wohnt; gebe es ihn

dennoch, enthielte er allein wegen der kurzen Dauer recht viel Trost; kein Schmerz, der heftig ist, sei nämlich langandauernd. Im Übrigen werde ihm gerade durch die Trennung von Seele und Körper, falls es unter Folter geschehe, nochmals in den Sinn kommen, dass er nach jenem Schmerz zu einer schmerzlichen Empfindung nicht [mehr] imstande sei. Er hege jedoch keinen Zweifel, dass sich der greisenhafte Lebenshauch auf dem vordersten Lippenrand befinde und sich ohne großen Kraftaufwand vom Körper trennen werde. „Das Feuer, das sich des nährenden Brennstoffs bemächtigt hat, muss mit Wasser und zuweilen durch Trümmer gelöscht werden, jenes, welchem die Nahrung ausgeht, legt sich von selbst."

(15) Ich höre dies gern, mein Lucilius, nicht wie Neuigkeiten, sondern als ob man an eine offenkundige Sache herangeführt wurde. Was nun also? Sah ich nicht viele, die ihr Leben gewaltsam abgebrochen haben? Ich habe sie wahrhaftig erblickt, aber mehr Geltung besitzen bei mir diejenigen, die ohne Hass auf das Leben zu Tode kommen und ihn einlassen, nicht heranschleppen.

(16) Diese Qual, sagte er, empfänden wir gerade durch unser Zutun, weil wir [eben] dann in Aufregung sind, wenn wir glauben, dass uns der Tod nahe steht: wem nämlich steht er nicht nahe, der sich an allen Orten und in jedem Augenblick bereithält? „Aber wir sollten bedenken", fuhr er fort, „zu dem Zeitpunkt, wenn irgendeine Todesursache sich zu nähern scheint, um wie viel näher andere sein könnten, die man nicht fürchtet." Ein Feind drohte jemanden den Tod an – zuvorgekommen ist ihm ein verdorbener Magen.

(17) Wenn wir die Gründe unserer Angst genau zu bestimmen wünschen, werden wir herausfinden, dass sie das eine Mal wirklich, das andere Mal eingebildet sind. Wir fürchten nicht den Tod, sondern den Gedanken an den Tod; von ihm selbst sind wir nämlich immer gleich weit entfernt. Al-

so, falls der Tod zu fürchten ist, muss man ihn immerwährend fürchten: denn welcher Zeitpunkt ist vom Tod entbunden?

(18) Aber ich muss befürchten, dass du so lange Briefe heftiger als den Tod hasst. Daher werde ich ein Ende machen: du freilich habe den Tod stets im Sinn, um ihn niemals zu fürchten. Lebe wohl.

———

# Buch 4 – Brief 31

Seneca grüßt seinen Lucilius,

(1) Ich erkenne meinen Lucilius wieder: er fängt an, sich als der zu erweisen, den er verheißen hatte. Folge jenem Drang des Geistes, durch den du zum Allerbesten vorangeschritten bist, nachdem du die Tugenden des Volkes mit Füßen getreten hast: ich verlange nicht, dass du etwas bedeutender oder besser machst, als du erstrebt hast. Deine Grundlagen haben viel an Zeit in Anspruch genommen: bringe so viel zu Ende, wie du Antrieb hast, und gebrauche jenes, das du bei dir im Geiste bedacht hast.

(2) Kurz: du wirst weise sein, wenn du die Ohren verschließt – diese mit Wachs zu verstopfen ist nicht genug: ein zuverlässigerer Pfropfen ist nötig, als der, über den man berichtet, dass Odysseus ihn bei den Gefährten verwendet hat. Jene Stimme, die gefürchtet wurde, war einschmeichelnd, gleichwohl nicht alltäglich: und das, was wir fürchten müssen, schallt nicht ringsum von einer Felsenklippe, sondern aus jeder Richtung der Erde. Segel daher nicht an einem einzigen der heimtückischen Sinneslust verdächtigten Ort vorbei, sondern an allen Städten. Zeige dich taub gegenüber deinen dich Liebenden: in guter Absicht erflehen sie das Schlechte. Und, wenn du wirklich glücklich sein willst, bete zu den Göttern, dass dir nicht etwas von den [Dingen] widerfahre, die gewünscht worden sind.

(3) Das sind nicht die guten Dinge, mit denen dich diese da überhäufen wollen: eine einzige Tugend gibt es, die Ursache und Fundament eines glücklichen Lebens ist: auf sich selbst zu vertrauen. Dies aber zu erreichen, ist nur möglich, wenn eine Arbeit gleichgültig hingenommen und zu den Dingen gerechnet wird, die weder gut noch schlecht sind; es ist nämlich unmöglich, dass irgendeine einzelne Sache bald gut, bald schlecht ist, bald leicht und erträglich, bald erschreckenswert.

(4) Arbeit ist keine Tugend: Was also ist eine Tugend? Die Geringschätzung der Arbeit! Daher würde ich den fruchtlos Tätigen missbilligen: diejenigen dagegen, die zur Sittlichkeit emporstreben, werde ich bewundern, sofern sie sich stärker anstrengen und es weniger geschehen lassen, übertroffen zu werden und [daraufhin] innezuhalten, und dabei laut verkünden: „Gut gemacht! Steh auf, inspiriere dich und, wenn es möglich ist, bewältige die Steigung mit einem Atemzug." Arbeit nährt die edlen Geister.

(5) Es besteht also kein Grund, dass du aus einem früheren Wunsch deiner Eltern herausliest, was du für dich erreichen willst, was du dir erhoffst; und für einen Mann, obgleich er schon Bedeutendes in Bewegung gesetzt hat, ist es ganz und gar peinlich, die Götter noch immer unablässig zu bestürmen. Was braucht es Gebete? Mache dich selbst glücklich; das wirst du nämlich tun, wenn du erkennst, dass diejenigen rechtschaffen sind, denen die Tugendhaftigkeit mitgegeben ist, diejenigen schändlich, denen die Arglist vertraut ist. So wie ohne die Beimengung des Lichts nichts strahlend ist, [und] nichts finster, außer was Dunkelheit mit sich bringt oder irgendetwas an Dunklem aufgenommen hat, so wie es ohne Hilfe des Feuers nichts Heißes, ohne die Luft nichts Kaltes gibt, so bringt die Verbindung der Tugend und der Arglist das sittlich Gute und Schlechte hervor.

(6) Was also ist gut? Das Wissen um die Dinge. Was ist schlecht? Die Unwissenheit über die Dinge. Jener, klug und geschickt, wird ein jedes entsprechend der Situation abweisen oder auswählen; aber er fürchtet weder, was er abweist, noch bewundert er, was er auswählt, wenn er nur einen bedeutenden und unerschütterlichen Charakter besitzt. Ich lasse es nicht zu, dass du unterworfen und erniedrigt wirst. Falls du eine Arbeit nicht ablehnst, ist das nicht genug: fordere sie ein.

(7) „Was jetzt?", fragst du. „Ist eine armselige und nutzlose und durch niedere Beweggründe hervorgerufene Arbeit nicht verderblich?" Nicht

mehr als jene, die für die schönen Dinge aufgewendet wird, weil ja gerade das Durchhaltevermögen eine Eigenschaft des Willens ist, das sich zu beschwerlichen und mühsamen Dingen ermutigt und sich sagt: „Was zögerst du? Es ist nicht die Art des Mannes, den Schweiß zu fürchten."

(8) Hierzu soll auch Folgendes hinzutreten, damit die sittliche Vollkommenheit erreicht ist: ein fortdauerndes Gleichmaß der Lebensweise, das in jeder Hinsicht mit sich im Einklang steht, was nur möglich ist, wenn eine Einsicht in die Dinge gelingt sowie in eine Wissenschaft, mit der Menschliches und Göttliches erkannt wird. Das ist das höchste Gut; wenn du dieses erreichst, schickst du dich an, ein Gefährte der Götter zu sein, kein demütiger Bittsteller.

(9) „Wie gelangt man dorthin?", fragst du. Nicht über die Penninischen oder Grajischen Alpen, nicht durch die Einöde Kandavias; du musst weder die Syrten noch Skylla oder Charybdis aufsuchen, gleichwohl hast du dies alles für den Lohn eines Prokuratorpöstchens durcheilt: gefahrlos ist der Weg, erfreulich ist er, für den die Natur dich ausgerüstet hat. Sie hat dir das früher erwähnte zugestanden, und wenn du dieses nicht brach liegen lässt, wirst du dich einem Gott ebenbürtig erheben.

(10) Geld hingegen wir dich nicht einem Gott ebenbürtig machen: ein Gott besitzt nichts. Die mit Purpur besetzte Toga wird es nicht machen: er ist nackt. Der Ruhm wird es nicht machen und nicht das eigene Zur-Schau-Stellen sondern vielmehr der Verzicht auf das Bekanntsein des Namens im Volke: niemand kennt einen Gott, viele denken schlecht über ihn, und zwar ungestraft. Nicht die Schar der Sklaven, die deine Sänfte über römische und fremdländische Wege trägt: jener größte und mächtigste Gott trägt alles selbst. Nicht einmal Aussehen und Macht können dich glücklich machen: nichts davon übersteht die Länge der Zeit.

(11) Erstrebt werden muss, was nicht von Tag zu Tag schlechter wird, das nicht verhindert werden kann. Was ist das? Der Geist, aber der sittlich gute, der tüchtige, der bedeutende. Warum soll man ihn anders nennen als einen Gott, der sich in einem menschlichen Körper aufhält? Dieser Geist kann sich ebenso gut in einen römischen Ritter, wie in einen Freigelassen, wie in einen Sklaven herabsenken. Was ist denn ein Ritter oder ein Freigelassener oder ein Sklave? Namen, geboren aus Ruhmsucht oder Unrecht. Es ist möglich, aus einem einsamen Winkel auf den Gipfel des Glücks emporzuspringen: eben jetzt stehe auf

*[..] und forme dich gleichfalls auch eines Gottes würdig.*

Du wirst jedoch nicht mit Gold oder Silber modellieren: es ist nicht möglich, aus diesem Material ein Gott ähnliches Abbild zu gestalten; bedenke, dass jene [Götter], als sie gnädig gesinnt waren, aus Ton bestanden. Lebe wohl. ———

# Buch 4 – Brief 32

Seneca grüßt seinen Lucilius,

(1) Ich forsche dir nach und erkundige mich bei allen, die bei dir aus der Gegend kommen, was du machst, wo und bei wem du dich aufhältst. Du kannst mich nicht hintergehen: ich bin bei dir. Lebe so, als ob ich das, was du tust, hören werde, ja sogar als ob ich es sehen werde. Du fragst, was mich an den [Dingen], die ich über dich höre, ganz besonders erfreut? Die Tatsache, dass ich nichts höre; dass der größte Teil von denen, die ich befrage, nicht weiß, was du machst.

(2) Dieses ist zu begrüßen: mit denen keinen Umgang zu pflegen, die einem unähnlich sind und die sich ganz anderes wünschen. Ich habe aber Zuversicht, dass du dich nicht ablenken lässt und deinen Vorsatz beibehalten wirst, auch wenn dich eine beunruhigende Menschenmenge umringen sollte. Wie verhält es sich also? Ich fürchte nicht, dass sie dich umstimmen, ich fürchte, dass sie dich hemmen. Aber auch derjenige, der [einen] behindert, stiftet viel Unheil, besonders bei einem so kurzen Leben, das wir durch unseren Wankelmut [noch] kürzer machen, indem wir ihm von Zeit zu Zeit bald dieses und bald jenes Grundprinzip zugrunde legen; wir zersplittern es in kleine Stückchen und reißen es auseinander.

(3) Eile dich also, teuerster Lucilius, und bedenke wie sehr du an Schnelligkeit zulegen würdest, wenn der Feind dir im Rücken stünde, wenn du den Verdacht hättest, dass die Reiterei heranrückt und dazu noch die Spur der Flüchtenden verfolgt. Es geschieht jetzt – du wirst bedrängt: eile und entrinne, bringe dich in Sicherheit und beherzige immer wieder, welch vortreffliche Sache es ist, das Leben vor dem Tode zu vollenden, dann ohne Sorgen den restlichen Teil seiner Zeit zu erwarten, nichts für sich [selbst], in den Besitz eines glücklichen Lebens gebracht, das nicht glücklicher wird, auch wenn es länger andauert.

(4) Ach, wann wirst du jenen Zeitpunkt erblicken, an dem du verstehst, dass die Zeit keinen Einfluss auf dich hat, ab dem du ruhig und gelassen bist, sowohl den morgigen Tag nicht achtend als auch im Ganzen dir selbst zur Genüge! Willst du wissen, was es ist, dass die Menschen begierig auf die Zukunft macht? Niemand ist sich [selbst] zuteil geworden. Deine Eltern haben dir demnach anderes ausersehen; aber ich wünsche dir Gleichgültigkeit gegenüber alldem, was jene im Überfluss [wünschten]. Ihre Wünsche beuten viele aus, um dich zu bereichern; was auch immer sie auf dich übertragen, muss einem anderen entrissen werden.

(5) Ich wünsche dir die Möglichkeit, zu dir selbst [zu finden], damit dein von umherschweifenden Gedanken geplagter Geist endlich einmal innehält und Sicherheit findet, so dass er mit sich [selbst] zufrieden ist und es keiner Verlängerung der Lebenszeit bedarf, weil er das wahrhaftig Gute erkannt hat, das in Besitz genommen wird, sobald es zur Einsicht gelangt. Derjenige, der endlich den Bedrängnissen enthoben und aus dem Dienst entlassen und daher frei ist, derjenige lebt, weil er das Leben vollendet hat. Lebe wohl.

---

# Buch 4 – Brief 33

Seneca grüßt seinen Lucilius,

(1) Du wünschst, dass auch den aktuellen Briefen, gleichwie den früheren, einige Äußerungen unserer großen Männer hinzugefügt werden. *Sie* haben sich nicht mit schmückenden Ausdrücken beschäftigt: mannhaft ist ihr ganzer Denkzusammenhang. Du weißt wohl, dass eine Anomalie existiert, wo [nur] bemerkenswert ist, was hervorsteht: ein einzelner Baum wird nicht bewundert, wo zur selben Höhe ein ganzer Wald herangewachsen ist.

(2) Voll von solchen Sinnsprüchen sind die Dichtungen, voll davon die Erzählungen. Deshalb will ich nicht, dass du womöglich meinst, dass die früher erwähnten [Sprüche] von Epikur sind: sie sind allen gemein und am meisten uns, werden aber bei ihm im höheren Grade wahrgenommen, weil sie manchmal vereinzelt, weil sie unerwartet hinzukommen, weil es auffallend ist, dass irgendetwas kraftvoll von einem Mann gesagt wird, der sich zur Weichlichkeit bekannt hat. So urteilen jedenfalls die meisten: für mich ist Epikur auch kraftvoll, mag er auch mit langen Ärmeln versehen sein; Tüchtigkeit und Fleiß und der entschlossene Wille zum Kampf wird ebenso den Persern wie den Hochgeschürzten zuteil.

(3) Es gibt keinen Grund, dass du um Auszüge oder Wiederholungen bittest: was auch immer bei den anderen als vorzüglich hervorgehoben wird, gibt es bei uns unmittelbar aufeinanderfolgend. Wir bringen daher nicht dieses Augenfällige mit uns und wir hintergehen nicht den Käufer, der, falls er eintreten sollte, mit Ausnahme jener [Dinge], die an der Fassade aufgehängt sind, nichts entdecken wird: wir überlassen es ihnen selbst, von wo sie sich ein Modell nehmen.

(4) Stell dir nun vor, dass du einzelne Gedanken aus einer Menge trennen willst: wem werden wir sie zuweisen? Zenon oder Kleanthes oder Chrysipp oder Panaitios oder Poseidonios? Wir leben nicht unter einem Herrscher – für sich selbst nimmt sich jeder in Anspruch. Bei diesen da wird alles, was Hermarchos, alles, was Metrodoros gesagt hat, auf einen einzigen zurückgeführt; alles, was irgendjemand in jener Hausgemeinschaft sagte, wurde unter ein und derselben Führung und Leitung gesprochen. Wir können nicht, sage ich, obgleich wir es versuchen, aus einer so großen Menge gleich beschaffener Dinge etwas herausziehen:

*Es ist typisch für den Armen, sein Vieh zu zählen.*

Wohin auch immer du den Blick gehen lässt, es begegnet dir, was herausragen könnte, wenn man es nicht unter Gleichwertigem lesen würde.

(5) Deshalb gib die Hoffnung auf, die geistreichen Einfälle der angesehensten Männer auszugsweise kosten zu können: du musst sie als Ganzes anschauen, als Ganzes abhandeln. Durch unmittelbares Aneinanderreihen wird etwas hervorgebracht und aus den ihm eigenen Grundzügen wird ein Werk des Geistes geknüpft, aus dem nichts ohne Verwüstung entfernt werden kann. Aber ich erhebe keinen Einspruch, dass du etwa einzelne Teilstücke, soweit nur von dem Menschen selbst, in Augenschein nimmst: nicht wohlgestaltet ist, deren Bein oder Arm gepriesen wird, sondern jene, deren ganze äußere Erscheinung den einzelnen Gliedern die Bewunderung entzogen hat.

(6) Wenn du es gleichwohl verlangst, werde ich mit dir nicht so wie mit einem Bettler umgehen, sondern es wird mit voller Hand geschehen; ungeheuer ist die Menge geistreicher Gedanken, die überall unbenutzt daliegen; sie müssen ergriffen, nicht zusammengesucht werden. Sie vergehen nämlich nicht, sondern sie breiten sich aus; immerwährend und eng miteinander verknüpft sind sie. Und ich bezweifle nicht, dass sie den bisher

Ungebildeten und Nichteingeweihten viel nützen; leichter prägen sich nämlich Details ein, um die enge Grenzen gezogen und die im Rhythmus einer Dichtung eingeschlossen wurden.

(7) Daher tragen wir den Kindern sowohl Denksprüche zum Auswendiglernen auf als auch das, was die Griechen „Chrie" nennen, weil der kindliche Verstand, der [geistig] noch nicht viel aufnimmt, imstande ist, jene zu verstehen. Für einen fortgeschrittenen Mann ist es sicherlich peinlich, Denksprüche zu erhaschen, [und] sich an bekannten und nur wenigen Äußerungen festzuhalten und vom Gedächtnis abhängig zu sein: er solltesich längst auf sich selbst stützen. Festlegen soll er sie, nicht besitzen; es ist beschämend für einen alten oder das Alter vor sich sehenden Mann, seinen Verstand aus einer schriftlichen Notiz zu beziehen. „Dieses hier hat Zenon gesagt": was meinst *du*? „Dieses hier Kleanthes": was meinst *du*? Wie lange lässt du dich noch von einem anderen beeinflussen? Gebiete und bestimme, was der Überlieferung anvertraut werden soll, gib etwas auch von deinem Vermögen weiter.

(8) Ich denke, dass all jene – niemals Urheber, immer Vermittler, unter einem fremden Schatten sich verborgen haltend – deshalb nichts Edelgesinntes an sich haben, weil sie es niemals gewagt haben, irgendwann einmal zu tun, was sie allzu lange gelernt hatten. Sie haben ihr Bewusstsein an fremden Besitztümern ausgebildet; sich zu erinnern ist jedoch das eine, etwas zu wissen das andere. Sich zu erinnern heißt, eine dem Gedächtnis anvertraute Sache zu bewahren; doch zu wissen heißt dagegen, sich zwar jede einzelne zu eigen zu machen, aber nicht einem Vorbild ergeben zu sein und sich auch nicht so oft nach dem Lehrer umzublicken.

(9) „Dies sagte Zenon, dies Kleanthes." Zwischen dir und einem Buch sollte es einen Unterschied geben. Wie lange wirst du noch lernen? Gib endlich selbst Unterricht! Aus welchem Grund sollte ich mir anhören, was ich lesen kann? „Vieles", sagt man, „bewirkt das lebendige Wort." Aller-

dings nicht dasjenige, das aus fremden Äußerungen entliehen wird und den Dienst eines Protokollführers verrichtet.

(10) Denk dir jetzt noch, dass solche, die niemals mündig werden, erstens, den Vorherigen in einer Sache folgen, in der sich jedermann vom Vorherigen abgewendet hat; zweitens, ihnen in einer Sache folgen, die noch immer untersucht wird. Niemals wird man etwas entdecken, wenn wir mit dem zufrieden sind, was entdeckt wurde. Nichts entdeckt außerdem derjenige, der einem anderen folgt, ja sogar nicht einmal sucht.

(11) Wie nun also? Werde ich nicht auf den Spuren der Vorfahren wandeln? Tatsächlich würde ich einen früheren Weg nutzen, aber, wenn ich einen näher liegenden und leichteren entdecke, diesen anlegen. Diejenigen, die das vor uns überlegt haben, sind nicht unsere Herren, sondern [unsere] Führer. Die Wahrheit steht allen offen; sie ist noch nicht in Beschlag genommen worden; ein großer Teil von ihr bleibt noch für die Zukunft übrig. Lebe wohl.

## Buch 4 – Brief 34

Seneca grüßt seinen Lucilius,

(1) Ich fasse Mut, [und] ich frohlocke und, obgleich vom Alter zerschlagen, erwärme ich mich, sooft ich aus dem, was du tust und schreibst, erkenne, wie sehr du dich selbst übertroffen hast – die Menge hattest du ja schon längst hinter dir gelassen. Wenn ein Baum, der bis zur Frucht gebracht wurde, den Bauern erfreut, wenn der Hirte Vergnügen empfindet an der Fruchtbarkeit seiner Herde, wenn niemand auf andere Weise seinen Zögling betrachtet, als dass er dessen Jugendzeit für die eigene hält, was glaubst du widerfährt denen, die kluge Köpfe hervorgebracht haben und plötzlich erwachsen sehen, was sie in der Kindheit formten?

(2) Ich rechne dich mir zu; du bist mein Werk. Als ich deine Begabung erkannt hatte, packte ich dich, munterte dich auf, spornte dich an und duldete nicht, dass du träge dahinschlenderst, sondern feuerte dich immer wieder an; und nun mache ich dasselbe, aber ich ermuntere einen, der schon läuft und umgekehrt mich ermuntert.

(3) „Wie ist das gemeint? Immer noch habe ich den Willen", sagst du. Darauf kommt es am meisten an, nicht so, wie man sagt, dass der Beginn die Hälfte der ganzen Arbeit einnimmt. Diese Sache findet im Geiste statt; daher beruht ein Großteil der guten Gesinnung darauf, das Gute tun zu *wollen*. Weißt du, wen ich gut nenne? Den, der sich verwirklicht hat, den, der sich befreit hat, [und] den keine Macht, kein Zwang unglücklich machen kann.

(4) Dieses sehe ich für dich voraus, wenn du beharrlich bleibst, [und] dich anstrengst und darauf aus bist, dass alle deine Handlungen und Aussagen miteinander harmonieren, [und] sich entsprechen und ein einziges Geprä-

ge besitzen. Der Geist desjenigen befindet sich nicht auf dem rechten Weg, dessen Taten widersprüchlich sind. Lebe wohl.

———

# Buch 4 – Brief 35

Seneca grüßt seinen Lucilius,

(1) Immer wenn ich dich so sehr bitte, dass du dich philosophisch betätigst, betreibe ich mein eigenes Geschäft: ich wünsche einen Freund zu haben, was mir nur glücken kann, wenn du fortfährst, dich auszubilden, wie du begonnen hast. Denn im gegenwärtigen Augenblick liebst du mich, bist [aber] nicht mein Freund. „Wie denn? Stehen diese [Dinge] im Widerspruch miteinander?" Nein, sie sind vielmehr verschiedenartig. Ein Freund ist, der liebt, aber der liebt, ist nicht unbedingt ein Freund; deshalb ist eine Freundschaft immer nützlich, die Liebe zuweilen sogar schädlich. Wenn für nichts anderes, mache deshalb Fortschritte, damit du zu lieben lernst.

(2) Eile also, solange du für mich voranschreitest, damit du dies nicht für andere gelernt hast. Ich jedenfalls empfange bereits den Lohn, sooft ich mir vorstelle, dass wir eines Sinnes sein werden und dass alles, was meiner Altersklasse an Frische verloren gegangen ist, aus deiner, obgleich nicht weit von einander getrennt, zu mir zurückkehrt; aber dennoch will ich auch unmittelbar in der Wirklichkeit froh sein.

(3) Selbst in Abwesenheit stellt sich wegen derjenigen, die wir lieben, Freude bei uns ein, das jedoch geringfügig und verblassend: der persönliche Anblick, [und] die Anwesenheit und der Umgang gewähren einiges an lebhaftem Vergnügen, zumal wenn man nicht nur besuchen kann, wen man will, sondern was für einen man will. Begib dich also zu mir, als ungeheures Geschenk, und damit du dich dem umso eifriger widmest, bedenke, dass du sterblich bist, [und] ich ein Greis.

(4) Eile zu mir, aber vorher auch zu dir [selbst]. Schreite voran und sei vor allem darauf bedacht, dass du dir treu bleibst. Jedes Mal, wenn du in Er-

fahrung bringen willst, ob etwas ernstlich betrieben werden sollte, gib Acht, ob du heute dasselbe willst wie gestern: ein Stimmungswechsel verrät, dass der Wille schwankt, dass er bald hier, bald dort sich zeigt, so wie ihn der Wind getragen hat. Er wird nicht umherschweifen, wenn er unabänderlich und fest begründet ist: dieses trifft auf den vollkommenen Weisen zu, bis zu einem gewissen Punkt auch auf denjenigen, der vom Flecke kommt und fortschreitet. Was ist nun der Unterschied? Der letztere wird zwar beunruhigt, geht allerdings nicht zu etwas anderem über, sondern schwankt auf seinem Standpunkt hin und her; der erstere wird nicht einmal in Unruhe versetzt. Lebe wohl.

———

# Buch 4 – Brief 36

Seneca grüßt seinen Lucilius,

(1) Ermuntere deinen Freund, damit er mit großer Zuversicht jenen die Stirn bietet, die ihm Vorwürfe machen, dass er einen schattigen Ort und die Muße aufgesucht, dass er seine gesellschaftliche Stellung aufgegeben und dass er, obgleich er imstande sei, mehr zu erreichen, seine Zurückgezogenheit allem [anderen] vorgezogen habe; wie vorteilhaft er seine Sache betreibt, hält er ihnen Tag für Tag vor Augen. Diejenigen, von denen er beneidet wird, werden nicht mehr [auf seine Seite] übertreten: die einen werden erdrückt, die anderen verlieren sich. Der Erfolg ist eine rastlose Angelegenheit; er lässt sich selbst nicht ruhen. Er erregt den Verstand nicht nur auf eine Weise: er reizt die einen zu diesem, die anderen zu jenem, diese zur Zügellosigkeit, jene zur Verschwendungssucht; diese macht er übermütig, jene verweichlicht und entkräftet er völlig.

(2) „Aber manch einer erträgt ihn doch gut?" So ist es, wie einen Wein. Deshalb gibt es keinen Grund, dich von diesen da überzeugen zu lassen, dass derjenige glücklich ist, der von vielen umlagert wird: so eilt man zu jenem herbei wie zu einem Wasserbecken, das sie ausschöpfen und trüben. „Als unnütz und untätig bezeichnen sie ihn." Du weißt, dass manche falsch reden und Entgegengesetztes äußern. Sie nannten ihn glücklich: Wie nun also? War er es?

(3) Ich kümmere mich nicht einmal darum, dass sein Charakter manchen allzu unkultiviert und ernst erscheint. Ariston sagte, dass er lieber einen mürrischen, als einen fröhlichen und bei der Menge beliebten jungen Mann will; dass nämlich ein guter Wein entsteht, wenn er, frisch eingetroffen, herb und säurehaltig erschien; dass er die Jahre nicht übersteht, wenn er im Fass für gut befunden wurde. Lass gut sein, mögen sie ihn als mürrisch und als Feind seines eigenen Glücks bezeichnen: gerade im Al-

ter wird sich der finstere Ernst gut machen, wenn er nur fortfährt, seine Tugendhaftigkeit zu erhalten, [und] die eines Freien würdigen Wissenschaften in sich aufzunehmen, nicht jene, mit denen sich zu benetzen ausreichend ist, sondern diejenigen, mit denen die Seele getränkt werden muss.

(4) Dies ist der Zeitpunkt zum Lernen. „Was jetzt? Gibt es einen, an dem nicht gelernt werden muss?" Keineswegs; aber gleichwie es für alle Lebensalter angesehen ist, sich wissenschaftlich zu beschäftigen, so nicht für alle, unterwiesen zu werden. Ein bejahrter Elementarschüler ist etwas Entwürdigendes und Lächerliches: die Jungen müssen erwerben, die Alten verwenden. Du wirst dir also eine äußerst vorteilhafte Lage bereiten, wenn du jenen möglichst tüchtig machst; diese Freundschaftsdienste, sagt man, müssen gefordert und eingeräumt werden, ganz sicher diejenigen der vortrefflichsten Art, die sowohl nützlich zu geben als auch anzunehmen sind.

(5) Schließlich steht es ihm schon gar nicht mehr frei, er hat sich verpflichtet; es ist jedoch weniger schimpflich, dem Gläubiger als [sich selbst] die Aussicht auf Tugend zu ruinieren. Zum Bezahlen jener Schulden ist für den Handeltreibenden eine glückliche Seereise erforderlich, für den Bauern das Feld mit seinem – abhängig davon wie er die Böden bestellt, abhängig von der Gunst des Wetters – reichen Ertrag. Was jener schuldet, kann nur aus freiem Willen abgezahlt werden. Das Schicksal hat keine Macht über den Charakter.

(6) Er sollte diesen gehörig ordnen, damit jene Geisteshaltung so gelassen wie möglich zur Vollendung kommt, die weder bemerkt, wenn sich etwas fortgemacht hat, noch [wenn etwas] hinzugefügt wurde, sondern dieselbe Einstellung beibehält, wie auch immer die Dinge ausgehen; wenn gewöhnliche Reichtümer vor ihm aufgehäuft werden, ist er über seine Besitztümer erhaben, oder wenn ihm ein Schicksalsschlag etwas davon oder auch alles geraubt hat, macht ihn das nicht kleinmütiger.

(7) Wenn er in Parthien geboren wäre, würde er als kleines Kind stehenden Fußes den Bogen spannen, wenn in Germanien, würde er als Knabe geradewegs die biegsame Lanze schwingen; wenn er zu Zeiten unserer Vorfahren gelebt hätte, hätte er gelernt, zu reiten und den Feind im Handgemenge zu durchbohren. Die Lebensart seines Stammes rät und verlangt dies von jedem Einzelnen.

(8) Was also muss dieser einüben? Dasjenige, das gegen alle Waffen, das gegen jede Kunst der Feinde vortrefflich wirkt: den Tod zu verachten, der, niemand bezweifelt das, fürwahr etwas Furchteinflößendes an sich hat, sodass er sogar unsere Gefühle verletzt, welche die Natur zur Eigenliebe angeleitet hat; und wir bräuchten freilich nicht für dasjenige ausgerüstet und angespornt werden, auf das wir gewissermaßen aus freiwilligem Antrieb losgehen, gleichwie alle zur Selbsterhaltung bewegt werden.

(9) Niemand erlernt etwas, um, wenn es erforderlich ist, gleichmütig auf einem Rosenbett zu liegen, sondern man wird dazu abgehärtet, um unter Qualen nicht an Treue nachzulassen, um, wenn es erforderlich ist, unerschütterlich vor dem Wall stehend – manchmal sogar verwundet – die Nacht zu durchwachen und sich nicht einmal auf den Wurfspieß zu stützen, weil einen mitunter der Schlaf zu überrumpeln pflegt, nachdem sich an irgendeine Stütze angelehnt wurde. Der Tod bringt keinen Schaden mit sich – denn es müsste irgendetwas geben, dessen Schaden er wäre.

(10) Wenn dich nun [aber] ein so großes Verlangen nach einem längeren Leben erfüllt? Bedenke, dass nichts von den Dingen verzehrt wird, die vor den Augen entschwinden und wieder in die natürliche Gesetzmäßigkeit zurückgesetzt werden, aus der sie entstanden sind und alsbald [wieder] hervorgehen werden: diese finden ein Ende, sie gehen nicht verloren, und der Tod, vor dem wir uns fürchten und sträuben, lässt das Leben zeitweilig aussetzen, er rafft es nicht dahin; der Tag wird wieder kommen, der

uns in das Licht zurückbringt, gegen den viele Einspruch erheben würden, wenn er sie nicht ohne Erinnerung zurückführte.

(11) Aber später werde ich genauer darlegen, dass alles, was scheinbar vergeht, gewandelt wird. Mit gelassenem Herzen muss scheiden, der zurückkehren wird. Beachte den Kreislauf der Erscheinungen, die in sich selbst zurückkehren: du wirst erkennen, dass nichts in dieser Welt ausgelöscht wird, sondern abwechselnd herabsinkt und emporsteigt. Der Sommer verstreicht, aber das nächste Jahr wird den folgenden bringen; der Winter hat sich geneigt, die üblichen Monate werden ihn zurückbringen; die Nacht überwältigt die Sonne, aber auch sie wird der Tag alsbald vertreiben. Dieser Umlauf der Gestirne erneuert alles, was vergeht; ein Teil des Himmelsgewölbes erhebt sich unablässig, ein Teil versinkt.

(12) Ich werde zuletzt die Hauptsache niederschreiben, wenn ich nämlich das eine hinzufüge, dass weder alberne Kinder noch wahnsinnig Gewordene den Tod fürchten und dass es das Schändlichste ist, wenn uns die philosophische Schule nicht die Furchtlosigkeit gewährt, zu der die Torheit führt. Lebe wohl.

————

# Buch 4 – Brief 37

Seneca grüßt seinen Lucilius,

(1) Dieses ist das bedeutendste Band für eine edle Sinnesart: du hast einen tüchtigen Mann in Aussicht gestellt, du hast dich auf die Fahne vereidigen lassen. Wenn einer dir sagt, der Kriegsdienst sei leicht und bequem, verspottet er dich. Ich will dich nicht täuschen. Die Worte dieses ehrbarsten und jenes schändlichsten Dienstvertrags sind dieselben: „Sich verbrennen, fesseln und mit dem Schwert töten zu lassen."

(2) Bei jenen, die ihre Hände der Arena verpflichten und essen und trinken, was sie mit ihrem Blut bezahlen sollen, wird sichergestellt, dass sie dieses auch gegen ihren Willen erdulden: bei dir, dass du es freiwillig und gerne erträgst. Jenen ist es erlaubt, die Waffen niederzulegen, [und] die Barmherzigkeit des Volkes auf die Probe zu stellen: du wirst weder [die Waffen] niederlegen noch ums Leben betteln; aufrecht und unbesiegt musst du sterben. Was nützt es sodann, wenige Tage oder Jahre zu gewinnen? Ohne [Anspruch auf] Gnade werden wir geboren.

(3) „Wie also", fragst du, „kann ich mich [davon] befreien?" Du kannst den Notwendigkeiten nicht entfliehen, du kannst sie überwinden. *Der rechte Weg erwächst aus Stärke*; und die Philosophie wird dir diesen Weg weisen. An diese wende dich, wenn du gesund, wenn du ohne Sorge, wenn du glücklich sein willst, und außerdem auch, was das Wichtigste ist, wenn du frei sein willst. Auf andere Weise kann dies nicht gelingen.

(4) Dummheit ist eine demütigende Angelegenheit – verachtet, schmutzig, knechtisch, vielen Leidenschaften, und zwar den heftigsten, unterworfen. Diese so beschwerlichen Herren, bisweilen abwechselnd gebietend, bisweilen gleichzeitig, schickt die Weisheit, welche die einzige Freiheit ist, von dir fort. Ein einziger Weg führt zu dieser, und zwar geradewegs; du

wirst dich nicht verirren; schreite los mit sicherem Schritt: Wenn du dir alles unterwerfen willst, unterwirf dich der Vernunft. Viele wirst du leiten, wenn die Vernunft dich leitet. Von dieser wirst du lernen, was und auf welche Weise du es angehen musst; du wirst nicht von ungefähr auf diese Dinge kommen.

(5) Keinen wirst du mir nennen, der wüsste, wie er angefangen hat zu wollen, was er will: nicht durch Einsicht wurde er zu jenem bewogen, sondern von einer Neigung getrieben. Ebenso oft rennt das Schicksal gegen uns an, wie wir gegen [das Schicksal]. Es ist nicht schimpflich loszumarschieren, sondern fortgerissen zu werden und plötzlich mitten im Sturm der Ereignisse staunend zu fragen: „Wie bin ich hier hineingeraten?". Lebe wohl.

# Buch 4 – Brief 38

Seneca grüßt seinen Lucilius,

(1) Mit Fug und Recht verlangst du, dass wir den jetzigen Briefwechsel zwischen uns ständig erneuern. Eine gelehrte Unterhaltung bewirkt am meisten, weil sie nach und nach in den Geist eindringt: vorbereitete und ausgedehnte Abhandlungen verursachen beim zuhörenden Publikum mehr Lärm, weniger Vertrautheit. Die Philosophie ist ein vorzüglicher Ratgeber: einen Rat gibt niemand laut. Manchmal muss man sich auch, um es auf diese Weise zu sagen, der erwähnten Ansprache bedienen, wenn einer angetrieben werden soll, der unentschlossen ist; wo aber nicht dazu angeregt werden muss, dass er lernen will, sondern dass er lernt, soll man zu diesen ruhigeren Worten übergehen. Sie dringen leichter ein und bleiben hängen, und es sind nicht viele nötig, sondern wirksame.

(2) Nach Art eines Samens müssen sie verbreitet werden, welcher, obgleich er winzig ist, sobald er eine passende Stelle in Besitz genommen hat, seine Kräfte entfaltet und sich aus dem Kleinsten in größter Fülle ausbreitet. Dasselbe macht die Vernunft: sie öffnet sich nicht weithin, wenn man sie [nur] in Augenschein nimmt; sie wächst während der Beschäftigung [mit ihr]. Wenige [Worte] sind es, die vorgebracht werden, aber wenn der Geist sie gut aufgenommen hat, gewinnen sie an Kraft und erheben sich. Die Beschaffenheit der philosophischen Lehren, sage ich, ist dieselbe wie die eines Samens: sie erschaffen viel und doch sind sie knapp bemessen. Wie ich erwähnte, sollte sich ein fähiger Geist nur so viel von ihr aneignen und in sich aufnehmen: vieles wird er seinerseits nämlich selbst hervorbringen und mehr zurückgeben, als er angenommen hat. Lebe wohl.

———

# Buch 4 – Brief 39

Seneca grüßt seinen Lucilius,

(1) Die Aufzeichnungen, die du wünschst, gründlich abgefasst und kurz auf den Punkt gebracht, werde ich freilich zusammenstellen; ziehe du aber in Betracht, ob die ordnungsgemäße Methode nicht nützlicher sein könnte als diejenige, die jetzt von aller Welt *breviarium* genannt wird, [und] die man einst, als wir gutes Latein gesprochen haben, als *summarium* bezeichnete. Jene ist eher eine Notwendigkeit für den Lernenden, diese für den Kundigen; jene nämlich lehrt, diese erinnert. Aber ich werde dir beides zukommen lassen. Es gibt für dich keinen Grund, diesen oder jenen von mir einzufordern: wer eine Autorität angibt, ist [selbst] unkundig.

(2) Ich werde also schreiben, was du verlangst, aber auf meine Art und Weise; inzwischen hast du viele, deren Schriften, ich vermute zu genüge, geordnet sein müssten. Nimm das Verzeichnis der Philosophen in die Hand: wenn du siehst, wie viele sich für dich angestrengt haben, wird dich allein dieser Umstand zwingen zu erwachen. Du wirst dir wünschen, selbst auch einer von ihnen zu sein; ein edler Geist trägt dieses Vortrefflichste nämlich in sich, dass er zum sittlich Guten angetrieben wird. Keinen Mann von hervorragender Begabung erfreuen Kleinmütiges und Niederträchtiges: die Schönheit der großen Wahrheiten lockt ihn zu sich und erhebt ihn.

(3) Wie eine Flamme senkrecht in die Höhe emporsteigt, nicht zu Boden liegen und nicht niedergehalten werden kann, ebenso wenig wie sie sich ruhig verhalten kann, so ist unser Geist in Unruhe, umso beweglicher und lebhafter, je energischer er ist. Doch glücklich, wer diesen Schwung zum Besseren verwendet hat: er wird sich außerhalb der Macht und der Herrschaft des Schicksals stellen; glückliche Umstände wir er in das gehörige Maß setzen, Unglücke entkräften und verachten, was andere bewundern.

(4) Es zeugt von einem bedeutenden Geist, Großes gleichgültig hinzunehmen und Gewöhnliches dem Übermäßigem vorzuziehen; jenes ist nämlich nützlich und lebensnotwendig, dieses hingegen schadet dadurch, dass es überflüssig ist. So drückt ein übermäßiger Ertrag die Aussaat zu Boden, so werden Zweige durch die Last gebeugt, so gelangt allzu große Fruchtbarkeit nicht zur Reife. Das gleiche widerfährt auch den Seelen, die ein maßloser Erfolg zerbricht, den sie nicht nur zum Schaden der anderen, sondern auch zum eigenen [Schaden] gebrauchen.

(5) Welcher Feind war schon so herabwürdigend zu jemanden, wie zu manchen ihre sinnlichen Freuden sind? Deren Maßlosigkeit und unvernünftige Begierde könnte man allein deshalb verzeihen, weil sie über sich ergehen lassen müssen, was sie erweckt haben. Und nicht zu Unrecht sucht sie diese Verblendung heim; denn es ist unausweichlich, dass sich eine Begierde, die das natürliche Maß überschreitet, ins Unermessliche steigert. Jener [bedeutende Geist] besitzt nämlich sein Maß, Nichtigkeiten und aus der Begierde Geborenes sind grenzenlos.

(6) Der Nutzen bemisst das Notwendige: [aber] wie schränkt man Unnötiges ein? Und so versinken sie in ihren Begierden, denen sie, durch Gewöhnung herbeigeführt, nicht entsagen können, und sind deswegen unglücklich, weil sie dahin gelangt sind, dass ihnen unentbehrlich geworden ist, was [vorher] überflüssig war. Sie sind also Sklave ihrer Begierden, sie genießen sie nicht, und, was das ärgste Übel ist, sie lieben ihre Laster sogar. In dem Augenblick jedoch ist das vollkommene Elend erreicht, wenn sittlich Schlechtes nicht nur Freude bringt, sondern auch Beifall findet, und es ist keine Chance mehr auf ein Gegenmittel vorhanden, wenn das, was Verfehlungen waren, Lebensart geworden ist. Lebe wohl.

———————

# Buch 4 – Brief 40

Seneca grüßt seinen Lucilius,

(1) Ich danke dir, dass du mir oft schreibst; denn dadurch zeigst du dich mir auf die einzige dir mögliche Art. Niemals empfange ich deinen Brief, ohne dass wir sogleich ein Einziges sind. Wenn uns Gedanken an die abwesenden Freunde erfreulich sind, welche die Erinnerung auffrischen und die Sehnsucht aufgrund der Abwesenheit mit nichtigem und leerem Trost mildern, um wie viel erfreulicher sind [dann] Briefe, die wahrhaftige Spuren, die echte Zeichen des abwesenden Freundes überbringen? Denn was beim Erblicken am angenehmsten ist, das leistet die dem Brief aufgedrückte Handschrift des Freundes: sich wiederzuerkennen.

(2) Du schreibst, dass du den Philosophen Serapion hörtest, nachdem er dort bei dir angelegt hatte: „Wegen seines gewaltigen Redeflusses verzerrt er gewöhnlich die Worte, die er nicht herausströmen lässt, sondern zusammenpresst und fortstößt; jedenfalls kommen mehr heraus, als dass eine einzelne Stimme ihnen genügen könnte." Dies kann ich für einen Philosophen nicht akzeptieren, dessen Rede – wie das Leben – gleichfalls auch wohl eingerichtet sein muss; nicht geordnet ist jedoch, was drängt und eilt. Daher ist jene bekannte Ausdrucksweise bei Homer – erregt und ohne Unterbrechung nach Art eines plötzlich einsetzenden Schneefalls – einem Sprecher überlassen worden; die ruhige [Ausdrucksweise], und dabei süßer als Honig, fließt aus dem alten Mann hervor.

(3) Betrachte es daher so, dass diese reißend schnelle und überreichliche Redegewalt geeigneter ist für einen Marktschreier als für denjenigen, der einen bedeutenden und ernsthaften Sachverhalt verfolgt und auch unterrichtet. Ich will ebenso wenig, dass jener Tröpfchen fallen lässt, wie dass er schnell dahineilt; weder soll er die Ohren anstrengen noch überwältigen. Denn auch jene Wortkargheit und Kraftlosigkeit hat aus Verdruss

über die unterbrechende Schwerfälligkeit einen weniger aufmerksamen Zuhörer zur Folge; trotzdem prägt sich leichter ein, auf was man gespannt ist, als was vorbeifliegt. Mit einem Wort: Menschen sollen ihre Lehrsätze an die Schüler weitergeben: was wie im Flug enteilt, wird nicht weitergegeben.

(4) Denk dir nun noch, dass eine Rede, welche sich um Wahrhaftigkeit bemüht, einfach und ehrlich sein muss: diese demagogische [Rede] hat nichts Aufrichtiges an sich. Sie will die Menge begeistern und unbedachtsame Zuhörer mit Schwung an sich reißen, sie lässt keine Erörterung zu, fliegend enteilt sie: wie kann diejenige aber leiten, die [selbst] nicht geleitet werden kann? Was [aber], wenn eine solche Rede, die zum Heilen der Gemüter angewendet wird, in uns eindringen muss? Arzneien helfen nur, wenn sie Zeit zum Wirken haben.

(5) Überdies besitzt sie viel an Gehaltlosigkeit und Schein; mehr lässt sie ertönen, als sie etwas bewirkt. Es muss besänftigt werden, was mich aufscheucht, beschwichtigt, was mich zum Zorn reizt, abgeschüttelt, was mich hintergeht; Zügellosigkeit muss verhindert, Habsucht getadelt werden: was davon kann in hastiger Eile bewirkt werden? Welcher Arzt heilt im Vorübergehen? Was [aber], wenn ein derartiges Getöse von wahllos herabstürzenden Worten nicht einmal irgendein Vergnügen bereitet?

(6) Aber wie es genügt, das meiste, was man nicht für möglich halten würde, geprüft zu haben, so ist es mehr als genug, solche, die sich in bloßem Gerede übten, einmal gehört zu haben. Denn was könnte irgendeiner lernen, was nachahmen wollen? Wie beurteilt man wohl die Denkart von denen, deren Rede wirr und aufhetzend ist und auch nicht beschwichtigen kann?

(7) So wie bei bergab Laufenden der Schritt nicht zum Stillstand gebracht wird, wo es beabsichtigt war, sondern sich nach der in Bewegung gesetz-

ten Körpermasse richtet und er weiter hinausgetragen wird, als er wollte, so hat sich eine solche Eile beim Reden weder in der Gewalt noch ist sie recht passend für die Philosophie, die ihre Worte anführen, nicht hinwerfen, und Schritt für Schritt vorgehen soll.

(8) „Was also? Drängt sie sich nicht auch manchmal auf?" Warum nicht? Aber mit einem gesunden, sittlichen Anstand, den ein solcher ungestümer und übertriebener Nachdruck abgelegt hat. Sie soll große, gleichwohl im Zaum gehaltene Stärke besitzen; ein steter Strom soll sie sein, kein Sturzbach. Kaum wohl erlaube ich einem Redner, mit einer derartigen, unaufhaltbaren und rasch ohne Regel dahinschreitenden Geschwindigkeit zu sprechen: wie wird nun aber ein Richter, obendrein unerfahren und nicht ausgebildet, jemals folgen können? Auch dann, wenn jenen die zur Schau getragene Wildheit oder seine eigene zügellose Leidenschaft fortreißt, sollte er sich nur so weit sputen und so viel ausstoßen, wie die Ohren ertragen können.

(9) Du wirst also recht tun, wenn du nicht auf jene hören wirst, die zu ergründen suchen, wie viel sie reden können, nicht auf welche Weise, und es nötigenfalls persönlich vorziehen, wie beispielsweise P. Vinicius zu reden. [...] Als gefragt wurde, wie P. Vinicius reden würde, behauptete Asellius: „lang gezogen". Tatsächlich sagte Geminus Varius: „Ich verstehe nicht, wie ihr einen solchen redegewandt nennen könnt: er kann keine drei Worte hintereinander herausbringen." Warum solltest du nicht lieber so wie Vinicius reden?

(10) So steht dem vielleicht irgendein geistloser Mensch entgegen, wie derjenige, der zu ihm sagte (weil er jedes Wort einzeln ausrupfte, als ob er diktiert, nicht gesprochen hätte): „Sag, redest du womöglich niemals?" Freilich halte ich es für wünschenswerter, dass sich der Redestrom des Q. Haterius, eines in seiner Zeit bekannten Redners, von einem vernünfti-

gen Menschen weit entfernt hält: niemals hat er sich besonnen, niemals unterbrochen; begann er einmal zu reden, hörte er [auch] einmal [nur] auf.

(11) Doch ich denke, dass dasselbe mehr oder weniger auch auf Völker zutrifft. Bei den heutigen Griechen mag man diese Ungebundenheit hinnehmen: wir haben uns sogar angewöhnt, immer wenn wir schreiben, einen Punkt zwischen zwei Wörtern zu setzen. Auch unser Cicero, mit dem die römische Redegewandtheit emportrat, ist Schritt für Schritt vorgegangen. Die römische Redeweise achtet mehr auf sich selbst, [und] bewertet und erlaubt zu bewerten.

(12) Fabianus, ein außergewöhnlicher Mann sowohl in der Lebensart als auch in der Wissenschaft, und, was hinter diesen zurücksteht, in der Redekunst, hielt einen Vortrag mehr frei als hastig, so dass man sagen kann, dass sie auf Gewandtheit beruhte, nicht auf Schnelligkeit. Ich billige diese bei einem weisen Mann, [und] ich verlange nicht, dass seine Rede ohne Schwierigkeit abläuft, gleichwohl ist mir lieber, dass sie ausgedehnt wird als dass sie hervorsprudelt.

(13) Umso mehr aber halte ich dich von dieser Leidenschaft fern, weil dir diese Sache nicht anderes glücken kann, als wenn du aufhörst, dich zu schämen: du musst dir tüchtig die Stirn reiben und nicht auf dich selbst hören; vieles, das du zu kritisieren wünschtest, wird nämlich jener unreflektierte Redestrom mit sich bringen.

(14) Unmöglich, habe ich gesagt, wird dir diese Sache mit gesunder Scheu gelingen. Überdies benötigt man tägliche Übung, und die wissenschaftliche Beschäftigung muss von den Dingen auf die Worte gelenkt werden. Diese müssen jedoch, wenn überhaupt, maßvoll verwendet werden, selbst wenn sie zu Gebote stehen und ohne jede Mühe deinerseits dahingleiten könnten; denn wie sich für den philosophisch gebildeten Mann ein gemesseneres Einherschreiten ziemt, so auch eine gemäßigte, [und] nicht

ungestüme Sprechweise. Das Ergebnis von alledem wird sein: ich fordere dich auf, langsam zu reden. Lebe wohl.

———

# Buch 4 – Brief 41

Seneca grüßt seinen Lucilius,

(1) Du betreibst eine sehr ehrbare und dir zuträgliche Sache, wenn du, wie du schreibst, fortfährst, hin zu einer tüchtigen Denkart fortzuschreiten, die zu wünschen töricht ist, weil du sie von dir selbst aus erlangen kannst. Wir müssen die Hände nicht zum Himmel erheben und auch nicht einen Tempelaufseher anflehen, damit er uns – als ob wir im höheren Grade erhört werden könnten – zum Ohr des Götzenbildes vorlässt: unweit von dir existiert ein Gott, er ist mit dir, er ist in dir.

(2) Daher behaupte ich, Lucilius: ein geweihter Geist steckt in uns, ein Beobachter und Wächter unserer Fehler und Tugenden; in dem Maße dieser von uns berührt wurde, so berührt er gleichfalls uns. Ohne einen Gott ist tatsächlich niemand ein guter Mensch; oder kann sich etwa irgendjemand, wenn nicht von ihm unterstützt, über das Schicksal hinaus erheben? Er erteilt glänzende und mutige Ratschläge. In jedem einzelnen der guten Menschen *wohnt ein Gott – welcher Gott, ist ungewiss.*

(3) Wenn dir ein mit alten und ungewöhnlich hoch gewachsenen Bäumen voll gedrängter Hain ins Auge tritt, der durch die dichte Masse der einander gegenseitig bedeckenden Zweige sogar die Sicht auf den Himmel verwehrt, wird jener hohe Wuchs des Gehölzes, das Geheimnisvolle des Ortes und das Erstaunen über den so dichten und zusammenhängenden Schutz im Freien den Glauben an ein göttliches Wirken bei dir hervorrufen. Wenn etwa eine Grotte, nachdem sie den Fels bis ins Innerste vertilgt hat, das Berggestein schweben lässt, [eine Grotte] nicht von Menschenhand geschaffen, sondern durch natürliche Ursachen in so großer Weite ausgehöhlt, wird sie dein Herz mit einer Ahnung des Göttlichen geradezu erschüttern. Wir verehren die Ursprünge der großen Ströme; das plötzliche Herausstürzen eines gewaltigen Stroms aus der Verborgenheit zieht

Altäre nach sich; Quellen mit wärmenden Wasser halten wir heilig, und manchen Seen hat entweder ihre schattengleiche Trübung oder ihre unermessliche Tiefe Ehrwürdigkeit verliehen.

(4) Wenn du einen Mann erblickst, furchtlos bei Gefahren, frei von Begierden, glücklich im Unglück, ruhig inmitten von Stürmen, von einer Anhöhe herab die Menschen wahrnehmend, auf gleicher Ebene die Götter, wird nicht Ehrfurcht dich beschleichen? Wirst du nicht sagen: „Diese Erscheinung ist bedeutender und erhabener, als dass man glauben könnte, sie sei der in irgendeinem zarten Körperchen ähnlich?

(5) Eine göttliche Kraft hat sich dorthin herabgelassen; den vortrefflichen, den besonnenen Geist, der alles Unbedeutende gleichsam überschreitet, der alles, was wir fürchten und wünschen, belächelt, treibt die Macht eines Gottes umher. Etwas so großes kann sich nicht ohne Beistand des Göttlichen behaupten; daher befindet er sich mit dem größeren Teil seiner selbst dort, von wo er sich herabließ. So wie die Sonnenstrahlen zwar die Erde berühren, aber dort existieren, von wo aus sie entsendet werden, so hat zwar der Geist – groß und ehrwürdig und dazu herabgeschickt, dass wir die göttlichen Geheimnisse näher kennenlernen – Umgang mit uns, er verbleibt jedoch in seinem Ursprung; von dort schwebt er herbei, dorthin schaut und [dorthin] strebt er, an dem Unsrigen nimmt er Anteil gleichwie von höherer Geburt.

(6) Wer ist also dieser Geist? Einer, der kein Gut anstrebt außer das ihm eigene. Was nämlich ist törichter, als ein fremdes Gut an einem Menschen zu loben? Was umso verrückter derjenige, der das bewundert, was geradewegs auf einen anderen übertragen werden kann? Goldenes Zaumzeug macht Pferde nicht tüchtiger. Ein Löwe mit vergoldeter Mähne wird auf die eine Weise [in die Arena] hinausgeschickt – mürbe gemacht, indem er gestreichelt und zur geduldigen Annahme des schmückenden Beiwerks gezwungen wird –, auf eine andere Weise ein schmuckloser [Löwe], von

unverletztem Stolz: feurig im Angriff, wie ihn die Natur haben wollte, prächtig aufgrund der Wildheit, dessen Zierde darin besteht, nicht ohne Schrecken erblickt zu werden, wird dieser selbstverständlich jenem schlaffen und nur äußerlich schimmernden vorgezogen.

(7) Außer für das ihm Eigene darf niemand sich rühmen. Wir loben den Weinstock, wenn er die Ranken mit Früchten belädt, wenn er aufgrund der Masse derer, die er dargebracht hat, sogar die Stützen herabdrückt: würde etwa jemand den berühmten Weinstock, an dem goldene Trauben, goldene Blätter herabhängen, diesem vorziehen? Bei einem Weinstock besteht der wesenseigene Wert in seiner Fruchtbarkeit; auch bei einem Menschen muss das gelobt werden, was ihm eigen ist. Er besitzt eine ansehnliche Dienerschaft, ein schönes Haus, viel pflanzt er an, viel leiht er gegen Zinsen aus: nichts davon befindet sich in ihm selbst, sondern um ihn herum.

(8) Lobe an ihm, was weder entrissen noch überlassen werden kann, was das individuelle Wesensmerkmal eines Menschen ist. Du fragst, was das sei? Der Verstand und die Vernunft, die durch den Verstand erlangt wurde. Der Mensch ist nämlich ein vernunftbegabtes Wesen; seine Begabung wird daher zur höchsten Vollendung gebracht, wenn er das erfüllt hat, zu dem er geboren wird. Was ist es jedoch, das diese Vernunft von jenem fordert? Eine äußerst einfache Sache: in Übereinstimmung mit seiner Natur zu leben. Die allgemeine Unvernunft macht dies aber schwierig: wir drängen einander zu Verfehlungen. Wie kann man jedoch diejenigen zu ihrem Heil zurückführen, die niemand in Schranken hält, diejenigen, die das Volk verleitet? Lebe wohl.

———

---

# Buch 5 – Brief 42

Seneca grüßt seinen Lucilius,

(1) Hat dich dieser wirklich überzeugt, dass er ein bedeutender Mann ist? Gleichwohl aber kann er weder so bald ein bedeutender Mann werden noch [als solcher] erkannt werden. Weißt du, wen ich heutzutage einen bedeutenden Mann nenne? Einen von zweiter Qualität; denn jener andere wird wie der Phoenix vielleicht einmal in fünfhundert Jahren geboren. Es ist auch nicht erstaunlich, dass große Dinge nach einem zeitlichen Abstand geschaffen werden: mittelmäßige oder in Menge vorkommende Dinge bringt das Schicksal oft hervor, herausragende aber zeichnet es gerade durch Seltenheit aus.

(2) Aber dieser ist noch weit von dem entfernt, was er öffentlich verheißt; und wenn er wüsste, was ein bedeutender Mann ist, würde er meinen, dass er es noch nicht ist – möglicherweise würde er sogar die Hoffnung aufgeben, es werden zu können. „Schlecht jedoch denkt er von den Schlechten." Dieses tun auch die Schlechten, und es gibt keine größere Strafe für die Schlechtigkeit, als dass sie sich und den Ihren selbst missfällt.

(3) „Aber er hasst diejenigen, die eine unerwartete und große Macht zügellos gebrauchen." Er wird dasselbe tun, sooft er dazu imstande ist. Die schlechten Eigenschaften eines Großteils [der Menschen] bleiben verborgen, weil sie unbedeutend sind; immer wenn ihnen ihre Kräfte gefällig sind, werden sie sich nicht weniger erdreisten als jene, die der Erfolg bereits verraten hat. Es fehlen ihnen die Mittel, um ihre Verdorbenheit zu entfalten.

(4) So kann eine Verderben bringende Schlange ohne Gefahr berührt werden, während sie vor Kälte steif ist: in diesem Augenblick fehlen ihr nicht die Gifte, sondern sie sind nur erstarrt. Die Unbarmherzigkeit, [und] die

Prunksucht und die Zügellosigkeit vieler – um sich den Schlechtesten gleich zu erdreisten – wird aufgrund der Gunst des Schicksals ausbleiben. Du wirst erkennen, dass sie dasselbe wollen: gewähre ihnen so mächtig zu sein, wie sie es sich wünschen.

(5) Erinnerst du dich, als du behauptet hast, jemand befände sich in deiner Gewalt, dass ich gesagt habe, er sei unbeständig und leichtsinnig, und dass du ihn nicht am Fuß, sondern an einer Feder halten würdest? Ich hatte mich getäuscht: er wurde an der Flaumfeder gehalten, auf die er verzichtete und geflohen ist. Du weißt, welche Streiche er dir später spielte, wie unablässig er zu reizen sucht, obgleich es auf seine Person zurückfallen wird. Er sah nicht, dass er sich infolge der Gefahren anderer in eigene [Gefahren] stürzte, er verstand nicht, wie beschwerlich es sein würde, was er anstrebte, selbst wenn es nicht vergeblich wäre.

(6) Dieses also müssen wir bei den Dingen, die wir heftig erstreben, auf die wir mit großer Anstrengung hinarbeiten, genau erwägen, dass entweder kein Nutzen in ihnen liegt oder mehr Schaden: etliche sind überflüssig, etliche sind nicht so bedeutend. Doch dieses erkennen wir nicht und unentgeltlich erscheint uns, was gewiss am teuersten ist.

(7) Darin mag sich wohl unsere Dummheit zeigen, dass wir glauben, allein dieses zu kaufen, wofür wir Geld bezahlen, wir nennen dieses kostenlos, wofür wir uns selbst hingeben. Was wir nicht erwerben wollten, wenn wir unser Haus, wenn wir irgendein idyllisches oder auch einträgliches Landgut dafür hergeben müssten, dafür sind wir bereit, es unter Sorge, unter Gefahr und unter Verlust des Schamgefühls, der Freiheit und der Lebenszeit zu erlangen; so wenig ist jeder sich selbst wert.

(8) Wir wollen deshalb bei allen Beschlüssen und Geschäften dasselbe tun, was wir gewöhnlich machen, sooft wir wegen irgendeiner Ware an einen Kaufmann herantreten: lasst uns darauf achten, wie teuer angeboten

wird, was wir verlangen. Oft hat den höchsten Preis, für das nichts herge-
geben wird. Ich kann dir vieles zeigen, das uns dadurch, dass es erworben
und entgegengenommen wurde, die Freiheit abnötigt; wir wären die Unsrigen, wenn wir dieses nicht hätten.

(9) Dieses also erwäge bei dir selbst, nicht bloß wenn es sich um einen
Zugewinn, sondern auch wenn es sich um einen Verlust handeln wird.
„Das hier wird verloren gehen." Offenbar war es von außen kommend;
ohne dieses wirst du ebenso leicht leben, wie du [bisher] gelebt hast.
Wenn du es eine lange Zeit besessen hast, verlierst du es, nachdem du es
satt hast; falls nicht [allzu] lang, verlierst du es, bevor du es liebgewinnen
kannst. „Du wirst weniger an Geld besitzen." Doch sicherlich auch an
Missbehagen. „Weniger an Einfluss." Allerdings auch an Neid.

(10) Halte nach diesen [Dingen] Ausschau, die uns in den Wahnsinn treiben, die wir unter vielen Tränen aufgeben: du wirst verstehen, dass bei
diesen nicht der Verlust verdrießlich ist, sondern die Erwartung des Ver-
lustes. Niemand verspürt, dass sie verloren gegangen sind, sondern stellt
es sich vor. Wer sich selbst besitzt, hat nichts verloren: aber wie vielen gelingt es, sich selbst zu besitzen? Lebe wohl.

---
　🐝　---

# Buch 5 – Brief 43

Seneca grüßt seinen Lucilius,

(1) Wie dies zu mir gelangt ist, fragst du, wer mir Nachricht gebracht hat über deine Gedanken, die du keinem erzählt hattest? Dasjenige, das sehr viel weiß, das Gerücht. „Was nun also", fragst du, „bin ich so bedeutend, dass ich ein Gerücht entstehen lassen kann?" Es besteht kein Grund, dich nach diesem Ort [Rom] hier zu bemessen, an den du zurückdenkst: berücksichtige den dort, an dem du dich aufhältst.

(2) Alles, was inmitten seiner Umgebung deutlich hervortritt, ist groß an dem Ort, wo es herausragt; Größe nämlich besitzt kein festgesetztes Maß: der Vergleich lässt sie entweder emporwachsen oder er drückt sie nieder. Ein Schiff, das auf dem Fluss groß ist, ist auf dem Meer sehr klein; ein Steuerruder, das bei dem einen Schiff groß, bei dem anderen klein ist.

(3) In der Provinz, magst du dich auch selbst geringschätzen, bist du nun bedeutend. Was du tust, wie du Tafel hältst, wie du schläfst, fragt man, weiß man: deswegen musst du dein Leben umsichtiger verbringen. Dann aber halte dich für vom Glück begünstigt, wenn du in der Öffentlichkeit leben kannst, wenn dich die Wände deines Grund und Bodens schützen, [und] nicht verbergen, [die Wände,] von denen wir meist glauben, sie wurden ringsum für uns aufgestellt, nicht um sicherer zu leben, sondern um im Verborgenen zu sündigen.

(4) Ich möchte eine Sache erwähnen, nach der du unseren Charakter einschätzen kannst: du wirst nur mit Mühe jemanden finden, der bei geöffneter Tür leben könnte. Unser Schuldbewusstsein hat uns die Pförtner vorgesetzt, nicht ein stolzes Selbstgefühl; wir leben so, dass ertappt zu werden bedeutet, unerwartet erblickt zu werden. Was hilft es aber, sich zu verbergen und Augen und Ohren der Menschen zu meiden?

(5) Ein gutes Gewissen ruft die Menge herbei, ein schlechtes ist sogar in der Einsamkeit ängstlich und besorgt. Wenn es sittlich Gutes ist, was du hervorbringst, können es alle erfahren; wenn es schändlich [ist], was kommt es darauf an, dass niemand es weiß, wenn du es weißt? Ach, du Armer, wenn du diesen Zeugen missachtest! Lebe wohl.

———

# Buch 5 – Brief 44

Seneca grüßt seinen Lucilius,

(1) Abermals machst du dich ganz klein vor mir und du behauptest, dass zuerst die Natur nicht allzu freigiebig mit dir umgegangen ist, anschließend das Schicksal, obgleich du dich der breiten Masse entziehen und zum höchsten Glück der Menschen emporsteigen kannst. Wenn es irgendetwas sonst in der Philosophie an Gutem gibt, ist es dieses, dass sie nicht auf die Ahnentafel sieht; jeder stammt von den Göttern ab, wenn man ihn auf seinen frühsten Ahnherr zurückführt.

(2) Du bist ein römischer Ritter, und in diesen Stand hat dich dein beharrlicher Fleiß geführt; aber wahrhaftig sind die 14 [Ehrenplätze im Theater] vielen versperrt, nicht jeden lässt die Kurie zu, gleichfalls wählen die Kasernen mäkelnd diejenigen aus, die sie für Arbeit und Gefahr übernehmen möchten: eine ehrbare Gesinnung steht allen offen, demzufolge sind wir alle von edler Herkunft. Und weder weist die Philosophie irgendjemanden zurück noch wählt sie einen aus: sie leuchtet allen.

(3) Sokrates war kein Patrizier; Kleanthes hat Wasser geschleppt und legte Hand an beim Bewässern des Gartens; den vortrefflichen Platon hat die Philosophie nicht empfangen, sondern geschaffen: was ist der Grund, weshalb du die Hoffnung aufgibst, dass du ihm ebenbürtig werden kannst? All diese sind deine Vorfahren, falls du dich ihnen würdig zeigst; [würdig] zeigen wirst du dich aber, wenn du dich selbst unverzüglich davon überzeugst, dass du von keinem an edler Gesinnung übertroffen wirst.

(4) Wir alle haben gleich viele [Ahnen] vor uns; der Ursprung von jedem liegt jenseits der Erinnerung. Platon hat gesagt, dass jeder König von Sklaven abstammt, jeder Sklave von Königen. Das alles brachte eine lang-

andauernde Vielfalt in Unordnung und auch das Schicksal trieb auf und nieder sein wechselhaftes Spiel.

(5) Wer ist von edler Herkunft? Der von der Natur zur Tugend günstig ausgestattet wurde. Dieses eine muss beachtet werden: überhaupt, wenn man sich auf die Alten beruft, existiert jeder von der Zeit an, vor der nichts ist. Vom frühsten Ursprung der Menschheit an hat uns ununterbrochen eine abwechselnde Ahnenreihe von Ruhmvollen und Unbedeutenden in die heutige Zeit geleitet. Eine Halle voll mit rußgeschwärzten Ahnenbildern bringt keine edle Art hervor; niemand hat zu unserem Ruhm gelebt, und was vormals war, ist nicht unseres: die innere Einstellung macht adelig, ihr ist es möglich, sich aus welcher Lage auch immer über das Schicksal hinaus zu erheben.

(6) Erwäge also, dass du nicht ein römischer Ritter bist, sondern ein Freigelassener: du kannst dies erreichen, dass du allein frei bist inmitten der Freigeborenen. Du fragst: „Wie?" Sofern du nur die guten und schlechten Dinge nicht nach dem Vorbild des Volks unterscheidest. Man muss genau hinsehen, nicht von wo sie sich nähern, sondern wohin sie gehen. Wenn es etwas gibt, das ein glückliches Leben bewirken kann, ist es mit vollem Recht das Gute; es kann nicht zum Schlechten verzerrt werden.

(7) Was ist es also, worin man sich irrt, da doch alle den Wunsch nach einem glücklichen Leben äußern? Weil sie dessen Hilfsmittel für [das Leben] selbst halten und sie gehen ihm aus dem Weg, während sie es zu erreichen suchen. Denn während die höchste Vollendung eines glücklichen Lebens auf einer dauerhaften Sorglosigkeit und dem unerschütterlichen Vertrauen in diese beruht, sammeln sie Gründe zur Besorgnis und auf dem gefährlichen Weg des Lebens tragen sie ihre Bürden nicht nur, sondern sie ziehen sie an sich. So entfernen sie sich immer weiter von der Ausführung dessen, was sie erstreben, und je mehr Mühe sie aufgewendet haben, desto mehr behindern sie sich [selbst] und werden zurückgewor-

fen. Das widerfährt denen, die sich im Labyrinth beeilen: gerade die Hast führt zur Verwirrung. Lebe wohl.

———

## Buch 5 – Brief 45

Seneca grüßt seinen Lucilius,

(1) Du beklagst dich über den Mangel an Büchern dort bei dir. Es kommt nicht darauf an, wie viele, sondern wie gute Bücher du besitzt: eine festgesetzte Lektüre ist nützlich, eine abwechselnde bereitet Vergnügen. Wer hinkommen will, wohin er beschlossen hat, sollte einem einzigen Weg folgen, nicht auf vielen umherwandern: dieses ist kein Vorwärtsgehen, sondern ein Umherirren.

(2) „Ich wünschte, du würdest mir nicht nur einen Ratschlag, sondern auch deine Bücher zusenden", sagst du. Ich bin wirklich bereit, alle, die ich besitze, zu versenden und mein ganzes Lager auszuräumen; wenn ich könnte, würde ich mich auch selbst zu dir begeben, und wenn ich nicht hoffen würde, dass du vorzeitig dein Dienstende durchsetzen wirst, hätte ich mir diesen Altersfeldzug auferlegt, und weder Charybdis und Skylla noch diese sagenumwobene Meerenge hätten mich abschrecken können. Ich hätte jene dort durchschwommen, nicht bloß überquert, wenn ich dich nur hätte umarmen und an Ort und Stelle würdigen können, wie viel du im Geiste wohl gewachsen bist.

(3) Wenn du dir übrigens wünschst, dass dir meine Bücher zugesendet werden, halte ich mich deshalb ebenso wenig für wortgewandt, wie ich mich für schön halten würde, wenn du ein Porträt von mir verlangtest. Ich weiß, dass dies ein Zeichen einer nachsichtigen Liebe ist, nicht des Urteilsvermögens; und wenn es doch nur auf Überlegung beruht, hat es dir die Nachsicht auferlegt.

(4) Aber wie auch immer sie beschaffen sind, lies du sie so, als ob ich die Wahrheit bis heute suchen, nicht kennen würde, und sie störrisch [weiter] suchen werde. Ich habe mich nämlich keinem als Eigentum überlassen,

[und] ich trage niemandes Namen; oft vertraue ich mich dem Urteil der großen Männer an, manches schreibe ich auch meinem [eigenen] zu. Denn auch jene haben uns nicht das hinterlassen, was sie entdeckt haben, sondern das, was gesucht werden muss, und vielleicht hätten sie auch Notwendiges entdeckt, wenn sie nicht Unnötiges gesucht hätten.

(5) Viel Zeit hat jenen ihre Wortklauberei geraubt, sophistische Erörterungen, die einen nichts ausrichtenden Scharfsinn ausbilden. Wir schlingen Knoten, [und] fügen den Worten einen doppeldeutigen Sinn an und anschließend widerlegen wir sie: haben wir so viel freie Zeit? Verstehen wir bereits zu leben, bereits zu sterben? Mit ganzem Herzen ist sich dorthin zu begeben, wo Vorsorge getragen werden muss, dass uns die Tatsachen nicht täuschen – nicht die leeren Worte.

(6) Was unterscheidest du mir sinnverwandte Wörter, von denen niemand, außer während er einen Vortrag über sie hält, jemals fasziniert wurde. Die Dinge täuschen: dahingehend unterscheide. Anstelle von den guten heißen wir die schlechten [Dinge] gut; wir machen uns Hoffnung auf das Gegenteil von dem, was wir für uns ausersehen haben; unsere Wünsche liegen im Widerstreit mit Wünschen, Pläne [im Widerstreit] mit Plänen.

(7) Wie ähnlich ist die Schmeichelei der Freundschaft! Sie ahmt jene nicht nur nach, sondern sie übertrifft sie und zieht an ihr vorbei; sie wird von offenen und gewogenen Ohren aufgenommen und senkt sich in die Tiefe des Herzens – eben dort angenehm, wo sie schadet: lehre mich, auf welche Weise ich eine solche Ähnlichkeit unterscheiden kann. Es kommt zu mir ein schmeichelnder Feind anstatt eines Freundes; die Laster schleichen sich unter dem Namen der Tugenden an uns heran: Unbesonnenheit versteckt sich unter dem Etikett der Unerschrockenheit, Mäßigung wird als Müßiggang bezeichnet, Ängstlichkeit wird als Vorsicht verstanden. Unter solchen Umständen irren wir in großer Gefahr umher, unter solchen Umständen hinterlasse ein entschiedenes Zeichen.

(8) Im Übrigen ist einer, der gefragt wird, ob er Hörner habe, nicht so dumm, dass er seine Stirn betastet, und vollends ist er nicht so töricht und stumpfsinnig, dass er es nicht versteht, solltest du ihn mit einer scharfsinnigen Schlussfolgerung dazu bewegt haben. Auf solche Weise täuschen diese ohne Schaden gleichwie die Becher und Spielsteine der Taschenspieler, an denen mich gerade die trügerische Vorstellung erfreut. Mach, dass ich erkenne, wie es zuwege gebracht wird: [und] ich verliere die Freude an dem Spiel. Dasselbe behaupte ich von solchen Fangschlüssen – denn mit welchem Namen könnte ich diese Sophismen besser bezeichnen? Sie schaden weder demjenigen, der sie nicht kennt, noch erfreuen sie denjenigen, der sie versteht.

(9) Wenn du unbedingt den Doppelsinn der Wörter unterscheiden willst, lege uns Folgendes dar: dass der nicht glücklich ist, den das Volk so nennt, [und] bei dem ein großes Vermögen zusammengeflossen ist, sondern jener, der all sein Vermögen im Geiste trägt, der aufrecht und erhaben ist und Verehrungswürdiges verspottet, der keinen vor Augen hat, mit dem er tauschen wollte, der einen Mann allein in diese Richtung einschätzt, inwieweit er ein Mensch von Verstand ist, der sich der Natur als Lehrmeisterin bedient, der sich nach ihren Gesetzen eingerichtet hat, der so lebt, wie sie es vorgezeichnet hat; dem keine Macht sein Vermögen entreißt, der Schlechtes zum Guten wendet – sicher, unerschütterlich, furchtlos im Urteil; den manche Kraft bewegt, keine in Verwirrung bringt; dem das Schicksal, wenn es das verderblichste Geschoss, das es besitzt, mit höchster Kraft [gegen ihn] geschleudert hat, einen Stich versetzt, ihn nicht verletzt, und das wahrlich selten; die übrigen seiner Geschosse nämlich, mit denen das Menschengeschlecht niedergekämpft wird, prallen wie Hagel ab, der ohne irgendeine Beeinträchtigung der Bewohner beim Aufschlag auf das Dach prasselt und sich auflöst.

(10) Warum nimmst du mich wegen einer Sache in Beschlag, die du selbst „Pseudomenon" nennst, über die so viele Bücher verfasst wurden? Schau,

das ganze Leben besteht aus Lügen: dieses überführe des Irrtums, dieses treibe, wenn du gescheit bist, zurück zur Wahrheit. Für notwendige Bedürfnisse hält es, wovon der größte Teil überflüssig ist; selbst dasjenige, das nicht überflüssig ist, hat dabei nichts an Wert in sich, um glücklich und reich machen zu können. Wenn etwas notwendig ist, ist es nämlich nicht unmittelbar gut: oder genau genommen geben wir das Gute preis, wenn wir dem Brot und den Gerstengraupen und den übrigen Dingen, ohne die man ein Leben nicht führen kann, diese Bezeichnung geben.

(11) Was gut ist, ist unbedingt notwendig: was notwendig ist, ist nicht unbedingt gut, da manches ja gewiss notwendig und zugleich sehr billig ist. Niemand verkennt den Rang des Guten bis zu dem Punkt, dass er es zu solch alltäglich Dienlichem herabsinken lässt.

(12) Was nun also? Wirst du nicht lieber die Aufmerksamkeit dahin lenken, allen vor Augen zu halten, dass mit großem Zeitaufwand Überflüssiges erworben wird und viele das Leben durcheilt haben, während sie sich die Mittel zum Leben zu verschaffen suchten? Prüfe den Einzelnen, nimm sämtliche in Augenschein: das Leben eines jeden ist auf das Künftige gerichtet.

(13) Du fragst, was daran schlecht ist? Unendlich viel. Sie leben nämlich nicht, sondern sie haben die Absicht zu leben: alles schieben sie auf. Selbst wenn wir achtsam wären, würde das Leben trotzdem schnell für uns vergehen; so aber durcheilt es der Unschlüssige wie ein fremdes [Leben] und am letzten Tag wird es beendigt, an jedem stirbt es. Aber, um nicht den Umfang des Briefes zu überschreiten, der die linke Hand des Lesers nicht ganz ausfüllen soll, werde ich diesen Streit mit den Dialektikern, die sich zu viel um Feinsinniges kümmern, und zwar nur um dieses, nicht auch um das eben erwähnte, auf einen anderen Tag verschieben. Lebe wohl.

———

# Buch 5 – Brief 46

Seneca grüßt seinen Lucilius,

(1) Ich habe dein Buch, dass du mir versprochen hattest, erhalten – auch geöffnet, gleichsam mit der Absicht, es bei günstiger Gelegenheit zu lesen – und wollte es lediglich zur Probe versuchen; darauf hat es von sich aus schmeichelnd gebeten, dass ich weiter fortfahre. Wie wohl es formuliert ist, magst du auch an diesem erkennen: es schien mir flüssig [geschrieben], obgleich es weder zu meiner noch zu deiner Werksammlung gehört, sondern auf den ersten Blick für irgendeines entweder von Titus Livius oder von Epikur gehalten werden könnte. Es hat mich jedoch mit einem so großen Zauber gefesselt und an sich gezogen, dass ich es ohne irgendeinen Aufschub gelesen habe. Die Sonne lockte mich, der Hunger mahnte, die Wolken drohten; trotzdem bin ich es vollständig durchgegangen.

(2) Ich bin nicht nur unterhalten, sondern innerlich erfreut worden. Was für ein schöpferischer Geist, was für eine Energie ihm innewohnte. Ich würde sagen: „Was für ein Schwung!", wenn es zwischendurch zur Ruhe gekommen, wenn es nach einer Pause emporgestiegen wäre; so aber war es kein Schwung, sondern ein ununterbrochener Lauf. Männlich und erhaben [war] die Abfassung; nichtsdestoweniger floss an passender Stelle jenes Süße und Sanfte ein. Großartig, erhaben bist du: ich wünsche mir, dass du dieses beibehältst, dass du so fortschreitest. Manches hat auch das Thema bewirkt; deshalb muss man ein fruchtbares auswählen, das den Geist fesselt, das ihn reizt.

(3) Ich werde mehr über das Buch schreiben, wenn ich es mir noch einmal vorgenommen habe; für ein Urteil ist mir jetzt nicht genug hängen geblieben – als ob ich es gehört, nicht gelesen hätte. Gestatte, dass ich es auch prüfe. Es gibt keinen Grund, besorgt zu sein; du wirst die Wahrheit hören. Ach, du glücklicher Mensch, dass du nichts erregst, weswegen irgenddei-

ner dich so sehr aus der Ferne anlügen sollte! Abgesehen davon, dass wir auch schon, wenn kein hochmütiger Grund besteht, aus Gewohnheit lügen. Lebe wohl.

————

# Buch 5 – Brief 47

Seneca grüßt seinen Lucilius,

(1) Von denen, die von dir zurückkehren, habe ich freudig erfahren, dass du mit deinen Sklaven einen vertrauten Umgang hast: das ziemt sich für deine Klugheit, für deine Gelehrsamkeit. „Es sind Sklaven." Ja, allerdings Menschen. „Es sind Sklaven." Ja, allerdings Hausgenossen. „Es sind Sklaven." Ja, allerdings Freunde aus niederem Stand. „Es sind Sklaven." Ja, allerdings Mitsklaven, wenn du bedenkst, dass dem Schicksal beiden gegenüber gleichviel erlaubt ist.

(2) Daher lächle ich über diejenigen, die es als schändlich erachten, mit ihrem Sklaven zu speisen: aus welchem Grund, außer weil eine sehr überhebliche Gewohnheit den Herrn beim Essen mit herumstehenden Sklaven umgeben hat? Jener isst mehr, als er verträgt, und mit ungeheurem Verlangen überlädt er den zum Platzen vollen und bereits von der Verdauungstätigkeit entwöhnten Bauch, so dass er unter großer Anstrengung alles erbricht, was er hineingeworfen hat.

(3) Die unglücklichen Sklaven jedoch dürfen dabei nicht einmal die Lippen bewegen, um zu sprechen; mit der Rute wird jedes Stimmengeflüster unterdrückt, und selbst Zufälliges – Husten, Niesen, Schluckauf – ist von den Prügelstrafen nicht ausgenommen; eine Unterbrechung des Schweigens durch irgendeine Äußerung wird mit schwerer Strafe gebüßt; die ganze Nacht hindurch verharren sie schweigend und mit leerem Magen.

(4) So geschieht es, dass diejenigen über ihren Herrn reden, denen es in der Gegenwart des Herrn nicht erlaubt ist zu reden. Jene hingegen, denen eine Unterhaltung nicht nur in Gegenwart ihrer Herren möglich war, sondern auch mit ihnen persönlich, denen nicht der Mund versiegelt wurde, waren bereit, für ihren Herrn den Nacken hinzuhalten, [und] eine drohen-

de Gefahr aufs eigene Haupt zu lenken; bei den Mahlzeiten sprachen sie, aber unter Folter schwiegen sie.

(5) Fernerhin wird ein Sprichwort von derselben Arroganz im Munde geführt, dass es ebenso viele Feinde wie Sklaven gibt: wir haben jene Feinde nicht, wir machen sie uns. Anderes Grausames, [und] Unmenschliches – dass wir sie nämlich nicht wie Menschen, sondern wie Lasttiere missbrauchen – übergehe ich einstweilen. Wenn wir uns zu Tische gelegt haben, beseitigt der eine den Auswurf, der andere sammelt unterwürfig die Hinterlassenschaften der Betrunkenen auf.

(6) Wieder ein anderer zerlegt kostbares Geflügel; indem er seine geschulte Hand mit sicherer Führung durch Brust und Keulen herumfahren lässt, löst er die Stückchen heraus; der Unglückliche, der für diese eine Sache lebt, um die Masthühner gefällig zu zerschneiden – nur dass derjenige armseliger ist, wer es der Sinneslust wegen lehrt, als derjenige, der es unter Zwang lernt.

(7) Ein weiterer, der Mundschenk, ringt, nach Art eines Weibes ausgeschmückt, mit dem Alter: er kann der Kindheit nicht entfliehen, er wird zurückgehalten, und, bereits mit dem Aussehen eines Soldaten, bleibt er mit glatter Haut, weil man einzelne Haare abgerieben oder ganz ausgezupft hatte, die ganze Nacht wach, die er zwischen der Trunkenheit und der Wollust des Herrn in zwei Hälften teilt; und so ist er im Schlafgemach ein Mann, bei der Mahlzeit ein Knabe.

(8) Der nächste, dem die Auswahl der Gäste anvertraut wurde, steht unglücklich herum und ist gespannt, wen die Schmeichelei und der Mangel an Selbstbeherrschung entweder des Gaumens oder der Zunge am nächsten Tag wohl wieder einlädt. Nimm die Einkäufer für die Küche hinzu, die eine genaue Vorstellung des Gaumens ihres Herren besitzen, die wissen, welcher Geschmack ihn reizt, welcher Anblick ihn erfreut, durch welche

neue Sache er, an einem verdorbenen Magen leidend, aufgerichtet werden kann, was er aus Überdruss schon von sich aus verschmäht, was er an jenem Tag zu Essen verlangt. Er nimmt es nicht auf sich, mit diesen zu speisen, und er hält es für eine Herabsetzung seiner Würde, sich mit seinem Sklaven an denselben Tisch zu setzen. Gott behüte! Wie viele von diesen hält er sich als Gebieter!

(9) Ich habe gesehen, dass vor der Türschwelle des Callistus sein [früherer] Herr stand, und dass dieser, der ihm das Zeichen aufgedrückt hatte, das ihn zu den nutzlosen Sklaven auf den Markt brachte, abgewiesen wurde, während andere Einlass fanden. Seinen Dank trug der Sklave ab, jener, den man in den untersten Sklavenrang geworfen hatte, in dem der Ausrufer seine Stimme erprobt: umgekehrt hat er jenen auch verschmäht, und ihn gleichfalls seines Hauses für nicht würdig erklärt. Der Herr hat Callistus preisgegeben: doch wie viel mehr Callistus hinsichtlich des Herrn!

(10) Willst du nicht erwägen, dass dieser, den du deinen Sklaven nennst, aus denselben Ursprüngen seinen Anfang nahm, sich an demselben Himmel erfreut, auf gleiche Weise atmet, auf gleiche Weise lebt, auf gleiche Weise stirbt! Ebenso gut kannst du jenen als Freien ansehen, wie jener dich als Sklaven. Nach der Varusschlacht hat das Schicksal viele [Männer] von bedeutendster Abstammung herabgewürdigt, die über den Kriegsdienst ihre senatorische Laufbahn begonnen hatten: einen von ihnen machte sie zum Hirten, den anderen zum Wächter eines Landguts. Verachte nun den Menschen eines solchen Standes, in welchen du, [noch] während du ihn verachtest, [selbst] übertreten kannst.

(11) Ich will mich nicht auf ein überaus großes Thema einlassen und über den Nutzen von Sklaven diskutieren, zu denen wir höchst überheblich, grausam [und] beleidigend sind. Der eben erwähnte, ich habe es freilich vorweggenommen, ist mein Hauptgedanke: du solltest mit einem Tieferstehenden so umgehen, wie du wünschst, dass ein Höherstehender mit dir

umgeht. Jedes Mal wenn dir in den Sinn kommt, was gegenüber einem Sklaven erlaubt sein sollte, sollte dir auch in den Sinn kommen, dass deinem Herrn ebenso viel dir gegenüber erlaubt ist.

(12) „Aber ich habe keinen Herrn", sagst du. Es ist eine glückliche Zeit: vielleicht wirst du [später] einen haben. Weißt du nicht, in welchem Alter Hekuba ihr Sklavendasein begann, in welchem Krösus, in welchem die Mutter von Dareios, in welchem Platon, in welchem Diogenes?

(13) Gehe mit einem Sklaven nachsichtig um, freundlich auch, und ziehe ihn sowohl zu einem Gespräch hinzu als auch zu einer Beratung oder zu einem Gastmahl. An diese Stelle wird mir die ganze Schar der Genussfreudigen zurufen: „Nichts ist erniedrigender, nichts schändlicher als ein solches." Eben dieselben werde ich ertappen, wenn sie fremden Sklaven die Hand küssen.

(14) Seht ihr nicht einmal Folgendes: wie unsere Vorfahren den Herren jede Gehässigkeit, den Sklaven jede Schmach erspart haben? Sie bezeichneten den Herrn als Vater der Familie, die Sklaven – was sich sogar bis heute in den Komödien gehalten hat – zur Familie gehörig; sie haben einen Festtag eingeführt, nicht allein damit die Herrn mit den Sklaven essen sollten, aber besonders deshalb; sie erlaubten ihnen Ämter auszuüben, Recht zu sprechen, und erklärten, die Hausgenossenschaft sei ein Staat im Kleinen.

(15) „Was nun also? Werde ich alle Sklaven an meinen Tisch bringen?" Ebenso wenig wie alle Freien. Du täuschst dich, wenn du meinst, dass ich manche aufgrund der angeblich zu schmutzigen Arbeit abweisen werde, wie zum Beispiel den Maultiertreiber oder den Rinderhirten dort. Ich werde jene nicht nach ihren Tätigkeiten, sondern nach ihrem Charakter beurteilen: seinen Charakter schafft sich jeder selbst, die Tätigkeiten bestimmt der Zufall. Einige mögen mit dir speisen, weil sie es würdig sind, einige,

um es zu werden; wenn nämlich wegen der niederen Lebensweise etwas knechtisches an ihnen ist, wird es ein besserer Umgang beseitigen.

(16) Es gibt keinen Grund, mein Lucilius, dass du einen Freund nur auf dem Forum und in der Kurie suchst: wenn du genau Acht gibst, wirst du auch zuhause einen finden. Ohne einen Künstler liegt ein guter Stoff oft brach: prüfe und versuche es. Zwar ist derjenige töricht, der nicht das Pferd selbst mustert, bevor er es kauft, sondern seine Satteldecke und die Zügel, aber außerordentlich töricht ist, wer einen Menschen entweder wegen seiner Kleidung beurteilt oder wegen seiner Stellung, die uns wie ein Gewand umgelegt wurde.

(17) „Er ist ein Sklave." Aber vielleicht frei im Geiste. „Er ist ein Sklave." Wird ihm das ein Leid zufügen? Zeige mir, wer es nicht ist: der eine ist Sklave seiner Wollust, ein anderer seiner Habsucht, ein weiterer seines Ehrgeizes, alle ihrer Hoffnung, alle ihrer Furcht. Ich werde dir einen einstigen Konsul nennen, der sich einem alten Mütterchen fügt, ich werde dir einen Reichen nennen, der sich einer Magd [fügt], ich könnte dir vornehme junge Männer als Sklaven der Pantomimen zeigen: keine Sklaverei ist schändlicher als die aus freiem Willen. Deshalb besteht kein Grund, dass dich diese Hochmütigen davon abhalten, dich deinen Sklaven wohlwollend zu zeigen und nicht überheblich als Höhergestellter: sie sollen dich eher achten als fürchten.

(18) Irgendeiner wird nun behaupten, dass ich die Sklaven zum Kampf um die Freiheit aufrufe und die Herren aus ihrer hohen Stellung verdrängen lasse, weil ich gesagt habe, „sie sollen ihren Herrn eher achten als fürchten." „So ganz und gar?", wird man fragen. „Sie womöglich achten wie die Klienten, wie die morgendlichen Besucher?" Wer das sagt, übersieht, dass es den Herren nicht genug ist, was einem Gott zur Genüge ist. Wer geachtet wird, wird auch geliebt: die Liebe kann nicht mit der Furcht verschmelzen.

(19) Ich meine deshalb, dass du sehr richtig handelst, wenn du von deinen Sklaven nicht gefürchtet werden willst, wenn du dich bei einer Zurechtweisung der Worte bedienst: mit Stockschlägen werden die sprachlosen Tiere ermahnt. Nicht alles, was unseren Unwillen erregt, beleidigt uns auch; doch üppige Genüsse bringen [uns dazu], in Wut zu geraten, so dass alles Zorn hervorruft, was nicht nach Wunsch in Erfüllung geht.

(20) Wir nehmen den Charakter unserer Herrscher an; denn auch jene, die sowohl ihre eigene Stärke als auch die Schwäche der anderen nicht beachten, geraten derart in Rage, sind derart wütend, als wenn sie ein Unrecht erlitten hätten – eine Gefahr, vor der jene die Macht ihres Standes gänzlich absichert. Und sie wissen dies sehr wohl, aber durch ihre Jammerei erhalten sie Gelegenheit, Unrecht zu tun; sie haben das Unrecht angenommen, um es begehen zu können.

(21) Ich will dich nicht länger aufhalten: denn du benötigst keine Ermahnung. Unter anderem hat dies ein guter Charakter an sich: er ist mit sich [selbst] zufrieden, er hält an sich fest. Unbeständiger ist die Bosheit, [und] oft wird sie sich wandeln, nicht in etwas Besseres, sondern in etwas anderes. Lebe wohl.

# Buch 5 – Brief 48

Seneca grüßt seinen Lucilius,

(1) Auf den Brief, den du mir von deiner Reise geschickt hast, [und] der so lang war wie die Reise selbst, werde ich später nochmals antworten; ich muss mich zurückziehen und erwägen, welchen Rat ich dir geben soll. Auch du, der du den Rat einholst, hast nämlich lange überlegt, ob du nach meiner Ansicht fragen sollst: wie viel mehr muss ich das tun, da eine längere Zeit nötig ist, um den Gegenstand einer Untersuchung aufzuklären, als ihn zur Sprache zu bringen? Zumal weil das eine dir nützt, das andere mir.

(2) Rede ich wieder so wie ein Epikureer? Tatsächlich nützt mir dasselbe, was dir [nützt], oder ich bin kein Freund, wenn nicht alles [auch] meins ist, was dich Betreffendes betrieben wird. Untereinander an allen Dingen gleichen Anteil zu haben, bewirkt die Freundschaft; für den Einzelnen gibt es weder irgendein Glück noch [irgendein] Unglück; man lebt zum gemeinschaftlichen Nutzen. Und niemand kann glücklich leben, der nur sich [selbst] betrachtet, der alles zum eigenen Nutzen wendet: es ist notwendig, für den anderen zu leben, wenn du für dich leben willst.

(3) Diese Gemeinschaft, gewissenhaft und unverbrüchlich eingehalten, die uns Menschen mit den Menschen vereinigt und die erkennt, dass es ein gemeinsames Recht aller Menschen gibt, ist oft auch zur Pflege jenes tieferen Bündnisses der Freundschaft nützlich, von dem ich sprach; derjenige wird nämlich alles mit einem Freund gemeinsam haben, der vieles mit einem Menschen [gemeinsam hat].

(4) Lieber will ich von den erwähnten feinsinnigen [Dialektikern] über das unterrichtet werden, mein allerbester Lucilius, was ich für den Freund leisten muss, was für den Mitmenschen, als auf wie viele Arten man „der

Freund" aussprechen und auf wie vieles „der Mensch" hindeuten könnte. Siehe die Weisheit und die Dummheit in entgegengesetzter Richtung sich scheiden! Welcher schließe ich mich an? In welche der beiden Richtungen heißt du mich zu gehen? Jenem gilt der Mensch als Freund, diesem gilt der Freund nicht als Mensch; jener verschafft sich einen Freund, dieser sich dem Freund: du verdrehst mir die Worte und deutest der Reihe nach die Silben.

(5) Nun ja, wenn ich nur die spitzfindigsten Fragen aufeinandertürme und durch eine falsche Schlussfolgerung eine aus der Wahrheit entstandene Lüge schnüre, werde ich imstande sein, das Erstrebenswerte vom Verabscheuungswürdigen zu unterscheiden. Ich schäme mich: in so ernsthaften Dingen scherzen wir alten Männer.

(6) „Maus ist eine Silbe; die Maus nagt ferner den Käse an; folglich nagt die Silbe den Käse an." Nimm jetzt an, dass ich dies nicht enträtseln kann: welche Gefahr droht mir aus einem solchen Unverstand? Welcher Schaden? Ohne Zweifel muss man fürchten, dass ich irgendwann einmal Silben mit der Mausfalle fange, oder dass irgendwann einmal, wenn ich allzu sorglos bin, ein Buch den Käse verzehrt. Wenn nicht etwa folgende Schlussfolgerung scharfsinniger ist: „Maus ist eine Silbe; ferner nagt die Silbe nicht an dem Käse; folglich nagt die Maus nicht an dem Käse."

(7) Ach, einen kindischen Unsinn redet man! Deshalb haben wir eine ernste Miene angenommen? Deshalb den Bart lang wachsen lassen? Ist es das, was wir mürrisch und bleichgesichtig lehren? Du willst wissen, was die Philosophie der Menschheit in Aussicht stellt? Einsicht. Den einen ruft der Tod, den anderen plagt die Armut, wieder einen anderen quält der Reichtum – sei es fremder oder eigener; jener schaudert vor einer ungünstigen Stellung; dieser trägt das Verlangen, sich seinem Erfolg zu verweigern: letzteren halten die Menschen für unglücklich, ersteren die Götter.

(8) Wozu ersinnst du solche Kindereien für mich? Es ist nicht die Zeit zum Scherzen: du wurdest von den Unglücklichen [als Beistand] hinzugerufen. Hilfe zu bringen, hast du dich erboten, den Schiffbrüchigen, den Gefangenen, den Verwundeten, den Notleidenden, denen, die ihren unter das erhobene Beil gehaltenen Kopf darbieten: wohin wendest du dich? Was treibst du? Angst hat der, mit dem du Späße treibst: eile ihm zu Hilfe, [...]. Von überall her strecken alle ihre Hände nach dir aus, flehentlich rufen sie um irgendeinen Beistand für ihr verzweifeltes Leben, das im Begriff steht, zugrunde zu gehen; auf dir ruhen die Hoffnungen, bei dir sind die Mittel vorhanden. Bittend verlangen sie, dass du sie aus ihrer so heftigen Unruhe herausführst, dass du diejenigen, die auseinandergetrieben wurden und umherirren, das helle Licht der Wahrheit sehen lässt.

(9) Erwähne, was die Natur als unumgänglich festgesetzt hat, was als überflüssig, wie milde Gesetze sie erlassen hat, wie angenehm das Leben ist, wie frei von Hindernissen für diejenigen, die sie befolgen, wie schmerzlich und verworren [das Leben] derer, die mehr auf ihre Einbildung als auf die Natur vertraut haben. [...] wenn du vorher dargelegt hast, wie sie einen Teil von ihnen mindern werden. Was nimmt diesen da ihre Leidenschaften? Was besänftigt sie? Wenn sie doch nur bloß nicht nützen würden! Unheil stiften sie. Wenn du es verlangst, werde ich dir dieses hier sehr deutlich machen, dass ein großmütiges Naturell vermindert und geschwächt wird, wenn es zu solchen Spitzfindigkeiten getrieben wurde.

(10) Es beschämt mich zu sagen, welche Waffen sie denjenigen darreichen, die als Söldner gegen das Schicksal dienen wollen, [und] auf welche Weise sie jene ausrüsten. Schreitet man auf diesem Weg zum höchsten Gut voran? Durch dieses „mag sein, oder mag nicht sein" der Philosophie und gar noch durch die schändlichen und berüchtigten Klauseln der Rechtsgelehrten? Was anderes macht ihr nämlich, wenn ihr denjenigen, den ihr befragt, zu der Täuschung verleitet, dass er den Prozess scheinbar

verloren hat? Aber wie jene der Prätor, so setzt die Philosophie diese wieder in ihre Rechte ein.

(11) Weshalb seht ihr von euren gewaltigen Versprechen ab und lasst euch zu den Anfängen der Sprachlehre herab, nachdem ihr großartig im Munde geführt habt, dass ihr erreichen wollt, dass der Glanz des Goldes wie des Schwertes meine Augen nicht mehr blende, dass ich mit außerordentlicher Ausdauer sowohl, was alle wünschen, als auch, was alle fürchten, mit Füßen trete? Was sagt ihr?

*So schreitet man den Sternen entgegen?*

Das ist es nämlich, was mir die Philosophie verspricht, dass sie mich gleich einem Gott macht; dazu wurde ich aufgefordert, dazu bin ich gekommen: halte dein Versprechen.

(12) Soweit du es also vermagst, mein Lucilius, halte dich fern von diesen Klauseln und Einwendungen der Philosophen: Offenheit und Ehrlichkeit sind einer edlen Gesinnung angemessen. Selbst wenn ein Großteil der Lebenszeit noch vorhanden wäre, müsste man sorgsam haushalten, damit für Notwendiges genügend übrig bliebe: wie unsinnig ist es nun, bei einem so großen Mangel an Zeit, überflüssige Dinge zu erlernen! Lebe wohl.

# Buch 5 – Brief 49

Seneca grüßt seinen Lucilius,

(1) Sicherlich ist derjenige müßig und gleichgültig, mein Lucilius, der sich [erst] wieder an einen Freund erinnert, weil er durch irgendeinen Landstrich [an ihn] erinnert wurde; trotzdem rufen vertraute Orte manchmal eine in unserem Herzen aufbewahrte Sehnsucht hervor und sie bringen keine erloschene Erinnerung zurück, sondern sie rufen eine ruhende hervor, gleichwie [entweder] der entlassene Haussklave oder ein Gewand oder ein Haus den Schmerz von Trauernden wieder ins Gedächtnis ruft, auch wenn er mit der Zeit gemindert wurde. Schau nur, es ist unglaublich, wie Kampanien und vor allem der Anblick Neapels und auch deines Pompeius die Sehnsucht nach dir geweckt haben: ganz [leibhaftig] stehst du mir vor Augen. Eben jetzt entferne ich mich von dir; die Tränen unterdrückend, sehe ich dich, und auch den Gefühlen, die gerade bei ihrer Bändigung emporsteigen, nicht recht widerstehend.

(2) Es scheint mir, dass ich dich eben erst gehen ließ; doch, wenn man zurückdenkt, was ist [dann] nicht „eben erst"? Eben erst saß ich als Junge bei dem Philosophen Sotion, eben erst habe ich begonnen, Prozesse zu führen, eben erst habe ich aufgehört, sie führen zu wollen, eben erst [habe ich aufgehört], es zu können. Grenzenlos ist das geschwinde Vergehen der Zeit, die sich eher denjenigen zeigt, die zurückblicken. Für die in der Gegenwart Vertieften bleibt es nämlich unbemerkt; langsam ist das Vorübergehen bis zu dem Zeitpunkt des jähen Dahineilens.

(3) Du fragst nach dem Grund dafür? Was auch immer an Zeit vergangen ist, befindet sich am gleichen Ort; zeitgleich betrachtet man sie, an ein und demselben Ort ist sie gelegen; alles stürzt hinab in denselben Abgrund. Es kann auch ohnehin keine langen Zeitabschnitte in etwas geben, das insgesamt kurz ist. Es ist ein Augenblick, in dem wir leben, und noch

ein allzu kurzer Augenblick; aber sogar dieses äußerst Wenige hat die Natur sozusagen durch den Anschein einer längeren Zeitdauer verspottet: teils machte sie daraus das Säuglingsalter, teils die Kindheit, teils die Jugend, teils eine Art von Übergang von der Jugend zum Greisenalter, teils das Greisenalter selbst. Wie viele Abstufungen hat sie [sogar] in diesem von wahrhaft beschränkter [Zeit] errichtet!

(4) Eben erst habe ich dir das Geleit gegeben: und doch ist dieses „eben erst" ein guter Teil unseres Lebens, über dessen nicht ausreichen werdende Kürze wir zuweilen nachdenken sollten. Normalerweise erschien mir die Zeit nicht so geschwind: nun aber offenbart sich ihr unglaublicher Eilschritt, sei es, weil ich spüre, dass das Ende herannaht, sei es, weil ich anfange, acht zu geben und meinen Verlust auszurechnen.

(5) Umso mehr empört mich daher, dass manche von dieser Zeit, die nicht einmal für das Nötigste ausreichen kann, selbst wenn sie sehr gewissenhaft behütet wird, einen allzu großen Teil unnütz verschwenden. Cicero bestreitet, dass er, wenn sich seine Lebenszeit verdoppeln würde, Zeit haben wird, um die lyrischen Dichter zu lesen – ebenso die Dialektiker: allzu ernst sind sie albern. Erstere sind übermütig, ohne es zu leugnen, letztere meinen, dass sie selbst etwas Bedeutendes tun.

(6) Und ich bestreite nicht, dass diese Dinge von fern betrachtet werden müssen, aber nur, um einen Blick aus der Ferne zu tun und von der Schwelle aus zu grüßen, einzig dafür, um uns nicht dem leeren Gerede auszusetzen und zu glauben, es würde sich irgendein großes und verborgenes Gut in ihm befinden. Was quälst du dich und reibst dich auf in einer solchen Frage, die verspottet zu haben, zuträglicher ist, als sie zu enträtseln? Es ist auch für denjenigen gefahrloser, auf Suche nach Bagatellen zu gehen, der bei günstiger Gelegenheit auszieht: wenn der Feind im Rücken steht und der Soldat auf Befehl aufzubrechen hat, mustert die Not alles aus, was der Frieden sorglos aufgelesen hatte.

(7) Ich habe keine Zeit, einem sich unschlüssig ergießenden Gerede nachzugehen und meine geistige Beweglichkeit an ihm zu erproben.

*Erblicke, wie die Völker aufeinandertreffen, wie die Städte hinter geschlossenen Toren das Schwert schärfen.*

Mit großem Gleichmut muss dieser ringsum ertönende Kriegslärm von mir vernommen werden.

(8) Mit Recht würde ich allen von Sinnen erscheinen, wenn ich untätig dasitzen würde, während alte Leute und Frauen Steine zur Befestigung der Stadtmauern anschleppen, während innerhalb der Tore die bewaffnete Jugend auf das Signal für den Ausfall wartet oder es fordert, während feindliche Pfeile zitternd in den Toren stecken und selbst der Boden wegen der Untergrabungen und der unterirdischen Gänge bebt, und ich solche Untersuchungen anstellen würde: „Du besitzt, was du nicht verloren hast; Hörner hast du nicht verloren; also besitzt du Hörner" und anderes, das nach dem Muster dieser geistreichen Albernheit zurechtgelegt wurde.

(9) Freilich mag ich dir ebenso töricht erscheinen, wenn ich für diese Dinge Zeit aufwende: und doch werde ich im gegenwärtigen Augenblick bedrängt. Gleichwohl stünde mir alsdann eine Gefahr durch eine Belagerung von außen bevor, [und] eine Mauer würde mich vom Feind trennen: nun steht mir das Todbringende gegenüber. Ich habe keine Zeit für Albernheiten; eine ungeheure Aufgabe liegt in meinen Händen. Was soll ich tun? Der Tod verfolgt mich, das Leben flieht.

(10) Dagegen lehre mich etwas; bringe es fertig, dass ich dem Tod nicht zu entgehen suche, dass mir das Leben nicht entgeht. Ermutige mich gegenüber den Beschwerlichkeiten; verlängere die kurze Spanne meiner Zeit. Lehre mich, dass das Gute des Lebens nicht in seiner langen Dauer gelegen ist, sondern dass man es sich zu Gebrauch machen kann, dass es

im Gegenteil sehr oft geschieht, dass, wer lange gelebt hat, das Leben zu wenig genossen hat. Bevor ich einschlafe, sag mir: „Es kann sein, dass du nicht aufwachst"; nachdem ich erwacht bin, sag mir: „Es kann sein, dass du nicht mehr [wieder] schläfst". Sag mir beim Hinausgehen: „Es kann sein, dass du nicht zurückkehrst"; sag mir bei der Rückkehr: „Es kann sein, dass du nicht [wieder] weggehst".

(11) Du irrst dich, wenn du meinst, dass es nur auf einer Seereise eine sehr kurze Zeitspanne gibt, in der sich das Leben dem Tode öffnet: in gleicher Weise gering ist der Abstand an jedem Ort. Der Tod erscheint nicht überall so nahe: er ist überall so nahe. Vertreibe diese Dunkelheit, und leichter wirst du die Dinge lehren, auf die ich vorbereitet wurde. Gelehrig hat uns die Natur hervorgebracht – und uns zugleich eine unvollkommene Vernunft überlassen, die aber vollendet werden kann.

(12) Diskutiere mit mir über Gerechtigkeit, über treue Pflichterfüllung, über Genügsamkeit, über beiderlei Sittsamkeit, sowohl jener, die auf der Enthaltsamkeit des fremdem Körpers beruht, als auch dieser, die Sorge für sich selbst trägt. Wenn du mich nicht auf Abwege führen willst, werde ich leichter dahin gelangen, wohin ich strebe. Denn, wie der bekannte Tragiker sagt: „Leicht verständlich ist die Sprache der Wahrheit", und deshalb ist es nicht zweckdienlich, sie in Verwirrung zu bringen; nichts nämlich passt weniger zu Charakteren, die Bedeutendes unternehmen, als diese trügerische Schlauheit. Lebe wohl.

––––––––

# Buch 5 – Brief 50

Seneca grüßt seinen Lucilius,

(1) Ich erhielt deinen Brief erst viele Monate nachdem du ihn versendet hattest; ich habe es deshalb für nutzlos gehalten, von demjenigen, der ihn überbracht hat, zu erfragen, was du treibst. Jedenfalls hätte er ein sehr gutes Gedächtnis, wenn er sich daran erinnerte; und dennoch hoffe ich, dass du dein Leben bereits auf eine Weise verbringst, dass ich, wo auch immer du bist, weiß, was du treibst. Was anderes nämlich tust du, als dich selbst jeden Tag besser zu machen, [als] manches an Täuschungen abzulegen, [als] zu begreifen, dass es deine Fehler sind, die du den Umständen anrechnest? Manche schreiben wir nämlich den Posten und den Verhältnissen zu; aber sie werden [uns] folgen, wohin auch immer wir gehen.

(2) Du weißt, dass Harpaste, die närrische Sklavin meiner Frau, als geerbte Verpflichtung in meinem Haus verblieben ist. Denn ich selbst bin gegen[über] diesen Missgeburten äußerst abgeneigt; wenn ich je einmal wünsche, von einem Narren erfreut zu werden, muss ich nicht lang suchen: ich lache über mich [selbst]. Diese Närrin konnte plötzlich nicht mehr sehen. Ich schildere dir eine erstaunliche, aber wahre Begebenheit: sie versteht nicht, dass sie blind ist; immer wieder bittet sie ihre Begleitperson [mit ihr] umzuziehen, sie behauptet, das Haus sei dunkel.

(3) Es sollte dir klar sein, dass dasjenige, was wir bei jener belächeln, uns allen widerfährt: niemand gelangt zur Einsicht, dass er geizig ist, niemand, dass er gierig ist. Immerhin suchen sich die Blinden einen Führer, wir irren ohne einen Führer umher und sagen: „Ich bin nicht ehrgeizig, aber in Rom kann niemand auf andere Weise leben; ich bin nicht verschwenderisch; aber die Stadt selbst erfordert hohe Ausgaben; es ist nicht mein Fehler, dass ich jähzornig bin, dass ich mich noch nicht für eine bestimmte Lebensweise entschlossen habe: das bringt die Jugend mit sich."

(4) Warum betrügen wir uns [selbst]? Unser Übel liegt nicht außerhalb: es wohnt in uns, es sitzt unmittelbar im Innersten, und wahrlich mühsam gelangen wir deshalb zu einem gesunden Wesen, weil wir nicht wissen, dass wir krank sind. Selbst wenn wir anfangen, uns heilen zu lassen: wann werden wir die so großen Kräfte der so vielen Krankheiten zertrümmern? Im gegenwärtigen Augenblick aber suchen wir nicht einmal einen Arzt auf, der weniger Mühe hätte, wenn er zu einer eben erst aufkommenden Krankheit hinzugezogen worden wäre; demjenigen, der das Richtige verordnet, würden junge und unerfahrene Gemüter folgen.

(5) Mühsam mit der Natur versöhnt wird nur jemand, der von ihr abgefallen ist: wir scheuen uns, eine gesunde Denkart zu erlernen. Ach, beim Herkules, wenn es schimpflich ist, einen Lehrer in dieser Angelegenheit zu suchen, muss die Hoffnung darauf aufgegeben werden, dass uns ein so großes Gut durch Zufall zukommen kann: man muss es sich erarbeiten und, um die Wahrheit zu sagen, es ist nicht einmal eine große Anstrengung, wenn wir bloß, wie ich sagte, eher [damit] beginnen, unseren Geist zu formen und zu verbessern, als seine Verkommenheit verhärten kann.

(6) Aber ich gerate auch nicht in Verzweiflung, wenn sie sich verhärtet hat: es gibt nichts, was beharrliche Mühe und eine aufmerksame und gewissenhafte Fürsorge nicht erzwingen kann. Eichen, wenn sie auch noch so sehr gekrümmt wurden, kann man wieder in die Senkrechte bringen; Hitze streckt die gekrümmten Baumstämme lang aus und, falls auf andere Weise gewachsen, werden sie so geformt, wie es unser Bedarf erfordert: Um wie viel leichter nimmt der Geist Gestalt an – geschmeidig und willfähriger als jede Flüssigkeit. Was anderes ist nämlich der Geist, der sich wie eine Art von Luft verhält? Du erkennst aber, dass Luft um so viel beweglicher ist als jeder andere Stoff, wie sie dünner ist.

(7) Es besteht kein Grund, Lucilius, dass dich das eben Erwähnte hindern sollte, Gutes für uns zu erhoffen, obschon uns bereits eine böswillige Ge-

sinnung erfüllt, obschon sie schon seit langer Zeit in unserem Besitz ist: zu niemandem gelangt die rechtschaffene Gesinnung eher als die verderbliche; wir alle sind vorab eingenommen worden; das sittlich Gute zu erlernen, heißt, seine Laster zu verlernen.

(8) Wir müssen jedoch mit umso größerer Energie zu unserer eigenen Besserung schreiten, weil wir ein einmal überlassenes Gut dauerhaft in Besitz nehmen; Tugend verlernt man nicht. Zuwiderlaufendes haftet nämlich schlecht an dem wesensfremden Gut, deshalb kann es entfernt und vertrieben werden; zuverlässig verbleibt, was an den passenden Ort gelangt. Die Tugend verhält sich der Natur folgend, die Laster sind verderblich und unsicher.

(9) Doch wie angenommene Tugenden nicht entschwinden können und ihre Bewahrung leicht ist, so schwierig [ist es] am Anfang, zu ihnen vorzurücken, weil dies das wesentliche Merkmal eines kraftlosen und erschöpften Herzens ist, Grausen vor dem Unbekannten zu empfinden; daher muss man es drängen, damit es einen Anfang macht. Danach ist das Heilmittel nicht bitter; es erfreut nämlich sogleich, während es heilt. Andere Heilmittel bereiten [erst] nach der Heilung Vergnügen, die Philosophie ist in gleicher Weise sowohl heilsam als auch gefällig. Lebe wohl.

# Buch 5 – Brief 51

Seneca grüßt seinen Lucilius,

(1) Wie ein jeder es kann, mein Lucilius: du hast dort den Aetna bei dir, den hochragenden und bekanntesten Berg Siziliens – weshalb Messala, oder [auch] Valgius, ihn einzigartig nennt (ich habe es nämlich bei beiden gelesen), entdecke ich nicht, da sehr viele Orte Feuer ausspeien, nicht nur hoch emporragende, was häufig eintritt, weil Feuer offensichtlich zum höchsten Punkt emporsteigen wird, sondern auch diejenigen, die tiefer gelegen sind – wir geben uns, sobald wir nur können, mit Baiae zufrieden; das ich einen Tag später, als ich es betreten hatte, verlassen habe, einen Ort, den man (obschon er manche natürliche Vorzüge mit sich bringt) deshalb meiden muss, weil die Prunksucht sich ihn ausersehen hat, um sich [selbst] zu feiern.

(2) „Was nun also? Sollte man irgendeinem Ort seine Abneigung verkünden?" Keineswegs; aber wie das eine Kleidungsstück sich für den weisen und auch für den rechtschaffenen Mann eher geziemt als ein anderes, und er auch nicht irgendeine Farbe verabscheut, aber meint, dass manche weniger geeignet sind für denjenigen, der sich offen zur Genügsamkeit bekannt hat, so gibt es für einen guten Charakter auch eine sozusagen feindselige Gegend, die ein weiser Mann oder einer, der zur Weisheit strebt, meiden sollte.

(3) Deshalb wird derjenige, der auf Einsamkeit bedacht ist, niemals Canopus auswählen, obgleich Canopus niemandem verbietet, sparsam zu sein, nicht einmal Baiae [tut das]: sie sind zu einer Herberge der Laster geworden. Sehr viel erlaubt sich die Prunksucht dort, [und] eher wird sie dort entfesselt – als ob dem Ort eine schrankenlose Freiheit bestimmt sei.

(4) Nicht nur für den Körper, sondern auch für den Charakter müssen wir einen gesunden Ort auswählen; so wie ich mich nicht unter Folterknechten aufhalten möchte, so auch nicht zwischen Trinkstuben. Wozu ist es notwendig, die Betrunkenen zu sehen, die am Strand herumirren, [und] die Trinkgelage derer, die sich auf See befinden, [und] die von den Klängen der Instrumente rauschenden Gewässer und das Übrige, das die Verschwendungssucht, gleichsam von allen Gesetzen entbunden, nicht nur an Verfehlung begeht, sondern öffentlich zeigt?

(5) Wir müssen darauf hinarbeiten, dass wir den Reizen der Laster möglichst weit entfliehen; der Geist muss gestählt und von den Verlockungen der Sinneslust weit fortgeschafft werden. Ein einziges Winterlager ließ Hannibal erschlaffen und jenen von den Schneemassen der Alpen unbezwungenen Mann hat das sanfte Klima Kampanien entkräftet: im Kampf hat er gesiegt, von seinen Lastern wurde er besiegt.

(6) Auch wir müssen Militärdienst leisten, und zwar für eine Kriegsweise, die niemals Erholung, die niemals Muße gewähren wird: vor allem die Leidenschaften müssen bekämpft werden, welche, wie du einsiehst, auch zu sich [selbst] gestrenge Charaktere rasch erobert haben. Wenn sich irgendjemand die so große Mühe vor Augen hält, die er in Angriff genommen hat, wird er verstehen, dass nichts gemächlich, nichts zaghaft betrieben werden darf. Was soll ich mit diesen heißen Becken? Was mit den Schwitzbädern, in denen trockene Hitze eingelassen wird, um die Körper zu entschlacken? Aus Arbeit soll aller Schweiß hervorgehen.

(7) Wenn wir tun würden, was Hannibal tat, um, nachdem der Lauf der Dinge unterbrochen und der Kampf eingestellt wurde, der Hege und Pflege des Körpers Zeit einzuräumen, jeder würde den unzeitigen Müßiggang auch für einen Sieger als gefährlich tadeln – umso mehr für denjenigen, der den Sieg [noch] zu erringen sucht: weniger ist uns erlaubt als jenen, die den Spuren Karthagos folgen, [und] eine größere Gefahr steht denen

bevor, die nachlassen, eine größere Anstrengung selbst denen, die standhaft bleiben.

(8) Das Schicksal führt Krieg gegen mich: ich werde mich nicht unterwerfen; ich nehme das Joch nicht auf mich, ja ich schüttel es sogar ab, wozu man eine größere Entschlossenheit aufbringen muss. Der Geist darf nicht aufgewühlt werden: wenn ich der Leidenschaft nachgebe, muss ich auch dem Schmerz, muss ich auch der Mühsal, muss ich auch der Armut nachgeben; dass sie denselben Rechtsanspruch auf mich haben, werden sowohl der Ehrgeiz als auch der Zorn behaupten; zwischen so vielen Stimmungen werde ich schwanken, ja sogar zerrissen werden.

(9) Die Freiheit ist [uns] in Aussicht gestellt worden; für diesen Preis wird sich angestrengt. Du fragst, was Freiheit ist? Sich von keiner Sache, keiner Notwendigkeit, keinen Zufällen beherrschen zu lassen, [und] das Schicksal mit Gleichmut zu geleiten. Und an diesem Tag, an dem ich begreife, dass ich mächtiger als es bin, wird es machtlos sein: soll ich es ertragen, obgleich der Tod in meiner Hand liegt?

(10) Die Aufmerksamkeit auf diese Überlegungen gerichtet, ist es notwendig, einen ernsten und ehrwürdigen Ort auszuwählen; eine reizende Landschaft verweichlicht übermäßig, und bestimmt vermag eine Gegend, die Lebenskraft nennenswert zu zerrütten. Die Zugtiere, deren Huf auf rauem Grund gehärtet wurde, ertragen jeden beliebigen Weg: die auf weicher und sumpfiger Weide gemästet wurden, laufen sich schnell wund. Auch stammt der tüchtigere Soldat aus einer gebirgigen Gegend: träge ist der Städter und der Haussklave. Keine Anstrengung weisen die Hände zurück, die vom Pflug zu den Waffen versetzt werden: auf dem Kampfplatz ermattet zuerst jener, der mit Öl bestrichen und schön gemacht wurde.

(11) Die strengere Zucht einer [rauen] Gegend stärkt den Geist und befähigt zu großen Anstrengungen. In Liternum lebte Scipio würdiger in der

Verbannung als in Baiae: ein solcher Sturz darf nicht so sanft abgesetzt werden. Auch jene, an welche das Geschick zum ersten Mal die Staatsgewalt des römischen Volkes übertragen hat, Gaius Marius, Gnaeus Pompeius und Caesar, errichteten zwar Villen in der Gegend von Baiae, aber sie haben sie auf die höchsten Bergrücken gesetzt: es wurde dies eher als soldatisch angesehen, von einer Anhöhe aus weit und breit die Niederungen zu überblicken. Sieh dir an, wie sie die Lage ausgewählt, an welchen Plätzen sie die Gebäude erbaut haben – und was für welche: du wirst erkennen, dass es keine Landgüter, sondern Festungen sind.

(12) Glaubst du, dass ein Cato jemals hätte dort wohnen wollen, um die vorbeisegelnden Ehebrecherinnen, [und] so viele der mit bunten Farben bemalten Schiffchen und die auf dem ganzen See treibenden Rosen zu zählen, um den Lärm derjenigen zu hören, die in der Nacht herumgrölen? Wäre er nicht lieber innerhalb der Verschanzung geblieben, die er persönlich mit eigener Hand für eine einzige Nacht erbaut hätte? Warum würde nicht jeder, der wahrhaft ein Mann ist, lieber wollen, dass sein Schlaf durch die Kriegstrompete als durch Saitenmusik unterbrochen wird?

(13) Doch lange genug haben wir mit Baiae gehadert, nie genug mit den Lastern, die ohne Einschränkung, ohne Ende zu verfolgen, ich dich bitte, Lucilius; denn auch jene haben weder ein Ende noch ein Maß. Jage fort, welche auch immer dein Herz zerfleischen, und falls diese anders nicht herausgeschafft werden könnten, müsste man das Herz selbst mit ihnen [zusammen] herausreißen. Verdränge besonders die Sinneslüste und betrachte sie als die Hassenswertesten: nach Art der Straßenräuber, welche die Ägypter „Phileten" nennen, schließen sie uns [nur] deshalb in die Arme, um uns zu erwürgen. Lebe wohl.

———

# Buch 5 – Brief 52

Seneca grüßt seinen Lucilius,

(1) Was ist es, Lucilius, dass uns, in die eine Richtung strebend, in die andere wegzieht und dahin bewegt, wovon wir uns entfernen wollen? Was ringt mit unserem Willen und erlaubt uns nicht, dass wir irgendetwas ein für allemal wollen? Wir schwanken zwischen unseren wechselnden Absichten; nichts wollen wir unumschränkt, nichts unbedingt, nichts beständig.

(2) „Die Torheit ist es", sagst du, „der nichts feststeht, der nichts allzu lange gefällt." Aber wie oder wann werden wir uns von ihr losreißen? Niemand ist von sich aus stark genug, um befreit zu werden; irgendjemand muss ihm die Hand darreichen, irgendjemand ihn erziehen.

(3) Epikur sagt, dass einige ohne irgendeine Unterstützung zur Wahrheit emporgestiegen sind – sie hätten sich selbst den Weg gebahnt; er lobt überaus diejenigen, die von sich aus ein drängendes Verlangen besaßen, die sich selbst vorangebracht haben: einige hätten [dagegen] fremde Hilfe nötig, sie würden nicht losgehen, wenn niemand voranschreite, doch folgen würden sie wohl. Er behauptet, dass Metrodoros zu ihnen gehört; auch dieser ein außergewöhnlicher Geist, aber einer des zweiten Rangs. Wir sind nicht von jener ersten Prägung; wir werden wohlwollend behandelt, wenn man uns die zweite zubilligt. Einen solchen Menschen, der durch fremde Gunst gerettet werden kann, schätze aber nicht gering ein; bedeutend ist auch dieses: gerettet werden zu wollen.

(4) Abgesehen davon wirst du noch auf die Kategorie derjenigen Menschen stoßen (die man gleichfalls nicht verachten darf), die zum Richtigen gezwungen und angetrieben werden können, die nicht nur einen Führer, sondern auch einen Förderer und sozusagen einen Antreiber benötigen;

das ist der dritte allgemeine Charakter. Wenn du auch für diese ein Beispiel suchst: Epikur sagt, dass Hermarchos ein solcher war. Und so wünscht er dem einen eher Glück, den anderen bewundert er eher; obgleich nämlich jeder von beiden zum selben Ziel gelangen kann, ist der Verdienst doch größer, dasselbe bei einem schwierigeren Naturell erreicht zu haben.

(5) Stell dir vor, dass zwei Gebäude erbaut worden sind, beide gleichgroß, [und] in gleicher Weise erhaben und prächtig. Der eine [Bauherr] bekam einen einwandfreien Bauplatz – unverzüglich nahm das Bauwerk dort an Höhe zu, den anderen haben die Fundamente ermattet, weil sie in einen weichen und lockeren Boden eingelassen wurden, und viele Strapazen wurden durchlitten, bis man festes Erdreich erreicht hat: [für den Betrachtenden alles, was der eine geleistet hat, ...], bleibt der große und schwierigere Teil des anderen verborgen.

(6) Einige Talente sind mühelos, [und] leicht, einige, wie man sagt, von Hand zu erwecken und in ihren Fundamenten anzugreifen. Deshalb würde ich jenen glücklicher nennen, der mit sich selbst in keiner Weise Schwierigkeiten hatte, dass sich aber dieser mehr um sich verdient gemacht hat, der die Knauserei seiner Natur besiegt und sich zur Weisheit nicht herangeführt, sondern hervorgezerrt hat.

(7) Dass uns ein solch missliches und mit Mühen verbundenes Naturell gegeben ist, magst du dir bewusst werden; wir gehen über Hindernisse. Lass uns deshalb kämpfen, lass uns irgendwelche Hilfe herbeirufen. „Wen", fragst du, „rufe ich herbei? Diesen oder jenen." Kehre du jedenfalls gemäß der Vernunft zurück zu den Vorfahren, die freie Zeit haben; nicht nur die leben, können uns unterstützen, sondern auch die waren.

(8) Von diesen, die sind, sollten wir aber nicht diejenigen auswählen, die große Worte in Eile dahinwerfen, [und] Gemeinplätze vortragen und im

Privaten Zuhörer um sich versammeln, sondern diejenigen, die durch ihren Lebenswandel unterweisen, die, immer wenn sie bestimmt haben, was zu tun ist, es durch [eigenes] Tun glaubhaft machen, die lehren, was zu meiden ist, und niemals bei dem ertappt werden, was sie als zu meiden nannten; wähle den als Helfer aus, den du mehr bewunderst, wenn du ihn siehst, als wenn du ihn hörst.

(9) Aber ich werde dich deswegen nicht abhalten, auch diejenigen anzuhören, welche die Gewohnheit haben, das Volk einzulassen und einen Vortrag zu halten, falls sie nur mit diesem Vorsatz öffentlich in der Menge auftreten, um besser zu werden und [andere] besser zu machen, wenn sie dies nicht der Ruhmsucht wegen betreiben. Was nämlich ist schimpflicher als eine Philosophie, die Beifallsrufe zu gewinnen sucht. Lobt etwa der Verwundete den Arzt beim Operieren?

(10) Seid still, hütet eure Zungen und gebt euch der Heilung hin; auch wenn ihr es laut ausruft, höre ich nicht anders zu, als wenn ihr bei der Erwähnung eurer Verfehlungen aufseufzt. Ihr wollt beweisen, dass ihr aufmerksam seid und von der Bedeutung der Dinge ergriffen werdet? Das sollte gewiss erlaubt sein: dass ihr aber richtet und über die Besseren abstimmt, warum soll ich das erlauben? Bei Pythagoras mussten die Schüler fünf Jahre schweigen: glaubst du nun etwa, es sei ihnen umgehend erlaubt gewesen, sowohl zu reden als auch Lob auszusprechen?

(11) Wie groß ist jedoch die Torheit desjenigen, den die Beifallsstürme der Unkundigen vergnügt aus dem Hörsaal gehen lassen! Was freust du dich, dass du von solchen Menschen gelobt wurdest, die du selbst nicht loben kannst? Fabianus hat vor Publikum gesprochen, aber er wurde besonnen angehört; mitunter brach viel lobender Beifall aus, den jedoch die Bedeutung des Vortragsstoffs, [und] nicht der Tonfall einer ohne Anstoß und Energie dem Gedächtnis entgleitenden Redeweise hervorgelockt hatte.

(12) Es sollte irgendein Unterschied zwischen dem Beifallsruf im Theater und dem bei einem Vortrag bestehen: es gibt auch eine feine Art, Beifall zu spenden. Wenn man darauf achtet, gibt es für jegliche Art von Dingen allerlei Merkmale, und es ist auch möglich, vom Kleinsten her das Kennzeichen eines Charakters zu erfassen: den Unzüchtigen lässt sowohl der Gang erkennen, als auch eine Bewegung der Hand, manchmal sogar eine einzige Antwort, und auch der zum Kopf gerichtete Finger und das Abwenden der Augen; auf den Schurken weist das Lächeln hin, auf den Seelenkranken der Gesichtsausdruck und die Körperhaltung. Solches nämlich geht durch die Merkmale deutlich hervor: was für einer ein jeder ist, wirst du wissen, wenn du dir anschaust, auf welche Weise er lobt, auf welche Weise er gelobt wird.

(13) Von hier und dort streckt der Zuhörer die Hände nach dem Philosophen aus und von sich aus tritt über seinem Haupt eine Menge zusammen, die ihn bewundert: wenn du es recht verstehst, wird er nun aber nicht gelobt, sondern laut verkündet. Solche Töne mag man jenen Künsten überlassen, die das Ziel haben, der breiten Masse zu gefallen: die Philosophie soll verehrt werden.

(14) Zuweilen muss den Jugendlichen erlaubt werden, der Neigung ihres Herzens zu folgen; zu einem Zeitpunkt aber, wenn sie dies aus leidenschaftlichem Drang tun, wenn sie nicht imstande sind, sich Ruhe aufzuerlegen; eine derartige Zustimmung bringt selbst den Zuhörern etwas an Aufmunterung und stachelt die Herzen der Heranwachsenden an. Sie sollen aber für die Sache eingenommen werden, nicht für die wohl gefügten Worte; ohnehin schadet ihnen die Beredsamkeit, wenn sie nicht die Leidenschaft für eine Sache, sondern für sich selbst erweckt.

(15) Ich werde dieses [Thema] für den Augenblick aufschieben; es verlangt nämlich eine besondere und langwierige Behandlung, wie mit dem Volk gesprochen werden soll, [und] was man sich vor dem Volk, was man

dem Volk vor einem selbst erlauben darf. Es besteht kein Zweifel, dass jedenfalls die Philosophie Schaden erlitten hat, nachdem sie öffentlich feil
geboten wurde; sie kann jedoch in eigenen Heiligtümern verkündet werden, wenn sie nicht bloß einen Krämer, sondern einen Priester gefunden
hat. Lebe wohl.

# Buch 6 – Brief 53

Seneca grüßt seinen Lucilius,

(1) Wozu kann man mich nicht überreden, der ich überredet wurde, in See zu stechen? Bei ruhiger See bin ich abgesegelt; der Himmel war zweifelsohne schwer von schmutzig grauen Wolken, die sich gewöhnlich entweder in Regen oder in Sturm auflösen, aber ich glaubte, mich die so wenigen Meilen von deinem Parthenope bis nach Puteoli bei noch so gefährlicher und drohender Witterung heimlich durchstehlen zu können. Und so habe ich mich, um desto schneller zu entrinnen, sogleich über die offene See nach Nesis gewendet, in der Absicht, die ganzen Buchten abzukürzen.

(2) Nachdem ich schon so weit vorangekommen war, dass es für mich überhaupt keinen Unterschied machte, ob ich weitersegelte oder zurückkehrte, verschwand zuerst jene gleichmäßige [Wasser-]Oberfläche, die mich verleitet hatte; es gab noch kein Unwetter, aber alsbald eine Veränderung des Meeres und gleich darauf in kürzeren Abständen wiederkehrende Meereswogen. Ich schickte mich an, den Steuermann zu bitten, mich an irgendeiner Küste abzusetzen: dass sie rau und ohne Hafen sind, behauptete er, und dass er bei Sturm nichts in gleicher Weise fürchtet wie das Land.

(3) Ich wurde andererseits allzu schlimm heimgesucht, als dass mir der Gedanke einer Gefahr gekommen wäre; es quälte mich nämlich diese auslaugende und endlose Seekrankheit, die die Galle reizt, sie aber nicht herausströmen lässt. Ich bedrängte daher den Steuermann und zwang ihn, ob er es wollte oder nicht, die Küste aufzusuchen. Sobald wir in deren Nähe gelangt sind, warte ich nicht ab, dass von den Anweisungen Vergils irgendeine ausgeführt wird:

*die Vorderdecks wenden sie der hohen See entgegen*

oder

*der Anker wird vom Vorderschiff ausgeworfen.*

Eingedenk meiner Geschicklichkeit als alter Liebhaber des kalten [Wassers] stürze ich mich, wie es sich für einen kalt Badenden gehört, [nur] mit einem Friesgewand gekleidet ins Meer.

(4) Was glaubst du, habe ich über mich ergehen lassen, während ich über die rauen Steine emporkroch, während ich vergeblich einen Weg suchte, während ich mir einen bahnte? Ich habe eingesehen, dass das Land nicht zu unrecht von den Seemännern gefürchtet wird. Es ist Unglaubliches, was ich ertragen habe, während ich mich selbst nicht schnell bewegen konnte. Nur so viel mach dir klar, dass Odysseus nicht so sehr wegen des zornig gewordenen Meeres dazu bestimmt war, überall Schiffbruch zu erleiden: er litt unter der Seekrankheit. Auch ich werde, wohin auch immer ich segeln muss, [erst] im zwanzigsten Jahr ans Ziel gelangen.

(5) Sobald sich mein Magen erholt hatte, der, wie du weißt, nicht gleichzeitig mit dem [Verlassen des] Meer[es] der Seekrankheit entrinnt, sobald ich den Körper durch Salböl wieder gestärkt hatte, begann ich über Folgendes nachzudenken: wie sehr uns das Vergessen unserer Verfehlungen zuteil wird, auch die des Körperlichen, die von Zeit zu Zeit auf sich aufmerksam machen, noch viel mehr diejenigen, die je verborgener, desto größer sind.

(6) Ein leichtes Fieber bleibt für einen unbemerkt; wenn es aber zugenommen hat und ein richtiger Fieberfall entbrannt ist, nötigt es auch dem Abgehärteten und einem, der viel aushalten kann, ein Zugeständnis ab. Die Füße tun weh, die Gelenke empfinden leichte Stiche: noch immer las-

sen wir es uns nicht anmerken und behaupten entweder, dass der Knöchel ausgerenkt ist, oder, dass wir uns bei irgendeiner Leibesübung angestrengt haben. Bei einer unbestimmten und [gerade] ihren Anfang nehmenden Krankheit wird ein Name gesucht, der – sobald sie begonnen hat, wie marternde Fußschrauben die Knöchel zu spannen, und ein Verkrüppeln der beiden Füße bewirkte – unausweichlich die Fußgicht einräumt.

(7) Ganz anderes geschieht bei den heutigen Krankheiten, bei denen die Seelen befallen werden: je schlechter es um einen steht, desto weniger spürt man es. Es gibt keinen Grund, sich zu wundern, mein teuerster Lucilius; denn wer einen leichten Schlaf hat, empfängt gleich nach dem Einschlafen Traumbilder und stellt sich manchmal beim Schlafen selbst als einen Schlafenden vor; ein schwerer, tiefer Schlaf löscht selbst die Träume und das Bewusstsein aus, er taucht allzu tief ein, als dass er eine Wahrnehmung seiner selbst haben könnte.

(8) Warum bekennt sich niemand zu seinen Verfehlungen? Weil er immer noch in ihnen [verfangen] ist: einen Traum zu schildern, ist Sache desjenigen, der wach ist, und es ist ein Zeichen der Gesundheit, seine Verfehlungen einzugestehen. Lasst uns deshalb aufwachen, damit wir unsere Irrungen aufdecken können. Aber allein die Philosophie wird uns erwecken, allein sie wird den tiefen Schlaf abschütteln: widme dich ihr mit Leib und Seele. Du bist ihrer würdig, sie ist deiner würdig: fallt einander in die Arme. Allem anderen verweigere dich, mutig, vor allen Augen; es gibt keinen Grund [nur] vorübergehend zu philosophieren.

(9) Wenn du verdrießlich wärst, hättest du die Aufsicht über den Haushalt ausgesetzt und dir deine das Forum betreffenden Angelegenheiten gestrichen, und du hieltest niemanden für so bedeutend, um bei einer geistigen Erholung für ihn als Anwalt [dort] hinunterzugehen; mit ganzem Herzen würdest du darauf hinarbeiten, dich möglichst bald von deinem Kummer zu befreien. Was jetzt? Wirst du jetzt nicht auch dasselbe tun? Beseitige

alle Hindernisse und nimm dir Zeit für eine gesunde Denkart: niemand gelangt zu ihr, während er vielbeschäftigt ist. Die Philosophie übt ihre Herrschaft aus; sie überlässt die Zeit, sie empfängt sie nicht; sie ist nicht Nebensache, sie ist Hauptsache; sie ist Herrin, sie erscheint und befiehlt.

(10) Einer Bürgerschaft, die ihm einen Teil ihrer Ländereien und die Hälfte aller Besitztümer versprach, entgegnete Alexander: „Ich bin mit der Absicht nach Asien gekommen, nicht das entgegenzunehmen, was ihr [mir] überreicht, sondern damit ihr das behaltet, was ich übrig lasse." Dasselbe [sagt] die Philosophie in jeder Lage: „Ich habe nicht die Absicht, diejenige Zeit zu empfangen, die ihr übrig lasst, sondern ihr werdet diese bekommen, die ich selbst verschmähe."

(11) Hierhin lenke dein ganzes Denken, dieser widme dich, diese halte in Ehren: sie wird einen gewaltigen Abstand zwischen dir und den übrigen hervorrufen; du wirst allen Sterblichen weit vorausgehen, nicht weit voraus werden dir die Götter gehen. Du suchst zu ergründen, inwiefern ein Unterschied zwischen dir und letzteren bestehen wird? Sie werden länger existieren. Doch, wahrhaftig, es ist typisch für einen großen Künstler, das Ganze in Wenigem eingeschlossen zu haben; so wie dem Weisen die ihm eigene Zeit zugänglich ist, so einem Gott [die Zeit] in ihrer Gesamtheit. Etwas gibt es, worin der Weise einen Gott übertrifft: jener fürchtet sich nicht infolge eines natürlichen Vorrechts, der Weise infolge seiner ihm eigenen Art und Weise.

(12) Betrachte es als einen großen Vorteil, die Schwäche eines Menschen, die Furchtlosigkeit eines Gottes zu haben. Die Philosophie besitzt die unglaubliche Stärke, einen jeden eventuellen Angriff zu vereiteln. Keine Waffe senkt sich in ihren Körper; fest steht sie, unerschütterlich; einige entkräftet sie und leichte Geschosse pariert sie gleichsam spielerisch mit dem lockeren Bausch [ihrer Toga], einige hintertreibt sie und weist sie stets an denjenigen zurück, der sie ausgesandt hatte. Lebe wohl.

---------------- ⚜ ----------------

# Buch 6 – Brief 54

Seneca grüßt seinen Lucilius,

(1) Eine üble Krankheit hatte mir einen langen Urlaub zugestanden; unerwartet hat sie mich befallen. „Von welcher Art?" erkundigst du dich. Völlig zu Recht fragst du: noch dazu mir nichts [an ihr] unbekannt ist. Ich bin gleichwohl einer Art von Krankheit ausgeliefert worden, von der ich nicht verstehe, warum ich sie unter dem griechischen Namen anführen soll; man kann sie nämlich recht passend Atemnot nennen. Der Anfall ist jedoch sehr kurz und einem Sturmwind ähnlich; meist endet er innerhalb von einer Stunde: wer haucht freilich seinen Geist in längerer Zeit aus?

(2) Allerlei Beeinträchtigungen oder Gefahren für den Körper sind durch mich hindurchgezogen: nichts erscheint mir beschwerlicher. Warum nicht? Das andere nämlich, was es auch ist, heißt krank zu sein, dieses, die Seele auszuhauchen. Deshalb nennen die Ärzte es „Vorbereitung auf den Tod"; eines Tages bewirkt ein solches Atmen nämlich, was es oft versucht hat.

(3) Meinst du, dass ich dir dieses heiter gelaunt schreibe, weil ich davongekommen bin? Wenn ich mich über dieses Ende ebenso freue wie über einen guten Gesundheitszustand, benehme ich mich im gleichen Maße lächerlich, wie ein jeder, der glaubt, dass er die Oberhand erlangt hat, wenn er einen Verhandlungstermin verschoben hat. Tatsächlich habe ich selbst während des Erstickungszustands nicht aufgehört, mich mit erfreulichen und ermutigenden Gedanken zu beruhigen.

(4) „Was bedeutet das?", frage ich. „Erprobt mich so oft der Tod? Soll er es tun: allein ich habe ihn schon eine lange Zeit erprobt." „Wann?", erwiderst du. Bevor ich geboren wurde. Der Tod ist das Nichtsein. Ich weiß bereits, wie es ist: nach mir wird das sein, was vor mir war. Wenn irgend-

etwas an Leiden darin liegt, muss es auch existiert haben, bevor wir in das Licht der Welt getreten sind; und doch haben wir damals keine Qual verspürt.

(5) Ich frage dich: Würdest du es nicht äußerst töricht nennen, wenn jemand meinte, dass es schlimmer um die Lampe steht, nachdem sie ausgelöscht wurde, als bevor sie entflammt wird? Auch wir werden ausgelöscht und entflammt: dieses und jenes erleiden wir in der dazwischenliegenden Zeit, zu beiden Seiten aber liegt eine tiefe Ruhe. Wenn ich mich nicht täusche, mein Lucilius, irren wir uns nämlich darin, dass wir glauben, dass der Tod [nur] nachfolgt, während er sowohl vorausgegangen ist als auch folgen wird. Alles was vor uns war, ist der Tod; was kommt es nämlich darauf an, ob du nicht anfängst oder ob du aufhörst, wenn dies die Auswirkung von beidem ist: das Nichtsein.

(6) Ich habe nicht aufgehört, mich mit diesen und gleichartigen Ermunterungen zu trösten – selbstverständlich im Stillen, denn für Worte war nicht die Gelegenheit; danach hat jene Beklemmung der Brust, die schon begonnen hatte, in Kurzatmigkeit umzuschlagen, allmählich größere Abstände eingelegt und ist aufgehalten worden. Sie blieb aber doch dauerhaft erhalten, und, obgleich sie abgelassen hat, strömt der Atem bis jetzt nicht entsprechend seiner Natur; ich verspüre in ihm eine Art von Stocken und eine Verzögerung. Wie er will – wenn nur das Ächzen nicht aus meiner Seele dringt.

(7) Lass dir Folgendes von mir versprechen: ich werde bis zuletzt nicht verzagen, ich bin vollends gerüstet, für ein ganzes Leben plane ich gar nicht. Denjenigen lobe du und tue es ihm gleich, dem zu sterben kein Verdruss bereitet, obwohl es ihm gefällt zu leben: was ist es denn für eine Moral, zu gehen, wenn man hinausgeworfen wird? Dennoch liegt auch hier eine Charakterleistung vor: ich werde zwar hinausgeworfen, aber gleichsam als ob ich hinausgehen möchte. Und daher wird ein Weiser nie-

mals hinausgeworfen, weil hinausgeworfen zu werden heißt, von dort vertrieben zu werden, von wo man sich gegen den Willen entfernt: ein Weiser macht nichts unfreiwillig; er entkommt der Notwendigkeit, weil er will, wozu sie ihn zwingen wird. Lebe wohl.

———

## Buch 6 – Brief 55

Seneca grüßt seinen Lucilius,

(1) Eben erst komme ich von der Ausfahrt zurück, nicht weniger erschöpft, als wenn ich so weit marschiert wäre, wie ich gesessen habe; denn auch lange getragen zu werden, ist eine Anstrengung, und möglicherweise eine umso größere, weil es gegen die Natur ist, die uns Füße gegeben hat, um selbstständig umherzugehen, Augen, um selbstständig zu sehen. Der Luxus legt uns Gebrechlichkeit auf, und was wir lange nicht gewollt haben, können wir nicht mehr.

(2) Gleichwohl war es für mich unumgänglich, den Körper durchzuschütteln, damit, wenn sich entweder gelblicher Schleim im Rachen festgesetzt hatte, dieser beseitigt wurde, oder, wenn das Atmen selbst aus einem anderen Grund häufiger stockte, das Schütteln es verminderte – ich war der Meinung, dass es mir geholfen hat. Ich beharrte deshalb darauf, eine länger Zeit weitergetragen zu werden bis zu dem von sich aus einladenden Strand, der zwischen Cumae und der Villa des Servilius Vatia gekrümmt verläuft und auf der einen Seite vom Meer, auf der anderen Seite von einem See gleichsam wie ein enger Durchgang eingeschlossen wird. Durch das jüngste Unwetter war er aber gut verdichtet; eine häufige und heftige Flut ebnet ihn nämlich völlig ein, wie du weißt; eine längere Meeresstille löst ihn auf, weil der Sandfläche, die durch die Feuchtigkeit gebunden wird, die Flüssigkeit entzogen ist.

(3) Nach meiner Gewohnheit habe ich trotzdem angefangen, mich umzusehen, ob ich dort etwas finde, was für mich von Vorteil sein könnte, und so richtete ich meine Augen auf eine Villa, die einstmals Vatia gehörte. In dieser ist jener reiche frühere Prätor alt geworden, der aus keinem anderen Grund als durch sein Nichtstun bekannt war, und wegen dieser einen Sache für glücklich gehalten wurde. Denn sooft die Freundschaften mit

Asinius Gallus, sooft der Hass eines Sejan [und] danach seine Liebe manchen ins Verderben gestürzt hatte – es war nämlich in gleicher Weise riskant, ihn beleidigt wie ihn geliebt zu haben – riefen die Menschen auf: „Oh, Vatia, du allein weißt zu leben."

(4) Aber jener wusste, im Stillen zu leben, nicht wohl zu leben; es ist nämlich ein großer Unterschied, ob dein Leben unbeschäftigt oder untätig ist. Zu Lebzeiten Vatias bin ich niemals anders an dieser Villa vorbeigegangen, als dass ich sagte: „Hier liegt Vatia begraben". Die Philosophie ist jedoch etwas so Heiliges und Ehrwürdiges, mein Lucilius, dass, wenn irgendetwas ihr ähnlich ist, selbst die Nachahmung gefällt. Denn das einfache Volk hält einen zurückgezogen lebenden Menschen für unbeschäftigt, für sowohl frei von Sorgen als auch sich selbst genügend – ein Leben mit sich [selbst] verbringend; nichts davon kann irgendeinem zuteil werden außer dem Weisen. Er allein weiß, für sich zu leben; er weiß nämlich, was an erster Stelle steht: zu leben.

(5) Denn wer den Geschäften und den Menschen entflohen ist, den das Elend seiner ehrgeizigen Bestrebungen verbannt hat, der die anderen vom Glück Begünstigten nicht gleichgültig ansehen konnte, der sich gleichsam wie ein ängstliches und wehrloses Tier aus Angst versteckt hat, der lebt nicht für sich, sondern, was äußerst schändlich ist, für den Bauch, für den Schlaf, für die Wollust; es lebt nicht ohne weiteres für sich, wer für niemanden [lebt]. Gleichwohl gilt Standhaftigkeit und Beharrlichkeit im eigenen Lebensplan als eine so bedeutende Sache, dass auch hartnäckige Faulheit Ansehen besitzt.

(6) Über die Villa selbst kann ich dir nichts Zuverlässiges schreiben; betrachtet habe ich nämlich nur ihre Front und das offen vor Augen Liegende, das sich selbst den Vorübergehenden zeigt. Zu ihr gehören zwei unter großem Aufwand von Hand geschaffene Grotten, jedem geräumigen Atrium ebenbürtig, von denen die eine keinen Sonnenschein aufnimmt, die

andere ihn bis zum Abend bewahrt. Das Platanenwäldchen in der Mitte teilt ein Bach, der nach Art eines Kanals sowohl vom Meer als auch vom Acheronsee aus zusammengeführt wurde; er ist ausreichend zur Zucht von Fischen, selbst wenn man ihn beständig abfischen sollte. Wenn das Meer zugänglich ist, wird er aber geschont: die dazu wohl bewanderte Hand wird ausgestreckt, sooft ein Unwetter den Fischern freie Tage gewährt.

(7) Doch dieses gefällt an der Villa am meisten, dass sie jenseits ihrer Mauer an Baiae grenzt: sie ist frei von dessen Nachteilen, sie erfreut sich an dessen Vergnügungen. Diese ihre Vorzüge habe ich selbst bemerkt: ich denke, dass sie sie das ganze Jahr [über] besitzt; es trifft jedenfalls ein lauer Westwind ein und sie nimmt ihn so sehr in Beschlag, dass er sich Baiae versagt. Nicht dumm scheint Vatia diesen Ort ausgewählt zu haben, um sein müßiges Leben, träge schon und greisenhaft, an diesen zu verlegen.

(8) Aber ein Ort trägt nicht viel zum Seelenfrieden bei: es ist der Geist, der sich [selbst] alles überreicht. In einer hellen und reizvoll gelegenen Villa habe ich betrübte [Menschen] gesehen, inmitten der Abgeschiedenheit habe ich [Menschen] gesehen, denjenigen ähnlich, die durch Geschäfte in Anspruch genommen sind. Es gibt daher keinen Grund zu glauben, dass du vielleicht deshalb weniger gut gestellt bist, weil du nicht in Kampanien bist. Warum aber bist du es nicht? Lass deine Gedanken immerfort hierher schweifen.

(9) Es ist möglich, mit abwesenden Freunden zu verkehren, und zwar so oft du willst, so lange du willst. An diesem Vergnügen, das sehr wichtig ist, erfreuen wir uns im höheren Grade, während wir von einander getrennt sind; die Anwesenheit verwöhnt uns nämlich, und weil wir ab und an miteinander sprechen, spazieren gehen, uns zusammensetzen, denken wir, sooft wir getrennt werden, gar nicht an diejenigen, die wir eben erst gesehen haben.

(10) Und auch deshalb müssen wir die Abwesenheit mit geduldigem Herzen ertragen, weil jeder oft auch für die Anwesenden nicht da ist. Führe hier zuerst die getrennten Nächte an, dann die bei beiden ganz verschiedenen Beschäftigungen, dann die getrennten Studien, die Abreisen in die Landgüter nahe der Stadt: du wirst sehen, dass es nicht viel gibt, was uns der Aufenthalt im Ausland entreißt.

(11) Einen Freund muss man mit dem Herzen in Besitz nehmen; dieses aber ist niemals abwesend; wen auch immer es sich wünscht, sucht es täglich auf. Philosophiere also mit mir, speise mit mir, schlendere mit mir umher: auf engem Raum haben wir das Leben verbracht, wenn den Gedanken irgendetwas verschlossen wäre. Ich sehe dich, mein Lucilius; eben jetzt höre ich dich; ich bin so sehr bei dir, dass ich darüber nachdenke, ob ich nicht damit beginnen sollte, dir keine Briefe, sondern kurze Notizen zu schreiben. Lebe wohl.

# Buch 6 – Brief 56

Seneca grüßt seinen Lucilius,

(1) Ich will des Todes sein, wenn für denjenigen, der vom Studium in Beschlag genommen wird, Ruhe so sehr notwendig ist, für wie es gehalten wird. Schau, von allen Seiten umtost mich allerlei Lärm: ich wohne genau oberhalb einer Badeanlage. Stell dir nun alle Art von Tönen vor, die imstande sind, die Ohren in Widerwillen zu versetzen: wenn die Kraftvolleren sich üben und die mit einer Hantel beschwerten Arme hin und her schwingen, wenn sie sich entweder anstrengen oder einen nachahmen, der sich anstrengt, höre ich ein Gestöhne, sooft sie den zurückgehaltenen Atem fahren lassen, ein zischendes und schneidendes Atemholen; wenn ich auf irgendeinen Faulpelz gestoßen bin, der nach diesem gewöhnlichen Einsalben verlangt, höre ich das Klatschen der auf die Schulter geschlagenen Hand, die, je nachdem ob sie flach oder hohl ans Ziel gelangt, auf diese Weise den Ton verändert. Wenn gar erst ein Ballspieler hinzukommt und anfängt die Bälle zu zählen, ist es ganz aus.

(2) Füge nun den Zankteufel hinzu, [und] den ertappten Dieb und denjenigen, dem die eigene Singstimme im Bad gefällt, füge nun die hinzu, die unter dem ungeheuren Getöse des verdrängten Wassers ins Becken springen. Außer solchen, deren Stimmen wenigstens natürlich sind, stell dir den Sklaven vor, der die Körperhaare entfernt, der, damit er umso auffallender ist, immer wieder seine dünne und klirrende Stimme herauspresst und niemals schweigt, außer während er die Achselhaare ausrupft und einen anderen zwingt, für ihn zu schreien; ferner die verschiedenen Ausrufe des Getränkeverkäufers sowie den Wurstverkäufer, den Zuckerbäcker und alle Verkäufer der Imbissstuben, die ihre Ware gewissermaßen in einer eigenen und zugleich auffallenden Melodie anpreisen.

(3) „Oh, Mann", entgegnest du, „aus Eisen oder taub ist einer, dessen Geist inmitten von so viel Lärm, so mannigfach, so misstönend, seine feste Haltung bewahrt, während dagegen unseren Chrysipp die unablässige morgendliche Begrüßung zum Tode verführt." Aber wahrhaftig kümmere ich mich um dieses Getöse nicht mehr als um die Meeresbrandung oder einen Wasserfall, obgleich ich von irgendeinem Volk gehört habe, dass der einzige Grund zur Verlegung ihrer Stadt der war, dass es das Getöse des herabstürzenden Nilstroms nicht ertragen konnte.

(4) Eine Stimme scheint mir eher abzulenken als ein Dröhnen; erstere beeinflusst nämlich den Geist, letzteres füllt nur die Ohren und trifft sie schmerzhaft. Zu denen, die mich ohne störende Ablenkung umrauschen, rechne ich die vorbeifahrenden Wagen, [und] den kunsthandwerklichen Mieter und den mit der Säge beschäftigten Nachbarn, oder denjenigen, der an der Brunnenanlage die kleine Tuba und die Flöten erprobt, und die Töne nicht erklingen lässt, sondern aus voller Brust herausstößt: auch so aber ist mir ein Ton unangenehmer, der von Zeit zu Zeit unterbrochen wird als einer, der durchgängig andauert.

(5) Aber ich habe mich schon so gegen all dieses abgehärtet, dass ich selbst einen Rudermeister anhören kann, während er mit grausamer Stimme den Galeerensträflingen den Takt vorgibt. Ich zwinge nämlich meinen Geist, aufmerksam zu sein und infolge äußerer Erscheinungen nicht abgelenkt zu werden; mag draußen alles einen Widerhall geben, solange sich drinnen nichts an Sorge findet, solange sich Liebesverlangen und Schüchternheit nicht miteinander streiten, solange Habgier und Verschwendungssucht nicht in Feindschaft leben und die eine nicht die andere quält. Denn was nutzt die Stille im ganzen Stadtviertel, wenn dumpf die Leidenschaften tosen.

(6) *Alles war versöhnt in der sanften Ruhe der Nacht.*

Das ist falsch: es gibt keine sanfte Ruhe, wenn nicht der Verstand sie eingerichtet hat; die Nacht bereitet Missbehagen, sie tröstet nicht, sondern gibt den Kümmernissen neue Gestalt. Denn auch die Träume der Schlafenden sind so voll Wirren wie die Tage: wahrhaft ist jener Seelenfrieden, zu dem sich ein vortrefflicher Geist entwickelt.

(7) Schau dir jenen an, der in der Stille seines geräumigen Hauses Schlaf sucht – um seine Ohren nicht durch irgendeinen Ton zu reizen, ist die ganze Sklavenschar verstummt und ängstlich wird der Fuß aufgesetzt, wenn man näher an ihn herantritt: er jedoch wälzt sich hierhin und dorthin, inmitten der Sorgen wiederholt nach einem leichten Schlafe greifend; er beklagt sich, gehört zu haben, was er nicht hört.

(8) Was glaubst du, ist der Grund? Sein Geist behelligt ihn. Man muss ihn beruhigen, man muss seine Aufruhr bändigen, es gibt keinen Grund zu glauben, dass er ruhig ist, wenn der Körper ruht: dann und wann ist die Ruhe unruhig; und deshalb müssen wir zur Tätigkeit angeregt und durch die Beschäftigung mit der rechten Wissenschaft in Beschlag genommen werden, sooft eine Trägheit, unfähig sich selbst zu ertragen, uns belästigt.

(9) Wenn große Feldherren bemerken, dass ein Soldat schlecht gehorcht, halten sie ihn mit irgendeiner Arbeit im Zaum und beschäftigen ihn mit Unternehmungen: einer, der vielseitig beschäftigt wird, hat keine Zeit, sich gehen zu lassen, und nichts ist so sicher, als dass die Verfehlungen des Müßiggangs durch Arbeit verscheucht werden. Oft erscheint es uns, dass wir uns aus Abscheu vor den Staatsgeschäften und aus Reue über unsere unselige und undankbare Stellung zurückgezogen hätten; gleichwohl bricht in jenem Schlupfwinkel, in den uns Furcht und Erschöpfung getrieben haben, bisweilen der Ehrgeiz wieder aus. Denn der hat nicht etwa an sich fehlen lassen, weil er mit der Wurzel getilgt, sondern weil er müde gemacht oder wegen der Dinge erzürnt wurde, die sich ihm nicht recht fügten.

(10) Dasselbe sage ich über die Vergnügungssucht, die manchmal verschwunden zu sein scheint, dann diejenigen aufwiegelt, die sich zur Genügsamkeit bekannt hatten, und die inmitten der Enthaltsamkeit die Vergnügungen beansprucht, die nicht aufgegeben, sondern zurückgestellt worden sind – und zwar je verborgener umso entschiedener. Milder nämlich sind die Verfehlungen im Offenen; auch Krankheiten neigen dann zur Genesung, wenn sie aus der Verborgenheit hervorbrechen und ihre Kraft zum Vorschein bringen. Und man weiß daher, dass die Habsucht, [und] das Streben nach äußerer Ehre und die übrigen Mängel des menschlichen Charakters dann am verderblichsten sind, wenn sie sich unter einer vorgetäuschten Vernunft festsetzen.

(11) Wir scheinen untätig – und wir sind es nicht. Denn wenn wir von rechtschaffener Gesinnung sind, wenn wir unseren Rücktritt verkündet, wenn wir die täuschende Pracht zurückgewiesen haben, wird uns, wie ich es kurz vorher erwähnte, nichts ablenken, wird der harmonische Gesang der Menschen und der Vögel die trefflichen und bereits unerschütterlichen und feststehenden Gedanken nicht stören.

(12) Ein Geist, der auf ein Wort oder auf äußere Dinge hin sich aufrafft, ist haltlos und hat sich noch immer nicht nach innen zurückgezogen; er trägt einiges an Unruhe im Inneren und er besitzt einiges an sich eingebildeter Furcht, was ihn besorgt macht, wie unser Vergil sagt:

*Und mich, den auf ihn angelegte Pfeile längst nicht mehr beunruhigten,*
*auch nicht die im feindlichen Trupp zusammengedrängten Griechen,*
*scheucht nun jeder Lufthauch, schreckt jedes Geräusch auf,*
*weil ich in Ungewissheit gesetzt worden bin und in gleicher Weise um den*
*Begleiter fürchte als auch die schwere Aufgabe.*

(13) Der erste ist jener Weise, den nicht die schwirrenden Geschosse, nicht das aneinanderschlagende Kriegsgerät des dicht gedrängten Trupps,

nicht das Krachen einer zur Fall gebrachten Stadt in Schrecken versetzt: dieser andere ist unerfahren, er fürchtet um seinen Besitz, bekommt deswegen Angst bei jedem Klappern; jeder Laut, als Waffenlärm gedeutet, hat diesen zu Boden geworfen, geringste Aufregungen berauben diesen des Atems; seine Bürden lassen ihn verzagen.

(14) Wen auch immer du aus solchen vom Glück Begünstigten auswählst, die vieles an sich ziehen, die vieles mit sich führen: du wirst jenen sehen, „der sich sowohl um den Begleiter fürchtet als auch die schwere Aufgabe." Mach dir also klar, dass du dann [erst] gelassen bist, wenn kein Lärm Einfluss auf dich hat, wenn keine Stimme dich aus dir selbst heraustreibt – nicht wenn sie schmeichelt, nicht wenn sie droht, nicht wenn sie im prahlerischen Ton lärmend Nichtigkeiten vernehmen lässt.

(15) „Was nun also? Ist es nicht zuweilen sogar leichter, sich dem Geschrei fernzuhalten?" Ich gebe es zu; daher werde ich diesen Ort verlassen. Ich wollte mich prüfen und trainieren: was muss ich mich länger quälen, obschon Odysseus ein so bequemes Gegenmittel für seine Gefährten, ja selbst gegen die Sirenen gefunden hat. Lebe wohl.

# Buch 6 – Brief 57

Seneca grüßt seinen Lucilius,

(1) Als ich von Baiae nach Neapel zurückkehren musste, habe ich bereitwillig geglaubt, dass es ein Unwetter gibt, um nicht abermals mein Glück mit dem Schiff versuchen zu müssen; und dabei war soviel feuchter Dreck auf der ganzen Straße, dass ich mir einzubilden vermochte, ich sei nichtsdestoweniger auf einer Schiffsreise gewesen. Das ganze Lebenslos der Ringkämpfer musste ich an jenem Tag standhaft aushalten: nach der Wachssalbe hat uns der feine Staub im Tunnel von Neapel empfangen.

(2) Nichts ist lang dauernder als jener Kerker, nichts lichtloser als jene Fackeln, die uns nicht gewähren, durch die Dunkelheit hindurch zu sehen, sondern [nur] sie selbst. Aber auch wenn der Ort Licht besäße, der Staub würde es rauben – eine schon im Freien lästige und beschwerliche Sache: was erst dort, wo er in sich herumwirbelt, und, da er ohne irgendeinen Luftzug eingeschlossen ist, auf diejenigen selbst zurückfällt, von denen er aufgewirbelt wurde? Zwei einander gegensätzliche Widrigkeiten haben wir zugleich ertragen: auf demselben Weg, an demselben Tag litten wir sowohl unter feuchtem Dreck als auch unter Staub.

(3) Etwas hat mir jene Dunkelheit dennoch beschert, worüber ich nachdenken konnte: ich habe sozusagen einen Angriff auf das Gemüt wahrgenommen und – ohne Besorgnis – eine Veränderung, die das Neue der ungewohnten Lage und dazu der abscheuliche Schmutz hervorgerufen hatten. Ich spreche zu dir jetzt nicht über mich, der ich weit entfernt von einem erträglichen, geschweige denn von einem vollkommenen Menschen bin, sondern über einen, auf den das Schicksal sein Anrecht verloren hat: auch dessen Gemüt wird getroffen, [auch dessen] Gesichtsfarbe wird sich ändern.

(4) Manches nämlich, mein Lucilius, kann der Tugendhafteste nicht vermeiden; die Natur seiner Menschlichkeit erinnert ihn daran. Und so wird er bei Abstoßendem seine Miene verziehen, bei Unerwartetem erschaudern und vom Schwindel erfasst, wenn er in eine unermessliche Tiefe herabblickt, an dessen Rand er haltmacht. Das ist keine Furcht, sondern eine für die Vernunft unüberwindliche natürliche Eigenschaft.

(5) Daher können manche, tapfer und entschlossen das eigene Blut zu vergießen, fremdes nicht sehen; manche sacken bei der Behandlung und Untersuchung einer frischen Wunde, manche bei der einer alten und eitrigen zusammen und verlieren das Bewusstsein; andere empfangen den Todesstoß leichter, als sie ihn mit ansehen.

(6) Ich habe also, wie ich schon sagte, nicht gerade eine Art von Unruhe verspürt, sondern eine [Art von] Veränderung: andererseits kehrte beim ersten Anblick des wieder zum Vorschein gekommenen Tageslichts unbedacht und von selbst meine Lebhaftigkeit zurück. Darauf habe ich begonnen, mir [selbst] gegenüber immer wieder Folgendes zu sagen: wie töricht wir manches mehr, beziehungsweise manches weniger fürchten, obwohl das Ende von allem dasselbe ist. Was macht es nämlich für einen Unterschied, ob ein Wächterhaus oder ein Berg über jemandem zusammenstürzt? Du wirst keinen finden. Trotzdem wird es diejenigen geben, die den letzteren Einsturz mehr fürchten, obgleich jeder von beiden in gleicher Weise todbringend ist, so sehr sieht die Furcht nicht auf die Wirkung, sondern auf die Wirkursachen.

(7) Meinst du nun, ich spreche über die Stoiker, die glauben, dass die Seele eines Menschen, der von einem großen Gewicht zermalmt wurde, nicht fortdauern kann und sich sofort zerstreut, weil sie keinen freien Ausgang habe? Das tue ich aber nicht: die das behaupten, scheinen mir in die Irre zu gehen.

(8) So wie eine Flamme nicht niedergehalten werden kann – denn sie verteilt sich um das herum, wovon sie bedrängt wird –, so wie die Luft nicht durch Schlag und Hieb beschädigt, nicht einmal zerteilt wird, sondern sich rings um dasjenige ergießt, dem sie ausgewichen ist, so kann die Seele, die aus dem Feinsten besteht, nicht in die Enge getrieben und innerhalb eines Körpers nicht zugrunde gerichtet werden, sondern sie findet dank ihrer Feinheit selbst durch diejenigen Dinge hindurch einen Ausgang, von denen sie bedrängt wird. So wie der Blitz, selbst wenn er in äußerster Breite beeindruckt und geglänzt hat, eine kleine Öffnung für die Rückkehr besitzt, so besitzt die Seele, die noch feiner ist als Feuer, durch jeden Körper hindurch die Möglichkeit zur Flucht.

(9) Daher muss bezüglich jener untersucht werden, ob sie unsterblich sein kann. Dieses halte ich jedenfalls für gewiss: dass, sooft sie einen Körper überlebt, auf keine Art vernichtet werden kann [weil sie nicht zugrunde geht], da es ja keine Unsterblichkeit mit Ausnahme gibt, und nichts dem Ewigen schädlich ist. Lebe wohl.

# Buch 6 – Brief 58

Seneca grüßt seinen Lucilius,

(1) Eine welch große Armut im Ausdruck wir besitzen, ja sogar welch einen Mangel, habe ich niemals mehr als am heutigen Tag empfunden. Tausende Sachverhalte sind uns begegnet, während wir gerade über Platon sprachen, die nach Namen verlangten, aber nicht erhielten, etliche waren sogar, obgleich sie einen besessen hatten, aufgrund unseres Hochmuts verloren gegangen. Wer jedoch mag Hochmut unter Mangel ertragen?

(2) Das, was die Griechen als „oestros" bezeichnen, was die Viehherde ohne Unterlass umhertreibt und in sämtliche Waldtäler zerstreut, nannten die Unsrigen „asilus". Hierzu darf man Vergil Glauben schenken:

*Nahe dem Hain des Silarus und dem mit Steineichen grün schimmernden*
*des Albernus gibt es sehr viel, was umherflattert,*
*welches den römischen Namen „asilus" besitzt,*
*die Griechen haben es übersetzt und nannten es daraufhin „oitros",*
*stechend, Schmerzliches bedeutend,*
*weshalb die aufgeschreckten Herden in die Wälder sich zerstreuen.*

Ich denke, man gelangt zu der Einsicht, dass dieses Wort verloren gegangen ist.

(3) Ich werde dich nicht lang hinhalten: es waren etliche einfache [Wörter] in Gebrauch – wie sie zum Beispiel sagten: „cernere ferro inter se." Derselbe Vergil beweist dir das: … *ingentis, genitos diversis partibus orbis, inter se coiisse viros et cernere ferro.* Dazu sagen wir nun „decernere": der Gebrauch des erwähnten einfachen Verbs ist verloren gegangen.

(4) Die Alten sagten „si iusso“, dass heißt „iussero“. Du sollst das nicht mir glauben, sondern demselben Vergil: ... *cetera, qua iusso, mecum manus inferat arma.*

(5) Ich führe dies nun aber nicht mit einer solchen Gründlichkeit auf, um zu zeigen, wie viel Zeit ich beim Grammatiklehrer verschwendet habe, sondern damit du eine Vorstellung davon bekommst, wie viele der Wörter zur Zeit des Ennius und Accius die Vergessenheit ereilt hat, wenn selbst zur Zeit des eben erwähnten [Virgil], den man täglich durchgeht, uns einige unbemerkt entzogen wurden.

(6) „Was bedeutet diese Vorbereitung?“, fragst du. „Worauf zielt sie ab?“ Ich werde dich nicht in Unkenntnis halten: wenn es möglich ist, will ich deinen geneigten Ohren gerne [den Begriff] „essentia“ vortragen; wenn nicht, werde ich es auch den erzürnten [Ohren] vortragen. Ich halte Cicero für den, ich denke glaubwürdigen, Urheber dieses Wortes; [oder] wenn du nach einem jüngeren suchst, den Fabianus, wortreich und feinsinnig, auch für unseren verwöhnten Geschmack glänzend im Ausdruck. Was nämlich wird geschehen, mein Lucilius? Auf welche Weise wird man οὐσία sagen, etwas Notwendiges, der Urstoff, der die Grundlage von allem in sich einschließt? Ich bitte dich daher, mir zu erlauben, von diesem Wort Gebrauch zu machen. Nichtsdestotrotz werde ich Mühe darauf verwenden, um das von dir eingeräumte Recht äußerst sparsam auszuüben; ich werde mich wohl damit begnügen, dass es mir frei steht.

(7) Was wird deine Gefälligkeit nutzen, wenn ich das – siehe da – auf keine Art und Weise lateinisch ausdrücken kann, dessentwegen ich unserer Sprache den Vorwurf gemacht habe? Im höheren Grade wirst du die Beschränktheit des Römischen verurteilen, wenn du begreifst, dass es eine einzige Silbe ist, die ich nicht umwandeln kann. Welche das ist, fragst du? τὸ ὄν. Von ungebildetem Verstand erscheine ich dir: es liegt offen zutage, dass es so übertragen werden kann, dass ich es „quod est“ nenne. Aber

ich bemerke einen großen Unterschied: ich werde gezwungen, ein Verb für ein Substantiv einzusetzen: aber wenn es dann unausweichlich ist, werde ich „quod est" einsetzen.

(8) Unser Freund, ein äußerst gelehrter Mann, erwähnte am heutigen Tag, dass dieses [quod est] auf sechs Art und Weisen von Platon genannt wird. Ich werde dir alle darlegen, wenn ich nur zunächst feststelle, dass etwas eine Gattung [ist] und auch eine Art ist. Suchen wir doch zuerst diese wichtigste Gattung, von der die übrigen Arten abhängig sind, von der die Einteilung aller Dinge ihren Anfang nimmt, in der alle zusammengefasst sind. Wir werden sie nun aber finden, wenn wir anfangen, einzelne Dinge umgekehrt auszuwählen; so nämlich werden wir zum höher Stehenden geleitet.

(9) Wie Aristoteles sagt, ist der Mensch eine Art; das Pferd ist eine Art, der Hund ist eine Art. Also muss irgendein ihnen allen gemeinsames Band gesucht werden, welches jene umschließt und unter sich hat. Welches das ist? Am Anfang steht als Gattung all dieser, die ich gerade eben vorgetragen habe – des Menschen, des Pferdes, des Hundes – demnach das Lebewesen.

(10) Aber es gibt einige Dinge, die haben Leben in sich, sind jedoch keine Lebewesen; die Meinung geht nämlich dahin, dass den Pflanzen und Gehölzen Leben innewohnt; daher sagen wir auch, jene leben und sterben. Folglich nimmt Lebendiges einen weiter oben gelegenen Rang ein, da sowohl Tiere als auch Pflanzen in dieser Form existieren. Aber manches ist frei von Leben, wie zum Beispiel Steine. Daher wird es etwas höher Stehendes als das Lebendige geben, nämlich ein Körper. Ich werde dieses so unterteilen, dass ich sage, alle Körper sind entweder lebendig oder leblos.

(11) Nun gibt es immer noch etwas höher Gestelltes als den Körper; wir sagen nämlich, dass manches körperlich ist, manches körperlos. Was wird

es also sein, aus welchem ein solches abgeleitet werden kann? Dasjenige, dem wir eben erst den wenig charakteristischen Namen „quod est" gegeben haben. Es wird nämlich auf diese Weise in Arten abgeteilt, dass wir sagen: „quod est" ist entweder körperlich oder unkörperlich.

(12) Das also ist die erste, [und] die höchste und, um es auf diese Weise zu sagen, die allgemeine Gattung; die anderen sind zwar Gattungen, aber spezielle. So wie der Mensch eine Gattung ist; in sich umfasst er nämlich die Arten der Völker: Griechen, Römer, Parther; der Hautfarben: weiße, schwarze, gelbe; [und] er enthält Einzelpersonen: Cato, Cicero, Lukrez. Nur insoweit, wie er vieles einschließt, fällt er unter [den Begriff] „Gattung"; wo er sich unterhalb einer anderen befindet, unter [den Begriff] „Art". Jene allgemeine Gattung „quod est" hat nichts über sich; sie ist der Anfang der Dinge; alles befindet sich unterhalb von ihr.

(13) Die Stoiker wollen dieser nun sogar eine andere, eher ursprüngliche Gattung überordnen; ich werde sogleich über sie sprechen, sofern ich nur vorher gezeigt habe, dass jene Gattung, über die ich gesprochen habe, aus gutem Grund an den Anfang gestellt wird, da sie für alle Dinge aufnahmefähig ist.

(14) Ich unterteile „quod est" derart in Arten auf, dass es körperliche und körperlose gibt; ein Drittes existiert nicht. Auf welche Weise ich den „Körper" unterteile? Dadurch, dass ich sage: es gibt entweder Lebendiges oder Lebloses. Wie ich Lebendiges von neuem unterteile? Dadurch, dass ich sage: manches besitzt Leben, anderes nur Lebenskraft, wohl aber auf diese Weise: manches bringt eine vorwärts drängende Bewegung mit sich, schreitet einher, zieht vorbei, anderes nährt, entwickelt sich an Wurzeln gefesselt. In welche Arten trenne ich wiederum Lebewesen auf? Entweder sind sie sterblich oder unsterblich.

(15) Als erste Gattung wird von einigen Stoikern das „quid" angesehen; weshalb das wohl richtig erscheint, werde ich hinzufügen. „Manches existiert in der Schöpfung", sagen sie, „manches existiert nicht, aber die Schöpfung umfasst auch das, was nicht existiert, was [nur] dem Bewusstsein in den Sinn kommt, wie Zentauren, Giganten und alles andere, was, durch irrige Vorstellung hervorgebracht, anfängt irgendeine Erscheinung zu zeigen, so wenig sie auch existiert.

(16) Nun komme ich auf das zurück, was ich dir versprochen habe, auf welche Weise Platon alles, was existiert, in sechs Arten unterteilt. Jenes vorderste „quod est" wird weder durch das Sehvermögen noch durch eine Berührung noch durch irgendeine Sinneswahrnehmung erfasst: es ist [nur] denkbar. Was im Allgemeinen liegt, wie der „allgemeine" Mensch, steht nicht unmittelbar vor Augen; aber der „besondere" [Mensch] kommt zum Vorschein, wie Cicero und Cato. „Das Tier" wird nicht gesehen: es wird gedacht. Dessen Arten jedoch nimmt man wahr: Pferd und Hund.

(17) Als nächstes bestimmt Platon von den Dingen, die existieren, dasjenige, was herausragt und alles übertrifft; er sagt, dass dies auf der Erhabenheit beruht. Im Allgemeinen wird von „dem Dichter" gesprochen – alle nämlich, die Verse verfassen, haben diesen Namen –, aber schon bei den Griechen wandelte es sich in das Erkennungszeichen eines Einzelnen: wenn man „der Dichter" hört, wird wahrscheinlich an Homer gedacht. Was also ist ein solches? Selbstverständlich ein Gott, größer und mächtiger als alle.

(18) Die dritte Gattung ist charakteristisch für diejenigen, die als ausschließliches Eigentum existieren; diese sind unzählig, aber außerhalb unseres Blickfelds gelegen. Du fragst, welche das sind? Es ist das Rüstzeug, das Platon zu eigen ist: er nennt sie „Ideen", aus denen alles, was wir wahrnehmen, entsteht und nach denen alles geformt wird. Diese sind unsterblich, unveränderlich, unverletzlich.

(19) Höre, was eine Idee ist, das heißt, was sie Platon zu sein scheint: „Eine Idee ist die Eigenschaft der Dinge, die durch die natürliche Ordnung als unvergängliches Muster geschaffen wird." Ich will der Definition eine Erklärung hinzufügen, damit dir die Sache klarer wird. Ich beschließe, ein Bild von dir zu schaffen. Ich trage dich als Muster des Bildes in mir; unser Verstand wählt daraus eine Eigenschaft, die er seinem Werk aufdrückt; so ist jener Anblick, der mich unterrichtet und anweist, aus der die Kopie entlehnt wird, die Idee. Solche Muster also enthält die Schöpfung in unendlicher Menge – an Menschen, an Fischen, an Bäumen, nach denen alles nachbildet wird, was aus ihr geschaffen werden soll.

(20) Die vierte Stelle wird die „Gestalt" besetzen. Es ist notwendig, seine Aufmerksamkeit darauf zu richten, was diese Gestalt ist, und du kannst diese Pedanterie des Betrachtungsgegenstands Platon in Rechnung stellen, nicht mir; aber ohne Pedanterie gibt es keine [begriffliche] Genauigkeit. Kurz vorher habe ich das Bild des Malers gebraucht. Wenn er Vergil mit Farben nachbilden wollte, betrachtete er ihn genau. Die äußere Erscheinung Vergils war die Idee, das Muster von dem künftigen Werk; was der Künstler daraus ableitet und in sein Werk hineingelegt hat, ist die Gestalt.

(21) Du fragst, worin der Unterschied besteht? Das eine ist das Muster, das andere die Gestalt, die vom Muster gewonnen und dem Werk aufgedrückt wurde; das eine ahmt der Künstler nach, das andere bringt er hervor. Eine Statue besitzt ein beliebiges äußeres Erscheinungsbild, dies ist ihre Gestalt. Eine andere Gestalt hat das Muster selbst, welches der Künstler beim Betrachten zu einer Statue geformt hat, dies ist die Idee. Falls du jetzt immer noch nach einer anderen Gegenüberstellung verlangen solltest: die Gestalt ist im Werk, die Idee ist außerhalb des Werks, und sie existiert nicht nur außerhalb des Werks, sondern schon vor dem Werk.

(22) Die fünfte Gattung ist die von denen, die gewöhnlich existieren; diese fangen an, uns zu betreffen; hierin ist alles [enthalten]: Menschen, Tier-

re, Dinge. In der sechsten Gattung diejenigen, die gleichsam existieren, wie der leere Raum, wie die Zeit.

Alles, was wir sehen oder berühren, zählt Platon nicht zu jenen, die er für beständig zu sein hält; sie vergehen nämlich und sind in unablässiger Abnahme und Zunahme. Niemand von uns ist im Greisenalter derselbe, der er in der Jugend war. Niemand von uns ist am Morgen derselbe, der er am Tag zuvor war. Unser Körper wird nach Art der Flüsse fortgerissen. Alles, was du siehst, enteilt zugleich mit der Zeit; nichts von dem, was wir sehen, ist von Bestand; ich selbst verändere mich, während ich darüber spreche, dass sich diese Dinge verändern.

(23) Dies ist, was Heraklit sagt: „Wir steigen zweimal in denselben Fluss herab und wir steigen nicht [zweimal in denselben Fluss] herab." Der Name des Flusses bleibt nämlich derselbe, sein Wasser ist dahin gegangen. Das ist augenscheinlicher für einen Strom als für einen Menschen, aber auch an uns zieht der nicht weniger rasche Strom [des Lebens] vorbei, und deshalb wundere ich mich über unseren Unverstand, dass wir so sehr eine flüchtige Sache lieben, den Körper, und fürchten, dass wir irgendeinmal vergehen, obgleich jeder Augenblick der Tod des vorherigen Zustands ist: ziehe du es vor, dich nicht davor zu fürchten, dass ein einziges Mal eintritt, was Tag für Tag eintritt.

(24) Über den Menschen habe ich gesprochen, von hinfälligem, [und] vergänglichem und allen Umständen ausgeliefertem Stoffe: auch die Welt, etwas Unvergängliches und Unerschütterliches, verändert sich und bleibt nicht dieselbe. Denn obgleich sie alles umschließt, was sie [je] in sich hatte, hat sie es anders, als sie es hatte: sie ändert die Anordnung.

(25) „Was wird mir diese [begriffliche] Genauigkeit nützen", fragst du. Wenn du mich fragst: nichts; aber wie jener Ziseleur die Augen, nachdem sie lange Zeit überanstrengt und ermüdet worden sind, erfrischt, [und] ab-

lenkt, und, wie ich es nenne, weiden lässt, so müssen wir zuweilen den Geist entspannen und durch einige Vergnügungen sich erholen lassen. Aber auch dieser Zeitvertreib sollte in einer Tätigkeit bestehen; wenn du das beachtest, wirst du auch aus diesen gewinnen, was nützlich sein kann.

(26) Ich bin es gewohnt, dieses zu tun, Lucilius: ich versuche aus jeder Beobachtung, auch wenn sie sehr weit von der Philosophie entfernt ist, irgendetwas zutage zu fördern und nutzbar zu machen. Was ist von der Verbesserung des Charakters weiter entfernt als die Dinge, die wir soeben untersucht haben? Wie können mich die Ideen Platons besser machen? Was könnte ich aus ihnen ableiten, dass meine Begierden unterdrückt? Wahrscheinlich bloß dieses, dass Platon sagt, dass all die Dinge, die den Affekten untertan sind, die uns entflammen und erregen, nicht von der Art sind, die es tatsächlich gibt.

(27) Also existieren diese in der Einbildung und zur rechten Zeit bringen sie irgendeine Erscheinung hervor; nichts davon ist dauerhaft und nichts wahrhaftig; und wir begehren sie dennoch, obwohl sie weder immer vorhanden sein noch wir sie immer besitzen werden. Schwankend und hinfällig sind wir inmitten von Nichtigkeiten zum Stillstand gekommen: wir sollten den Geist für jenes freigeben, das unvergänglich ist. Lasst uns die in der Höhe schwebenden Urformen aller Dinge bewundern und den Gott, der sich unter ihnen befindet und Sorge dafür trägt, wie er wohl das, was er nicht unsterblich machen konnte, weil der Stoff es verwehrte, vor dem Tode schützt und durch die Vernunft die Laster des Körpers besiegt.

(28) Sie alle bleiben nämlich erhalten, nicht weil sie unvergänglich sind, sondern weil sie durch die Fürsorge desjenigen geschützt werden, der uns lenkt: Unsterbliches hätte keinen Beschützer nötig. Der Schöpfer bewahrt diese, indem er die Schwäche des Stoffes durch seine Stärke überwindet. Wir sollten alles zurückweisen, das so wenig von Wert ist, dass es Zweifel gibt, ob es überhaupt existiert.

(29) Jenes sollten wir zugleich bedenken, dass, wenn Vorsorge sogar die Welt – nicht weniger sterblich, als wir es sind – von Gefahren befreit, bis zu einem gewissen Punkt auch durch unsere Vorsorge ein längerer Aufenthalt für diesen zarten Körper verschafft werden kann, falls wir in der Lage sind, die Leidenschaften, an denen ein allzu großer Teil zugrunde geht, zu lenken und im Zaum zu halten.

(30) Platon selbst brachte es auf ein hohes Alter, weil er sich geachtet hat. Er besaß zwar vom Schicksal bestimmt einen gesunden und starken Körper, und der Umfang der Brust hatte ihm den Namen verliehen, aber Seereisen und Wagnisse hatten ihm viel von seinen Kräften entzogen; doch Enthaltsamkeit, [und] Mäßigung in Dingen, die Begierde hervorriefen, und eine gewissenhafte Aufsicht seiner selbst führten ihn ins hohe Greisenalter, obgleich die vielen Umstände ihn zu hindern suchten.

(31) Denn du weißt, denke ich, dass Platon aufgrund seiner Umsicht die Gnade zuteil wurde, dass er an seinem Geburtstag gestorben ist und ohne irgendeinen Abzug das 81. Lebensjahr vollendet hat. Magier, die sich zufällig in Athen aufhielten, haben deshalb dem Verstorbenen geopfert, weil sie glaubten, dass er ein bedeutenderes Schicksal als das eines Menschen besessen habe, da er die vollkommenste Zahl erreicht habe, welche neunmal neun bei der Multiplikation zusammenbringt. Ich hege keinen Zweifel, dass du bereit bist, sowohl auf einige Tage von dieser Gesamtzahl als auch auf ein Opfer zu verzichten.

(32) Enthaltsamkeit kann zu einem hohen Alter führen, das man, denke ich, zwar nicht anstreben, aber sicher nicht zurückweisen muss; es ist angenehm, eine möglichst lange Zeit mit sich [selbst] zu existieren, wenn sich einer für denjenigen, an dem er sich erfreut, würdig gemacht hat.

Daher werden wir darüber ein Urteil fällen, ob man das Ende des Greisenalters verachten und den Tod nicht abwarten, sondern von eigener Hand gewähren soll. Der sein Schicksal träge erwartet, steht nahe bei dem, der sich fürchtet, gleichsam wie jener über das Maß hinaus dem Wein zugetan ist, der den Krug leert und [dabei] auch den Bodensatz ausschlürft.

(33) Trotzdem werden wir danach fragen, ob der letzte Teil des Lebens wohl der Bodensatz ist, oder etwas sehr Heiteres und Reines, sofern nur der Verstand ohne Beeinträchtigung ist, [und] gesunde Gedanken den Geist erfreuen, und der Körper nicht entkräftet und frühzeitig erloschen ist; es kommt nämlich darauf an, ob jemand das Leben in die Länge zieht oder den Tod.

(34) Aber wenn der Körper unbrauchbar ist für seinen Dienst, warum sollte man die Not leidende Seele nicht herausführen dürfen? Und möglicherweise muss es ein wenig vorher getan werden, als es bestimmt ist, um imstande zu sein, es auszuführen, wenn es geschehen soll; und wenn die Gefahr größer ist, ein unglückliches Leben zu führen als schnell zu sterben, ist derjenige töricht, der für einen geringen Preis an Zeit nicht die Ungewissheit in einer wichtigen Angelegenheit abwendet. Nur wenige hat ein sehr hohes Alter ohne Unbill an den Tod übergeben, für viele ist ein untätiges Leben ohne angemessene Verwendung hoffnungslos gewesen: hältst du es dann für so viel schrecklicher, etwas vom Leben verloren zu haben, als das Recht, es zu beenden?

(35) Höre mich ja nicht unwillig an, als ob dieser Gedanke jetzt womöglich auf dich abzielt, sondern beurteile, was ich sage: ich werde das Greisenalter nicht hinter mir lassen, wenn es mich in vollem Umfang für mich aufspart, in vollem Umfang jedoch in der oben genannten recht günstigen Hinsicht; wenn es hingegen beginnt, den Geist zu zerrütten, wenn es Teile von ihm aus seiner Bahn reißt, wenn es mir nicht das Leben lässt, sondern [nur] einen Hauch des Lebens, werde ich aus dem morschen und einstürzenden Gebäude herausstürzen.

(36) Ich werde einer Krankheit nicht durch den Tod entfliehen, sofern sie nur heilbar ist und nicht den Geist beeinträchtigt. Des Schmerzes wegen werde ich nicht Hand an mich legen: so zu sterben, heißt besiegt zu werden. Doch wenn ich weiß, dass ich einen solchen ununterbrochen erleiden muss, werde ich ausrücken, nicht seiner selbst wegen, sondern weil er mir ein Hindernis sein wird bei allem, wofür man lebt; schwach und feige ist, wer vom Schmerz veranlasst den Tod findet, töricht, wer um des Schmerzes willen das Leben erhält.

(37) Doch ich schweife zu weit ab; außerdem ist es ein Thema, das einen über den [ganzen] Tag fesseln kann: und wie wird einer seinem Leben ein Ende setzen können, der es nicht bei einem Brief kann? Lebe also wohl: das wirst du lieber lesen, als nichts weiter als über den Tod. Lebe wohl.

———

# Buch 6 – Brief 59

Seneca grüßt seinen Lucilius,

(1) Auf deinen Brief hin habe ich eine große Freude empfunden; erlaube mir nämlich, allgemein übliche Worte zu verwenden und beziehe sie nicht auf die stoische Bedeutung. Wir glauben, dass eine [lustvolle] Freude ein Laster ist. Sei es denn; trotzdem führen wir sie an, um einen heiteren Zustand des Gemüts zu bezeichnen.

(2) Ich weiß, ich wiederhole es, dass einerseits die [lustvolle] Freude, wenn wir die Worte nach unserer [stoischen] Liste bestimmen, eine schimpfliche Sache ist, dass andererseits die [wahre] Freude nur dem Weisen zuteil wird; sie ist nämlich ein Aufschwung des Geistes, der auf seinen Gütern und Wahrheiten beruht. Trotzdem nennen wir es so vor dem einfachen Volk, um auszudrücken, dass uns vom Konsulat jenes berühmten [Mannes] an oder nach Hochzeiten oder nach der Niederkunft der Ehefrau eine große Freude erfasst hat, die in dem Maße keine Freuden sind, als dass sie oft als Ursprung künftigen Trübsals gelten; mit [wahrer] Freude ist verbunden, dass sie nicht endet und sich nicht ins Gegenteil verkehrt.

(3) Also wenn unser Vergil sagt:

*„und die üblen Freuden des Herzens",*

bringt er es gewiss wohl formuliert vor, aber nicht recht passend; denn es gibt keine üble Freude. Er hat der Sinneslust diesen Namen gegeben und er legt genau dar, was es bedeutet; er bezeichnet nämlich in ihrem Leid fröhliche Menschen.

(4) Trotzdem hatte ich nicht zu Unrecht gesagt, dass ich auf deinen Brief hin eine große Freude empfunden habe; es mag sich ein unerfahrener Mensch aus ehrenwertem Grund auch noch so sehr freuen, dennoch nenne ich dessen Empfindung leidenschaftlich und eine Sinneslust, die sich sogleich ins Entgegengesetzte neigen will, die durch die Erwartung eines unbegründeten Guts hervorgerufen wurde, maß- und zügellos. Aber, um zum Thema zurückzukommen, vernimm, was mich an deinem Brief erfreut hat: du hast die Worte in deiner Gewalt, die Rede reißt dich nicht fort und du ziehst sie nicht länger hin, als du dir vorgenommen hast.

(5) Es gibt viele, die zu dem, was sie sich zu schreiben nicht vorgenommen hatten, durch den Glanz irgendeines gefälligen Wortes verlockt werden – das passiert dir nicht: alles ist präzise und der Sache angepasst; du sprichst aus, so viel du für wünschenswert hältst, und gibst mehr zu erkennen, als du aussprichst. Das ist der Beweis für etwas Bedeutenderes: es geht [daraus] hervor, dass auch der Verstand nichts Überflüssiges besitzt, nichts Aufgeblähtes.

(6) Gleichwohl entdecke ich metaphorische Äußerungen, zwar keine unüberlegten, aber welche, die etwas Eigenes wagten; ich finde Bilder, von denen mir scheint – wenn etwa einer uns verbietet, sie zu verwenden, und urteilt, dass sie allein den Dichtern erlaubt sind –, dass niemand sie bei den Alten gelesen hat, bei denen eine auf Beifall berechnete Rede noch nicht angestrebt wurde: jene, die leicht verständlich und zur Darlegung des Sachthemas sprachen, sind reich an Gleichnissen, die ich für notwendig halte, nicht aus demselben Grund wie bei den Dichtern, sondern um Stützpfeiler für unsere Schwäche zu sein, um sowohl denjenigen, der eine Rede hält, als auch denjenigen, der den Vortrag hört, an den eben vorliegenden Sachverhalt heranzuführen.

(7) Schau, ich lese eben jetzt den Sextius, einen scharfsinnigen Mann, der in griechischer Sprache mit römischer Denkart philosophiert. Ein von ihm

geäußertes Gleichnis hat mich beeindruckt: dass ein Heer, wenn es gut für den Kampf vorbereitet ist, im geordneten Zug marschiert, sobald der Feind aus jeder Richtung [zu kommen] verdächtig ist. „Dasselbe", sagt er, „muss der Weise tun: er sollte all seine Tugenden überall hin ausbreiten, damit, wo immer etwas Feindseliges sich erhebt, dort kampfbereite Posten stehen und auf Geheiß des Regenten ohne Aufregung Antwort erteilen." Was wir in solchen Heeren, welche große Befehlshaber aufstellen, eintreten sehen, dass [nämlich] alle Truppen gleichzeitig die Anweisung des Heerführers wahrnehmen, weil sie so angeordnet wurden, dass das von einem Einzelnen gegebene Signal gleichzeitig die Infanteristen und die Reiterei durchläuft, das, sagt er, sei für uns noch bedeutend notwendiger.

(8) Jene [Truppen] nämlich haben den Feind oft ohne Grund gefürchtet, und am sichersten war für sie der Weg, der am verdächtigsten [war]: die Einfalt betrachtet nichts als Freundesland, sowohl oberhalb befindlich hegt sie Furcht als auch unterhalb; an jeder Flanke läuft sie ängstlich hin und her; Gefahren folgen [ihr] und kommen [ihr] entgegen; vor allem hat sie Angst; sie ist unvorbereitet und erschrickt selbst vor den Hilfstruppen. Der Weise jedoch, gegen jeden Ansturm geschützt, kampfbereit, wird nicht zurückweichen wenn die Armut, nicht wenn die Trauer, nicht wenn die Schande, nicht wenn der Schmerz ihn angreifen sollte: unerschrocken wird er ihnen sowohl entgegen als auch mitten unter sie treten.

(9) Vieles hemmt uns, vieles lähmt [uns]. Eine geraume Zeit haben wir wegen dieser Verfehlungen darniedergelegen; sich reinzuwaschen ist schwierig; wir sind nämlich nicht beschmutzt worden, sondern vergiftet.

Um nicht von einem Gleichnis zum anderen überzugehen, will ich Folgendes zu ergründen suchen, was ich oft an mir [selbst] erkenne – wieso die Torheit uns so beharrlich fesselt? Zuerst, weil wir sie nicht unerschrocken zurückweisen und nicht mit ganzem Drang zum Wohlergehen streben, zweitens, weil wir den erwähnten Dingen, die von klugen Leuten entdeckt wurden, nicht genügend Glauben schenken und weder mit offenen Herzen aufnehmen noch uns ernsthaft einer so bedeutenden Sache hingeben.

(10) Wie jedoch kann einer lernen, wie viel genug ist gegen seine Verfehlungen, der [nur] lernt, sofern er von seinen Verfehlungen her Zeit findet? Niemand von uns ist in die Tiefe eingedrungen; nur das Oberste haben wir abgepflückt, und ein wenig Zeit für die Philosophie geopfert zu haben, war uns viel Beschäftigten genug und mehr als genug.

(11) Vor allem dieses hindert uns: dass wir schnell mit uns zufrieden sind; falls wir auf jemanden stoßen, der uns gute, der uns kluge, der uns ehrwürdige Männer nennt, lassen wir das gelten. Wir begnügen uns nicht mit einer gemäßigten Lobrede: mit was auch immer die Schmeichelei uns ohne Scham überhäuft hat, wir fassen es gleichsam als Schuldigkeit auf. Wir stimmen denen zu, die beteuern, dass wir die Besten, die Klügsten sind, obwohl wir wissen, dass sie vieles oft fälschlich vorbringen; und wir sind so sehr nachsichtig mit uns, dass wir für das gelobt werden wollen, von dem wir gerade eben das Gegenteil tun. Äußerst milde gilt sich jener da selbst bei Bestrafungen, äußerst anständig bei Raubzügen und äußerst maßvoll bei Trinkgelagen und wollüstigen Ausschweifungen; es folgt also, dass wir uns deshalb nicht ändern wollen, weil wir für wahr gehalten haben, dass wir die Besten sind.

(12) Als er schon in Indien umherstreifte und Gegenden durch Krieg verwüstete, die nicht einmal den Grenznachbarn ausreichend bekannt waren, hat Alexander der Große bei der Belagerung einer Stadt, während er um die Mauern herumritt und die Schwachstellen der Burg suchte, obgleich von einem Pfeil getroffen, lange Zeit darauf beharrt, im Sattel zu bleiben und sein Vorhaben weiter zu verfolgen. Als danach wegen des gehemmtem Blutflusses der Schmerz in der trockenen Wunde zunahm und sein

vom Pferd herunterhängendes Bein allmählich gefühllos geworden war, sagte er, gezwungen aufzugeben: „Alle schwören, dass ich ein Sohn Jupiters bin, aber diese Wunde verrät, dass ich ein Mensch bin."

(13) Dasselbe müssen wir tun. Die Schmeichelei betört den Einzelnen nach seinen Verhältnissen: lasst uns [daher] sagen: „Ihr verkündet zwar laut, dass ich klug bin, ich hingegen sehe, wie ich viel Überflüssiges begehre, wie ich auswähle, was Unheil anrichten wird. Nicht einmal das erkenne ich, was bei Lebewesen auf eine Sättigung hinweist, was das Maß für die Nahrung, was das Maß für den Trank sein sollte; bis heute weiß ich nicht, wie viel ich in mich aufnehmen kann.

(14) Nun werde ich darlegen, wie du erkennen kannst, dass du nicht weise bist. Der Weise ist erfüllt von der schon erwähnten Freude, heiter und ruhig, unerschütterlich; mit den Göttern lebt er auf gleicher Ebene. Jetzt befrage dich selbst: wenn du niemals betrübt bist, wenn keinerlei Hoffnung dein Herz mit Sehnsucht auf die Zukunft verführt, wenn Tag und Nacht hindurch die Eigenart der erhabenen und mit sich selbst zufriedenen Seele vollkommen die gleiche ist, hast du den Gipfel des menschlichen Glücks erreicht; aber wenn du nach Vergnügungen verlangst, sowohl in jeder Hinsicht als auch von jeder Art, solltest du einsehen, dass dir so viel an Weisheit fehlt wie an Freude. Zu letzterer willst du gelangen, aber du irrst, wenn du hoffst, dass du inmitten des Reichtums dorthin kommen wirst, inmitten der Ehrenämter, das heißt, wenn du die Freude inmitten der Unruhen suchst; die Dinge, die du unter solchen Umständen anstrebst, gleichsam in der Absicht, Fröhlichkeit und Vergnügen hervorzubringen, sind die Ursache der Leiden.

(15) Alle, sage ich, zieht es dorthin, zur Freude, aber sie wissen nicht, woraus sie eine dauerhafte und große [Freude] gewinnen können: einer [meint] aus Gesellschaften und Prunkliebe, einer aus Ehrgeiz und der Schar von Gefolgsleuten, die ihn umgibt, einer aus der Geliebten, ein an-

derer aus eitler Prahlerei mit seinen Studien der freien Künste und aus einer Gelehrsamkeit, die in keiner Weise [geistig] gesund macht – all diese leiten die täuschenden und seichten Vergnügungen in die Irre, sowie die Trunkenheit, welche die vergnügte Vernunftlosigkeit einer einzelnen Stunde mit einem langandauernden Zeitraum der Übelkeit vergilt, sowie der Beifall und die Gunstbezeugung des geneigten Zurufs, der mit großer unruhiger Spannung sowohl gewonnen wurde, als auch besänftigt werden muss.

(16) Deshalb bedenke also, dass Folgendes die Vollendung der Weisheit ist: ein Gleichmaß an Freude. Das Gemüt des Weisen ist so beschaffen wie das Weltall jenseits des Mondes: dort ist immer ein heiterer Himmel. Wenn er niemals ohne Freude ist, weißt du folglich auch, warum du begehren sollst, weise zu sein. Diese Freude entsteht nur aus dem Bewusstsein der Tugenden: er kann keine Freude finden, wenn er nicht tapfer, wenn er nicht gerecht, wenn er nicht maßvoll [ist].

(17) „Was nun also", sagst du, „empfinden die Dummen und die Schlechten keine Freude?" Nicht mehr als Löwen, die zufällig auf Beute gestoßen sind: wenn sie sich durch Wein und sinnliche Lüste erschöpft haben, wenn ihnen umgeben von Lastern die Nacht zu kurz war, wenn die Vergnügungen begonnen haben zu schwären, die dem beschränkten Leib über das hinaus, was er fassen [konnte], aufgenötigt wurden, dann rufen die Unglücklichen jenen bekannten Vers von Vergil aus:

*… denn wie wir die letzte Nacht inmitten trügerischer Freuden vergeudet haben, weißt du.*

(18) Inmitten trügerischer Freuden verleben die Ausschweifenden ein jede Nacht gleichsam wie die letzte: jene Freude, welche den Göttern und den Nachahmern der Götter folgt, wird nicht unterbrochen, vergeht nicht; sie würde vergehen, wenn man sie von anderswoher in Empfang genom-

men hätte. Weil sie nicht einer fremden Gabe entstammt, ist sie auch nicht einer fremden Willkür unterworfen: was das Schicksal nicht überlassen hat, entreißt es nicht. Lebe wohl.

———

# Buch 6 – Brief 60

Seneca grüßt seinen Lucilius,

(1) Ich jammere, ich hadere, ich werde zornig. Auch jetzt noch wünschst du, was dir deine Amme, dein Erzieher oder deine Mutter gewünscht haben. Verstehst du noch nicht, wie viel Schlechtes sie dir gewünscht haben? Ach, wie nachteilig sind uns die Wünsche der Unsrigen! Ja umso feindlicher, je reicher sie zuteil wurden. Gewiss wundere ich mich nicht, wenn uns alles Schlechte von frühster Kindheit an verfolgt: wir sind herangewachsen unter den Verwünschungen der Eltern. Mögen die Götter irgendwann einmal unsere uneigennützige Stimme zu unseren Gunsten erhören.

(2) Wie lange noch werden wir dieses und jenes von den Göttern haben wollen, als ob wir also noch nicht in der Lage sind, uns selbst zu nähren? So lange bis wir die Ebenen der großen Städte vollkommen mit unseren Saatfeldern bedecken werden? So lange bis eine Völkerschaft für uns ernten wird? So lange bis zahlreiche Schiffe, und gewiss nicht aus einem einzigen Meer, die Vorräte für eine einzige Tafel herbeischaffen werden? Ein Stier wird auf einer Weide von sehr wenigen Morgen Land gesättigt; ein einziger Wald reicht aus für mehrere Elefanten: [nur] der Mensch nährt sich sowohl vom Land als auch vom Meer.

(3) „Was nun also? Hat uns die Natur, obgleich sie einen so kleinen Körper dargereicht hatte, einen so unersättlichen Magen beschert, dass wir das gierige Verlangen der riesigsten und gefräßigsten Lebewesen übertreffen? Keineswegs; wie wenig nämlich ist, was durch die Natur bestimmt wird! Mit einer Kleinigkeit wird er befriedigt: nicht die Gier unseres Magens kommt uns teuer zu stehen, sondern der Ehrgeiz.

(4) Wir sollten deshalb, wie Sallust es sagt, diejenigen, die „dem Magen gehorchen", dem Stand der Tiere zurechnen, nicht der Menschen, manche

tatsächlich nicht einmal der Tiere, sondern der Toten. Derjenige lebt, der vielen zu Nutzen ist, derjenige lebt, der von sich [selbst] Gebrauch macht; die sich aber verborgen halten und untätig herumsitzen, leben so in ihrem Haus wie in einem Grab. Den Namen von solchen darf man auf einer Marmorplatte genau auf ihrer Türschwelle einmeißeln: sie sind ihrem Tod vorausgeeilt. Lebe wohl.

# Buch 6 – Brief 61

Seneca grüßt seinen Lucilius,

(1) Lasst uns nicht weiter wollen, was wir gewollt haben. Ich wenigstens beabsichtige, als alter Mann nicht dasselbe zu begehren, was ich als Knabe begehrt habe. Einzig auf dieses Ziel hin vergehen die Tage, auf dieses hin die Nächte, dieses ist meine Aufgabe, dieses mein Denken: den alten Übeln ein Ende zu bereiten. Ich arbeite darauf hin, dass mir ein Tag so viel gilt wie ein ganzes Leben; und ich raffe ihn wahrhaftig nicht an mich wie den letzten, sondern ich betrachte ihn so, als ob er wohl der letzte sein könnte.

(2) In einer solchen Stimmung schreibe ich dir diesen Brief, als ob der Tod, während ich schreibe, mehr denn je die Absicht hat, mich zu sich zu rufen; ich bin bereit hinauszugehen, und ich werde deshalb das Leben genießen, weil ich nicht allzu sehr im Ungewissen bin, wie lange es währen wird. Vor dem Greisenalter war ich darauf bedacht, dass ich gut lebe, im Greisenalter, dass ich gut sterbe; gut zu sterben heißt aber, bereitwillig zu sterben.

(3) Arbeite darauf hin, dass du niemals etwas gegen deinen Willen tust: alles, was für denjenigen, der dagegen ankämpft, notwendig sein wird, ist für denjenigen, der es will, keine Notwendigkeit. Daher behaupte ich: wer bereitwillig Befehle empfängt, entflieht dem schmerzlichsten Teil der Knechtschaft: zu tun, was er nicht [tun] will; nicht wer auf Befehl etwas tut, ist unglücklich, sondern wer es gegen seinen Willen tut. Daher müssen wir den Geist auf eine Weise ordnen, dass wir wollen, was auch immer die Lage erfordern wird, und vor allem, dass wir ohne Traurigkeit an unser Ende denken.

(4) Wir müssen uns eher auf den Tod als auf das Leben vorbereiten. Das Leben ist hinreichend ausgestattet, aber wir sind erpicht auf dessen Zierrat; es erscheint uns, und es wird uns stets erscheinen, dass irgendetwas fehlt: dass wir recht wohl gelebt haben, bewirken weder Jahre noch Tage, sondern die innere Haltung. Ich habe gelebt, teuerster Lucilius, so lange wie es genug war; reich an allem erwarte ich den Tod. Lebe wohl.

## Buch 6 – Brief 62

Seneca grüßt seinen Lucilius,

(1) Fälschliches bringen diejenigen vor, die den Anschein erwecken wollen, dass der Trubel der geschäftlichen Tätigkeiten sie an wissenschaftlichen Studien hindert: sie täuschen Geschäfte vor, [und] übertreiben sie und nehmen sich selbst in Beschlag. Ich bin frei, Lucilius, ich bin frei, und wo auch immer ich lebe, ich bin dort mir [selbst] gehörig. Ich liefere mich nämlich nicht den Dingen aus, sondern ich richte sie angemessen ein, und ich suche keine Anlässe, um meine Zeit zu verschwenden; und an welchem Ort auch immer ich mir gleich bleibe, dort überdenke ich meine Entschlüsse und erwäge irgendetwas Heilsames in meinem Geiste.

(2) Sooft ich mich den Freunden widme, werde ich mir dennoch nicht untreu und ich verweile auch nicht bei solchen, mit denen mich irgendein [zufälliger] Umstand zusammengeführt hat oder eine Angelegenheit, die der Bürgerpflicht entsprungen ist, sondern bin gerade mit den Besten zusammen; an welchem Ort auch immer, zu welcher Zeit auch immer sie existiert haben, ihnen entsende ich meinen Geist.

(3) Demetrios, einen äußerst vortrefflichen Mann, trage ich mit mir und, obgleich von den in purpur Gekleideten aufgegeben, spreche ich mit jenem wohlbekannten Halbnackten, bewundere ihn. Warum sollte ich ihn nicht bewundern? Ich habe verstanden, dass es ihm an nichts mangelt. Geringschätzen kann einer alles, alles besitzen kann keiner: der kürzeste Weg zum Reichtum führt über die Geringschätzung des Reichtums. Unser Demetrios aber lebt auf eine Weise, als ob er nicht alles verschmäht, sondern als ob er es anderen zum Besitz überlassen habe. Lebe wohl.

———

# Buch 7 – Brief 63

Seneca grüßt seinen Lucilius,

(1) Es betrübt mich, dass dein Freund Flaccus gestorben ist; trotzdem will ich nicht, dass du mehr als angemessen trauerst. Dass du [gar] nicht trauern sollst, ein solches werde ich kaum zu verlangen wagen; und doch weiß ich, dass es besser wäre. Aber wem wird diese Standhaftigkeit des Herzens zuteil außer demjenigen, der bereits weit über das Schicksal hinaus emporgetragen wurde? Auch ihm wird dieses Geschehnis einen Stich versetzen, aber nur einen Stich. Uns hingegen, obgleich wir uns zu Tränen haben hinreißen lassen, kann verziehen werden, wenn sie nicht über die Maßen geflossen sind, wenn wir sie von uns aus zurückgedrängt haben. Die Augen sollten beim Verlust des Freundes weder ohne Tränen noch triefend nass sein; es darf geweint werden, nicht gejammert.

(2) Ich scheine dir ein hartes Gebot aufzuerlegen, obgleich der größte der griechischen Dichter für nicht mehr und nicht weniger als einen Tag das Recht eingeräumt hat, sich weinend zu beklagen, obgleich er versichert hat, dass selbst Niobe an Speise dachte? Du willst wissen, woher die Wehklagen stammen, woher der maßlose Tränenstrom? Mit den Tränen suchen wir Beweise für unsere Sehnsucht zu gewinnen und wir fügen uns nicht dem Schmerz, sondern wir zeigen ihn; niemand ist für sich [selbst] in Trauer. Ach, die Unglück bringende Torheit! Sogar im Kummer findet sich manch eine Eitelkeit.

(3) „Was nun also", wendest du ein, „soll ich nicht mehr an den Freund denken?" Du stellst ihm ein kurzes Andenken bei dir in Aussicht, wenn es [nur] zusammen mit dem Kummer fortbestehen wird: alsbald lässt eine zufällige Begebenheit deine Miene zu einem Lächeln übergehen. Ich vertröste nicht auf die allzu lange Zeit, durch die all die Sehnsucht gelindert wird, durch die selbst die heftigsten Ausbrüche von Trauer sich legen: so-

bald du es unterlässt, auf dich [selbst] zu achten, wird dieser äußere Schein der Traurigkeit vergehen. Im gegenwärtigen Augenblick hältst du selbst deinen Kummer aufrecht; aber auch demjenigen, der ihn aufrechterhält, wird er entgleiten, und er endet desto schneller, je heftiger er ist.

(4) Lass uns darauf hinarbeiten, dass die Erinnerung an diejenigen, die wir verloren haben, angenehm wird. Niemand kommt gerne auf etwas zurück, woran er nicht ohne Qual denken kann, so wie unabänderlich ein dieses geschehen wird, dass uns der Name der Verlorenen, die wir geliebt haben, mit manch bitterer Empfindung entgegentritt; aber auch diese bittere Empfindung besitzt ein eigenes Vergnügen.

(5) Denn, wie unser Attalus zu sagen pflegte, „das Andenken an die verstorbenen Freunde ist auf eine Weise angenehm, wie manche Früchte angenehm bitter sind, wie uns sogar die Bitterkeit an einem allzu alten Wein erfreut; wenn allerdings ein längerer Zeitraum dazwischentritt, wird alles ausgelöscht, was uns beunruhigt hat, und eine heitere Freude stellt sich bei uns ein."

(6) Wenn wir ihm glauben, „heißt an die unversehrten Freunde zu denken, sich an Honig und Kuchen zu laben: der Gedanke an diejenigen, die waren, erfreut nicht ohne eine gewisse Bitterkeit. Wer jedoch würde bestreiten, dass auch das, was an Schärfe und etwas an Herbheit besitzt, den Magen erfreut?"

(7) Ich hege nicht dieselbe Überzeugung: ich habe eine liebevolle und zärtliche Erinnerung an die verstorbenen Freunde; ich habe sie nämlich besessen, als ob ich sie verlieren werde, ich habe sie verloren, als ob ich sie [weiter] besitzen würde. Handle also, mein Lucilius, wie es deinem Gerechtigkeitssinn angemessen ist, höre auf, die Gunst des Schicksals als ungünstig zu deuten: es hat genommen, aber auch gegeben.

(8) Wir sollten uns deswegen leidenschaftlich an den Freunden erfreuen, weil es ungewiss ist, wie lange [uns] dies zuteilwerden kann. Lass uns daran denken, wie oft wir sie zurückgelassen haben, um uns für einen langen Auslandsaufenthalt auszuschiffen, wie oft wir sie nicht gesehen haben, obwohl wir an demselben Ort verweilten: wir werden einsehen, dass wir zu ihren Lebzeiten einen allzu großen Teil der Zeit vergeudet haben.

(9) Kannst du aber diejenigen ertragen, die Freunde gänzlich gleichgültig behandeln, sie [dafür] äußerst unglücklich betrauern, und irgendjemand nur lieben, wenn sie ihn verloren haben? Und daher trauern sie dann übertrieben, weil sie fürchten, dass es Zweifel geben könnte, ob sie geliebt haben; sie suchen sich verspätete Beweise ihrer Zuneigung zu verschaffen.

(10) Wenn wir andere Freunde haben, machen wir uns um diese entweder schlecht verdient oder wir meinen, dass sie als Ersatz für den einen, der zu Grabe getragen wurde, nicht bedeutsam genug sind; wenn wir keine besitzen, haben wir an uns selbst ein größeres Unrecht begangen, als wir vom Schicksal empfangen haben: einen einzigen [Freund] hat es sich genommen, wir uns jeden, den wir uns nicht gemacht haben.

(11) Daher hat derjenige, der nicht mehr als einen lieben konnte, den einen nicht einmal allzu sehr geliebt. Wenn irgendeiner, der durch den Verlust eines einzigen Hemdes entkleidet wurde, sich lieber laut beklagen möchte, als zu überlegen, wie er der Kälte entfliehen und irgendetwas finden könnte, dass seinen Rücken verhüllt, würde dir das etwa nicht ausgesprochen töricht erscheinen? Den du liebtest, hast du zu Grabe getragen: suche einen zu gewinnen, den du lieben kannst. Es ist besser, wieder einen Freund zu erwerben, als zu weinen.

(12) Ich weiß, dass das, was ich hinzufügen werde, bereits sehr abgenutzt ist, trotzdem werde ich es nicht deswegen außer acht lassen, weil es [schon] von allen gesagt wurde: mit der Zeit gelangt selbst einer, der nicht

mit dieser Absicht spielte, zu einem Ende der Trauer. Als schändlichstes Heilmittel der Trauer gilt bei einem verständigen Menschen jedoch ein Ermatten des Trauerns: lieber will ich, du gibst die Trauer auf, als du von ihr aufgegeben wirst; und höre möglichst bald auf, das zu tun, was du, selbst wenn du es willst, nicht lange tun kannst.

(13) Unsere Vorfahren haben den Frauen ein Jahr zum Trauern bestimmt, nicht damit sie so lange, sondern damit sie nicht länger trauerten: für die Männer gibt es keine durch ein Gesetz festgelegte Zeit, da ihnen keine würdig ist. Welche von den Weibern, die nur mit Mühe vom Scheiterhaufen zurückgehalten, die nur mit Mühe vom Leichnam weggerissen worden sind, wirst du mir gleichwohl vorsetzen, bei der die Tränen einen ganzen Monat angedauert haben? Nichts gerät schneller in Verdruss als die Trauer, die [noch] jung einen Tröster findet und manchen an sich zieht, alt geworden aber verspottet wird – und nicht zu Unrecht: denn sie ist entweder geheuchelt oder töricht.

(14) Dieses schreibe ich dir als einer, der den mir so teuren Annaeus Serenus so übermäßig lang beweint hat, dass ich, was ich keineswegs wollte, als Beispiel für diejenigen diene, die der Schmerz überwältigt hat. Doch wenigstens missbillige ich heute mein Benehmen und erkenne, dass der Hauptgrund, in einem solchen Grade zu trauern, für mich darin bestand, dass ich niemals bedacht hatte, er könne vor mir sterben. Mir schoss nur das eine durch den Kopf, dass er jünger, sogar viel jünger ist – als ob die Schicksalsgöttinnen eine Reihenfolge einhielten!

(15) Daher sollten wir fortwährend an unsere [eigene] Vergänglichkeit denken als auch an die all derer, die wir gerne haben. Ich hätte damals sagen müssen: „Jünger ist mein Serenus: was tut das zur Sache? Er soll nach mir, kann aber vor mir sterben." Weil ich das nicht tat, hat das Schicksal einen Unvorbereiteten plötzlich getroffen. Nun verstehe ich, dass alles

sterblich ist, und zwar nach unbestimmten Regeln sterblich; heute kann geschehen, was auch immer jemals [geschehen] kann.

(16) Lass uns also bedenken, teuerster Lucilius, dass wir [selbst] schnell dorthin gelangen können, wohin jener gelangt ist, den wir betrauern; und vielleicht, wenn nur die Überlieferung derer, die weise sind, wahr ist, und irgendein Ort uns aufnimmt, ist derjenige [nur] vorausgeschickt worden, den wir für verloren gegangen halten. Lebe wohl.

———

# Buch 7 – Brief 64

Seneca grüßt seinen Lucilius,

(1) Gestern warst du mit uns zusammen. Du könntest dich beschweren, wenn es nur gestern war; daher habe ich „mit uns" hinzugefügt; mit mir bist du nämlich immer zusammen. Es waren einige Freunde dazugekommen, derentwegen stärkerer Rauch entstanden ist, nicht ein solcher, der gewöhnlich aus den Küchen der Vornehmen hervorbricht und die Feuerwehrleute erschreckt, sondern dieser nicht allzu starke, der anzeigen kann, dass Gäste erschienen sind.

(2) Wie bei einem Gastmahl führten wir eine abwechslungsreiche Unterhaltung, die nicht immer etwas zu einem Ergebnis bringt, sondern von einem zum anderen springt. Hierauf wurde ein Buch des Quintus Sextius vorgelesen, des Vaters, eines großen Mannes, sofern du mir nur etwas an Glauben schenkst, und, mag er es auch bestreiten, eines Stoikers.

(3) Gute Götter, welch Frische, welch Leidenschaft in ihm steckt! Das wirst du nicht bei allen Philosophen finden: leblos sind die Schriftstücke von etlichen, die sich als Berühmtheit ansehen. Sie unterweisen, sie erörtern, sie wenden Sophismen an – Leidenschaft erwecken sie nicht, weil sie keine besitzen: wenn du den Sextius gelesen hast, wirst du sagen: „er ist am Leben, er steht in voller Kraft und Frische, er ist frei, er steht über einem Menschen, voll ungeheurer Zuversicht senkt er sich in mich herab."

(4) In welcher geistigen Verfassung ich mich befinde, wenn ich diesen lese, verrate ich dir: jedweden Schicksalsschlag möchte ich herausfordern, ausrufen möchte ich: „Worauf wartest du, Fortuna? Kämpfe! Du siehst, ich bin vorbereitet." Den Mut dessen eigne ich mir an, der darauf sinnt, wo er sich erproben, wo er seine Stärke zeigen kann,

*und brennend wünscht er, dass ihm inmitten der trägen Schafe ein schäu-*
*mender Eber dargeboten wird oder ein feuriger Löwe vom Berg herab-*
*steigt.*

(5) Ich möchte etwas haben, das ich besiegen, dessen Erdulden ich trainieren kann. Denn auch diesen Vorzug besitzt Sextius, dass er dir sowohl
die Bedeutung eines glücklichen Lebens darlegen, als auch nicht die Hoffnung darauf nehmen wird: du wirst erkennen, dass es in erhabener Höhe
liegt, aber für den, der es will, erreichbar ist.

(6) Gerade dieselbe sittliche Vollkommenheit wird dir ein dieses gewähren, dass du sie bewunderst und gleichwohl in Aussicht behältst. Ohne
Zweifel pflegt mich allein schon die geistige Betrachtung der Weisheit
viel Zeit zu kosten; staunend betrachte ich sie, nicht anders als zuweilen
die Welt selbst, die ich oft wie ein [ganz] neuer Beobachter wahrnehme.

(7) Den Entdeckungen der Weisheit und ihren Urhebern erweise ich deshalb meine Verehrung; es ist förderlich, gleichsam die Erbschaft vieler an-
zutreten. Diese sind für mich hinzugewonnen, für mich erarbeitet worden.
Aber lass uns als guter Hausherr handeln, lass uns mehr hervorbringen, als
wir empfangen haben; größer soll diese Erbschaft von mir auf die Nachkommen übergehen. Noch immer ist viel Arbeit übrig und vieles wird übrig bleiben, und keinem, obgleich nach tausend Zeitaltern geboren, wird
die Möglichkeit verwehrt, noch etwas [Bedeutendes] hinzuzufügen.

(8) Aber selbst wenn alles von den Ahnen entdeckt worden ist, wird Folgendes immer neu sein: der Gebrauch sowie die Kenntnis und die Ordnung dessen, was von anderen entdeckt wurde. Wie zum Beispiel die uns
hinterlassenen Medikamente, mit denen man die Augen heilen kann: es ist
nicht nötig, dass ich mir andere suche, aber dennoch müssen diese an die
Krankheiten und die Umstände angepasst werden. Mit dem einen wird die
Rauheit der Augen geglättet, mit dem anderen eine Schwellung der Au-

genlider vermindert, mit dem nächsten ein plötzlicher Tränenstrom abgewendet, mit wieder einem anderen das Sehvermögen geschärft: man soll sie oft gebrauchen und dabei den rechten Zeitpunkt auswählen, [sowie] bei jedem einzelnen Maß halten. Die Heilmittel des Geistes sind von den Alten entdeckt worden; auf welche Weise oder wann sie jedoch angewendet werden können, das zu untersuchen, ist unsere Aufgabe.

(9) Diejenigen, die vor uns waren, haben viele Dinge begonnen, aber nicht zu Ende geführt. Trotzdem muss man zu ihnen aufblicken und sie wie Götter verehren. Warum sollte ich nicht zum geistigen Ansporn sowohl die Bilder der großen Männer um mich haben als auch ihre Geburtstage feiern? Warum sollte ich sie nicht um der Achtung Willen ein jedes Mal um Beistand bitten? Diese Hochachtung schulde ich meinen Lehrern – auch jenen Lehrern der Menschheit, von denen die Anfänge von so viel Gutem herrührten.

(10) Wenn ich einen Konsul oder einen Prätor erblicke, werde ich alles tun, womit man das Amt zu ehren pflegt: ich springe vom Pferd herab, ich entblöße mein Haupt, ich gebe den Weg frei. Was nun also? Soll ich die beiden Marcus Cato, Laelius Sapiens, Sokrates mit Platon, Zenon und Kleanthes ohne die allerhöchste Achtung in mein Herz aufnehmen? Ich verehre jene wahrhaftig und Namen von solcher Größe erweise ich stets Respekt. Lebe wohl.

––––––

---------------- ❦ ----------------

# Buch 7 – Brief 65

Seneca grüßt seinen Lucilius,

(1) Den gestrigen Tag habe ich mit meiner schlechten Gesundheit geteilt: den Vormittag hat sie für sich in Anspruch genommen, den Nachmittag hat sie mir zugestanden. Daher habe ich zuerst mit Lektüre den Verstand auf die Probe gestellt; nachdem er diese aufgenommen hatte, war ich begierig, ihm mehr aufzuerlegen, vielmehr zu erlauben: während ich mich durch einen schwierigen Stoff kämpfte und nicht unterliegen wollte, habe ich schriftlich etwas aufgesetzt, und zwar aufmerksamer als gewöhnlich, solange bis sich Freunde einfanden, die mir Gewalt angetan und mich wie einen unbotmäßigen Kranken überwältigt haben.

(2) An die Stelle des Schreibens ist ein Gespräch getreten, aus dem ich denjenigen Teil an dich berichten werde, der im Streit liegt. Wir haben dich zum Schiedsrichter erklärt. Du bekommst mehr an Arbeit, als du glaubst: es gibt drei Streitpunkte.

Wie du weißt, behaupten unsere Stoiker, dass in der natürlichen Ordnung zwei Grundstoffe existieren, aus denen alles geschaffen werden kann: die Ursächlichkeit und die Materie. Die Materie liegt träge darnieder, ein zum allen bereites Etwas, das brach liegen wird, wenn niemand es in Bewegung setzt; die Ursächlichkeit jedoch, das heißt die Vernunft, sie gestaltet die Materie und dreht und wendet sie, wohin auch immer sie will, bringt aus ihr mannigfache Werke hervor. Es muss also etwas geben, woraus etwas geschaffen werden kann, anschließend, wodurch es geschaffen werden kann: letzteres ist die Ursächlichkeit, ersteres die Materie.

(3) Jedwede Kunst besteht in der Nachahmung der Natur; was ich über das Ganze gesagt habe, übertrage daher auf dasjenige, was vom Menschen erschaffen werden soll. Ein Standbild hat sowohl die Materie in sich auf-

genommen, die sich den Künstler gefallen lassen musste, als auch den Künstler, welcher der Materie Gestalt gab; bei dem Standbild war also das Erz die Materie, der bildende Künstler die Ursächlichkeit. Dasselbe Verhältnis gilt für alle Dinge: es beruht auf dem, was erschaffen wird, und auf dem, was erschafft.

(4) Stoiker sind der Ansicht, dass es eine einzige Ursächlichkeit gibt: dasjenige, was [etwas] erschafft. Aristoteles meint [dagegen], die Ursächlichkeit werde durch drei Maßgaben bestimmt: „Die erste Ursächlichkeit", sagt er, „ist die Materie selbst, ohne die nichts hervorgebracht werden kann; die zweite ist der bildende Künstler; die dritte ist die Gestalt, die jedem einzelnen Werk gleichwie dem Standbild auferlegt wird." Diese nennt Aristoteles nämlich „εἶδος". „Zu diesen", fährt er fort, „kommt auch noch eine vierte hinzu, die Absicht des ganzen Werkes."

(5) Was das sein mag, will ich darlegen. Das Erz ist die erste Ursächlichkeit des Standbilds; denn sie wäre niemals geschaffen worden, wenn das nicht vorhanden gewesen wäre, woraus es gegossen oder gestaltet wurde. Die zweite Ursächlichkeit ist der Künstler; das genannte Erz hätte nämlich nicht zum Äußeren des Standbilds geformt werden können, wenn nicht sachkundige Hände hinzugekommen wären. Die dritte Ursächlichkeit ist die Gestalt; denn dieses Standbild würde man nicht „Doryphoros" oder „Diadumenos" nennen, wenn ihr dieses Äußere nicht aufgedrückt worden wäre. Die vierte Ursächlichkeit ist die Absicht des Tuns; denn wenn diese nicht existiert hätte, wäre es nicht hergestellt worden.

(6) Was ist die „Absicht"? Das, was den Künstler verleitet hat, das, was jener erworben hat, während er sie verfolgt hat: entweder ist es das Geld, wenn er sie mit der Absicht angefertigt hat, sie zu verkaufen, oder der Ruhm, wenn er des Ansehens wegen gearbeitet hat, oder die Götterverehrung, wenn er dem Tempel ein Geschenk bereitet hat. Es ist also auch dies eine Ursächlichkeit, aus welcher [Absicht] es geschieht: oder meinst du

etwa nicht, dass unter die Ursächlichkeiten eines geschaffenen Werkes dasjenige gezählt werden muss, dessentwegen es – falls weggefallen – nicht ausgeführt worden wäre?

(7) Diesen fügte Platon ein Fünftes hinzu, das Muster, das er selbst „ἰδέα" nennt; dieses ist es nämlich, woraufhin ein Künstler, der es berücksichtigt, dasjenige geschaffen hat, was er beabsichtigt hat. Es tut jedoch nichts zur Sache, ob sich das Muster, auf das er seinen Blick richtet, außerhalb oder in seinem Inneren befindet, soweit er es dort selbst entwickelt und angelegt hat. Diese Muster von allen Dingen trägt ein Gott in sich und er hat Anzahl und Maße von allem, das hervorgebracht werden muss, im Geiste erfasst; er ist voll von diesen Urbildern, die Platon als „ἰδέα" bezeichnet – die unsterblichen, die unveränderlichen, die unermüdlichen. Daher kommen zwar die Menschen ums Leben, die menschliche Natur selbst jedoch, nach welcher der Mensch erschaffen wird, besteht fort, und, während sich die Menschen abmühen und zugrunde gehen, erleidet sie [selbst] nichts.

(8) Wie Platon sagt, gibt es also fünf Ursächlichkeiten: das „woraus", das „von wem", das „in was", das „nach welchem", das „weswegen"; zuletzt dasjenige, das aus diesen entsteht. Wie zum Beispiel beim Standbild – weil wir begonnen haben, darüber zu sprechen – das „woraus" das Erz ist, das „von wem" der Künstler ist, das „in was" die Gestalt ist, in die es gefügt wird, das „nach welchem" das Muster ist, das derjenige nachahmt, der es erschafft, das „weswegen" die Absicht ist, welche es hervorbringt, dasjenige, was aus ihnen entsteht, das Standbild selbst ist.

(9) Dies alles weist auch die Welt auf, wie Platon versichert: den Erschaffenden, das ist ein Gott; woraus sie erzeugt wird, das ist die Materie; die Gestalt, das ist die Beschaffenheit und die Ordnung der Welt, die wir sehen; das Muster, selbstverständlich dasjenige, nach welchem ein Gott diese Erhabenheit eines sehr schönen Werkes zustande bringt; die Absicht, weswegen er sie geschaffen hat.

(10) Du fragst, welche Absicht ein Gott haben mag? Die Vortrefflichkeit. So wenigstens sagt es Platon: „Welchen Grund hatte ein Gott die Welt zu schaffen? Er ist gut. Der Gute hegt keinen Neid auf irgendetwas Gutes; daher hat er sie geschaffen, wie er es am besten konnte.“

Fälle also als Schiedsrichter den Urteilsspruch und verkünde, wer dir das Wahrscheinlichste zu sagen scheint, nicht wer das äußerst Wahre ausspricht; das nämlich steht so weit über uns, wie die Wahrheit selbst.

(11) Dieser Haufen von Ursächlichkeiten, der von Aristoteles und Platon aufgestellt wurde, umfasst entweder allzu viel oder allzu wenig. Denn wenn sie – nachdem alles, durch das nicht hervorgebracht werden kann, ausgeschlossen wurde – dieses dafür halten, die Ursächlichkeit [allen] Erschaffens zu sein, haben sie nur wenige genannt. Sie sollten die Zeit unter den Ursächlichkeiten anführen: nichts kann ohne die Zeit bewirkt werden. Sie sollten den Ort anführen: wenn nicht existieren würde, wo etwas geschaffen werden kann, wird es nicht geschaffen. Sie sollten die Bewegung anführen: nichts entsteht ohne diese, nichts vergeht; ohne Bewegung gibt es keine Kunst, keine Veränderung.

(12) Aber wir suchen nun eine erste und allgemeine Ursächlichkeit. Diese muss einfach sein; denn auch die Materie ist einfach. Wir fragen, was die Ursächlichkeit ist? Natürlich die hervorbringende Vernunft, das heißt ein Gott. All das nämlich, was ihr überliefert habt, sind nicht viele einzelne Ursächlichkeiten, sondern sie hängen von einer einzigen ab, von derjenigen, die bewirkt.

(13) Du behauptest, dass die Gestalt eine Ursächlichkeit ist? Der Künstler drückt diese seinem Werk auf: sie ist ein Teil der Ursächlichkeit, nicht die Ursächlichkeit. Auch das Muster ist nicht die Ursächlichkeit, sondern ein notwendiges Werkzeug der Ursächlichkeit. Das Muster ist für den Künstler so unumgänglich wie ein Meißel, wie eine Feile: ohne sie kann seine

Kunst nicht voranschreiten, dennoch sind diese nicht Teile oder Ursächlichkeiten der Kunst.

(14) „Die Absicht des Künstlers", sagt man, „weshalb er es übernimmt, irgendetwas zu erschaffen, ist eine Ursächlichkeit." Wenn sie auch eine Ursächlichkeit sein mag, ist sie nicht die bewirkende Ursächlichkeit, sondern eine, die hinzukommt. Diese gibt es jedoch massenhaft: wir suchen nach der allgemeinen Ursächlichkeit. Folgendes haben sie wahrhaftig nicht in der für sie gewohnten Genauigkeit hervorgebracht, dass die ganze Welt und das vollendete Werk auf einer Ursächlichkeit beruht; es besteht nämlich ein großer Unterschied zwischen dem Werk und der Ursächlichkeit des Werks.

(15) Verkünde entweder dein Urteil, oder, was bei solchen Dingen bequemer ist, sage, dass es dir nicht klar ist, und fordere uns auf, [später] darauf zurückzukommen. „Weshalb hast du Freude daran", fragst du, „die Zeit für ein dieses zu vergeuden, das dir keinerlei Leidenschaft entreißt, dir keinerlei Begierde vertreibt?" Ich jedenfalls strebe nach den schon genannten wichtigeren Dingen und überlege, von welchen der Geist beruhigt wird, und ich suche zuerst mich [selbst] zu erforschen, dann diese Welt.

(16) Nicht einmal jetzt verschwende ich, wie du glaubst, meine Zeit; all diese [Dinge] nämlich, wenn sie nicht zerstückelt und nicht in diese fruchtlose Genauigkeit aufgelöst werden, ermuntern und erleichtern die Seele, die sich, obgleich von schwerer Last niedergehalten, zu entwickeln und zu jenem zurückzukehren wünscht, zu dem sie gehörte. Denn dieser Körper ist Last und Leiden für die Seele; weil er sie niederhält, wird sie in die Enge getrieben, liegt in Fesseln, falls nicht die Philosophie hinzukommt und ihr aufträgt, mit Blick auf das Wesen der Dinge aufzuatmen, und sie vom Irdischen zum Göttlichen ziehen lässt. Das ist ihre Freiheit, das ihre Ausschweifung; manchmal entzieht sie sich dem Kerker, in dem sie gehalten wird, und belebt sich neu am Sitz der Gestirne.

(17) Wie die Schöpfer eines feinen Gegenstands, der durch die [auf ihn gerichtete] Aufmerksamkeit die Augen erschöpft, wenn sie schlechtes und unbeständiges Licht haben, öffentlich ausgehen und in einem Stadtviertel, das für das Volk zur Erholung bestimmt wurde, die Augen am vollen Tageslicht erfreuen, so sucht die Seele, eingeschlossen in dieser betrübenden und dunklen Behausung, sooft sie nur kann das Freie und sie findet Ruhe bei der [geistigen] Betrachtung der Welt.

(18) Der Weise und der Jünger der Weisheit hängt freilich in seinem Körper fest, aber mit seinem besten Teil ist er nicht zugegen und er richtet seine Gedanken auf Erhabenes. Gleichsam wie die Vereidigung auf die Fahne sieht er die Tatsache, dass er lebt, als einen Kriegsdienst an; und er ist auf eine Weise ausgebildet, dass er weder Liebe noch Hass auf das Leben verspürt, und Menschliches nimmt er hin, obgleich er weiß, dass Bedeutenderes im Überfluss vorhanden ist.

(19) Du untersagst mir die Untersuchung der Natur der Dinge, treibst mich auf ein Teilstück zurück, nachdem ich vom Ganzen weggelockt wurde? Ich soll nicht danach forschen, welches die Ursprünge der Welt insgesamt sind? Wer der Bildner der Wirklichkeit ist? Wer ein jedes getrennt hat, was in einen Einzigen versenkt und mit träger Materie umwickelt wurde? Ich soll nicht fragen, wer der Schöpfer dieser Welt ist? Aus welcher Einsicht so viel Größe in Gesetz und Ordnung gelangt ist? Wer das Verstreute zusammengelesen, das Vermischte gehörig abgeteilt hat, wer denen, die in einer einzigen Missförmigkeit darniederlagen, eine äußere Gestalt zugeteilt hat? Woher ein Licht von solcher Stärke sich ergießt? Ob es ein Feuer oder etwas Leuchtenderes als ein Feuer ist?

(20) Ich soll dies nicht fragen? Ich soll nicht wissen, von wo ich herabgestiegen bin? Ob ich mir dieses ein einziges Mal anschauen, oder ob ich oft geboren werden muss? Wohin ich von hier aus reisen werde? Welcher Wohnsitz erwartet die von den Gesetzen der menschlichen Knechtschaft

ungebundene Seele? Du hinderst mich, Anteil am Himmel zu nehmen, das bedeutet, du forderst mich auf, mit gesenktem Haupt zu leben?

(21) Ich bin größer und zu Größerem geschaffen, als dass ich Sklave meines Körpers bin, welchen ich allerdings nicht anders betrachte als irgendeine Fessel, die meiner Freiheit angelegt ist; daher gebe ich diesen dem zufälligen Schicksal preis, worin er verbleiben soll, und ich lasse nicht zu, dass durch ihn hindurch irgendein Schaden auf mich übergeht. Dieser ist alles, was an mir eine Verletzung erleiden kann, in einer derart preisgegebenen Wohnstätte wohnt eine freie Seele.

(22) Niemals wird mich dieser Leib zur Furcht, niemals zu einer der Tugend unwürdigen Heuchelei nötigen; niemals werde ich zum Ruhm dieses Körperchens lügen. Sobald es richtig erscheint, werde ich die Gemeinschaft mit ihm auflösen; doch werden wir auch jetzt, solange wir verbunden sind, keine Gesellschafter mit gleichen Anteilen sein: die Seele wird alle Macht an sich ziehen. Die Geringschätzung seines Körpers ist wahre Freiheit.

(23) Um auf das Thema zurückzukommen: zu dieser Freiheit wird auch jene Überlegung viel beitragen, über die wir vor kurzem gesprochen haben; offenbar besteht die gesamte Welt aus Materie und kraft eines Gottes. Gehörig richtet ein Gott dasjenige ein, das ihn als Lenker und Führer umringt und sich ihm anschließt. Das, was erschafft, das heißt ein Gott, ist jedoch mächtiger und auch kostbarer als die den Gott erduldende Materie.

(24) Den Ort, den in der Welt ein Gott einnimmt, den nimmt beim Menschen die Seele ein; was dort die Materie ist, ist bei uns der Körper. Weniger Gutes soll folglich dem Besseren dienen; lasst uns tapfer sein gegenüber den schicksalhaften Ereignissen; lasst uns nicht vor Ungerechtigkeiten erzittern, nicht vor Verletzungen, nicht vor Fesseln, nicht vor der

Armut. Der Tod, was ist er? Entweder Ende oder Übergang. Weder fürchte ich mich ein Ende zu nehmen – das ist nämlich dasselbe, wie nicht angefangen zu haben –, noch überzugehen, weil ich nirgends auf so engem Raum existieren werde. Lebe wohl.

———

# Buch 7 – Brief 66

Seneca grüßt seinen Lucilius,

(1) Nach vielen Jahren habe ich meinen Mitschüler Claranus wiedergesehen: ich vermute, du erwartest nicht, dass ich „den alten Mann" hinzufüge, sondern, wahrhaftig, den vom Verstand frischen und lebendigen, wenn auch einen, der mit seinem gealterten Körper ringt. Die Natur hat sich nämlich ungerecht gezeigt und einen so vorzüglichen Geist schlecht untergebracht; oder vielleicht wollte sie uns gerade dieses zeigen, dass sich unter jedweder Haut eine sehr starke und reiche Begabung verborgen halten kann. Trotzdem hat er alle Hindernisse überwunden und ist aus Verachtung seiner selbst zur Verachtung von allem sonst gelangt.

(2) Es scheint mir, dass sich derjenige irrt, der gesagt hat

*... anmutiger ist die Tugend, die aus einem schönen Körper heraus sich zeigt.*

Denn sie verlangt nicht nach irgendwelchem Schmuck: sie ist sich selbst eine große Zierde und weist ihrem Körper Göttliches zu. Gewiss habe ich begonnen, anders auf unseren Claranus zu blicken: ansehnlich erscheint er mir und in dem Maße vom Körper aufrecht, wie er es vom Geiste ist.

(3) Es kann aus einer Baracke ein bedeutender Mann, es kann aus einem missgestalteten und schwachen Körper ein ansehnlicher und großer Geist zum Vorschein kommen. Daher scheint mir die Natur manche deshalb so vorzüglich zu erschaffen, um zu beweisen, dass die sittliche Vollkommenheit an jedem Ort vorhanden ist. Wenn sie von sich aus bloße Seelen hervorbringen könnte, hätte sie es getan; nun tut sie, was noch großartiger ist: denn sie setzt manche in die Welt, die von ihren Körpern gehemmt sind, aber trotzdem das, was im Wege steht, überwinden.

(4) Claranus erscheint mir zum Vorbild in die Welt gesetzt, damit wir erkennen können, dass der Geist nicht durch eine Missbildung des Körpers entstellt, sondern der Körper durch die Schönheit des Geistes geschmückt wird. Obgleich wir doch sehr wenige Tage zusammen verlebt haben, hatten wir trotzdem viele Unterhaltungen, die ich nach und nach aufzeichnen und an dich übergeben werde.

(5) An diesem ersten Tag wurde die Frage aufgeworfen, auf welche Weise Güter gleich sein können, wenn ihre Bestimmung dreifach ist. Manche, wie es von den Unsrigen gesehen wird, sind höher stehende Güter, wie Freude, Frieden, das Wohl des Vaterlands; manche zweitrangig, auf eine unglückliche Ursache hin erzwungen, wie das Erdulden der Qualen und die Selbstbeherrschung bei schwerer Krankheit. Die erst genannten Güter werden wir uns geradezu wünschen, die letzteren, falls es erforderlich sein wird. Es gibt außerdem noch die dritten, wie ein maßvolles Einhergehen, [und] ein gelassener und auch passender Gesichtsausdruck sowie eine dem verständigen Mann angemessene Haltung.

(6) Wie können diese [Güter] einander gleich sein, obgleich die einen wünschenswert sind, die anderen abgewendet werden müssen?

Wenn wir diese unterscheiden wollen, sollten wir zum ersten Gut zurückkehren und überlegen, wie es beschaffen ist. Ein Bewusstsein, das die wahren Dinge betrachtet, kundig dessen, was abzulehnen und was anzustreben ist, das nicht auf eine Mutmaßung, sondern auf ein Naturgesetz hin den Wert der Dinge festlegt, das die ganze Welt in sich aufnimmt und auf all ihre Bewegungen seinen gezielten Blick wirft, das auf Gedanken und Handlungen im gleichen Maße bedacht ist, groß und leidenschaftlich, durch Beleidigendes und Schmeichelndes in gleicher Weise unbezwingbar, das sich keinem Schicksal beugt, das sich über all die Dinge hinaus erhebt, die [einem] zuteil werden und zustoßen, sehr vortrefflich, sehr gehörig eingerichtet sowohl an Würde als auch an Kräften, besonnen und enthaltsam, furchtlos, charakterfest, das keine Gewalt beugen könnte, das schicksalhafte Ereignisse weder ermuntern noch niederdrücken könnten – ein Bewusstsein von solcher Art ist die sittliche Vollkommenheit.

(7) Dies ist ihre Beschaffenheit, wenn sie sich unter nur einem Gesichtspunkt nähern und sich einmal in ihrer Ganzheit zeigen könnte. Doch von ihr existieren viele Erscheinungsformen, die sich aus der Mannigfaltigkeit des Lebens und den entsprechenden Tätigkeiten entwickeln: aber sie selbst wird weder kleiner noch größer. Das höchste Gut kann sich nämlich nicht vermindern und es ist der sittlichen Vollkommenheit auch nicht erlaubt zurückzuschreiten; aber sie wird sich bald zu diesen, bald zu jenen Eigenschaften wandeln, auf die äußere Erscheinung der Dinge hin gestaltet, die sie darzustellen beabsichtigt.

(8) Alles, was sie berührt hat, führt sie an das ihr Ähnliche heran und gibt ihm ihren Anstrich; sorgfältig ziert sie Tätigkeiten, Freundschaften, zuweilen ganze Häuser, die sie betreten und in Ordnung gebracht hat; all das, worauf sie eingewirkt hat, macht sie liebenswert, hervorstrahlend, bewundernswert. Daher kann ihre Kraft und Größe nicht weiter anwachsen, weil es ja keine Steigerung des Größten gibt: du wirst nichts Richtigeres finden als das Richtige, ebenso wenig etwas Wahreres als das Wahre, [oder] etwas Besonneneres als das Besonnene.

(9) Jede Tugend beruht auf einem Maß; das Maß hat eine feststehende Größe; Charakterfestigkeit trägt nichts in sich, durch das es voran schreiten könnte, ebenso wenig wie Selbstvertrauen oder Aufrichtigkeit oder Treue. Was kann zum Vollendeten hinzukommen? Nichts, oder dasjenige, zu dem es hinzugekommen ist, war nicht vollkommen; folglich auch nicht zur sittlichen Vollkommenheit, der etwas fehlte, wenn etwas hinzukommen kann. Auch das sittlich Gute gestattet keine Zunahme; denn sittlich gut ist es wegen dem, was ich vorgebracht habe. Was weiter? Denkst du, dass das moralisch Richtige, [und] das Gerechte und das Gesetzmäßige

nicht dieselbe Beschaffenheit haben, umschlossen von feststehenden Grenzen? Wachsen zu können, ist das Kennzeichnen von etwas Unvollkommenen.

(10) Jedes Gut fällt unter dieselben Gesetze: privates und öffentliches Interesse sind verbunden, ebenso – bei Gott – wie das Lobenswerte und das Erstrebenswerte. Folglich sind die Tugenden, [und] die Werke der Tugend und alle Menschen, denen sie zuteil wurden, einander gleich.

(11) Die guten Eigenschaften von Pflanzen und Tieren sind jedoch, weil sie sterblich sind, auch zerbrechlich, [und] vergänglich und unsicher; sie treten plötzlich hervor, [und] sie sinken nieder und werden deshalb nicht nach demselben Wert bemessen. An die menschlichen Tugenden wird ein einziger Maßstab angelegt; es existiert nämlich nur eine einzige sittlich gute und reine Vernunft. Nichts ist göttlicher als das Göttliche, [nichts] himmlischer als der Himmel.

(12) Irdisches wird geschwächt, verfällt, schwindet, wächst, wird ausgeschöpft und angefüllt; daher besitzt es wegen des schwankenden Geschicks eine Ungleichförmigkeit: Göttliches hat nur eine Gestalt. Die Vernunft aber ist nichts anderes als der im menschlichen Körper verborgene Teil eines göttlichen Geistes; wenn die Vernunft auf Göttlichem beruht, es aber kein Gut ohne Vernunft gibt, ist jedes Gut von göttlicher Eingebung erfüllt. Sodann gibt es unter Göttlichem keinen Unterschied; folglich auch nicht unter den Gütern. Deshalb sind sowohl die Freude als auch das tapfere und unerschütterliche Erdulden von Qualen gleichgestellt; in beiden liegt nämlich dieselbe Größe des Geistes, in der einen heiter und entspannt, in der anderen kämpferisch und angespannt.

(13) Wie? Du glaubst nicht, dass der Heldenmut von dem, der tapfer die Mauern des Feindes erstürmt, und von dem, der eine Belagerung äußerst beharrlich standhält, gleich groß ist? Groß [ist] Scipio, der Numantia ein-

schließt, es niederhält und die unbesiegten Truppen zwingt, sich selbst in den eigenen Untergang zu stürzen, groß [ist] jener Heldenmut der Belagerten, der weiß, dass derjenige nicht eingeschlossen ist, dem der Tod offen steht, und der in den Armen der Freiheit den Geist aushaucht. Ebenso sind auch die übrigen [Güter] einander gleich, der Seelenfrieden, die Aufrichtigkeit, die Freigebigkeit, die Charakterfestigkeit, die Nachsicht, die Leidensfähigkeit; all diesen liegt nämlich die eine sittliche Vollkommenheit zugrunde, die Gewähr für einen tugendhaften und unbeugsamen Geist leistet.

(14) „Was nun also? Besteht kein Unterschied zwischen der Freude und dem unbeugsamen Erdulden von Schmerzen?" Keiner, in Hinsicht auf die Tugenden selbst: ein sehr großer zwischen den Erwähnten, bei denen beide Tugenden offenbar werden; bei dem einen nämlich ist die Entspannung und Gelassenheit des Geistes naturgegeben, bei einem anderen ist der Schmerz gegen die Natur. Also sind diese, die ein Höchstmaß an Unterschied in sich aufnehmen, ein Mittelding: die sittliche Vollkommenheit ist in beiden gleich groß.

(15) Der Anlass verändert nicht die sittliche Vollkommenheit: weder macht sie ein grausamer und schwieriger schlechter noch ein heiterer und froher besser; sie muss folglich die gleiche sein. Bei beiden geschieht nämlich das, was geschieht, in gleicher Weise richtig, in gleicher Weise klug, in gleicher Weise ehrenwert; deshalb sind alle Güter gleich beschaffen; über diese hinaus kann sich weder der eine besser in dieser Freude betragen noch der andere besser in jenen Qualen; zwei aber, bei denen nichts besser gemacht werden kann, sind gleich.

(16) Wenn nämlich die Dinge, die außerhalb der sittlichen Vollkommenheit gelegen sind, diese einerseits vermindern, andererseits vermehren können, ist das, was sittlich gut ist, nicht mehr das einzige Gut. Wenn man dies anerkennt, geht alles sittlich Gute verloren. Warum? Lass es dir sa-

gen: weil nichts sittlich gut ist, das mit Widerwillen, das unter Zwang getan wird; alles sittlich Gute beruht auf freiem Willen. Füge ihm die Faulheit hinzu, das Jammern, die Ausflucht, die Furcht: verloren hat es das Beste, das es in sich trägt – mit sich [selbst] zufrieden zu sein. Es kann nicht sittlich gut sein, das nicht frei ist; denn was sich fürchtet, ist geknechtet.

(17) Alles sittlich Gute ist ohne Sorge, ist gelassen: wenn es etwas ablehnt, wenn es etwas laut beklagt, wenn es etwas für ein Übel hält, hat es eine Störung der Gemütsruhe zugelassen und befindet sich in großer Disharmonie; von dieser Seite lockt nämlich der Glanz des Tugendhaften, auf jener Seite gibt der Argwohn des Schlechten es nicht heraus. Daher soll derjenige, der tugendhaft etwas tun will, alles, was sich ihm entgegenstellt, auch wenn er es als unbequem ansieht, nicht für ein Übel halten – er soll es wollen, er soll es gerne tun. Alles sittlich Gute geschieht aus freien Stücken und ohne Zwang, rein und mit keinem Übel vermengt.

(18) Ich weiß, was mir an dieser Stelle erwidert werden könnte: „Du versuchst uns davon zu überzeugen, dass kein Unterschied besteht, ob einer in Freude lebt oder auf der Folter liegt und seinen Folterknecht ermüdet?" Ich könnte antworten: auch Epikur sagt, dass der Weise, falls er im Stier des Phalaris geröstet werden sollte, ausrufen wird: „Es ist angenehm und hat keine Bedeutung für mich." Warum wunderst du dich, wenn ich [zwei] Güter – das von dem einen, der beim Festmahl liegt, [und] das von dem anderen, der sich unter Qualen ausgesprochen tapfer behauptet – gleich nenne, obschon Epikur sagt, was unglaublicher ist, dass es angenehm ist, geröstet zu werden?

(19) Aber ich antworte Folgendes: dass ein sehr großer Unterschied zwischen der Freude und dem Schmerz besteht; wenn eine Entscheidung verlangt werden sollte, werde ich das eine anstreben, das andere meiden: ersteres ist der Natur nahestehend, letzteres gegen sie. Solange sie auf die-

se Weise eingeschätzt werden, sind sie durch große Entfernung voneinander getrennt: sobald man zur sittlichen Vollkommenheit übergegangen ist, sind beide gleich, sowohl diejenige, die infolge von Freudigem, als auch diejenige, die infolge von Schmerzlichem hervortritt.

(20) Misshandlung, [und] Schmerz und was es auch immer sonst an Unglück gibt, hat keine Bedeutung; es wird nämlich von der sittlichen Vollkommenheit überdeckt. Gleich wie die Helligkeit der Sonne schwächere Lichter nicht sichtbar werden lässt, so vertreibt und unterdrückt die Tugend Schmerzen, Beschwerlichkeiten [und] Ungerechtigkeiten durch ihre Größe; und wohin auch immer sie geleuchtet hat, dort wird alles ausgelöscht, was ohne sie zum Vorschein kommt, und ebenso wenig erlangen die Widrigkeiten irgendeinen Anteil, sobald sie auf die sittliche Vollkommenheit stoßen, wie ein Regenguss im Meer.

(21) Damit du verstehst, dass es so ist: auf alles Schöne wird ein ehrenwerter Mann ohne irgendein Zögern zustürmen – auch wenn dort der Henker steht, der Folterknecht sich zeigt und der brennende Scheiterhaufen, er wird standhaft bleiben und nicht betrachten, was er erleiden, sondern was er zuwege bringen wird, und einer ehrenwerten Sache wird er sich gleichwie einem ehrenhaften Mann anvertrauen; und er wird sie sich für nützlich, für sicher, für günstig einschätzen. Eine ehrenwerte, aber unheilvolle und widrige Sache wird bei ihm denselben Rang besitzen, den ein ehrenhafter Mann, bedürftig oder auch nur kraftlos und unscheinbar [besitzt].

(22) Auf nun, stell auf die eine Seite einen tugendhaften Mann, der Reichtum im Überfluss hat, auf die andere einen, der nichts besitzt, aber alles in sich [hat]: jeder von beiden wird in gleicher Weise ein ehrenwerter Mann sein, auch wenn das Schicksal sie ungleich behandelt. Wie ich erklärt habe, gilt für Dinge dieselbe Erkenntnis wie für Menschen: ebenso löblich

ist die sittliche Vollkommenheit, die in einem gesunden und freien, wie diejenige, die in einem kranken und einschränkten Körper steckt.

(23) Also wirst du auch deine sittliche Vollkommenheit nicht in einem höheren Grad loben, wenn ihr das Schicksal deinen Körper unversehrt erhalten hat, als wenn er in irgendeiner Hinsicht verstümmelt ist: anderenfalls hieße es, nach dem Aussehen der Sklaven den Herrn zu beurteilen. All die Dinge nämlich, über die der Zufall seine Herrschaft ausübt, Vermögen und Körper und Ehre, sind dienend – kraftlos, flüchtig, sterblich, ein unsicherer Besitz: frei und unüberwindlich [sind] dagegen jene Werke der Tugend, die man nicht deshalb mehr anstreben darf, wenn sie wohlwollender vom Schicksal behandelt werden, und nicht weniger, wenn sie durch irgendeine Härte der Verhältnisse unterdrückt werden.

(24) Was bei Menschen die Freundschaft, das ist bei Dingen das Begehren. Ich denke, du würdest einen reichen tugendhaften Mann nicht mehr lieben als einen armen, und einen kräftigen und muskulösen nicht mehr als einen zierlichen und körperlich schwachen; also wirst du auch eine Sache nicht mehr begehren oder lieben, wenn sie heiter und friedlich ist, als zerstückelt und mühsam.

(25) Oder, wenn es so ist, wirst du von zwei gleich vortrefflichen Männern den schönen und gesalbten eher schätzen als den staubigen und struppigen; du wirst dann immer hierhin gelangen, dass du einen am ganzen Körper unversehrten und unverletzten mehr schätzt als einen gelähmten oder schielenden; nach und nach wird deine Anmaßung bis zu dem Punkt kommen, dass du von zwei gleich rechtschaffenen und verständigen den mit vollem Haarwuchs und gekräuseltem Haar vorziehst. Wenn in beiden eine gleich große sittliche Vollkommenheit vorhanden ist, wird die Ungleichheit der anderen Dinge nicht sichtbar; all die anderen [Dinge] nämlich sind nicht Teile, sondern Zusätze.

(26) Ob irgendeiner eine so ungerechte Beurteilung unter den Seinen vornimmt, dass er den gesunden Sohn mehr liebt als den kranken oder den schlanken und emporragenden mehr als den kleinen und mittelmäßigen? Wilde Tiere machen keinen Unterschied zwischen ihren Jungen und bezüglich der Nahrung legen sie sich auf gleiche Weise für alle nieder; gleichmäßig verteilen die Vögel das Futter. Odysseus eilt zu den Felsen seines Ithaka wie Agamemnon zu den berühmten Mauern Mykenes; denn niemand liebt seine Heimat, weil sie bedeutend ist, sondern weil sie die seine ist.

(27) Worauf zielt das eben erwähnte ab? Um zu verstehen, dass die sittliche Vollkommenheit alle Werke wie eigene Kinder mit denselben Augen betrachtet, dass sie allen gleich gewogen ist, und gewiss denen reichlicher, die sich nicht zu helfen wissen, weil sich ja auch die Liebe der Eltern mehr denjenigen zuneigt, mit denen sie Mitleid hat. Auch die sittliche Vollkommenheit liebt ihre Werke, die sie geschwächt und bedrängt [zu werden] sieht, nicht im höheren Grade, aber nach Art guter Eltern hegt und pflegt sie diese mehr.

(28) Warum ist irgendein Gut nicht bedeutender als ein anderes? Weil etwas nicht passender ist als das Passende, weil nichts ebener ist als das Ebene. Man kann nicht sagen, dass jemandem das eine gleicher ist als das andere; folglich ist etwas auch sittlich nicht besser als das sittlich Gute.

(29) Wenn nun das Wesen jeder sittlichen Vollkommenheit gleich ist, stehen die drei Arten von Gütern auf gleicher Stufe. Daher behaupte ich: sich maßvoll zu freuen und maßvoll Schmerzen zu empfinden, steht auf einer Stufe. Jene Freude übertrifft nicht diese Standhaftigkeit des Herzens, die unter dem Folterknecht das Wehklagen unterdrückt: die einen Güter sind wünschenswert, die anderen bewundernswert, beide nichtsdestoweniger gleich, weil alles, was von Nachteil ist, durch die Kraft des so viel größeren Gutes verdeckt wird.

(30) Jeder, der diese für ungleich hält, wendet den Blick von den Tugenden selbst ab und betrachtet allzu Äußerliches. Die echten Güter haben dasselbe Gewicht, dieselbe Ausdehnung: jene Falschen enthalten viel an eitlem Wahn; daher enttäuscht Glänzendes und Großes andererseits diejenigen, die es genau betrachten, sooft es auf seinen Wert zurückgesetzt wurde.

(31) Das heißt, mein Lucilius: was auch immer die wahre Vernunft empfiehlt, ist unerschütterlich und unvergänglich, es festigt die Seele und richtet sie auf, damit sie in erhabener Höhe leben wird: jenes, das leichtfertig gelobt wird und nach Ansicht der Masse ein Gut ist, bläst die erfreuten [Menschen] mit Nichtigkeiten auf; umgekehrt ruft das, was als Übel gefürchtet wird, Angst in den Herzen hervor und treibt sie hin und her nicht anders als Tiere beim Anblick einer Gefahr.

(32) Teils erheitert, teils peinigt also beides grundlos den Geist: und weder ist ersteres der Freude würdig noch letzteres der Furcht. Allein die Vernunft ist von unveränderlichem und festem Urteil; sie ist nämlich nicht Sklave, sondern Herrscher über ihre Sinne. Die Vernunft ist der Vernunft gleich, sowie das Richtige dem Richtigen; also auch die sittliche Vollkommenheit der sittlichen Vollkommenheit; denn die sittliche Vollkommenheit ist nichts anderes als die rechte Vernunft. Alle Tugenden beruhen auf vernünftigen Überlegungen; es sind vernünftige Überlegungen, wenn sie richtig sind; wenn sie richtig sind, sind sie auch gleich.

(33) So wie die Vernunft beschaffen ist, so sind es auch die Tätigkeiten; folglich sind sie alle gleichrangig; denn wenn sie der Vernunft gleichartig sind, sind sie auch untereinander gleichartig. Dass aber Tätigkeiten untereinander gleichrangig sind, behaupte ich als gewiss, wenn sie sittlich gut und richtig sind; im Übrigen werden sie große Unterschiede aufweisen aufgrund der wechselnden Aufgabe, die bald von großem Umfang ist, bald beschränkter, bald hervorragender, bald unbedeutender, bald auf vieles,

bald auf weniges abzielend. Trotzdem ist dasjenige, was am Gedeihlichsten ist, bei all diesen das Gleiche: sie sind sittlich gut.

(34) Zum Beispiel sind sittlich gute Menschen alle gleichrangig, insofern sie gut sind, haben aber unterschiedliche Lebensalter: der eine ist älter, der andere jünger; haben unterschiedliche Körper: der eine ist ansehnlicher, der andere missgestalteter; haben unterschiedliche Schicksale: der eine ist reich, der andere arm, der eine beliebt, einflussreich, in den Städten und bei den Völkern bekannt, der andere den meisten unbekannt und ruhmlos. Aber sie sind gleichrangig durch das, wodurch sie gut sind.

(35) Die Sinneswahrnehmung urteilt nicht über die guten und schlechten Dinge; was nützlich, was überflüssig ist, weiß sie nicht. Ein Urteil kann sie nur fällen, wenn sie in dringlicher Lage dazu veranlasst ist; weder sieht sie die Zukunft vorher noch denkt sie an die Vergangenheit; was folgerichtig ist, weiß sie nicht. Daraus aber wird die Ordnung und Reihenfolge der Ereignisse zusammengewoben und auch die Einheit eines Lebens, das zum Tugendhaften voranschreiten will. Die Vernunft ist also Richterin über die Güter und über die Übel; Fremdes und Äußerliches betrachtet sie als wertlos, und das, was weder als Gutes noch als Schlechtes gilt, hält sie für sehr kleine und unbedeutende Zusätze. Denn alles Gute liegt für sie im Geiste.

(36) Im Übrigen erachtet sie manche Güter als höherstehend, zu denen sie aufgrund einer Absicht gelangt, wie ein Sieg, vortreffliche Kinder, das Wohl des Vaterlands; manche [Güter] für geringer, die sich nur unter unglücklichen Umständen zeigen, zum Beispiel mit geduldigem Herzen eine Krankheit, eine Feuersbrunst, eine Verbannung zu ertragen; manche [Güter] für neutral, die ebenso wenig in Übereinstimmung mit der Natur wie entgegen der Natur sind, wie mit Umsicht einherzuschreiten, in gehöriger Haltung zu sitzen. Denn zu sitzen ist der Natur entsprechend wie zu stehen oder zu gehen.

(37) Die zwei genannten höherstehenden Güter sind ganz verschieden: die ersten sind gemäß der Natur – sich über die Liebe der Kinder zu erfreuen, über den Erhalt des Vaterlands; die zweiten sind entgegen der Natur – tapfer den Foltern zu widerstehen und standhaft Durst zu ertragen, weil eine Krankheit die Eingeweide plagt.

(38) „Wie also? Existiert irgendein Gut entgegen der Natur?" Keineswegs; aber manchmal ist das entgegen der Natur, worin jenes Gut zum Vorschein kommt. Denn verwundet zu werden, [und] durch ein Feuer zu vergehen, das unter einem entfacht wurde, und durch eine widrige Krankheit niedergeworfen zu werden, steht im Widerspruch zur Natur, dabei jedoch eine unermüdliche Zuversicht zu bewahren, entspricht der Natur.

(39) Und, um es kurz auszudrücken, worauf ich Wert lege: der Anlass zum Guten ist zuweilen entgegen der Natur, niemals das Gute [selbst], weil ja ein Gut ohne die Vernunft keines ist, die Vernunft sich jedoch von der Natur leiten lässt. „Was ist demnach die Vernunft?" Eine Nachahmung der Natur. „Was ist das höchste Gut des Menschen?" Sich nach dem Willen der Natur zu verhalten.

(40) „Es besteht kein Zweifel", wird man sagen, „dass ein niemals gestörter Frieden glücklicher ist als ein unter großem Blutvergießen wiederhergestellter [Friede]. Es besteht kein Zweifel", wird man sagen, „dass eine unerschütterliche Gesundheit eine erfreulichere Angelegenheit ist als eine nach schweren und mit dem Ende drohenden Krankheiten, gewissermaßen mit Entschlossenheit und Geduld aus der Gefahr herausgeführte [Gesundheit]. In gleicher Weise wird es keinen Zweifel geben, dass die Freude ein höheres Gut ist als der beharrliche Gleichmut, Qualen von Verletzungen und Feuersbrünsten zu erdulden."

(41) Ganz und gar nicht; jene Dinge nämlich, die auf zufälligen Ereignissen beruhen, lassen sehr viele Unterscheidungen zu; denn sie werden nach

dem Nutzen für diejenigen beurteilt, die sie an sich nehmen. Eine Absicht der Güter besteht darin, mit der Natur im Einklang zu stehen; dieses zu erreichen, gilt für alle gleich. Wenn wir uns im Rat irgendjemandes Antrag anschließen, kann man nicht sagen: dieser stimmt mehr zu als jener. Alle stimmen demselben Antrag zu. Ich behaupte dasselbe von den Tugenden: alle pflichten der Natur bei. Ich behaupte dasselbe von den Gütern: alle pflichten der Natur bei.

(42) Der eine ist als junger Mensch verstorben, der andere als Greis, manch einer sogleich als kleines Kind, dem nichts weiter zuteil wurde, als das Leben vor sich zu sehen: all diese waren in gleicher Weise sterblich, auch wenn der Tod das Leben der einen voranschreiten ließ, das der anderen inmitten der Blüte abgeschnitten, es bei wieder anderen schon zu Beginn abgebrochen hat.

(43) Der eine ist mitten beim Essen erschlafft, der Tod des nächsten folgte unmittelbar dem Schlaf, manchen hat die körperliche Liebe umgebracht. Diesen stelle die von einem Schwert durchbohrten gegenüber, oder die durch einen Schlangenbiss entseelten oder die von Trümmerstücken zerschmetterten oder die durch eine chronische Verkürzung der Sehnen schrittweise verkrüppelten. Das Ende der einen kann man besser nennen, das der anderen schlechter: der Tod jedoch ist für alle gleich; verschieden sind sie dadurch, wie sie zu ihm gelangen; in was sie übergehen, ist ein und dasselbe. Kein Tod ist größer oder kleiner; er besitzt nämlich für alle dasselbe Maß – dem Leben ein Ende gesetzt zu haben.

(44) Dasselbe sage ich dir über die Güter: das eine Gut findet sich inmitten von reinen Freuden, das andere inmitten von freudlosen und schmerzlichen Dingen; ersteres lenkte die Gunst des Schicksals, letzteres bezwang die Gewalttätigkeit: jedes von beiden ist in gleicher Weise ein Gut, obgleich jenes einen ebenen und angenehmen Weg gegangen sein wird, dieses einen mühsamen. Der Endzweck von allen ist nämlich derselbe: sie

sind gut, sie sind lobenswert, sie schließen sich der Sittlichkeit und der Vernunft als Begleiter an; die sittliche Vollkommenheit stellt alles, was sie anerkennt, einander gleich.

(45) Auch Folgendes sollte dich deshalb bei unseren Lehrsätzen nicht erstaunen: bei Epikur gibt es zwei Güter, aus denen jenes Höchste und Glücklichste zusammengesetzt wird: dass der Körper ohne Schmerz ist, der Geist ohne Unruhe. Diese Güter nehmen nicht zu, wenn sie vollkommen sind: denn wohin soll sich steigern, was vollkommen ist? Ein Körper ist frei von Schmerz: was kann zu dieser Schmerzlosigkeit hinzukommen? Ein Geist bleibt sich treu und ist ruhig: was kann zu dieser Ruhe hinzukommen?

(46) Wie die Heiterkeit des Himmels, in reinster Helligkeit wieder aufgeklart, keine noch größere Klarheit annimmt, so ist der Zustand eines Menschen vollkommen, der sich um Körper und Geist sorgt und sein Glück aus beiden verbindet, und die höchste Vollendung seines Verlangens gefunden hat, wenn weder eine Unruhe des Geistes noch ein Schmerz des Körpers vorliegt. Wenn irgendwelche Annehmlichkeiten von außen zuteil werden, steigern sie nicht das höchste Gut, sondern, um mich so auszudrücken, sie würzen und erheitern es; jenes vollkommene Gut der menschlichen Natur ist nämlich mit der Ruhe von Körper und Geist zufrieden.

(47) Ich werde dir nun auch noch, ähnlich der Unsrigen, die Gliederung der Güter bei Epikur mitteilen. Es gibt bei ihm nämlich die einen, die er sich lieber zuteilwerden lassen will, wie eine von jeder Beeinträchtigung befreiten Ruhe des Körpers und eine Gelassenheit des Geistes, der sich an der [geistigen] Betrachtung seiner Güter erfreut; es gibt die anderen, die er, obgleich er nicht will, dass sie eintreten, nichtsdestoweniger lobt und gutheißt, wie jenes Erdulden einer schlimmen Krankheit und der größten Schmerzen, das ich kurz vorher ansprach, in welchem Epikur an jenem

letzten und seinem glücklichsten Tag lebte. Denn er sagt, dass er die Foltern der Blase und der zum Eitern gebrachten Wunde erduldet, die keinen weiteren Zuwachs an Schmerz zulassen, [und] dass jener Tag trotzdem der glücklichste für ihn ist. Einen glücklichen Tag kann nur derjenige verbringen, der in höchster Tugend lebt.

(48) Folglich sind diese auch bei Epikur Güter, die man lieber nicht durchmachen wollte, die aber, weil es ja die Lage erfordert hat, sowohl anerkannt und gelobt als auch dem Höchsten gleichgestellt werden müssen. Man kann nicht sagen, dieses Gut, das einem glücklichen Leben ein Ende gesetzt hat [und] dem Epikur mit letztem Worte gedankt hat, sei den Höchsten nicht gleich.

(49) Gestatte mir, Lucilius, tüchtigster unter den Männern, etwas recht kühn zu behaupten: wenn irgendwelche Güter größer als andere sein könnten, hätte ich diese, die schmerzlicher erscheinen, jenen freundlichen und angenehmen vorgezogen, hätte diese größer genannt. Es ist nämlich bedeutender, sich über Beschwerliches hinwegzusetzen, als Angenehmes zu beschränken.

(50) Durch dieselbe Vernunft wird bewirkt – das ist mir bewusst geworden – dass einer tugendhaft das Glück und [dass er] tapfer das Unglück hinnimmt. Es kann auf gleicher Weise tapfer sein, wer frei von Sorgen vor dem Wall Wache hielt, weil keine Feinde angriffen haben, und wer, obwohl die Kniekehlen von unten durchschnitten wurden, auf den Knien standhielt und auch die Waffen nicht fallen ließ: „Gepriesen soll deine Tapferkeit sein" sagt man denen, die blutbefleckt aus der Schlacht zurückkehren. Deshalb möchte ich diese Güter in höherem Grade loben, die hart geprüft und tapfer mit dem Schicksal gehadert haben.

(51) Sollte ich Bedenken tragen, jene verstümmelte und verdorrte Hand des Mucius mehr zu loben als die unverletzte eines erstbesten Gesunden?

Unerschütterlich verharrte der Verächter der Feinde und der Flammen und, obgleich sich seine Hand über dem Kohlenbecken des Feindes auflöste, hat er genau hingesehen, solange bis Porsenna ihm, dessen Bestrafung er verlangt hat, den Ruhm missgönnte und befahl, das Feuer gegen seinen Willen zu entfernen.

(52) Warum sollte ich dieses Gut nicht unter die vorzüglichsten zählen und nicht für desto bedeutender halten als jene heiteren und vom Schicksal unberührten, je seltener es ist, den Feind mit einer verlorenen als mit der bewaffneten Hand besiegt zu haben. „Was nun also?", fragst du, „wirst du dir dieses Gut wünschen?" Warum nicht? Denn nur, wer es auch wünschen kann, ist in der Lage, dieses zu erleiden.

(53) Oder soll ich eher wünschen, dass ich den Lustknaben meine Finger zum Massieren hinhalte? Dass eine Dirne oder irgendein aus einem Mann verwandeltes Weiblein meine Fingerchen dehnt? Warum soll ich Mucius nicht für glücklicher halten, weil er das Feuer auf eine Weise behandelt hat, als ob er jene Hand einem Masseur dargeboten hätte? Er machte alles ungeschehen, worin er aus Irrtum gefehlt hatte: unbewaffnet und verkrüppelt beendete er den Krieg und mit jener verstümmelten Hand hat er zwei Könige bezwungen. Lebe wohl.

———

# Buch 7 – Brief 67

Seneca grüßt seinen Lucilius,

(1) Um mit dem allgemein Üblichen den Anfang zu machen: der Frühling hat begonnen, sich seinen Weg zu bahnen, doch nun zum Sommer hingewendet, wo es vom Zeitpunkt her heiß sein müsste, wurde es mild und bisher verdient er kein Vertrauen; oft nämlich schlägt es wieder in winterliche Kälte um. Willst du wissen, wie unentschieden er noch ist? Ich vertraue mich noch nicht dem richtig kalten Wasser an, bis heute schwäche ich dessen Kälte ab. „Das heißt", sagst du, „weder Heißes noch Kaltes hinzunehmen." So ist es, mein Lucilius: meine Generation ist bereits von eigener Kälte umgeben; mit Mühe wird sie vom Hochsommer erwärmt. Daher wird ein Großteil [der Zeit] in Kleidung verbracht.

(2) Ich danke dem Alter, weil es mich ans Bett gefesselt hat: warum soll ich ihm nicht dafür danken? Was auch immer ich nicht wollen durfte, ist mir [nun] nicht [mehr] möglich. Kleine Schriftstücke liefern mir sehr viel Gesprächsstoff. Wenn je einmal deine Briefe dazugekommen sind, bilde ich mir ein, dass ich mit dir zusammen bin, und mein Geist wird auf eine Weise in eine Stimmung versetzt, als ob ich dir nicht zurückschreiben, sondern [im Gespräch] antworten würde. Daher werden wir auch in Hinsicht auf das, was du zu erfahren suchst, gemeinsam nachforschen, wie es beschaffen ist, gerade als ob ich mit dir eine Unterhaltung führen würde.

(3) Du fragst, ob jedes Gut wünschenswert ist. „Wenn es gut ist", sagst du, „sich tapfer quälen zu lassen, [und] mit großem Mut verbrannt zu werden und geduldig krank zu sein, folgt daraus, dass diese Dinge wünschenswert sind; ich sehe jedoch unter diesen nichts Verlangenswertes. Außerdem weiß ich mit Gewissheit, dass niemand [den Göttern] ein Gelübde deswegen erfüllt hätte, weil er mit Peitschen geschlagen, [oder] von der Fußgicht gequält oder langandauernder gefoltert worden ist."

(4) Dies unterscheide, mein Lucilius, und verstehe, dass auch in diesen etwas Wünschenswertes liegt. Wohl möchte ich, dass Folterqualen mir fernbleiben; wenn sie aber ausgehalten werden müssen, wünsche ich mir, dass ich mich dabei tapfer, würdig [und] mutig betrage. Warum sollte ich nicht lieber wollen, dass kein Krieg ausbricht? Aber wenn er ausbricht, wünsche ich mir, dass ich Verletzungen, dass ich Hunger und alles, was eine kriegsbedingte Zwangslage mit sich bringt, edelmütig ertrage. Ich bin nicht so töricht, dass ich das Verlangen hege, krank zu sein; aber wenn ich [schon] krank sein muss, wünsche ich mir, dass ich niemals unmäßig, dass ich niemals unmännlich leide. Deshalb sind nicht die Widrigkeiten wünschenswert, sondern die sittliche Vollkommenheit, mit der die Widrigkeiten ertragen werden.

(5) Manche von den Unsrigen glauben, dass das tapfere Ertragen all dieser Dinge nicht wünschenswert ist, aber auch nicht verabscheuenswert, weil mit einem Wunsch ein reines Gut angestrebt werden soll, das sowohl in der Ruhe als auch außerhalb des Missbehagens gelegen ist. Ich bin anderer Meinung. Warum? Zunächst, weil es unmöglich ist, dass irgendeine Sache zwar sittlich gut [ist], aber nicht wünschenswert ist; wenn fernerhin die sittliche Vollkommenheit wünschenswert, nichts jedoch ohne die sittliche Vollkommenheit gut ist, ist auch jedes Gut wünschenswert; hierauf [folgt]: selbst wenn [Folterqualen nicht wünschenswert sind], ist das tapfere Ertragen der Folterqualen wünschenswert.

(6) Wieder frage ich nun: ist die Tapferkeit wirklich wünschenswert? Sie verachtet freilich die Gefahr und fordert sie heraus; ihre vortrefflichste und überaus bewundernswerte Seite liegt darin, den Feuersbrünsten nicht zu weichen, den Verwundungen entgegen zu marschieren, zuweilen selbst Geschossen nicht auszuweichen, sondern sie mit der Brust abzufangen. Wenn Tapferkeit wünschenswert ist, ist es auch wünschenswert, Folterqualen geduldig zu ertragen; dieses ist nämlich ein Teil der Tapferkeit. Aber halte dies auseinander, wie ich es gesagt habe: es wird [dann] nichts

geben, was dich irre machen kann. Es ist nämlich nicht wünschenswert, die Folter zu ertragen, sondern sie tapfer zu ertragen: dieses „tapfer" wünsche ich mir, weil es auf der sittlichen Vollkommenheit beruht.

(7) „Doch wer hat sich dieses jemals gewünscht?" Einige Wünsche sind klar und offenkundig – wenn sie schrittweise erwählt werden –, einige sind verborgen – wenn vieles in einem einzigen Wunsch zusammengefasst ist. Zum Beispiel wünsche ich mir ein sittlich vollkommenes Leben; ein sittlich vollkommenes Leben jedoch besteht aus mannigfachen Handlungen: zu diesen gehört der Nagelkasten des Regulus, die von eigener Hand wieder aufgerissene Wunde des Cato, die Verbannung des Rutilius, der vergiftete Kelch, der Sokrates aus dem Kerker in den Himmel hinübertrug. Auf diese Weise habe ich mir, sooft ich mir ein sittlich vollkommenes Leben gewünscht habe, auch die erwähnten Dinge gewünscht, ohne welche es mitunter nicht sittlich gut sein kann.

(8) *„Oh, dreifach, vierfach Glückselige,*
*denen es vor den Augen der Ahnen unterhalb der hohen Mauern Trojas*
*zuteil wurde zu sterben!"*

Welchen Unterschied macht es, ob du dieses jemandem wünschst oder ob du bekennst, dass es wünschenswert gewesen ist?

(9) Decius hat sich für den Staat als Sühneopfer bestimmt: er trieb sein Pferd zum raschen Lauf an und stürzte sich, dem Tode entgegeneilend, mitten unter die Feinde. Nachdem er feierlich den gewohnten und schon zur Familie gehörigen Eid gesprochen hatte, ist sein Nachfolger, dem väterlichen Heldenmut nacheifernd, in die dicht gedrängte Schlachtreihe hineingestürmt, darüber in Sorge nur, dass er sich unter günstigen Vorzeichen opferte, weil er einen sittlich guten Tod als wünschenswerte Sache ansah. Hast du also [noch] Zweifel, ob es das Beste ist, denkwürdig und zwar bei einer Tat von sittlicher Vollkommenheit zu sterben?

(10) Wenn irgendeiner tapfer Folterqualen erleidet, beweist er sämtliche Tugenden. Es mag vielleicht eine einzelne [nur] offenbar sein und am ehesten Anerkennung finden: die Leidensfähigkeit; im Übrigen findet sich dort die Tapferkeit, von der die Geduld, [und] die Ausdauer und das Durchhaltevermögen Zweige sind; es gibt dort Klugheit, ohne die kein Beschluss gefasst wird, die den Rat gibt, was man nicht vermeiden kann, möglichst tapfer zu ertragen; dort befindet sich die Standhaftigkeit, die nicht von ihrem Platz verdrängt werden kann und die ihren Vorsatz keines erpressenden Zwanges wegen aufgibt; es existiert dort jenes unteilbare Gefolge der sittlichen Vollkommenheit. Alles, was sittlich gut hervorgebracht wird, das bringt eine einzige sittliche Vollkommenheit hervor, aber infolge des Beschlusses einer gemeinsamen Überlegung; was jedoch von allen Tugenden als richtig anerkannt wird, ist wünschenswert, selbst wenn es scheinbar von einer einzigen hervorgebracht wird.

(11) Wie bitte? Du denkst, dass nur die Dinge wünschenswert sind, die aus dem Vergnügen und der Muße hervorwachsen, die an geschmückten Toren empfangen werden? Manche Güter sind von freudlosem Aussehen; manche Wünsche gibt es, die nicht im Kreis derjenigen verbreitet werden, die Glück wünschen, sondern derjenigen, die bewundern und verehren.

(12) Meinst du also nicht, dass Regulus gewünscht hat, zu den Karthagern zu gelangen? Lass dich auf die Überlegung eines großen Mannes ein und trenne dich für eine Weile von den Mutmaßungen der breiten Masse; soweit du dazu bestimmt bist, erfasse die außerordentlich schöne und prächtige Idee der sittlichen Vollkommenheit, die wir nicht mit Weihrauch und Kränzen, sondern mit Schweiß und Blut hochhalten müssen.

(13) Erblicke M.Cato, wie er die reinsten Hände an seine ehrwürdige Brust führt und die Wunden erweitert, weil sie nicht tief genug [geschlagen] sind. Willst du ihm denn etwa sagen: „Ich hätte gewünscht, was du

wünschtest!" und: „Das bedaure ich!" oder: „Glückauf bei dem, was du tust!"?

(14) An dieser Stelle tritt mir unser Demetrius vor Augen, der ein unbekümmertes Leben, und daher ohne irgendwelche Überfälle des Schicksals, ein totes Meer nannte. Nichts zu haben, wozu man ermuntert werden, wozu du dich anspornen, durch dessen Androhung und Ansturm du die Standhaftigkeit des Geistes auf die Probe stellen kannst, sondern im unerschütterlichen Müßiggang darniederzuliegen, ist keine Ruhe: es ist eine Totenflaute.

(15) Der Stoiker Attalus pflegte zu sagen: „Lieber soll mich das Schicksal in seinem Kriegslager halten als in üppigen Genüssen. Ich erleide Qualen, aber tapfer: es steht gut. Ich werde zugrunde gehen, aber tapfer: es steht gut." Hör dir Epikur an, er wird sogar sagen: „Es ist etwas Süßes." Ich [selbst] werde einer so ehrenwerten und ernsten Angelegenheit niemals einen freundlichen Namen auferlegen.

(16) Ich werde verbrannt, aber unbesiegt: warum soll das nicht wünschenswert sein? – Nicht, dass ein Feuer mich verzehrt, sondern dass es nicht die Oberhand erlangt. Nichts ist vortrefflicher, nichts ist schöner als die sittliche Vollkommenheit; und gut und wünschenswert ist alles, was davon in ihrem Auftrag geschieht. Lebe wohl.

––––––

# Buch 7 – Brief 68

Seneca grüßt seinen Lucilius,

(1) Ich stimme deinem Entschluss zu: verbirg dich in deiner freien Zeit, aber verbirg auch die freie Zeit selbst. Dass du dieses nach Art der Stoiker tun wirst, wenn auch nicht nach Vorschrift, so doch nach Inhalt, magst du immerhin wissen; aber du wirst ebenfalls infolge ihrer Lehre handeln: das wirst du sowohl dir, als auch wem du [sonst] willst, beweisen.

(2) Wir geleiten den Staat weder bei allem, noch jederzeit, noch uneingeschränkt; überdies, sooft wir dem Weisen einen für ihn würdigen Staat übergeben, das heißt die Welt, befindet er sich nicht außerhalb des Staates, selbst wenn er sich zurückgezogen hat; es kann im Gegenteil sein, dass er, in irgendeinem [entlegenen] Winkel zurückgelassen, zu Größerem und Bedeutenderem übergeht und, auf den Gipfel versetzt, erkennt, auf wie bescheidenem Platz er weilte, als er den Amtsstuhl oder das Rednerpult bestiegen hat. Dieses bewahre in dir, dass der Weise niemals mehr in Bewegung setzt, als wenn ihm Göttliches und Menschliches sichtbar geworden ist.

(3) Ich komme nun zu jenem zurück, was ich dir anfangs geraten habe, damit deine Muße von der Berufstätigkeit nicht bekannt wird. Es besteht kein Grund, dir „Philosophie" und „Erholung" auf ein Brusttäfelchen zu schreiben: gib deiner Absicht einen anderen Namen, du sollst es Unwohlsein und Schwächlichkeit nennen und auch Faulenzen. Sich der freien Zeit zu rühmen, gilt als ein einfältiges Streben nach Gunst.

(4) Um nicht gefunden werden zu können, verwischen manche Tiere gerade um das Lager herum ihre Spuren: dasselbe musst du tun, andernfalls wird es nicht an denjenigen mangeln, die dir nachsetzen. Das Offenkundige übergehen viele, das Verborgene und Versteckte durchforschen sie; das

mit einem Siegel versehen ist, fordert den Dieb heraus. Was auch immer offen vor Augen liegt, erscheint gering: an nicht verschlossenen Dingen geht der Einbrecher vorbei. Diese Denkart hat das Volk, diese [hat] gerade der Unerfahrene: in geheime Künste wünscht er einzudringen.

(5) Am besten ist es daher, seine freie Zeit nicht allgemein bekannt zu machen; eine Art der Bekanntmachung besteht jedoch darin, allzu sehr verborgen zu sein und sich aus dem Blickfeld der Menschen zu entfernen. Einer hat sich nach Tarent zurückgezogen, ein anderer ist von Neapel umschlossen, der nächste hat seit vielen Jahren nicht die Begrenzung seines Hauses überschritten: jeder, der durch seine freie Zeit irgendein Gerede verursacht, ruft die Menge herbei.

(6) Wenn du dich zurückgezogen hast, darfst du nicht darauf abzielen, dass die Leute über dich sprechen, sondern dass du selbst mit dir sprichst. Über was aber wirst du reden? Darüber, was die Menschen am liebsten bei anderen tun: denke schlecht von dir selbst: du wirst dich daran gewöhnen, das Wahre sowohl zu benennen als auch zu vernehmen. Das aber überdenke ganz besonders, was du als das Geringste an dir [zu sein] empfindest.

(7) Jeder kennt die Gebrechen des eigenen Körpers. Deshalb erleichtert der eine seinen Magen durch Erbrechen, ein anderer stärkt ihn mit zahlreichen Speisen, wieder ein anderer leert und reinigt den Körper durch ein zwischenzeitlich eingelegtes Fasten; diejenigen, deren Füße wiederholt der Schmerz befällt, verzichten wenn nicht auf den Wein so doch wenigstens aufs Baden: in allem sonst sorglos, treten sie dem entgegen, wovon sie oft geplagt werden. So gibt es auch in unserem Geiste gleichsam kränkliche Teile, denen Pflege entgegengebracht werden muss.

(8) Was ich in der freien Zeit mache? Ich behandle meine entzündete Haut. Wenn ich dir einen geschwollenen Fuß entgegenstrecken würde, eine blau angelaufene Hand oder die brennenden Muskeln des steifen Beins,

würdest du mir gestatten, mich an einen Ort niederzulegen und meine Krankheit zu heilen: größer ist folgendes Übel, das ich dir nicht zeigen kann: in der Brust selbst befinden sich eine Ansammlung verdorbener Säfte und ein Geschwür. Ich will bestimmt nicht, dass man mich lobt, will nicht, dass man sagt: „Oh, ein bedeutender Mann!" Er nimmt alles gleichgültig hin und entflieht, nachdem er die verdammenswerten Leidenschaften der menschlichen Lebensweise verurteilt hat." Ich habe nur mich [selbst] verurteilt.

(9) Es gibt keinen Grund, dass du, um Fortschritte zu machen, zu mir kommen willst. Du irrst, der du von hier aus irgendetwas an Hilfe erhoffst: nicht der Arzt, sondern der Kranke wohnt hier. Lieber wäre mir, du würdest, immer wenn du fortgehst, Folgendes sagen: „Ich habe diesen Menschen für glücklich und kenntnisreich gehalten, hatte die Ohren gespitzt: ich bin im Stich gelassen worden, habe nichts gesehen, nichts gehört, wonach ich ein Verlangen trug, auf das ich zurückkommen würde." Wenn du dies empfindest, wenn du dies im Munde führst, ist etwas Bedeutendes erreicht worden: lieber will ich, dass du mir meinen Müßiggang verzeihst, als dass du ihn beneidest.

(10) „Frei von öffentlicher Tätigkeit", sagt du. „Seneca empfiehlt mir das? Wirst du zu den Sprüchen Epikurs herabsinken?" Ich empfehle dir eine Ruhezeit, in der du bedeutendere und vortrefflichere Dinge tun kannst, als diejenigen, die du zurückgelassen hast: an den prächtigen Türen der Mächtigen zu klopfen, kinderlose Greise in alphabetischer Reihenfolge aufzuzeichnen, [oder] viel Einfluss auf dem Forum zu haben, ist eine verhasste und dazu flüchtige Macht und, wenn man die Wahrheit schätzt, eine armselige.

(11) Jener da wird mich an Einfluss auf dem Forum weit übertreffen, ein anderer an militärischen Dienstjahren und an der dadurch erworbenen Würde, der nächste durch die Schar seiner Klienten. Damit kann ich mich

beim Volk nicht messen, sie besitzen ein höheres Ansehen: wenig macht es aus, von allen übertroffen zu werden, wenn nur von mir [selbst] das Schicksal überwunden wird.

(12) Wenn du doch wenigstens vor Zeiten den Mut gehabt hättest, dich von dieser Absicht leiten zu lassen! Wenn wir doch in Hinsicht auf ein glückliches Leben nicht [erst] im Anblick des Todes handeln würden! Nun jedoch säumen wir nicht; vieles nämlich, von dem wir der Vernunft hätten glauben sollen, dass es überflüssig und verderblich ist, glauben wir nun aus Erfahrung.

(13) Was diejenigen zu tun pflegen, die zu spät ausrücken und Zeit gegen Schnelligkeit eintauschen wollen, sollten wir als Anregung nehmen. Unser jetziges Alter ist für diese Bemühungen am besten geeignet: es hat bereits aufgekocht, hat die Lasterhaftigkeit nach der ersten Glut der Jugend ermüdet; wenig reicht aus, um sie erlöschen zu lassen.

(14) „Und wann", fragst du, „wird dir ein solches nützen, das du [erst] am Ende erforschst? Oder in welcher Hinsicht?" In dieser hier: dass ich als besserer Mensch emporsteigen werde. Trotzdem gibt es keinen Anlass zu glauben, dass es für eine vortreffliche Denkweise irgendein passenderes Alter gibt als dasjenige, welches sich durch viele Erfahrungen, [und] durch lange und häufige Reue über seine Taten gebändigt hat, welches durch die gemilderten Leidenschaften zu den heilsamen Dingen gelangt ist. Das ist die geeignete Zeit für dieses Gut: jeder, der als alter Mann zur Weisheit gelangt, gelangt zu ihr auf Grund seiner Jahre. Lebe Wohl.

———

# Buch 7 – Brief 69

Seneca grüßt seinen Lucilius,

(1) Ich will nicht, dass du den Wohnort wechselst und von einem zum anderen übersiedelst; zunächst, weil ein so häufiger Umzug typisch für einen unsteten Geist ist: er kann in der Mußezeit keine Festigkeit finden, wenn er es nicht unterlässt, sich nach etwas umzusehen und umherzuschweifen. Um deinen Geist beherrschen zu können, beende zuerst die flüchtige Eile deines Leibes.

(2) Sodann richten Heilmittel am meisten aus, wenn sie ununterbrochen fortgeführt werden: die Erholung und das Vergessen des früheren Lebens darf man nicht stören; erlaube deinen Augen zu vergessen, erlaube den Ohren sich an die heilsameren Worte zu gewöhnen. Jedes Mal wenn du Fortschritte machst, wird dir allein schon im Vorübergehen manches begegnen, das deine Leidenschaften erneuert.

(3) So wie derjenige, der versucht, eine Liebe aufzugeben, jede Erinnerung an die geliebte Person vermeiden muss – denn nichts lodert leichter wieder auf als die Liebe –, so soll derjenige, der die Sehnsucht nach all den Dingen aufgeben will, die er durch seine Leidenschaft entflammt hat, sowohl die Augen als auch die Ohren von dem abwenden, das er hinter sich gelassen hat.

(4) Schnell nimmt die Begierde den Kampf wieder auf. Worauf auch immer sie sich stürzt – sie wird augenblicklich irgendeinen Preis für ihre Inanspruchnahme erwägen. Kein Übel gibt es ohne Handgeld: die Habsucht lässt Geld hervorfließen, die Zügellosigkeit viele und mannigfache Sinnesfreuden, der Ehrgeiz ein hohes Amt, [und] Beifall und daraus folgend sowohl Macht als auch alles, was durch Macht möglich ist.

(5) Schlechte Eigenschaften reizen dich wegen des Sündenlohns: jetzt musst du ohne Bezahlung leben. Kaum kann man in einem ganzen Lebensalter erreichen, dass die durch eine so lang dauernde Ungebundenheit aufgeblähten Verfehlungen aufgearbeitet werden und das Joch entgegengenommen wird, noch viel weniger, wenn wir die so kurze Zeit durch Pausen unterbrechen; beständige Schlaflosigkeit und Anspannung führen eine beliebige Sache [wohl] kaum zur Vollendung.

(6) Wenn du mir jedoch Gehör schenken willst, überdenke das eben erwähnte und wende es an, um den Tod sowohl zu erwarten als auch, falls es die Lage so empfiehlt, ihn herbeizurufen: es besteht kein Unterschied, ob er zu uns kommt oder wir zu ihm. Überzeuge dich selbst, dass folgende Aussage gerade von einem völlig Unkundigen falsch ist: „Es ist eine schöne Sache, einen natürlichen Tod zu sterben." Jeder Mensch stirbt einen natürlichen Tod. Folgendes magst du zudem für dich selbst erwägen: jeder stirbt an dem für ihn bestimmten Tag. Du verlierst nichts von deiner Zeit; denn was du aufgibst, ist ein fremdes Gut. Lebe Wohl.

———————

---

## Buch 8 – Brief 70

Seneca grüßt seinen Lucilius,

(1) Nach langer Zwischenzeit habe ich dein Pompeji besucht. Beim Anblick wurde ich in meine Jugend zurückversetzt; es schien mir, dass ich alles, was ich dort als junger Mann getan hatte, weiterhin tun kann und vor kurzem getan habe.

(2) Wir sind am Leben vorbeigesegelt, Lucilius, und wie auf dem Meer, um es mit unserem Vergil zu sagen,

*[und] Länder und Städte entschwinden,*

so haben wir in diesem Lauf der sehr flüchtigen Zeit zuerst die Kindheit aus dem Blick verloren, anschließend die Jugend, dann all jenes, das, an der Grenzlinie der beiden befindlich, zwischen der Jugend und dem Greisenalter liegt, schließlich die besten Jahre des eigentlichen Greisenalters; jüngst beginnt das allgemein übliche Ende des Menschengeschlechts sichtbar zu werden.

(3) Völlig verblendet denken wir, dass jenes die Klippe ist: es ist der Hafen, den man eines Tages aufsuchen muss, den man sich niemals verweigern darf; wenn irgendeiner innerhalb der ersten Lebensjahre in ihn hineingetrieben worden ist, darf er sich ebenso wenig beklagen, wie einer, der schnell gesegelt ist. Den einen nämlich, wie du weißt, necken und fesseln träge Winde und ermatten ihn zugleich aus Überdruss an untätiger Ruhe, den anderen lässt ein unablässig wehender Wind sehr schnell das Ziel erreichen.

(4) Bedenke, dass uns dasselbe widerfährt: die einen hat das Leben besonders schnell dorthin versetzt, wohin selbst die Zaudernden kommen muss-

ten, die anderen hat es mürbe gemacht und abgehärmt. Wie du weißt, muss es nicht allezeit bewahrt werden; denn zu leben ist kein Gut, sondern tugendhaft zu leben. Daher lebt der Weise, so lange wie er muss, nicht so lange er kann.

(5) Er wird erwägen, wo er, mit wem er, auf welche Weise er leben, [und] was er tun will. Stets bedenkt er, wie das Leben beschaffen, nicht wie lang es ist. Wenn ihm viele beschwerliche und seinen Frieden störende Dinge entgegentreten, gibt er sich frei; und er tut dies nicht nur in der äußersten Not, sondern sobald das Schicksal anfängt, bei ihm Verdacht zu erregen, überlegt er gewissenhaft, ob er bei dieser Gelegenheit ablassen soll. Er glaubt, dass es für ihn keineswegs von Wichtigkeit ist, ob er das Ende setzt oder es entgegennimmt, ob es später eintritt oder früher: er ist [darüber] nicht besorgt wie über einen großen Verlust; tropfenweise kann niemand viel verlieren.

(6) Es tut nichts zur Sache, schneller oder langsamer zu sterben, wichtig ist es, gut oder schlecht zu sterben. Gut zu sterben, heißt aber, der Gefahr zu entgehen, schlecht zu leben. Daher halte ich den Ausspruch von jenem Rhodier für ausgesprochen weibisch, der, nachdem er vom Tyrannen in einen Käfig getrieben worden war und man ihn wie irgendein wildes Tier gefüttert hat, demjenigen, der ihm den Rat gab, sich der Nahrung zu enthalten, sagte: „Solange er lebt, muss sich der Mensch auf alles Hoffnung machen."

(7) Auch wenn dies wahr sein mag, muss man das Leben nicht um jeden Preis erkaufen. Obgleich manches bedeutend, obgleich manches gewiss ist, werde ich trotzdem nicht durch ein schimpfliches Eingeständnis der Schwäche dahin gelangen: sollte ich eher erwägen, dass bei einem, der lebt, das Schicksal alles vermag, als ich erwägen sollte, dass das Schicksal bei einem, der zu sterben weiß, nichts vermag?

(8) Gleichwohl aber, selbst wenn der Tod unzweifelhaft bevorsteht und er weiß, dass die Hinrichtung für ihn beschlossen ist, wird [der Weise] die Hand nicht für seine Bestrafung ausborgen: er würde sie sich selbst gewähren. Torheit ist es, aus Furcht vor dem Tod zu sterben: er, der tötet, hat sich genähert – erwarte ihn. Warum reißt du ihn an dich? Weshalb nimmst du die Besorgung fremder Grausamkeit auf dich? Missgönnst du sie etwa deinem Henker? Oder schonst du ihn?

(9) Sokrates hätte seinem Leben durch Nahrungsverweigerung ein Ende bereiten und eher durch Hunger als durch Gift sterben können; doch er brachte in Erwartung des Todes dreißig Tage im Kerker zu; nicht in einem solchen Übermut, als ob alles [noch] werden könne, als ob eine so lang dauernde Zeit große Hoffnungen zulasse, sondern um die gesetzlichen Bestimmungen entgegenzunehmen, [und] um den Freunden zu gestatten, sich zum letzten Mal an Sokrates zu erfreuen. Was wäre törichter gewesen, als den Tod zu verachten, [aber] das Gift zu fürchten?

(10) Scribonia, eine angesehene Frau, war die Tante von Drusus Libo, eines ebenso törichten wie vornehmen jungen Mannes, der sich Bedeutenderes erhoffte, als irgendeiner in jener Zeit oder er selbst in irgendeiner [Zeit] erhoffen konnte. Nachdem er in einer Sänfte in einem nicht sonderlich dicht gedrängten Trauerzug von einer Senatsversammlung krank nach Hause gebracht worden war – alle Vertrauten hatten ihn nämlich, nun nicht mehr als einen Beschuldigten, sondern als einen Todesfall, pflichtvergessen aufgegeben –, begann er Rat einzuholen, ob er den Tod freiwillig wählen, oder ihn erwarten soll. Ihm sagte Scribonia: „Warum macht es dir Freude, ein fremdes Geschäft zu betreiben?" Sie hat ihn nicht überzeugt: er legte Hand an sich – und nicht ohne guten Grund. Denn wer aufgrund eines Urteils des Feindes nach dem dritten oder vierten Tag sterben soll, betreibt ein fremdes Geschäft, wenn er am Leben bleibt.

(11) Möglicherweise kann man daher bei dieser Sache nicht im Allgemeinen entscheiden, ob, falls eine fremde Macht drohend den Tod ankündigt, ihm zuvorgekommen oder er erwartet werden soll; es gibt nämlich vieles, das zu beiden Seiten verleiten kann. Wenn der eine Tod von Folter begleitet, der andere natürlich und leicht ist, warum sollte man sich nicht letzteren zueignen? Gleichwie ich ein Schiff auswählen kann, um zu reisen, und ein Haus, um zu wohnen, so den Tod, um aus dem Leben zu scheiden.

(12) Wie überdies ein längeres Leben nicht unbedingt das bessere ist, so ist ein längerer Tod jedenfalls der schlechtere. Bei keiner Angelegenheit müssen wir uns mehr der Seele fügen als beim Tod. Ausziehen soll sie, auf welchem Wege sie rasch den Entschluss fasste: sei es, dass sie zum Schwert greift oder zum Strick oder zu irgendeinem Trank, der das Herz angreift, sie kann aufbrechen und die Fesseln der Knechtschaft zerreißen. Sein Leben muss jeder auch den anderen erweisen, den Tod [nur] sich selbst.

(13) Folgendes wird törichterweise überlegt: „Manch einer wird behaupten, dass ich nicht tapfer genug, manch einer, dass ich allzu unbesonnen gehandelt habe, manch einer, dass diese und jene Art zu Sterben mutiger wäre." Du verstehe, dass in deinen Händen eine Art von Entscheidung liegt, die das Gerede der Leute nichts angeht! Dieses eine beachte, um dich möglichst schnell dem Schicksal zu entziehen; diejenigen, die schlecht über deine Tat denken, werden ohnehin zur Stelle sein.

(14) Du wirst auch Philosophielehrer finden, die es ablehnen, dem eigenen Leben Gewalt anzutun, und die es für Unrecht halten, sein eigener Mörder zu werden: man müsse das Ende abwarten, das die Natur beschlossen hat. Wer das behauptet, der begreift nicht, dass er den Weg zur Freiheit versperrt: nichts Besseres hat das ewige Gesetz hervorgebracht, als dass es uns zum Leben einen einzigen Zugang, [aber] viele Ausgänge überlassen hat.

(15) Soll ich der Unbarmherzigkeit entweder einer Krankheit oder eines Menschen entgegensehen, obgleich ich während der Qualen ausrücken und Ungünstiges abschütteln kann? Allein das ist es, weshalb wir uns nicht über das Leben beschweren können: es hält niemanden gefangen. Gut angelegt ist die menschliche Natur, weil außer durch eigene Fehler niemand unglücklich ist. Es gefällt? Lebe. Es gefällt nicht? Man darf dorthin zurückkehren, woher man gekommen ist.

(16) Um den Kopfschmerz zu lindern, hast du oft einen Aderlass vorgenommen; zur Entschlackung des Körpers wird eine Vene durchstoßen. Es ist nicht notwendig, mit einem gewaltigen Hieb die Brust zu zerteilen: mit einem chirurgischen Messer wird der Weg zu jener großen Ungebundenheit geöffnet, und die Freiheit von den Sorgen kostet einen kleinen Stich. Was ist es also, das uns träge und zaghaft macht? Niemand von uns denkt, dass er aus der gegenwärtigen Wohnstätte ausziehen muss; so hindert eine günstige Lage und die Gewohnheit langjährige Mieter selbst bei unbilligen Härten am Weiterziehen.

(17) Willst du deinem jetzigen Körper gegenüber frei sein? Bewohne ihn, als ob du die Absicht hättest auszuziehen. Halte dir vor Augen, dass du irgendwann einmal auf diese gemeinsame Wohnung verzichten musst: du wirst unerschrockener hinsichtlich der Notwendigkeit sein fortzuziehen. Aber wie soll denen das eigene Lebensende in den Sinn kommen, die alles ohne Ende begehren?

(18) Für nichts [anderes] ist eine Vorbereitung so notwendig; denn andere Dinge werden möglicherweise unnötig eingeübt. Gegen die Armut ist unser Geist gerüstet; der Reichtum ist geblieben. Bewehrt haben wir uns zur Geringschätzung des Schmerzes: niemals hat der glückliche Zustand eines unversehrten und gesunden Körpers von uns eine Probe dieser Tugend verlangt. Wir haben uns gelehrt, tapfer die Sehnsüchte von Hinterbliebe-

nen zu ertragen: alle, die wir liebten, hat das Schicksal am Leben erhalten. Der Tag wird kommen, der die Ausübung dieser einen Sache erfordert.

(19) Es besteht kein Grund zu glauben, dass diese Stärke nur bei bedeutenden Männern vorhanden ist, die die Schranken der menschlichen Knechtschaft überwunden haben; es besteht kein Grund zu meinen, dass ein solches nur von einem Cato geleistet werden könne, der die Seele, die er nicht durch das Schwert aus seiner Gewalt entlassen hatte, mit der Hand befreit hat. Menschen von äußerst geringem Rang sind mit ungeheurem Drang an einen sicheren Ort entkommen, und weil es ihnen nicht vergönnt [gewesen] war, bei günstiger Gelegenheit zu sterben und nach eigenem Ermessen ein Todeswerkzeug auszuwählen, haben sie alles zur Hand liegende eilig ergriffen und Dinge, die von Natur aus nicht schädlich waren, durch ihre Entschlossenheit zu Waffen gemacht.

(20) Neulich hat sich in der Schule der Tierkämpfer einer der Germanen, als er für die morgendlichen Schauspiele ausgerüstet wurde, zurückgezogen, um den Körper zu entleeren – keine andere Abgeschiedenheit wurde ihm ohne einen Wächter zugestanden; dort stopfte er das Holzstück, das zum Säubern des Hinterns mit dem anhaftenden Schwamm bestimmt ist, ganz in seine Kehle und trieb den im Schlund eingeschlossenen Atem heraus. Das bedeutete, dem Tod Schande zuzufügen. Ja durchaus, nicht sehr reinlich und nicht sonderlich anmutig: was ist törichter, als wählerisch zu sterben?

(21) Ach, welch ein wackerer, ach, welch ein würdiger Mann, wäre ihm [doch] die Wahl seines Schicksals gestattet gewesen! Wie tapfer hätte er sich des Schwertes bedient, wie mutig hätte er sich in die unermessliche Tiefe des Meeres oder von einer steilen Felswand gestürzt! In jeder Hinsicht preisgegeben, entdeckte er, wie er sich sowohl den Tod als auch die Waffe schuldete, damit man verstehe, dass zum Sterben nichts anderes zur Verfügung steht als der Wille. Über die Tat des außerordentlich tatkräfti-

gen Mannes mag geurteilt werden, wie es ein jedem richtig erscheint, solange Folgendes feststeht, dass der schmutzigste Tod der saubersten Knechtschaft vorzuziehen ist.

(22) Da ich ja nun angefangen habe, Vorbilder von niederer Herkunft anzuführen, werde ich damit fortfahren: jeder wird nämlich mehr von sich einfordern, wenn er begreift, dass diese Tat auch von den Verachtesten verachtet werden kann. Die Catos und Scipios und andere, von denen wir gewöhnt sind, sie mit Bewunderung zu hören, halten wir für jenseits der Nachahmung gelegen: nun werde ich zeigen, dass diese Tapferkeit so viele Vorbilder in der Schule der Tierkämpfer besitzt wie bei den Heerführern der Bürgerkriege.

(23) Als kürzlich einer unter Bewachung herbeigefahren wurde, der zum morgendlichen Schauspiel gemeldet war, ließ er, gleichsam als ob er, vom Schlaf bedrängt, eingenickt sei, seinen Kopf immer wieder so weit herunterhängen, bis er ihn in die Speichen stecken konnte, und er hielt sich so lange an seinem Sitz fest, bis dass er [sich selbst] durch den Schwung des Rades das Genick gebrochen hat; er ist mit ebendemselben Wagen entkommen, mit dem er zur Bestrafung gebracht wurde.

(24) Nichts steht demjenigen im Wege, der sich wünscht, auszubrechen und wegzugehen: auf einem offenen Feld nimmt uns die Natur unter ihre Obhut. Wem es die persönliche Notlage erlaubt, sollte sich nach einer sanften Ausgangsmöglichkeit umschauen; wem mehrere zur Hand sind, durch die er sich befreien könnte, der sollte eine Auswahl treffen und überlegen, durch was er wohl am ehesten befreit wird: wer nur schwer Gelegenheit hat, der sollte eilig jede näher liegende anstatt der besten ergreifen, mag sie auch ungewöhnlich, mag sie auch neu sein. An Phantasie für eine Todesart wird dem nicht mangeln, dem es am Willen nicht mangelt.

(25) Erkennst du, wie auch die geringsten Sklaven aufgescheucht werden und die eifrigsten Wächter täuschen können, sobald ihnen der Schmerz seinen Stachel hineingestoßen hat? Bedeutend ist derjenige Mann, der sich den Tod nicht nur auferlegt, sondern ihn ausfindig gemacht hat. Von demselben Gladiatorenspiel habe ich dir mehrere Beispiele versprochen.

(26) In der zweiten Aufführung der Seeschlacht hat einer der Barbaren den Wurfspieß, den er für die Gegner bekommen hatte, vollständig in seinen Hals versenkt. „Warum, warum", fragt er, „entfliehe ich nicht sofort jeder Pein, jeder Schande? Warum warte ich, obgleich bewaffnet, [geduldig] den Tod ab?" Desto ansehnlicher war dieses Schauspiel, je sittlich besser es ist, dass die Menschen zu sterben lernen, anstatt zu töten.

(27) Wie denn nun? So viel an Mut diejenigen haben, die hoffnungslos, auch sündhaft geworden sind, werden jene nicht haben, die eine lange Vorbereitung und die Vernunft als Lehrmeister aller natürlichen Dinge gegen solche Schicksalsschläge ausgerüstet hat? Diese lehrt uns, dass die Zugänge zum Tod verschieden sind, das Ziel dasselbe, dass es jedoch keinen Unterschied macht, wo das, was eintritt, seinen Anfang nimmt.

(28) Ebenso rät jene Vernunft, wenn es möglich ist, zu sterben, wie es gefällt, wenn nicht, wie man kann, und alles, was dir begegnet, an dich zu reißen, um dir Gewalt anzutun. Frevelhaft ist es, vom Raub zu leben, dagegen jedoch sehr rühmlich, durch einen Raub zu sterben. Lebe wohl.

# Buch 8 – Brief 71

Seneca grüßt seinen Lucilius,

(1) Von Zeit zu Zeit fragst du mich wegen einzelner Dinge um Rat, vergessend, dass wir durch das weite Meer getrennt werden. Da der Großteil eines Ratschlags auf dem rechten Zeitpunkt beruht, muss es geschehen, dass meine Meinung über manche Dinge in dem Augenblick bei dir eintrifft, wenn schon eine gegensätzliche die bessere ist. Ratschläge werden nämlich den Verhältnissen angepasst; rasch treiben unsere Verhältnisse dahin, ja sie kehren sich sogar um; also muss ein Rat unmittelbar vor einem festgesetzten Termin entspringen. Und auch dieses ist allzu langsam: er sollte, wie man sagt, bei der Hand entspringen. Auf welche Weise er womöglich aber gefunden wird, will ich erklären.

(2) Jedes Mal wenn du wissen willst, was man meiden oder anstreben sollte, denke an das höchste Gut, an deinen Lebensplan. Denn mit ihm muss alles harmonieren, was wir tun: einzelne Dinge wird nur gehörig einrichten, wem schon der Hauptgedanke seines Lebens vor Augen steht. So sehr er auch die Farben vorbereitet haben mag, wird niemand eine Ähnlichkeit wiedergeben, wenn nicht bereits feststeht, was er malen will. Wir tun deshalb Falsches, weil wir alle über Teile des Lebens nachdenken, niemand über das ganze nachdenkt.

(3) Derjenige, der einen Pfeil abschießen will, muss wissen, was er angreifen will, und dem Geschoss dann auch eine bestimmte Richtung geben und es von der Hand leiten lassen: unsere Ratschläge verfehlen den rechten Weg, weil sie nicht wissen, auf was sie gerichtet werden sollen; für den, der nicht weiß, welchen Hafen er ansteuern soll, gibt es keinen günstigen Wind. Notwendigerweise hat der Zufall oft Einfluss auf unser Leben, weil wir aufgrund eines Zufalls am Leben sind.

(4) Manchen aber geschieht, dass sie nicht wissen, dass sie manches wissen; gleichwie wir oft diejenigen suchen, mit denen wir verweilen, so haben wir keine Kenntnis über das Ziel des höchsten Guts, obgleich es uns an die Seite gesetzt wurde. Weder durch viele Worte noch durch lange Umschweife wirst du herleiten, was das höchste Gut ist: man muss sozusagen mit dem Finger darauf zeigen und es darf nicht in vielerlei zersplittert werden. Welchen Zweck hat es nämlich, jenes in kleine Stückchen zu zerteilen, da man doch sagen kann: „Das höchste Gut ist das, was sittlich gut ist", und was dich wahrscheinlich mehr erstaunt: „Ein einziges Gut gibt es, das sittlich gut ist, die übrigen sind falsche und unechte Güter."

(5) Falls du von diesem überzeugt bist und die Tugendhaftigkeit innig lieb gewonnen hast – denn sie gern zu haben ist nicht genug – wird alles das, was sie berührt, wie auch immer sie den anderen erscheinen wird, gesegnet und glücklich für dich sein. Sowohl gefoltert zu werden, wenn du nur unbekümmerter daliegst als der Folternde, als auch krank zu sein, wenn du dein Schicksal nicht unglücklich nennst, wenn du der Krankheit nicht nachgibst; all die Dinge, die den übrigen als Übel erscheinen, werden sich letztendlich teils abmildern, teils ins Gute übergehen, wenn du über sie hinausstrebst. Folgendes sollte klar sein: nichts außer dem sittlich Vollkommenen ist ein Gut: und alle Widrigkeiten werden mit vollem Recht als Güter bezeichnet, soweit nur die sittliche Vollkommenheit sie ziert.

(6) Vielen scheinen wir Bedeutenderes zu versprechen, als das Menschsein zulässt; nicht unverschuldet: sie sehen nämlich auf den Körper. Sie sollen zum Geist zurückkehren: sogleich werden sie den Menschen an Gott messen. Ermutige dich, allerbester Lucilius, und gib diese Schriftphilosophen auf, die etwas wegen seiner Silben außerordentlich bedeutsam nennen, die den Geist durch die Unterweisung in kleinste Details herabsinken lassen und erschöpfen: du wirst jenen ähnlich werden, die diese Dinge entdeckt haben, nicht denjenigen, die sie lehren und die darauf hinarbeiten, dass die Philosophie eher beschwerlich als groß erscheint.

(7) Sokrates, der die ganze Philosophie auf die Sittlichkeit zurückgeführt und gesagt hat, dass dieser Höhepunkt der Vollendung auf der Weisheit beruht, Gutes und Schlechtes zu unterscheiden, fuhr fort: „Leiste jenen Folge, falls ich etwas Geltung bei dir besitze, um glücklich zu sein, und erlaube es, dass du manch einem als dumm erscheinst. Wer auch immer es will, mag dir Schande und Kränkung bereiten, trotzdem wirst du nichts erleiden, sofern nur die Tugend mit dir ist. Wenn du glücklich, wenn du aufrichtig ein guter Mann sein willst", fährt er fort, „nimm gleichgültig hin, dass dieser oder jener dich verachtet." Das wird nur jemand leisten, der zuvor selbst alles verachtet hat, der alle Güter gleichgestellt hat, nicht weil es ein Gut ohne Sittlichkeit gibt, sondern vielmehr die Sittlichkeit in allen Dingen gleichgroß ist.

(8) „Was jetzt? Es besteht kein Unterschied zwischen einer Prätur Catos oder deren Ablehnung? Es macht keinen Unterschied, ob Cato in der Schlacht bei Pharsalos besiegt wird oder siegt? Dieses sein Gut, durch das er, obwohl seine politische Partei besiegt ist, nicht überwunden werden kann, war es jenem Gut gleich, durch das er als Sieger ins Vaterland zurückgekehrt wäre und Frieden gestiftet hätte?" Warum soll es nicht gleich sein? Mit derselben Tugend wird nämlich beides: das ungünstige Schicksal überwunden und das günstige gehörig eingerichtet; die sittliche Vollkommenheit kann jedoch nicht größer oder kleiner werden: sie besitzt ein und dieselbe Größe.

(9) „Aber Gnaeus Pompeius wird sein Heer verlieren, aber jene schönste Zierde der Republik, die Optimaten, und auch die vorderste Reihe der pompeianischen Partei, der zu den Waffen greifende Senat, in einer einzigen Schlacht wird man sie überwältigen und der Sturz der so erhabenen Herrschaft wird sich auf dem ganzen Erdkreis fortsetzen: ein Teil von ihr wird in Ägypten untergehen, ein Teil in Afrika, ein Teil in Spanien. Nicht einmal dies wird der beklagenswerten Republik zuteilwerden: mit einem Schlag zugrunde zu gehen."

(10) Mag es alles geschehen: mag Iuba die Ortskenntnis innerhalb seines Herrschaftsgebiets nicht helfen, nicht der äußerst entschlossene Kriegsmut der Bevölkerung zugunsten ihres Königs, auch die Treue der Bewohner von Utica, durch Unglücke geschwächt, mag ermatten und in Afrika die Fortune seines Namens Scipio im Stich lassen: längst ist Vorsorge getroffen, dass Cato nicht irgendwas an Schaden erleide.

(11) „Doch er ist besiegt worden." Auch dieses zähle zu den Misserfolgen Catos: mit seiner so edlen Gesinnung wird er ertragen, dass etwas ihm zum Sieg wie zur Prätur im Weg stand. An dem Tag, an dem er zurückgewiesen wurde, hat er gespielt, in der Nacht, in der er die Absicht hatte zu sterben, hat er gelesen; die Prätur wie das Leben einzubüßen, sah er als gleichrangig an; er war überzeugt, dass er alles, was geschehe, ertragen müsse.

(12) Warum hätte er die Umwälzung der Republik nicht mit tapferem und gelassenem Herzen erdulden sollen? Was nämlich ist von der Gefahr der Veränderung ausgenommen? Nicht die Erde, nicht der Himmel, nicht diese ganze Verknüpfung aller natürlichen Dinge, obgleich sie durch einen lenkenden Gott herbeigeführt wird; sie wird diesen Zustand nicht allezeit bewahren, sondern irgendein Tag wird sie vom gegenwärtigen Kurs abbringen.

(13) Alles schwindet zu festgesetzten Zeiten dahin: es muss seinen Anfang nehmen, wachsen, vertilgt werden. Du erkennst, dass alles, was über uns dahineilt und auch das, worauf wir ebenso wie die dauerhaftesten Dinge gestützt und errichtet sind, sich verzehren und zu Ende gehen wird; alles hat ein festgesetztes Alter. In wechselnden Zeiträumen entlässt es die Natur an denselben Ort: alles, was ist, wird nicht sein, und doch wird es nicht erlöschen, sondern einmal mehr aufgelöst werden.

(14) Aufgelöst zu werden, heißt für uns, zu sterben; wir haben nämlich nur das Nächste im Auge, ein abgestumpfter und seinem Körper sklavisch ergebener Geist hält keine Ausschau nach Entfernterem; andernfalls würde er sein Ende und auch das der Seinigen tapferer ertragen – wenn er die Hoffnung hätte, dass, wie all jenes, so auch das Leben und der Tod im Wechsel einhergehen, und dass das Zusammengesetzte aufgelöst, das Aufgelöste zusammengesetzt wird, dass auf dieses Bauwerk die unvergängliche Kunst eines alles lenkenden Gottes gerichtet wird.

(15) Wenn er im Geiste die ewige Zeit durcheilt, wird er deshalb wie Marcus Cato sagen: „Jedes menschliche Geschlecht, jedes, das existiert, jedes, das existieren wird, ist zum Tode verurteilt; bei allen Städten, die irgendwo die Macht erlangen und die als bedeutende Zierden fremder Reiche gelten, wird man irgendwann einmal fragen, wo sie sich befanden, und durch vielfältige Arten des Untergangs werden sie ausgelöscht werden: die einen werden Kriege zerstören, die anderen wird Müßiggang und ein Frieden, der zur Trägheit übergegangen ist, sowie etwas für große Mächte verderbliches, der Luxus, dahinraffen. All diese fruchtbaren Felder wird eine unvermutet auftauchende Meeresflut verschwinden lassen oder ein Sturz in einen plötzlich auftretenden Spalt des sich senkenden Erdbodens wegschaffen. Was gibt es also, weswegen ich empört oder betrübt sein sollte, wenn ich dem allgemein üblichen Verhängnis einen kurzen Augenblick vorausgehe?

(16) Ein großer Geist sollte sich von einem Gott leiten lassen und alles, was das Gesetz des Universums ihm auferlegt, ohne Zögern hinnehmen; er wird entweder in ein besseres Leben entsendet, um heller und gelassener inmitten des Göttlichen zu verweilen, oder um doch wenigstens ohne irgendein Ungemach zu existieren, wenn er wieder mit der Natur vermischt und ins Ganze zurückkehren wird. Also ist das tugendhafte Leben des Marcus Cato kein bedeutenderes Gut als sein tugendhafter Tod, da ja die sittliche Vollkommenheit nicht gesteigert wird. Sokrates sagte, dass

Wahrheit und sittliche Vollkommenheit dasselbe sind. Gleichwie sich die erstere nicht steigert, so [steigert sich] auch nicht die sittliche Vollkommenheit: sie hat eine festgesetzte Ordnung, sie ist vollkommen.

(17) Es gibt deshalb keinen Grund, dich zu wundern, dass Güter ebenbürtig sind, sowohl diejenigen, die mit Absicht, als auch diejenigen, die, wenn die Umstände es mit sich bringen, ausgewählt werden müssen. Denn wenn du eine solche Ungleichheit zulässt, [nämlich] das tapfere Ertragen der Folter zu den unbedeutenden Gütern zu zählen, wirst du es auch zu den Übeln zählen; unglücklich wirst du Sokrates in seinem Kerker nennen, unglücklich den Cato, der sich seine Wunden ungestümer wieder vornimmt, als er sie hervorgebracht hatte, am elendsten von allen den Regulus, der für ein Ehrenwort Strafen erleidet, obgleich es selbst den Feinden gegenüber bewahrt wurde. Und doch hat sich niemand erdreistet, nicht einmal der Verweichlichste, das eben erwähnte zu sagen; sie bestreiten nämlich, dass jener glücklich ist, aber dennoch bestreiten sie, dass er unglücklich ist.

(18) Die alten Akademiker geben zwar zu, dass sich das Glück auch unter einer solchen Folter findet, aber nicht im Vergleich mit einem vollendeten und auch nicht mit einem vollkommenen [Glück], was keinesfalls gutgeheißen werden kann: wenn es nicht glückbringend ist, ist es kein höchstes Gut. Was das höchste Gut ist, hat keine Stufe über sich, sofern ihm nur eine sittliche Vollkommenheit innewohnt, sofern ein Unglück jene nicht mindert, sofern sie auch im geschwächten Körper unversehrt bleibt: sie harrt nämlich aus. Ich denke jedenfalls an eine beherzte und erhabene Tugend, an eine die anspornt, was auch immer sie beunruhigt.

(19) Diesen Geist, den junge Männer von edlem Charakter oft annehmen, die die Schönheit der sittlichen Vollkommenheit einer Sache stark beeindruckt hat, so dass sie alle zufälligen Güter geringschätzen, wird die Weisheit jedenfalls einströmen lassen und lehren; sie wird davon überzeu-

gen, dass allein das gut ist, was tugendhaft ist, dass dieses weder zurückgegeben noch gesteigert werden kann, ebenso wenig wie ein Richtholz
gekrümmt wird, durch das gewöhnlich nachgewiesen wird, was gerade
ausgerichtet ist. Was auch immer man an ihm ändert, ist eine Verletzung
der geraden Linie.

(20) Dasselbe werden wir darum auch über die sittliche Vollkommenheit
sagen: auch sie ist gerade ausgerichtet, lässt keine Krümmung zu; gewiss
kann sie mehr noch gehärtet als gesteigert werden. Sie urteilt über alles,
nichts [urteilt] über sie. Wenn sie selbst nicht gerader werden kann, sind
die Dinge, die ja von ihr erschaffen werden, einander [auch] nicht gerader;
sie müssen ihr nämlich entsprechen; also sind sie gleich.

(21) „Was nun also?", fragst du, „sich zum Gastmahl niederzulegen ist das
Gleiche wie gefoltert zu werden?" Dir scheint dies verwunderlich? Über
Folgendes magst du eher noch staunen: beim Gastmahl zu liegen, ist ein
Übel, unter der Folter danieder zu liegen, ist ein Gut, wenn ersteres unsitt-
lich, letzteres ehrenvoll geschieht. Nicht der Anlass bringt diese Güter und
Übel hervor, sondern die sittliche Vollkommenheit; wo auch immer diese
zum Vorschein kommt, besitzt alles dasselbe Maß und denselben Wert.

(22) [Direkt] in die Augen richtet derjenige nun drohend mir die Hände
entgegen, der die Denkart aller nach seiner eigenen einschätzt, weil ich
behaupten könnte, dass die Güter desjenigen, der ehrenhaft das Urteil
spricht, und desjenigen, der ehrenhaft unter Anklage steht, gleichwertig
sind, weil ich behaupten könnte, dass die Güter dessen, der einen Triumph
hält, und dessen, der im Geiste unbesiegt vor dem Karren mitgeführt wird,
gleich sind. Sie glauben nämlich nicht, dass alles, was sie nicht zu leisten
imstande sind, geleistet werden kann; aus ihrer Schwäche heraus fällen sie
ein Urteil über das sittlich Gute.

(23) Warum wundert es dich, dass es Freude bereitet, verbrannt, verwundet, getötet [oder] gefesselt zu werden, es zuweilen sogar erlaubt ist? Für den Ausschweifenden ist Genügsamkeit eine Qual, für den Faulen ist Arbeit wie eine Bestrafung, der Genießer hat Mitleid mit dem Fleißigen, zu philosophieren heißt für den überaus Müßigen, gequält zu werden: auf dieselbe Weise halten wir das, bezüglich dessen wir alle schwach sind, für hart und unerträglich, nicht beachtend, wie vielen es eine Qual ist, auf Wein verzichten zu müssen oder bei Tagesanbruch geweckt zu werden. Diese Dinge sind nicht von Natur aus schwierig, sondern wir [sind] hinfällig und kraftlos.

(24) Mit starker Gesinnung muss über die bedeutenden Dinge geurteilt werden; andernfalls wird für deren Fehler gehalten werden, was der unsrige ist. So bringt etwas völlig Gerades, wenn es ins Wasser herabgesenkt wurde, das Aussehen des Gekrümmten und Abgebrochenen zum Vorschein. Es kommt nicht so sehr darauf an, was man betrachtet, sondern auf welche Weise: unserem Geist mangelt es an Einsicht, um die wahrhaftigen Dinge zu erkennen.

(25) Bring mir einen jungen Mann, unverdorben und mit lebhaftem Verstand: er wird sagen, dass ihm mehr vom Glück begünstigt scheint, der all die Lasten der widrigen Umstände mit unbeugsamen Nacken emporhebt, der über das Schicksal herausragt. Es ist nicht bewundernswert, während des Friedens nicht beunruhigt zu werden. Blicke mit Bewunderung auf Folgendes hin; dass manch einer dort aufgerichtet wird, wo alle niederdrückt werden, dass einer dort aufrecht steht, wo alle darniederliegen.

(26) Was ist an der Folter, was ist an den anderen Dingen, die wir als Unglück bezeichnen, von Übel? Ein dieses, wie ich meine, dass der Geist niedersinkt, [und] gebeugt wird und unterliegt. Nichts von diesen kann einem philosophisch gebildeten Mann widerfahren: aufrecht zeigt er sich unter jeder beliebigen Last. Nichts macht ihn kleiner; nichts von dem, das

ertragen werden muss, missfällt ihm. Denn er beklagt sich nicht, dass alles, was einem Menschen widerfahren kann, ihn [selbst] getroffen hat. Er hat seine Stärke erkannt; er weiß, dass er die Last zu tragen hat.

(27) Ich führe den Weisen nicht aus der Masse der Menschen empor und ich halte nicht Schmerzen von ihm fern wie von irgendeinem Fels, der keine Empfindung zulässt. Ich besinne mich darauf, dass er aus zwei Teilen zusammengesetzt ist: der eine ist ohne Vernunft: dieser wird gepeinigt, wird beunruhigt, er empfindet Schmerz; der andere [ist] vernunftbegabt: dieser besitzt unerschütterliche Ansichten, furchtlos ist er und unbezwingbar. In diesem [Teil] ist jenes höchste Gut des Menschen gelegen. Ehe es ganz erreicht wird, existiert eine schwankende Unruhe des Geistes; sobald es aber vollendet ist, besitzt es eine unerschütterliche Standhaftigkeit.

(28) Daher wird der Unvollkommene und derjenige, der zum Höchsten fortschreitet, und überhaupt ein Freund der sittlichen Vollkommenheit, auch wenn er sich dem vollkommenen Gut nähert, aber noch nicht letzte Hand an es gelegt hat, zuweilen Rückschritte machen und etwas in seiner Geistesanstrengung nachlassen; über die Ungewissheit ist er nämlich noch nicht hinweggeschritten, er befindet sich immer noch auf unsicherem Boden. Wahrhaftig glücklich und von vollendeter Tugend findet er dann überaus Gefallen an sich, wenn er am stärksten erprobt wurde, und wenn es der Preis irgendeiner tugendhaften Pflicht ist, erträgt er nicht nur, was die Übrigen fürchten, sondern legt großen Wert darauf und will viel lieber ein „gut gemacht" als ein „Glück gehabt" hören.

(29) Ich komme nun auf das, wohin mich deine Neugierde lockt. Man soll nicht meinen, dass sich unsere sittliche Vollkommenheit außerhalb der Natur der Dinge verbreitet: auch der Weise wird zittern und Schmerzen empfinden und erschrecken; all diese Dinge sind nämlich Empfindungen des Körpers. Worin besteht also das Unglück? Worin das wahrhaft Üble? Darin natürlich, dass diese das Selbstvertrauen entreißen, dass sie zu einer

Anerkennung der Knechtschaft führen, dass sie bei ihm Reue über sich selbst hervorrufen.

(30) Der Weise allerdings überwindet das Schicksal aufgrund seiner sittlichen Vollkommenheit, doch viele von denen, die sich öffentlich zur Philosophie bekannt haben, ließen sich mehr als einmal von geringfügigsten Drohungen aufschrecken. Hier liegt unser Fehler, dass wir vom Weisen und von dem, der [erst] voranschreitet, dasselbe verlangen. Ich rate mir noch immer zu den Dingen, die ich lobend erwähne – überzeugt bin ich noch nicht; selbst wenn ich überzeugt wäre, hielte ich sie noch nicht für so gut vorbereitet oder für so eingeübt, dass sie gegen alle Schicksalsschläge vorrücken könnten.

(31) So wie Wolle manche Farben ein für alle Mal annimmt, manche nur ganz in sich aufnimmt, wenn sie mehrmals eingeweicht und aufgekocht wurde, so stellt der Verstand andere Lehren, sobald er sie aufgenommen hat, unverzüglich zur Verfügung: unsere [dagegen] gewährt nichts von dem, was sie versprochen hatte, wenn sie nicht tief eingedrungen ist, [und] sich eine lange Zeit gesetzt und dem Geist nicht Kolorit gegeben, sondern durchtränkt hat.

(32) Man kann Folgendes schnell mit sehr wenigen Worten lehren: dass die sittliche Vollkommenheit das einzige Gut ist, dass ohne die sittliche Vollkommenheit nichts gewiss ist und dass die sittliche Vollkommenheit unmittelbar in dem besseren Teil von uns, das bedeutet im vernunftbegabten, gelegen ist. Was wird diese sittliche Vollkommenheit sein? Die wahre und unerschütterliche Erkenntnis; aus dieser werden nämlich die Leidenschaften des Geistes erwachsen, von dieser wird jede Vorstellung, welche die Leidenschaft erweckt, zur Gewissheit gebracht.

(33) Mit dieser Erkenntnis wird es vereinbar sein, alle Dinge, die von der sittlichen Vollkommenheit berührt sind, sowohl zu Gütern als auch für un-

tereinander gleich zu erklären. Die Güter des Körpers jedoch sind zwar tauglich für die Körper, aber im Ganzen sind sie keine Güter; sicherlich werden sie irgendeinen Wert haben, doch keine Würde besitzen; sie werden durch große Abstände voneinander getrennt sein: die einen werden geringer, die anderen bedeutender sein.

(34) Auch müssen wir eingestehen, dass selbst unter denen, die eifrig nach der Weisheit streben, große Unterschiede bestehen: der eine hat gerade so weit Fortschritte gemacht, dass er es wagt, die Augen gegen das Schicksal zu erheben, jedoch nicht unablässig – von der allzu großen Herrlichkeit geblendet, senken sie sich nämlich –, der andere so weit, dass er den Blick gegen es wenden kann, wenn er nicht schon am Höchsten angekommen und reich an Selbstvertrauen ist.

(35) Notwendigerweise sind unvollkommene Dinge unzuverlässig und so treten sie bald hervor, bald gleiten sie ab oder sinken sogar in sich zusammen. Abgleiten werden sie aber, wenn sie nicht beharrlich fortfahren, vorwärts zu schreiten und emporzustreben; wenn sie in ihrem Eifer und ihrer dauerhaften Anstrengung [nur] etwas nachlassen, muss zurückgegangen werden. Niemand findet das, was sich aufgemacht hat, dort wieder, wo er es zurückgelassen hatte.

(36) Daher sollten wir nicht ablassen und standhaft bleiben; mehr als wir unterworfen haben, leistet noch Widerstand, allein ein Großteil des Fortschritts besteht darin, fortschreiten zu wollen. Dieser Tatsache bin ich mir bewusst: ich begehre es und ich begehre es mit ganzem Herzen. Ich sehe, dass auch du den inneren Anreiz besitzt und mit großer Begeisterung zum Vortrefflichsten eilst. Lass uns eilen: erst auf diese Weise wird das Leben eine Wohltat sein; andernfalls ist es ein Aufschub, und für diejenigen, die unter den Verachtenswerten verweilen, gewiss ein schändlicher. Lass uns darauf hinarbeiten, dass alle Zeit uns gehört; sie wird jedoch nur unsere sein, wenn wir beginnen, uns [selbst] zu gehören.

(37) Wann wird es gelingen, beides, Glück und Unglück, geringzuschätzen? Wann wird es gelingen, nachdem alle Leidenschaften unterdrückt und unter den eigenen Willen gebracht worden sind, dieses hier verlauten zu lassen: „Ich habe gesiegt"? Wen ich überwunden habe, fragst du? Nicht die Perser und weder die äußersten [Stämme] der Meder noch, falls vorhanden, was kriegerisch jenseits der Daker haust, sondern die Habsucht, sondern den Ehrgeiz, sondern die Todesangst, welche [selbst] die Bezwinger der Völker überwältigt hat. Lebe wohl.

―――

# Buch 8 – Brief 72

Seneca grüßt seinen Lucilius,

(1) Was du von mir zu erfahren suchst, war mir – in dem Grade ich den Gegenstand gründlich erlernt hatte – an sich klar; aber ich habe mein Gedächtnis lange nicht wieder versucht und so hält es nicht leicht mit mir Schritt. Was bei zusammenhängenden Schriften durch langes Liegen eintritt, das ist, denke ich, [auch] mir widerfahren: der Geist muss [daher] entfaltet werden und alle Dinge, die bei ihm in Verwahrung gegeben worden sind, müssen von Zeit zu Zeit herausgeschüttelt werden, um immer, wenn es die Notwendigkeit verlangt, bereit zu sein. Lass uns dieses also für den Augenblick verschieben; es erfordert nämlich viel Arbeit, [und] viel Sorgfalt. Sobald mir ein längerer Aufenthalt an demselben Orte in Aussicht steht, werde ich es alsdann in die Hand nehmen.

(2) Es gibt nämlich manches, das man auch in einem Reisewagen schreiben kann, manch [anderes] verlangt ein Liegesofa, Ruhe und Abgeschiedenheit. Trotzdem sollte auch an den gegenwärtigen geschäftigen Tagen etwas getan werden – und zwar an allen. Es rücken nämlich immer neue geschäftliche Beanspruchungen nach: wir säen sie aus, daher gehen viele aus einer einzigen hervor. Hierauf gewähren wir uns selbst einen Aufschub: „Sobald ich dieses zu Ende geführt habe, werde ich mich mit meinem ganzen Willen darauf stürzen" und auch: „Wenn ich diese lästige Angelegenheit geordnet habe, werde ich mich dem Studium hingeben."

(3) Nicht wenn man Zeit hat, muss man philosophieren, sondern man muss sich die Zeit nehmen, um zu philosophieren; alles andere ist zu vernachlässigen, um uns dem zu widmen, dem keine Zeit lang genug ist, selbst wenn das Leben vom Kindesalter bis zur äußersten Grenze des menschlichen Alters ausgedehnt wird. Es kommt nicht groß darauf an, ob man das Bemühen um Weisheit aufgibt oder es zeitweilig aussetzt; denn

sie verweilt nicht [dort], wo sie unterbrochen wurde, sondern nach Art und Weise der Dinge, die unter Spannung zerreißen, kehrt sie immerfort zu ihrem Ursprung zurück, weil sie von der unmittelbaren Aufeinanderfolge abgewichen ist. Man muss den geschäftlichen Beanspruchungen widerstehen, und sie dürfen nicht ausgedehnt, sondern müssen zurückgedrängt werden. Gewiss gibt es keine wenig geeignete Zeit für eine zuträgliche wissenschaftliche Beschäftigung; und doch studieren viele nicht während jener [Zeiten], nahe derer man studieren muss.

(4) „Irgendetwas wird eintreten, das [einen] abhält." Allerdings nicht denjenigen, dessen Geist bei allen Tätigkeiten heiter und lebhaft ist: bei den Unvollkommenen wird die Fröhlichkeit immer noch unterbrochen, die Freude des Weisen aber wird stetig fortgesetzt, von keiner Sache, von keinem Schicksalsschlag lässt er sich stören; immer und überall ist er gelassen. Denn er hängt nicht von fremden Dingen ab und erwartet auch nicht die Gunst des Schicksals oder die eines Menschen. Sein Glück beruht auf den innerlichen Dingen; es würde, wenn es von Außen einträte, aus dem Herzen weichen: es entsteht in ihm.

(5) Eines Tages tritt von außen etwas hinzu, durch das er an seine Sterblichkeit erinnert wird, aber das ist unbedeutend und etwas, das die oberste Schicht streift. Von einem Unglück, sage ich, wird er angehaucht: jenes höchste Gut jedoch steht fest. Daher versichere ich: äußerlich sind manche Widrigkeiten vorhanden, wie zum Beispiel in einem kräftigen und starken Körper zuweilen manche Ausbrüche von Hautbläschen und kleine Geschwüre, im Inneren liegt keine Krankheit vor.

(6) Dies ist der Unterschied, sage ich, zwischen einem Mann von vollkommener Weisheit und einem anderen, der [noch] voran schreitet, wie zwischen einem gesunden und dem, der sich von einer schweren und langwierigen Krankheit erholt, für den ein leichterer Fieberanfall ganz wie eine Genesung ist: wenn ein solcher nicht achtgibt, wird er gleich darauf

ermatten und in dieselbe [Krankheit] zurückfallen; der Weise kann nicht rückfällig werden, nicht einmal weiter in sie verfallen. Der Körper besitzt nämlich [nur] vorübergehend eine gute Gesundheit, für die der Arzt sich nicht verbürgt, auch wenn er sie wiederhergestellt hat – oft wird er zu demselben herausgerufen, der ihn [zuvor] hinzugezogen hatte: der Geist wird einmal ganz und gar geheilt.

(7) Ich werde [dir] sagen, wie man einen gesunden [Geist] erkennt: wenn er mit sich selbst zufrieden ist, wenn er Vertrauen in sich hat, wenn er weiß, dass alle irdischen Wünsche, alle Wohltaten, die verliehen und die erbeten werden, keinen Wert für ein reiches Leben haben. Denn zu dem irgendetwas hinzukommen kann, das ist unvollkommen; dem irgendetwas verlorengehen kann, das ist unbeständig: wer in immerwährender Freude leben will, der sollte sich an dem Seinen erfreuen. Alles jedoch, wonach das einfache Volk gierig trachtet, fließt hin und her: nichts gewährt [ihm] das Schicksal an Eigentum. Aber auch diese zufälligen Ereignisse bereiten dann Freude, wenn die Vernunft sie gebändigt und zugeordnet hat: sie ist es, die auch die äußeren Dinge der Welt empfiehlt, deren Gebrauch bei den Unersättlichen keinen Dank erntet.

(8) Attalus hat oft folgendes Bild gebraucht: „Hast du dir einmal einen Hund angeschaut, der mit offenem Maul das vom Herrn fortgeschleuderte Stück Brot oder Fleisch zu fassen sucht? Alles, was er auffängt, schlingt er unverzüglich im Ganzen hinunter und immer sperrt er das Maul in der Hoffnung auf, dass [noch] etwas kommen wird. Dasselbe geschieht uns: was auch immer das Schicksal denjenigen, die es sich ersehnen, vor die Füße wirft, das nehmen wir ohne irgendeine Freude auf, zum Fortraffen des nächsten erregt und begeistert." Dem Weisen widerfährt dies nicht: er ist gesättigt; auch wenn ihm etwas zufällt, nimmt er es unbekümmert auf und legt es beiseite; er genießt eine außerordentlich große, eine immer fortdauernde, eine ihm eigene Freude.

(9) Manch einer zeigt seinen guten Willen, weist Fortschritte auf, aber vom Höchsten mag ihm viel fehlen: ein solcher wird abwechselnd niedergedrückt und aufgerichtet, [und] bald in den Himmel emporgehoben, bald auf die Erde hinabgestoßen. Für Unerfahrene und Ungebildete gibt es kein Ende des Falls; sie geraten in jenes Chaos des Epikur, nichtig ohne Ziel.

(10) Es gibt noch eine dritte Art: diejenigen, die nah an die Weisheit heranreichen, sie aber nicht erreicht haben, die sie immerhin vor Augen und, wie ich daher zu sagen pflege, in Schussweite haben: diese lassen sich nicht erschüttern, werden nicht einmal treulos; sie sind noch nicht auf dem Trockenen, aber schon im Hafen.

(11) Wenn also so große Abstände zwischen den Höchsten und den Geringsten bestehen, wenn Ungemach auch die in der Mitte begleitet, [und] sich das ungeheure Risiko anschließt, zum Schlechteren zurückzukehren, dürfen wir uns nicht den Geschäften widmen. Man muss sie abweisen: wenn sie einmal eindringen, werden sie andere an ihre Stelle setzen. Ihren Anfängen müssen wir entgegenstehen: besser, sie nehmen keinen Anfang, als dass sie endigen. Lebe wohl.

————

## Buch 8 – Brief 73

Seneca grüßt seinen Lucilius,

(1) Es scheinen mir diejenigen zu irren, die meinen, dass die aufrichtigen Verfechter der Philosophie eigensinnig und widerspenstig sind, Verächter der Magistrate oder der Fürsten oder derer, durch welche die Gemeinwesen verwaltet werden. Im Gegenteil: keiner ist nämlich den genannten dankbarer, und das nicht zu Unrecht; denn für keinen leisten sie mehr als für die, denen es möglich ist, in Ruhe ihre arbeitsfreie Zeit zu genießen.

(2) Deshalb müssen diejenigen, für die die öffentliche Sicherheit in ihrer Absicht, tugendhaft zu leben, oft förderlich ist, den Urheber dieses Guts wie einen Vater verehren, viel mehr gewiss, als jene, die ruhelos in der Öffentlichkeit stehen, die den Herrschern vieles verdanken, aber auch vieles auf die Rechnung setzen, denen niemals irgendeine Freigebigkeit so reichlich entgegentreten kann, dass sie ihre Begierden, die sich steigern, während sie befriedigt werden, völlig sättigt. Jeder aber, der [nur] darauf bedacht ist, etwas entgegenzunehmen, vergisst, was er [bereits] entgegengenommen hat, und kein größeres Übel trägt die Begierde in sich, als dass sie undankbar ist.

(3) Nimm nun hinzu, dass niemand von denen, die sich mit den Staatsgeschäften beschäftigen, darauf sieht, wie viele er übertreffen, sondern von welchen er übertroffen werden könnte. Und es ist ihnen nicht in dem Maße angenehm, viele hinter sich, wie es ihnen unangenehm ist, irgendeinen vor sich zu sehen. Jeder Ehrgeiz trägt diesen Mangel in sich: er schaut nicht zurück. Und nicht nur der Ehrgeiz ist unbeständig, ja tatsächlich jede Begierde, weil sie nach dem Gipfel stets neu beginnt.

(4) Aber jener ehrliche und rechtschaffene Mann, der sowohl die Kurie als auch das Forum und jeden Staatsdienst hinter sich gelassen hat, um sich

für Bedeutenderes zurückzuziehen, hält diejenigen lieb und wert, mit Hilfe derer es ihm möglich ist, dieses in Sicherheit zu tun, und er allein legt unentgeltlich Zeugnis für sie ab und ist ihnen, ohne ihr Wissen, etwas Großes schuldig. Auf die gleiche Weise wie er seine Lehrmeister verehrt und diejenigen bewundert, durch deren Verdienst er jenes unwegsame Gelände verlassen hat, so [verehrt er] auch diejenigen, unter deren Schutz gestellt er die schönen Künste ausübt.

(5) „Allerdings schützt ein König auch andere durch seine Macht." Wer leugnet das? Aber so wie sich von denen, die dasselbe ruhige Wetter genossen haben, derjenige im höheren Grad Neptun verpflichtet glaubt, der mehr und kostbarere Dinge mit sich über jenes Meer geführt hat, so wie mutiger vom Kaufmann als vom Passagier ein Gelübde eingelöst wird, und so wie von den Kaufleuten selbst derjenige unmäßiger in diesem Glauben ist, der wohlriechende Stoffe und Purpur sowie Dinge, die in Gold aufzuwiegen sind, transportierte, als derjenige, der angehäuft hatte, was ein jedes für sich äußerst erschwinglich ist und anstelle von Ballast dienen könnte, so hat die Vergünstigung durch diesen Frieden, der sich auf alle erstreckt, eine höhere Bedeutung für diejenigen, die ihn glückbringend nutzen.

(6) Es gibt nämlich viele dieser Toga gekleideten Bürger, für die der Friede mit mehr Mühen verbunden ist als der Krieg: oder denkst du etwa, dass diejenigen gleichfalls für den Frieden dankbar sind, die ihn für Trunkenheit oder Wollust verwenden oder für andere Verfehlungen, die im Krieg sicherlich unterbrochen werden müssen? Es sei denn, du hältst den Weisen für so ungerecht zu glauben, dass er als einzelner Mann den öffentlichen Gütern nichts schuldig ist. Der Sonne und dem Mond schulde ich sehr viel – und sie zeigen sich nicht allein für mich; dem Verlauf des Jahres und dem Gott, der den Verlauf des Jahres gehörig einrichtet, bin ich persönlich verpflichtet, obgleich die Jahreszeiten keineswegs zu meiner Ehre geordnet sind.

(7) Die einfältige Habsucht der Menschen unterscheidet den Besitz und das Eigentum und sie glaubt nicht, dass irgendetwas das Ihre ist, was allen Staatsbürgern zu eigen ist; aber jener Weise hält nichts im höheren Grad für das Seine als das, woran er mit dem Menschengeschlecht gleichen Anteil hat. Und diese [Güter] wären sicherlich nicht öffentlich, wenn sich ein Teil von ihnen nicht auf den Einzelnen erstrecken würde; zum Teilhaber macht selbst, was vom kleinsten Anteil her Gemeingut ist.

(8) Füge nun hinzu, dass bedeutende und wahre Güter nicht auf eine Weise zerteilt werden, dass Einzelnen ein kleiner zufällt: zu jedem Einzelnen gelangt das Ganze. Bei einer Spende ans Volk tragen die Menschen so viel fort, wie pro Kopf zugesichert worden ist; ein Ehrenmahl, eine Fleischspende und alles andere, was von Hand empfangen wird, geht wieder in seine Teile über: aber die erwähnten unteilbaren Güter, Friede und Freiheit, sie gehören im vollen Umgang ebenso allen wie jedem Einzelnen.

(9) [Der Weise] überlegt daher, dank wessen ihm deren Gebrauch und Nutzen zuteilwird, dank wessen ihn ein staatlicher Zwang nicht zu den Waffen ruft, nicht zum Wachdienst, nicht zur Verteidigung der Stadtmauern und dem vielfältigen Tribut des Krieges, und er dankt dafür dem Regierenden. Folgendes lehrt die Philosophie vor allem: für Vergünstigungen gehörig dankbar zu sein, [und] sie gehörig zu vergelten; manchmal jedoch besteht die Ablöse bereits in der Anerkennung [der Schuld].

(10) Er wird also anerkennen, dass er demjenigen viel schuldig ist, durch dessen Amtsführung und Fürsorge ihm fruchtbare Muße, [und] die freie Entscheidung über seine Zeit und eine von öffentlicher Inanspruchnahme ungestörte Ruhe zuteilwird.

*Oh, Meliboeus, ein Gott hat uns diese Muße gewährt;*
*wahrhaftig wird mir jener immer ein Gott sein.*

(11) Wenn auch in der Tat jene Muße viel ihrem Schöpfer verdankt, deren größte Gunst das Folgende ist:

*Wie du siehst, erlaubt es jener, dass meine Ochsen umherschweifen,*
*und dass ich selbst, wie ich es wünschte, auf der Hirtenflöte spiele,*
*die zum Landleben dazugehört,*

wie hoch schätzen wir [dann] diese Muße ein, die unter Göttern verlebt wird, die zu Göttern macht?

(12) Daher sage ich, Lucilius: auch ich lade dich auf kurzem Weg in den Himmel ein. Sextius pflegte zu sagen, dass Jupiter nicht zu mehr imstande ist als ein sittlich guter Mann. Jupiter hat mehr in seinem Besitz, als er den Menschen gewähren mag, aber unter zwei Gutgesinnten ist der nicht besser, der wohlhabender ist, ebenso wenig wie unter Zweien, die die gleiche Geschicklichkeit besitzen, das Ruder zu führen, derjenige sich besser nennen könnte, dem ein größeres und schöneres Schiff gehört.

(13) Weshalb ist Jupiter einem sittlich guten Mann überlegen? Er ist eine längere Zeit sittlich gut: der Weise schätzt sich keinesfalls geringer ein, weil seine tugendhaften Eigenschaften in kürzerer Zeit abgeschlossen werden. Wie von zwei Weisen nicht derjenige, der als Greis gestorben ist, glücklicher ist als derjenige, dessen sittliche Vollkommenheit auf wenige Jahre begrenzt war, so übertrifft ein Gott den Weisen nicht an Glück, auch wenn er ihn an Lebenszeit übertrifft; eine sittliche Vollkommenheit, die länger andauert, ist nicht größer.

(14) Jupiter besitzt alles, aber er hat es doch wohl anderen zum Besitz überlassen: dieser eine Gebrauch betrifft ihn allein, dass er der Beweggrund allen Gebrauchs ist: mit Gleichmut betrachtet der Weise alles im Hause der anderen und wie Jupiter verschmäht er es, und er achtet sich

umso mehr, weil Jupiter diese Dinge nicht gebrauchen kann, der Weise es nicht will.

(15) Wir sollten daher Sextius Glauben schenken, der [uns] den vortrefflichsten Weg weist und laut verkündet: „Auf diesem Wege

*geht man zu den Sternen,*

auf diesem der Genügsamkeit folgend, auf diesem der Mäßigung folgend, auf diesem der Tapferkeit folgend." Die Götter sind nicht hochmütig, nicht missgünstig: sie lassen [uns] Eingang finden und denen, die sich emporschwingen, reichen sie die Hand dar.

(16) Du wunderst dich, dass der Mensch zu den Göttern voranschreitet? Gott gelangt zu den Menschen, ja, was sogar genauer ist, er gelangt in die Menschen: es existiert keine tugendhafte Denkart ohne einen Gott. Überall in den Körpern der Menschen sind von den Göttern stammende Setzlinge verstreut, die, wenn ein guter Pflanzer sie aufnimmt, dem Schöpfer ähnlich zum Vorschein kommen und die sich denjenigen ebenbürtig zeigen, von denen sie ihren Ursprung nahmen: wenn ein schlechter [Pflanzer sie aufnimmt], richtet er sie, nicht anders als ein unfruchtbarer und sumpfiger Boden, zugrunde, und anstelle von Früchten bringt er dann Ausschuss hervor. Lebe wohl.

# Buch 8 – Brief 74

Seneca grüßt seinen Lucilius,

(1) Dein Brief hat mir Freude bereitet und mich ermuntert, als ich kraftlos war; er hat auch mein Erinnerungsvermögen aufgeweckt, das bei mir schon träge und säumig ist. Warum solltest du, mein Lucilius, als wichtigstes Werkzeug für ein glückliches Leben nicht diese eine Überzeugung ansehen, dass nur ein Gut ist, was tugendhaft ist? Denn wer anderes für Güter hält, gerät unter die Herrschaft des Schicksals, fällt einer fremden Willkür anheim: wer jedes Gut auf das sittlich Vollkommene begrenzt, ist durch sich selbst glücklich.

(2) Der eine ist in Trauer, weil er seine Kinder verloren hat, der andere kummerbeladen, weil sie krank sind, wieder ein anderer betrübt, weil sie unsittlich und mit irgendeiner Schande befleckt sind; du wirst sehen, dass dieser von der Liebe zu einer fremden Frau gepeinigt wird, jener von der seiner eigenen; es wird derjenige nicht fehlen, den die erfolglose Bewerbung um ein Amt quält; es wird diejenigen geben, die gerade das Ehrenamt plagt.

(3) In der Tat ist aus dem ganzen Volk der Sterblichen jene Schar von Unglücklichen am größten, die eine von überall her drohende Todessehnsucht verfolgt; denn es gibt nichts, von wo sie sich nicht nähern könnte. Daher muss man, wie diejenigen, die sich in einer feindlichen Gegend herumtreiben, nach allen Seiten umherschauen und auf jedes Geräusch hin den Hals verdrehen; wenn diese Furcht nicht aus der Brust verbannt wurde, wird man mit klopfendem Herzen leben.

(4) Es werden uns diejenigen begegnen, die in die Verbannung getrieben und aus ihrem Besitz verdrängt wurden; es werden uns, dass ist die schlimmste Art der Armut, die im Reichtum Mittellosen begegnen; es

werden uns Verzweifelte begegnen, ähnlich denen, die Schiffbruch erlitten haben, die entweder der Zorn oder die Missgunst des Volkes – eine verhängnisvolle Waffe gegen die Tüchtigsten – nichtsahnend und sorglos wie ein Sturmwind zerschmettert hat, der gewohnt ist, gerade aus heiterem Himmel aufzutauchen, oder wie ein plötzlicher Blitzschlag, bei dessen Einschlag auch die Umgebung bebt. Denn wie an jenem Ort jeder, der in der Nähe des Blitzes gestanden hat, ähnlich dem Getroffenen betäubt wurde, so überwältigt bei diesen Vorfällen auf eine gewaltsame Weise den einen das Unheil, die übrigen die Furcht, und sie bringt es fertig, eine ähnliche Traurigkeit wie die Betroffenen erleiden zu können.

(5) Fremdartige und plötzliche Gefahren beunruhigen die Herzen aller. So wie Vögel auch das Geräusch einer leeren Schleuder in Schrecken versetzt, so werden wir nicht bloß von dem [Blitz-]Schlag, sondern auch von dem [Donner-]Krachen aufgescheucht. Folglich kann niemand glücklich sein, der sich einem solchen Wahn überlässt. Denn glücklich ist nur, was furchtlos ist; inmitten von Verdacht erregenden Dingen lebt es sich schlecht.

(6) Jeder, der sich häufig den Zufälligkeiten überlassen hat, hat sich eine ungeheure und unentwirrbare Quelle der Unruhe geschaffen: für den, der losschreitet, gibt es allein diesen Weg zur Sicherheit: mit Geringschätzung auf die äußeren Dinge der Welt herabzublicken und mit dem sittlich Guten zufrieden zu sein. Denn wer irgendetwas für besser als die sittliche Vollkommenheit hält, oder irgendeines außer jener für ein Gut, der breitet die Falten seiner Toga weit aus für das, was das Schicksal ausstreut, und ängstlich besorgt hofft er auf dessen Geschenke.

(7) Stell dir nämlich dieses Bild in deinem Geiste vor, dass Fortuna Spiele veranstaltet und bei diesem Zusammentreffen der Sterblichen Ehrenämter, Reichtum und Einfluss herabwirft; von diesen Dingen wurden die einen unter den Händen derer, die sie wegschleppen, zerrissen, die ande-

ren im treulosen Komplott zugeteilt, wieder andere zum großen sittlichen Schaden von denen ergriffen, den sie zugefallen sind. Manches von diesen ist auf diejenigen herabgefallen, die auf etwas anderes hingearbeitet haben, manches ist verloren gegangen, weil man allzu eifrig danach gegriffen hat, und indem sie begierig an sich gerissen wurden, sind sie fortgetrieben worden: tatsächlich hatte die Freude am Geraubten, selbst für diejenigen, für die die Räuberei glücklicher verlaufen ist, keinesfalls Bestand für die Zukunft. Daher flieht gerade der sehr Kluge aus dem Theater, wenn er sieht, dass das erste Mal kleine Geschenke hineingebracht werden, und er weiß auch, dass Kleinigkeiten viel kosten. Niemand beginnt einen Kampf mit einem, der sich zurückzieht, niemand schlägt einen, der weggeht: den Streit gibt es um die Beute.

(8) Dasselbe geschieht bei den Dingen, die das Schicksal von oben herab wirft: erbärmlich brennen wir vor Gier, lassen uns auf die Folter spannen, wünschen uns viele Hände zu besitzen, hoffen bald auf den einen, bald auf den anderen Anteil; allzu säumig scheint uns geschenkt zu werden, was unsere Begierden erregt, obwohl das, was von allen ersehnt wurde, [nur] bei wenigen ankommen wird;

(9) wir wollen dem, was herabfällt, entgegen schreiten; wir empfinden Freude, wenn wir etwas an uns gerissen haben, und wenn die nichtige Hoffnung, etwas an sich zu reißen, etliche zum Besten gehalten hat; die wertlose Beute bezahlen wir mit manch großem Nachteil oder werden über ihn hinweggetäuscht. Wir sollten uns deshalb von solchen Spielen entfernen und den Raffgierigen den Platz überlassen; sollen sie diese Güter, obgleich sie ungewiss sind, bestaunen und selbst noch mehr in Ungewissheit schweben.

(10) Wer auch immer beschließen wird, glücklich zu leben, sollte sich vorstellen, dass allein das gut ist, was tugendhaft ist; denn wenn er irgendetwas sonst dafür hält, urteilt er zuerst schlecht über die Vorsehung, weil

rechtschaffenen Männern viele Unannehmlichkeiten widerfahren, und weil alles, was sie uns gewährt hat, dürftig und unbedeutend ist, wenn man es mit der Unvergänglichkeit des ganzen Weltalls vergleicht.

(11) Aus diesem Bejammern erwächst, dass wir undankbare Interpreten der Götter sind: wir beklagen, dass uns nicht Immerwährendes, dass uns zum Teil nur Weniges, zum Teil Unsicheres, zum Teil Vergängliches zuteilwird. Daher kommt es, dass wir weder leben noch sterben wollen: ein Hass auf das Leben beseelt uns, die Angst vor dem Tod. Schwankend ist jeder Entschluss und kein Erfolg kann uns befriedigen. Das ist aber der Grund dafür, weshalb wir nicht zu jenem unermesslichen und unüberwindlichen Gut gelangen, wo unser Verlangen notwendigerweise innehält, weil über dem Höchsten hinaus kein Rang existiert.

(12) Du fragst, warum die sittliche Vollkommenheit nach nichts verlangt? Sie erfreut sich an dem Vorhandenen, trachtet nicht nach dem, was abwesend ist; bedeutend ist alles für sie, was genügend ist. Geh von dieser Überzeugung ab: [und] es wird kein Pflichtgefühl existieren, keine Treue; vieles nämlich muss derjenige, der beides zu zeigen wünscht, aufgrund der Dinge erleiden, die Übel genannt werden, vieles muss er aufgrund der Dinge aufwenden, denen wir uns gleichwie den sittlich guten hingeben.

(13) Vergeudet wird die Tapferkeit, die sich an sich selbst erproben muss; vergeudet wird die Großmütigkeit, die nur herausragen kann, wenn sie alles geringschätzt wie beispielsweise die Kleinigkeiten, die sich das einfache Volk am meisten wünscht, vergeudet wird die Dankbarkeit und die Erwiderung der Dankbarkeit, wenn wir die Mühe scheuen, wenn wir irgendetwas wertvoller als die Treue angesehen haben, wenn wir nicht das Beste anstreben.

(14) Aber, um das genannte zu übergehen, entweder sind diejenigen, die wir so heißen, keine Güter, oder der Mensch ist glücklicher als ein Gott,

da ein Gott ja gewiss keinen Bedarf hat an dem, was uns lieb und wert ist; denn weder die Wollust ist für ihn von Interesse noch ein üppiger Tisch mit Speisen, weder Reichtum noch irgendetwas von den Dingen, die einen Menschen verführerisch anlocken und mit billigem Vergnügen verführen. Folglich ist es entweder glaubhaft, dass einem Gott diese Güter fehlen, oder es liegt gerade darin der Beweis, dass es keine Güter sind, weil sie einem Gott fehlen.

(15) Nimm hinzu, dass vieles, das als Gut angesehen werden will, reichlicher den Tieren als einem Menschen zuteilwird. Gieriger erfreuen sie sich an der Nahrung, werden nicht im gleichen Maße vom Liebesspiel erschöpft; sie besitzen eine größere Stärke und eine gleichmäßigere Ausdauer; daraus folgt, dass sie viel glücklicher sind als ein Mensch. Denn sie leben ohne Dekadenz, ohne Selbstbetrug; sie erfreuen sich an den sinnlichen Freuden, die sie sowohl eher als auch bereitwilliger ergreifen, ohne jede Angst vor Scham oder Reue.

(16) Erwäge du deshalb, ob das ein Gut genannt werden soll, bei dem ein Gott vom Menschen, ein Mensch von den Tieren übertroffen wird. Das höchste Gut sollten wir im Geiste eingeschlossen halten: es vergeht, wenn es von unserem besten zu unserem schlechtesten Teil übergeht und auf die Sinne übertragen wird, die bei den sprachlosen Tieren lebendiger sind. Unsere höchste Glückseligkeit darf nicht auf der fleischlichen Lust beruhen: die wahren Güter sind jene, welche die Vernunft gewährt, dauerhaft und beständig, die nicht verfallen, nicht einmal abnehmen und vermindert werden können.

(17) Die übrigen Güter beruhen auf Einbildung und haben mit den wahren zwar den Namen gemeinsam, aber die charakteristische Eigenart eines Gutes besitzen sie nicht; daher könnte man sie als Annehmlichkeiten bezeichnen und, um in unserem Fachjargon zu sprechen, als vorzuziehende Dinge. Im Übrigen sollten wir verstehen, dass sie unser Eigentum sind,

nicht Teile [von uns], und sie bei uns sein mögen, aber auf eine Weise, dass wir recht wohl wissen, dass sie außerhalb von uns existieren; selbst wenn sie bei uns sind, sollte man sie als Untergebenes und Geringes ansehen, wegen der niemand sich erhöhen darf. Was nämlich ist törichter, als dass sich jemand für etwas gefällt, das er nicht selbst geleistet hat?

(18) All diese Dinge mögen zu uns gelangen, sollten aber nicht haften bleiben, damit sie sich, wenn sie weggenommen werden, ohne irgendeine Verstümmelung wieder von uns trennen. Wir sollten jene gebrauchen, uns nicht mit ihnen rühmen, und wir sollten sie sparsam verwenden, als ob sie bei uns hinterlegt wären und bald davongingen. Jeder, der sie ohne Überlegung in Besitz nahm, hat sie nicht lange behalten; gerade das Glück nämlich verbirgt sich, wenn es nicht maßvoll gebraucht wird. Wenn er den äußerst vergänglichen Gütern vertraut hat, wird er schnell enttäuscht werden, und [selbst] wenn er nicht enttäuscht wird, wird er niedergedrückt. Nur Wenigen ist es möglich gewesen, das Glück gelassen abzulegen: die Übrigen strauchen zusammen mit den Dingen, inmitten derer sie herausragten, und sie selbst drücken diejenigen nieder, die sie erhoben hatten.

(19) Deswegen wird die Klugheit hinzugezogen, die jenen [Gütern] Mäßigung und Sparsamkeit auferlegen soll, da ja die Zügellosigkeit unstreitig den eigenen Besitz zugrunde richtet und in Bedrängnis bringt, und Maßloses dauert auch niemals an, wenn die Vernunft sie nicht als Lenkerin in Schranken hält. Das wird dir das Schicksal vieler Städte zeigen, deren ausschweifende Macht gerade in ihrer Blütezeit abgenommen hat; und alles, was durch Tüchtigkeit hervorgebracht worden ist, hat die Maßlosigkeit ins Verderben gestürzt. Gegen diesen Verfall müssen wir uns wappnen. In keiner Weise jedoch ist ein Schutzwehr gegen das Schicksal unüberwindlich: wir sollten uns im Inneren rüsten; wenn jener Teil geschützt ist, kann der Mensch erschüttert werden – in Besitz genommen werden kann er nicht. Welches Rüstzeug das ist, wünschst du zu wissen?

(20) Man sollte sich über nichts ärgern, das einem zustößt, und verstehen, dass selbst das, wodurch man verletzt zu werden scheint, zur Wahrung der Gesamtheit dient und zu den Dingen zählt, die Lauf und Obliegenheit der Menschheit vollenden; dem Menschen sollte alles gefallen, was einem Gott gefallen hat; gerade deshalb soll er sich und das Seine bewundern, weil er nicht übertroffen werden kann, weil er sogar das Schlechte unter seine Herrschaft hält, weil er durch die Vernunft – nichts ist mächtiger als sie – den Zufall und den Schmerz und auch das Unrecht bezwingt.

(21) Liebe die Vernunft! Die Liebe zu ihr wird dich gegen das Härteste wappnen. Die Liebe zu ihren Jungen treibt wilde Tiere in die Jagdspieße, und ihre Wildheit und ihr unbesonnenes Wesen macht sie unbezwingbar; bisweilen hat die Sucht nach Ruhm jugendliche Temperamente zur Verachtung sowohl des Schwertes als auch des Feuers hingerissen; der Anschein und das Schattenbild der sittlichen Vollkommenheit treibt manche in den Tod: je unerschrockener die Vernunft bei all diesem ist, je standhafter, desto entschiedener wird sie auch über Angst und Gefahren hinweg emporsteigen.

(22) „Es hilft euch nichts", wird gesagt, „wenn ihr versichert, dass es kein anderes Gut als das sittlich Vollkommene gibt: dieses Bollwerk wird euch nicht vor Schicksalsschlägen schützen und auch nicht verschonen. Ihr behauptet nämlich, dass sich sowohl pflichtbewusste Kinder als auch ein nach den Sitten der Menschen gehörig eingerichtetes Vaterland und tüchtige Eltern unter den Gütern finden. Ihr seid nicht imstande, deren Gefahren frei von Sorgen zu betrachten: Die Belagerung des Vaterlands, der Tod der Kinder, die Knechtschaft der Eltern wird euch in Unruhe versetzen."

(23) Was diesen gegenüber gewöhnlich zu unseren Gunsten geantwortet wird, werde ich anführen; anschließend füge ich dann hinzu, was ich überdies zu antworten gedenke. Eine andere Lage herrscht bezüglich der Dinge, die an die Stelle von dem, was von seinem Platze entrissen wurde,

etwas Nachteiliges einsetzen: so wie ein gutes körperliches Befinden, sobald es beeinträchtigt wurde, in ein schlechtes übergeht; eine zugrunde gerichtete Sehschärfe der Augen versetzt uns in einen Zustand der Blindheit; nicht nur die Schnelligkeit geht denjenigen verloren, denen die Kniekehlen zerschnitten worden sind, sondern stattdessen folgt unmittelbar die Verkrüppelung. Bei dem, was wir kurz vorher zur Sprache gebracht haben, besteht diese Gefahr nicht. Warum? Wenn ich einen guten Freund verloren habe, muss ich an seiner Stelle keine Treulosigkeit erleiden, und wenn ich gute Kinder zu Grab getragen habe, tritt an ihre Stelle kein Mangel an Liebe und Ehrfurcht.

(24) Ferner ist es in diesem Fall nicht das Ende der Freunde oder der Kinder, sondern das ihrer Körper. Ein Gut aber geht nur auf eine einzige Art und Weise zugrunde: wenn es ins Schlechte übergeht; und dieses lässt die natürliche Ordnung nicht zu, weil alle Tugend und jedes Werk der Tugend unverdorben andauert. Wenn alsdann auch Freunde, wenn auch treffliche und dem Wunsch des Vaters entsprechende Kinder gestorben sind, gibt es etwas, das ihre Stelle ausfüllen kann. Du fragst, was das ist? Das, was jene auch zu guten Männern gemacht hatte, die sittliche Vollkommenheit.

(25) Diese lässt nicht zu, dass eine geeignete Stelle unbesetzt bleibt, sie erfüllt die ganze Seele, sie löscht alles Verlangen aus, sie allein ist genug; denn Stärke und Ursprung aller Güter liegt in ihr selbst. Was kommt es darauf an, ob herablaufendes Wasser aufgefangen wird und entschwindet, wenn die Quelle, aus der es sich ergossen hatte, ohne Schaden ist? Du wirst ein Leben mit wohlbehaltenen Kindern nicht gerechter nennen als eines mit verstorbenen [Kindern], nicht geordneter, nicht verständiger, und nicht würdiger; also auch nicht besser. Die Aufnahme von Freunden macht nicht klüger, ihre Wegnahme macht nicht dümmer; also weder glücklicher noch unglücklicher. Solange die sittliche Vollkommenheit nicht beeinträchtigt ist, wirst du alles, was verloren gegangen ist, nicht als schmerzlich empfinden.

(26) „Was nun also? Ist nicht der glücklicher, der sowohl von einer Schar von Freunden als auch [von einer Schar] von Kindern umgeben ist?" Warum sollte er? Das höchste Gut wird nämlich weder geschwächt noch verstärkt; es verbleibt in seinem Maß, wie auch immer sich das Schicksal gezeigt hat. Sei es, dass ihm ein hohes Alter zuteil wird, sei es, dass er vor dem Greisenalter ein Ende gefunden hat: das Maß des höchsten Guts ist dasselbe, wenn auch das der Lebenszeit noch so unterschiedlich sein mag.

(27) Ob du einen größeren oder kleineren Kreis zeichnest, ist maßgebend für seine Größe, nicht für seine Form: mag auch der eine lange erhalten geblieben sein, du den anderen auf der Stelle bedeckt und den Sand, in den er gezeichnet wurde, abgetragen hast, die Form war bei beiden dieselbe. Was richtig ist, wird weder nach Größe noch nach Menge noch nach Dauer beurteilt, es kann ebenso wenig verlängert wie gekürzt werden. Ein sittlich gutes Leben von im Ganzen einhundert Jahren durcheile, inwieweit du willst, und verdichte es zu einem einzigen Tag: sittlich gut ist es in gleicher Weise.

(28) Bald breitet sich die sittliche Vollkommenheit weiter aus, richtet Königreiche, Städte, Provinzen gehörig ein, beantragt Gesetze, pflegt die Freundschaften, teilt Dienste unter den Angehörigen und den Kindern ein, bald wird sie von einer festen Grenze der Armut, der Verbannung, der Kinderlosigkeit umgeben; trotzdem ist sie nicht unbeträchtlicher, wenn sie aus einer hohen Stellung in eine unbedeutende überführt wird, in eine private aus einer königlichen, sie aus öffentlichem und lang andauerndem Vorrecht in die Beschränktheit des Hauses oder eines abgelegenen Ortes gerinnt.

(29) Sie ist in gleicher Weise groß, auch wenn sie sich, von allem ausgeschlossen, in sich selbst zurückgezogen hat; nichtsdestoweniger besitzt sie nämlich eine große und erhabene Gesinnung, eine vollkommene Klugheit,

eine unbeugsame Gerechtigkeit. Darum ist sie auch in der gleichen Weise glücklich; denn jene Glückseligkeit ist an einem einzigen Ort abgelegt, im Geiste selbst, dauerhaft, groß, gelassen, was ohne ein Verstehen des Göttlichen und des Menschlichen nicht bewirkt werden kann.

(30) Daraus folgt jenes, das ich versprach, eigens erwidern zu wollen. Nicht durch den Verlust der Kinder, nicht durch den der Freunde wird der Weise entmutigt. Er erträgt nämlich deren Tod mit derselben Gesinnung, mit der er den eigenen erwartet; er fürchtet den letzteren nicht mehr, als er den ersteren bedauert. Denn die sittliche Vollkommenheit beruht auf Harmonie: alle ihre Werke stimmen mit ihr selbst überein und stehen mit ihr im Einklang. Diese Einigkeit geht verloren, wenn der Geist, der von erhabener Stellung sein soll, durch Trauer oder Sehnsucht gebeugt wird. Unwürdig ist jede Unruhe und jeder Kummer, die Verdrossenheit bei jedweder Tätigkeit; das sittlich Gute ist nämlich sorglos und frei, ist unerschrocken, es steht in Bereitschaft.

(31) „Was jetzt? Wird er nicht doch von etwas einer Gemütsstörung ähnlichem betroffen sein? Wird nicht auch seine Gesichtsfarbe wechseln und seine Miene in Bewegung geraten, werden nicht auch seine Gliedmaßen an Kraft verlieren? Und alles andere, was nicht auf den Befehl des Herzens hin, sondern aufgrund irgendeines unbedachten Drangs der Natur hervorgebracht wird?" Ich gestehe es: aber ihm wird dieselbe Überzeugung bleiben, dass nichts davon schlecht ist und auch nicht wert, dass infolge dessen ein gesunder Geist den Mut verlieren sollte.

(32) Alles, was getan werden muss, wird er kühn und entschlossen tun. Denn Folgendes könnte man als typisch für die Torheit bezeichnen: träge und widerspenstig zu tun, was er tun soll, und den Körper hierhin, den Geist dorthin in Bewegung zu setzen, und zwischen völlig entgegengesetzten Empfindungen zerrissen zu werden. Verächtlich ist sie nämlich gerade wegen der Dinge, für die sie sich rühmt und bewundert, und nicht

einmal die, mit denen sie prahlt, macht sie gern. Wenn sie nun aber doch irgendein Übel zu fürchten hat, wird sie, während sie es erwartet, auf gleiche Art davon gepeinigt, als wenn es sich ereignet hätte, und alles was sie fürchtet, erleiden zu müssen, erleidet sie schon jetzt aus Furcht.

(33) So wie den geschwächten Körpern Zeichen der Ermattung vorauseilen – sie besteht in einer Art von kraftloser Trägheit und anstrengungsloser Erschöpfung sowie Gähnen und einem Schauer, der die Körperglieder durchläuft – so wird ein schwacher Geist, lange bevor er bedrängt wird, von Übeln geplagt; er nimmt diese vorweg und fällt ihnen vorzeitig zum Opfer. Was jedoch ist törichter, als von Künftigem beunruhigt zu werden und sich dem Verderben nicht aufzusparen, sondern sich das Unglück herbeizurufen und auf sich zu richten? Wenn man es nicht abschütteln kann, ist es am besten, es aufzuschieben.

(34) Wünschst du zu verstehen, dass niemand wegen künftiger Dinge beunruhigt werden muss? Jeder, der erfährt, dass er 50 Jahre später eine Bestrafung über sich ergehen lassen muss, wird nur geängstigt, wenn er den dazwischen liegenden Zeitraum überspringt und sich einer Sorge hingibt, die [erst] ein Menschenalter später bestehen wird; auf dieselbe Art und Weise geschieht es, dass Ehemaliges und in Vergessenheit Geratenes gern die kranken und nach den Gründen des Schmerzes suchenden Seelen mit Betrübnis erfüllen. Und das, was vergangen ist, und das, was sein wird, ist nicht gegenwärtig: keines von beiden fühlen wir. Schmerz existiert aber nur aufgrund von dem, was man fühlt. Lebe wohl.

---

## Buch 9 – Brief 75

Seneca grüßt seinen Lucilius,

(1) Du beklagst dich, dass dir zu wenig mit Sorgfalt bearbeitete Briefe von mir übersendet werden. Wen nenne ich denn sorgfältig, außer einen, der geziert zu sprechen wünscht? Wie meine Rede wäre, wenn wir gemeinsam untätig herumsitzen oder spazieren gehen würden, unbearbeitet und leicht zugänglich, so will ich, dass meine Briefe sind, die nichts Erzwungenes und nichts Verstelltes an sich haben.

(2) Wenn es möglich wäre, würde ich das, was ich meine, lieber veranschaulichen als aussprechen wollen. Auch wenn ich einen Vortrag hielte, würde ich weder mit dem Fuß aufstampfen noch mit der Hand gestikulieren noch die Stimme erheben, sondern hätte das den Rednern überlassen, damit zufrieden, meine Gedanken an dich überbracht zu haben, die ich weder ausgeschmückt noch hingeschleudert hatte.

(3) Diese eine Sache habe ich dir deutlich darlegen wollen, dass ich all jene Dinge meine, die ich sage, und nicht nur meine, sondern gutheiße. Einen Freund küssen die Menschen anders als ihre Kinder; dennoch wird auch in dieser so unschuldigen und maßvollen Umarmung ausreichend Zuneigung sichtbar. Ich will wahrhaftig nicht, dass nüchtern und trocken ist, was über so wichtige Dinge vorgetragen wird (denn die Philosophie legt nicht ihren schöpferischen Geist ab), trotzdem darf man nicht viel Mühe auf den Redestil verwenden.

(4) Dieses möge die Vollendung unserer Aufgabe sein: wir sollten sagen, was wir meinen, wir sollten meinen, was wir sagen; die Worte sollten mit der Lebensweise im Einklang stehen. Derjenige hat sein Versprechen gehalten, der ebenderselbe ist, sowohl wenn man ihn sieht als auch wenn

man ihn hört. Wir werden erkennen, von welcher Art er ist, wie groß er ist: er ist wie nur einer.

(5) Unser Redestil soll nicht unterhalten, sondern nützlich sein. Jedoch nur wenn die Redegewandtheit unbekümmert zuteilwerden kann – falls sie entweder gut eingeübt ist oder wenig [Aufwand] kostet –, soll sie zur Seite stehen und die vortrefflichsten Dinge begleiten: sie soll so beschaffen sein, dass sie eher den Sachverhalt als sich [selbst] erkennen lässt. Andere Künste berühren den schöpferischen Geist, hier bei uns wird eine Angelegenheit der Seele betrieben.

(6) Der Kranke sucht nicht einen redegewandten Arzt, aber wenn es sich so trifft, dass derselbe, der ihn heilen kann, gefällig über das spricht, was getan werden muss, wird er es gut aufnehmen. Trotzdem wird es keinen Grund geben, sich zu beglückwünschen, weil man an einen beredten Arzt geraten ist; denn das ist so, als wenn ein erfahrener Steuermann obendrein noch schön ist.

(7) Warum kitzelst du meine Ohren? Warum erheiterst du mich? Es geht um etwas anderes: ich muss gebrannt, aufgeschnitten, auf Diät gesetzt werden. Dafür bist du hinzugezogen worden; du bist verpflichtet, eine lang bestehende, schwere [und] allen gemeine Krankheit zu heilen; du hast so viel Arbeit wie ein Arzt während einer Seuche. Du bist mit deinem Redestil beschäftigt? Freue dich jetzt eben, wenn du den Sachverhalten gewachsen bist. Wann wirst du so viel lernen? Wann wirst du dir die Dinge, die du lernen wolltest, derart einprägen, dass sie [dir] nicht entfallen können? Wann wirst du sie erproben? Es genügt nämlich nicht, sie wie andere Dinge der Erinnerung anvertraut zu haben: sie müssen unter Anstrengung geprüft werden; glücklich ist nicht derjenige, der von ihnen Kunde hat, sondern derjenige, der sie ausübt.

(8) „Was nun also? Sind jenem nachstehend keine Abstufungen möglich? Steht unmittelbar nach der Weisheit das Verderben?" Ich denke nicht; denn wer Fortschritte macht, gehört zwar zu den Törichten, wird allerdings durch einen großen Abstand von ihnen getrennt. Gerade auch unter denjenigen, die Fortschritte machen, sind große Unterschiede vorhanden: wie einige der Ansicht sind, werden sie in drei Rangstufen eingeteilt.

(9) Die ersten sind die, die noch keine Weisheit besitzen, aber schon in ihrer Nachbarschaft Posten bezogen haben; dennoch ist auch das, was nahe ist, noch außerhalb. Du fragst, wer diese sind? Diejenigen, die bereits alle Leidenschaften und Verfehlungen abgelegt haben, die gelernt haben, was [vom Geist] erfasst werden muss, aber bei denen das anvertraute Gut immer noch unerprobt ist. Sie gebrauchen ihr Gut noch nicht, können jedoch schon jetzt nicht [mehr] in das hinabsinken, vor dem sie entflohen sind; sie befinden sich schon dort, von wo es keinen Rückfall gibt, aber das ist ihnen in Bezug auf sich selbst noch nicht klar: ich erinnere mich [daran], was ich in irgendeinem Brief geschrieben hatte: „Sie wissen nicht, dass sie es wissen." Es ist ihnen bereits zuteilgeworden, sich an ihrem Gut zu erfreuen, [aber] noch nicht, sich fest darauf zu verlassen.

(10) Manche stellen diese voranschreitende Gruppe, von der ich gesprochen habe, zusammenfassend so dar, dass sie sagen, jene seien schon den Krankheiten der Seele entkommen, noch nicht den Leidenschaften, und sie stünden immer noch auf schlüpfrigem Boden, weil nur derjenige außerhalb der Gefahr einer schlechten Denk- und Handlungsweise stehe, der sie vollständig abgeschüttelt hat; es hat sie aber nur derjenige abgeschüttelt, der an ihrer Stelle die Weisheit aufgenommen hat.

(11) Welcher Unterschied zwischen den Krankheiten der Seele und den Leidenschaften besteht, habe ich schon häufiger erklärt. Ich werde nun auch dich daran erinnern: Krankheiten sind schlechte Eigenschaften, die Wurzeln geschlagen haben und verhärtet sind – wie die Habsucht, wie der

Ehrgeiz; allzu eng haben sich diese um die Seele gewunden und deren fortwährenden Leiden haben ihren Anfang genommen. Um es mit wenigen Worten abzugrenzen: eine Krankheit ist eine am Verkehrten festhaltende Überzeugung, als ob heftig erstrebt werden müsste, was leicht zu erstreben ist; oder wir können es, wenn du es vorziehst, auf dieses Weise begrenzen: allzu sehr nach dem leicht zu Begehrenden oder nach dem, was ganz und gar nicht begehrt werden darf, zu trachten, oder als einen hohen Wert zu betrachten, was als ein beliebiger oder nicht als Wert betrachtet werden darf.

(12) Leidenschaften sind verwerfliche Erregungen der Seele, plötzliche und heftige, die bei häufigem Auftreten und durch Nichtbeachtung eine Krankheit verursacht haben. Gleichsam wie ein einziger und bisher nicht zur Gewohnheit geführter Katarrh Husten auslöst, [führt] ein wiederholender und schon lange bestehender [zur] Schwindsucht. Daher sind diejenigen, die sehr große Fortschritte machen, über Krankheiten hinaus; der Vervollkommnung zwar am nächsten, empfinden sie immer noch Leidenschaften.

(13) Die zweite Gruppe besteht aus denen, die sowohl die größten Krankheiten der Seele als auch die Leidenschaften abgelegt haben, aber auf eine Weise, dass ihnen der Besitz ihrer Gemütsruhe nicht sicher ist; sie können nämlich in denselben [vorherigen Zustand] zurückfallen.

(14) Jene dritte Gruppe befindet sich außerhalb der vielen und großen Verfehlungen, aber nicht außerhalb aller. Man ist der Habsucht entkommen, aber empfindet immer noch Zorn; man wird nicht mehr durch die sinnliche Lust verführt, [doch] auch jetzt noch durch den Ehrgeiz; man begehrt nicht länger, aber fürchtet noch, und selbst in der Furcht ist man bei manchem recht standhaft, manchem gibt man nach: den Tod verachtet, den Schmerz fürchtet man.

(15) Über diesen Rang sollten wir doch etwas nachdenken: gut wird es uns gehen, wenn wir in dieser Klasse zugelassen werden. Die zweite Stufe wird mit viel Glück aufgrund von Veranlagung und großer und unablässiger Anstrengung im Studium eingenommen; aber nicht einmal die erwähnte dritte Ausprägung muss verachtet werden. Bedenke, wie viel an Schlechtem du um dich herum siehst, erblicke, wie keine Sünde ohne Vorbild ist, wie große Fortschritte die Verdorbenheit Tag für Tag macht, wie viele Sünden öffentlich und privat begangen werden: du wirst erkennen, dass wir genug erreichen, wenn wir nicht zu den Geringsten zählen.

(16) „Ich hoffe ja", sagst du, „dass ich sogar in eine angesehenere Klasse geschätzt werden kann." Dieses möchte ich für uns eher wünschen, als versprechen: wir haben vorausgegriffen: allseits beschäftigt streben wir inmitten unserer Verfehlungen nach der Tugend. Es beschämt mich zu sagen: wir achten das sittlich Gute, sofern Zeit vorhanden ist. Aber welch großer Lohn doch bevorsteht, wenn wir unsere Geschäfte und hartnäckigsten Übel aufgeben!

(17) Nicht die Begierde, nicht die Furcht wird uns bedrängen; unberührt von Ängsten [und] rein von Leidenschaften werden wir weder vor dem Tod noch vor den Göttern erschaudern; wir werden verstehen, dass der Tod kein Übel ist, dass die Götter nicht von Übel sind. Was schadet, ist so schwach wie dasjenige, dem geschadet wird: das Beste ist frei von schädlichem Einfluss.

(18) Wenn wir eines Tages aus diesem Morast in jene Höhe und Erhabenheit entronnen sind, erwarten uns Seelenfrieden und, nachdem die Irrungen hinausgetrieben worden sind, eine unbeschränkte Freiheit. Was dies ist, fragst du? Nicht die Menschen zu fürchten, nicht die Götter; weder das sittlich Schlechte noch allzu vieles zu wollen; über sich selbst die größte Macht zu erlangen: es ist ein unschätzbares Gut, sein eigener Herr zu werden. Lebe wohl.

———————

# Buch 9 – Brief 76

Seneca grüßt seinen Lucilius,

(1) Feindseligkeiten kündigst du mir an, falls du irgendetwas von dem, was ich Tag für Tag tue, nicht zur Kenntnis erhältst. Schau, wie aufrichtig ich mit dir umgehe: ich werde dir auch dieses anvertrauen: ich höre einen Philosophen und verlebe gewiss schon den fünften Tag, seitdem ich zur Vorlesung gehe und von der achten Stunde an dem Vortragenden zuhöre. „In einem ehrbaren Alter", wendest du ein. Warum nicht in einem ehrbaren [Alter]? Was hingegen ist dümmer, als nicht zu lernen, weil man seit langer Zeit nicht gelernt hat?

(2) „Was jetzt? Soll ich dasselbe tun, wie die Dandys und die Jünglinge?" Gut steht es um mich, wenn allein das meinem Alter nicht angemessen ist: diese Vorlesung lässt Menschen jeden Alters zu. „Sollen wir deshalb alt werden, um uns den Jünglingen anzuschließen?" Ich werde als alter Mann in das Theater gehen und in den Zirkus getragen, und kein Gladiatorenpaar wird ohne mich auf Leben und Tod kämpfen: soll ich mich schämen, zum Philosophen zu gehen?

(3) Es muss so lange gelernt werden, wie man [etwas] nicht versteht; wenn wir dem Sprichwort glauben, solange man lebt. Und dieses entspricht keiner Sache mehr als der Folgenden: auf welche Weise man leben soll, muss so lange gelernt werden, wie man lebt. Trotzdem lehre auch ich dort etwas. Du fragst, was ich lehre? Dass auch ein Greis noch lernen muss.

(4) Die menschliche Gattung jedoch beschämt mich, sooft ich eine Vorlesung besuche. Wie du weißt, muss man unmittelbar am Theater von Neapel vorbeigehen, wenn man das Haus des Metronax aufsucht. Ersteres ist sicherlich brechend voll, und mit ungeheurem Eifer wird entschieden, wer

ein guter Flötenspieler ist; auch der griechische Tubabläser und der Ausrufer verursachen einen Auflauf: an jenem Ort dagegen, an dem der tugendhafte Mann zum Gegenstand der Betrachtung gemacht wird, an dem ein tugendhafter Mann etwas über sich erfahren wird, halten sich nur sehr wenige auf, und den meisten erscheint es, dass sie keine anständige Beschäftigung haben, der sie nachgehen; töricht und untätig ruft man sie. Mag mich dieser Spott [ruhig] treffen: mit gelassenem Herzen müssen diese Beleidigungen der Unkundigen vernommen werden und der zum sittlich Guten hin fortschreitet, muss gerade die Verachtung verachten.

(5) Mach dich auf, Lucilius, und eile dich, damit es dir nicht ergeht wie mir, dass du als alter Mann [noch] lernst; ja beeile dich deswegen sogar mehr, weil du jetzt das in Angriff genommen hast, was du als alter Mann nur mit Mühe gründlich erlernen kannst. „Wie weit werde ich fortschreiten?", fragst du. So weit [wie] du es erstrebst.

(6) Warum wartest du? Keinem ist es zuteilgeworden, zufällig weise zu sein. Das Vermögen wird von selbst entstehen, das Ehrenamt dargeboten, Einfluss und eine hohe gesellschaftliche Stellung dir vielleicht aufgedrängt werden: die sittliche Vollkommenheit wird nicht [von selbst] auf dich herabfallen. Durch leichte Arbeit und mit wenig Anstrengung lernt man sie nicht einmal kennen; es ist aber der Mühe wert, sich anzustrengen, um alle Güter ein für alle Mal in Besitz zu nehmen. Das einzige Gut ist nämlich dasjenige, das sittlich gut ist: in all den genannten Dingen, die der öffentlichen Meinung gefallen, wird sich nichts Wahrhaftiges finden, nichts Gewisses.

(7) Weshalb jedoch einzig das ein Gut ist, was sittlich gut ist, will ich erklären, weil du ja der Meinung bist, dass ich es in einem früheren Brief nicht ausreichend erörtert habe, und meinst, dass dir dieser Sachverhalt eher angepriesen als dass er untersucht wurde, und ich werde knapp zusammenfassen, was behauptet worden ist.

(8) Alles beruht auf einem entsprechenden Gut. Den Rebstock zeichnet seine Fruchtbarkeit und der Geschmack des Weines aus, den Hirsch seine Schnelligkeit; wie kräftig der Rücken der Lasttiere ist, fragt man, deren einzige Verwendung darin besteht, eine Last zu tragen; bei einem Hund steht sein Spürsinn zuvorderst, wenn er wilde Tiere aufstöbern, Schnelligkeit, wenn er ihnen nachsetzen, Kühnheit, wenn er sie beißen und anfallen soll: bei jedem muss das am besten sein, wofür er bestimmt ist, wodurch er seinen eigentlichen Wert gewinnt.

(9) Was ist beim Menschen das Beste? Die Vernunft: den lebenden Wesen geht sie voran, den Göttern folgt sie. Die vollendete Vernunft ist demnach das ihm eigentümliche Gut, alles übrige hat er mit Tieren und Pflanzen gemeinsam. Er ist stark: die Löwen auch. Er ist wohlgestaltet: die Pfauen auch. Er ist schnell: die Pferde auch. Ich behaupte nicht, er wird bei all diesen übertroffen; ich frage nicht, was er als Höchstes, sondern was er als ihm Eigenes in sich trägt. Er hat einen Körper: die Bäume auch. Einen inneren Drang besitzt er und ein dem Willen unterworfenen Antrieb: die wilden Tiere und die Würmer auch. Eine Stimme hat er: aber eine wie viel lautere haben Hunde, eine wie viel durchdringendere die Adler, eine wie viel mächtigere die Stiere, eine wie viel lieblichere und gewandtere die Nachtigallen?

(10) Was ist beim Menschen das ihm Eigene? Die Vernunft: diese, sittlich gut und vollendet, lässt das Glück des Menschen Wirklichkeit werden. Wenn folglich jedes Wesen, sobald es sein ihm eigenes Gut vervollkommnet hat, lobenswert ist und es die Grenze seiner natürlichen Veranlagung erreicht hat, die Vernunft nun aber das dem Menschen eigentümliche Gut ist, gilt er als lobenswert, wenn er diese vollendet hat und an die Grenze seiner natürlichen Veranlagung gestoßen ist. Diese vollendete Vernunft bezeichnet man als sittliche Vollkommenheit und zugleich ist sie das sittlich Gute.

(11) Dieses ist deshalb das eine Gut beim Menschen, weil allein der Mensch es besitzt; denn wir fragen jetzt nicht, was ein Gut ist, sondern was das Gut des Menschen ist. Wenn kein anderes typisch für den Menschen ist, wird es sein einzig [wahres] Gut sein, allerdings muss man es gegen alle [Güter] abwägen. Wenn irgendjemand niederträchtig ist, wird er, meine ich, getadelt; wenn er rechtschaffen ist, denke ich, wird er für gut befunden. Wodurch er sowohl gutgeheißen als auch getadelt wird, ist beim Menschen folglich das erste und alleinige [Gut].

(12) Du zweifelst nicht, ob dieses ein Gut ist; du zweifelst, ob es ein alleiniges Gut ist. Wenn irgendeiner alles andere besitzen würde, Gesundheit, Reichtum, viele Ahnenbilder, ein stark besuchtes Atrium, aber unzweifelhaft niederträchtig wäre, wirst du ihn tadeln; desgleichen: wenn irgendeiner zwar nichts von den Dingen besitzen würde, die ich vorgetragen habe, es ihm an Vermögen mangeln würde, an der Schar von Klienten, an adliger Herkunft und einer [langen] Reihe von Ahnen und Urahnen, er aber unzweifelhaft gut wäre, wirst du ihn gutheißen. Also ist dieses das eine Gut des Menschen, weil derjenige, der es besitzt, lobenswert ist, auch wenn er der anderen beraubt wird, [und] weil derjenige, der es nicht besitzt, trotz der Überfülle an allen anderen abgelehnt und zurückgewiesen wird.

(13) Wie die Beschaffenheit der Dinge ist, ist gleichfalls die des Menschen: ein Schiff wird gut genannt, nicht wenn es mit kostbaren Farben bemalt ist, [oder] einen Schnabel aus Silber oder Gold hat oder seine Schutzgottheit fein mit Elfenbein ausgeführt ist, und auch nicht wenn es mit Staatsgeldern und königlichen Schätzen beladen ist, sondern wenn es sowohl zuverlässig als auch sicher und dicht ist, weil die Fugen das Wasser fernhalten, es massiv ist, um den Ansturm des Meeres auszuhalten, es dem Steuerruder gehorcht, es schnell ist und den Sturm nicht spürt;

(14) ein Schwert wird man gut nennen, nicht wenn es ein goldenes Wehrgehenk hat oder seine Scheide mit Edelsteinen verziert wird, sondern wenn es sowohl eine feine, scharf schneidende Klinge besitzt als auch eine Spitze, die jeden Körperschutz durchstoßen wird; bei einer Messlatte wird nicht gefragt, wie schön, sondern wie gerade sie ist: deshalb wird ein jedes gelobt, wozu es erworben wird, was ihm zu eigen ist.

(15) Folglich hat es für den Menschen auch keine Bedeutung, wie viel er durch Ackerbau erwirtschaftet, wie viel er gegen Zins verleiht, von wie vielen er gegrüßt wird, wie kostbar das Sofa ist, auf das er sich legt, wie durchscheinend der Becher ist, aus dem er trinkt, sondern wie gut er ist. Gut aber ist er, wenn sich seine Vernunft entwickelt und sie tugendhaft und an seine naturgegebene Neigung angepasst ist.

(16) Dieses wird die sittliche Vollkommenheit genannt, dieses ist das sittlich Gute und das eine Gut des Menschen. Denn wenn allein die Vernunft den Menschen vollendet, bringt allein die Vernunft das vollendete Glück hervor; das eine Gut ist aber dasjenige, wodurch er allein glücklich gemacht wird. Wir behaupten, dass auch jenes Güter sind, die aus der sittlichen Vollkommenheit hervorgegangen und verursacht sind, das heißt alle ihre Werke; doch ist sie gerade deshalb das eine Gut, weil es ohne sie kein [anderes] gibt.

(17) Wenn sich ein jedes Gut in der Seele findet, ist all das ein Gut, was sie stärkt, was sie ermutigt, was sie erhöht; eine gesündere und erhabenere und großartigere Seele aber bringt die sittliche Vollkommenheit hervor. Denn die übrigen Dinge, die unsere Begierden erregen, halten auch die Seele nieder und bringen sie zum Schwanken und dann, wenn sie emporzuheben scheinen, machen sie übermütig und treiben ihr Spiel mit vielen Nichtigkeiten. Das eine Gut ist also dasjenige, durch welches die Seele besser gemacht wird.

(18) Alle Handlungen des Lebens insgesamt werden unter Berücksichtigung des sittlich Guten und des sittlich Schlechten eingerichtet. Der innere Grund zum Handeln und zum Nichthandeln wird nach diesen bestimmt. Was das bedeutet, werde ich erklären: ein guter Mann wird das, was er für sich als ehrenwert zu tun ansieht, auch ohne Geld leisten, selbst wenn es mit viel Arbeit verbunden ist; er wird es sogar tun, wenn es nachteilig ist, er wird es sogar tun, wenn es gefährlich ist. Was schändlich ist, wird er hingegen nicht tun, selbst wenn es Vermögen, selbst wenn es Vergnügen, selbst wenn es Macht einbringt; von der sittlichen Vollkommenheit wird er durch nichts abgehalten, vom Schändlichen zu nichts verleitet werden.

(19) Wenn er also um jeden Preis zum sittlich Guten streben, das sittlich Schlechte um jeden Preis vermeiden und bei jeder Verrichtung des Lebens folgende zwei Dinge in Betracht ziehen wird: dass es weder ein anderes Gut als das sittlich Gute gibt noch ein anderes Übel als das sittlich Schlechte, dass wenn nur die sittliche Vollkommenheit unverdorben ist und sie allein in ihrer Eigenart fortdauert, [dann] ist die sittliche Vollkommenheit das einzige Gut, der es nicht mehr widerfahren kann, dass sie kein Gut ist. Sie entgeht der Gefahr der Veränderung: von der Torheit klimmt sie sich empor zur Weisheit, von der Weisheit wird sie nicht wieder in die Torheit zurückfallen.

(20) Ich habe behauptet, wenn du dich zufällig daran erinnerst, dass sehr viele das, was vom Volk sowohl gewünscht als auch gefürchtet wird, aus unbedachtem Drang verachtet haben: einer fand sich, der freiwillig auf Reichtum verzichtet hat, einer fand sich, der seine Hand in die Flammen hielt, dessen Lachen kein Folterknecht unterbrochen hat, der beim Begräbnis der Kinder keine Träne vergossen hat, der dem Tod ohne Angst entgegentrat; denn Liebe, Zorn, [und] Leidenschaft haben die Gefahren herausgefordert. Was eine kurze Festigkeit des Herzens vermag, die durch irgendeinen Ansporn hervorgerufen wurde, wie viel mehr [vermag] die sittliche Vollkommenheit, die nicht aus einem Trieb und nicht plötzlich,

sondern gleichmäßig Einfluss nimmt, die eine immerwährende Stärke besitzt?

(21) Daraus folgt, dass dasjenige, das von den Unbesonnenen oft, von den Weisen immer geringgeschätzt wird, weder Güter noch Übel sind. Folglich ist das eine Gut die sittliche Vollkommenheit selbst, die erhaben zwischen diesem und jenem Schicksal einhergeht, mit großer Verachtung für beide.

(22) Wenn du folgende Annahme zulässt, dass irgendetwas ein Gut ist außer dem sittlich Guten, wird jede sittliche Vollkommenheit in Bedrängung geraten; denn keine wird fortwährend bestehen können, wenn sie auf irgendetwas außerhalb von sich selbst hofft. Wenn dies der Fall ist, steht es der Vernunft entgegen, auf welcher die Tugenden beruhen, und auch der Wahrheit, die ohne die Vernunft nicht existiert; jede Anschauung aber, die der Wahrheit entgegensteht, ist unwahr.

(23) Du musst zugeben, dass ein guter Mann höchste Frömmigkeit gegenüber den Göttern besitzt. Daher wird er alles, was ihm zustößt, mit gelassenem Herzen ertragen; er weiß nämlich, dass es aufgrund der göttlichen Ordnung eingetreten ist, aus der das Universum hervorgeht. Wenn dies der Fall ist, wird für ihn allein das ein Gut sein, was sittlich gut ist; denn darauf gründet es sich, sowohl den Göttern zu gehorchen als auch bei unerwarteten Ereignissen nicht aufzubrausen und auch sein Schicksal nicht zu beklagen, sondern das Los des Lebens geduldig auf sich zu nehmen und zu tun, was [einem] auferlegt wurde.

(24) Wenn es irgendein anderes Gut gibt als das sittlich Gute, wird uns eine Gier nach dem Leben begleiten, eine Gier nach Dingen, die das Leben ausstaffieren, wenn sie auch unerträglich, grenzenlos und schwankend ist. Also ist nur das sittlich Gute, welches Maß und Ziel besitzt, ein Gut.

(25) Wir haben gesagt, dass das Leben der Menschen glücklicher sein wird als das der Götter, wenn diejenigen [Dinge] Güter sind, die für die Götter keinen Nutzen haben, so wie Vermögen, [und] Ämter. Nimm nun hinzu, dass, sofern nur die von den Körpern getrennten Seelen erhalten bleiben, diesen ein glücklicherer Zustand bevorsteht, als es der Fall ist, solange sie sich im Körper aufhalten. Doch wenn es diejenigen Güter sind, derer wir uns mit Hilfe des Körpers bedienen, wird es nach der Entsendung [der Seelen] schlechter stehen, was gegen jede Glaubwürdigkeit ist, dass sie eingeschlossen und eingeengt glücklicher sind als frei und dem Universum überreicht.

(26) Ich hatte auch Folgendes gesagt: wenn das, was dem Menschen wie den sprachlosen Tiere zuteil wird, Güter sind, können auch die sprachlosen Tieren ein glückliches Leben führen; darum ist es nicht möglich. Für das sittlich Gute muss alles erduldet werden; das müsste man nicht tun, wenn es irgendein anderes Gut geben würde als das sittlich Gute. Ich habe dieses, obgleich ich es in einem früheren Brief ausführlicher erörtert habe, [noch einmal] kurz zusammengefasst und mit wenigen Worten der Reihe nach angeführt.

(27) Niemals aber wird dir eine solche Meinung richtig erscheinen, wenn du nicht deine Seele emporhebst und dich selbst fragst, ob es die Lage erfordert, dass du für das Vaterland stirbst und das Wohl aller Bürger mit deinem eigenen erkaufst, oder ob du deinen Nacken nicht nur geduldig, sondern auch bereitwillig darreichen wirst. Wenn du das tun wirst, ist nichts anderes ein Gut; du gibst nämlich alles auf, um dieses zu besitzen. Sieh, wie groß die Stärke des sittlich Guten ist: du wirst für den Staat sterben, selbst wenn du es augenblicklich tun wirst, weil du verstehst, dass du es tun musst.

(28) Sogar in einem kurzen und flüchtigen Augenblick wird bisweilen eine große Freude aus einer außerordentlich vortrefflichen Tat gewonnen;

und obgleich aus der vollendeten Tat demjenigen kein Lohn zukommt, der verstorben und von den menschlichen Dingen losgelöst ist, erfreut doch allein schon die Betrachtung der künftigen Tat, und ein tapferer und rechtschaffener Mann befindet sich in größter Freude und genießt sein Wagnis, sooft er sich den Lohn seines Todes vor [Augen] hält – die Freiheit des Vaterlandes, [oder] das Wohl all derer, für die er sein Leben hingibt.

(29) Aber auch jener, dem sogar diese Freude geraubt wird, welche das Ausüben der größten und äußersten Tat gewährt, wird sich ohne Zögern in den Tod stürzen, zufrieden damit, tugendhaft und pflichtbewusst zu handeln. Bring auch jetzt noch viele Dinge vor, die davon abraten sollen, sag: „Deiner Tat wird ein frühes Vergessen und ein wenig dankbares Urteil deiner Mitbürger zuteil." Er wird dir antworten: „Dies alles findet außerhalb meiner Tat statt, ich betrachte sie allein für sich; ich weiß, dass sie sittlich gut ist; also gehe ich ihr entgegen, wohin auch immer sie [mich] führt und ruft."

(30) Dieses also ist das eine Gut, das nicht nur eine vollendete, sondern auch eine vorzügliche und eine gut veranlagte Seele empfindet: die übrigen [Güter] sind unbeständig, sind launisch. Deshalb besitzt man sie voll unruhiger Anspannung; selbst wenn sie durch ein begünstigendes Schicksal auf einen einzigen zusammengehäuft sind, lasten sie schwer auf ihren Herren und bedrücken sie in einem fort, zuweilen treiben sie sogar ihr Spiel mit ihnen.

(31) Niemand von denen, die du Purpurfarben tragen siehst, ist glücklich, genauso wenig wie diejenigen, denen die Geschichten auf der Bühne Zepter und Krönungsmantel zuweisen: sooft sie breitspurig und auf Kothurnen gehend einherschreiten, legen sie, sobald sie abgetreten sind, die Schuhe beiseite und nehmen wieder ihre [normale] Größe an. Keiner von denen, die Reichtümer und Ämter in eine höhere Stellung bringen, ist groß. Warum also erscheint er als groß? Man misst ihn mit seinem Sockel.

Ein Zwerg ist nicht groß, mag er sich auch auf einen Berg stellen; ein Riese wird seine Größe bewahren, auch wenn er in einer Grube steht.

(32) Unter diesem Irrglauben leiden wir, so werden wir hinters Licht geführt, dass wir niemanden danach beurteilen, was er ist, sondern wir fügen auch Dinge hinzu, mit denen er ausgestattet wurde. Doch wenn du es für wünschenswerter hältst, eine wahrhaftige Beurteilung vorzunehmen und zu wissen, was für einer er ist, betrachte ihn unbekleidet; er soll sein väterliches Erbe ablegen, er soll die Ehrenämter und die übrigen Vorspiegelungen des Erfolgs ablegen, selbst von seinem Körper soll er sich frei machen: blicke auf die Seele, wie sie geartet und wie bedeutend sie ist, ob durch Fremdes oder Eigenes groß.

(33) Wenn er mit unverwandtem Blick die blitzenden Schwerter betrachtet und wenn er weiß, dass es für ihn keinen Unterschied macht, ob die Seele durch den Mund oder durch die Kehle entweicht, nenne ihn glücklich; [ebenso] wenn er, obgleich ihm körperliche Qualen drohend verkündet werden, sowohl diejenigen, die ihn zufällig, als auch diejenigen, die ihn durch das Unrecht eines Mächtigeren treffen, [ebenso] wenn er von Fesseln und Verbannungen und nichtigen Schreckensbildern der menschlichen Vorstellungen ohne Sorge hört und sagt:

„*kein Unglück,*
*oh Jungfrau, erhebt sich neu oder unerwartet an Gestalt vor mir,*
*alles habe ich voraus empfunden und bei mir im Geiste nachvollzogen.*

Du verkündest heute dieses: ich habe es mir immer angekündigt und den Menschen auf das Menschliche vorbereitet."

(34) Sanft nähert sich der Schlag eines Unheils, das vorab bedacht wurde. Aber den Törichten und allen, die an den Zufall glauben, erscheint die Gestalt der Geschehnisse neu und unerwartet; bei den Unvorbereiteten

liegt das jedoch zum Großteil an der Neuartigkeit des Übels. Um dieses zu verstehen: sie erdulden das, was sie für misslich gehalten hatten, tapferer, wenn sie sich daran gewöhnt haben.

(35) Deswegen gewöhnt sich der Weise an künftige Übel, und was andere sich durch langes Erdulden erträglich machen, macht er sich durch langes Nachdenken erträglich. Von Zeit zu Zeit hören wir die Stimmen der Unvorbereiteten, die sagen: „Ich habe gewusst, dass mir dieses hier noch bevorsteht." Der Weise erkennt, dass ihm alles noch bevorsteht. Was auch immer geschieht, er sagt: „Ich wusste es." Lebe wohl.

———————

# Buch 9 – Brief 77

Seneca grüßt seinen Lucilius,

(1) Unerwartet zeigten sich uns heute Schiffe aus Alexandria, die gewöhnlich vorausgeschickt werden und die Ankunft einer nachfolgenden Flotte ankündigen: Briefboten nennt man sie. Ihr Erscheinen ist in Kampanien willkommen: das ganze Volk von Puteoli stellt sich an den Hafenmolen auf und erkennt in einem noch so großen Getümmel an Schiffen die alexandrinischen schon an der Beschaffenheit der Segel; denn ihnen allein ist es erlaubt, das Toppsegel zu setzen, das auf hoher See alle Schiffe führen.

(2) Nichts begünstigt nämlich in gleicher Weise die Reise zur See wie der oberste Teil des Segels; vor allem von dort aus wird das Schiff vorwärts getrieben. Daher wird die Rahe heruntergelassen, sooft der Wind zunimmt und heftiger ist, als es zuträglich ist: weniger Kraft hat der wehende Wind an dem tiefer stehenden [Segel]. Sobald sie Capri und das Vorgebirge erreicht haben, von wo aus

*auf stürmischem Gipfel Pallas in den Weiten Ausschau hält,*

werden die Übrigen aufgefordert, sich mit dem [üblichen] Segel zu begnügen: das Rahsegel der alexandrinischen [Schiffe] ist ein hervorstechendes Merkmal.

(3) In diesem Hin- und Hergelaufe all derer, die zum Meeresufer eilten, habe ich ein großes Vergnügen an meiner Trägheit empfunden, weil ich, obgleich ich Briefe meiner Angehörigen in Empfang nehmen wollte, mich nicht beeilte, um zu erfahren, wie der Stand meiner Geschäfte dort sei, was sie einbringen würden: längst schon geht mir weder irgendetwas verloren noch werde ich [irgendetwas] hinzugewinnen. Das hätte mir, auch wenn ich kein alter Mann wäre, bewusst werden müssen, nun aber um

vieles mehr: wie wenig auch immer ich besäße, trotzdem würde mir bereits mehr an Wegzehrung verbleiben als an Weg, zumal da wir einen solchen Weg beschritten haben, den zu Ende zu bringen nicht notwendig ist.

(4) Eine Reise wird unvollendet sein, wenn man im mittleren Teil oder vor dem angestrebten Ort steckenbleibt: ein Leben ist nicht unvollendet, wenn es sittlich gut ist; wo auch immer du es verlassen wirst, wenn du es gehörig verlässt, ist es ein Ganzes. Oft jedoch muss es sogar im gesunden Zustand und aus den unwichtigsten Gründen verlassen werden; es sind nämlich gar nicht die wichtigsten, die uns festhalten.

(5) Tullius Marcellinus, den du bestens kennengelernt hattest, ein ruhiger junger Mann und trotzdem schnell gealtert, hat angefangen den Tod in Erwägung zu ziehen, nachdem er von einer zwar nicht unheilbaren, aber langwierigen, [und] beschwerlichen und ihm vieles auferlegenden Krankheit befallen wurde. Er rief einige Freunde zusammen. Ein jeder empfahl ihm entweder dasjenige, was er sich selbst geraten hätte (weil er ängstlich war) oder gab ihm den Rat, von dem er vermutete, dass er hinsichtlich seiner Entscheidung willkommener sein wird (weil er ein Speichellecker und Schmeichler war).

(6) Unser Freund, ein Stoiker, ein außergewöhnlicher Mensch und, um ihn mit den Worten zu loben, mit denen gelobt zu werden er würdig ist, ein tapferer und entschlossener Mann, hat ihm, wie mir scheint, am besten Mut zugeredet. Folgendermaßen hat er angefangen: „Quäle dich nicht, mein Marcellinus, als ob du über eine große Sache zu Rate gehst. Zu leben, ist keine große Sache: alle deine Sklaven leben, alle Tiere: eine große Sache ist es, sittlich gut zu sterben, einsichtig, unerschrocken. Bedenke, wie lange du schon dieselben Dinge tust: Speise, Schlaf, Wollust – auf dieser Kreisbahn wird dahingeeilt; willens sein zu sterben, kann nicht nur der Einsichtige oder Unerschrockene oder Unglückliche, sondern auch der Überdrüssige."

(7) Er benötigte keinen Ratgeber, sondern einen Helfer: die Sklaven wollten nicht gehorchen. Zuerst hat er [der Stoiker] ihnen die Furcht genommen und vorgebracht, dass die Hausgemeinschaft [nur] dann ein Risiko auf sich nimmt, wenn es unklar sei, ob der Tod des Herrn auf freiem Willen beruhe; andernfalls sei es eine ebenso schlechte Handlungsweise den Herrn zu töten wie ihn [am Sterben] zu hindern.

(8) Daraufhin hat er auch Marcellinus belehrt, dass es nicht unkultiviert ist, gleichwie man die Reste von einem beendeten Gastmahl an die Herumstehenden verteilt, so auch nach einem beendeten Leben denen zu geben, die das ganze Leben zu Dienste waren. Marcellinus besaß einen umgänglichen und freigebigen Charakter, auch wenn es um das Seine ging; er hat daher kleine Geldbeträge an die weinenden Sklaven verteilt und sie obendrein noch getröstet.

(9) Er benötigte kein Schwert, kein Blutvergießen: über einen Zeitraum von drei Tagen hat er gefastet und direkt im Schlafraum ein Zelt aufstellen lassen. Dann wurde eine Badewanne hineingetragen, in der er eine lange Zeit lag und, während von Zeit zu Zeit warmes Wasser nachgegossen wurde, verließen ihn allmählich die Kräfte, wie er sagte, nicht ohne eine gewisse Wonne, die eine fließende Auflösung – für uns, denen zuweilen das Bewusstsein schwindet, schon vertraut – gewöhnlich mit sich bringt.

(10) Mit der kleinen, für dich nicht unliebsamen Erzählung, bin ich abgeschweift; du wirst jedenfalls zur Erkenntnis gelangen, dass der Tod deines Freundes nicht schwer und auch nicht unglücklich war. Denn obwohl er den Tod freiwillig gewählt hat, ist er gleichwohl äußerst sanft geschieden und aus dem Leben herausgeglitten. Aber diese kleine Erzählung dürfte gewiss nicht nutzlos sein; oft nämlich verlangt der Drang der Umstände solche Beispiele. Oft sind wir bestimmt zu sterben, und wir wollen es nicht, wir sterben, und wir wollen es nicht.

(11) Niemand ist so ahnungslos, dass er nicht wüßte, dass man irgendwann einmal sterben muss; trotzdem, wenn sich [der Zeitpunkt] genähert hat, sucht man Ausflüchte, erzittert, jammert. Erscheint dir etwa nicht der am dümmsten von allen, der unter Tränen klagt, dass er nicht vor tausend Jahren lebte? Ebenso töricht ist derjenige, der unter Tränen klagt, dass er nicht nach tausend Jahren leben wird. Dieses kommt sich gleich: du wirst nicht sein und du bist nicht gewesen; jede der beiden Zeiten ist das Gut anderer.

(12) In diesen kurzen Zeitabschnitt wurdest du hineinbegeben, den du, selbst wenn du ihn ausdehnst, bis wann verlängern willst? Was klagst du? Was wünschst du? Was vergeudest du deine Zeit?

*Lasse ab zu hoffen, dass die schicksalhaften Bestimmungen der Götter durch dein Flehen abgewendet werden.*

Sie sind sowohl feststehend als auch unabänderlich und werden durch eine mächtige und ewige Notwendigkeit angetrieben: du wirst dorthin gehen, wohin alle gehen. Was ist daran neu für dich? Aus dieser Ordnung bist du entsprungen; dieses geschieht deinem Vater, dieses der Mutter, dieses den Vorfahren, dieses allen vor dir, dieses allen nach dir. Eine unerschütterliche und durch keine Macht veränderbare Ordnung hat alles an sich gebunden und zieht es fort.

(13) Welch eine große Menge derer, die sterben werden, dir folgen wird, welch eine große Menge dich begleiten wird! Unerschrockener wärest du, wie ich vermute, wenn viele Tausende mit dir zusammen sterben würden; und doch hauchen gerade in diesem Moment, in dem du zu sterben zögerst, viele Tausende, sowohl Menschen als auch Tiere, auf mannigfaltige Weisen ihre Seelen aus. Du jedoch hast nicht geglaubt, dass du irgendwann einmal an den Punkt gelangen wirst, dem du immer entgegen geschritten bist? Keine Reise ist ohne einen Abschluss.

(14) Glaubst du, dass ich dir nun Beispiele großer Männer vortragen werde? Die von Knaben werde ich anführen. Es wird die Geschichte jenes Spartaners überliefert, der, noch nicht erwachsen, nach seiner Gefangennahme in jenem bekannten dorischen Dialekt ausrief: „Ich werde kein Sklave sein", und er legte seinen Worten ein Gelöbnis auf: als ihm aufgetragen wurde, eine sklavische und schmachvolle Tätigkeit zu verrichten (er sollte nämlich das Nachtgeschirr bringen), hat er seinen Kopf gegen die Wand geschlagen und ihn dadurch geborsten.

(15) So nahe ist die Freiheit: und doch ist mancher ein Sklave? Also würdest du nicht lieber wollen, dass dein Sohn auf solche Weise ums Leben kommt, als dass er aufgrund von Feigheit alt wird? Welchen Grund gibt es also, dass du außer Fassung gerätst, wenn sogar ein Kind fähig ist, tapfer zu sterben? Stell dir vor, du willst nicht folgen: [dann] wirst du abgeführt. Begehe aus eigener Macht, was unter fremder steht. Willst du dir nicht den Mut des Knaben aneignen, um zu sagen: „Ich bin kein Sklave"? Unglücklicher, du bist ein Sklave der Menschen, ein Sklave der Umstände, ein Sklave deines Leben; das Leben ist nämlich ein Sklavendienst, wenn zum Sterben die Entschlossenheit fehlt.

(16) Besitzt du irgendetwas, weswegen du warten solltest? Selbst die Leidenschaften, die dich aufhalten und in Schranken halten, hast du aufgebraucht: keine ist dir neu, jede bereits verhasst allein durch Übersättigung. Du kennst den Geschmack, der typisch für Wein, der typisch für Honigwein ist: Es macht nicht den geringsten Unterschied, ob hundert oder tausend Amphoren durch deine Blase gehen: du bist ein Filter. Du weißt am besten, wie eine Auster, wie eine Meerbarbe schmeckt: nichts hat dir deine Verschwendungssucht für künftige Jahre aufgespart. Das sind nun aber die Dinge, von denen du ungern losgerissen wirst.

(17) Was für einen anderen Grund gibt es, dass du dich beklagst, befreit zu werden? Die Freunde? Hast du denn gelernt, ein Freund zu sein? Das

Vaterland? Hältst du es denn für so viel wert, dass du [seinetwegen] später zu Mittag speisen würdest? Das Licht der Öffentlichkeit? Das würdest du auslöschen, wenn du es könntest: was hast du denn jemals getan, das zu Glanz und Ruhm berechtigt? Gestehe, dass du nicht vom Verlangen nach der Kurie getrieben wirst, säumiger zu sterben, nicht nach dem Forum, auch nicht nach der Natur der Dinge: du lässt ungern den Fleischmarkt zurück, auf dem du nichts unbeachtet gelassen hast.

(18) Du fürchtest den Tod: doch wie trotzt du ihm bei einem mittelmäßigen Pilzgericht? Du willst leben: kannst du es denn? Du fürchtest zu sterben? Warum nun aber? Ist ein solches Leben nicht der Tod? Als Gaius Caesar auf der Via Latina gereist ist und ihn aus einem Gefangenenzug heraus einer mit ergrautem, lang bis zur Brust herabhängendem Bart um den Tod gebeten hat, antwortete er: „Lebst du denn jetzt?" Das muss solchen erwidert werden, für die der Tod eine Erleichterung sein wird: „Du fürchtest zu sterben: lebst du denn jetzt?"

(19) „Aber ich will leben", wendest du ein, „weil ich unablässig sittlich gut handle; ungern trenne ich mich von den Pflichten des Lebens, die ich zuverlässig und beharrlich verrichte." Was? Du weißt nicht, dass sogar das Sterben eine Pflicht des Lebens ist? Du lässt keine Verpflichtung zurück; denn es wird keine bestimmte Anzahl festgelegt, die du erfüllen müsstest.

(20) Jedes Leben ist kurz; denn wen du die [gesamte] Schöpfung berücksichtigst, ist auch das von Nestor und von Sattia kurz, die verlangt hat, dass auf ihrem Grabmal eingraviert wird, sie habe neunundneunzig Jahre gelebt. Du siehst, dass sich eine wegen ihres hohen Alters rühmt: wer hätte sie ertragen können, wenn es ihr geglückt wäre, das hundertste [Jahr] zu vollenden? Wie ein Gespräch, so das Leben: es kommt nicht darauf an, wie lange, sondern wie gut es geführt worden ist. An welcher Stelle du aufhörst, tut nichts zur Sache. Hör auf, wo immer du willst: ziehe du nur einen ehrenhaften Schlussstrich: Lebe wohl.

# Buch 9 – Brief 78

Seneca grüßt seinen Lucilius,

(1) Dass du von häufigen Katarrhen und Fieberanfällen gequält wirst, die auf einen lang andauernden und zur Gewohnheit gewordenen Schnupfen folgen, ist umso belastender für mich, weil ich diese Art von Krankheit, die ich anfangs unterschätzte, durchgemacht habe – bis dahin war die Jugend imstande, die Härten zu ertragen und sich hartnäckiger gegenüber Krankheiten zu zeigen –, dann unterlag ich und bin von ihr dazu gebracht worden, dass ich leibhaftig triefte, bis ich auf das Äußerste abgemagert war.

(2) Oft hat mich das heftige Verlangen ergriffen, mein Leben vorzeitig zu beenden: aber das hohe Alter des gütigen Vaters hat mich zurückgehalten. Denn ich war nicht darauf bedacht, wie tapfer ich sterben könnte, sondern wie stark er es nicht wünschen könnte. Daher befahl ich mir zu leben; bisweilen besteht nämlich mutiges Handeln auch darin, am Leben zu bleiben.

(3) Was mir damals Trost gespendet hat, will ich erklären, sofern ich zuerst Folgendes vorgebracht habe: dass gerade die Dinge, die mich zur Ruhe kommen ließen, die Kraft einer Medizin besaßen; sittlich guter Trost verwandelt sich in ein Heilmittel, und alles, was die Seele aufrichtet, nützt auch dem Körper. Unsere Studien dienten mir zur Gesundung; die geistige Aufnahme der Philosophie sehe ich als Grund an, warum ich [wieder] zugenommen habe, warum ich gesund geworden bin; ich verdanke ihr das Leben und nichts weniger schulde ich ihr.

(4) Zu meinem guten Gesundheitszustand haben aber auch die Freunde viel beigetragen, durch deren Aufmunterungen, nächtlichen Wachen, [und] Unterhaltungen ich aufgerichtet wurde. Nichts, mein allerbester Lucilius, erfrischt und ermutigt einen Kranken in gleicher Weise wie die Zuneigung

der Freunde, nichts nimmt in gleicher Weise Todeserwartung und Todesfurcht unbemerkt [von ihm] fort: ich glaubte, dass ich nicht sterbe, wenn ich jene am Leben zurücklasse. Ich dachte, sage ich dir, dass ich nicht mit ihnen, sondern durch sie am Leben bleiben werde; es schien mir, dass ich meinen Geist nicht ausgehaucht, sondern übergeben habe. Dies gab mir den Willen, mich aufzurichten und jede Qual zu ertragen; ohnehin ist es äußerst armselig, nachdem man die Absicht zum Sterben aufgegeben hat, an der zum Leben nicht festzuhalten.

(5) Diesen Heilmitteln wende dich also zu. Ein Arzt wird dir verordnen, wie lange du spazieren gehen sollst, wie lange du Gymnastik treiben sollst; dass du dich nicht dem Müßiggang hingibst, wozu eine schwache Gesundheit neigt; dass du lauter vorliest und dabei die Atmung trainierst, deren Weg und Behältnis geplagt werden; dass du zur See fährst und dein Inneres durch das sanfte Schwanken zur Tätigkeit treibst; an welchen Speisen du dich erfreuen, wann du Wein um der Stärkung willen anwenden, wann du es unterlassen sollst, um den Husten nicht zu reizen und zu verschlimmern. Folgendes lege ich dir ans Herz, weil es ein Heilmittel nicht nur für diese Krankheit, sondern für das ganze Leben ist: verachte den Tod. Nichts Betrübliches gibt es, wenn wir der Angst vor ihm entflohen sind.

(6) Diese drei Dinge sind bei jeder Krankheit schwer [zu ertragen]: die Angst vor dem Tod, der körperliche Schmerz, das zeitweilige Nachlassen der Leidenschaften. Über den Tod ist genug gesprochen worden: dieses eine will ich [aber noch] sagen: dass keine Angst vor der Krankheit, sondern vor der Natur besteht. Den Tod vieler [Menschen] hat eine Krankheit aufgeschoben, und dass sie scheinbar das Leben verloren haben, brachte ihnen die Rettung. Du wirst sterben, nicht weil du krank bist, sondern weil du lebst. Diese Tatsache steht dir auch nach der Gesundung bevor; wenn du genesen bist, wirst du nicht dem Tod, sondern der Krankheit entkommen sein.

(7) Lass uns nun zu jenem eigentlichen Ungemach zurückkehren: eine Krankheit verursacht große Qualen, doch zeitliche Abstände machen sie erträglich. Denn eine Steigerung des äußersten Schmerzes stößt an eine Grenze; niemand kann heftig und eine lange Zeit hindurch Schmerz empfinden; die uns liebende Natur hat es derart für uns bestimmt, dass sie entweder einen erträglichen oder einen kurzen Schmerz hervorbringt.

(8) Die größten Schmerzen treten in den sehr mageren Gliedern des Körpers auf: Sehnen und kleine Gelenke und alles, was dürftig ist, wüten am schmerzlichsten, sooft sie die Krankheitsursachen auf engem Raum in sich aufgenommen haben. Doch werden diese Glieder schnell starr und verlieren das Schmerzempfinden gerade aufgrund des Schmerzes, entweder, weil der Atem, vom natürlichen Lauf abgehalten und allzu ungünstig gewandelt, seine Energie einbüßt, durch die er frisch ist und uns antreibt, oder weil sich verdorbene Flüssigkeit, wenn sie nicht mehr in der Lage ist, sich irgendwohin zu begeben, selbst erdrückt und aus den [Gliedern], die sie allzu stark angefüllt hat, das Gefühl vertreibt.

(9) Infolgedessen legt sowohl die Gicht an Füßen und Händen als auch jeder Schmerz an Gelenken und Sehnen eine Pause ein, wenn er das, was er quälte, abgestumpft hat; bei alledem beunruhigt anfangs ein kribbelnder Schmerz, [aber] nach einer Zeit erschöpft sich der Angriff und das Ende des Leidens besteht darin, gefühllos geworden zu sein. Der Schmerz der Zähne, der Augen [und] der Ohren ist gerade deswegen äußerst durchdringend, weil er inmitten einer körperlichen Engstelle entsteht, nicht weniger, beim Herkules, als sogar bei Kopfschmerz; doch wenn er heftiger ist, geht er in Bewusstlosigkeit und Schläfrigkeit über.

(10) Dies ist daher ein Trost bei ungeheurem Schmerz: dass man notwendigerweise aufhört, ihn zu spüren, wenn man ihn allzu sehr empfindet. Folgendes jedoch ist der Grund, warum er die in Hinsicht auf körperliche Qualen Unerfahrenen in seiner Gewalt hat: sie sind es nicht gewohnt, auf

die Seele beschränkt zu sein; vieles steht bei ihnen unter der Aufsicht des Körpers. Ein bedeutender und kluger Mann sondert deshalb die Seele vom Körper ab und gibt sich zum großen Teil mit der besseren und göttlichen Seite ab, mit dem gern klagenden und vergänglichen [nur] so viel es nötig ist.

(11) „Es ist aber verdrießlich", sagt man, „sich von den gewohnten Genüssen fernzuhalten, auf Nahrung zu verzichten, Durst zu haben, Hunger zu leiden." Dies ist am Anfang aufgrund des Verzichts schwer zu ertragen, danach bleibt das Verlangen nach dem, was wir wünschen, ganz von selbst aus, weil es mürbe gemacht ist und schwindet; daher ist der Magen empfindlich, daher ist denen die Nahrung verhasst, die gieriges Verlangen danach hatten. Die Bedürfnisse selbst erlöschen; auf das verzichten zu müssen, was man nicht länger wünscht, ist jedoch nicht schmerzlich.

(12) Nimm hinzu, dass der Schmerz eines jeden vorbeigehen oder doch wenigstens nachlassen wird. Nimm hinzu, dass es möglich ist, sich vor künftigem [Schmerz] vorzusehen und einen drohenden mit Gegenmitteln zu bekämpfen; jeder lässt nämlich Zeichen vorausgehen, besonders derjenige, der regelmäßig wiederkehrt. Das Erdulden einer Krankheit ist erträglich, wenn man das verachtet, was als Äußerstes droht.

(13) Mach dir deine Leiden nicht selbst schwerer und belaste dich nicht mit Wehklagen: leicht ist der Schmerz, wenn ihm die Erwartung nichts hinzusetzt. Im Gegenteil, wenn du anfängst, dich zu ermutigen und zu sagen: „Es ist nichts oder gewiss ist es unbedeutend; wir können es ertragen; es hört schon auf", wirst du ihn erträglich machen, solange du ihn dafür hältst. Alles ist abhängig von der Einstellung; nicht nur der Ehrgeiz nimmt auf sie Rücksicht – auch die Verschwendungssucht und die Habgier: wir leiden gemäß unser Einstellung. Jeder ist in dem Maße unglücklich, wie er selbst [davon] überzeugt ist.

(14) Ich denke, dass man sich der Klagen über vergangene Schmerzen enthalten muss und [folglich] auch solcher Worte: „Keinem ging es jemals schlechter. Was für Qualen, wie viele Krankheiten habe ich ertragen! Niemand hat geglaubt, dass ich wieder aufstehen werde. So oft bin ich von den Meinen beweint worden, so oft von den Ärzten aufgegeben! Die auf eine Folterbank gespannten, werden nicht in solchem Grade auseinandergerissen." Selbst wenn dieses wirklich wahr ist – es ist vergangen: was nützt es, sich die vergangenen Schmerzen wieder vorzunehmen und elend zu leben, weil man es [einst] gewesen ist. Ja, dass mancher gar seinem Leiden etwas hinzufügt und sich selbst etwas vortäuscht? Sodann ist es erfreulich, ertragen zu haben, was bitter zu ertragen war: es ist naturgegeben, sich über das Ende seines Leidens zu freuen. Zwei Dinge muss man also einschränken, sowohl die Furcht vor einer zukünftigen als auch die Erinnerung an eine einstige Beschwerlichkeit: letztere berührt mich nicht mehr, erstere noch nicht.

(15) Gerade wenn man in Schwierigkeiten steckt, sollte man sagen:

*vielleicht wird es einst erfreuen, sich sogar an diese Dinge zu erinnern.*

Mit ganzem Herzen sollte man dagegen ankämpfen; wenn man zurückweicht, wird man besiegt, wenn man sich gegen seinen Schmerz wendet, wird man siegen: sehr viele machen nun dieses: sie ziehen das Verderben, dem man entgegenstehen muss, an sich. Wenn man erst anfängt, sich wegzustehlen, wird einen das, was niederhält, was bedroht, was in die Enge treibt, verfolgen und sich schwerer auf einen legen; wenn man diesem gegenüber fest bleibt und willens ist, Widerstand zu leisten, wird es zurückgetrieben.

(16) Wie viele Schläge ins Gesicht, wie viele am ganzen Körper nehmen die Athleten auf sich! Doch aus Ruhmsucht ertragen sie jede Qual und sie erleiden diese nicht nur, weil sie kämpfen, sondern auch um zu kämpfen:

schon das Training ist eine Qual. Auch wir sollten alles überwinden, dessen Lohn weder die Krone, noch die Siegespalme, noch der Trompeter ist, der sich zur Lobpreisung unseres Namens Gehör verschafft, sondern die sittliche Vollkommenheit, [und] ein standhaftes Herz und die Ruhe, die man sich, wenn einmal das Schicksal in einer Schlacht bezwungen wurde, für die Folgezeit verschafft hat.

(17) „Ich fühle einen schweren Schmerz." Was nun also? Spürst du ihn nicht, wen du ihn weibisch zur Schau trägst? So wie ein Feind für diejenigen gefährlicher ist, die fliehen, so bedrängt jedes zufällige Unheil denjenigen stärker, der zurückweicht und sich abwendet. „Aber es ist schwer." Wie bitte? Sind wir [etwa] stark, um Leichtes zu tragen? Was von beiden wünschst du, dass eine Krankheit lang andauernd ist oder heftig und kurz? Wenn sie lang andauernd ist, erfordert sie notwendig eine Unterbrechung, bietet Raum für Erholung, schenkt viel Zeit, muss, um sich wieder zu erheben, auch ablassen können: eine kurze und gefährliche Krankheit wird eins von beiden bewirken: entweder sie wird ausgelöscht, oder sie löscht aus. Welchen Unterschied aber macht es, ob sie nicht oder ich nicht existiere? Ein Ende des Schmerzes bedeutet es in beiden Fällen.

(18) Es wird auch nützlich sein, den Geist auf andere Gedanken zu lenken und sich vom Schmerz zu trennen. Erwäge, was du vortrefflich, was du voll Mut geleistet hast; überdenke allein für dich deine guten Seiten; pflege die Erinnerung an die Dinge, die du am meisten bewundert hast; es treten dir dann wahrscheinlich gerade der Tapferste und der Sieger über den Schmerz vor Augen: jener, der fortfuhr ein Buch zu lesen, während er sich die Krampfadern herausschneiden ließ, jener, der nicht aufgehört hat zu lächeln, als die gerade dadurch erzürnten Folterknechte alle Hilfsmittel ihrer Grausamkeit erprobten. Wird ein Schmerz, der durch ein Lächeln besiegt worden ist, nicht von der Vernunft bezwungen werden?

(19) Du magst nun nennen, was immer du willst: Katarrhe, [und] die Gewalt des beständigen Hustens, der Teile der Eingeweide ausspeien lässt, [und] ein Fieber, das selbst das Innere röstet, [und] Durst und die wegen der hervorkommenden Gelenkknoten in verschiedene Richtungen verdrehten Gliedmaßen: mehr noch Feuer, [und] die Folterbank, [und] eine glühende Eisenplatte und das, was unmittelbar in die angeschwollenen Wunden hineingedrückt wird, damit sie wieder aufbricht und es tiefer eindringt. Trotzdem hat manch einer währenddessen nicht aufgestöhnt. Das ist zu wenig: er hat nicht um etwas gebeten. Das ist zu wenig: er hat nicht geantwortet. Das ist zu wenig: er hat gelacht und zwar von Herzen. Willst du hieraufhin den Schmerz nicht [auch] verlachen?

(20) „Aber die Krankheit, die mich von allen Geschäften abgebracht hat, lässt mich nichts tun", wird einer sagen. Die Krankheit herrscht über deinen Körper, nicht auch über den Geist. Sie hemmt daher die Schritte des Läufers, behindert die Hand des Schusters oder des Schmieds: wenn du gewohnt bist, deinen Geist zu gebrauchen, wirst du Rat geben und lehren, wirst du hören und lernen, wirst du zu ergründen suchen und Zukünftiges bedenken. Was nun aber? Meinst du, dass du auf nichts hinarbeitest, falls du trotz Maßhaltens krank sein solltest? Du wirst zeigen, dass eine Krankheit überwunden oder wenigstens ausgehalten werden kann. Glaub mir, die sittliche Vollkommenheit hat auch auf einem kleinen Ruhebett Platz.

(21) Nicht nur Kriege und Schlachten liefern Beweise für einen entschlossenen und durch Ängste unbezwingbaren Geist: auch in einer Decke [gehüllt] bewährt sich der tapfere Mann. Du trägst in dir, was du anregen kannst: tapfer mit der Krankheit zu kämpfen. Wenn nichts dich bezwingt, wenn nichts dich erreicht, gibst du ein außerordentliches Vorbild ab. Oh, wie groß wäre die Quelle des Ruhms, wenn man uns an Krankheit leidend beigewohnt hätte! Schau dich selbst bewundernd an, rühme dich selbst.

(22) Außerdem gibt es zwei Arten von Freuden. Die körperlichen hemmt die Krankheit, beseitigt sie gleichwohl nicht; ja, sie regt sie sogar an, wenn man es richtig beurteilt. Wohltuender ist das Trinken für den Dürstenden, willkommener [ist] die Speise für den Hungernden. Alles, was nach einem Verzicht zuteil wird, nimmt man begieriger auf. Jene Freuden des Geistes aber, die bedeutender und zuverlässiger sind, schlägt kein Arzt einem Kranken ab. Jeder, der nach ihnen trachtet und zur rechten Einsicht gelangt, trotzt allen Verlockungen der Sinne.

(23) „Ach, der vom Unglück getroffene Kranke!" Warum? Weil er den Schnee nicht im Wein auflösen lässt? Weil er die Kühle seines Tranks, den er in einem viel fassenden Becher gemischt hat, nicht wiederherstellt, indem er von oben Eis hinein zerbricht? Weil die berühmten Austern des Lucriner Sees nicht direkt für ihn am Tisch geöffnet werden? Weil rings um sein Esszimmer herum keine Unruhe durch die Köche herrscht, die die Herde gleich zusammen mit den Leckerbissen herübertragen? Folgendes hat die Genusssucht nämlich bereits ersonnen: damit eine Speise nicht lau wird, damit nicht etwas dem schon schwieligen Gaumen nicht heiß genug ist, gibt die Küche dem Essen das Geleit.

(24) „Ach, der vom Unglück getroffene Kranke!" Er wird essen, so viel er verdauen kann. Kein Eber wird ihm vor Augen liegen, gleichwie billiges Fleisch vom Tisch verbannt, und auch Vogelbrüstchen (es liegt nämlich eine Abneigung vor, ganze [Vögel] anzusehen) werden nicht in Masse auf seinem Tafelaufsatz serviert. Was ist Schlechtes dir geschehen? Du wirst wie ein Kranker, nein, vielmehr endlich wie ein Gesunder essen.

(25) Wir werden all dieses jedoch leicht ertragen, die Suppe, das warme Wasser, und alles andere, was den Genießern und denen, die in der Üppigkeit erschlaffen und die eher geistig als körperlich krank sind, unerträglich erscheint: nur sollten wir uns nicht mehr vor dem Tode scheuen. Wir werden jedoch [nur] damit aufhören, wenn wir die Grenzen des Guten und

des Schlechten erfahren haben; danach erst wird der Überdruss nicht zum Leben, die Furcht nicht zum Tod gehören.

(26) Einen Überdruss seiner selbst kann das Leben nämlich nicht befallen, wenn es die so vielen mannigfachen, bedeutenden, [und] erhabenen Dinge betrachtet: untätiger Müßiggang führt gewöhnlich jenen Hass auf sich selbst herbei. Beim Durchwandern der Welt wird die Wahrheit niemals dem Überdruss anheimfallen: Falsches wird zur Übersättigung führen.

(27) Wenn dagegen der Tod herannaht und einen ruft, mag es auch vorzeitig sein, mag er auch die Lebenszeit in der Mitte durchtrennen, wurde die Frucht des längsten [Lebens] empfangen. Die natürliche Ordnung ist ihm zum großen Teil bekannt, es weiß, dass das sittlich Gute nicht mit der Zeit anwächst: alles Leben muss jenen kurz erscheinen, die es an nichtigen und daher maßlosen Freuden bemessen.

(28) An diesen Gedanken erfrische dich und nimm dir zuweilen Zeit für unsere Briefe. Es kommt einmal die Zeit, die uns wieder vereint und zusammenschweißt; wie kurz sie auch sein mag, das Wissen, sie zu nutzen, wird sie lang machen. Denn wie Poseidonios sagte: „Ein einziger Tag der gebildeten Menschen steht im höheren Grad zu Diensten als den Unkundigen das längste Leben."

(29) Unterdessen halte mit aller Kraft den Grundsatz fest, sich den widrigen Umständen nicht zu unterwerfen, sich den Glück verheißenden anzuvertrauen, jedwede Willkür des Schicksals im Auge zu behalten, als ob es alles erwirken wird, was zu erwirken es imstande ist. Alles, was lange befürchtet wurde, trifft milder ein. Lebe wohl.

―――――

# Buch 9 – Brief 79

Seneca grüßt seinen Lucilius,

(1) Ich erwarte deinen Brief, in welchem du mir mitteilst, was dir die Umseglung von ganz Sizilien an Neuem offenbart hat und gleichfalls auch alles Zuverlässigere über Charybdis. Denn dass Skylla ein Felsen und für die Vorbeisegelnden sicherlich nicht Furcht erregend ist, weiß ich ganz genau: ich wünsche mir, dass ausführlich [im Brief] beschrieben wird, ob Charybdis den Erzählungen entspricht, und, wenn du es zufällig beobachtet hast (es ist nämlich wert, dass man es beobachtet), setze uns in Kenntnis, ob man nur durch einen einzigen Wind in die Strudel getrieben wird, oder ob jeder Sturm in gleicher Weise die berühmte Meeresströmung umdreht, und auch, ob es wahr ist, dass alles, was von jenem Meeresstrudel entführt wurde, über viele Meilen in Verborgenheit weggeschleppt wird und am Strand von Tauromenium emporkommt.

(2) Wenn du mir darüber berichtet hast, dann werde ich es wagen, dir den Auftrag zu geben, mir zu Ehren auch den Ätna zu besteigen, dessen Abtrag und allmähliches Absenken manche aus der Tatsache schließen, dass er sich den Seefahrenden [vormals] aus beträchtlich größerer Entfernung zu zeigen pflegte. Dieses kann eintreten, nicht weil sich die Berghöhe gesenkt hat, sondern weil seine Flamme an Kraft verloren hat und weniger stark und reichlich in die Höhe steigt – aus demselben Grund ist auch der Rauch im Tagesverlauf träger. Keins von beiden ist aber unglaubwürdig, weder, dass ein Berg, der [vom Feuer] verschlungen wird, täglich kleiner wird, noch das ebenderselbe Bestand hat, weil [das Feuer] ihn selbst nicht verzehrt, sondern es sich in irgendeinem unterirdischen Tal ansammelt, danach aufwogt und sich auch von anderen Dingen nährt, den Berg selbst [also] nicht als Nahrung, sondern als Weg betrachtet.

(3) In Lykien ist eine Gegend sehr bekannt (die Einwohner nennen sie Hephaistion), weil der Erdboden an mehreren Stellen durchlöchert ist, den ein Feuer ohne Verlust im Bewuchs harmlos durchwandert. Infolgedessen ist die Gegend fruchtbar und grasreich, da die Flammen nichts versengen, sondern nur mit sanfter und schwacher Kraft hervorschimmern.

(4) Aber wir sollten das [Thema] aufsparen, um es erst dann zu untersuchen, wenn du mir geschrieben hast, wie weit die Schneeflächen, die nicht einmal der Sommer vertreibt, vom eigentlichen Krater des Berges entfernt liegen; bis dahin sind sie geschützt vor dem nahen Feuer. Es gibt jedoch keinen Grund, dass du mir diese Neugierde zuschreibst; du würdest dich nämlich deiner Liebhaberei hingeben, auch wenn niemand einen Auftrag gäbe.

(5) Was würde ich dir nicht geben, damit du den Ätna in deiner Dichtung beschreibst, damit du dich mit diesem von allen Dichtern gefeierten Ort befasst? Dass Vergil es schon zur Genüge getan hatte, stand Ovid keineswegs im Wege, sich mit ihm zu beschäftigen; alle beide haben nicht einmal Severus Cornelius abgeschreckt. Außerdem erwies sich dieser Ort für jeden vom Glück begünstigt, und diejenigen, die vorangegangen waren, scheinen das, was gesagt werden konnte, nicht vorzeitig an sich gerissen, sondern zugänglich gemacht zu haben.

(6) [Doch] es besteht ein großer Unterschied, ob man sich mit einem verbrauchten oder einem bearbeiteten Stoff befasst: von Tag zu Tag nimmt er zu, und Erfundenes steht denen, die erfinden wollen, nicht im Wege. Überdies ist die Lage für den Letzten am besten: er trifft auf schon bereitstehende Worte, die, auf eine andere Weise geordnet, eine neue Anmut erlangen. Und er legt nicht Hand an sie wie an fremde Güter; sie gehören nämlich zum Gemeingut (die Rechtsgelehrten verneinen, dass irgendein Gemeingut durch Gebrauch in Besitz genommen wird).

(7) Entweder kenne ich dich nicht gut oder der Ätna erweckt bei dir Begehrlichkeit; schon wünschst du dir, etwas Großartiges und den Vorfahren Ebenbürtiges zu schreiben. Denn mehr zu hoffen, lässt deine Bescheidenheit nicht zu, die bei dir so groß ist, dass es für mich den Anschein hat, du würdest die Möglichkeiten deiner Begabung zurückhalten, wenn die Gefahr bestände, Oberhand zu erlangen: so groß ist dein Respekt vor den Vorfahren.

(8) Unter anderem besitzt die Weisheit den folgenden Vorteil: niemand kann von einem anderen übertroffen werden, außer während er sich im Aufstieg befindet. Sobald man zum Gipfel gelangt ist, herrscht Ebenbürtigkeit; es gibt keinen Platz für eine Steigerung, man kommt zum Stehen. Fügt etwa die Sonne etwas ihrer Größe hinzu? Rückt der Mond etwa weiter hinaus, als er es regelmäßig tut? Die Meere wachsen nicht; die Welt bewahrt dieselbe äußere Erscheinung und Größe.

(9) Dinge, die ihre vollständige Größe erreicht haben, können sich nicht [weiter] erheben: alle, die weise geworden sind, werden ebenbürtig und gleich sein. Jeder einzelne von ihnen wird seine ihm allein eigentümlichen Vorzüge besitzen: der eine wird leutseliger sein, der andere ungebundener, der nächste gewandter im Vortrag, wieder ein anderer entschlossener: das, worum es geht, was glücklich macht, ist bei allen ebenbürtig.

(10) Ob dein Ätna verfallen und in sich zusammenstürzen kann, ob die unablässige Gewalt der Flammen diese erhabene und über die unermessliche Weite des Meeres sichtbare Höhe niederreißt – ich weiß es nicht: kein Feuer, kein Einsturz wird die sittliche Vollkommenheit tiefer hinabführen; diese einzigartige Größe kann nicht herabgedrückt werden. Sie kann weder weiter ausgedehnt noch zurückerstattet werden; ihre Größe ist auf eine Weise festgesetzt wie die der Unsterblichen. Lass es uns wagen, zu ihr hinaus in die Höhe zu ziehen.

(11) Ein großer Teil der Arbeit ist bereits ausgeführt; freilich, wenn ich die Wahrheit eingestehen will, nicht der Großteil. Denn auch eine edle Gesinnung an sich bedeutet nicht, besser als die Schlechtesten zu sein: würde irgendeiner, der das Tageslicht [nur] erahnt, mit seiner Sehkraft prahlen? Für wen die Sonne durch die Finsternis schimmert, der mag einstweilen zufrieden sein, dass die Dunkelheit vertrieben ist – am Glück der Erleuchtung erfreut er sich noch nicht.

(12) Unsere Seele wird das, wofür sie sich beglückwünscht, alsdann besitzen, wenn sie, entlassen aus dieser Dunkelheit, in der sie sich befindet, nicht mit schwachem Sehvermögen Helles vor sich sieht, sondern das volle Tageslicht hereingelassen hat und sie dem Himmel selbst wiedergegeben wurde, wenn sie den Platz zurückerobert hat, den sie durch das Los der Geburt erlangt hat. Ihre Ursprünge laden sie ein in die Höhe; sie wird sich aber dort [schon] befinden, noch bevor sie aus ihrem Gefängnis befreit wird, wenn sie ihre Lasterhaftigkeit zerschmettert und sich rein und leicht zu den göttlichen Gedanken emporschwingt.

(13) Mögen es wenige verstehen, mag es niemand verstehen: uns gefällt es, dieses voranzutreiben, teuerster Lucilius, voller Energie darauf loszuschreiten. Ruhm ist der ständige Begleiter der sittlichen Vollkommenheit: selbst gegen ihren Willen wird er sie begleiten. Aber so wie ein Schatten manchmal vorangeht, manchmal nachfolgt und sich im Rücken befindet, so liegt der Ruhm zuweilen vor uns und bietet sich zur Ansicht, zuweilen ist er abgewandt und, sobald sich die Missgunst zurückgezogen hat, umso größer, je später er eintritt.

(14) Wie lange schien Demokrit der Raserei verfallen! Eben erst hat die öffentliche Meinung Sokrates aufgenommen. Wie lange hat die Bürgerschaft keine Kenntnis von Cato genommen! Sie hat ihn zurückgewiesen und erst richtig zu beurteilen gewusst, als sie ihn verloren hatte. Die Unschuld und die Tugendhaftigkeit eines Rutilius wäre verborgen geblieben,

wenn er kein Unrecht erlitten hätte: während sie befleckt wurde, strahlte sie auf. Hat er seiner Bestimmung etwa nicht gedankt und seine Verbannung mit Wohlwollen aufgenommen? Ich spreche von denjenigen, die das Schicksal ausgezeichnet hat, während es sie heimsuchte: die Erfolge wie vieler sind [erst] nach ihrem Tod zur Bekanntheit gekommen! Wie viele hat die öffentliche Meinung nicht unmittelbar vernommen, sondern [später] ausgegraben!

(15) Du siehst, in wie hohem Grad nicht nur die Gebildeteren Epikur bewundern, sondern auch die gegenwärtige Masse der Unkundigen: in Athen selbst, in dessen Nähe er sich zurückgezogen hatte, war er unbekannt. Seinen [Freund] Metrodoros [damals] schon viele Jahre überlebend, setzte er deshalb in einem Brief, nachdem er seine Freundschaft mit Metrodoros in dankbarer Erinnerung gepriesen hatte, zuletzt dieses hinzu, dass es ihm und Metrodoros inmitten von soviel Gutem nichts geschadet hat, dass jenes ruhmvolle Griechenland sie persönlich nicht nur als fremd, sondern als gänzlich unbekannt betrachtet hatte.

(16) Ist er denn etwa nicht später, nachdem sein Dasein geendet hatte, entdeckt worden? Strahlte sein Ruf etwa nicht hervor? Auch dies hat Metrodoros in einem Brief eingestanden: dass er und Epikur nicht recht bekannt geworden seien; dass nach ihm und Epikur diejenigen einen berühmten und wohlversehenen Namen haben würden, die sich wünschten, auf denselben Spuren zu wandeln.

(17) Keine sittliche Vollkommenheit bleibt verborgen, und verborgen geblieben zu sein, ist für sie selbst kein Nachteil: Der Tag wird nahen, an dem sie zum öffentlichen Gut gemacht wird, obgleich sie verdeckt und wegen der Missgunst ihrer Zeit unterdrückt worden ist. Zu wenigem ist von der Natur bestimmt, wer [nur] auf das Volk seines Zeitalters bedacht ist. Viele tausend Jahre, viele Völker werden dazukommen: an sie denke. Auch wenn der Neid allen, die mit dir leben, Schweigen auferlegt hat: es

werden diejenigen kommen, die ohne Kränkung, ohne Gefälligkeit urteilen. Wenn der sittlichen Vollkommenheit irgendein Lohn aufgrund eines Urteils der Menge entsteht, geht auch dieser nicht verloren. Das Gerede der Nachwelt wird uns sicherlich in keiner Weise berühren; gleichwohl wird sie auch diejenigen, die sich dessen nicht bewusst sind, verehren und häufig nachsuchen.

(18) Einem jeden hat die sittliche Vollkommenheit entweder zu Lebzeiten oder nach dem Tode ihren Dank entrichtet, wenn er sie nur nach bestem Willen angestrebt hat, wenn er sich nicht [mit ihr] ausstaffiert und geschmückt hat, sondern derselbe geblieben ist, sei es, dass er nach Vorankündigung, sei es, dass er unvorbereitet und unerwartet sich zeigte. Der Schein bewirkt nichts: nur wenige täuscht eine äußerlich leicht überzogene Oberfläche: die Wahrheit ist in jedem Teil von ihr dieselbe. Was vorgetäuscht ist, besitzt nichts an Echtem. Dünn gesponnen ist die Lüge: wenn du genau hinschaust, schimmert sie durch. Lebe wohl.

———

# Buch 9 – Brief 80

Seneca grüßt seinen Lucilius,

(1) Gegenwärtig habe ich Zeit für mich [selbst] – nicht nur durch eigenen Verdienst, sondern wegen eines Schauspiels, das die ganzen lästigen [Leute] zum Faustkampf [mit lederüberzogenen Eisenkugeln] weggerufen hat. Niemand wird hereinstürzen, niemand mein Denken und Sinnen behindern, das im sicheren Vertrauen darauf kühner voranschreitet. Die Tür wird nicht immer wieder knarren, der Türvorhang nicht angehoben werden: es wird möglich sein, ungefährdet loszugehen, was für denjenigen erforderlich ist, der für sich allein geht und seinen Weg verfolgt. Schließe ich mich also nicht den Vorfahren an? [Doch] tue ich, aber ich erlaube mir, sowohl etwas zu entdecken als auch zu verändern als auch hinter mich zu lassen; ich bin nicht ihr Sklave, sondern ich gebe ihnen meine Zustimmung.

(2) Gleichwohl ein großes Wort habe ich gesprochen, wenn ich mir Ruhe und einen einsamen Ort ohne Störenfried versprach: gib acht, ein ungeheurer Lärm wird aus dem Stadion herübergetragen und er reißt mich zwar nicht aus meinen Gedanken, aber er lenkt die Betrachtung gerade auf diesen Umstand. Ich überlege bei mir selbst, wie viele ihre Körper trainieren, wie wenige ihren Geist; welch großer Auflauf bei einem unaufrichtigen und dem Zeitvertreib dienlichen Schauspiel entsteht, welch große Einsamkeit bei den schönen Künsten herrscht; wie schwach im Geiste diejenigen sind, deren Arme und Schultern wir bewundernd anschauen.

(3) Ich vergegenwärtige mir vor allem Folgendes wieder: wenn ein Körper durch Leibesübung zu einer solchen Leidensfähigkeit gebracht werden kann, dass er in gleicher Weise sowohl Faustschläge als auch Fußtritte von mehr als einem Menschen aushält, dass einer, die feurigste Sonne im heißesten Staub ertragend und von eigenem Blut triefend, den Tag verbringt,

wie viel leichter könnte der Geist gestärkt werden, um Schicksalsschläge unerschütterlich auf sich zu nehmen, um sich, obwohl niedergeworfen, um sich, obwohl misshandelt, wieder zu erheben. Der Körper nämlich bedarf vieler Dinge, um stark zu sein: der Geist wächst aus sich [selbst] hervor, er nährt sich selbst, er übt sich [selbst]. Jener benötigt viel Nahrung, viel Trank, viel Öl, überhaupt eine lang andauernde Anstrengung: die sittliche Vollkommenheit wird dir ohne vorbereitende Maßnahme, ohne Aufwand zuteil werden. Alles, was dich sittlich gut machen kann, steckt in dir.

(4) Was du benötigst, um sittlich gut zu sein? Es zu wollen. Was kannst du aber Besseres wollen, als dich aus dieser Knechtschaft zu befreien, die alle auspresst, der sich Sklaven, auch in niedrigster Stellung und in dieser Verächtlichkeit geboren, auf jede Art und Weise zu entledigen versuchen? Ihr Sondergut, das sie, vom Munde abgespart, aufgebracht haben, zahlen sie für eine [freie] bürgerliche Existenz aus. Wirst du dir nicht wünschen, um jeden Preis zur Freiheit zu gelangen, für die du meinst, geschaffen zu sein?

(5) Warum schaust du dich nach deiner Geldkiste um? [Die Freiheit] kann nicht gekauft werden. Deshalb wird mit den Bürgerlisten ein leerer Begriff von Freiheit ermittelt, die weder diejenigen besitzen, die sie gekauft haben, noch diejenigen, die sie verkauft haben: es ist nötig, dir dieses Gut selbst zu gewähren, du musst von dir aus danach streben. Befreie dich zuerst von der Furcht vor dem Tod (sie legt uns das Sklavenjoch auf), dann von der Furcht vor der Armut.

(6) Wenn du erkennen willst, wie wenig Schlechtes sich in ihr befindet, vergleiche die Gesichtszüge der Armen und der Reichen miteinander: öfter und aufrichtiger lächelt der Arme; keine Unruhe herrscht in seinem Inneren. Auch wenn ihn irgendein Kummer befällt, vergeht sie gleichsam wie eine flüchtige Traurigkeit: die Heiterkeit derer, die glücklich genannt werden, ist vorgetäuscht oder eine folgenschwere und sich ins Innere fres-

sende Traurigkeit, ja umso folgenschwerer, weil man zuweilen nicht offen unglücklich sein darf, sondern gerade inmitten des die Seele verzehrenden Trübsals den Glücklichen spielen muss.

(7) Folgendes Beispiel muss ich häufiger anführen, denn durch keines wird diese Posse des menschlichen Lebens nachdrücklicher ausgedrückt, die uns eine Rolle zuweist, die wir schlecht nur spielen. Jener, der auf der Bühne prahlerisch einherschreitet und, den Kopf stolz zurückwerfend, dieses spricht:

*Seht, ich beherrsche Argos; Pelops hinterließ mir ein Königtum,*
*wo der Isthmus durch das Meer vom Hellespont und*
*vom ionischen Meer bedrängt wird,*

ist ein Sklave, er erhält fünf Scheffel und fünf Denare.

(8) Jener, der stolz und übermütig [und] im Vertrauen auf seine Stärke hochtrabend sagt:

*und wenn du nun nicht ruhig bist, Menelaos, wirst du durch diese Rechte*
*niedergestreckt,*

empfängt eine Tagesration, schläft unter einer zerlumpten Decke. Dasselbe darf man über all diese verweichlichten Leute sagen, die eine Sänfte über die Köpfe der Menschen und über das lärmende Getümmel hinweg schweben lässt: das Glück all derer ist nur Maske. Du wirst sie verachten, wenn du sie [dieser] beraubst.

(9) Wenn du ein Pferd kaufen willst, verlangst du, dass die Reitdecke abgenommen wird, den zum Verkauf ausgestellten Sklaven ziehst du die Kleidung herab, damit die körperlichen Mängel nicht verborgen bleiben: einen Menschen beurteilst du, obgleich er sich verhüllt hat? Sklavenhänd-

ler verbergen all das, was einen Grund gibt zu missfallen, durch irgendeine Verschönerung, deshalb sind den Käufern gerade Ausstaffierungen verdächtig: wenn du ein umwickeltes Bein oder einen umwickelten Arm erblicktest, du würdest ihn entkleiden und dir den Körper direkt zeigen lassen.

(10) Hast du jenen König von Skythien oder Sarmatien vor Augen, herausgeputzt mit einem Kopfschmuck? Wenn du ihn einschätzen und im vollen Umfang verstehen willst, was für einer er ist, entferne das Diadem: viel Schlechtes ist darunter verborgen. Was rede ich über andere? Wenn du dich genau zu untersuchen wünschst, lege Vermögen, Haus, gesellschaftliche Stellung beiseite, betrachte dich selbst von innen: nun vertraue anderen an, wer du bist. Lebe wohl.

———

# Buch 10 – Brief 81

Seneca grüßt seinen Lucilius,

(1) Du beschwerst dich, dass du an einen undankbaren Menschen geraten bist: wenn dieses nun zum ersten Mal geschieht, danke entweder deinem Schicksal oder deiner Achtsamkeit. Aber an dieser Stelle kann Achtsamkeit nichts bewirken, außer dich knauserig zu machen; denn wenn du dieser Gefahr aus dem Weg gehen willst, wirst du keine Wohltaten [mehr] erweisen; so werden sie, um nicht bei anderen verloren zu gehen, bei dir verloren gehen. Lieber sollen sie nicht der Erwartung entsprechen, als nicht gewährt werden: auch nach einer schlechten Ernte muss gesät werden. Oft hat der reiche Ertrag eines einzelnen Jahres alles wieder gutgemacht, was durch die fortwährende Unfruchtbarkeit eines unergiebigen Bodens verloren gegangen war.

(2) Um einen Dankbaren zu finden, ist es der Mühe wert, auch die Undankbaren auf die Probe zu stellen. Niemand besitzt eine so treffsichere Hand bei den Wohltaten, dass er sich nicht oft täuscht: mögen sie umherschweifen, um sich eines Tages irgendwo festzusetzen. Nach einem Schiffbruch werden die Meere [wieder] befahren; der Zahlungsunfähige verscheucht den Geldverleiher nicht vom Marktplatz. Schnell wird das Leben in trägem Müßiggang verharren, wenn man alles, was Unwillen erregt, hinter sich lassen muss. Dich aber sollte gerade diese Tatsache freigebiger machen; denn etwas, dessen Ausgang unsicher ist, das muss oft versucht werden, damit es endlich einmal gelingt.

(3) Aber darüber haben wir oft genug in den Schriften gesprochen, die mit dem Titel „Über die Wohltaten" versehen sind: es scheint mir, dass eher Folgendes untersucht werden muss, das, wie ich meine, nicht ausreichend erörtert wurde: ob einer, der uns nützlich war, wenn er später Schaden angerichtet hat, die Rechnung ausgeglichen und uns seine Schuld abgetragen

hat. Denk dir, wenn du willst, auch noch dieses hinzu: er hat später viel mehr geschadet, als er vorher genützt hatte.

(4) Wenn du nach jenem richtigen Urteil eines strengen Richters fragst, wird er das eine von dem anderen ablösen und sagen: „Mögen auch die Ungerechtigkeiten überwiegen, dennoch soll das, was vom Unrecht als Überschuss übrig ist, wegen der Wohltaten erlassen werden." Er hat mehr geschadet, aber vorher genützt; daher sollte auch das zeitliche Verhältnis betrachtet werden.

(5) Nun ist das Genannte allzu offenkundig, als dass du daran erinnert werden müsstest, dass zu erfragen ist, wie gern er nützlich war, wie ungern er geschadet hat, da ja sowohl die Wohltaten als auch die Ungerechtigkeiten auf der Gesinnung beruhen. „Ich wollte keine Wohltat erweisen; umgestimmt worden bin ich entweder aus Schamgefühl oder durch die Beharrlichkeit eines drängenden Bittstellers oder wegen eines erhofften Guts."

(6) Zu dieser Gesinnung, aufgrund der gegeben wird, ist jeder verpflichtet, und man muss nicht genau abwägen, wie viel es ist, sondern aus welcher Absicht es hervorgegangen ist. Nun soll [jede] Annahme aufgehoben werden: einerseits war ersteres wirklich eine Wohltat, andererseits ist letzteres, das über das Maß der früheren Wohltat hinausging, wirklich ein Unrecht. Ein tüchtiger Mann stellt seine Rechnung so auf, dass er sich selbst ausklammert: die Wohltat fügt er hinzu, das Unrecht zieht er ab. Jener andere, mildere Richter, der ich zu sein vorziehe, wird wünschen wollen, das Unrecht zu vergessen, sich an die Gefälligkeit zu erinnern.

(7) „Dieses", sagt man, „entspricht ohne Zweifel der Gerechtigkeit: jedem das Seine zurückzuerstatten, Dank für eine Wohltat, Vergeltung oder wenigstens einen vergifteten Dank für ein Unrecht." Das ist recht und billig, wenn der eine ein Unrecht begangen, der andere eine Wohltat erwiesen

hat; wenn es allerdings derselbe ist, wird die Wirkung des Unrechts durch die Wohltat aufgehoben. Denn einem, dem verziehen werden sollte, selbst wenn keine Verdienste vorausgegangen wären, schuldet man, wenn er nach Wohltaten [auch] Schaden anrichtet, mehr als Verzeihung.

(8) Ich setze nicht den gleichen Preis für beide fest: eine Wohltat schätze ich höher ein als ein Unrecht. Nicht alle verstehen es, dankbar zu sein: sich einer Wohltat verpflichtet zu fühlen, vermag auch der Unwissende und der Ungebildete und irgendeiner aus der Masse, jedenfalls solange es [zeitlich] nah zum Empfang steht, jedoch weiß er nicht, wie viel er ihr entsprechend verpflichtet ist. Allein dem Weisen ist bekannt, wie hoch der Wert jeder einzelnen Sache festgesetzt werden muss. Denn jener Einfältige, über den ich sprach, gibt, selbst wenn er guten Willens ist, entweder weniger, als er verpflichtet ist, oder zu einem anderen Zeitpunkt, als er soll, oder bei einer Gelegenheit, bei der er es nicht soll; das, was zurückerstattet werden muss, vergeudet und verschleudert er.

(9) Hinsichtlich etlicher Dinge ist die eigentümliche Ausprägung unserer Begriffe erstaunlich, und ein altertümlicher Sprachgebrauch schmückt manches mit sehr nachhaltig wirkenden und die Pflichten lehrenden Eigenarten. So pflegen wir treffsicher zu sagen: „Der eine hat dem anderen Dank abgestattet." Dank abzustatten heißt, aus freien Stücken beizubringen, was man schuldig ist. Wir sagen nicht, „den Dank zurückgeben"; denn sowohl diejenigen geben etwas zurück, von denen man es verlangt, als auch diejenigen, die gegen den Willen oder die überall oder die für einen anderen [geben]. Wir sagen nicht: „Er hat eine Wohltat aufbewahrt" oder „abbezahlt": kein Wort war uns recht, das passend für Schulden ist.

(10) Dank abzustatten heißt, eine Sache demjenigen zu bringen, von dem sie empfangen wurde. Dieses Wort bezeichnet ein freiwilliges Zurückbringen: wer Dank abgestattet hat, hat sich selbst angemahnt. Der Weise wird alles sorgfältig für sich abwägen: wie viel er angenommen hat, von wem,

aus welchem Grund, wann, wo, auf welche Weise. Daher bestreiten wir, dass es außer dem Weisen irgendjemand versteht, Dank abzustatten, ebenso wenig wie es außer dem Weisen irgendjemand versteht, eine Wohltat zu erweisen – ein solcher freilich, der beim Geben mehr Freude empfindet als der andere beim Empfangen.

(11) Dieses zählt manch einer zu den Dingen, die wir erwägen, in ihrer Gesamtheit als „etwas Unvermutetes" zu bezeichnen (die Griechen nennen sie Paradox) und er sagt: „Abgesehen von dem Weisen versteht es also niemand, Dank abzustatten? Folglich versteht auch irgendein anderer nicht, dasjenige, was er schuldet, für seinen Gläubiger beiseitezulegen, oder einem Verkäufer seinen Preis zu bezahlen, wenn er irgendetwas gekauft hat?" Um uns gegenüber kein Misstrauen zu erwecken, sollst du wissen, dass Epikur dasselbe sagt. Ohne Zweifel behauptet Metrodorus, dass allein der Weise es versteht, Dank abzustatten.

(12) Hierauf wundert sich derselbe, wenn wir sagen: „Allein der Weise versteht es zu lieben, allein der Weise ist ein Freund." Dank abzustatten, ist nun aber sowohl eine Seite der Liebe als auch der Freundschaft, ja dieses ist sogar weiter verbreitet und trifft auf mehr [Menschen] zu als eine wahre Freundschaft. Anschließend wundert sich derselbe, dass wir sagen, Treue existiere nur bei dem Weisen, als ob er nicht genau dasselbe sagte. Oder scheint dir Treue zu besitzen, wer es nicht versteht, Dank abzustatten?

(13) Sie sollten es daher unterlassen, uns in schlechten Ruf zu bringen, als ob wir Unglaubwürdiges im Munde führen, und begreifen, dass sich bei dem Weisen das sittlich Gute selbst, beim einfachen Volk [nur] ein Zerrund Schattenbild der sittlich guten Dinge findet. Niemand außer dem Weisen versteht es, Dank abzustatten. Auch der Einfältige sollte ihn abstatten, so gut er es versteht und auf welche Weise er es vermag; eher dürfte ihm die Einsicht als der Wille fehlen: zu wollen wird nicht gelernt.

(14) Der Weise wird alles miteinander vergleichen; [die Gegengabe] wird nämlich je nach Zeitpunkt, Ort [und] Anlass mehr oder weniger bewirken, obgleich sie ebendieselbe ist. Denn oft hat der Reichtum, der sich in ein Haus ergossen hat, nicht so viel ausgerichtet wie tausend Denare, die zur rechten Zeit gegeben wurden. Es besteht nämlich ein großer Unterschied, ob du [jemandem] ein Geschenk gemacht hast oder zur Hilfe geeilt bist, ob deine Freigebigkeit ihn gerettet oder ausgestattet hat; das, was gegeben wird, ist oft gering, das, was daraus folgt, oft bedeutend. Um wie viel aber, meinst du, unterscheidet es sich, ob irgendeiner das, was er gibt, aus dem Seinen entnimmt oder ob er eine Wohltat annimmt, um [selbst] zu geben.

(15) Aber lass uns nicht wieder auf dasselbe zurückkommen, das wir [bereits] hinlänglich untersucht haben: ein rechtschaffener Mann wird bei diesem Vergleich einer Wohltat und einer Ungerechtigkeit zwar beurteilen, was am ehesten recht und billig ist, aber die Wohltat vorziehen; er wird dieser Seite geneigter sein.

(16) Den größten Einfluss auf derartige Dinge pflegt jedoch die [jeweilige] Person zu haben: „Du hast mir eine Wohltat bezüglich eines Sklaven erwiesen, du hast ein Unrecht gegen den Vater begangen; den Sohn hast du mir erhalten, doch den Vater entrissen." Der Reihe nach wird er die anderen Dinge verfolgen, mittels derer jede Abwägung vonstatten geht, und wenn es wenig ist, was sich unterscheidet, wird er es nicht beachten; auch in dem Fall, dass es viel ist, aber [wenn es] ohne Verletzung des Pflichtbewusstseins und der Treue erlassen werden kann, wird er ablassen, das heißt, wenn das Unrecht gänzlich ihn allein betreffen wird.

(17) Der Hauptpunkt ist Folgender: er wird bei der Verrechnung gefällig sein; er wird es gestatten, dass ihm mehr angerechnet wird; ungern wird er eine Wohltat als Ausgleich für ein Unrecht abzahlen; er wird in diese Richtung entscheiden, dorthin sich neigen, dass er sich wünscht, Dank zu

schulden, dass er sich wünscht, Dank abzustatten. Denn er macht einen Fehler, wenn er eine Wohltat lieber annimmt als erwidert: um so viel heiterer der ist, der zahlt, als der, der ausleiht, um so viel fröhlicher muss der sein, der sich durch eine empfangene Wohltat von einer sehr großen Schuld befreit, als der, der eben erst verpflichtet wird.

(18) Tatsächlich täuschen sich die Undankbaren auch darin, dass sie einem Gläubiger zwar über das geliehene Kapital hinaus außer der Reihe zahlen, aber glauben, dass die Verwendung von Wohltaten kostenlos ist: auch sie nehmen mit der Zeit zu und je säumiger [man ist], desto mehr muss man zahlen. Undankbar ist, wer eine Wohltat ohne Zinsen zurückgibt; daher wird man auch diesen Umstand auf der Rechnung haben, wenn Einnahmen und Ausgaben zusammengefasst werden.

(19) Es muss alles getan werden, damit wir möglichst dankbar sind. Dieses ist nämlich für uns gedeihlich, so wie die Gerechtigkeit nichts ist (wie vom gemeinen Volk geglaubt wird), was sich auf andere erstreckt: ein großer Teil von ihr kehrt zu uns zurück. Jeder hilft sich selbst, wenn er einem anderen hilft, deswegen behaupte ich nicht, dass er helfen will, weil ihm geholfen wurde, er beschützen will, weil er beschützt wurde, dass ein gutes Beispiel über einen Umweg zum Handelnden zurückkehrt (gleichsam schlechte Vorbilder auf die Urheber zurückfallen und nicht irgendein Mitleid denen zuteil wird, die Ungerechtigkeiten erleiden, zumal sie durch ihr Handeln gezeigt haben, dass es möglich ist), sondern dass der Lohn aller sittlich vollkommenen Taten in ihnen selbst liegt. Sie werden nämlich nicht gegen Geld betrieben: der Lohn der Tat ist es, sittlich gut gehandelt zu haben.

(20) Ich bin nicht dankbar, damit ein anderer, von dem vorausgegangenen Beispiel angetrieben, sich bereitwilliger vor mir hervortut, sondern um etwas außerordentlich Erfreuliches und Schönes zu tun; ich bin nicht dankbar, weil es nützlich ist, sondern weil es wohltut. Damit du verstehst, dass

dies so ist: wenn es nur dadurch möglich sein wird, dankbar zu sein, dass ich mich undankbar zeige, wenn ich auch eine Wohltat nicht anders werde vergelten können als unter dem Anschein des Unrechts, werde ich mit größter Gelassenheit über die dazwischentretende üble Nachrede hinweg nach der sittlich guten Entscheidung trachten. Niemand scheint mir die sittliche Vollkommenheit höher einzuschätzen, niemand ihr mehr ergeben zu sein, als derjenige, der seinen Ruf als tugendhafter Mann zugrunde gerichtet hat, um sein gutes Gewissen nicht zu verlieren.

(21) Wie ich sagte, bist du daher mehr zu deinem als zum Vorteil eines anderen dankbar; denn jenem ist eine gewöhnliche und alltägliche Sache zuteilgeworden: zurückzubekommen, was er gegeben hatte, dir [dagegen] eine bedeutende und aus dem glücklichsten Zustand der Seele hervorgegangene: dankbar gewesen zu sein. Denn wenn eine böswillige Gesinnung beklagenswerte [Menschen] hervorbringt, die sittliche Vollkommenheit glückliche, es jedoch zur sittlichen Vollkommenheit gehört, dankbar zu sein, hast du eine gewöhnliche Sache herausgegeben, eine unschätzbare gewonnen: das Bewusstsein des Dankbaren, das nur in eine reiche und gesegnete Seele gelangt. Das größte Unglück jedoch bedrängt einen im entgegengesetzten Zustand: niemand ist sich [selbst] dankbar, der es nicht einem anderen gewesen ist. Meinst du, dass ich sage: wer undankbar ist, wird unglücklich sein? [Nein,] ich halte ihn nicht hin: er ist sogleich unglücklich.

(22) Lass uns deshalb vermeiden, undankbar zu sein, nicht um eines anderen, sondern um unser selbst willen. Aus der Nichtswürdigkeit strömt nur sehr Weniges und sehr Unbedeutendes auf andere über: was an ihr sehr schlecht und, so wie ich es sage, außerordentlich verfestigt ist, verbleibt daheim und bedrückt den Bewohner, so wie unser Attalus zu sagen pflegte: „Den größten Teil ihres Giftes wird die Boshaftigkeit selbst trinken." Jenes Gift, das Schlangen zu fremden Verderben hervorbringen,

[aber] ohne eigenes [Verderben] in sich tragen, ist diesem nicht ähnlich: ersteres ist am schlimmsten für diejenigen, die es besitzen.

(23) Der Undankbare peinigt und zermürbt sich; er hasst, was er empfangen hat, weil er es vergelten soll, und er redet es klein, über Ungerechtigkeiten breitet er sich allerdings weit aus und übertreibt sie. Was ist aber armseliger als einer, dem die Wohltaten entschwinden, die Ungerechtigkeiten nicht von der Seite weichen? Die Weisheit dagegen schmückt jede Wohltat aus, [und] macht sie sich selbst angenehm und erfreut sich an ihr in unablässiger Erinnerung.

(24) Schlechte Menschen besitzen nur eine einzige Freude und diese [ist] von kurzer Dauer, während sie die Wohltaten empfangen, aus denen dem Weisen eine lang dauernde und beständige Freude verbleibt. Denn er freut sich nicht, [irgendetwas] zu empfangen, sondern empfangen zu haben, was unvergänglich und beständig ist. Die Dinge, von denen er verletzt wurde, nimmt er gleichgültig hin, und er vergisst sie nicht aus Gleichgültigkeit, sondern absichtlich.

(25) Er verkehrt nicht alles ins Schlechte und er fragt nicht, wem er einen Vorfall auf die Rechnung setzen kann, und die Fehltritte der Menschen schreibt er eher dem Schicksal zu. Er mäkelt nicht an Worten oder Mienen; durch seine wohlwollende Auslegung mildert er alles ab, was geschieht. Er gedenkt der Kränkung nicht lieber als der Dankespflicht; soweit er es kann, füllt er sich ganz mit einer früheren und besseren Erinnerung aus, und seine Einstellung gegenüber denen, die sich verdient gemacht haben, ändert er nur, wenn die Übeltaten weit voranstehen und selbst für den, der nachsichtig ist, der Unterschied offenkundig ist; auch dann lediglich in einer Weise, dass er sich nach einem großen Unrecht so verhält wie vor einer Wohltat. Denn [selbst] wenn das Unrecht der Wohltat gleichkommt, bleibt doch etwas an Wohlwollen im Herzen zurück.

(26) So wie der Beklagte bei Stimmengleichheit freigesprochen wird, und die Menschlichkeit alles, was zweifelhaft ist, stets zum Milderen wendet, so lässt der Geist des Weisen, sobald die verdienstvollen den üblen Taten angemessen sind, zwar davon ab, an eine Verpflichtung gebunden zu sein, aber er hört nicht auf, sich verpflichtet fühlen zu wollen, und er tut das gleiche, wie diejenigen, die trotz neuer Schuldbücher [ihre Altschuld] abtragen.

(27) Niemand kann jedoch dankbar sein, wenn er nicht die Dinge verachtet, wegen der die Masse außer sich ist; wenn man Dank abstatten will, muss man ins Exil gehen und sein Blut vergießen und Armut auf sich nehmen und die eigene Rechtschaffenheit besudeln und sie schändlichen Verleumdungen aussetzen. Ein dankbarer Mann kommt sich keine Kleinigkeit zu stehen.

(28) Nichts schätzen wir kostbarer ein als eine Wohltat, solange wir sie zu erreichen suchen, nichts wertloser, sobald wir sie empfangen haben. Was es wohl ist, fragst du, was bei uns das Vergessen des Empfangenen bewirkt? Die Gier, etwas übergeben zu bekommen; wir sind nicht darauf bedacht, was erreicht worden ist, sondern was angestrebt werden muss. Von der sittlich guten Tat halten uns der Reichtum ab, die Ehrenämter, die Macht und die übrigen Dinge, die unserer Meinung nach kostbar, dem eigentlichen Wert nach unbedeutend sind.

(29) Wir verstehen es nicht, die Dinge einzuschätzen, hinsichtlich derer man nicht das Gerede der Leute, sondern das Wesen der Natur bedenken muss; diese enthalten nichts Großartiges, womit sie unsere Sinne an sich ziehen könnten, bis auf die Tatsache, dass wir gewohnt sind, sie zu bewundern. Denn sie werden nicht gerühmt, weil sie wünschenswert sind, sondern sie werden erwünscht, weil sie gerühmt worden sind, und wenn der Irrtum Einzelner einen allgemeinen [Irrtum] hervorgerufen hat, ruft der allgemeine [Irrtum] den Irrtum Einzelner hervor.

(30) Aber so wie wir dem eben Erwähnten Glauben geschenkt haben, so sollten wir demselben Volk auch das Folgende glauben, dass nichts tugendhafter ist als ein dankbares Herz; alle Städte, selbst alle Stämme aus wilden Gegenden werden dieses vereint bezeugen; darin stimmen die Guten und die Schlechten überein.

(31) Es wird diejenigen geben, die Vergnügungen gutheißen, es wird diejenigen geben, die eher den Anstrengungen zugeneigt sind; es wird diejenigen geben, die den Schmerz als größtes Ungemach bezeichnen, es wird diejenigen geben, die ihn nicht einmal ein Übel nennen; manch einer wird Reichtum zur obersten Tugend gelangen lassen, ein anderer wird sagen, dass er zum Schaden des menschlichen Lebens ersonnen wurde, dass nichts wohlbestellter ist als einer, für den das Schicksal nicht ausfindig macht, was es gewähren könnte: trotz so großer Verschiedenheit der Ansichten werden dir alle, wie man sagt, aus einem Munde bestätigen, dass man Wohltätern Dank abstatten müsse. Darin wird sich die so uneinige Menge einig sein: wenn wir zuweilen Ungerechtigkeiten anstelle von Wohltaten zurückerstatten, gibt es tatsächlich auch einen vorangehenden Grund, weshalb einer nicht dankbar ist – wenn er nämlich nicht ausreichend dankbar sein konnte.

(32) Der Wahnsinn hat es bis zu einem Punkt gebracht, dass es eine außerordentlich gefährliche Angelegenheit ist, an irgendjemand bedeutende Wohltaten zu entrichten; denn weil er es als schimpflich ansieht, sie nicht zu vergelten, will er lieber, dass derjenige nicht existiert, dem er [sie] vergelten soll. Behalte für dich, was du empfangen hast; ich verlange es nicht zurück, ich fordere es nicht ein: möge es gefahrlos sein, geholfen zu haben. Kein Hass ist verderblicher als der aus Scham wegen einer entehrten Wohltat. Lebe wohl.

———

---— 🦋 ———

## Buch 10 – Brief 82

Seneca grüßt seinen Lucilius,

(1) Ich habe aufgehört, in Sorge um dich zu sein. „Wen hast du als Bürge der Götter gebilligt?", fragst du. Selbstverständlich einen solchen Geist, der niemanden täuscht, einen Freund des sittlich Guten und der Tugend. Der bessere Teil von dir befindet sich in Sicherheit. Das Schicksal kann dir Unrecht tun: was [aber] in dieser Sache eher von Belang ist, ich fürchte nicht, dass du es dir selbst zufügst. Gehe [weiter], wohin du zu gehen begonnen hast, und richte dich in dieser Lebenshaltung friedlich ein – nicht bequem.

(2) Lieber will ich es schlecht haben als bequem – „schlecht" lege nun so aus, wie das Volk es vorzubringen pflegt: beschwerlich, hart, mühsam. Wir hören gewöhnlich, dass das Leben von etlichen, die man beneidet, derart gelobt wird: „Er lebt bequem" – man meint dieses hier: „Er ist bequem". Denn nach und nach wird der Geist verweichlicht und entsprechend seinem Müßiggang und der Trägheit, in welche er versunken ist, erschlaffen. Was jetzt? Ist es nicht sogar besser für einen Mann, hart zu werden? *** hierauf fürchten die Verweichlichten auch den Tod, dem ähnlich sie ihr Leben zugebracht haben. Es besteht ein großer Unterschied zwischen der Muße und einem Grab.

(3) „Was also", fragst du, „ist es nicht sogar besser, auf diese Weise matt dazuliegen, als in diesen Strudeln der Pflichten hin und her gewälzt zu werden?" Beides ist verabscheuenswert, sowohl die krankhafte Spannung als auch die Trägheit. Ich denke, derjenige, der verstorben in Wohlgerüchen daliegt, ist ebenso tot wie derjenige, der am Haken fortgeschleppt wird; eine Muße ohne wissenschaftliche Beschäftigung ist der Tod und das Begräbnis eines lebendigen Menschen.

(4) Was nützt es dann, sich zurückgezogen zu haben? Als ob uns die Ursachen der Sorgen nicht über die Meere hinaus verfolgen würden. Welchen Schlupfwinkel gibt es, in den die Todesfurcht nicht eindringen könnte? Welche Seelenruhe ist so stark gefestigt und ins Innere geführt, dass der Schmerz sie nicht in Schrecken versetzen könnte? Wo auch immer du dich verborgen hast, die menschlichen Übel werden dich umtosen. Außerhalb existiert vieles, das uns umringt, um uns entweder zu täuschen oder zu belästigen, vieles im Inneren, das inmitten der Einsamkeit auflodert.

(5) Die Philosophie muss uns umgeben, ein unbezwingbarer Schutzwall, den, obgleich von zahlreichen Winkelzügen herausgefordert, das Schicksal nicht überschreitet. An einem unüberwindlichen Ort verbleibt die Seele, die ihre äußeren Erscheinungen aufgegeben hat und sich auf ihrer hohen Feste schützt; jedes Geschoss fällt unterhalb von ihr herab. Das Schicksal hat, wie wir glauben, keine weitreichenden Arme: es nimmt nur jemanden in Besitz, der sich in ihm verfängt.

(6) Deshalb sollten wir uns, sofern wir dazu in der Lage sind, von ihm zurückziehen; das wird allein die Erkenntnis unserer selbst und die der Natur leisten. [Jeder] sollte wissen, wohin er gehen will, woher er stammt, was für ihn gut, was für ihn schlecht ist, was er anstreben, was er vermeiden soll, was jene Vernunft ist, die unterscheidet, wonach man greifen und was man verschmähen muss, durch die der Wahnsinn der Leidenschaften sich mildert, durch die die Heftigkeit der Schrecken im Zaum gehalten wird.

(7) Etliche glauben, dass sie diese Dinge von sich aus auch ohne die Philosophie bewältigt haben; aber immer wenn irgendein Unglücksfall die Sorglosen auf die Probe gestellt hat, wird spät ein Geständnis erzwungen; erhabene Worte werden vergessen, wenn der Folterknecht die Hand verlangt, wenn der Tod näher herangerückt ist. Ihm könnte gesagt werden:

„Leichthin hast du die abwesenden Übel herausgefordert: schau, da ist der Schmerz, von dem du gesagt hast, dass er erträglich ist, schau, da ist der Tod, gegen den du immer vieles mutig im Munde geführt hast; es zischen die Peitschen, es blitzt das Schwert;

*jetzt bedarf es der Zuversicht, Aeneas, jetzt des standhaften Herzens.*

(8) Andererseits wird beharrliches Nachsinnen [eben] diese Standhaftigkeit hervorbringen, wenn du nicht leeres Gerede, sondern den Geist übst, wenn du dich gegen den Tod rüstest, gegen den dich derjenige, der dich mit Spitzfindigkeiten zu überzeugen versucht, dass der Tod kein Übel ist, nicht ermutigen und nicht aufrichten wird. Es steht dir nämlich frei, mein allerbester Lucilius, über die Torheiten der Griechen zu lachen, die ich, wie sehr ich mich auch darüber wundere, noch nicht abgeschüttelt habe.

(9) Unser Zenon verwendet folgende Schlussfolgerung: „Kein Übel ist ruhmvoll; der Tod aber ist ruhmvoll; also ist der Tod kein Übel." Du hast etwas bewirkt! Ich bin von der Furcht befreit worden; hierauf werde ich nicht zögern, meinen Nacken darzureichen. Ziehst du es nicht vor, ernsthafter zu sprechen, und einen, der im Begriff steht zu sterben, nicht zum Lachen zu bringen? Schwerlich könnte ich dir wahrhaftig sagen, ob derjenige törichter war, der glaubte, er könne durch diese Folgerung seine Todesfurcht unterdrücken, oder derjenige, der, als ob es zu etwas führen würde, versucht hat, dieses zu enträtseln.

(10) Denn er selbst hat auch eine gegensätzliche Schlussfolgerung angeführt, die daraus folgt, dass wir den Tod unter die gleichgültigen Dinge zählen, welche die Griechen ἀδιάφορα nennen. „Nichts Gleichgültiges", sagt er, „ist ruhmvoll; der Tod aber ist ruhmvoll, also ist der Tod nicht gleichgültig." Du verstehst, womit diese Schlussfolgerung täuscht: nicht der Tod ist ruhmvoll, sondern tapfer zu sterben ist ruhmvoll. Und wenn du behauptest: „Nichts Gleichgültiges ist ruhmvoll", pflichte ich dir in einer

Weise bei, dass ich sage, dass Ruhmvolles nur in Hinsicht auf Gleichgültiges existiert; ich sage, dass Krankheit, Schmerz, Armut, Verbannung sozusagen gleichgültige, das bedeutet weder gute noch schlechte Dinge sind.

(11) Nichts davon ist an sich ruhmvoll, gleichwohl nichts ohne dies. Es wird nämlich nicht die Armut gepriesen, sondern jener, den die Armut nicht unterwirft und auch nicht beugt; es wird nicht die Verbannung gepriesen, sondern jener, der mit unerschrockener Miene in die Verbannung ging, gleich als wenn er [sich selbst] entsendet hätte; gepriesen wird nicht der Schmerz, sondern jener, den der Schmerz zu nichts genötigt hat; niemand rühmt den Tod, sondern denjenigen, dessen Tod die Seele eher davongetragen als verstört hat.

(12) All diese Dinge sind nicht an sich ehrenwert und auch nicht ruhmvoll, sondern die sittliche Vollkommenheit macht jede einzelne von denen, die sie aufgesucht und berührt hat, ehrenwert und ruhmvoll: sie sind in Unbestimmtheit angelegt. Es besteht ein Unterschied, ob eine böswillige oder eine sittlich gute Gesinnung Hand an sie legt; jener Tod nämlich, der bei Cato ruhmvoll ist, ist bei [Decimus] Brutus sogleich schändlich und beschämend. Hier geht es allerdings um den Brutus, der (weil er, den Untergang vor Augen, Zeit zu gewinnen suchte) sich zurückzog, um den Unterleib zu entleeren, und, zu seinem Tode herbeigerufen und aufgefordert, den Nacken darzureichen, sagte: „Ich werde ihn zwar darreichen, doch lieber möchte ich leben." Welch Unverstand ist es zu fliehen, wenn man nicht zurück kann! „Ich werde ihn zwar darreichen", sagte er, „doch lieber möchte ich leben." Fast hätte er hinzugefügt: „selbst unter Antonius." Ach, ein verdienter Mann, der sich dem Leben unterworfen hat!

(13) Aber du siehst ein, dass, wie zuvor gesagt, gerade der Tod weder ein Übel noch ein Gut ist: Cato hat ihn sehr ehrenvoll angenommen, Brutus sehr schändlich. Durch die hinzugefügte Tugendhaftigkeit eignet sich jede Sache eine Würde an, die sie [zuvor] nicht besaß. Wir nennen ein Zim-

mer hell, das absolut dunkel zur Nachtzeit dasselbe ist; der Tag lässt an jenem Orte Licht einströmen, die Nacht entreißt es ihm:

(14) derart sind die Dinge, die von uns indifferent und unbestimmt genannt werden: Reichtum, Stärke, gutes Aussehen, Ehrenämter, Herrschaft, und, auf der anderen Seite, Tod, Verbannung, eine schlechte Gesundheit, Schmerzen und anderes, das uns mehr oder weniger große Angst bereitet: entweder die böswillige oder die sittlich gute Gesinnung bestimmt den Namen „Übel" oder „Gut". Eine Masse ist an sich weder warm noch kalt: in den Ofen geworfen erhitzt sie sich, ins Wasser eingetaucht kühlt sie sich ab. Ehrenwert ist der Tod durch das, was ehrenwert ist, das heißt, durch die sittliche Vollkommenheit und einen Geist, der Äußerliches verachtet.

(15) Auch bei dem, was wir als Unbestimmtes bezeichnen, Lucilius, gibt es einen großen Unterschied. Denn der Tod ist nicht auf eine Weise indifferent wie [die Frage], ob man eine gerade oder ungerade Anzahl an Haaren hat: der Tod gehört zu den Dingen, die zwar keine Übel sind, jedoch den Anschein eines Übels besitzen: die Liebe zu sich selbst und der Wille, sich zu erhalten und zu bewahren, sowie die Abneigung gegen [die eigene] Auflösung, ist angeboren, weil es scheint, dass sie uns vieler Güter beraubt und dass sie uns aus dieser Fülle von Dingen, an die wir uns gewöhnt haben, herausführt. Auch folgende Tatsache macht uns den Tod fremd: dass wir Gegenwärtiges schon kennen, jenes, zu dem wir übergehen werden, in seiner Beschaffenheit [dagegen] nicht kennen, und wir uns vor dem Unbekannten scheuen. Naturgemäß ist außerdem die Furcht vor der Dunkelheit, in die uns, wie wir glauben, der Tod führen wird.

(16) Auch wenn der Tod also indifferent ist, ist er dennoch nicht von der Art, dass er leicht außer Acht gelassen werden kann: mit viel Übung muss der Geist gehärtet werden, um seine Gegenwart und sein Herannahen auszuhalten. Der Tod muss mehr noch verachtet werden als gewöhnlich; wir

bilden uns nämlich vieles über ihn ein; eifrig wurden die geistigen Talente vieler bemüht, um seinen schlechten Ruf zu fördern; als unterirdischer
Kerker wurde er beschrieben und als eine von immerwährender Nacht
verborgene Gegend, in welcher

*der riesige Türsteher des Schattenreichs,*
*in blutbefleckter Höhle auf halb verzehrten Gerippen ruhend*
*immer und ewig bellend die erschöpften Seelen schreckt.*

Obgleich du überzeugt bist, dass dies Märchen sind und dass den Verstorbenen nichts verbleibt, was sie fürchten müssten, steigt eine andere Furcht
empor: denn in gleicher Weise fürchtet man, bei den Bewohnern der Unterwelt wie nirgends zu sein.

(17) Warum sollte es mit Blick auf diese entgegenwirkenden Dinge, zu
der uns lange Überredung drängt, nicht ruhmvoll sein und zu den bedeutendsten Werken des menschlichen Geistes gehören, tapfer den Tod hinzunehmen? Dieses wird sich nie zur sittlichen Vollkommenheit erheben,
wenn man den Tod für ein Übel hält: es wird sich [dazu] erheben, wenn
man zu der Meinung gelangt, dass er indifferent ist. Die natürliche Ordnung lässt es nicht zu, dass irgendjemand mit großem Verlangen an das
herantritt, was er als Übel einschätzt: er wird sich langsam und zaudernd
nähern. Ruhmvoll ist aber nicht, was gegen den Willen und mit Widerstreben getan wird; nichts gewährt die sittliche Vollkommenheit, weil es unumgänglich ist.

(18) Füge nun hinzu, dass nur das tugendhaft geschieht, dem sich die Seele im vollen Umfang gewidmet und hingewendet hat, dem sie sich mit
keinem Teil ihrer selbst widersetzt hat. Sobald man an ein Übel herantritt,
entweder aus Furcht vor Schlimmerem oder in der Hoffnung auf Güter, an
die zu gelangen so viel wert ist, dass ein einziges Übel geduldig ertragen
wird, stehen die Überzeugungen von demjenigen, der es tut, miteinander

im Widerspruch: auf der einen Seite findet sich das, was dazu auffordert, die Vorhaben auszuführen, auf der anderen Seite das, was davon abhält und sich von einer verdächtigen und gefährlichen Sache fernhält. Folglich wird er in entgegengesetzte Richtungen auseinandergezogen. Wenn das der Fall ist, geht der Ruhm dahin; die sittliche Vollkommenheit vollzieht ihre Beschlüsse einig in Herz und Geist, sie fürchtet nicht, was sie tut.

*Füge Du dich nicht den Übeln, sondern schreite [ihnen] mutiger entgegen, als dein Schicksal dich lassen will.*

(19) Du wirst nicht mutiger voranschreiten, wenn du der Ansicht bist, dass es Übel sind. Man muss dies aus seinem Herzen entfernen; andernfalls wird ein Argwohn verbleiben, der das ungestüme Vordringen künftig verzögert; man wird zu dem getrieben, auf das man losgehen muss.

Die Unsrigen wollen zwar, dass die Schlussfolgerung von Zenon als wahr angesehen wird, die andere, die ihr gegenübergestellt wird, jedoch als trügerisch und falsch. Ich führe solches nicht auf ein dialektisches Gesetz und auf die bekannten Schwierigkeiten einer ausgesprochen kraftlosen Kunst zurück: ich meine, dass man diese ganze Gattung verscheuchen muss, bei der derjenige, der gefragt wird, meint, dass er umgarnt wird, und, nachdem er zu einem Eingeständnis verleitet wurde, das eine antwortet, das andere meint. Für die Wahrheit muss man aufrichtiger handeln, gegen die Furcht tapferer.

(20) Gerade die Dinge, die von jenen verhüllt werden, will ich lieber enträtseln und klar darlegen – um zu überzeugen, nicht um jemanden zu hintergehen. Auf welche Weise wird einer sein Heer ermutigen, das, in der Absicht für die Ehefrauen und die Kinder dem Tod entgegenzutreten, in die Schlacht ausrücken will? Ich gebe dir die Fabier [zu bedenken], die einen Krieg des Staates vollständig in ein einziges Haus verlegen. Ich halte dir die Spartaner vor Augen, die sich unmittelbar im Engpass der Ther-

mopylen aufgestellt haben: weder auf einen Sieg noch auf eine Heimkehr hoffen sie; jener Ort soll ihnen zum Grab werden.

(21) Wie ermutigst du sie, damit sie unter Preisgabe ihrer Körper den Untergang des ganzen Geschlechts abwehren und lieber aus dem Leben scheiden als [sich] aus ihrer Stellung [zurückziehen]? Wirst du behaupten: „Was ein Übel ist, ist nicht ruhmvoll? Der Tod ist ruhmvoll; folglich ist der Tod kein Übel?" Ach, welch nachdrückliche Ansprache! Wer könnte nach dieser [noch] zaudern, sich in die feindlichen Schwerter zu stürzen und aufrecht stehend zu sterben? Wie kraftvoll hat dagegen der berühmte Leonidas die Seinen umworben! „Daher frühstückt Kameraden", sagte er, „als ob ihr den Mittagstisch mit denen in der Unterwelt halten werdet." Die Speise ist ihnen nicht im Mund aufgequollen, nicht in ihrer Kehle steckengeblieben, nicht ihren Händen entglitten: mit freudigem Eifer sagten sie sich sowohl zum Frühstück als auch zum Abendessen an.

(22) So auch ein bekannter römischer Feldherr, der die zur Einnahme einer Stellung entsendeten Soldaten, als sie durch ein ungeheures feindliches Herr stürmen sollten, auf diese Weise angesprochen hat: „Dorthin, Kameraden, müssen wir marschieren, von wo zurückzukehren nicht notwendig ist." Du siehst, wie einfach und gebieterisch die Tugend ist: wen der Sterblichen können eure Täuschungen tapferer, wen entschlossener machen? Sie schwächen den Geist, der niemals weniger beschränkt und in Kleinigkeiten und Spitzfindigkeiten hineingetrieben werden darf, als wenn er zu etwas Großartigem geformt wird.

(23) Nicht [nur] den Dreihundert, sondern allen Sterblichen muss die Todesfurcht genommen werden. Wie erklärst du ihnen, dass sie kein Übel ist? Wie überwindest du die Vorurteile eines ganzen Zeitalters, mit denen die Kindheit sogleich durchtränkt wird? Welche Hilfe findest du gegen die Ohnmacht des Menschen? Was bringst du vor, so dass sich diejenigen, die entflammt wurden, mitten in die Gefahren hineinstürzen? Mit welcher Re-

de wehrst du den allgemeinen Wunsch ab, sich zu fürchten, mit welchen Kräften des Geistes den beharrlichen Glauben des Menschengeschlechts, der sich dir entgegenstemmt? Fasst du verfängliche Worte für mich ab und fügst sophistische Fragen an? Große Ungeheuer werden mit großen Geschossen erlegt.

(24) Jene grausame und von den römischen Heeren mehr als der Krieg selbst gefürchtete Schlange in Afrika haben sie vergeblich mit Pfeilen und Schleudergeschossen angegriffen: selbst durch den pythischen Gott war sie nicht verwundbar. Da die zum Schutz der gewaltigen Größe außerordentliche, [und] massive Härte des Körpers Eisen und alles, was menschliche Hände geschleudert hatten, abprallen ließ, ist sie schließlich mit Hilfe von Felsbrocken, groß wie Mühlsteine, zerschmettert worden. Und gegen den Tod ziehst du mit so unbedeutenden Dingen los? Du erwartest den Löwen mit einer Ahle? Scharfsinnig ist das, was du sagst: nichts ist spitzer als eine Granne; gerade die Feinheit [aber] macht manches unbrauchbar und wirkungslos. Lebe wohl.

# Buch 10 – Brief 83

Seneca grüßt seinen Lucilius,

(1) Du verlangst, dass dir jeder einzelne meiner Tage, und zwar im vollen Umfang, offenbart wird: du urteilst gut über mich, wenn du glaubst, dass es nichts in ihnen gibt, was ich verschweigen möchte. Ohne Zweifel müssen wir so leben, als ob wir öffentlich lebten, so denken, als ob irgendeiner in unsere innerste Seele hineinblicken könnte: und möglich ist es. Was nützt es nämlich, dass etwas vor einem Menschen verborgen ist? Einem Gott ist nichts verschlossen; er befindet sich in unseren Seelen und tritt mitten zwischen unsere Gedanken – ich sage [einfach] so „dazwischentreten", als ob er sich irgendwann jemals entfernen würde.

(2) Ich werde also machen, was du verlangst, und dir gerne schreiben, was und in welcher Reihenfolge ich es tue. Ich werde mich unverzüglich beobachten und, was am nützlichsten ist, meinen Tag prüfend ins Gedächtnis zurückrufen. Dies macht uns am schlechtesten: dass niemand auf sein Leben zurückblickt; was wir zu tun beabsichtigen, bedenken wir – und das nur selten –, was wir getan haben, bedenken wir nicht; und doch erwächst die Einsicht in das Künftige aus der Vergangenheit.

(3) Der heutige Tag ist vollständig [mein], niemand hat mir etwas von ihm entrissen; er wurde ganz zwischen Matratze und Lektüre aufgeteilt; sehr wenig wurde der Leibesübung zugestanden, und aus diesem Grund bin ich dem hohen Alter dankbar: es kostet mich nicht viel [Zeit]. Sobald ich mich bewegt habe, bin ich ermattet; das ist aber auch für die Kräftigsten das Ziel der Übung.

(4) Du fragst nach meinen Trainern? Pharius allein reicht mir aus, ein liebenswerter Junge, wie du weißt, aber er wird ausgewechselt: ich suche bereits einen Jüngeren. Er behauptet allerdings, dass wir uns in derselben

Krise befinden, weil beiden von uns die Zähne ausfallen. Aber ich hole ihn beim Laufen kaum noch ein und werde es binnen kürzester Zeit [gar] nicht [mehr] können: sieh nur, was die alltägliche Leibesübung bewirkt. Schnell entsteht ein großer Abstand zwischen zweien, die in entgegengesetzter Richtung gehen: zur gleichen Zeit steigt jener hinauf, ich herab, und du weißt genau, wie viel schneller es bei dem einen von den genannten geschieht. Ich habe mich gegen die Wahrheit versündigt; denn schon jetzt steigt unsere Generation nicht herab, sondern sie schwindet.

(5) Du fragst gleichwohl, wie der heutige Wettstreit zwischen uns ausgegangen ist? Wir trafen gleichzeitig im Ziel ein, was bei Wettläufern nur selten geschieht. Eher wegen der erwähnten Ermüdung als wegen der Leibesübung bin ich in kaltes Wasser gestiegen: so wird bei mir das nicht ganz warme genannt. Als der früher so oft kalt Badende, der ich am ersten Januartag den Kanal begrüßte, der ich das neue Jahr gleichwie mit Lesen, Schreiben, [oder] irgendeinem Spruch so mit einem Sprung in die Aqua Virgo einweihte, habe ich meine Lager zuerst an den Tiber verlegt, anschließend zu dieser Wanne, welche, wenn ich sehr kräftig bin und alles gewissenhaft gemacht wird, [allein] die Sonne erwärmt: nicht viel fehlt mir mehr zu einem warmen Bad.

(6) Anschließend trockenes Brot und ohne [zu] Tisch [zu gehen] ein zweites Frühstück, nach welchem man sich nicht die Hände waschen muss. Ich schlafe ein wenig. Du kennst meine Gewohnheit: ich brauche sehr wenig Schlaf und halte eine Art von Rast; dass ich nicht weiter wach bleibe, genügt mir; manchmal weiß ich, dass ich geschlafen habe, manchmal bilde ich es mir ein.

(7) Da! Der Lärm der Zirkusspiele tönt [uns] entgegen; plötzlich werden meine Ohren von irgendeinem allumfassenden Geschrei getroffen, aber das reißt mich nicht aus meinen Gedanken, unterbricht sie nicht einmal. Ich ertrage das Getöse sehr gelassen; die vielen und zu einer Einheit ver-

schmolzenen Stimmen sind für mich wie eine Meereswoge oder wie der Wind, der einen Wald trifft, und wie alles Übrige, das sinnlos ertönt.

(8) Was also ist es, worauf ich nun meinen Geist gerichtet habe? Ich werde es [dir] sagen: der Gedanke von gestern ist bei mir hängengeblieben, was wohl verständigste Menschen im Sinn haben, die völlig haltlose und unklare Beweisführungen von äußerst wichtigen Sachverhalten aufsetzen, die, selbst wenn sie wahr sein sollten, trotzdem einer Lüge gleichkommen.

(9) Zenon will uns von der Trunkenheit abbringen, ein sehr bedeutender Mann, der Gründer unserer sehr einflussreichen und erhabenen philosophischen Schule. Vernimm also, wie er schlussfolgert, dass ein ehrbarer Mann nicht berauscht sein will: „Niemand vertraut einem Betrunkenen ein Geheimnis an, einem ehrbaren Mann jedoch vertraut man sich an; also wird sich ein ehrbarer Mann nicht betrinken." Gib acht, wie man das verspotten kann, wenn man eine ähnliche Schlussfolgerung anführt (denn es ist ausreichend, eine von vielen aufzustellen): „Niemand vertraut einem Schlafenden ein Geheimnis an, einem ehrbaren Mann jedoch vertraut man sich an; also schläft ein ehrbarer Mann nicht."

(10) Auf die einzig mögliche Art verteidigt Poseidonius die Sache unseres Zenon, aber, wie ich meine, kann er nicht einmal auf diese Weise verteidigt werden. Er behauptet nämlich, dass „betrunken" auf zwei Arten bestimmt werde: einerseits, sooft einer vom Wein schwerfällig und nicht Herr seiner selbst ist, andererseits, wenn einer gewohnheitsmäßig trinkt, und von dieser schlechten Eigenschaft allzu abhängig ist; den letzteren, der es gewohnt ist, betrunken zu sein, habe Zenon angeführt, nicht denjenigen, der es [gerade] ist; einem solchen aber werde niemand Geheimnisse anvertrauen, die er beim Zechen ausplaudern könne.

(11) Das ist falsch; jene erste Schlussfolgerung erfasst nämlich denjenigen, der betrunken ist, nicht denjenigen, der sich betrinken wird. Denn du wirst zugeben, dass zwischen einem Betrunkenen und einem Trunksüchtigen ein sehr großer Unterschied besteht: es ist sowohl möglich, dass derjenige, der betrunken ist, es zu diesem Zeitpunkt zum ersten Mal ist und er diese schlechte Eigenschaft nicht besitzt, als auch, dass derjenige, der trunksüchtig ist, sich oft nicht im trunkenen Zustand befindet; daher begreife ich es derart, wie es mit diesem Wort gewöhnlich bezeichnet wird, vor allem wenn es von einem Menschen geäußert wird, der sich zur Gewissenhaftigkeit bekannt hat und der seine Worte [genau] abwägt. Füge nun hinzu, dass, wenn Zenon dieses begriffen hat und nicht wollte, dass wir es begreifen, er durch Zweideutigkeit im Ausdruck der Täuschung eine Gelegenheit zu verschaffen suchte, was nicht getan werden darf, wenn die Wahrheit angestrebt wird.

(12) Aber mag er dies meinetwegen gemeint haben: was daraus folgt, dass dem, der gewohnheitsmäßig trinkt, kein Geheimnis anvertraut wird, ist falsch. Bedenke nämlich, wie vielen, nicht immer nüchternen Soldaten sowohl ein Imperator als auch ein Tribun als auch ein Zenturio anvertrauen, was verschwiegen werden muss. Bei jener Ermordung von Gaius Caesar, ich spreche von dem, der nach dem Sieg über Pompeius die Staatsgewalt ergriffen hat, wurde einem Tillius Cimber ebenso vertraut wie einem Gaius Cassius. Cassius hat sein ganzes Leben Wasser getrunken, T. Cimber war sowohl übermäßig beim Weintrinken als auch ein Zankteufel. Darüber hat er selbst gescherzt: „Ich soll irgendeinen vertragen", sagte er, „der ich nicht den Wein vertragen kann?"

(13) Jeder sollte nun für sich diejenigen anführen, denen er einerseits schlecht einen Wein, andererseits recht wohl ein Wort überlassen kann; dennoch will ich ein Beispiel liefern, dass mir [gerade] vor Augen tritt, damit es nicht vergessen wird. Man muss sein Leben nämlich anhand von

leuchtenden Vorbildern einrichten, und nicht immer können wir bei den Alten Zuflucht nehmen.

(14) Der Stadtpräfekt Lucius Piso befand sich im trunkenen Rausch, seitdem er zum ersten Mal von ihm ergriffen wurde. Einen Großteil der Nacht verbrachte er beim Gelage; gewöhnlich schlief er bis zur Mittagsstunde durch: das war sein früher Morgen. Seine Pflicht, auf welche der Erhalt der Stadt beruhte, hat er gleichwohl sehr gewissenhaft verrichtet. Ihm gab sowohl der göttliche Augustus besondere Aufträge, als er ihm das Kommando in Thrakien übertrug, das er gänzlich unterwarf, als auch der nach Kampanien abreisende Tiberius, als er in Rom viel Argwohn und Missgunst zurückließ.

(15) Ich vermute, weil die Trunkenheit Pisos einen günstigen Fortgang für ihn genommen hatte, machte er später Cossus zum Stadtpräfekten, ein würdevoller Mann, besonnen, aber in Wein getaucht und triefend voll, so sehr, dass er einst aus dem Senat, in welchen er nach einem Gelage erschienen war, vom tiefen Schlaf überwältigt, entfernt wurde. Dennoch hat Tiberius ihm vieles eigenhändig geschrieben, das er nicht einmal seinen Untergebenen anvertrauen zu dürfen glaubte: kein Geheimnis ist Cossus entschlüpft, weder privat noch öffentlich.

(16) Wir sollten daher dieses Thema seiner Unbestimmtheit entheben: „Der Trunkenheit ergeben, ist man seines Verstandes nicht mehr mächtig: so wie vom Most sogar Fässer bersten und die Kraft der Gärungswärme alles, was zu unterst liegt, nach oben herausschleudert, so wird alles, was zu unterst verborgen liegt, durch den wallend aufsteigenden Wein hervorgebracht und kommt an die Öffentlichkeit. So wie diejenigen, die mit unverdünntem Wein abgefüllt sind, die Speise nicht bei sich behalten, wenn der Wein austritt, so [behalten sie] auch kein Geheimnis [bei sich]; was das Ihre und was Fremdes ist, lassen sie in gleicher Weise dem Munde entströmen."

(17) Aber auch wenn dies noch so oft geschieht, so [passiert] gewöhnlich auch Folgendes, dass wir mit denjenigen, von denen wir wissen, dass sie allzu gern trinken, über notwendige Angelegenheiten uns beraten; falsch ist also das, was zum Schutz dieses Standpunkts angeführt wird, dass dem, der gewohnheitsmäßig trinkt, kein Geheimnis anvertraut wird.

Um wie viel besser ist es, die Trunkenheit offen anzuklagen und deren Verfehlungen herauszustellen, die selbst ein leidlich guter Mann meidet, noch viel mehr ein vollkommener und weiser, der zufrieden ist, seinen Durst zu löschen, der, selbst wenn ihn einmal ein [geselliger] Frohsinn ermutigt (der sich auf fremde Veranlassung hin in die Länge zieht), dennoch an der Grenze zur Trunkenheit Halt macht.

(18) Tatsächlich werden wir in dieser Hinsicht erwägen, ob der Geist des Weisen durch allzu viel Wein durcheinander gebracht wird und ob er sich benimmt, wie es für Betrunkene üblich ist: wenn du es unterdessen vorziehst, zu dem Urteil zu kommen, dass ein tugendhafter Mann nicht betrunken sein sollte, warum strebst du nach logischen Schlüssen? Erkläre, wie schimpflich es ist, mehr in sich hineinzugießen, als einer in sich aufnehmen kann und das Maß seines Magens nicht zu kennen, wie viele Dinge Betrunkene tun, für die Nüchterne sich schämen, dass Trunkenheit nichts anderes als eine freiwillige Unvernunft ist. Verlängere jenen Zustand eines Betrunkenen auf mehrere Tage: wirst du etwa an seinem Wahnsinn zweifeln? Auch so aber ist er nicht geringer, sondern kürzer.

(19) Erinnere dich an das Beispiel Alexanders von Makedonien, der seinen liebsten und treusten Freund Kleitos während eines Gastmahls durchbohrt hat und als er sich seiner Tat bewusst wurde, zu sterben wünschte, ja [zu sterben] schuldig war. Die Trunkenheit steigert jede schlechte Eigenschaft und bringt sie ans Licht, sie beseitigt das Schamgefühl, das den schlechten Trieben entgegensteht; anstatt der guten Gesinnung hält die meisten nämlich die Scham davon ab, eine Verfehlung zu begehen.

(20) Sobald sich die allzu große Macht des Weines des Geistes bemächtigt hat, kommt alles zum Vorschein, was an Schlechtem verborgen war. Die Trunkenheit erschafft keine schlechten Eigenschaften, sondern bringt sie ans Licht: der wollüstige [Mensch] wartet dann nicht einmal bis zum Schlafgemach, sondern erlaubt seinen Leidenschaften ohne Aufschub, so viel sie begehrten; dann bekennt sich der sittlich Verkommene zu seiner Sucht und zeigt sie öffentlich; dann hält der Ausgelassene nicht seine Zunge, nicht seine Hand im Zaum. Hochmut erwächst bei dem Stolzen, Grausamkeit bei dem Herrischen, Bosheit bei dem Missgünstigen; jedwede schlechte Eigenschaft wird entfesselt und kommt zum Vorschein.

(21) Füge jene Bewusstseinstrübung hinzu, das unsichere und wenig deutliche Gerede, den trüben Blick, den schwankenden Schritt, das Schwindelgefühl im Kopf – selbst die Häuser wackeln, als ob ein Wirbelsturm das ganze Haus im Kreise dreht – die Martern des Magens, wenn der unverdünnte Wein brennend aufsteigt und das Innerste selbst foltert. Solange jener noch Kontrolle über sich hat, ist es dann trotzdem wie es eben geht erträglich: was [aber], wenn er vom Schlaf beeinträchtigt wird und das, was Trunkenheit war, eine Magenverstimmung geworden ist?

(22) Bedenke, welche Schäden die allgemeine Trunkenheit angerichtet hat: äußerst grimmige und kriegerische Völker hat sie den Feinden preisgegeben, sie hat Festungswerke zugänglich gemacht, die in einem viele Jahre andauernden Krieg verteidigt worden sind, sie hat die härtesten und sich dem Sklavenjoch sträubenden [Männer] unter fremde Herrschaft gebracht, sie hat die in der Schlacht Unbesiegten mit unverdünntem Wein bezwungen.

(23) [Bedenke] Alexander, den ich eben erst erwähnt habe, so viele Märsche, so viele Kämpfe, so viele Winterstürme hatte er überstanden, in deren Verlauf er Sieger über die zeitlichen und örtlichen Widrigkeiten blieb, so viele Flüsse, aus dem Unbekannten sich ergießend, so viele Meere hat

ten ihn ohne Verluste fahren lassen: seine Unbeherrschtheit beim Trinken und jener Verderben bringende Herkules-Becher haben ihn ins Grab gebracht.

(24) Was für eine Ruhmestat ist es, viel in sich aufnehmen zu können? Wenn du dich im Besitz der Siegespalme befindest und diejenigen, die vor Trägheit niedergesunken sind und sich erbrechen, dein Zutrinken zurückweisen, wenn du [allein] vom ganzen Gelage übriggeblieben bist, wenn du alle mit großer Entschlossenheit besiegt hast und keiner in solchem Maße zum Zechen fähig war, wirst du von einem Fass besiegt [sein].

(25) Marcus Antonius war ein bedeutender Mann von edlem Charakter: welch anderer Umstand hat ihn zugrunde gerichtet und zu ausländischen Sitten und unrömischen Lastern geführt als die Trunkenheit und, nicht minder als der Wein, die Liebe zu Kleopatra? Dieser Umstand hat ihn zum Feind des Staates, dieser Umstand hat ihn seinen Feinden unterlegen gemacht; dieses hat ihn grausam gemacht: als ihm [etwa] die Köpfe der Vornehmsten des Staates beim Essen überbracht wurden, als er im Verlauf der prächtigsten Gastmähler und inmitten von denen eines Königs würdigen schwelgerischen Genüsse die Gesichter und Hände der Geächteten geprüft hat, als er voll von Wein gleichwohl nach Blut lechzte. Unerträglich war, dass er im trunkenen Zustand sich befand, als er dies tat: um wie viel unerträglicher war es, dass er es gerade im Alkoholrausch tat!

(26) Grausamkeit schließt sich in der Regel der Trunksucht an; sie verletzt und verroht nämlich die geistige Gesundheit. So wie lang andauernde Krankheiten mürrisch und schwierig machen und beim kleinsten Ärgernis wütend, so lassen ununterbrochene Trinkgelage die Empfindungen verwildern; denn wenn man oft nicht bei sich ist, lässt die Gewohnheit das unsinnige Betragen andauern und die schlechten Eigenschaften, die man sich durch den Wein aufgeladen hat, entfalten auch ohne ihn ihre Wirkung.

(27) Erkläre also, warum der Weise nicht berauscht sein darf; offenbare das Entehrende und die Abscheulichkeit dieses Zustands durch Tatsachen, nicht durch Worte. Was am leichtesten zu tun ist: weise nach, dass das, was man Vergnügungen nennt, sobald sie ein [bestimmtes] Maß überschritten haben, [tatsächlich] Strafen sind. Denn wenn du folgenden Beweis anführen willst, dass der Weise von viel Wein nicht berauscht wird und seine sittlich gute Haltung beibehält, auch wenn er betrunken sein sollte, wäre es auch möglich, den Schluss zu ziehen, dass er nicht sterben wird, wenn er Gift getrunken hat, nicht einschlafen wird, wenn er einen Schlaftrunk zu sich genommen hat, und auch all das nicht ausspeien und abführen wird, was in den Eingeweiden verweilt, wenn er Nieswurz [als Brechmittel] erhalten hat. Wenn aber die Füße auf die Probe gestellt werden, die Zunge nicht still steht, welchen Grund gibt es dann zu glauben, dass er teilweise nüchtern, teilweise trunken ist? Lebe wohl.

———

───────── ❧ ─────────

# Buch 11-13 – Brief 84

Seneca grüßt seinen Lucilius,

(1) Diese kurzen Reisen, die mir meine Trägheit austreiben, sind, glaube ich, sowohl meiner Gesundheit als auch meinen Studien zuträglich. Du erkennst, warum sie die Gesundheit fördern: weil mich die Liebe zur Wissenschaft träge und dem Körper gegenüber nachlässig macht, übe ich mich in fremder Tätigkeit. Weshalb sie für meine wissenschaftliche Beschäftigung nützlich sind, will ich verraten: ich habe [während der Reisen] die Lektüre nicht aufgegeben. Sie ist nämlich notwendig, wie ich meine, zuerst, damit ich mich nicht auf eine einzige Sache beschränke, alsdann, damit ich, sooft ich die Forschungen von anderen kennengelernt habe, danach sowohl über diese Ansichten urteilen als auch darüber nachdenken kann, was noch entdeckt werden muss. Nachdem er von der wissenschaftlichen Beschäftigung erschöpft wurde, fördert und erquickt das Lesen den Geist – allerdings nicht ohne ein eifriges Streben.

(2) Weder sollen wir nur schreiben noch nur lesen: das eine wird unsere Kräfte beeinträchtigen und erschöpfen (ich spreche über das Schreiben), das andere wird sie zerstreuen und aufweichen. Abwechselnd muss man zwischen diesem und jenem herpendeln und das eine zum anderen ins richtige Verhältnis setzen, um alles, was durch die Lektüre aufgenommen wurde, mit dem Griffel zurück in eine materielle Substanz zu bringen.

(3) Wir müssen, wie man sagt, die Bienen nachahmen, die umherstreifen und die zur Honigbereitung geeigneten Blüten aussaugen, danach alles, was sie herbeigetragen haben, passend machen und auf die Waben verteilen und, wie unser Vergil sagt:

*den flüssigen Honig dicht zusammendrücken*
*und mit dem süßen Nektar die Zellen ausfüllen.*

(4) Es ist von ihnen nicht hinreichend bekannt, ob sie einen Saft, der sogleich Honig ist, aus den Blüten saugen, oder ob sie das, was sie gesammelt haben, durch eine gewisse Beimischung und durch ihre besondere Lebensart zu einer solchen Leckerei umwandeln. Manche sind nämlich der Ansicht, dass sie nicht die Geschicklichkeit besitzen, den Honig hervorzubringen, sondern [nur] ihn zu sammeln. Sie behaupten, dass bei den Indern Honig von den Blättern des Bambusrohrs gewonnen wird, den entweder der Tau in jenem Klima oder der süße und ziemlich dick[flüssige] Nahrungssaft des Bambusrohrs selbst erzeuge; dass auch in unseren Halmen dieselbe Kraft angelegt ist, aber weniger deutlich und auffallend; diesem würde ein dafür erschaffenes Lebewesen beharrlich folgen und an sich ziehen. Einige meinen, dass das, was sie aus dem Zartesten der Pflanzen und Blüten entnehmen, durch Zubereitung und Verteilung in seiner Beschaffenheit verwandelt wird, nicht ohne ein gewisses, um es so zu benennen, Ferment, mit dem sie voneinander Getrenntes zu einem Einzigen verschmelzen.

(5) Aber um mich nicht zu etwas anderem als das, worum es geht, verleiten zu lassen: auch wir müssen diese Bienen nachahmen und alles trennen, was wir aus zerstreuter Lektüre zusammengetragen haben (was streng gegliedert wurde, wird nämlich besser bewahrt), hierauf, unter Hinzuziehung unseres Verstandes, jene verschiedenen Kostproben mit Sorgfalt und Talent zu einem einzigen Leckerbissen verbinden, damit sichtbar wird, selbst wenn offenkundig ist, von wo es entnommen wurde, dass es trotzdem etwas anderes ist, als das, von wo es entnommen wurde. Wir sehen, dass die Natur diese Dinge in unserem Körper ohne irgendeine Tätigkeit unsererseits bewirkt.

(6) (Nahrungsmittel, die wir aufgenommen haben, fallen beschwerlich, solange sie ihre Beschaffenheit beibehalten und unverdaut im Magen schwimmen; wenn sie jedoch aus dem, was sie waren, transformiert worden sind, dann gehen sie schließlich in Körperkräfte und Lebensfrische

über), dasselbe sollten wir den Dingen widerfahren lassen, die uns gedeihen lassen, nämlich nicht geschehen zu lassen, dass alles, was wir aufgenommen haben, unverändert bleibt, damit es nicht ein fremdes Gut bleibt.

(7) Machen wir sie uns zu eigen; andernfalls werden sie in unser Gedächtnis, nicht in unseren schöpferischen Geist eingehen. Wir sollten ihnen aufrichtig zustimmen und zu dem Unsrigen machen, damit sozusagen aus den Vielen ein Einziges entsteht, gleichwie aus einzelnen eine einzige Zahl entsteht, sooft eine Berechnung kleinere und getrennte Summen zu einer einzigen zusammenfasst. Dies möge unser Geist zuwege bringen: alles, wodurch er gefördert wurde, soll er unsichtbar werden lassen, [und] nur offenbaren, was er selbst hervorgebracht hat.

(8) Auch wenn sich bei dir eine Ähnlichkeit mit irgendjemanden einstellt, die dir eine allzu tiefe Bewunderung eingeprägt hat, will ich lieber, dass du ihm ähnlich bist wie ein Sohn, nicht wie ein Abbild: ein Bild ist ein toter Gegenstand. „Was nun also? Wird man sich nicht denken, wessen Rede, wessen Beweisführung, wessen Ideen du nachahmst?" Ich glaube, dass man irgendwann nicht einmal mehr wahrnehmen kann, wenn ein Mann mit großem geistigen Talent allem, was er sich von einem wünschenswerten Vorbild zu eigen machte, seinen charakteristischen Ausdruck aufgedrückt hat, so dass es in einem einheitlichen Ganzen zusammentrifft.

(9) Siehst du nicht, auf wie viele Stimmen sich ein Chor gründet? Dennoch wird von allen ein einziger Ton vorgetragen. Dabei ist manch eine [Stimme] hoch, manch eine tief, manch eine dazwischenliegend; Frauen schließen sich den Männern an, dazwischen drängen sich die Flöten: die Stimmen der Einzelnen bleiben dabei verborgen, die aller [als Ganzes] kommen zum Vorschein.

(10) Ich spreche von dem Chor, den die alten Philosophen kannten: in unseren Aufführungen gibt es mehr Sänger als es einstmals in den Theatern

Zuschauer gab. Wenn die Reihe der Singenden alle Gänge füllt und der Zuschauerraum ringsum besetzt ist mit Blechbläsern und von jeder Bühne jede Art von Flöten und Pfeifen erschallt, entsteht aus einem verworrenen Getöse ein harmonischer Klang. Von solcher Art wünsche ich mir unseren Geist [zu sein]: zahlreiche Theorien sollen sich in ihm finden, zahlreiche Lehren, die Vorbilder vieler Generationen, aber harmonisch zu einem einzigen sich verschmelzend.

(11) „Auf welche Weise", fragst du, „wird man dies erreichen können?" Durch unablässige Anstrengung: sofern wir nichts tun, außer wenn die Vernunft es anrät, wir nichts meiden, außer wenn die Vernunft es anrät. Wenn du es für wünschenswert hältst, ihr Folge zu leisten, wird sie dir sagen: lass die Dinge hinter dir, die einen hin und her rennen lassen; gib den Reichtum auf, der für diejenigen, die ihn besitzen, entweder Gefahr oder Last ist; lass die Vergnügungen des Körpers und des Geistes hinter dir, sie verweichlichen und entkräften; lass den Ehrgeiz hinter dir, er ist eine aufgeblasene, nichtige, eitle Sache, kennt kein Ende, ist im gleichen Maße in Sorge, irgendeinen vor sich zu sehen wie neben sich, er wird vom Neid geplagt, und zwar doppelt. Du aber verstehst, wie erbärmlich es ist, wenn derjenige, der beneidet wird, [selbst] auch neidisch ist.

(12) Bestaunst du jene Paläste der Mächtigen, jene Behausungen voll des lärmenden Zanks derer, die ihre Aufwartung machen? Viele Kränkungen sind erforderlich, um eintreten zu dürfen, mehr [noch], nachdem man eingetreten ist. An diesen Stufen der Reichen zieh vorbei und auch an ihren Vorhallen, die man durch kostspieliges Aufschütten in die Höhe getrieben hat: du wirst dort nicht nur auf abschüssigem, sondern auch auf schlüpfrigem Boden stehen. Wende dich lieber hierher, zur Weisheit, deren ungetrübten und zugleich herrlichen Besitztümer suche zu erreichen.

(13) Obgleich es gering sein mag und [nur] durch den Vergleich mit dem Bescheidensten hervortritt, wird alles, was unter den menschlichen Ange-

legenheiten herauszuragen scheint, dennoch über schwierige und steile Pfade angegangen. Holperig ist der Weg zum Gipfel des öffentlichen Ansehens; aber wenn du dich in eine solche Höhe [der Weisheit] aufschwingen willst, der sich [selbst] das Schicksal gebeugt hat, wirst du gewiss all das unter dir erblicken, was für das Erhabenste gehalten wird, gleichwohl aber auf ebenem Wege zum Höchsten gelangen. Lebe wohl.

———

## Buch 11-13 – Brief 85

Seneca grüßt seinen Lucilius,

(1) Ich hatte Rücksicht auf dich genommen und alles übergangen, was immer noch an Verwickeltem übrig war, zufrieden damit, dir sozusagen eine Probe dessen zu geben, was von den Unsrigen vorgebracht wird, um zu beweisen, dass einzig die sittliche Vollkommenheit genügend wirksam ist, um ein gesegnetes Leben zu erreichen. Du forderst mich auf, alles in Worte zu fassen, was es an logischen Folgerungen gibt – entweder die der Unsrigen oder diejenigen, die man sich zu unserer Bloßstellung ausgedacht hat: wenn ich das nun tun will, wird es kein Brief, sondern ein Buch sein. Ich beteure dies hier so oft: dass ich an dieser Art von Beweisen keine Freude habe; es beschämt mich, bewaffnet mit einer Ahle in die für Götter und Menschen begonnene Schlacht zu ziehen.

(2) „Wer klug ist, ist auch maßvoll; wer maßvoll ist, auch charakterfest; wer charakterfest ist, ist affektlos; wer affektlos ist, ist ohne Traurigkeit; wer ohne Traurigkeit ist, ist glücklich; folglich ist der Kluge glücklich, und Klugheit ist ausreichend für ein glückliches Leben."

(3) Mit dieser Schlussfolgerung stimmen manche Peripatetiker auf folgende Art überein, dass sie affektlos und charakterfest und ohne Traurigkeit so deuten, als ob einer charakterfest genannt wird, der nur selten und nicht allzu tief in Unruhe versetzt wird – nicht niemals. Ebenso sagen sie, dass derjenige ohne Traurigkeit genannt wird, der der Traurigkeit nicht unterworfen ist und nicht häufig oder übermäßig unter dieser schlechten Eigenschaft steht; Folgendem nämlich verweigere sich die menschliche Natur: dass irgendjemandes Geist frei von Traurigkeit ist; der Weise werde von der Trauer nicht überwältigt, gleichwohl berührt; und auch die übrigen Dinge erwidern sie auf die bekannte Art und Weise ihrer Denkschule. Dadurch beseitigen sie die Affekte nicht, sondern sie mäßigen sie.

(4) Wie wenig aber gestehen wir dem Weisen zu, wenn er stärker ist als die Schwächlichsten, [und] heiterer als die Wehmütigsten, [und] maßvoller als die Zügellosesten, [und] bedeutender als die Geringsten! Was, wenn Ladas, hinter sich [nur] Gelähmte und Gebrechliche erblickend, seine Geschwindigkeit bewundern würde?

*Auch über die höchsten Halme der unberührten Felder würde jene*
*dahineilen, hätte zarte Ähren in ihrem Laufe nicht verletzt,*
*selbst mitten durch das Meer, von brausender Woge emporgehoben,*
*würde sie ihren Weg sich bahnen, hätte die schnellen Sohlen an der Meeresfläche nicht benetzt.*

Dies ist eine an und für sich gewürdigte Schnelligkeit, nicht eine, die im Vergleich mit den Langsamsten gerühmt wird. Was, wenn du einen, der mit leichtem Fieber darniederliegt, gesund nennen würdest? Eine gute Gesundheit beruht nicht auf dem Maß der Krankheit.

(5) „Ein Weiser wird auf eine Weise affektlos genannt", sagt man, „wie man kernlose Granatäpfel nicht diejenigen nennt, in denen keine, sondern in denen weniger harte Kerne enthalten sind." Das ist falsch. Denn ich nehme bei einem vortrefflichen Mann nicht eine Verringerung, sondern ein Freisein von Übeln wahr; es dürfen keine vorhanden sein – nicht geringe; denn wenn irgendwelche existieren, werden sie sich steigern und [einen] derweil verwirren. Sowie ein stärkerer und vollständiger grauer Star die Augen erblinden lässt, so macht sie ein leichter trübe.

(6) Wenn du einem Weisen irgendwelche Gefühlsaufwallungen gestattest, wird die Vernunft ihnen nicht gewachsen sein und wie von einem Gebirgsbach fortgerissen werden, vor allem, wenn man ihm nicht einen einzigen Affekt zugesteht, mit dem er ringen soll, sondern alle. Mehr vermag eine Menge von noch so unbedeutenden [Gefühlen], als es die Heftigkeit eines einzig großen könnte.

(7) Jemand hegt ein Verlangen nach Geld, aber ein maßvolles; er besitzt Ehrgeiz, aber keinen heftigen; er kennt den Jähzorn, aber einen leicht zu besänftigenden; er zeigt Wankelmut, jedoch einen weniger unsteten und veränderlichen; er hat Gelüste, aber keine übertriebenen. Besser könnte man mit demjenigen umgehen, der eine einzige schlechte Eigenschaft in voller Stärke besitzt, als mit dem, der zwar unbedeutende, aber alle [von ihnen] besitzt.

(8) Sodann ist es gar nicht von Wichtigkeit, wie heftig die Gefühlsaufwallung ist; wie unbedeutend auch immer sie ist, sie versteht es nicht, sich leiten zu lassen, sie nimmt keinen Rat an. So wie kein Tier der Vernunft gehorcht, nicht das wilde, nicht das zum Haus gehörige und sanfte (deren Wesen ist nämlich Zureden gegenüber taub), so geben die Affekte nicht nach, fügen sich nicht, wie gering sie auch sind. Tiger und Löwen legen niemals ihre Wildheit ab, manchmal bezähmen sie sich, und wenn man es am wenigsten erwartet, bricht das Wilde trotz der Besänftigung wieder hervor. Auch bei bestem Willen werden Laster niemals gemildert.

(9) Ferner, wenn die Vernunft Fortschritte macht, werden Affekte nicht einmal aufkommen; wenn sie gegen den Willen der Vernunft ihren Anfang genommen haben, werden sie gegen ihren Willen Bestand haben. Denn es ist leichter, ihre Anfänge zu unterbinden, als ihren Ansturm zu beherrschen.

Deshalb ist dieser Mittelweg falsch und schädlich, er muss ebenso behandelt werden, wie wenn einer behauptet, dass man mäßig verrückt werden, mäßig darniederliegen könnte.

(10) Allein die sittliche Vollkommenheit besitzt das rechte Maß, die Laster der Seele nehmen es nicht an; du dürftest sie wohl leichter beseitigen als beherrschen. Gibt es etwa einen Zweifel, dass die altgewohnten und verhärteten Verfehlungen des menschlichen Geistes, die wir Krankheiten

nennen, maßlos sind, wie die Habgier, wie die Grausamkeit, wie die Zügellosigkeit? Also sind auch die Affekte maßlos; von den letzteren geht man nämlich zu den ersteren über.

(11) Weiter, wenn du die Traurigkeit, die Furcht, die Begierde, [und] die übrigen schlechten Regungen gewähren lässt, werden sie nicht unter unserer Herrschaft stehen. Warum? Weil das, wodurch sie hervorgerufen werden, außerhalb von uns liegt; daher werden sie sich in dem Maße steigern, wie die Gründe, aus denen sie entstehen, für groß oder für geringer gehalten werden. Die Furcht wird größer sein, wenn man das, wodurch sie aufgeschreckt wird, häufiger oder näher betrachtet hat, die Begierde heftiger, weil die Aussicht auf Bedeutenderes sie hervorgelockt hat.

(12) Wenn es nicht in unserer Macht steht, ob Affekte vorhanden sind, steht es freilich [auch] nicht in unserer Macht, wie heftig sie sind: wenn du ihnen erlaubt hast, ihren Anfang zu nehmen, werden sie mit ihren Ursachen wachsen und so groß werden, wie man sie lässt. Nun nimm hinzu, dass derartige Dinge, mögen sie noch so unbedeutend sein, in Größeres ausarten; Verderbliches hält niemals Maß: noch so milde Anfänge von Krankheiten breiten sich unbemerkt aus und der Eintritt des Fiebers stürzt den angegriffenen Körper zuweilen ins Verderben.

(13) Folgendes aber ist ein Zeichen für den Wahnsinn: zu glauben, dass die Grenzen von etwas, dessen Ursprünge außerhalb unserer Entscheidungsgewalt gelegen sind, sich in unserer Entscheidungsgewalt befinden! Wie vermag ich, dasjenige hinreichend zu beschränken, das zu verhindern ich zu wenig vermocht habe, obwohl es leichter ist, etwas fernzuhalten, als das, was eingelassen wurde, niederzuhalten?

(14) Manche haben es auf eine Weise unterschieden, dass sie sagten: „Der Maßvolle und der Einsichtige ist zwar aufgrund seiner Verfassung und der erworbenen Eigentümlichkeit des Geistes gelassen, [jedoch] nicht nach ei-

nem zufälligen Ereignis. Denn sofern es seine erworbene Eigentümlichkeit des Geistes betrifft, wird er nicht in Verwirrung gebracht, [und] nicht betrübt, fürchtet sich auch nicht; viele Ursachen jedoch, die bei ihm Verwirrung hervorrufen, treten von außen ein."

(15) Was sie sagen wollen, ist Folgendes: jener sei zwar nicht jähzornig, aber manchmal erzürnt; und er sei zwar nicht furchtsam, fürchtet sich aber manchmal; das meint, er sei frei von der Verfehlung der Furcht, nicht, er habe keine Gefühlsaufwallung. Wenn man dieses annimmt, wird die Furcht bei häufigem Auftreten zu einer schlechten Eigenschaft übergehen, und der im Herzen eingelassene Zorn wird jene erworbene Eigentümlichkeit des Geistes, die frei von Zorn ist, wieder auflösen.

(16) Wenn er außerdem den von außen kommenden Ursachen nicht trotzt und doch irgendetwas fürchtet, wenn fürs Vaterland, für die Gesetze, für die Freiheit tapfer den Geschossen, den Feuersbrünsten entgegenmarschiert werden muss, wird er zaudernd und mit schwindender Zuversicht ausrücken. Auf einen Weisen aber treffen diese Widersprüche des Geistes nicht zu.

(17) Außerdem ist dies zu beachten, meine ich, dass wir nicht zwei [Aussagen], die getrennt untersucht werden müssen, vermengen; [als Aussage] an sich wird nämlich der Schluss gezogen, dass einzig gut ist, was sittlich gut ist, andererseits [ebenso] an sich, dass Tugendhaftigkeit für ein glückliches Leben genügend ist. Wenn einzig gut ist, was sittlich gut ist, räumen alle ein, dass Tugendhaftigkeit ausreicht, um glücklich zu leben. Dagegen wird nicht zugestanden, dass, wenn allein die Tugendhaftigkeit glücklich macht, einzig gut ist, was sittlich gut ist.

(18) Xenokrates und Speusippos glauben, dass Glückseligkeit auch durch Tugendhaftigkeit allein bewirkt werden kann, nicht jedoch, dass einzig gut ist, was sittlich gut ist. Auch Epikur meint, dass er glücklich ist, weil

er sich im Besitz der Tugendhaftigkeit befindet, die Tugendhaftigkeit an sich aber nicht ausreichend für ein glückliches Leben sei, weil das Vergnügen, das infolge der Tugendhaftigkeit vorhanden ist, [und] nicht die Tugendhaftigkeit selbst das Glück hervorbringe. Eine untaugliche Unterscheidung: denn derselbe behauptet, dass es ohne Vergnügen niemals eine Tugendhaftigkeit gibt. Wenn sie also immer und untrennbar mit ihr verknüpft ist, ist sie sich auch allein genügend. Sie trägt nämlich das Vergnügen mit sich, ohne das sie, selbst wenn sie allein ist, nicht existiert.

(19) Dieses ist jedoch sinnlos, weil gesagt wird, dass man zwar auch allein aufgrund der Tugendhaftigkeit glücklich sein wird, dass man jedoch nicht vollkommen glücklich sein wird; auf welche Weise das zuwege gebracht werden könnte, sehe ich nicht. Ein glückseliges Leben trägt nämlich ein vollkommenes, ein unübertreffliches Gut in sich; wenn das der Fall ist, ist es vollkommen glücklich. Wenn das Leben der Götter nichts Bedeutenderes oder Besseres an sich hat, ein glückliches Leben aber göttlich ist, besitzt es nichts, zu dem es weiter aufsteigen könnte.

(20) Weiter: wenn ein Leben, dem es nach nichts verlangt, glücklich ist, ist jedes glückliche Leben vollkommen und zugleich sowohl glücklich als auch am glücklichsten. Zweifelst du etwa daran, dass ein glückliches Leben das höchste Gut ist? Wenn es nun das höchste Gut in sich trägt, ist es im höchsten Grade glücklich. So wie das höchste Gut keine Steigerung zulässt (was wird denn oberhalb des Höchsten stehen?), so auch nicht das glückliche Leben, das ohne das höchste Gut nicht existiert. Wenn du also irgendjemand als „im höheren Grade" glücklich einführst, führst du ihn auch als „im höchsten Grade" [glücklich] ein. Unzählige Unterscheidungen des höchsten Guts wirst du hervorbringen, während ich mir ein höchstes Gut bewusst mache, das über sich keine Stufe hat.

(21) Wenn jemand weniger glücklich ist als ein anderer, folgt daraus, dass er ein stärkeres Verlangen nach dem Leben des anderen, des glücklicheren

hegt als nach seinem eigenen; der Glückliche jedoch zieht dem eigenen [Leben] nichts vor. Jede der beiden folgenden [Aussagen] ist unglaubwürdig: einerseits, dass irgendetwas dem Glücklichen verbleibt, was er lieber sein will als das, was er ist, andererseits, dass er dasjenige nicht lieber will, was besser für ihn ist. Zumal freilich [gilt]: je einsichtiger einer ist, desto eher wird er sich nach dem ausstrecken, was am besten ist, und sich wünschen, es auf jede Art und Weise zu erreichen. Wie glücklich aber ist derjenige, der noch immer etwas wünschenswert finden kann, ja vielmehr muss?

(22) Ich werde dir sagen, was es wohl ist, woraus dieser Irrtum erwächst: man versteht nicht, dass das glückliche Leben ein einziges ist. Seine ihm eigene Beschaffenheit bringt es in den besten Zustand, nicht seine Größe; es ist daher im gleichen Verhältnis lang und kurz, ausgedehnt und beschränkter, auf viele Gegenden und in viele Richtungen verteilt und auf einen einzigen [Ort] verdichtet. Wer es nach bloßer Zahl, [und] nach Umfang und nach Gegenden beurteilt, der raubt ihm, was es an Besonderem besitzt. Was jedoch ist das Besondere an einem glücklichen Leben? Das es vollkommen ist.

(23) Der Zweck des Essens und des Trinkens ist, wie ich meine, die Sättigung. Der eine isst mehr, der andere weniger: was kommt es darauf an? Jeder von beiden ist vollends gesättigt. Der eine trinkt mehr, der andere weniger: was kommt es darauf an? Keiner von beiden dürstet. Der eine hat viele Jahre gelebt, der andere wenige: es besteht überhaupt kein Unterschied, wenn die vielen Jahre den einen ebenso glücklich gemacht haben, wie die wenigen den anderen. Derjenige, den du weniger glücklich nennst, ist nicht glücklich: dieses Wort kann nicht abgeschwächt werden.

(24) „Wer tapfer ist, ist furchtlos; wer furchtlos ist, ist ohne Traurigkeit; wer ohne Traurigkeit ist, ist glücklich."

Das ist eine Schlussfolgerung der Unsrigen. Gegner versuchen diese folgendermaßen zu erwidern: wir würden etwas Falsches und Umstrittenes als allgemein anerkannt in Anspruch nehmen, dass [nämlich] derjenige, der tapfer ist, furchtlos sei. „Was nun also?", fragt man. „Wird ein tapferer Mann bevorstehende Übel nicht fürchten? Das ist typisch für den Wahnsinnigen und den Verrücktgewordenen, nicht für den Tapferen. Letzterer", sagt man, „fürchtet sich in der Tat sehr maßvoll, aber er ist nicht gänzlich frei von Furcht."

(25) Die das sagen, rollen noch einmal dasselbe auf: dass ihnen kleinere Verfehlungen als Tugenden gelten; denn derjenige, der sich zwar fürchtet, jedoch seltener und weniger, ist nicht frei von einer schlechten Denk- und Handlungsweise, sondern er wird [nur] nicht allzu ernsthaft [davon] beunruhigt. „Aber freilich halte ich einen für wahnsinnig, der angesichts bevorstehender Übel nicht in Furcht gerät." Was du sagst, ist richtig, wenn es wirklich Übel sind; wenn er aber versteht, dass jene keine Übel sind, und er allein nur die Schändlichkeit für ein Übel hält, wird er den Gefahren unbekümmert ins Auge schauen und das geringschätzen müssen, was von anderen zu fürchten ist. Oder aber er wird sich – wenn es typisch für den Törichten und Kopflosen ist, Übel nicht zu fürchten – umso mehr fürchten, je klüger er ist.

(26) „Eurer Meinung nach", heißt es, „wird er sich tapfer den Gefahren aussetzen." Durchaus nicht: er wird sie nicht fürchten, sondern meiden; Vorsicht ist für ihn angemessen, Furcht unangemessen. „Was nun also?" wird man sagen. „Tod, Gefängnis, Feuersbrünste, andere Geschosse des Schicksals wird er nicht fürchten?" Nein; er weiß nämlich, dass es keine Übel sind, sondern [nur] dafür gehalten werden; all diese sieht er als Schreckbilder des menschlichen Lebenswandels an.

(27) Schildere [ihm] eine Gefangenschaft, Schläge, Ketten, Armut und das Zerreißen von Gliedern – entweder durch Krankheit oder durch Strafe –

und alles übrige, was du anführen magst: er zählt es zu den verstandeslosen Ängsten. Diese sind von den Furchtsamen zu fürchten. Oder erachtest du das als ein Übel, wozu wir zuweilen aus eigenem Antrieb hingelangen müssen?

(28) Du fragst, was ein Übel ist? Den Dingen nachzugeben, die Übel genannt werden und ihnen seine Freiheit, für die alles erduldet werden muss, zu opfern: die Freiheit geht verloren, wenn wir das, was uns das Joch aufsetzt, nicht zurückweisen. Sie würden nicht bezweifeln, was sich für einen tapferen Mann geziemt, wenn sie wüssten, was Tapferkeit ist. Denn sie ist nicht die unbedachte Verwegenheit, nicht das Verlangen nach Gefahren und auch nicht ein Streben nach furchtbaren Dingen: es ist die Erkenntnis, dass man genau bestimmen muss, was ein Übel ist und was es nicht ist. Zur Aufrechterhaltung seiner selbst ist die Tapferkeit ausgesprochen umsichtig und ebenso sehr geduldig ist sie im Ertragen dessen, was auf einer falschen Vorstellung von Übeln beruht.

(29) „Was nun also? Wenn ein Schwert drohend gegen den Hals eines tapferen Mannes gerichtet wird, wenn ein Körperteil unmittelbar nach dem anderen durchbohrt wird, wenn er seine Eingeweide in seinem Schoß erblickt hat, wenn das nach einer Pause wiederholt wird, damit er dadurch die Qualen umso mehr empfindet, und Blut über die eben erst getrockneten Wunden herabströmt, [dann] fürchtet er sich nicht? Wirst du behaupten, dass er auch kein Schmerz empfindet?" Er empfindet gewiss den Schmerz (denn die sittliche Vollkommenheit beseitigt nicht das Empfindungsvermögen des Menschen), aber er fürchtet sich nicht: unerschütterlich betrachtet er aus der Höhe seine Schmerzen. Du willst wissen, welche Empfindung er dann hat? Wie diejenigen, die einen kranken Freund aufmuntern.

(30) „Was ein Übel ist, das schadet; was schadet, macht einen schlechter;

Schmerz und Armut machen einen nicht schlechter; folglich sind sie keine Übel."

„Es ist falsch, was ihr anführt", wird gesagt, „denn wenn etwas schadet, macht es nicht auch schlechter. Schlechtes Wetter und Sturm schaden dem Steuermann, sie machen ihn dennoch nicht schlechter."

(31) Dem entgegengewandt antworten einige unter den Stoikern folgendermaßen: durch Unwetter und Sturm werde der Steuermann schlechter gemacht, weil er nicht dazu im Stande sei, das, was er sich vorgenommen hat, auszuführen und seinen Kurs zu halten; nicht in seiner Fertigkeit werde es ihn schlechter machen, er werde es in Hinsicht auf seine Tätigkeit. Diesen erwidert der Peripatetiker: „Also macht Armut, Schmerz und alles andere von solcher Art auch den Weisen schlechter; die Tugend wird ihm nämlich nicht entrissen, sondern deren Ausübung wird gehemmt."

(32) Das könnte man zurecht behaupten, wenn die Lage des Steuermanns und des Weisen ähnlich wäre. Letzterer hat nämlich hinsichtlich der Lebensführung den Vorsatz, nicht um jeden Preis zu Ende zu bringen, was er erprobt, sondern alles richtig zu machen: der Steuermann hat die Aufgabe, das Schiff unter allen Umständen in den Hafen zu leiten. Die Fertigkeiten sind Dienerinnen, sie müssen leisten, was sie in Aussicht stellen, die Weisheit ist Herrin und Lenkerin; Fertigkeiten dienen dem Leben, die Weisheit gebietet ihm.

(33) Ich bin der Meinung, dass auf andere Weise geantwortet werden muss: weder wird die Fertigkeit des Steuermanns durch irgendein Unwetter verschlechtert noch die Ausführung der Fertigkeit an sich. Der Steuermann hat dir nicht die Glückseligkeit in Aussicht gestellt, sondern eine nützliche Tätigkeit und die Kenntnis, ein Schiff zu führen; sie offenbart sich umso eher, je stärker ihr irgendein zufälliger Einfluss entgegensteht. Wer dieses sagen konnte: „Neptun, nie und nimmer [kontrollierst du] die-

ses Schiff außer auf dem direkten Kurs", hat seiner Fertigkeit genüge getan: ein Unwetter behindert nicht die Tätigkeit des Steuermanns, sondern ein erfolgreiches Vonstattengehen.

(34) „Was also?", sagt man. „Schadet dem Steuermann nicht ein solches Ereignis, das ihn daran hindert, den Hafen anzusteuern, das seine Anstrengungen vergeblich macht, das ihn entweder zurück verschlägt oder aufhält und ihn abtakeln lässt?" Es schadet ihm nicht so sehr [in der Eigenschaft] als Steuermann, sondern wie jedem, der in See sticht. Überhaupt behindert es die Fertigkeit des Steuermanns nur insoweit, dass er sie erkennen lässt; denn, wie es heißt, ist bei Windstille der Erstbeste ein [guter] Steuermann. Sie schaden dem Schiff, nicht seinem Führer, sofern er [denn] wirklich ein Schiffsführer ist.

(35) Der Steuermann hat zwei Rollen inne, die eine, die er mit allen gemeinsam hat, die dasselbe Schiff bestiegen haben: er ist auch selbst ein Reisender; die andere, die [nur] ihm eigentümlich ist: er ist der Steuermann. Das Unwetter schadet ihm als Reisenden, nicht als Steuermann.

(36) Sodann ist die Fertigkeit des Steuermanns ein fremdes Gut: es dient denen, die er befördert, wie die [Fertigkeit] eines Arztes denen, die er behandelt: das Gut des Weisen ist ein Gemeingut: sowohl derer, mit denen er lebt, als auch sein persönliches Eigentum. Daher könnte dem Steuermann vielleicht ein Schaden zugefügt werden, [weil] dessen Dienst, der den anderen zugesichert wurde, durch das Unwetter behindert wird:

(37) dem Weisen wird durch Armut kein Schaden zugefügt, nicht durch Schmerz, nicht durch die übrigen Stürme des Lebens. Es werden nämlich nicht all seine Betätigungen behindert, sondern nur diejenigen, die sich auf die anderen erstrecken: er selbst ist immer in Tätigkeit, [und] in seiner Wirksamkeit dann am größten, wenn sich das Schicksal ihm entgegenge-

stellt hat; dann nämlich betreibt er das Geschäft der Weisheit selbst, die, wie wir sagten, sowohl ein Gut anderer als auch sein eigenes ist.

(38) Außerdem wird er nicht daran gehindert, selbst dann für andere nützlich zu sein, wenn ihn irgendwelche Notlagen in Bedrängnis bringen. Aus Armut wird er daran gehindert zu lehren, auf welche Weise der Staat geführt werden muss, aber wie die Armut behandelt werden muss, so viel lehrt er. Seine Tätigkeit wird auf das ganze Leben ausgedehnt. Also macht kein Schicksalsschlag, keine Sache das Tun des Weisen zunichte; er tut nämlich genau das, wodurch er davon abgehalten wird, andere Dinge zu tun. Für beide Fälle ist er gerüstet: er ist Herrscher über die Güter, Sieger über die Übel.

(39) Er hat sich auf solche Weise ausgebildet, sage ich, dass er seine Tugend im Glück wie im Unglück beweist und nicht ihren Gegenstand, sondern sie selbst betrachtet; deshalb hindern ihn weder Armut noch Schmerz noch alles andere, was die Unerfahrenen ablenkt und kopflos umhertreibt. Du glaubst, dass er von den üblen Dingen bedrückt wird? Er bedient sich ihrer.

(40) Phidias hat es verstanden, plastische Bildwerke nicht nur aus Elfenbein herzustellen; aus Bronze schuf er sie. Wenn du ihm Marmor, wenn du ihm irgendwann billigeres Material angeboten hättest, hätte er erschaffen, was daraus am Besten erschaffen werden kann. Auf diese Weise wird der Weise die sittliche Vollkommenheit, wenn es möglich ist, im Reichtum entfalten, wenn nicht, in Armut; wenn er es kann, im Vaterland, wenn nicht, in der Verbannung; wenn er es kann, als Befehlshaber, wenn nicht, als Fußsoldat; wenn er es kann, bei voller Kraft, wenn nicht, gebrechlich. Was auch immer für ein Schicksal er empfängt, er wird daraus etwas Denkwürdiges schaffen.

(41) Es gibt bestimmte Tierbändiger, welche die wildesten Geschöpfe, vor deren Begegnung man sich fürchten muss, dazu zwingen, den Menschen zu ertragen, und, sich nicht damit begnügend, ihre Wildheit ausgetrieben zu haben, sie bis zu einem vertrauten Umgang hin verweichlichen: in den Rachen des Löwen steckt der Meister seine Hand hinein, den Tiger küsst sein Wärter, dem Elefanten befiehlt der kleinste dunkelhäutige Mensch, in die Knie und über ein Seil zu gehen. Geradeso ist der Weise ein Meister darin, die Übel zu bezähmen: Schmerz, bittere Armut, Entehrung, Kerker, Verbannung, allüberall Schauder erregend, sind gemildert, wenn sie an ihn geraten. Lebe wohl.

———

# Buch 11-13 – Brief 86

Seneca grüßt seinen Lucilius,

(1) Direkt aus dem Landhaus des Scipio Africanus, wo ich mich [gerade] aufhalte, schreibe ich dir dies hier, nachdem ich dessen Schar und dem Altar, von dem ich annehme, dass er das Grabmal des so großen Mannes ist, meine Verehrung bezeugt habe. Ich bin überzeugt, dass seine Seele gewiss in den Himmel zurückgekehrt ist, aus der sie stammte, nicht weil er große Kriegsheere befehligt hat (denn diese hatte auch Kambyses an seiner Seite, obgleich wahnsinnig und er sich den Wahnsinn sogar Glück bringend zunutze machte), sondern wegen seiner außergewöhnlichen Selbstbeherrschung und seiner Vaterlandsliebe, die ich bei ihm für bewundernswerter halte zu der Zeit, als er das Vaterland verlassen hat, als zu der, wo er es verteidigte. Es war bestimmt, dass sich entweder Scipio in Rom oder sich Rom in Freiheit befand.

(2) „Auf keinen Fall", sagt er, „will ich einen Teil der Gesetze, auf keinen Fall einen Teil der [althergebrachten] Einrichtungen aufheben; unter allen Bürgern soll gleiches Recht gelten. Erfreue dich ohne mich an meinem Verdienste, Vaterland. Ich bin der Urheber deiner Freiheit gewesen, ich werde auch der Beweis dafür sein: wenn ich nämlich größer geworden bin, als es dir förderlich ist, gehe ich fort."

(3) Warum sollte ich nicht eine solche Größe des Geistes bewundern, aufgrund derer er sich aus freiem Willen in die Verbannung zurückgezogen und die Bürgerschaft [von einer Last] erleichtert hat? Die Angelegenheit war bis zu einem Punkt fortgesetzt worden, dass entweder die Freiheit Scipio oder Scipio der Freiheit Unrecht tat. Keines von beiden war göttliches Gebot; deshalb hat er den Gesetzen nachgegeben und sich nach Liternum zurückgezogen, in der Absicht, die eigene Verbannung ebenso dem Gemeinwesen zu widmen wie die von Hannibal.

(4) Ich habe [mir] das aus Quadersteinen errichtete Landhaus angesehen, die ringsum angelegte Mauer des Parks, auch die an den beiden Seiten des Landhauses zur Befestigung emporgerichteten Türme, die bei den Gebäuden und den Gärten angelegte Zisterne, die sogar für den Bedarf eines Heeres hätte genügen können, ein enges, kleines Bad, dunkel nach alter Sitte: unseren Vorfahren erschien es nur warm, wenn es dunkel war.

(5) Bei der geistigen Betrachtung der Gebräuche Scipios und die der Unserigen beschlich mich folglich ein beträchtliches Vergnügen: in diesem Winkel reinigte der ‚Schrecken Karthagos‘, dem Rom verdankt, dass es nur einmal erobert worden ist, seinen von den bäuerlichen Arbeiten erschöpften Körper. Er übte sich nämlich in der Feldarbeit und bearbeitete selbst das Land (wie es bei den Altehrwürdigen Sitte war). Unter diesem so armseligen Dach stand er, dieser so billige Fußboden trug ihn: wen gibt es hingegen heutzutage, der es aushalten würde, derart ein Bad zu nehmen?

(6) Arm und schäbig wird er sich vorkommen, wenn die Wände nicht von großen und kostbaren Metallspiegeln zurückstrahlen, wenn die Marmorplatten aus Alexandria nicht mit numischem Marmor verziert sind, wenn sie nicht von allen Seiten mit einem kunstvollen und nach Art eines Gemäldes wechselnden Farbton eingefasst werden, wenn die gewölbte Decke nicht von Glas verborgen wird, wenn nicht der weiße Marmor aus Thasos, einstmals ein seltener Anblick [selbst] in einem Tempel, unsere Badebassins umschließt, in denen wir die nach viel Schwitzen gereinigten Körper eintauchen, wenn nicht silberne Armaturen das Wasser einströmen lassen.

(7) Und bisher spreche ich über die Wasserleitungen der Plebejer: was [erst], wenn ich zu den Bädern der Freigelassenen komme? Wie viele Statuen es gibt, wie viele Säulen, die nichts stützen, sondern zur Zierde [nur] um des Aufwands willen aufgestellt worden sind! Welch große Wasser-

massen, die mit Getöse über Stufen herabfließen! Wir haben einen Grad an Komfort und Luxus erreicht, dass wir nur auf Edelsteine treten wollen.

(8) In diesem Bad Scipios sind eher kleinste Spalten anstatt eines Fensters aus der Steinmauer herausgeschlagen worden, um das Licht ohne Schaden an der Befestigung einzulassen; in unserer Zeit nennen sie Bäder jedoch „Bäder für Schaben", wenn sie nicht auf eine Weise angelegt wurden, dass sie den ganzen Tag lang das Sonnenlicht durch große Fenster empfangen, wenn man nicht gleichzeitig sowohl gebadet als auch gebräunt wird, wenn man aus der Wanne keine Aussicht über Ländereien und Meere hat. Daher wird das, was einen Auflauf und Bewunderung verursacht hatte, als es eingeweiht wurde, als altertümlich zurückgewiesen, sooft der Luxus etwas Neues ersonnen hat, mit dem er sich selbst übertrifft.

(9) Aber einst gab es auch [nur] wenige Bäder und sie wurden auch nicht mit irgendwelchem Komfort ausgestattet: warum hätte man denn etwas ausschmücken sollen, das für ein Viertelas zu haben war und das für eine Notwendigkeit, nicht fürs Vergnügen erfunden worden ist? Wasser wurde nicht zugegossen und es lief auch nicht sogleich nach wie aus einer warmen Quelle; auch glaubte man nicht, dass es darauf ankommt, in wie klarem [Wasser] man den Schmutz abspülte.

(10) Aber, gütige Götter, welch Freude macht es, jene dunklen und mit gewöhnlichem Tünchwerk überzogenen Bäder zu betreten, über die man weiß, dass Cato oder Fabius Maximus oder einer der Cornelier es manch einem als Ädil mit eigener Hand temperiert hat! Denn auch dieser Aufgabe kamen Ädile von vornehmster Herkunft nach, diejenigen Orte zu betreten, die gewöhnlich das Volk aufnahm, und auf Sauberkeit sowie auf eine zuträgliche und gesunde Temperatur zu dringen – nicht eine solche, wie sie vor kurzem eingeführt wurde, einem Feuer ähnlich, und zwar so sehr, dass man einen Sklaven, der irgendeines Verbrechens überführt wurde, bei lebendigem Leibe darin baden lassen sollte. Es scheint mir nun

mehr kein Unterschied zu bestehen, ob das Bad in Flammen steht oder [nur] erhitzt ist.

(11) Wegen der so großen bäuerlichen Einfachheit verurteilen nun einige Scipio – weil er in seinem Warmbad nicht durch große Fenster den Tag eingelassen hatte, weil er sich nicht im hellen Tageslicht kochte und nicht abwartete, um im Bad zu verdauen! Ach, der elende Mann! Er verstand es nicht zu leben. Er hat sich nicht im gefilterten Wasser gebadet, sondern oft im trüben und, wenn es heftiger geregnet hat, im ganz und gar schmutzigen. Aber es war ihm nicht viel daran gelegen, ob er derart ein Bad nahm; er kam nämlich, um dort seinen Schweiß abzuwaschen, nicht das Salböl.

(12) Was meinst du, werden nun etliche Leute sagen? „Ich bin nicht neidisch auf Scipio: einer, der auf diese Weise badet, hat tatsächlich in Verbannung gelebt." Ja, wenn du wüsstest: er hat sich nicht [einmal] täglich gewaschen: denn wie diejenigen versichern, die die alten Bräuche Roms überliefert haben, hat man Arme und Beine täglich abgespült, die natürlich den Schmutz der Landarbeit an sich gezogen hatten, sich dagegen an den Markttagen ganz gewaschen. An dieser Stelle wird irgendjemand sagen: „Es ist mir klar, dass sie äußerst unsauber waren." Wonach denkst du, haben jene gestunken? Nach Militär, nach Arbeit, nach echtem Mann. Seitdem schmucke Bäder geschaffen worden sind, ist man schweinischer.

(13) Was sagte Horaz, als er einen [Mann], durch allzu große Genüsse verrufen und berüchtigt, beschreiben wollte:

*„Buccillus riecht nach Pastillen."*

Würde man Buccillus heutzutage eine Bühne geben: es wäre ebenso, als ob er nach Ziegenbock riechen, als ob er an der Stelle von Gargonius stehen würde, welchen Horaz daselbst dem Buccillus gegenübergestellt hat. Es genügt nicht, Salböl anzuwenden, wenn es nicht zwei- oder dreimal am

Tag erneuert wird, damit es nicht auf dem Körper verdunstet. Was soll man sagen, dass sich mit diesem Duft gerühmt wird, als ob es der eigene wäre?

(14) Falls dir diese Dinge allzu ernst erscheinen, stell das dem Landhaus in Rechnung, in dem ich von Aegialus, einem sehr gewissenhaften Hausherrn (er ist nämlich nun der Besitzer dieses Landes), gelernt habe, dass eine noch so alte Baumbepflanzung umgesetzt werden kann. Das zu lernen, ist unumgänglich für uns Alten, von denen jeder eine Ölpflanzung [nur noch] für einen anderen anlegt, [~ weil ich Folgendes gesehen habe: dass er die drei- und vier Jahre alten ertraglosen Bäume früher übergeben hat ~]

(15) Auch dich wird jener [Baum] schützen, der

*langsam wächst, um späten Nachkommen Schatten zu spenden,*

wie unser Vergil sagte, der nicht danach sah, dass etwas möglichst treffend, sondern möglichst anmutig vorgetragen wurde, und nicht Bauern belehren, sondern Leser erfreuen wollte.

(16) Denn, um alles andere beiseite zu lassen, will ich Folgendes hinzufügen, das aufzugreifen ich heute für erforderlich hielt:

*die Aussaat für Bohnen ist im Frühling;*
*dann nehmen die lockeren Furchen auch dich auf, Luzerne,*
*und für die Hirse naht die jährliche Pflege.*

Ob man diese zu ein und derselben Zeit anlegen muss und ob die Saatzeit für beide im Frühling liegt, magst du hieran einschätzen: der Juni, bereits dem Juli zugeneigt, ist der Monat, in dem ich dir schreibe: am selben Tag sah ich, wie man die Bohne geerntet, die Hirse gesät hat.

(17) Ich will auf die Ölpflanzung zurückkommen, die, wie ich gesehen habe, auf zwei Art und Weisen angelegt wurde: nachdem er die Zweige ringsum beschnitten und sie auf einen Fuß zurückgestutzt hatte, pflanzte er die Stämme der großen Bäume zusammen mit der Wurzelknolle um, von der er die Wurzeln abgeschlagen hatte; danach blieb nur der Wurzelkopf selbst übrig, aus dem sie zuvor schlaff herabhingen. Diesen steckte er mit Dünger getränkt in eine Pflanzgrube; danach häufte er die Erde nicht um ihn auf, sondern stampfte und presste sie hinein.

(18) Er behauptet, dass nichts wirksamer ist als dieses sogenannte Feststampfen. Es hält nämlich Kälte und Wind ab; außerdem wird [die Knolle] weniger bewegt und erlaubt deswegen den entstehenden Wurzeln – die, immer noch weich und nicht sicher festhängend, auch ein leichtes Hin- und Herbewegen unweigerlich losreißen muss – aufzukeimen und vom Boden Besitz zu ergreifen. Ehe er aber die Wurzelknolle des Baumes eingräbt, schabt er ihn ab; denn aus jedem Stamm, der seiner Hülle beraubt wurde, wachsen neue Wurzeln hervor, wie er versichert. Der Stamm darf jedoch nicht mehr als drei oder vier Fuß über den Boden herausragen; er wird nämlich sofort von ganz unten her ausschlagen und der Großteil wird nicht, wie in alten Ölpflanzungen, trocken und verdorrt sein.

(19) Die andere Verfahrensweise zur Anlage [einer Ölpflanzung] war folgende: er hat die kräftigen, aber nicht verhärteten Zweige, wie sie sich gewöhnlich an jungen Bäumen finden, auf dieselbe Weise eingepflanzt. Sie wachsen ein wenig langsamer heran, aber weil sie gleichsam wie aus einem Setzling hervorgegangen sind, haben sie nichts Unkultiviertes oder Raues an sich.

(20) Ich habe außerdem gesehen, dass ein uralter Weinstock aus seiner Baumpflanzung umgesetzt wurde; auch dessen Wurzelfasern sollte man, wenn es möglich ist, zusammenbinden und dann muss der Weinstock recht freigebig [mit Erde] bedeckt werden, damit er wieder aus dem Gan-

zen heraus Wurzeln schlägt. Und ich habe auch gesehen, dass sie nicht nur im Februar, sondern sogar Ende März umgesetzt wurden; sie wurzeln auch an geeigneten Ulmen, die sie zuvor nicht umschlungen hatten.

(21) Aber alle diese Bäume, die, so wie ich es ausdrücke, großstämmig sind, müssen, wie er sagt, mit Wasser aus der Zisterne unterstützt werden; wenn das von Nutzen ist, haben wir den Regen in unserer Gewalt.

Mehr gedenke ich dich nicht zu lehren, um dich nicht auf eine Weise mir ebenbürtig zu machen, wie sich Aegialus in mir einen Konkurrenten geschaffen hat. Lebe wohl.

———

# Buch 11-13 – Brief 87

Seneca grüßt seinen Lucilius,

(1) Ich habe Schiffbruch erlitten, bevor ich das Schiff bestiegen habe: wie sich das zugetragen hat, füge ich nicht hinzu, damit du nicht glaubst, dass man unter Stoikern auch dieses zu den Paradoxa rechnen muss, von denen ich, wenn du es wünschst – ja sogar wenn du es nicht wünschst – beweisen werde, dass keines falsch und [auch] nicht so sonderbar ist, wie es auf den ersten Blick erscheint.

Inzwischen hat mich diese Fahrt gelehrt, wie viele überflüssige Dinge wir besitzen und wie leicht wir diejenigen aufgrund von Überlegung aufgeben könnten, von denen wir nicht bemerken, das sie weg sind, wenn die Notwendigkeit sie [uns] einmal entrissen hat.

(2) Mit nur wenigen Sklaven, die ein einzelner Wagen aufnehmen konnte, ohne irgendwelche Ausrüstungsgegenstände außer denen, die wir an unserem Körper trugen, verbringen ich und mein Freund Maximus bereits zwei sehr glückliche Tage. Ein ausgestopfter Sack liegt auf dem Boden, ich auf dem Sack; aus den zwei Reisemänteln wurde einer zur Unterlage, der andere zu einer Decke gemacht.

(3) Vom zweiten Frühstück [am Mittag] hätte man nichts [mehr] weglassen können; in weniger als einer Stunde war es fertig, niemals ohne Feigen, niemals ohne Schreibtafel; wenn ich Brot habe, gibt es [die Feigen] als Beilage, wenn ich keines habe, anstelle von Brot. Tag für Tag bereiten sie mir einen Neujahrstag, den ich glücklich und gesegnet nachahme mit heilsamen Gedanken und einer Seelengröße, die niemals größer ist als dann, wenn sie fremdes Gut beiseite legt und sich Frieden geschaffen hat, indem sie nichts fürchtet, sich Reichtum verschafft hat, indem sie nach nichts trachtet.

(4) Der Wagen, in den ich gesteckt wurde, ist ein bäuerliches [Gefährt]; dass sie leben, beweisen die Maultiere, indem sie [müßig] umherschlendern; der Maultiertreiber ohne Schuhe, nicht des Sommers wegen. Nur mit Mühe halte ich vor mir selbst daran fest, dass ich es gerne sähe, dass dieses Gefährt für das meinige gehalten wird: die törichte Scham des sittlich Guten ist immer noch vorhanden, und jedes Mal wenn wir auf irgendeine vornehme Reisegesellschaft stoßen, erröte ich wider Willen, was der Beweis [dafür] ist, dass die Dinge, die ich für gut befinde, die ich lobe, noch nicht auf sicherem und unerschütterlichem Grund stehen. Wer sich wegen eines ärmlichen Gefährts schämt, wird sich eines prächtigen rühmen.

(5) Ich habe bisher zu wenige Fortschritte gemacht: ich bringe es noch nicht über mich, meine Genügsamkeit vor aller Augen zur Schau zu tragen; auch jetzt noch bin ich auf die Meinungen der [anderen] Reisenden bedacht.

Gegen die Meinungen des ganzen Menschengeschlechts hätte man die Stimme erheben müssen: „Ihr seid wahnsinnig, ihr täuscht euch, ihr seid verblüfft über nutzlose Dinge, ihr schätzt niemanden aufgrund seiner ihm eigenen Art und Weise. Wenn es etwa zu einer Erbschaft gekommen ist, legt ihr als äußerst gründliche Berechner auf folgende Weise eine Liste Einzelner an, denen ihr entweder eine Geldsumme oder Wohltaten vorschießen wollt (denn auch letztere verbucht ihr bereits als Ausgaben):

(6) er besitzt reichlich Grundeigentum, aber er bleibt viel schuldig; er besitzt ein schönes Haus, aber es wurde mit fremdem Geld erworben; niemand wird so schnell eine ansehnlichere Dienerschaft vorführen, aber er zahlt seine Schulden nicht ab; wenn er seine Gläubiger befriedigt, wird ihm nichts bleiben. Dasselbe werdet ihr auch für die übrigen Dinge tun müssen und untersuchen, wie viel jeder Einzelne an Eigentum besitzt."

(7) Du hältst jenen da für reich, weil Hausrat aus Gold ihn sogar unterwegs begleitet, weil er in allen Provinzen Äcker bestellen lässt, weil ein ansehnliches Schuldbuch auf- und abgerollt wird, weil er so viele Felder nahe Roms besitzt wie er Neid weckend in den Wüsten Apuliens besitzen könnte: wenn du es in der Gesamtheit beschreibst, ist er arm. Warum? Weil er Schulden hat. „Wie viel [er schuldet]?", fragst du. Alles; außer du bist vielleicht der Meinung, es sei ein Unterschied, ob jemand ein Darlehen von einem Menschen oder vom Schicksal genommen hat.

(8) Welchen Zweck erfüllen fett genährte Maultiere, [die] alle von ein und demselben Äußeren [sind]? Welchen diese kunstvoll ausgeführten Gefährte?

*Schnellfüßige [Rosse] gesattelt mit Purpurstoff und gestickten Decken:*
*goldene Halsketten hängen tief herabgesenkt von ihrer Brust,*
*unter Gold begraben nagen sie mit den Zähnen auf einer funkelnden*
*Trense aus Gold.*

Dieses kann weder den Herrn noch das Maultier besser machen.

(9) Marcus Cato Censorius, dessen Geburt ebenso zum Nutzen des Staates war wie die des Scipio (der eine führte nämlich mit unseren Feinden Krieg, der andere mit unseren Sitten), wurde von einem alten Gaul getragen; und zwar war ein Packsattel aufgelegt worden, damit er Nützliches mit sich führen konnte. Ach, wie sehr wünschte ich mir, dass ihm jetzt irgendeiner von diesen jungen Schnöseln begegnete, auf Achse mit reichen Leuten, der die Vorläufer und die numidischen Reiter und viel Staub vor sich hertreibt! Dieser erschiene ohne Zweifel kultivierter und gesellschaftsfähiger als Marcus Cato, einer, der inmitten der luxuriösen Ausstattung mehr denn je darüber nachdenkt, ob er sich zum Gladiatorenkampf oder zur Tierhetze verpflichten solle.

(10) Ach, welch Stolz eines Zeitalters war es, dass ein Feldherr, ausgezeichnet mit einem Triumph, ehemaliger Zensor, [und] was über all diesem steht, ein Cato, sich mit einem einzigen Pferd begnügte und nicht einmal mit einem ganzen; einen Teil hat nämlich das auf beiden Seiten herabhängende Gepäck in Anspruch genommen. Sollte man also nicht allen feisten gallischen Pferdchen, [und] den asturischen Pferden und den eleganten Passgängern jenes einzigartige Pferd vorziehen, das von Cato persönlich abgerieben wurde?

(11) Ich sehe ein, dass dieses Thema kein Ende finden wird, wenn ich mir selbst keines setze. Daher werde ich jetzt schweigen; so viel zu den Dingen, von denen derjenige, der sie zuerst als „Hindernisse" bezeichnet hat, ohne Zweifel vorhergesehen hat, dass sie solcherart sein werden, wie sie nun sind. Nun will ich dir noch einige wenige Schlussfolgerungen der Unsrigen zukommen lassen, die sich auf die sittliche Vollkommenheit beziehen, von der wir fest behaupten, dass sie einem glücklichen Leben Genüge leistet.

(12) „Was gut ist, bringt Gutgesinnte hervor (denn auch in der Musik macht das, was als Gut vorhanden ist, den Musiker aus); zufällige Güter bringen keinen Gutgesinnten hervor, also sind sie keine Güter."

Dem entgegen erwidern die Peripatetiker auf solche Weise, dass sie behaupten, die Anfangsvoraussetzung, die wir bilden, sei falsch. „Durch das, was gut ist", sagen sie, „werden nicht unbedingt Gutgesinnte hervorgebracht." In der Musik gibt es manches Gut wie eine Flöte oder eine Saite oder irgendwelche Musikinstrumente, die für Gesangsübungen passend gemacht wurden; trotzdem bringt nichts davon einen Musiker hervor."

(13) Ihnen werden wir antworten: „Ihr begreift nicht, auf welche Weise wir festgelegt haben, was in der Musik ein Gut ist. Denn wir meinen nicht das, was den Musiker ausstattet, sondern das, was ihn ausmacht: du rückst

gegen die Ausstattung der Kunstfertigkeit an, nicht gegen die Kunstfertigkeit [selbst]. Wenn jedoch etwas in der Musik selbst das Gut ist, macht dies zweifellos den Musiker aus."

(14) Ich will das in der Sache jetzt noch verständlicher machen. Ein Gut wird in der Musik auf zwei Arten bezeichnet: die eine, durch welche die Wirkung der Musik, die andere, durch welche die Kunst gefördert wird: die Gerätschaften haben Einfluss auf die Wirkung, [wie] die Flöten und die Instrumente und die Saiten, auf die Kunst selbst haben sie keinen Einfluss. Den Künstler gibt es nämlich auch ohne sie: möglicherweise kann er seine Kunst [nur] nicht ausführen. Beim Menschen ist diese doppelte [Bedeutung] nicht in gleicher Weise vorhanden; das Gut sowohl des Menschen als auch des Lebens ist nämlich ein und dasselbe.

(15) „Was den Verächtlichsten und Schändlichsten zuteil werden kann, ist kein Gut; Reichtum wird jedoch sowohl dem Kuppler als auch dem Gladiatorenmeister zuteil; also ist er kein Gut."

„Es ist falsch, was ihr darlegt", sagen sie; „Denn wir sehen sowohl in der Grammatik als auch in der Kunst zu heilen oder das Steuerrad zu führen, dass Güter [auch] den Geringsten zuteilwerden."

(16) Aber diese Künste haben keine Seelengröße versprochen, sie schwingen sich nicht in die Höhe auf und verschmähen auch keine zufälligen Güter: die sittliche Vollkommenheit erhöht den Menschen und stellt ihn über die Dinge, die den Sterblichen lieb und teuer sind; weder das, was als Güter, noch das, was als Übel bezeichnet wird, wünscht oder erschreckt sie allzu sehr. Chelidon, einer der verzärtelten Weichlinge von Kleopatra, besaß ein großes vom Vater geerbtes Vermögen. Unlängst war Natalis, von ebenso boshafter wie lasterhafter Zunge, mit dessen Munde Frauen geliebkost wurden, der Erbe von vielen und Erblasser für viele. Was nun also? Hat ihn etwa sein Vermögen lasterhaft gemacht oder hat er selbst

sein Vermögen besudelt? Eines, das manchen Menschen so zufällt wie ein Dinar der Kloake.

(17) Die sittliche Vollkommenheit postiert sich über diese; sie wird nach dem ihr eigenen Vermögen geschätzt. Nichts von den Dingen, die zufällig irgendwo auftreffen, beurteilt sie als ein Gut. Die Kunst zu heilen und das Steuerrad eines Schiffes zu führen, verbietet ihr und ihren Anhängern [dagegen] nicht die Bewunderung für diese Dinge; ein Mann, der sittlich unvollkommen ist, kann nichtsdestoweniger ein Arzt, ein Steuermann, ein Sprachwissenschaftler, wahrhaftig, ebenso gut auch ein Koch sein. Wem es gelingt, nicht jede beliebige Sache in sich aufzunehmen, den kann man nicht beliebig bezeichnen; ein jeder nimmt Dinge von der Art in Besitz, wie er [selbst] ist.

(18) Ein Geldkorb ist so viel wert, wie sich in ihm befindet; ja, er kommt sogar nur als Beigabe zu dem hinzu, was sich in ihm befindet. Wer setzt für einen vollen Geldbeutel irgendeinen Wert an, außer demjenigen, der sich aus der Menge des Geldes in ihm ergibt? Dasselbe widerfährt den Besitzern von außerordentlich großen ererbten Vermögen: sie sind deren Beigaben und Anhängsel. Warum also ist der Weise erhaben? Weil er eine erhabene Seele besitzt. Es ist also wahr, dass kein Gut ist, was jedem noch so Verächtlichem zuteil wird.

(19) Unempfindlichkeit gegen den Schmerz werde ich deshalb niemals als ein Gut bezeichnen: eine Zikade besitzt sie, ein Floh. Nicht einmal Ruhe und keinen Verdruss zu haben, werde ich als ein Gut bezeichnen: was ist geruhsamer als ein Wurm? Du fragst, was den Weisen ausmacht? Das, was einen Gott [ausmacht]. Es gebührt sich, ihm etwas Göttliches, Unsterbliches, Großartiges einzuräumen: das Gute fällt nicht allen zu und es duldet nicht jeden beliebigen Besitzer.

(20) Sieh

*was jeder einzelne Landstrich sowohl hervorbringt als auch was jeder*
*einzelne verweigert:*
*hier zeigen sich gesegneter die Saatfelder, dort die Weinstöcke,*
*anderswo beginnen des Baumes Sprösslinge und von selbst die Gräser zu*
*ergrünen. Siehst du denn nicht, wie der Tmolus die Safrandüfte, Indien*
*das Elfenbein entsendet, die verwöhnten Sabäer ihren Weihrauch*
*die nackten Chalyber hingegen das Eisen?*

(21) Solcherlei ist nach Gegenden aufgeteilt, damit zwischen den Sterblichen unvermeidlich ein Warenverkehr erforderlich ist, wenn wechselseitig der eine von dem anderen etwas haben will. Auch jenes höchste Gut
hat seine eigene Stätte; es entspringt nicht dort, wo es Elfenbein, auch
nicht wo es Eisen gibt. Du fragst, welches der Ort des höchsten Gutes ist?
Die Seele. Wenn diese nicht rein und erhaben ist, kann sie keinen Gott in
sich aufnehmen.

(22) „Gutes entsteht nicht aus Schlechtem; Reichtum jedoch entsteht aus
Habsucht; Reichtum ist also kein Gut.“

„Es ist nicht wahr“, wird gesagt, „dass ein Gut nicht aus einem Übel erwächst; denn aus Tempelraub und Diebstahl wird Geld gezeugt. Daher ist
Tempelraub und Diebstahl zwar ein Übel, aber [nur] deshalb, weil es mehr
Schlechtes als Gutes hervorbringt. Es beschert nämlich Profit, aber nicht
ohne Furcht, Besorgnis, [und] seelische und körperliche Qualen.“

(23) Wer auch immer das behauptet, muss notwendigerweise billigen, dass
ein Tempelraub, gleichwie er ein Übel ist, weil er viel Schlechtes bewirkt,
jawohl zum Teil ein Gut ist, weil er etwas Gutes hervorruft; wie viel widernatürlicher kann etwas sein? Wir haben indessen glauben lassen, dass
Tempelraub, Diebstahl, [und] Ehebruch zu den Gütern gezählt werden.

Wie viele schämen sich nicht über einen Diebstahl, wie viele prahlen mit einem Ehebruch! Denn unbedeutende Tempelräubereien werden bestraft, große bei Triumphzügen umhergetragen.

(24) Nimm nun hinzu, dass ein Tempelraub, falls er überhaupt zum Teil ein Gut ist, auch ehrenhaft sein und man ihn als sittlich gute Tat bezeichnen wird, [unser Handeln ist es nämlich], was das Denken keines Sterblichen zulässt. Folglich kann aus einem Übel nichts Gutes entstehen. Denn wenn ein Tempelraub, wie ihr sagt, [nur] wegen dieses einen ein Übel ist, weil er viel Schlechtes verursacht, wird er gänzlich ein Gut sein, wenn man ihm die Strafe erlässt, wenn man ihm Gemütsruhe versprechen würde. Aber die größte Strafe für die Frevel liegt doch in ihnen selbst.

(25) Du irrst dich, sage ich, wenn du sie bis zum Henker oder Kerker aufschiebst: [die Freveltaten] werden unmittelbar bestraft, wenn sie begangen wurden, ja sogar während sie geschehen. Daher erwächst aus einem Übel kein Gut, ebenso wenig wie eine Feige an einem Olivenbaum: was gewachsen ist, stimmt mit dem Samen überein, Gutes kann nicht aus der Art schlagen. Wie die Tugend nicht aus dem sittlich Schlechten entspringt, so das Gute nicht aus einem Übel; denn die Tugend und das Gute ist ein und dasselbe.

(26) Dementgegen antworten einige von den Unsrigen folgendermaßen: „Stellen wir uns vor, dass das Geld, woher auch immer es genommen wurde, ein Gut ist; auch wenn es aus einem Tempelraub gewonnen wird, existiert das Geld deshalb trotzdem nicht infolge des Tempelraubs. Denk dir das so: in ein und demselben Topf befindet sich sowohl Gold als auch eine Schlange: wenn du das Gold aus dem Topf nimmst, wirst du es nicht deshalb herausgenommen haben, weil sich dort auch eine Schlange befindet; der Topf überlässt mir das Gold nicht deshalb, sage ich, weil er eine Schlange enthält, sondern er überlässt mir das Gold, obgleich er auch eine Schlange enthält. Auf dieselbe Art entsteht der Gewinn aus einem Tem-

pelraub, nicht weil der Tempelraub schändlich und frevelhaft ist, sondern weil er auch mit Gewinn verbunden ist. So wie in dem erwähnten Topf die Schlange das Übel ist, [und] nicht das Gold, das mit der Schlange ungebraucht daliegt, so ist bei einem Tempelraub das Verbrechen das Übel, nicht der Gewinn."

(27) Mit diesen stimme ich nicht überein; die Vorbedingung der beiden Handlungen ist nämlich sehr verschieden. Dort kann ich das Gold ohne die Schlange wegnehmen, hier kann ich ohne den Tempelraub keinen Gewinn erzielen; der letztere Gewinn ist dem Verbrechen nicht hinzugesetzt, sondern mit ihm verknüpft.

(28) „Wenn wir zahlreichen Übeln verfallen, während wir etwas erlangen wollen, ist das kein Gut; wenn wir jedoch Reichtum erlangen wollen, verfallen wir zahlreichen Übeln; folglich ist Reichtum kein Gut."

„Eure Vorbedingung", sagt man, „umfasst zwei Aussagesätze: zum einen, dass wir, während wir Reichtum erlangen wollen, zahlreichen Übeln verfallen. Zahlreichen Übeln verfallen wir jedoch auch, während wir die sittliche Vollkommenheit erlangen wollen: dieser erlitt Schiffbruch, während er wegen seiner wissenschaftlichen Betätigung zu See fuhr, jener ist in Gefangenschaft geraten.

(29) Der zweite Satz ist so beschaffen: das, wodurch wir den Übeln verfallen, ist kein Gut. Man wird aus diesem Satz nicht folgern, dass wir durch Reichtum oder Vergnügungen den Übeln verfallen; oder dass, wenn wir durch Reichtum zahlreichen Übeln verfallen, Reichtum nicht nur kein Gut, sondern ein Übel ist; ihr jedoch behauptet nur, dass er kein Gut ist. Außerdem gesteht ihr zu", heißt es, „dass Reichtum einen Nutzen hat: ihr zählt ihn zu den Annehmlichkeiten. Aber aus derselben Begründung wird er sogar dann keine Annehmlichkeit sein; durch ihn nämlich werden uns viele Unannehmlichkeiten zuteil."

(30) Manche erwidern diesen Folgendes: „Ihr irrt euch, wenn ihr Reichtum zu den Unannehmlichkeiten zählt. Er wirkt auf niemanden nachteilig: entweder schadet einem die eigene Dummheit oder die Verdorbenheit eines anderen, so wie ein Schwert niemanden tötet: es ist [nur] die Waffe desjenigen, der tötet. Daher schadet dir nicht der Reichtum [an sich], wenn dir wegen des Reichtums ein Schaden zugefügt wird."

(31) Besser [trifft es], wie ich meine, Poseidonios, der sagt, dass Reichtum die Ursache von Übeln ist, nicht weil er von sich aus etwas bewirkt, sondern weil er denen einen Anreiz liefert, die sie begehen wollen. Die eine ist nämlich eine bewirkende Ursache, die notwendigerweise sofort schadet, eine andere eine vorausgehende. Die letztere, die vorausgehende Ursache, ist dem Reichtum zu eigen: sie macht die Herzen übermütig, sie bringt Hochmut hervor, sie zieht Missgunst auf sich und verunreinigt den Geist bis zu dem Punkt, dass uns der gute Ruf des Geldes erfreut, auch wenn es schaden wird.

(32) Für echte Güter ist es angemessen, frei von Schuld zu sein; sie sind rein, verderben nicht die Seelen, ängstigen sie nicht; ja, sie heben sie empor und dehnen sie aus, aber ohne Aufgeblasenheit. Das, was ein Gut ist, bringt Zuversicht, der Reichtum Vermessenheit hervor; das, was ein Gut ist, lässt Seelengröße, der Reichtum Übermut entstehen. Übermut ist jedoch nichts anders als der falsche Schein von Größe.

(33) „In dieser Hinsicht", sagt er, „ist Reichtum sogar ein Übel, nicht nur kein Gut." Ein Übel wäre er, wenn er selbst schaden würde, wenn er, wie ich sagte, eine bewirkende Ursache hätte: er hat nun aber eine vorausgehende [Ursache], und zwar eine, die die Seelen nicht nur reizt, sondern an sich zieht; er verbreitet nämlich einen der Wahrheit ähnlichen und für die Mehrzahl glaubhaften Anschein des Guten.

(34) Die sittliche Vollkommenheit weist gleichfalls auch eine vorausgehende Ursache hinsichtlich der Missgunst auf; denn viele werden wegen ihrer Weisheit, viele wegen ihres Sinns für Gerechtigkeit beneidet. Aber weder besitzt sie diese Ursache aus sich [selbst] heraus, noch entspricht es der Wahrheit. Im Gegenteil nämlich zeigt sich jener Anschein – der Wahrheit näher – den Seelen der Menschen von der sittlichen Vollkommenheit her, die sie zu Liebe und Bewunderung aufruft.

(35) Poseidonios sagt, dass die Schlussfolgerung so lauten muss: „Das, was der Seele weder Größe noch Zuversicht noch Gemütsruhe gewährt, ist kein Gut; Reichtum jedoch und Gesundheit und [diesen] Ähnliches bringen nichts davon hervor; also sind sie keine Güter." Diese Schlussfolgerung hat er auf folgende Weise nochmals gesteigert: „Das, was der Seele weder Größe noch Zuversicht noch Gemütsruhe gewährt, andererseits jedoch Übermut, Aufgeblasenheit, [und] Hochmut gebiert, ist ein Übel; durch Zufälligkeiten werden wir nun aber zu diesen getrieben; also sind es keine Güter."

(36) „Nach dieser Überlegung", sagt man, „werden diese Dinge nicht einmal als Annehmlichkeiten gelten." Die Grundbedingung der Annehmlichkeiten ist das eine, die der Güter das andere: eine Annehmlichkeit ist das, was mehr Nutzen als Verdruss mit sich bringt; ein Gut muss rein und in jeder Hinsicht unversehrt sein. Ein Gut ist nicht das, was mehr nützt, sondern das nur nützt.

(37) Außerdem erstreckt sich die Annehmlichkeit auch auf die Tiere und auf sittlich unvollkommene und törichte Menschen. Daher kann Widriges mit ihr vermengt sein, aber, beurteilt nach seinem größeren Anteil, wird es Annehmlichkeit genannt: ein Gut betrifft allein den Weisen; es muss unversehrt sein.

(38) Habe Zuversicht: ein einziger Knoten steht dir noch bevor, aber ein herkulanischer: „Aus Geringem entsteht kein Gut; aus vielen spärlichen Auskommen entsteht Reichtum; also ist Reichtum kein Gut."

Diese Folgerung erkennen die Unsrigen nicht an, die Peripatetiker geben sie vor und lösen sie auch auf. Poseidonios aber sagt, dass dieser Trugschluss, der von allen Schulen der Dialektik diskutiert wurde, folgendermaßen von Antipater widerlegt wird:

(39) „Armut heißt es nicht infolge von Besitz, sondern infolge von Wegnahme" (oder, wie die Alten sagten, infolge von Entziehung; die Griechen nennen es κατὰ στέρησιν); „sie zeigt nicht an, was man hat, sondern was man nicht hat. Deshalb kann aus viel Leerem nichts angefüllt werden: viele Besitztümer schaffen den Reichtum, nicht ein vielfacher Mangel. Man nimmt die Armut anders wahr, als man es sollte", sagt er. „Denn Armut beruht nicht darauf, dass man wenig besitzt, sondern dass man vieles nicht besitzt; infolgedessen wird sie nicht nach dem benannt, was sie in sich einschließt, sondern nach dem, was ihr fehlt."

(40) Ich würde gewandter wiedergeben, was ich will, wenn es ein lateinisches Wort gäbe, durch das „ἀνυπαρξία" ausgedrückt würde. Folgendes schreibt Antipater der Armut zu: ich sehe nicht, was die Armut anderes sein soll als der Besitz von Wenigem. Wenn wir einmal viel Muße haben, werden wir in Hinsicht darauf überlegen, was das Wesen des Reichtums, was das [Wesen] der Armut sein mag; aber dann werden wir auch erwägen, ob es nicht vielleicht besser ist, die Armut zu lindern, [und] dem Reichtum seinen Hochmut zu nehmen, als über Wörter zu streiten, so als ob über diese Dinge dann entschieden wäre.

(41) Lass uns annehmen, dass wir zu einer Volksversammlung einberufen wurden: es wird ein Gesetz zur Abschaffung des Reichtums beantragt. Werden wir anhand der vorherigen Schlussfolgerungen dazu anraten oder

werden wir davon abraten? Werden wir damit erreichen, dass das römische Volk die Armut, die Grundlage und Ursache seines Reiches, zurückwünscht und lobend anerkennt, seinen Reichtum aber fürchtet, dass es erwägt, dass es diesen bei den Besiegten angetroffen hat, dass hierauf Amtsmissbrauch als auch Bestechungen und Aufstände in die höchst geheiligte, außerordentlich gehörig eingerichtete Stadt eingedrungen sind, dass allzu übermütig die Kriegsbeute der Barbaren zur Schau gestellt wird, dass das, was ein einziges Volk allen geraubt hat, leichter von allen dem einen geraubt werden kann? Dieses anzuraten wäre besser, und auch die Leidenschaften zu bezwingen, nicht im Zaum zu halten. Wenn wir es vermögen, sollten wir energischer sprechen, wenn nicht, verständlicher. Lebe wohl.

———

# Buch 11-13 – Brief 88

Seneca grüßt seinen Lucilius,

(1) Du möchtest wissen, was ich von den freien Wissenschaften denke: zu keiner blicke ich empor, nichts, was sich zum Geld hinwendet, rechne ich unter die Güter. Womit man Geld verdient, sind Kunstfertigkeiten, insofern vorteilhaft, wenn sie den Geist vorbereiten, nicht wenn sie ihn fesseln. Man darf nämlich nur so lange bei ihnen verweilen, so lange der Geist auf nichts Bedeutenderes hinarbeiten kann; sie sind unsere ersten Probestücke, nicht unsere Werke.

(2) Du siehst ein, warum sie als freie Wissenschaften bezeichnet wurden: weil sie für einen freien Menschen angemessen sind. Es gibt nun aber eine einzige wahrhaft edle Wissenschaft, die frei macht: es ist die der Philosophie – erhaben, kraftvoll, großmütig: die anderen sind kleinlich und kindisch. Oder glaubst du etwa, dass irgendetwas Gutes an Dingen ist, deren öffentlichen Lehrer du von allen als die unsittlichsten und schändlichsten gewahrst? Solches müssen wir nicht lernen, sondern [bereits] erlernt haben. Manche sind der Meinung, dass nur so viel hinsichtlich der freien Wissenschaften untersucht werden muss: ob sie einen guten Menschen hervorbringen – sie versprechen es nicht einmal und streben auch nicht nach Einsicht in dieser Angelegenheit.

(3) Die Grammatik beschränkt sich auf die Pflege der Sprache und, wenn sie weiter um sich greifen will, auf Geschichtswerke, [und], gesetzt, dass sie nun wirklich ihre Grenzen äußerst weit ausdehnt, auf Dichtungen. Was davon ebnet den Weg zur sittlichen Vollkommenheit? Das Betonen von Silben als auch die Sorgfalt im Ausdruck und die Überlieferung von Geschichten sowie die Regelmäßigkeit und richtige Abmessung von Versen – was von diesen Dingen nimmt die Furcht, befreit von der Leidenschaft, zügelt die Triebe?

(4) Lass uns zur Geometrie und zur Musik übergehen: du wirst nichts an ihnen entdecken, was verhindert, sich zu fürchten, was verhindert, Verlangen zu hegen. Jeder, der das nicht erkennt, hat die übrigen Dinge vergebens gelernt.

Man muss darauf achten, ob deren Vertreter die sittliche Vollkommenheit lehren oder nicht: wenn sie sie nicht lehren, geben sie sie nicht einmal weiter; wenn sie sie lehren, sind sie Philosophen. Willst du wissen, wie selten sie sich zusammensetzen, um die sittliche Vollkommenheit zu lehren? Schau, wie verschieden all ihre Studien untereinander sind: aber unter denen, die dasselbe lehren, sollte doch Ähnlichkeit bestehen.

(5) Es sei denn, dass sie dich vielleicht überzeugen, Homer sei ein Philosoph gewesen, obgleich sie die Gründe, aus denen sie es folgern, selbst verneinen; denn bald machen sie ihn zum Stoiker, der einzig die sittliche Vollkommenheit anerkennt, [und] seinen Leidenschaften entflieht und nicht einmal um den Preis der Unsterblichkeit vom Tugendhaften abweicht, bald zum Epikureer, der den Zustand einer Bürgerschaft lobt, die frei von Unruhen ist und das Leben friedlich mit Mahlzeiten und Gesängen verbringt, bald zum Peripatetiker, der drei Arten von Gütern einführt, bald zum Akademiker, der alles als ungewiss bezeichnet. Es ist offenkundig, dass nichts davon in ihm vorhanden ist, weil alle [zugleich] vorhanden sind; sie stehen nämlich miteinander im Widerspruch. Wir können ihnen zugestehen, dass Homer ein Philosoph war: natürlich ist er zum Weisen geworden, bevor er irgendwelche Lieder erprobte; also sollten wir die Dinge erforschen, die Homer zu einem Philosophen gemacht haben.

(6) Mich aber ein solches zu fragen, wer von beiden älter war, Homer oder Hesiod, tut nicht mehr zur Sache, als zu wissen, warum Hekuba, obwohl sie jünger als Helena war, das Alter so schlecht ertragen hat. Warum, frage ich [dich], glaubst du, dass es zu etwas führt, die Lebensalter von Patroklos und Achill zu untersuchen?

(7) Fragst du lieber, wo Odysseus herumgeirrt ist, als zu bewirken, dass wir nicht allezeit herumirren? Es ist keine Zeit vorhanden, um zu erfahren, ob er zwischen Italien und Sizilien oder außerhalb des uns bekannten Erdkreises umhergetrieben worden ist (denn in einem so kleinen Umkreis konnte eine Irrfahrt nicht von so langer Dauer sein): Tag für Tag werfen uns die Stürme des Geistes umher, und Leichtfertigkeit verleitet uns zu all den Übeln des Odysseus. Es fehlt nicht die Schönheit, welche die Augen verführt, nicht der Feind; hier die Ungeheuer, rasend und sich an Menschenblut erfreuend, hier die heimtückischen Schmeicheleien für die Ohren, hier die Schiffbrüche und so viele verschiedene Arten an Übeln. Ein dieses lehre mich: wie ich das Vaterland, wie die Gattin, wie den Vater lieben, wie ich selbst als Schiffbrüchiger zu diesem sittlich so Guten segeln kann.

(8) Was fragst du, ob Penelope sittlich verkommen war, ob sie die Menschen ihrer Zeit getäuscht hat? Ob sie geahnt hat, dass jener, den sie sah, Odysseus war, bevor sie davon Kunde hatte? Lehre mich, was Sittsamkeit ist und wie viel Gutes sich darin befindet, ob sie im Körper oder im Geist gelegen ist.

(9) Ich komme zu dem Musiker. Du lehrst mich, wie hohe und tiefe Stimmen im Einklang ertönen, wie eine Harmonie der Instrumentensaiten erzeugt wird, obwohl sie einen ungleichen Ton hervorbringen: bewirke vielmehr, wie mein Geist mit sich im Einklang und meine Entschlüsse nicht zu sich selbst im Widerspruch stehen. Du zeigst mir, welche Klagemelodien es gibt: besser zeige mir, wie ich inmitten des Unglücks keine Klagelaute ausstoße.

(10) Ein Landvermesser lehrt mich eher, Landgüter zu vermessen, als dass er lehrt, wie ich einschätzen kann, wie viel einem Menschen zu Genüge ist; er lehrt mich zu zählen und eher überlässt er die Finger der Habsucht, als dass er lehrt, dass diese Berechnungen zu nichts führen, dass der nicht

vom Glück begünstigter ist, dessen väterliches Erbe die Rechnungsbeamten ermüdet, im Gegenteil, in welchem Grade Nutzloses derjenige besitzt, der unglücklich sein wird, wenn er gezwungen wird, zusammenzurechnen, wie viel er aus eigener Kraft an Vermögen hat.

(11) Was hilft es mir, einen kleinen Acker in Teilstücke zertrennen zu können, wenn ich nicht gelernt habe, mit meinem Bruder zu teilen? Was nützt es, die Schritte von einem Morgen Land genau zu berechnen und sogar zu erfassen, wenn etwas der Messrute entgeht, wenn ein Nachbar, maßlos und etwas von dem Meinen abzwackend, mich verdrießlich stimmt? Er lehrt, wie ich nichts von meinen Grundstücken verliere: aber ich will lernen, wie ich alle frohgemut aufgeben kann.

(12) „Ich werde von dem vom Vater und Großvater geerbten Acker vertrieben", sagt einer. Wie bitte? Wer hatte diesen Acker vor deinem Großvater im Besitz? Kannst du ermitteln, welchem, ich sage nicht Menschen, sondern Volk er gehörte? Nicht als Herr, sondern als Pächter hast du diesen Ort betreten. Wessen Pächter bist du? Wenn [das Schicksal] dich freundlich behandelt, der eines Erben. Die Rechtsgelehrten bestreiten, dass irgendein öffentliches Gut durch Nutzung rechtlich erworben wird: das, was du besetzt hältst, was du das Deine nennst, ist ein öffentliches Gut, und zwar eines der gesamten Menschheit.

(13) Ach, welch ruhmvolle Kunst! Du verstehst es, Rundungen zu messen, jede Form, die du erhalten hast, bringst du ins Quadrat, du nennst die Abstände der Sterne, nichts existiert, auf das deine Messkunst keine Anwendung findet: wenn du ein Künstler bist, ermesse den Geist des Menschen, beschreibe, wie bedeutend er ist, beschreibe, wie kleinlich er ist. Du erkennst, welche Linie richtig gezogen ist: was nützt dir das, wenn du nicht weißt, was im Leben das Richtige ist?

(14) Ich komme nun zu dem, der sich der Himmelskunde rühmt:

*wohin sich das kalte Gestirn des Saturn zurückzieht,*
*in welchen Kreisen des Himmelsgewölbes das Feuer des Cyllenius*
*umherstreift.*

Was wird es nützen, diese Dinge zu wissen? Um in Sorge zu sein, wenn
Saturn und Mars einander gegenüber stehen oder der Merkur am Abend
im Angesicht des Saturns untergehen wird? Sollte ich nicht lieber ein dieses lernen, dass sie, wo auch immer sie sich befinden, gnädig sind und
nicht imstande, sich zu ändern?

(15) Es bewegt sie die beständige Aufeinanderfolge schicksalhafter Bestimmungen und ihre unvermeidliche Umlaufbahn; in einem festgesetzten
Wechsel kehren sie wieder und bestimmen entweder das Gedeihen aller
Dinge oder beobachten es. Aber sei es, dass sie verursachen, was geschieht (was wird die Kenntnis des Unveränderlichen nützen?), sei es,
dass sie es verkünden (was kommt es darauf an, vorauszusehen, was man
nicht vermeiden kann?). Magst du diese Dinge wissen, magst du sie nicht
wissen, sie werden geschehen.

(16) *Wenn du dich aber zur ungestümen Sonne und den ihr folgenden*
*Gestirnen umblicken wirst,*
*wird dich die morgige Stunde niemals täuschen,*
*noch wirst du durch den Trug einer wolkenlosen Nacht verleitet.*

Genug und mehr als genug ist dafür gesorgt, dass ich vor Täuschung geschützt bin.

(17) „Täuscht mich die morgige Stunde etwa nicht? Das nämlich täuscht,
was dem Unwissenden geschieht." Ich weiß nicht, was geschehen wird:
ich weiß, was geschehen kann. Ich werde nichts davon mit Bitten abzu-

wehren suchen, ich harre allem entgegen: falls mir etwas zugestanden wird, bin ich damit zufrieden. Es täuscht mich die Stunde, wenn sie mir Schonung gewährt, aber nicht einmal so täuscht sie mich. Denn so wie ich weiß, dass alles geschehen kann, so weiß ich auch, dass nicht alles eintreffen wird; daher hoffe ich auf Günstiges, auf Ungünstiges bin ich vorbereitet.

(18) Im Folgenden musst du es dir von mir gefallen lassen, wenn ich nicht über vorgezeichnete Pfade schreite; ich lasse mich nämlich nicht dazu bewegen, dass ich die Maler in die Kategorie der freien Künste aufnehme, ebenso wenig wie die Bildhauer oder die Steinmetze oder die übrigen Diener des Überflusses. In gleicher Weise verbanne ich die Ringer und das ganze auf Öl und Dreck beruhende Wissen aus diesen freien Wissenschaften; oder ich könnte auch die Salbenhändler, [und] die Köche und die übrigen aufnehmen, die ihre Talente unseren Vergnügungen widmen.

(19) Ich bitte dich, was haben denn diese erbärmlichen [Leute], die sich mit Vorsatz erbrechen, eines Freien Würdiges an sich, [Leute,] deren Körper sich in der Mast, deren Geist sich in Kargheit und Lethargie befindet? Oder sind wir der Meinung, dass eine vornehme Beschäftigung für unsere Jugend dies ist, was unsere Vorfahren ausgebildet haben: gerade die Speere zu werfen, den Spieß zu schleudern, das Pferd anzutreiben, die Ausrüstung zu schleppen? Sie haben ihre Kinder in nichts unterwiesen, was man im Liegen hätte lernen müssen. Weder diese noch jene jedoch lehren oder fördern die sittliche Vollkommenheit; was nützt es denn, ein Pferd zu beherrschen und dessen Lauf mit dem Zügel zu bändigen, [aber] von den entfesselten Leidenschaften fortgerissen zu werden? Was nützt es, viele im Ringen oder beim Faustkampf zu besiegen, [aber] vom Jähzorn überwältigt zu werden?

(20) „Was nun also? Lassen uns die freien Wissenschaften nichts angedeihen?" Viel für andere Dinge, nichts für die sittliche Vollkommenheit; denn

auch diese offenkundig unbedeutenden Künste, die auf Handarbeit beruhen, tragen viel zum Rüstzeug des Lebens bei, führen allerdings nicht zur sittlichen Vollkommenheit. „Weshalb unterweisen wir nun die Kinder in den freien Wissenschaften?" Nicht weil sie die sittliche Vollkommenheit gewähren können, sondern weil sie den Geist vorbereiten, um die sittliche Vollkommenheit zu empfangen. So wie jener erster [Sprachunterricht], litteratura, wie es die Alten nannten, durch welchen den Kindern die Grundlagen vermittelt werden, nicht die freie Wissenschaft lehrt, sondern einen passenden Ort für ein bald nachfolgendes Erlernen vorbereitet, so geleiten die freien Wissenschaften den Geist nicht zur sittlichen Vollkommenheit, sondern sie ermöglichen sie.

(21) Poseidonios sagt, dass vier Arten von Künsten existieren: es sind das die gewöhnlichen und niedrigen, [es sind] die kurzweiligen, [es sind] die kindischen, [und es sind] die freien. Die gewöhnlichen sind die der Handwerker, die auf Handarbeit beruhen und die damit beschäftigt sind, das Alltagsleben auszustatten, in denen keine sittliche Würde liegt, keine Vorspiegelung von Tugend.

(22) Die kurzweiligen sind diejenigen, die auf das Vergnügen der Augen und Ohren abzielen; zu ihnen kann man die Maschinenbauer zählen, die Theatergerüste planen, die sich von selbst emporrichten, [und] hölzerne Böden, die geräuschlos in die Höhe steigen, und andere unerwartete Abwechslungen, wobei entweder auseinanderklafft, was verbunden war, oder das, was getrennt war, von sich aus zusammentritt, oder das, was hervorragte, allmählich in sich zusammensinkt. Damit werden die Augen der Unerfahrenen betrogen, die alles Unerwartete bestaunen, weil sie dessen Ursachen nicht kennen.

(23) Kindisch und den freien einigermaßen ähnlich [sich zeigende] sind diejenigen Künste, welche die Griechen ἐγκύκλιοι, die Unsrigen jedoch die freien nennen. Eines Freien würdig jedoch, ja vielmehr, um es treffen-

der zu sagen, frei sind diejenigen, denen die sittliche Vollkommenheit am Herzen liegt.

(24) „So wie ein Teil der Philosophie die Natur betreffend ist", sagt er, „ein anderer die Sitten betreffend [ist], ein anderer die Vernunft betreffend [ist], so beansprucht gleichfalls auch dieses Getümmel der freien Künste einen Platz für sich in der Philosophie. Immer wenn man zu Fragen der Natur gelangt, wird der Beweis durch die Geometrie bestimmt sein; folglich ist sie ein Teil [der Philosophie], die sie unterstützt.

(25) Viele Dinge unterstützen uns, sind deshalb aber keine Teile von uns; im Gegenteil, wenn es Teile [von uns] wären, würden sie nicht helfen. Nahrung ist ein Hilfsmittel für den Körper und trotzdem kein Teil [von ihm]. Manch einen Dienst erweist uns die Geometrie: sie ist für die Philosophie so notwendig wie für sie selbst der Verfertiger [der Messtechnik], aber weder ist dieser ein Teil der Geometrie noch ist jene einer der Philosophie.

(26) Außerdem hat jede der beiden ihren eigenen Zweck: denn der Weise untersucht und kennt auch Natur betreffende Ursachen, deren Regeln und Größenverhältnissen der Geometer nachgeht und berechnet. Aufgrund welcher göttlichen Vernunft die Himmelskörper existieren, welche Bedeutung oder welche Beschaffenheit sie besitzen, weiß der Philosoph: Laufbahn und Wiederkehr [der Sterne] und etliche Beobachtungen, in deren Verlauf sie herab- und emporsteigen und bisweilen auch den Anschein von Stillstand zeigen, obwohl das bei Himmelskörpern nicht möglich ist, fasst der Mathematiker zusammen.

(27) Welche Ursache in einem Spiegel Abbilder hervortreten lässt, wird ein Philosoph wissen: der Geometer kann dir Folgendes sagen: wie weit ein Körper von dem Abbild entfernt sein soll und welche Art von Spiegel welche Abbilder wiedergibt. Dass die Sonne bedeutend ist, wird der Phi-

losoph beweisen, wie groß sie ist, der Mathematiker, der aufgrund einer gewissen Praxis und durch Übung Fortschritte macht. Aber um Fortschritte zu machen, muss er etliche Grundlagen erlangen; eine Wissenschaft, die ein von anderen abhängiges Fundament besitzt, ist aber nicht unabhängig.

(28) Die Philosophie beansprucht nichts von einem anderen – aus sich allein heraus bringt sie ihr ganzes Werk hervor: die Mathematik, ich will es so ausdrücken, sie ist auf erpachtetem Grund stehend, baut auf fremden Gut auf; sie erlernt die Grundlagen, durch deren Verwendung sie zu weiteren Dingen gelangen kann. Wenn sie selbstständig zum Wahrhaftigen schreiten, wenn sie das Wesen der ganzen Welt erfassen könnte, würde ich behaupten, dass sie unserem Geist förderlich sein wird, der durch die Beschäftigung mit dem Himmlischen anwächst und sich aus der Höhe Großes aneignet.

Die Seele wird [nur] durch eine einzige Sache vollendet, durch die unwandelbare Kenntnis des Guten und des Schlechten; eine andere Wissenschaft fragt gar nicht nach den Gütern und Übeln. Es steht [jedem] frei, die einzelnen Tugenden der Reihe nach durchzugehen.

(29) Die Tapferkeit ist die Verächterin des Furchtbaren; Furchteinflößendes und das, was unsere Freiheit unterjocht, verachtet sie, fordert es heraus, bricht es: stärken die freien Wissenschaften diese etwa? Die Treue ist das erhabenste Gut des menschlichen Herzens, durch keinen Zwang wird sie zur Täuschung genötigt, durch keine Belohnung verleitet: „Brenne, schlage, töte", sagt sie, „ich werde keinen Verrat begehen, sondern je mehr sich der Schmerz meine geheimen Gedanken zu verschaffen sucht, desto tiefer werde ich sie [in mir] verbergen." Können die freien Wissenschaften etwa eine solche Gesinnung hervorbringen? Die Selbstbeherrschung gebietet über die Leidenschaften: die einen hasst und vertreibt sie, die anderen teilt sie sorgsam ein und reduziert sie auf ein gesundes Maß, und niemals tritt sie gegen jene wegen ihrer selbst auf; sie weiß, dass das op-

timale Maß für das, was gewünscht ist, nicht darin besteht, wie viel man
wünscht, sondern wie viel man annehmen darf.

(30) Die Menschlichkeit verhindert sich hochmütig, verhindert sich unangenehm gegenüber ihren Mitmenschen zu verhalten; freundlich und nachsichtig zeigt sie sich in Worten, Taten und Stimmungen; kein Übel sieht
sie als fremde Angelegenheit an, ihrem eigenen Gut aber ist sie deswegen
ganz besonders verbunden, weil sie einem anderen zum Vorteil sein wird.
Lehren die freien Wissenschaften etwa eine solche Denkart? Ebenso wenig wie Aufrichtigkeit, wie Bescheidenheit und Selbstbeherrschung, ebenso wenig wie Genügsamkeit und Sparsamkeit, ebenso wenig wie Milde,
die fremdes Blut wie das eigene schont und weiß, dass ein Mensch sich
nicht verschwenderisch eines [anderen] Menschen bedienen darf.

(31) „Wenn ihr sagt, ohne die freien Wissenschaften könne man nicht zur
sittlichen Vollkommenheit gelangen“, wird eingewendet: „Wie könnt ihr
[dann] behaupten, dass sie nichts zur sittlichen Vollkommenheit beitragen?“ Weil man auch nicht ohne Nahrung zur sittlichen Vollkommenheit
gelangen kann, gleichwohl Nahrung nicht zur sittlichen Vollkommenheit
führt; Hölzer sind für ein Schiff nicht förderlich, obwohl ein Schiff nur
aus Hölzern gefertigt werden kann: es gibt keinen Grund, sage ich, warum
man annehmen könnte, dass irgendetwas [nur] mit Hilfe von dem entsteht,
ohne das es nicht entstehen kann.

(32) Ja, es kann sogar [das] gesagt werden, dass man ohne die freien Wissenschaften zur Weisheit gelangen kann; denn obgleich die sittliche Vollkommenheit erlernt werden muss, wird sie doch nicht durch ihre Mithilfe
erlernt. Welchen Grund gibt es nun aber, warum ich glauben sollte, dass
derjenige, der keine Buchstaben kennt, nicht weise wird, wenn die Weisheit nicht in den Buchstaben liegt? Die tatsächliche Erfahrung lehrt keine
Worte, und möglicherweise ist ein Erinnerungsvermögen, das außer sich
selbst keine Stütze besitzt, zuverlässiger.

(33) Die Weisheit ist eine bedeutende und umfassende Angelegenheit; sie benötigt freien Raum; über Göttliches und Menschliches muss gelerntwerden; über Vergangenes [und] über Zukünftiges; über Vergängliches [und] über Ewiges, über die Zeit. Sieh nur, wie viele Fragen allein über letztere gestellt werden: zuerst, ob sie an sich als etwas existiert; dann, ob es ohne die Zeit etwas vor der Zeit gibt; ob sie zusammen mit der Welt ihren Anfang nahm oder ob es sogar vor der Welt, weil irgendetwas existiert haben wird, die Zeit auch gab.

(34) Unzählige Untersuchungen gibt es allein über die Seele: wo sie herkommt, wie sie beschaffen ist, wann sie zu existieren beginnt, wie lange sie existiert, ob sie von anderswoher nach anderswohin übergeht und [ob sie], bald in diesen bald in jenen beseelten Körpern versetzt, die Wohnstätte wechselt, oder ob sie nicht mehr als einmal dient und, losgelassen, im All umherzieht; ob sie eine materielle Substanz ist oder nicht; was sie tun wird, wenn sie aufgehört hat, durch uns tätig zu sein, wie sie ihre Freiheit nutzen wird, wenn sie aus diesem Käfig entkommen ist; ob sie Früheres vergisst und sich von da an wiederzuerkennen beginnt, von wo an sie sich, vom Körper getrennt, in die Höhe zurückgezogen hat.

(35) Welchen Teil der menschlichen und göttlichen Dinge du auch immer erfasst hast, du wirst durch die ungeheure Menge dessen, was man untersuchen und erforschen muss, in Atem gehalten werden. Damit diese so zahlreichen, so großen Dinge eine freie Unterkunft in Besitz nehmen können, müssen die nutzlosen aus dem Geiste getilgt werden. Die sittliche Vollkommenheit wird sich nicht in eine solche Enge begeben; eine bedeutende Sache verlangt weiten Raum. Alles sollte herausgejagt werden, das ganze Herz frei für sie sein.

(36) „Aber die Kenntnis vieler Künste bereitet doch Freude." Daher sollten wir so viel von ihnen zurückhalten, wie es notwendig ist. Oder meinst du, man müsse den zurechtweisen, der Überflüssiges zur Verwendung er-

wirbt und in seinem Haus den Prunk kostbarer Dinge entfaltet, aber nicht etwa den, der von einer überflüssigen Ausrüstung an Bildung in Anspruch genommen wird? Mehr wissen zu wollen, als es hinreichend ist, ist eine Art von Maßlosigkeit.

(37) Was soll man dazu sagen, dass dieses Streben nach den freien Künsten die Affektierten, die Weitschweifigen, die Unschicklichen, die Selbstzufriedenen hervorbringt und die deswegen Notwendiges nicht lernen, weil sie Überflüssiges gelernt haben. Viertausend Bücher hat der Grammatiker Didymos verfasst: ich würde [schon] Mitleid haben, wenn er Überflüssiges in dem Ausmaß gelesen hätte. In diesen Büchern wird nach Homers Vaterland geforscht, [in ihnen] nach der wirklichen Mutter von Aeneas, [in ihnen] ob Anakreon allzu ausschweifend oder allzu trunksüchtig gelebt hat, [in ihnen] ob Sappho eine Dirne war, und auch nach anderen Dingen, die vergessen werden müssten, gesetzt den Fall, dass man von ihnen Kunde hätte. Geh nun und sag, das Leben sei lang!

(38) Aber auch wenn man zu den Unsrigen gelangt, werde ich darlegen, dass vieles mit Äxten beseitigt werden muss. Auf einen großen Aufwand an Zeit, auf einem erheblichen Verdruss der Ohren anderer begründet sich folgendes Lob: ‚Oh, welch ein gelehrter Mann!‘ Wir sollten mit diesem schlichteren Ehrentitel zufrieden sein: „Oh, welch tugendhafter Mann!“

(39) Also wirklich? Ich soll die Geschichte aller Völker aufrollen und untersuchen, wer als erster Gedichte verfasst hat? Ich werde berechnen, wie viel Zeit zwischen Orpheus und Homer liegt, obwohl ich keine Kalender habe? Auch die Schriften des Aristarch, in denen er die Gedichte anderer kritisch durchleuchtet hat, soll ich prüfend durchsehen und meine Lebenszeit mit Versen verbringen? Werde ich so etwa im Staub der Geometrie stecken bleiben? „Gehe sparsam mit der Zeit um.“ Ist mir jenes nützliche Gebot so ganz entfallen? Oben genannte Dinge soll ich wissen? Und was soll ich nicht wissen?

(40) Der Grammatiker Apion, der unter Gaius Caesar in ganz Griechenland eine Zuhörerschaft um sich geschart hat und der von allen Bürgerschaften unter dem [Ehren-]Namen „Homer" aufgenommen wurde, hat behauptet, dass Homer nach vollständiger Ausführung beider Stoffe, sowohl der Odyssee als auch der Ilias, seinem Werk, in dem er den Trojanischen Krieg zusammengefasst hat, ein erstes Kapitel hinzugefügt hat. Als Beweis dafür brachte er hervor, dass Homer mit Absicht zwei Buchstaben an den Anfangsvers gesetzt hätte, die die Anzahl seiner Bücher enthalten.

(41) Derartiges zu wissen, ist für denjenigen notwendig, der vieles wissen will. Willst du nicht erwägen, wie viel an Zeit dir eine üble Krankheit raubt, wie viel die öffentliche Tätigkeit, wie viel dein Privatgeschäft, wie viel das alltägliche Tun, wie viel der Schlaf? Ermesse deine Lebenszeit: so viel fasst sie nicht.

(42) Ich rede über die freien Wissenschaften: wie viel Überflüssiges erlangen die Philosophen, wie viel, das sich von [jeder] Brauchbarkeit entfernt! Auch sie selbst haben sich auf die Bestimmung von Silben und auf die Eigentümlichkeiten von Bindewörtern und Präpositionen eingelassen und beneideten die Grammatiker, beneideten die Geometer; alles was in deren Künsten überflüssig war, haben sie in die eigene übertragen. So wurde bewirkt, dass sie achtsamer zu sprechen als zu leben verstanden.

(43) Vernimm, wie viel Schlechtes eine allzu große Genauigkeit hervorbringt und wie feindselig sie [gegenüber] der Wahrheit ist. Protagoras sagt, dass bei jeder Sache das Für und Wider auf gleiche Weise diskutiert werden kann und sogar darüber, ob das Für und Wider jeder Sache [überhaupt] diskutabel ist. Nausiphanes sagt, dass von dem, was zu existieren scheint, nichts mehr existiert als es nicht existiert.

(44) Parmenides sagt, dass von den Dingen, die erscheinen, nichts [im Ganzen?] existiert. Zenon von Elea hat jede Beschäftigung hinsichtlich

des Themas verworfen: er sagt, dass nichts existiert. In etwa demselben Bereich bewegen sich die Anhänger des Pyrrhon, [und] die Schulen von Megara und Eretria und die Akademiker, die eine neue Wissenschaft eingeführt haben: nichts zu wissen.

(45) Wirf all dieses auf jenen nutzlosen Haufen der freien Wissenschaften; letztere überlassen mir kein nutzbringendes Wissen, erstere rauben mir die Hoffnung auf jedes Wissen. Es ist besser, Überflüssiges zu wissen als nichts [zu wissen]. Letztere tragen nicht das Licht voran, durch das die Augen auf die Wahrheit gerichtet werden, erstere stechen mir die Augen aus. Wenn ich Protagoras Glauben schenke, gibt es in der Welt nichts außer Zweifel; wenn ich Nausiphanes [Glauben schenke], ist einzig dieses sicher, dass nichts sicher ist; wenn ich Parmenides [Glauben schenke], existiert nichts außer dem Einen; wenn ich Zenon [Glauben schenke], nicht einmal das Eine.

(46) Was sind wir also? Was ist es, das uns umgibt, uns nährt, uns empor hält? Die ganze Welt ist ein Schatten – entweder gehaltlos oder trügerisch. Schwerlich könnte ich benennen, welchen ich mehr zürne, jenen, die wollten, dass wir nichts wissen, oder jenen, die uns nicht einmal gelassen haben, nichts zu wissen. Lebe wohl.

———

# Buch 14 – Brief 89

Seneca grüßt seinen Lucilius,

(1) Du verlangst etwas Nützliches und zugleich etwas, das rasch zur notwendigen Weisheit voranschreitet: dass die Philosophie unterteilt und ihr gewaltiges Ganzes in Teilstücken bereitgestellt wird; denn leichter lassen wir uns durch Teile des Ganzen an die Erkenntnis heranführen. Ja, wenn uns doch nur die Philosophie so als Ganzes vor Augen treten könnte, wie alle Erscheinungen der Welt sichtbar werden – ein Schauspiel dem Weltall ähnlich! Sicherlich würde sie alle Sterblichen, nach Zurücklassen von dem, was wir heutzutage aus Unkenntnis des Bedeutenden für bedeutend halten, schnell zu ihrer Bewunderung verleiten. Aber weil dies nicht gelingen kann, muss sie von uns auf eine Weise betrachtet werden, wie sich die Dinge der Welt zeigen, nachdem sie aufgetrennt worden sind.

(2) Gewiss, der Geist des Weisen nimmt deren ganze Masse auf und nicht weniger rasch betrachtet er sie wie unsere Augen den Himmel; uns jedoch, die wir die Finsternis durchdringen müssen und deren Sehkraft nach kurzer Entfernung abnimmt, können die einzelnen Dinge leichter jedes für sich gezeigt werden, weil wir dem Ganzen noch nicht gewachsen sind. Ich werde also tun, worum du bittest und die Philosophie in Teilstücke, nicht in Stückchen auftrennen. Denn es ist förderlich sie aufzuteilen, nicht sie zu zerhacken; wie sehr Großes nämlich so ist [auch] sehr Kleines schwierig zu erfassen.

(3) Das Volk wird in drei Bezirke eingeteilt, das Heer in Hundertschaften. Was auch immer zu Größe angewachsen ist, wird leichter erkannt, wenn es in Teile sich auftrennt, die wie ich sagte, nicht unzählig und nicht sehr klein sein dürfen. Eine allzu große Aufteilung nämlich besitzt dieselben schlechten Eigenschaften wie keine: alles, was ganz und gar zu Staub zerstoßen wurde, ähnelt dem, das zusammengeschüttet wurde.

(4) Daher werde ich, wenn es dir beliebt, zuerst erklären, worin der Unterschied zwischen der Weisheit und der Philosophie besteht. Die Weisheit ist das vollkommene Gut des menschlichen Geistes, die Philosophie ist die Sehnsucht und das Trachten nach Weisheit: sie strebt dorthin, wohin erstere gelangt ist. Es ist offensichtlich, woher die Philosophie ihre Bezeichnung hat; denn schon der Name gibt zu erkennen, was sie liebt.

(5) Manche hatten die Weisheit auf eine Weise bestimmt, dass sie sie als die Wissenschaft des Göttlichen und Menschlichen benannten; manche folgendermaßen: Weisheit beruht darauf, die göttlichen und menschlichen Dinge sowie deren Ursachen zu untersuchen. Dieser Zusatz erscheint mir überflüssig, weil die Ursachen des Göttlichen und Menschlichen Teil des Göttlichen sind. Auch diejenigen gab es, welche die Philosophie mal so und mal so definierten: die einen behaupteten, sie sei das Bemühen um Tugendhaftigkeit, die anderen, sie sei das Bestreben, den Charakter zu bessern; von manchen ist sie als das Streben nach der richtigen Denkart bezeichnet worden.

(6) So viel war gleichwie bekannt, dass es irgendeinen Unterschied zwischen der Philosophie und der Weisheit gibt; und in der Tat ist es unmöglich, dass das, was angestrebt wird, und das, was anstrebt, dasselbe sind. So wie ein großer Unterschied zwischen Habgier und Vermögen besteht, weil ersteres begehrt, letzteres begehrt wird, so [auch] zwischen der Philosophie und der Weisheit. Letztere ist nämlich Erfolg und Lohn der ersteren; jene nähert sich, dieser rückt man entgegen.

(7) Weisheit ist das, was die Griechen σοφία nennen. Diese Bezeichnung haben auch die Römer verwendet, so wie sie [das Wort] ‚Philosophie' auch heute gebrauchen; das werden dir sowohl die alten Togata als auch die auf dem Grabmal des Dossennus angebrachte Inschrift beweisen:

*„Halte ein Fremder und studiere die Weisheit des Dossennus."*

(8) Einige der Unsrigen waren, obgleich die Philosophie das Bemühen um sittliche Vollkommenheit ist und letztere erstrebt wird, erstere danach strebt, trotzdem nicht der Meinung, dass die beiden getrennt werden können; denn weder existiert die Philosophie ohne die Tugend noch die Tugend ohne die Philosophie. Die Philosophie ist ein Streben nach Tugend, aber mit Hilfe der Tugend selbst; Tugend kann jedoch weder ohne das Streben nach ihr existieren, noch das Streben nach Tugend ohne sie selbst. Es ist nämlich nicht wie bei denen, die versuchen etwas von einem entfernten Ort aus zu treffen: hier derjenige, der darauf zielt, dort derjenige, auf den gezielt wird; sondern anders als die Straßen, die in die Städte führen, außerhalb der Städte liegen, befinden sich die Wege zur Tugend nicht außerhalb ihrer selbst: zur Tugend gelangt man [nur] durch sie selbst, Philosophie und Tugend sind eng miteinander verbunden.

(9) Sowohl die bedeutendsten als auch die meisten Autoren behaupten, dass die Philosophie drei Teilgebiete hat: die Ethik, die Naturphilosophie [und] die Logik. Die erste formt den Charakter, die zweite erforscht die Natur; die dritte untersucht die Eigentümlichkeiten sowie den Aufbau und die Beweisführung von Aussagen, damit sich anstelle des Wahren keine Irrtümer einschleichen. Davon abgesehen haben sich sowohl welche gefunden, die die Philosophie in weniger als auch in mehr [Teilgebiete] aufgetrennt haben.

(10) Einige von den Peripatetikern haben ein viertes Teilgebiet hinzugefügt, die Politik, weil sie nach einer ganz speziellen Geübtheit verlange und sich mit einem anderen Gegenstand beschäftige; andere haben diesem ein Teilgebiet hinzugefügt, das sie οικονο ική nennen, die Wissenschaft von der Verwaltung von Haus und Vermögen; wieder andere haben einen Abschnitt über die Art und Weisen der Lebensführung abgesondert. Aber dies alles wird man in dem genannten Teilgebiet der Ethik wiederfinden.

(11) Die Epikureer dachten, dass es zwei Teilgebiete der Philosophie gibt, die Naturphilosophie und die Ethik: die Logik haben sie ausgeschlossen. Dann, als sie durch die Wirklichkeit selbst gezwungen wurden, Zweifelhaftes zu verwerfen [und] die Irrtümer aufzudecken, die unter dem Anschein des Wahren verborgen liegen, haben sie von sich aus ein Thema eingeführt, das sie „über das Urteil und die Ordnung" nennen – ein anderer Name für die Logik –, meinen jedoch, es sei ein Zusatz zur Naturphilosophie.

(12) Die Kyrenaiker haben die Naturphilosophie zusammen mit der Logik abgeschafft und sich auf die Ethik beschränkt, aber auch sie führen das, was sie ausschließen, auf andere Weise wieder ein; sie gliedern die Ethik nämlich in fünf Teilgebiete, so dass es eins gibt über das, was man meiden und was man erstreben muss, ein weiteres über Affekte, ein drittes über Handlungen, ein viertes über Ursachen, [und] ein fünftes über Schlussfolgerungen. Die Ursachen der Dinge gehören zum Teilgebiet der Naturphilosophie, die Schlussfolgerungen zur Logik.

(13) Ariston von Chios behauptete, dass die Naturphilosophie und die Logik nicht nur überflüssig sind, sondern sogar gegensätzlich [zueinander]; auch die Ethik, die allein er übrig gelassen hatte, schränkte er ein. Denn den Bereich, der Ermahnungen enthält, hat er aufgehoben und als die Aufgabe eines Erziehers bestimmt, nicht [als die] eines Philosophen; als ob ein Weiser irgendetwas anderes sei als ein Erzieher der Menschheit.

(14) Da die Philosophie also dreiteilig ist, sollten wir beginnen, zuerst deren Teilgebiet Ethik geordnet darzustellen. Man beschloss, dieses erneut dreizuteilen, so dass ein erstes in der überaus nützlichen Überlegung bestand, jedem das Seine zuzuteilen und einzuschätzen, wie viel jede einzelne [Sache] wert ist – denn was ist so notwendig, wie den Wert von Dingen zu bestimmen? – ein zweites, dass vom Trieb handelt, ein drittes von den Handlungen. Das erste nämlich ist [erforderlich], um zu beurteilen, wie

viel jede Sache an sich wert ist, das zweite, um ein geordnetes und maß-volles Verlangen ihnen gegenüber zu gewinnen, das dritte, um Verlangen und Handlung miteinander in Einklang zu bringen, so dass man sich bei all diesen selbst treu bleibt.

(15) Welches auch immer von den dreien fehlt, bringt auch die übrigen in Unordnung. Denn was nützt es, alles miteinander abgewägt zu haben, wenn man in seinem Verlangen jedes Maß überschreitet? Was nützt es, das Verlangen bezähmt zu haben und die Leidenschaften unter Kontrolle zu halten, wenn man beim Handeln selbst die für die Taten günstigen Augen-blicke nicht kennt und auch nicht weiß, wann und wo und auf welche Weise jede

(16) Das Gebiet der Naturphilosophie spaltet sich in zwei [Bereiche] auf: in den körperhaften und den abstrakten; jeder der beiden wird sozusagen in die ihm eigentümlichen Abstufungen unterteilt. Der Bereich der körper-haften Dinge zunächst folgendermaßen: in diejenigen, die erschaffen, und in diejenigen, die von diesen erzeugt werden – erzeugt aber werden die Elemente. Der Bereich über die Elemente ist, wie einige meinen, einer für sich [allein], wie andere [meinen], wird er in Materie, [und] in eine alles bewegende Ursache und in Elemente aufgetrennt.

(17) Bleibt noch übrig, dass ich die Logik als philosophisches Teilgebiet unterteile. Jede Rede ist entweder zusammenhängend oder durch Frage und Antwort unterbrochen; man beschloss, letztere Dialektik, erstere Rhe-torik zu nennen. Die Rhetorik befasst sich mit Worten, [und] Sinngehalt und Anordnung; die Dialektik wird in zwei Unterabschnitte gegliedert, in den der Worte und den der Bezeichnungen, das heißt, in die Dinge, die benannt werden, und die Ausdrücke, mit denen sie bezeichnet werden. Hierauf folgt eine überaus lange Aufzählung der einzelnen Unterabschnit-te der beiden. Daher will ich an dieser Stelle Schluss machen und *„werde [nur] der Dinge höchsten Gipfel anstreben"*; andernfalls wird, wenn ich

wert darauf legte, Teilgebiete der Teilgebiete zu bilden, ein Katalog an Themen entstehen.

(18) Ich halte dich nicht davon ab, mein bester Lucilius, dieses zu lesen, wenn du nur alles, was du liest, sogleich auf deinen Lebenswandel beziehst. Schränke ihn ein, ermuntere, was kraftlos in dir ist, halte im Zaum, was entfesselt wurde, Eigensinniges überwinde, deinen persönlichen und den in aller Welt üblichen Leidenschaften setze zu, wie sehr du kannst; und denjenigen, die fragen: „Wie lange noch dasselbe [Gerede]“, antworte:

(19) „Ich müsste fragen: ‚Wie lange werdet ihr ebendieselben Fehler begehen?‘ Ihr wollt lieber von den Gegenmitteln als von den Verfehlungen ablassen? Ich werde freilich umso mehr reden, und weil ihr es zurückweist, werde ich damit fortfahren; eine Arznei beginnt dann zu wirken, wenn ihr Einfluss im abgestorbenen Körper einen Schmerz erzwungen hat. Das, was nützlich sein wird, werde ich auch gegen euren Willen vorbringen. Irgendwann einmal mag meine wenig verlockende Stimme zu euch gelangen, und weil ihr die Wahrheit nicht alleine hören wollt, hört sie vor allen Leuten.

(20) Bis wohin werdet ihr die Grenzen eurer Besitzungen noch ausdehnen? Ist ein Acker, der einem ganzen Volk Raum bot, für einen einzigen Herrn zu knapp bemessen? Wie lange werdet ihr eure Pflanzungen noch vergrößern, nicht einmal damit zufrieden, den Umfang eurer Besitzungen auf die Größe von Provinzen zu begrenzen? Der Verlauf bekannter Flüsse führt durch privaten Besitz und große Flüsse, Grenzen bedeutender Stämme zugleich, sind von der Quelle bis zur Mündung euch gehörig. Auch das ist nicht genug, wenn ihr nicht eure Latifundien vom Meer umgeben habt, wenn euer Verwalter nicht jenseits des Adriatischen, des Ionischen und des Ägäischen Meers frei schaltet und waltet, wenn nicht die Insula, Residenzen großer Heerführer, zu völlig wertlosen Dingen gezählt wer-

den. Habt ausgedehnten Grundbesitz, wie ihr wollt, soll es ein Landgut sein, das einstmals ein Reich genannt wurde, macht zu dem Euren, was immer ihr könnt, sofern nur ein größeres Stück fremden Grund und Bodens [noch] vorhanden sein mag.

(21) Jetzt spreche ich zu euch, deren Verschwendungssucht sich wie die Habgier jener endlos ausdehnt. Ich frage euch: wie lange noch, bis es keinen See [mehr] geben wird, über den nicht die Giebel eurer Villen emporragen? Keinen Fluss, dessen Ufer nicht eure Bauwerke säumen? Wo auch immer eine Warmwasserader hervorsprudelt, dort wird man neue Luxusherbergen bauen. Wo auch immer sich die Küste zu einer Bucht krümmt, werdet ihr unverzüglich Fundamente errichten, und, mit der Bodenfläche nur zufrieden, wenn ihr sie mit eigener Hand erschaffen habt, werdet ihr das Meer landeinwärts drängen. Mögen eure Häuser auch an allen Orten erstrahlen, hier auf den Bergen gelegen mit weitem Blick über die Länder und das Meer, dort aus der Ebene in die Erhabenheit des Gebirges hinaufgeführt: obgleich ihr vieles, obgleich ihr Gewaltiges erbaut habt, seid ihr trotzdem sowohl einzelne als auch unbedeutende Wesen. Was nützen die vielen Schlafkammern? In einer einzigen schlaft ihr. Wo ihr nicht seid, ist nicht das Eure.

(22) Alsdann gehe ich über zu euch, deren abgrundtiefer und unersättlicher Rachen hier die Meere, dort die Länder durchstöbert, den einen [Geschöpfen] mit Haken, den anderen mit Schlingen, wieder anderen mit verschiedenen Arten von Netzen mit großer Mühe nachsetzt: nur infolge eures Überdrusses leben die Tiere [zeitweilig] in Frieden. Wie wenig von diesen Speisen, die von so vielen Händen vorbereitet worden sind, berührt ihr mit eurem von sinnlichen Gelüsten erschöpften Munde? Wie wenig von diesem unter großer Gefahr erlegten Tier kostet der Herr des Hauses, der an einem verdorbenen Magen und Übelkeit leidet? Wie wenig von den so vielen Austern, die aus so großer Entfernung angeschleppt worden

sind, gleitet durch diesen unersättlichen Schlund? Unglückliche, ob ihr wohl erkennt, dass euer Hunger größer ist als euer Bauch?"

(23) Sag dies zu den anderen, um es selbst zu hören, während Du es sagst, schreibe dies nieder, um es zu lesen, während Du es schreibst, und führe dann alles wieder zurück auf deinen Lebenswandel und die Besänftigung deiner zügellosen Leidenschaften. Strebe danach, nicht um mehr von irgendetwas, sondern um Nützlicheres zu wissen. Lebe wohl.

## Buch 14 – Brief 90

Seneca grüßt seinen Lucilius,

(1) Wer kann bezweifeln, mein Lucilius, dass es ein Geschenk der unsterblichen Götter ist, dass wir leben, eines der Philosophie, dass wir tugendhaft leben? Es würde daher für gewiss gehalten, dass wir dieser in dem Maße, in dem das sittlich gute Leben eine größere Vergünstigung ist als das [bloße] Leben mehr verpflichtet sind als den Göttern, wenn die Götter nicht auch die Philosophie gewährt hätten; deren Einsicht haben sie keinem dargereicht, die Fähigkeit dazu allen.

(2) Denn hätten sie diese zu einem für jeden zu habendes Gut gemacht, und wären wir schon einsichtsfähig geboren worden, hätte die Weisheit verloren, was sie als Bestes in sich trägt: nicht unter die zufälligen Güter zu fallen. Es ist ja nun aber dieses wertvoll und bedeutend an ihr, dass sie einem nicht zufällt, dass jeder sie sich selbst verdankt, dass sie nicht von einem anderen erbeten wird. Wie könntest du erlangen, was du an der Philosophie bewunderst, wenn es etwas wäre, das als Wohltat anzusehen ist?

(3) Ihre eine Aufgabe ist es, zur Wahrheit über die göttlichen und menschlichen Dinge zu gelangen; es zieht sich niemals die Gottesfurcht von ihr zurück, das Pflichtgefühl, die Gerechtigkeit und das ganze übrige Geleit der miteinander verknüpften und eng zusammenhängenden Tugenden. Sie hat uns gelehrt, Göttliches in Ehren, Menschliches lieb und wert zu halten, und dass die Herrschaft bei den Göttern liegt, unter den Menschen eine Gemeinschaft existiert. Eine Zeit lang dauerte dies unbeschadet an, bevor die Habsucht die Gemeinschaft zerstört hat und sie sogar für jene, die sie ungeheuer reich gemacht hat, ein Grund der Armut geworden ist; indem sie eigenes Eigentum begehrten, gaben sie nämlich auf, alles zu besitzen.

(4) Aber die ersten Menschen und ihre Nachkommen hielten sich unbestechlich an die natürliche Ordnung; zugleich besaßen sie sowohl Führer als auch Gesetz, weil sie sich dem Urteil des Tüchtigeren angeschlossen haben; denn die natürliche Ordnung beruht darauf, dass sich die Schwächeren den Überlegeneren unterordnen. Jedenfalls stehen den Tierherden entweder die größten oder die stärksten Exemplare vor: den Rinderherden schreitet nicht ein gewöhnlicher Stier voran, sondern derjenige, der die übrigen Männchen durch Größe und Muskelmasse übertrifft; der am höchsten Aufragende führt die Herde der Elefanten an: unter den Menschen ist es anstatt des größten [Mannes] der sittlich beste. Ein Herrscher wurde infolgedessen nach seinem Charakter ausgewählt, und daher befanden sich diejenigen Völker in höchst glücklicher Lage, bei denen nur der Tüchtigere der Mächtigere sein konnte; mit Sicherheit vermag zu leisten, so viel er will, nur derjenige, der sich für mächtig zu sein hält, wozu er bestimmt ist.

(5) Poseidonios war deshalb der Meinung, dass in jenem Zeitalter, das man das goldene nennt, sich die Herrschaft im Besitz der Weisen befand. Sie verhinderten Gewalttaten und beschützten die Schwächeren vor den Stärkeren, sie haben angeraten und abgeraten und auf Nützliches sowie auf Überflüssiges hingewiesen; ihre Klugheit trug Sorge dafür, dass es ihnen an nichts fehlte, ihre Tapferkeit hielt Gefahren ab, ihre Wohltätigkeit stärkte und förderte die Untertanen. Pflichterfüllung war ihnen aufgetragen, nicht Herrschaft. Niemand hat, insoweit es möglich gewesen wäre, gegen diejenigen etwas unternommen, deren Hilfe ihm das [zu tun] erst ermöglicht hatte, und weder besaß einer die Neigung noch hatte er Grund zu einer Gewalttätigkeit, weil demjenigen, der gehörig herrschte, gehörig gedient wurde, und nichts Schlimmeres hätte der König den Vorfahren androhen können, als dass er von seiner Regentschaft zurücktritt.

(6) Aber nachdem sich die Königsherrschaften aufgrund von sich einschleichenden Verfehlungen in Gewaltherrschaft gewandelt hatten, nahm

die Notwendigkeit von Gesetzen ihren Anfang, und auch diese haben anfangs die Weisen eingebracht. Solon, der Athen auf Dauer die Rechtsgleichheit gesichert hatte, war einer der berühmten Sieben Weisen; wenn dieselbe Generation einen Lykurg hervorgebracht hätte, wäre er jener ehrwürdigen Schar als achter beigetreten. Man lobt die Gesetze des Zaleukos und des Charondas: [aber] nicht auf dem Forum und auch nicht im Atrium der Juristen, sondern in der stillen und ehrwürdigen Abgeschiedenheit der Schule des Pythagoras erforschten sie die Rechtsgrundsätze, die sie für das zu dem Zeitpunkt in Blüte stehende Sizilien und für die griechischen Kolonien rings um [Unter-]Italien aufstellen sollten.

(7) Bis hierher stimme ich Poseidonios zu: dass aber die Fertigkeiten, derer sich das alltägliche Leben bedient, von der Philosophie entdeckt worden sind, dem mag ich nicht beipflichten, und ich will ihr auch nicht den Ruhm des bereits erwähnten Handwerks zusprechen. „Diejenigen", sagt er, „die verstreut lebten und entweder von einem Bretterverschlag oder einem untergrabenen Fels oder dem Stamm eines ausgehöhlten Baumes geschützt wurden, hat jene gelehrt, Häuser zu bauen." Ich bin jedoch der Meinung, dass die Philosophie diese Mechanismen der über Häuser emporsteigenden Häuser und der die [Alt-]Städte übertreffenden Stadterweiterungen ebenso wenig ersonnen hat, wie die Fischbecken, die deshalb [vom Meer] abgeschnitten wurden, damit die Genusssucht nicht die Gefahr von Stürmen auf sich nehmen musste und die Schwelgerei auch bei noch so heftig tobender See geeignete Zufluchtsorte besaß, an denen sie [nach Arten] getrennte Fischschwärme mästen konnte.

(8) Was sagst du [da]? Die Philosophie lehrt den Menschen Schloss und Riegel zu besitzen? Was wäre das anderes, als der Habsucht das Banner zu überlassen? Die Philosophie hat diese dicht aneinandergrenzenden Häuser, obgleich sie eine so große Gefahr für die Bewohner sind, in die Höhe getrieben? Es genügte [ihnen] jedenfalls nicht, von zufälligen Begeben-

heiten geschützt zu werden und sich ohne Technik und ohne Beschwerlichkeit einen natürlichen Schlupfwinkel zu verschaffen.

(9) Glaube mir, es war eine glückliche Zeit – vor den Architekten, vor den Stuckateuren. Solcherlei hat sich aufgrund des bereits entstehenden Überflusses entwickelt: das Bauholz vierkantig zu behauen und den Balken mit Hilfe dessen, was im fließenden Umriss angedeutet wurde, mit sicherer Hand zu zersägen;

*denn die Altvorderen zerteilten das spaltbare Holz mit Keilen.*

Die Häuser wurden nämlich nicht mit einem Speisezimmer angeschafft, um ein Ehrenmahl zu übernehmen, noch wurde zu diesem Zweck in langen Wagenreihen Fichten oder Tannenholz über die erbebenden Gassen herbeigeschafft, um jene von Gold schweren Kassettendecken darunter aufzuhängen.

(10) Stützende Gabeln auf beiden Seiten haben ein Häuschen aufrecht gehalten; verdichtetes Astwerk und Laub, das zusammengetragen und abschüssig angeordnet wurde, ließen Regen, wenn er auch noch so stark war, [an sich] herabrinnen. Unter diesen Dächern haben sie ohne Sorgen gelebt: den Freien schützte ein Strohdach, unter Marmor und Gold war die Knechtschaft zu Hause.

(11) Auch darin bin ich mit Poseidonios uneins, dass er der Meinung ist, die eisernen Werkzeuge der Handwerker seien von philosophisch gebildeten Männern erfunden worden; auf gleiche Weise könnte man auch sagen, dass es Weise waren, von denen,

*damals ersonnen wurde,*
*wilde Tiere mit Fallen zu fangen und mit einem Köder zu täuschen,*
*und auch mit Hunden große Waldtäler zu umstellen.*

All das nämlich hat sich der menschliche Scharfsinn ausgedacht – nicht die Weisheit.

(12) Ebenfalls widerspreche ich ihm darin, dass es die Weisen waren, die Eisen- und Kupfergruben entdeckt haben, nachdem die durch Waldbrände erhitzte Erde zu oberst einlagernde Metalladern in geschmolzener Form hatte ausströmen lassen: diese Dinge finden solche, die Feldbau betreiben.

(13) Nicht einmal die Frage, ob Hammer oder Zangen zuerst in Gebrauch waren, zeigt sich mir so genau bestimmt wie Poseidonios. Beides, und auch alles andere, das man mit gebeugtem Körper und prüfendem Verstand auf dem Boden untersuchen muss, hat irgendein aufgeweckter Geist entdeckt – scharfsinnig, nicht bedeutend und auch nicht ehrgeizig. Der Weise lebte ohne Mühsal. Warum auch nicht? Wo er [doch] auch in unserer Generation möglichst unbehindert sein will.

(14) Ich bitte dich: wie passt es zusammen, dass du sowohl Diogenes als auch Daedalus bewunderst? Welcher von diesen beiden erscheint dir als ein Weiser? Derjenige, der sich die Säge ausgedacht hat, oder jener, der, als er einen Jungen aus der hohlen Hand hat Wasser trinken sehen, sofort seinen Becher aus dem Rucksack holte und ihn dann mit folgendem Verweis an sich selbst zerbrochen hat: „Wie lange hatte ich dummer Mensch überflüssiges Gepäck im Besitz!", der sich in einem Fass zusammengekauert hat und in diesem zu schlafen pflegte.

(15) Welchen hältst du schließlich heute für weiser, denjenigen, der entdeckte, wie er Safranwasser durch Leitungsrohre in ungeheure Höhe emportreiben kann, der Kanäle mit der nach vorne drängenden Gewalt des Wasser plötzlich anfüllt oder trockenlegt und der die beweglichen Felderdecken der Speisezimmer so zusammenfügt, dass von Zeit zu Zeit verschiedene Formen auseinander hervorgehen und die Zimmerdecken sooft

sich wandeln wie die Gerichte, oder denjenigen, der anderen und sich selbst ein dieses zeigt: wie wenig Mühsames und Schwieriges uns die Natur auferlegt, dass wir ohne Steinmetz und Künstler wohnen können, dass wir uns ohne den Seidenhandel kleiden können, dass wir die für unsere Bedürfnisse notwendigen Dinge besitzen können, sofern wir mit dem zufrieden sind, was die Erde auf ihrer Oberfläche bereitstellt? Wenn die Menschheit willens ist, auf ihn zu hören, so wird sie einsehen, dass ein Koch ebenso überflüssig für sie ist wie ein Soldat.

(16) Jene waren Weise oder wenigstens den Weisen ähnlich, denen der Erhalt ihres Körpers leicht fiel: notwendige Dinge beruhen auf einfacher Fürsorge: für den Luxus wird sich abgemüht. Du wirst nicht nach Handwerkern verlangen: halte dich an die Natur. Sie wollte nicht, dass wir vielseitig in Anspruch genommen sind; zu was auch immer sie uns nötigte, dafür hat sie uns ausgerüstet. „Kälte ist für einen nackten Körper unerträglich." Was also? Können uns die Felle wilder Tiere und anderer Lebewesen nicht ausreichend vor der Kälte schützen? Bedecken nicht sehr viele Völker ihre Körper mit den Rinden von Bäumen? Werden nicht Vogelfedern zum Gebrauch als Kleidung zusammengeheftet? Und wird nicht ein Großteil der Skythen heute [noch] von Fuchs- und Zobelfellen eingehüllt, die sich weich anfühlen und für Winde undurchdringlich sind? Was also? Hat nicht jeder der will Flechtwerk aus Ruten von Hand errichtet und mit überall zu habendem Lehm verschmiert, dann mit Stroh und anderem aus dem Wald das Giebeldach bedeckt und, dadurch, dass der Regen durch die Neigung abgeflossen ist, den Winter sicher überstanden?

(17) „Trotzdem ist es notwendig, die Hitze der sommerlichen Sonne durch einen dichteren Schatten abzuwehren." Was also? Hat die lange Zeit, die vergangen ist, nicht viele Orte den Blicken entzogen, die, entweder durch den Unbill der Zeit oder den erstbesten anderen Zufall ausgehöhlt, zu einer Grotte geschwunden sind? Was also? Haben sich die Stämme der Regio Syrtica nicht in Gruben versteckt gehalten sowie auch diejenigen, de-

nen wegen des allzu heißen Klimas kein Schutz zur Abwehr der Hitze dicht genug ist als der vertrocknete Erdboden selbst?

(18) Die Natur war nicht so ungerecht, dass nur der Mensch es nicht vermochte, ohne die so vielen Fertigkeiten zu leben, während sie allen anderen Lebewesen eine leichte Lebensführung zugestand. Nichts Grausames ist uns von ihr auferlegt worden, nichts, das man mit Mühsal erwerben muss, um sein Leben fristen zu können. Für alles gerüstet sind wir geboren worden: aus Verachtung gegenüber dem Leichten haben wir uns alles schwer gemacht. Häuser und Bedeckungen, [und] Heilmittel für den Körper, [und] Nahrung und auch das, was heutzutage zu einem ungeheuren Geschäft gemacht worden ist, war zur Hand und ohne Geld und Mühe leicht zu beschaffen; denn das Maß aller Dinge entsprach ihrer Notwendigkeit: wir haben diese teuer, wir haben sie auffallend, wir haben sie zu Dingen gemacht, die mit Hilfe beträchtlicher und mannigfacher Fertigkeiten beschafft werden müssen.

(19) Für das, was sie verlangt, ist die Natur ausreichend. Von der Natur abgewendet hat sich [dagegen] die Genusssucht, die sich Tag für Tag selbst aufwiegelt, [und] die seit so vielen Menschenaltern anwächst und aufgrund von Veranlagung Verfehlungen begünstigt. Zunächst begann sie [damit], Überflüssiges zu begehren, dann Verderbliches; zuletzt hat sie den Geist dem Körper überlassen und verordnet, sich dessen Maßlosigkeit hinzugeben. All diese Künste, von denen die Stadt überall durchzogen wird oder sie mit Lärm erfüllt, betreiben das Geschäft des Körpers, dem einst alles wie einem Sklaven gewährt wurde, nun alles wie für einen Herrn erworben wird. Und so gibt es hier die Werkstätten der Weber, dort die der Schmiede, hier die der Parfümeure, dort die [Schulen] derer, die anzügliche Körperbewegungen und sanfte und mutlose Gesänge unterrichten. Jenes naturgegebene Maßhalten ist nämlich verloren gegangen, das unsere Bedürfnisse auf die unumgängliche Beihilfe beschränkt; so viel

zu verlangen wie hinreichend ist, gilt nun als ein Zeichen der ländlichen Einfachheit und der Armut.

(20) Es ist unglaublich, mein Lucilius, wie leicht der Zauber der Rede auch bedeutende Männer zum Abfall vom Wahren verleitet. Sieh dir Poseidonios an, meiner Meinung nach einer von denen, die sehr viel zur Philosophie beigetragen haben; während er anfangs beschreiben wollte, wie einige Fäden verdreht, einige von den weichen und lockeren ausgezogen werden, wie anschließend der Webstuhl mittels angehängter Gewichte den Grundfaden gerade spannt, wie der eingeschossene Einschlag, der den Druck von der auf beiden Seiten zusammendrückenden Kette nehmen sollte, durch das Weberholz gezwungen wird, sich zu verdichten und zu verbinden, behauptete er [dann], dass auch die Kunst des Webens von den Weisen entdeckt wurde, übersehend, dass diese feinere [Web-]Art später erfunden wurde, bei der

*das Gewebe am Querbalken befestigt ist,*
*der Webkamm den Kettfaden trennt, der Einschlag mitten hindurch mit*
*spitzen Weberschiffchen geschossen wird,*
*den die in den breiten Kamm eingeschnittenen Zähne festschlagen.*

Was, wenn ihm zuteil geworden wäre, die Gewebe unserer Zeit zu sehen, aus denen Gewänder in der Absicht hergestellt werden, nichts zu verbergen, die keine Hilfe, ich sage nicht für den Körper, sondern keine für das Schamgefühl bieten?

(21) Daraufhin geht er zu den Bauern über und beschreibt nicht weniger redegewandt das Aufreißen des Bodens durch den Pflug und das nochmalige Pflügen, damit die aufgelockerte Erde den Wurzeln umso leichter zu Diensten stehen kann, dann das Ausstreuen der Samen und das Ausreißen des Unkrauts mit der Hand, damit nicht irgendetwas zufällig und wild wächst, was die Aussaat zugrunde richten könnte. Auch dies sei ein Werk

der Weisen, sagt er, als ob die Landarbeiter in heutiger Zeit nicht auch sehr viel Neues entdeckten, mit dem der Ertrag gesteigert werden kann.

(22) Hierauf gibt er sich mit den genannten Fertigkeiten nicht zufrieden, sondern er schickt den Weisen zur Unterstützung in die Bäckerei; er berichtet nämlich, wie er anfing, die Natur nachahmend, Brot herzustellen. „Die Härte der Zähne", sagt er, „zermahlt durch Gegeneinanderreiben das in den Mund genommene Getreide, und alles, was dem entgeht, wird von der Zunge wieder zu den Zähnen zurückgeschoben; daraufhin wird es mit Speichel vermischt, um leichter den glatten Schlund durchqueren zu können; sobald es im Magen angekommen ist, wird es durch dessen gleichmäßige Wärme verdaut; dann endlich kommt es dem Körper zugute.

(23) Irgendjemand ist diesem Beispiel nachgegangen und hat in Analogie zu den Zähnen einen rauen Stein auf den anderen gelegt, wobei der unbewegliche Teil die Bewegung des anderen erwartet; anschließend werden durch die Reibung zwischen den beiden die Körner zermahlen und mehrmals zurückgeschoben, solange bis sie durch das ununterbrochene Zermalmen gänzlich zerkleinert werden; sodann hat er das Mehl mit Wasser besprengt und durch beharrliche Bearbeitung gebändigt und zu Brot geformt, welches zunächst die heiße Asche und der glühende Stein erhitzte, später wurden nach und nach Backöfen und anderes von dieser Art erfunden, bei denen sich die Glut nach Gutdünken beherrschen ließ." Es fehlte nicht viel, [und] er hätte sogar behauptet, dass auch das Schusterhandwerk von den Weisen erfunden worden ist.

(24) All dieses hat sicherlich die Vernunft ersonnen, aber nicht eine sittlich gute Vernunft. Es sind nämlich Erfindungen eines Menschen, nicht eines Weisen, so wie, beim Herkules, die Schiffe, auf denen wir die Flüsse, [und] auf denen wir die Meere durcheilen, die mit Segeln ausgerüstet wurden, um die vorwärtsdrängenden Winde aufzunehmen, und denen am hinteren Ende Steuerruder hinzugefügt wurden, die den Kurs der Schiffe

hierhin und dorthin lenken können. Das Vorbild ist von den Fischen hergeleitet, die von der hinteren Flosse gesteuert werden und die durch deren leichte beidseitige Bewegung ihre Geschwindigkeit ändern.

(25) „Das alles", sagt er, „hat zwar der Weise entdeckt, es aber, als zu unbedeutend, um es selbst nachzuverfolgen, niederen Gehilfen übertragen." Nein, im Gegenteil, diese Dinge sind von niemand anderem ersonnen worden als von denjenigen, die sich auch heute noch ein Geschäft daraus machen. Wie wir wissen, ist manches erst in unserer Zeit aufgekommen, zum Beispiel die Nutzung von Fenstern, die aufgrund einer transparenten Scheibe das helle Licht durchlassen, zum Beispiel die schwebenden Fußböden der Bäder und die in den Wänden eingelassenen Leitungsrohre, durch die ringsum Wärme zirkulieren konnte, welche zur selben Zeit die unteren und oberen Bereiche gleichmäßig erwärmt hat. Weshalb soll ich über den Marmor reden, durch den die Tempel, durch den die Paläste erstrahlen? Weshalb über die in runde und glatte Form gebrachten Blöcke aus Stein, mit denen wir die Säulengänge und die geräumigen Häuser der Bürgerschaften stützen? Weshalb über die Wortzeichen, mit denen jede noch so geschwinde Rede nachgeschrieben wird und die Hand der Geschwindigkeit der Zunge folgt? Solche Erfindungen sind Aufgabe unbedeutender Sklaven:

(26) die Weisheit sitzt an höherer Stelle und unterweist die Hand: sie ist ein Lehrmeister des Geistes. Du willst wissen, was sie ans Licht gebracht, was sie bewirkt hat? Keine gezierten Körperbewegungen und auch nicht allerlei Töne mit Hilfe von Trompete und Flöte, bei denen die aufgenommene Luft entweder beim Austritt oder beim Hindurchströmen in einen Ton verwandelt wird. Keine Waffen, [und] keine Erdwälle und auch keine [anderen] dem Krieg dienenden Dinge setzt sie ins Werk: sie begünstigt den Frieden und ruft die Menschheit zur Eintracht auf.

(27) Sie ist nicht, ich wiederhole es, Werkmeisterin von Gerätschaften für den alltäglichen Gebrauch. Warum schreibst du ihr so Unbedeutendes zu? Du erblickst eine Künstlerin des Lebens. Die anderen Künste hat sie unstreitig unter ihre Herrschaft genommen; denn wem das Leben sich fügt, dem fügen sich auch diejenigen, die das Leben ausstatten: außerdem strebt sie hin zu einem glücklichen Zustand, dorthin führt sie, dorthin eröffnet sie die Wege.

(28) Sie offenbart, was die Übel sind, [sie offenbart], was die scheinbaren Übel sind; sie beseitigt die Leere des Geistes, sie verleiht echte Größe; eine aufgeblähte und aufgrund der Leere täuschende [Größe] unterdrückt sie, und nicht wissen zu wollen, worin der Unterschied zwischen Größe und Überheblichkeit besteht, lässt sie nicht zu; sie stellt das Wissen über die ganze Natur und über sich selbst zur Verfügung. Sie erklärt, was und wie beschaffen die Götter sind, was die Bewohner der Unterwelt, was die Laren und die Schutzgeister, was die Seelen, die in geringerer Gestalt göttlicher Wesen standhaft ausgehalten haben, wo sie verweilen, was sie tun, was sie können, was sie wollen. Dies sind ihre Weihen, mit denen nicht ein kleinstädtisches Götterbild, sondern ein gewaltiger Tempel aller Gottheiten, die Welt selbst, offenbart wird, dessen wahren Bilder und wahren Erscheinungen sie unseren Seelen zum Erkennen dargeboten hat; denn für so gewaltige Schauspiele ist die Sehkraft zu schwach.

(29) Dann kommt sie zum Anfang der Dinge zurück und zu der unvergänglichen Vernunft, die dem Ganzen gegeben ist, und auf die Kraft aller Samen, die jedem Einzelnen seine charakteristische Gestalt gibt. Darauf beginnt sie, die Seele zu erforschen, woher sie stamme, wie lange, [und] in wie vielen Teilstücken sie existiere. Anschließend ist sie vom Körperlichen zum Unkörperlichen übergegangen und hat die Wahrhaftigkeit und die Argumente hierfür genau geprüft. Schließlich wurden solche Dinge wie die Zweideutigkeiten in der Lebensweise oder der Rede entschieden; in beiden ist nämlich Falsches mit Wahrem vermischt.

(30) Der Weise hat sich nicht, wie es Poseidonios erscheint, von diesen Künsten getrennt, sage ich, sondern er hat sich ihnen überhaupt nicht genähert. Er hätte nämlich nichts für eine Erfindung wert gehalten, das man nicht einer dauerhaften Verwendung für wert gehalten hätte; was abgelegt werden muss, würde er nicht in die Hand nehmen.

(31) „Anacharsis", sagt er, „hat die Töpferscheibe erfunden, durch deren Drehung Gefäße geformt werden." Weil die Töpferscheibe sich [bereits] bei Homer fand, wollte er sich hierauf lieber einbilden, dass die Verse falsch sind als sein Gerede. Ich behaupte zwar nicht, dass Anacharsis der Erfinder dieser Sache war, aber wenn er es war, hat sie unstreitig ein Weiser erfunden, aber gleichsam nicht als Weiser – so wie Weise viele Dinge tun, insofern sie Menschen, nicht insofern sie Weise sind. Stell dir vor, dass ein Weiser außerordentlich schnell ist: auf der Laufbahn wird er alle übertreffen, insofern er schnell, nicht insofern er weise ist. Ich würde Poseidonios gerne einen Glasbläser zeigen wollen, der durch seinen Atem das Glas zu vielerlei äußerer Gestalt formt, die [selbst] eine achtsame Hand schwer nachbilden könnte. Solches ist erfunden worden, als wir aufgehört haben, das zu entdecken, was weise ist.

(32) „Demokrit soll den Gewölbebogen erfunden haben," behauptet er, „so dass eine Rundung von sich zugeneigten Steinen durch einen Felsblock in der Mitte gehalten wird." Das, lass dir sagen, ist nicht richtig; es muss nämlich schon vor Demokrit sowohl Brücken als auch Tore gegeben haben, deren höchste Stelle gewöhnlich einen Rundbogen aufweisen.

(33) Euch ist nun aber entfallen, dass eben derselbe Demokrit entdeckt hat, wie Elfenbein geschmeidig gemacht, wie abgekochte Steinchen in Smaragde verwandelt werden können, wie dafür als brauchbar befundene Steine heute noch durch Kochen gefärbt werden. Mag auch ein Weiser diese Dinge erfunden haben, er hat sie nicht erfunden, insofern er weise

war; er bringt nämlich vieles hervor, das, wie wir sehen, die Unverständigsten entweder ebenso oder [sogar] geschickter und geübter fertigen.

(34) Du fragst, was der Weise erfunden, was er ins Licht getrieben hat? Zuerst die Wahrheit und die Natur, von der er sich, nicht wie die anderen Geschöpfe mit ihren fürs Göttliche trägen Augen, hat leiten lassen; dann die Bedingung des Lebens, die er in Allgemeinheit bestimmt hat, und er lehrt, die Götter nicht nur wahrzunehmen, sondern ihnen zu folgen und zufällige Ereignisse nicht anders als Befehle aufzunehmen. Er wollte sich nicht den irrigen Vorstellungen unterwerfen und hat durch aufrichtige Schätzung genau abgewägt, wie viel alles Mögliche wert ist; mit Reue gepaarte Genüsse hat er missbilligt, [und] Güter, die allezeit gefallen werden, mit Lob bedacht, und offenbar gemacht, dass am glücklichsten ist, wer Glück nicht nötig hat, dass am mächtigsten ist, wer Macht über sich selbst besitzt.

(35) Ich rede nicht von dieser Philosophie, die den Bürger für außerhalb des Vaterlands, die Götter für außerhalb der Welt angesehen, die die Tapferkeit der Leidenschaft geopfert hat, sondern über jene, die nur für ein Gut hält, was sittlich gut ist, die weder durch die Gefälligkeiten eines Menschen noch denen des Schicksals günstig gestimmt werden kann, deren Lohn darin besteht, dass sie zu keinem Preis erworben werden kann. Ich glaube nicht, dass diese Philosophie in jenem frühen Zeitalter existiert hat, in dem es noch an Kunstfertigkeiten mangelte und Brauchbares durch den Gebrauch selbst erlernt wurde.

(36) Sie folgte auf die vom Glück begünstigten Zeiten, als die Wohltaten der Natur zur gemeinschaftlichen Nutzung offen dalagen, bevor Habgier und Verschwendungssucht die Menschen entzweit und sie gelehrt haben, sich zum Raubzug aus der Gemeinschaft heraus zu zerstreuen: jene waren keine weisen Männer, auch wenn sie taten, was von Weisen zu tun ist.

(37) Ja, keinen anderen Zustand des Menschengeschlechts wird irgendjemand mehr bewundert haben; und auch, wenn ein Gott ihm erlaubte, die irdischen Dinge zu gestalten und den Völkern Sittengesetze darzureichen, würde nichts anderes seinen Beifall finden, als das, von dem erzählt wird, dass es zurzeit derjenigen der Fall war, bei denen

*keine Siedler die Flure durchpflügten;*
*es nicht einmal erlaubt war,*
*ein Feld zu kennzeichnen oder es durch eine Grenzlinie abzuteilen:*
*sie suchten sich Gemeingut zu verschaffen, und selbst die Erde*
*brachte, von keinem verlangt, alles freiwillig hervor.*

(38) War etwas glücklicher als jenes Menschengeschlecht? Gemeinsam erfreuten sie sich an der Natur; wie eine Mutter hat sich jene zur Erhaltung aller dargeboten; auf diesem sorgenfreien Besitz beruhte der allgemeine Reichtum. Warum sollte ich ein jenes Zeitalter der Menschen, in dem man keinen Armen finden konnte, nicht als außerordentlich reich bezeichnen? Die Habgier ist in diese bestens angelegte Welt eingedrungen und indem sie begehrte, etwas beiseitezuschaffen und in Eigenes zu wandeln, machte sie alles zu fremdem Gut und versetzte sich aus unermesslichem Raum in dürftige Enge. Die Habgier hat Armut herbeigeführt und dadurch, dass sie vieles begehrte, alles verloren.

(39) Und so mag sie nun den Versuch unternehmen, wiederherzustellen, was sie verloren hat, mag sie Acker um Acker hinzufügen, indem sie den Nachbarn entweder mit Geld oder durch eine Gewalttat vertreibt, mag sie ihre Landgüter in die Weite der Provinzen ausbreiten und sie im Verlauf ihres langen Auslandsaufenthalts als Besitz bezeichnen: keine Erweiterung der Grenzen bringt uns dorthin zurück, von wo wir uns entfernt haben. Wenn wir das alles verwirklicht haben, werden wir vieles besitzen: wir hatten [aber] alles im Besitz.

(40) Selbst die unbearbeitete Erde war fruchtbarer und für die Völker, die sie nicht ausbeuteten, freigebig im Gebrauch. Entdeckt zu haben, was auch immer die Natur hervorgebracht hatte, war nicht weniger ein Vergnügen, als diese Entdeckung einem anderen zu zeigen; und niemand konnte im Überfluss haben oder Mangel leiden: unter den einträchtigen [Menschen] wurde geteilt. Der Stärkere hatte an den Schwächeren noch nicht Hand angelegt, der Geizige, dadurch das er verbarg, was ungenutzt vor ihm lag, den anderen noch nicht von den notwendigen Bedürfnissen ausgeschlossen: dem anderen und sich selbst galt die gleiche Fürsorge.

(41) Es ruhten die Waffen und die vom menschlichen Blut unbefleckten Hände hatten alle Feindschaft gegen die wilden Tiere gerichtet. Diejenigen, die ein dichter Wald vor der Sonne verborgen hatte, die an einem überall zu findenden Zufluchtsort vor der Heftigkeit eines Sturms oder des Regens geschützt unter Laubwerk lebten, verbrachten ohne Klageseufzer die friedlichen Nächte. Sorge treibt uns unter unserer Purpurdecke umher und heftigste Unruhe schreckt uns auf: aber welch angenehmen Schlaf gewährte jenen die harte Erde!

(42) Über ihnen schwebten keine kunstvoll gearbeiteten Kassettendecken, sondern die Sterne zogen über sie dahin, während sie auf freiem Feld lagen, und das All, ein nächtliches Schauspiel ohnegleichen, setzte seinen Lauf unaufhaltsam fort, in aller Stille sein großes Werk aufführend. Sowohl am Tage als auch bei Nacht standen ihnen die Aussichten auf diese herrlichste Behausung offen; es gefiel ihnen, die Sternbilder zu betrachten, die sich vom mittleren Teil des Himmelsgewölbes hinabsenken, während andere sich wieder aus dem Verborgenen erheben.

(43) Warum sollte sie es nicht erfreuen, unter den so weit ausgedehnten Wundern umherzuschweifen? Aber ihr ängstigt euch vor jedem Geräusch eurer Häuser und tretet inmitten eurer Wandgemälde in Bestürzung versetzt die Flucht an, wenn etwas geklappert hat. Sie besaßen keine Häuser

groß wie Städte: Wind und ein ungehinderter Luftzug auf offenem Feld, [und] der sanfte Schatten einer Felswand oder eines Baumes und kristallklare Quellen und Bäche, weder durch Bauwerk noch durch Wasserrohre noch durch einen erzwungenen Lauf zuschanden gemacht, sondern nach eigenem Willen dahineilend, und wohlgestaltete Wiesen ohne Künstlichkeit, in deren Mitte die ländliche Behausung von roher Hand getüncht – dies war eine der Natur folgende Wohnstätte, in der es zu wohnen gefiel, ohne sich vor ihr selbst noch um sie zu fürchten.

(44) Aber obwohl sie ein vortreffliches Leben frei von Bosheit führten, waren sie keine Weisen, weil dies ja schon die Bezeichnung für das erhabenste Werk ist. Dennoch möchte ich nicht leugnen, dass sie Männer von hohem Charakter waren und, wie man so sagt, gerade von den Göttern kommend; und es besteht in der Tat kein Zweifel, dass die noch nicht erschöpfte Welt bessere Dinge hervorgebracht hat. Gleichwie jedoch alle ein kraftvolleres und besser für Anstrengungen gerüstetes Naturell besaßen, so waren die geistigen Kräfte nicht bei allen zur Vollkommenheit gebracht worden. Denn die Natur gewährt keine sittliche Vollkommenheit: tugendhaft zu werden, ist eine Kunst.

(45) Jedenfalls suchten jene im untersten Bodensatz der Welt weder Gold noch Silber noch Edelsteine und sie gewährten den sprachlosen Geschöpfen noch immer Schonung: weit davon entfernt, dass ein Mensch einen Menschen, nicht in Zorn geraten, sich nicht fürchtend, nur mit der Absicht zuzuschauen, getötet hätte. Ihre Kleidung war noch nicht bunt bestickt, es war noch kein Gold hineingewoben und es wurde bis dahin auch nicht danach geschürft.

(46) Was folgt daraus? Aus Unkenntnis dieser Dinge waren sie rechtschaffen; es ist jedoch ein großer Unterschied, ob jemand keinen Fehler machen will oder [keinen machen] kann. Sie besaßen keine Gerechtigkeit, sie besaßen keine Klugheit, sie besaßen keine Mäßigung und keine Tapfer-

keit. Für all diese Tugenden brachte das ungebildete Leben gleichsam Ähnliches mit sich: dem Geist wird keine sittliche Vollkommenheit zuteil, wenn er nicht durch Anweisung und Belehrung und beharrliches Training zum höchsten Gipfel geführt wurde. Gewiss ist dafür – werden wir doch ohne sie geboren – auch noch bei den Besten, ehe man sie ausgebildet hat, [nur] die Anlage zur sittlichen Vollkommenheit vorhanden – nicht die sittliche Vollkommenheit [selbst]. Lebe wohl.

———

# Buch 14 – Brief 91

Seneca grüßt seinen Lucilius,

(1) Unser [Freund] Liberalis ist momentan niedergeschlagen, weil er die Nachricht von einer Feuersbrunst erhalten hat, durch welche die Kolonie Lugdunum eingeäschert worden ist; ein solcher Schicksalsschlag könnte jeden erschüttern, umso mehr einen Menschen, der seine Heimatstadt so sehr liebt. Dieses Ereignis hat bewirkt, dass er seinen Charakter zu ergründen suchte, den er selbstverständlich gegen diejenigen Dinge ausgebildet hat, vor denen sich zu fürchten er für möglich hielt. Dass er für dieses so wahrhaft unvermutete und ganz und gar ungewöhnliche Unheil keine Besorgnis hegte, verwundert mich nicht, da es ohne Beispiel war; eine Feuersbrunst hat nämlich viele Städte heimgesucht, keine vernichtet. Denn selbst [dort,] wo das Feuer von Feindeshand auf die Dächer geschleudert worden ist, geht es an vielen Stellen aus, und obschon es wiederholt angefacht wird, verzehrt es nur selten alles auf eine Weise, dass es dem Schwert nichts übrig lässt. Auch ein Erdbeben war kaum jemals so stark und verderblich, dass es ganze Städte zerstört hat. Kurzum, niemals ist in irgendeiner [Stadt] eine so gefährliche Feuersbrunst entbrannt, dass für die nächste Feuersbrunst nichts übrig geblieben wäre.

(2) So viele der schönsten Kunstwerke, von denen eines allein einer einzelnen Stadt hätte Glanz verleihen können, hat eine einzige Nacht niedergeworfen, und im so tiefen Frieden hat sich ereignet, was nicht einmal im Kriege zu fürchten galt. Wer kann das glauben? Während überall die Waffen schweigen, weil sich auf der ganzen Welt eine sorglose Ruhe ausgebreitet hat, wird vergeblich nach Lugdunum gesucht, auf das in Gallien [stolz] verwiesen wurde. Das Schicksal hat allen, die es in Allgemeinheit heimgesucht hat, das, was sie künftig erleiden sollten, zu fürchten erlaubt; jede große Sache besitzt eine Zeitdauer für ihren Untergang: in diesem Fall lag eine einzige Nacht zwischen einer sehr bedeutenden und einer zu-

grunde gegangenen Stadt. Ja, ich berichte dir eine längere Zeit darüber, dass sie zugrunde gegangen ist, als dass sie selbst zugrunde ging.

(3) Dies alles hat den gegenüber sich selbst starken und entschlossenen Willen unseres Liberalis gebeugt. Und er ist nicht ohne Grund erschüttert: unerwartete Dinge fallen schwerer zu Last; das Ungewöhnliche fügt den Unglücksschlägen Gewicht hinzu, und umso mehr hat ein jeder Sterbliche den Schmerz empfunden, weil er sie obendrein nicht begreifen konnte.

(4) Deshalb sollte es für uns nichts Unvorhergesehenes geben; man muss den Geist bei allem vorausschicken und nicht all das bedenken, was sich gewöhnlich, sondern all das, was sich möglicherweise ereignet. Denn was gibt es, was das Schicksal, wenn es wollte, demjenigen, der an Überfluss besitzt, nicht entreißen könnte? Was würde es nicht umso eher angreifen und zerschmettern, je herrlicher es erstrahlt? Was ist für jenes mühevoll oder was mit Schwierigkeiten verbunden?

(5) Nicht immer stürmt es auf einem einzigen Pfad heran, [und] gewiss nicht auf einem ausgetretenen: bald gebraucht es unsere Hände gegen uns selbst, bald macht es, auf die eigenen Kräfte sich beschränkend, Gefahren ohne einen Urheber ausfindig. Kein Zeitpunkt ist [davon] ausgenommen: die Ursachen des Leids rühren von den Vergnügungen selbst her. Inmitten des Friedens erhebt sich der Krieg, und die Hilfstruppen der Sorglosigkeit laufen über zur Besorgnis: aus dem Freund wird ein Feind, aus dem Bundesgenossen ein Gegner. Die sommerliche Windstille schlägt um in plötzliche und in den Wintern heftige Stürme. Ohne einen Feind erleiden wir Feindseliges, und ein allzu großes Glück schafft sich die Ursachen seines Untergangs selbst, wenn andere nicht vorhanden sind. Krankheit befällt die Maßvollsten, Schwindsucht [greift] die Kräftigsten [an], Strafe [überkommt] die Schuldlosesten, Lärm [bricht über] die Abgeschiedensten [herein]; der Zufall wählt etwas Neues aus, wodurch er gleichsam denjenigen, die sie nicht beachtet hatten, seine Zwänge aufnötigen kann.

(6) Alles, was eine lange Ahnenreihe unter großen Anstrengungen, [und] dank der großen Gnade der Götter aufgebaut hat, das atomisiert und zertrümmert ein einziger Tag. Einen langen Aufschub gewährte den eilenden Übeln, wer von einem Tag sprach: eine Stunde, sogar eine Minute des Tages reichen aus, um [ganze] Reiche zu zerstören. Es wäre ein Trost für unsere Ohnmacht und überhaupt für unsere Angelegenheiten, wenn alles so langsam verloren ginge, wie es entsteht: nun kommen Zuwächse aber langsam hervor, in den Verlust eilt man hinein.

(7) Nichts ist in persönlichen, nichts in öffentlichen Angelegenheiten von Dauer; Schicksale von Menschen wie von Städten wenden sich. Inmitten der Stille erhebt sich der Schrecken und, ganz ohne beunruhigende Ursachen, bricht das Unheil hervor, wo man es am wenigsten erwartet hat. Reiche, die sich in inneren, [und] in auswärtigen Kriegen behauptet hatten, gingen ohne Anlass zugrunde: wie wenige Städte haben ihr Glück ertragen! Deshalb muss man alles bedenken und den Geist gegen das, was geschehen kann, stärken.

(8) Verbannungen, Folterungen, Kriege, Schiffsunglücke nimm [im Geiste] vorweg. Ein Schicksalsschlag kann dich dem Vaterland, kann dir das Vaterland entreißen, kann dich in die Einsamkeit treiben – selbst da, wo man in einer Menschenmenge erstickt, kann Einsamkeit entstehen. Man halte sich im vollen Umfang das Los der menschlichen Geschicke vor Augen, und wir sollten mit dem Geist vorwegnehmen, nicht wie häufig etwas eintritt, sondern wie folgenschwer es eintreten kann, wenn wir nicht überwältigt und durch jene ungewöhnlichen gleichsam neuartigen [Geschehnisse] in Bestürzung versetzt werden wollen; wir müssen das Schicksal im Ganzen bedenken.

(9) Wie oft sind Asiens, wie oft Achaias Städte in einem einzigen Beben zusammengefallen! Wie viele Siedlungen in Syrien, wie viele in Makedonien sind verschlungen worden! Wie oft hat dieses Unheil Zypern verwüs-

tet? Wie oft ist Paphos in sich zusammengestürzt! Der Untergang ganzer Städte ist uns oft gemeldet worden, und wir, die einander oft Nachricht über diese Dinge bringen, ein wie kleiner Teil des Gesamten sind wir! Gegen die schicksalhaften Ereignisse sollten wir uns daher erheben und verstehen, dass alles, was sich ereignen kann, nicht so gewaltig ist, wie das Gerücht es verbreitet.

(10) Eine Stadt ist in Brand geraten, mächtig und eine Zierde der Provinzen, mit denen sie teils verflochten war, von denen sie teils ausgenommen war, gleichwohl auf einem einzigen und auch nicht sehr großen Berg gelegen: die Spuren all dieser Städte, die du zu unserer Zeit als prächtig und ruhmvoll [zu sein] vernimmst, wird die Zeit gleichfalls auch vertilgen. Siehst du nicht, wie in Achaia sogar die Fundamente der berühmtesten Städte zerrieben worden sind und nichts sich findet, aus dem ersichtlich würde, dass sie zumindest existiert haben?

(11) Nicht nur das von Menschenhand Geschaffene verfällt, und nicht nur das, was durch menschliche Kunstfertigkeit und menschlichen Fleiß erbaut worden ist, richtet ein [einzelner] Tag zugrunde: Gebirgszüge verschwinden, ganze Landstriche, die weit weg vom Anblick des Meeres emporragten, haben sich abgesenkt, [und] sind unter Meereswogen begraben worden; die gewaltige Kraft des Feuers hat die Anhöhen zerfressen, über denen es erstrahlte, und einstmals höchste Gipfel, Hilfsmittel und Hoffnungsschimmer der Seeleute, [gänzlich] abgeflacht. Auch die Schöpfungen der Natur werden heimgesucht und daher sollten wir die Ruinen der Städte mit Gleichmut ertragen.

(12) Sie sind erbaut, um zu verfallen: allen steht dieses Schicksal bevor, sei es, dass in ihrem Inneren die Kraft der Winde und stürmische Luftströme von dem, was verstopft worden ist, die Last abschütteln, unter der sie gefangen gehalten werden, sei es, dass der ungestüme, in verborgener Tiefe allzu gewaltige Drang reißender Bäche im Weg Stehendes zerschmet-

tert, sei es, dass die Gewalt der Flammen das Gefüge der Erde verletzt, sei es, dass das Alter, vor dem nichts sicher ist, sie nach und nach bezwingt, sei es, dass die Widrigkeit des Klimas ein Volk vertreibt und das Brachliegen das Aufgegebene zugrunde richtet. Es würde zu lange dauern, alle Wege des Verderbens anzuführen. Dieses eine weiß ich: alle Werke der Sterblichen sind zur Vergänglichkeit verurteilt, wir leben inmitten von dem, was zugrunde gehen wird.

(13) Diese und dergleichen Trostworte bringe ich also unserem Liberalis nahe, der von einer geradezu unglaublichen Sehnsucht nach seiner Heimat geplagt ist, die möglicherweise [nur] zerstört worden ist, um sich schöner noch zu erheben. Oft hat eine Ungerechtigkeit Platz geschaffen für ein bedeutenderes Schicksal: vieles ist gefallen, um sich höher zu erheben. Timagenes, ungerecht gegenüber dem Gedeihen der Hauptstadt, sagte, die Brände in Rom bereiteten ihm aus einem einzigen Grund Kummer, weil er wisse, dass Bedeutenderes sich erheben wird, als das, was von den Flammen verzehrt worden ist.

(14) Auch in dieser [seiner] Stadt werden wahrscheinlich alle wetteifern, um Größeres und Höheres, als sie verloren haben, wieder aufzubauen. Wenn es doch länger bestehen und unter günstigeren Vorzeichen für eine längere Zeit gebaut würde! Denn diese Ansiedlung zählt 100 Jahre seit ihrer Entstehung, ein Alter, dass nicht einmal für einen Menschen als das äußerste gilt. Von Plancus gegründet, ist sie aufgrund der vorteilhaften Lage zu ihrer heutigen Bevölkerungszahl gediehen: doch wie viele äußerst schwere Schicksalsschläge hat sie innerhalb der Zeit eines Menschenalters ausgehalten!

(15) Daher sollte der Geist zum Verständnis und zum Ertragen seiner Bestimmung angeleitet werden und verstehen, dass das Schicksal nichts unversucht lässt, über die Staaten das gleiche Recht auszuüben wie über die Herrschenden, dasselbe gegen Städte zu vermögen wie gegen Menschen.

Über nichts davon muss man entrüstet sein: wir sind in eine Welt eingetreten, in der nach diesen Gesetzen gelebt wird. Es gefällt dir: richte dich danach. Es gefällt dir nicht: wo nur immer du willst, verlasse sie. Ärgere dich, wenn etwas Feindseliges allein gegen dich verabredet wurde, aber wenn das erwähnte Verhängnis die Höchsten und die Niedrigsten bindet, söhne dich mit dem Schicksal aus, von dem alles wieder aufgelöst wird.

(16) Es gibt keinen Grund, dass du uns nach den Grabmälern beurteilst und diesen Denkmälern, die, ungleich in der Art, die Straße säumen: der Tod macht alle gleich. Ungleich werden wir geboren, als Gleiche sterben wir. Dasselbe sage ich über die Städte wie über die Bewohner der Städte: sowohl Ardea als auch Rom wurden eingenommen. Nur für die Zeit, in der wir existieren, hat uns der Schöpfer des menschlichen Rechts nach Herkunft und Berühmtheit der Namen unterschieden; sobald man aber an die Grenze des menschlichen Geschicks gelangt, sagt er: „Verschwinde du Streben nach Ehre und Rang: es soll ganz dasselbe Gesetz gelten für alle, die sich auf der Erde befinden." In Hinblick auf all das, was wir erleiden müssen, sind wir gleich; niemand ist hinfälliger als ein anderer, niemand besitzt für sich eine größere Gewissheit auf einen nächsten Tag.

(17) Alexander, König der Makedonier, hatte angefangen, Geometrie zu studieren, der Unglückliche, um [so] zu erfahren, wie klein die Erde ist, von der er einen noch kleineren Teil erobert hatte. Freilich sage ich deswegen ‚der Unglückliche', weil er einsehen musste, dass er einen falschen Beinamen geführt hat: denn wer kann im Kleinen groß sein? Jene Dinge, die gelehrt wurden, waren abstrakt und [nur] mit gewissenhafter Anstrengung zu lernen, nicht solche, die ein überspannter und seine Gedanken über den Ozean treibenlassender Mensch sich aneignen kann. „Lehre mich leichtere Dinge", sagte er. Sein Lehrer entgegnete [darauf]: „Sie sind für alle dieselben, [für alle] gleich schwer."

(18) Stell dir vor, dass die Natur Folgendes vorbringt: „Die Dinge, über die du dich beschwerst, sind für alle dieselben; keinem kann ich Leichteres gewähren, aber jeder, der es will, wird sich selbst Leichteres zukommen lassen." Wie? Durch Gelassenheit. Und es ist notwendig, Schmerz zu empfinden und zu dürsten und zu hungern und alt und grau zu werden (wenn dir ein längeres Verweilen unter den Menschen zuteil wird) und krank darniederzuliegen und etwas zu verlieren und zu sterben.

(19) Trotzdem gibt es keinen Grund, solchen zu glauben, die dich mit Zureden bestürmen: nichts von den genannten Dingen ist ein Übel, nichts unerträglich oder grausam. Ihre Furcht beruht auf einem allgemeinen Urteil. Du fürchtest den Tod wie ein Gerücht: was aber ist törichter als ein Mensch, der leeres Gerede fürchtet? Unser Demetrios pflegt geistreich zu sagen, dass die Äußerungen von Unkundigen für ihn vom selben Rang sind wie ein Knurren, das vom Magen abgegeben wurde. „Denn was interessiert es mich", sagt er, „ob sie oben oder unten tönen."

(20) Welch ein Unsinn ist es, sich zu fürchten, dass man von Verrufenen in Verruf gebracht wird! So wie du grundlos vor einem schlechten Ruf in Furcht geraten bist, so auch vor jenem, was du niemals fürchten würdest, wenn das Gerede der Leute es nicht [so] gewünscht hätte. Kann etwa ein ehrenwerter Mann irgendeinen Schaden erleiden, weil er mit gehässigen Gerüchten besudelt wurde?

(21) Nicht einmal dem Tod kann das erwähnte nach unserem Urteil zum Nachteil gereichen: auch er hat einen schlechten Ruf. Niemand von denen, die sich über ihn beklagen, hat ihn durch Erfahrung kennengelernt: einstweilen ist es ein unüberlegtes Urteil, etwas schuldig zu sprechen, was man nicht kennt. Ein dieses weiß man jedoch: wie sehr er vielen von Nutzen ist, wie viele er von Qualen, von Armut, von Wehklagen, von Bittstellern, vom Überdruss befreit. Wir stehen unter niemandes Gewalt, weil sich der Tod in unserer Gewalt befindet. Lebe wohl.

———

# Buch 14 – Brief 92

Seneca grüßt seinen Lucilius,

(1) Ich denke, zwischen dir und mir herrscht Übereinstimmung, dass man für den Körper äußere Dinge erwirbt und der Körper aus Ehrfurcht vor dem Geist gepflegt wird, dass es im Geist dienende Teile gibt, dank derer wir uns bewegen und ernähren, die uns neben dem hauptsächlichen [Teil] gleichfalls überlassen sind. In diesem Hauptteil ist ein vernunftloser, ist auch ein vernünftiger [Teil] vorhanden; der erstere fügt sich dem letzteren, welcher der einzige ist, der sich nicht auf einen anderen bezieht, sondern alles auf sich selbst zurückführt. Denn auch jene göttliche Vernunft ist allem vorangestellt, untersteht selbst [aber] keinem; auch diese aber ist zugleich die unsrige, die [ja] aus jener heraus existiert.

(2) Wenn in diesem Punkt zwischen uns Einigkeit herrscht, ergibt sich daraus, dass man sich auch hierüber einigt: in dieser einen Sache ist das glückliche Leben angelegt, dass die Vernunft in uns vollkommen ausgebildet wurde. Sie allein nämlich lässt den Mut nicht sinken, steht unerschütterlich dem Schicksal entgegen; in jeder beliebigen äußeren Lage schützt sie uns [...]. Das einzige Gut ist aber dasjenige, das niemals entzogen wird. Glücklich ist derjenige, sage ich, den nichts kleinmütiger macht; er gelangt auf den Gipfel, und zwar von niemanden gestützt außer sich selbst; denn derjenige, der sich [nur] mit Hilfe aufrecht hält, kann stürzen. Wenn es anders ist, werden viele Dinge, die nicht die unseren sind, anfangen, Einfluss auf uns zu nehmen. Doch wer will auf das Schicksal bauen oder wer bewundert sich wissentlich um der fremden Dinge willen?

(3) Worauf beruht also ein glückliches Leben? Auf Sorgenfreiheit und einer dauerhaften Gemütsruhe. Geistesgröße wird dies gewähren, eine zähe Standhaftigkeit im rechten Urteil wird es gewähren. Wie man dorthin gelangt? Wenn man die Wahrheit voll und ganz erkannt hat; wenn im Han-

deln Ordnung, Maß und Anstand gewahrt bleibt, eine unschuldige und freundliche Gesinnung, die um Vernunft bemüht ist und sich niemals von ihr lossagt, liebens- und bewundernswert zugleich. Mit einem Wort, um es dir kurz als Formel aufzuschreiben: der Geist eines weisen Mannes muss so beschaffen sein, wie es für einen Gott angemessen wäre.

(4) Was kann einer vermissen, dem alle Tugenden zuteilwerden? Denn selbst wenn die nicht sittlichen Dinge irgendetwas zu einem bestmöglichen Zustand beitragen können, wird ein gutes Leben auf den Dingen beruhen, ohne die es nicht existiert. Und was ist schimpflicher und dümmer, als die Gabe eines vernünftigen Geistes an Unvernünftiges zu knüpfen?

(5) Trotzdem glauben manche, dass das höchste Gut gesteigert werden kann, weil es nicht sonderlich vollkommen sei, wenn sich ihm zufällige Ereignisse widersetzen. Auch Antipater, einer der großen Lehrer der uns beschäftigenden Schule, sagt, dass er den äußeren Dingen der Welt etwas zuschreibt, aber äußerst wenig. Siehst du aber, von welcher Art es wäre, nicht mit dem Tageslicht zufrieden zu sein, wenn dazu nicht ein kleines Flämmchen leuchten würde? Welche Bedeutung kann bei solch hellem Sonnenschein ein [einzelner] Funken haben?

(6) Wenn du mit der Tugend allein nicht zufrieden bist, musst du entweder wollen, dass die Zurückgezogenheit, ἀοχλησία wie die Griechen es nennen, oder die Sinneslust hinzugefügt wird. Allenfalls ersteres von den beiden kann man gutheißen; denn ein Geist, frei von Belästigungen, hat die Zeit zur Sicht aufs Ganze, und nichts lenkt ihn ab von der Betrachtung der Natur. Die letztere der beiden, die Sinneslust, ist ein Gut des Viehs: wir fügen dem Vernünftigen Unvernünftiges hinzu, dem sittlich Guten Unsittliches, macht ein Reiz des Körpers das Leben [zu etwas Bedeutendem]?

(7) Warum also zaudert ihr zu sagen, dass es einem Menschen gut geht, wenn es seinem Gaumen gut geht? Und einen solchen, dessen höchstes Gut in Gerüchen, Farben und Tönen besteht, zählst du, ich sage gar nicht, zu den Männern, sondern zu den Menschen? Entfernen sollte er sich von der vortrefflichsten und den Göttern nachstehenden Schar der Lebewesen; ein über Futter frohlockendes Geschöpf sollte sich den sprachlosen [Lebewesen] anschließen.

(8) Der unvernünftige Teil des Geistes weist zwei Seiten auf, eine leidenschaftliche, ehrgeizige, zügellose, auf Stimmungen beruhende, [und] eine kleinliche, träge, den Genüssen ausgelieferte: jene unbändige, für einen Mann gleichwohl bessere, sicherlich tatkräftigere und angemessenere, haben sie vernachlässigt, die zweite, die verweichlichte und verzagte, hielten sie für unentbehrlich für ein gutes Leben.

(9) Diesem zu dienen, haben sie der Vernunft befohlen, und das höchste Gut des edelsten Lebewesens machten sie verzagt und gewöhnlich, ein missgestaltetes Gemenge überdies aus unterschiedlichen und schlecht übereinstimmenden Teilen. Denn wie unser Vergil bezüglich Skylla sagte:

*Zuvorderst die Anmut eines Menschen, von der Brust bist zum Schoß ein schönes Mädchen,*
*zuhinterst ein Meerungeheuer mit entsetzlichem Körper, bei dem sich Delphinschwänze mit dem Leib von Seebarschen vereinigten.*

Einer solchen Skylla sind doch wenigstens wilde Tiere zugefügt, erstaunliche, geschwinde; aber aus welchen Phantastereien haben diese da ihre Weisheit zusammengestellt?

(10) Der vorzüglichste Teil des Menschen ist gerade die Tugend; ihm wird ein verderblicher und erschlaffender menschlicher Körper anvertraut, nur geeignet, um Speisen aufzunehmen, wie Poseidonios sagt. Jene göttliche

Tugend nimmt auf schlüpfrigem Boden ihr Ende und ihren vortrefflicheren, ehrwürdigen und göttergleichen Teilen wird ein müßiges und träges Geschöpf angefügt. Die eine der beiden erwähnten, die Zurückgezogenheit, hat allenfalls dem Geist selbst zwar nichts zur Verfügung gestellt, aber Hindernisse beseitigt: die Sinneslust hat ihn obendrein entkräftet und alle Kraft geschwächt. Wie beschaffen wird sich eine zueinander so unverträgliche Verbindung von Körpern zeigen? Einer äußerst tüchtigen Sache wird möglichst Untüchtiges hinzugefügt, einer äußerst strengen die wenig ernsten Dinge, einer äußerst reinen das Maßlose bis hin zur Unzucht.

(11) „Was nun", mag man fragen", wenn eine gute Gesundheit, [und] Ruhe und Schmerzfreiheit die Tugend gar nicht behindern werden, wirst du sie [dann] nicht anstreben?" Warum sollte ich sie nicht anstreben? [Aber] nicht weil sie Güter sind, sondern weil sie sich in Übereinstimmung mit der Natur befinden und weil sie aufgrund einer sittlich einwandfreien Entscheidung von mir ausgesucht werden. Was wird an ihnen dann ein Gut sein? Allein dieses, tugendgemäß ausgewählt zu werden. Denn wenn ich ein Kleidungsstück anziehe, wie es sich gehört, wenn ich spazieren gehe, wie es notwendig ist, wenn ich speise, wie ich soll, sind nicht das Essen oder der Spaziergang oder das Kleidungsstück die Güter, sondern mein Vorsatz, der in diesen Dingen fortwährend ein mit der Vernunft übereinstimmendes Maß beachtet.

(12) Ich möchte außerdem hinzufügen: der Mensch muss eine Neigung zur Wahl des sauberen Kleidungsstücks besitzen; der Mensch ist nämlich von Natur aus ein reinliches und wählerisches Geschöpf. Daher ist das saubere Kleidungsstück nicht an sich ein Gut, sondern die Auswahl des sauberen Kleidungsstücks, weil das Gut nicht in der Sache liegt, sondern in der entsprechenden Auswahl; unsere Handlungen sind tugendhaft, nicht der Gegenstand der Handlung an sich.

(13) Was ich über die Kleidung sagte, denk dir zugleich als das, was ich über den Körper sage. Mit ihm hat die Natur den Geist nämlich wie mit einem Gewand umschlossen; er ist dessen Hülle. Wer jedoch hat jemals die Kleidung nach der Truhe beurteilt? Die Scheide macht das Schwert weder gut noch schlecht. Also antworte ich dir dasselbe auch über den Körper: dass, wenn die Wahl gestattet sei, ich mir sicherlich sowohl Gesundheit als auch Stärke aussuchen werde, dass das Gut allerdings mein Urteil über diese Dinge sein wird, nicht sie selbst.

(14) „Gewiss", heißt es, „ist der Weise glücklich; dennoch erreicht er dieses höchste Gut nur, wenn auch das angeborene Rüstzeug ihm gemäß ist. Demnach kann derjenige, der die sittliche Vollkommenheit besitzt, nicht unglücklich sein – aber derjenige, der seiner natürlichen Güter, wie Gesundheit, wie die Unversehrtheit des Körpers, beraubt wird, ist nicht ganz und gar glücklich."

(15) Was weniger glaubwürdig erscheint, das erkennst du an: dass irgendjemand unter größten und andauernden Schmerzen nicht unglücklich ist, dass er sogar glücklich ist: was leichter [zu glauben] ist, bestreitest du – dass er absolut glücklich ist. Wenn nun aber die sittliche Vollkommenheit bewirken kann, dass irgendjemand nicht unglücklich ist, wird sie leichter bewirken, dass er absolut glücklich ist. Von glücklich zu absolut glücklich verbleibt nämlich ein kleinerer Abstand als von unglücklich zu glücklich. Oder kann das, was eine so große Macht besitzt, dass es, den Unglücksfällen entronnen, unter den Glücklichen Platz nehmen lässt, nicht hinzufügen, was [noch] übrig bleibt, um absolut glücklich zu machen? Auf der obersten Anhöhe verliert es seine Kräfte?

(16) Im Leben gibt es Annehmlichkeiten und Unannehmlichkeiten, beide [sind] für uns Außenwelt. Wenn ein tugendhafter Mann nicht unglücklich ist, obwohl er von allen [möglichen] Unannehmlichkeiten bedrängt wird, wie sollte er nicht absolut glücklich sein, wenn diese oder jene Annehm-

lichkeiten ausbleiben? Denn so wie er nicht in einem fort durch die Last der Unannehmlichkeiten ins Elend getrieben wird, so wird er durch einen Mangel an Annehmlichkeiten nicht vom absoluten Glück abgebracht, sondern er ist ohne die Annehmlichkeiten in dem Maße absolut glücklich, wie er nach Unannehmlichkeiten nicht unglücklich ist; oder aber sein Gut kann ihm entrissen werden, sofern man es nur vermindert.

(17) Ich sagte ein wenig zuvor, dass ein Funke nichts zum leuchtenden Licht der Sonne beiträgt; aufgrund ihrer Helligkeit wird nämlich alles, was unabhängig von ihr leuchten würde, unsichtbar gemacht. „Manche Dinge jedoch", sagt man, „stehen auch der Sonne im Weg." Aber das Sonnenlicht bleibt unvermindert, selbst wenn ihm etwas entgegensteht, und mag auch manches dazwischen liegen, was uns ihren Anblick verwehrt, ist sie [doch] am Werk, wird sie weiter ihre Bahn ziehen; sooft sie zwischen den Wolken hervorleuchtet, ist sie nicht schwächer als bei heiterem Himmel, nicht einmal langsamer, da es ja ein großer Unterschied ist, ob etwas bloß behindert oder aufhält.

(18) Das, was der sittlichen Vollkommenheit entgegensteht, entzieht ihr ebenso nichts: sie wird nicht vermindert, sondern sie strahlt [nur] weniger. Uns erscheint und glänzt sie vielleicht nicht in gleicher Weise, sich selbst bleibt sie [aber] dieselbe und wie die verdunkelte Sonne übt sie ihre Kraft im Verborgenen aus. Unglücksfälle, [und] Niederlagen und Ungerechtigkeiten vermögen deshalb dies gegen diese sittliche Vollkommenheit, was ein Nebel gegen die Sonne vermag.

(19) Es zeigt sich, sagt vielleicht irgendeiner, dass ein Weiser, der körperlich wenig günstig ausgestattet ist, weder unglücklich noch glücklich ist. Auch dieser irrt sich; er vergleicht nämlich zufällige Ereignisse mit Tugenden und gesteht sittlich guten Dingen ebenso viel zu wie denen, die keine sittliche Würde besitzen. Was aber ist schmählicher, was empörender, als dass Verächtliches mit dem Ehrwürdigen verglichen wird? Denn

Gerechtigkeit, Pflichtbewusstsein, Treue, Tapferkeit und Klugheit sind ehrwürdige Dinge: wertlos sind die von gegenteiliger Art, die sich oft allzu reichlich bei den Verächtlichsten einstellen: stark das Bein und der Arm und die Zähne und auch deren Gesundheit und Dauerhaftigkeit.

(20) Wenn alsdann der Weise, dem der Körper eine Last ist, weder für unglücklich noch für glücklich gehalten wird, sondern man es unentschieden lässt, wird auch sein Leben weder angestrebt noch abgelehnt werden müssen. Was jedoch ist in einem Maße ohne Sinn und Verstand wie [die Behauptung], dass das Leben eines Weisen nicht angestrebt werden muss? Oder was so weit außerhalb [jeder] Glaubwürdigkeit wie, dass irgendeine Lebensweise existiert, die weder angestrebt noch abgelehnt werden muss? Wenn ferner die Gebrechen des Körpers nicht unglücklich machen, werden sie es zulassen, glücklich zu sein; denn was nicht die Macht besitzt, in einen schlechteren Zustand zu versetzen, besitzt gewiss auch nicht die Macht, den besten zeitweilig aufzuheben.

(21) „Wir wissen", heißt es, „dass manches kalt und manches heiß ist; zwischen beiden liegt das Lauwarme; ebenso ist einer glücklich, einer unglücklich, einer weder glücklich noch unglücklich." Ich will dieses gegen uns aufgestellte Gleichnis prüfen. Wenn ich dem erwähnten Lauwarmen einen größeren Teil Kaltes hinzufüge, wird es kalt; wenn ich mehr Heißes hineinschütte, wird es schließlich heiß. Aber wie viel Unglückliches ich auch immer demjenigen zufüge, der weder unglücklich noch glücklich ist, er wird, wie ihr behauptet, nicht unglücklich sein; folglich ist dieses Gleichnis unpassend.

(22) Ich führe dir sodann einen Mann an, der weder unglücklich noch glücklich ist. Ich füge ihm Blindheit hinzu: er wird nicht unglücklich; ich füge Gebrechlichkeit hinzu: er wird nicht unglücklich, ich füge ununterbrochene und starke Schmerzen hinzu: er wird nicht unglücklich. Wen so

viele Übel nicht in ein elendes Leben versetzen, den führen sie auch nicht aus einem glücklichen heraus.

(23) Wenn der Weise, wie ihr behauptet, vom Glücklichen nicht ins Unglückliche verfallen kann, kann er es auch nicht ins Nicht-Glückliche. Wie kann denn einer, der ins Straucheln geraten ist, [wieder] zum Stehen kommen? Dieselbe Ursache, die ihn nicht zum Untersten hinabstürzen lässt, hält ihn in der Höhe fest. Wie sollte ein glückliches Leben zerstört werden können? Es kann nicht einmal gemindert werden, und daher ist die Sittlichkeit schon an und für sich ausreichend für [ein glückliches Leben].

(24) „Was jetzt", wird gefragt, „ist ein Weiser, der länger gelebt, den kein Schmerz abgelenkt hat, nicht glücklicher, als derjenige, der beständig mit dem Unglück gerungen hat?" Antworte mir: ist er denn sittlich besser und ehrenwerter? Wenn das nicht der Fall ist, ist er auch nicht glücklicher. Um glücklicher zu leben, ist es nötig, tugendhafter zu leben: wenn er nicht tugendhafter [leben] kann, ist er auch nicht glücklicher. Die sittliche Vollkommenheit wird nicht gesteigert, also auch nicht das glückliche Leben, das auf der sittlichen Vollkommenheit beruht. Die sittliche Vollkommenheit ist nämlich ein so großes Gut, dass sie diese bedeutungslosen Erscheinungen nicht wahrnimmt: eine kurze Lebenszeit, [und] den Kummer und die vielfältigen körperlichen Unpässlichkeiten; freilich, die Sinneslust verdient es nicht, dass man sie berücksichtigt.

(25) Was ist besonders an der sittlichen Vollkommenheit? Dass sie keiner Zukunft bedarf und ihre Tage nicht zählt. In wie kurzer Zeit bildet sie ihre ewigen Güter voll und ganz aus! Dies erscheint uns unglaublich und über die menschliche Natur hinausgehend; denn wir bemessen ihre Erhabenheit aus unserer Schwäche heraus und unseren Verfehlungen geben wir den Namen der Tugend. Und was weiter? Scheint es nicht ebenso unglaublich, dass einer, der größten Martern ausgesetzt ist, sagt: „Ich bin glücklich?" Und doch ist dieser Ausspruch gerade in der Schule der sinn-

lichen Freuden vernommen worden. „Den glücklichsten und letzten Tag verlebe ich heute", sagte Epikur, als ihn hier die Harnwegsbeschwerden quälten, dort die tödliche Pein eines schwärenden Unterleibs.

(26) Weshalb also sollte solcherlei bei denen erstaunlich sein, die die Tugend hochhalten, wenn es sich auch bei denjenigen findet, bei denen die Sinneslust herrschte? Auch diese Unwürdigen und Denkschwachen behaupten, dass unter größten Schmerzen, im höchsten Unglück der Weise weder unglücklich noch glücklich sein wird. Das ist aber doch auch unglaublich, ja sogar unglaublicher; ich verstehe nämlich nicht, wie die sittliche Vollkommenheit, von ihrem Gipfel herabgeschleudert, nicht in die Tiefe gerissen werden sollte. Sie muss entweder Glückseligkeit gewähren oder sie wird, wenn sie davon abgehalten wird, nicht davor schützen, unglücklich zu werden. Solange sie unerschütterlich steht, kann sie nicht gestürzt werden: entweder muss man besiegt werden oder man siegt.

(27) „Allein den unsterblichen Göttern", so heißt es, „ist sowohl sittliche Vollkommenheit als auch ein glückliches Leben zuteil geworden, uns gewissermaßen ein Schatten und eine Nachbildung jener Güter; wir kommen ihnen nahe, erreichen sie [jedoch] nicht." Die Vernunft jedoch ist Göttern und Menschen gemeinsam: bei ihnen ist sie vollkommen, bei uns zur Vollendung fähig.

(28) Aber unsere Verfehlungen bringen uns zur Verzweiflung. Denn jener andere ist, als einer, der zur Bewahrung der höchsten Dinge nicht standhaft genug ist, dessen Urteilsfähigkeit noch immer unzuverlässig und schwankend ist, [ein Weiser] zweiten Ranges. Er mag sich Sehkraft und Gehörsinn wünschen, eine vortreffliche Gesundheit, [und] keine abstoßenden Körpermerkmale und fernerhin, in der gewohnt bleibenden Verfassung, eine längere Lebenszeit.

(29) Auf diese Weise kann ein Leben geführt werden, dass man nicht bereuen muss; aber dem unvollkommenen Mann haftet doch der Einfluss einer schlechten Denk- und Handlungsweise an, weil er einen zum Bösen veränderlichen Geist besitzt, [jene Schlechtigkeit des Geistes und das, was Unruhe hervorruft, ist aber wegen der guten Prinzipien nicht vorhanden]. Er ist sittlich noch nicht gut, aber er wird zum sittlich Guten ausgebildet; jeder aber, dem zum sittlich Guten etwas fehlt, ist unzuverlässig.

(30) Aber

*wenn bei jemandem Tugend und Charakter im Wesen angelegt sind,*

kommt er den Göttern gleich, zu ihnen strebt er, sich seines Ursprungs erinnernd. Niemand ist unredlich, der versucht dorthin emporzusteigen, von wo er herabgekommen ist. Was ist es aber, warum du nicht glaubst, dass etwas Göttliches in demjenigen sich zeigt, der ein Teil Gottes ist? Diese Welt, die uns rings umgibt, ist sowohl Eins als auch Gott; und wir sind dessen Gefährten und Glieder. Unser Geist ist empfänglich, er wird sich dort hinbegeben, wenn Verfehlungen ihn nicht niederhalten. Wie die Haltung unseres Körpers aufrecht ist und sich zum Himmel richtet, so ist der Geist, dem es erlaubt ist, sich auszudehnen so weit er will, von der Natur dazu angeleitet, dass er den Göttern gleich sein will; und falls er sich seiner Kräfte bedient und sich in dem ihm bestimmten Umfang entfaltet, steigt er auf geeignetem Wege zum höchsten Gipfel empor.

(31) Es wäre ein bedeutendes Werk, in den Himmel zu gelangen: man kehrt zurück. Wenn er unseren Weg gefunden hat, geht der Verächter aller Dinge mutig los und denkt nicht ans Geld, beurteilt Gold und Silber, – jenem finsteren Orte, an dem sie gelegen haben, höchst angemessen – nicht nach seinem Glanz, mit dem es die Augen der Unvorbereiteten blendet, sondern nach dem alten Schmutz, aus dem unsere Begierde es abgesondert und ausgegraben hat. Er weiß, ich wiederhole es, dass der Reichtum

anderswo gelegen ist als [dort,] wo er aufgehäuft wird; dass der Geist angefüllt werden muss, nicht der Geldkasten.

(32) Diesem darf man die Herrschaft über alle Dinge auferlegen, diesen an den Besitz der Natur heranführen, so dass er in den Grenzen von Ost und West das Seine bestimmt und alles nach Art der Götter in Besitz hält, dass er von oben auf die Reichen mit ihrem Vermögen herabblickt, von denen niemand so froh über das eigene Hab und Gut ist wie verdrießlich über fremdes.

(33) Wenn er sich in diese Höhe geführt hat, ist er, wie bei einer notwendigen Bürde, auch nicht ein Freund des Körpers, sondern sein Verwalter, und er unterwirft sich nicht einem, dem er vorgesetzt wurde. Niemand ist frei, der seinem Körper dient; denn selbst wenn man die anderen Herren beiseite lässt, die er sich aufgrund jener übertriebenen Sorge verschafft hat, ist seine Herrschaft selbst schon launisch und verweichlicht.

(34) Gerade eben trennt er sich von ihm mit Gleichmut, bald darauf stürzt er mit großer Leidenschaft aus ihm heraus, und er fragt nicht, was dann am Ende mit seinem übrig gebliebenen Rest geschehen wird; sondern wie wir uns nicht um das kümmern, was vom Bart und Haar abgeschnitten wurde, so glaubt jener göttliche Geist, der den Menschen verlassen wird, dass [egal] wozu sein Behältnis verwendet wird, ob Feuer es zerstört oder Erde es bedeckt oder wilde Tiere es auseinanderreißen, es ebenso wenig zu ihm gehört wie die Nachgeburt zu einem neugeborenen Kind. Ob Vögel das Aufgegebene zerstreuen oder es verzehrt wird,

*den Hunden des Meeres als Beute überlassen,*

was bedeutet es für einen, der dahin ist?

(35) Aber auch dann, wenn er sich inmitten der Menschen aufhält, fürchtet er für [die Zeit] nach dem Tod keine Drohungen derer, denen es nicht genug ist, immerfort bis zum Tode gefürchtet zu werden. „Weder schreckt mich der Haken", sagt er, „noch das Zerfetzen einer zur Misshandlung preisgegebenen Leiche – grässlich für diejenigen, die zuschauen wollen. Ich bitte niemanden um den letzten Dienst, ich vertraue keinem meine Überreste an. Die Natur hat dafür gesorgt, dass niemand ohne Begräbnis bleibt: die Zeit bestattet, wen die Grausamkeit verschmähte." Klar und deutlich sagt es Maecenas:

*„Auch lasse ich kein Grabmal herrichten: die Natur bestattet,*
*was übrig bleibt."*

Man könnte vermuten, dass [so] einer gesprochen habe, der sich gerüstet hat; er besaß tatsächlich einen starken und mannhaften Charakter, wenn glückliche Umstände ihn [nur] nicht verweichlicht hätten. Lebe wohl.

———

# Buch 15 – Brief 93

Seneca grüßt seinen Lucilius,

(1) In dem Brief, in dem du den Tod von Metronax beklagt hast, als ob er länger hätte leben können und sollen, habe ich deinen Sinn für Recht und Billigkeit vermisst, der dir in jeder sozialen Stellung, bei jeder Tätigkeit beisteht, der dir in dieser einen Angelegenheit [jedoch] fehlt, in der er allen fehlt: den Menschen gegenüber gerecht habe ich viele gefunden, den Göttern gegenüber niemanden. Tag für Tag hadern wir mit dem Schicksal: „Warum ist dieser mitten in seiner Lebensbahn dahingerafft worden? Warum wird jener nicht dahingerafft? Warum zieht er das Greisenalter, beschwerlich sowohl für sich als auch für andere, [so sehr] in die Länge?"

(2) Ich bitte dich, welches der beiden hältst du für angemessener, dass du der Natur oder dir die Natur dient? Warum sollte es aber wichtig sein, wie schnell du verlässt, was so oder so verlassen werden muss? Nicht dass wir lange leben, muss unsere Sorge sein, sondern dass wir zur Genüge leben; denn um lange zu leben, ist [eine günstige] Bestimmung erforderlich, um zur Genüge zu leben, [der rechte] Geist. Lang ist das Leben, wenn es erfüllt ist; es wird erfüllt, wenn sich der Geist das ihm eigene Gut herausgegeben und dessen Stärke auf sich selbst übertragen hat.

(3) Was erfreuen ihn seine achtzig in Untätigkeit verbrachten Lebensjahre? Ein solcher hat nicht gelebt, sondern im Leben sich aufgehalten, und er ist nicht spät gestorben, sondern lange. „Er hat achtzig Jahre gelebt." Wichtig ist, von welchem Tag an du seinen Tod rechnest.

(4) „Doch jener ist jung gestorben." Aber er hielt sich an die Pflichten eines guten Bürgers, eines guten Freundes, eines guten Sohnes; er hat es in keiner Hinsicht fehlen lassen; mag seine Lebensdauer auch unvollendet gewesen sein, sein Leben ist vollendet. „Achtzig Jahre hat er gelebt." Kei-

neswegs, er hat achtzig Jahre existiert, außer du behauptest vielleicht, dass er auf eine Weise gelebt hätte, so wie man sagt, dass Bäume leben. Ich bitte dich, Lucilius, wir sollten darauf hinarbeiten, dass unser Leben, ebenso wie Kostbarkeiten, nicht viel Platz einnimmt, sondern viel wiegt. Lass es uns nach dem Tun bemessen, nicht nach der Zeit. Du willst wissen, worin der Unterschied besteht zwischen diesem, der, gerüstet und das Schicksal verachtend, alle Feldzüge des menschlichen Lebens überstanden hat und zu dessen höchstem Gut emporgestiegen ist, und jenem, dem viele Lebensjahre überlassen worden sind? Der eine ist auch nach seinem Tod gegenwärtig, der andere vor seinem Tod dahin geschwunden.

(5) Lasst uns daher denjenigen loben und zu denen vom Glück Begünstigten zählen, der, so wenig an Zeit ihm auch zuteil wurde, sie gut angelegt hat; ihm ist nämlich wahre Erleuchtung teilhaftig geworden; er war nicht einer von vielen; er hat gelebt und er war auch tätig. Zuweilen hat er den heiteren Himmel genossen, zuweilen, wie es gewöhnlich so ist, leuchtete [nur] ein Schimmer des mächtigen Gestirns durch die Wolken auf. Was fragst du, wie lange er gelebt hat? Er lebt: fortwährend ist er zur Nachwelt übergetreten und hat sich in die [allgemeinen] Erinnerung begeben.

(6) Ich würde es aber deshalb nicht ablehnen, dass mir weitere Jahre zufallen; doch möchte ich behaupten, dass mir nichts zu einem glücklichen Leben fehlen würde, wenn seine Zeitdauer beschnitten wird; denn ich habe mich nicht für den Tag gerüstet, den mir eine unmäßige Hoffnung als den letzten in Aussicht gestellt hat, sondern ich habe jeden [einzelnen] als den letzten angesehen. Was fragst du mich, wann ich geboren bin, ob ich noch zu den Jüngeren gezählt werde? Das mir Eigene habe ich im Besitz.

(7) Wie sich in einem kleineren Körper ein vollkommener Mensch befinden kann, so kann auch das Leben trotz einer kürzeren Zeitdauer vollendet sein. Die Lebenszeit beruht auf äußeren Dingen. Wie lange ich lebe, liegt nicht an mir: dass ich, solange wie ich existieren werde, wahrhaftig

lebe, das liegt an mir. Ein dieses verlange von mir: dass ich nicht gleichsam eine ruhmlose Zeit in Dunkelheit durchwandere, dass ich ein Leben führe, nicht dass ich [an ihm] vorbeitreibe.

(8) Du fragst, was eine sehr ansehnliche Lebensdauer ist? Bis zur Weisheit zu leben; wer zu ihr hingelangt ist, hat nicht das weit entfernteste, sondern das höchste Ziel erreicht. Jener darf wahrhaftig furchtlos sich rühmen und er sollte den Göttern danken und inmitten derer sich selbst, und der Natur zurechnen, dass er existiert hat. Denn er wird es ihr aus gutem Grund zurechnen: er hat ihr ein besseres Leben zurückgegeben, als er es empfangen hatte. Er hat das Vorbild eines tugendhaften Mannes abgegeben, hat gezeigt, von welcher Art und wie groß er war; hätte er etwas hinzugesetzt, es wäre dem Vorangegangenen gleich gewesen.

(9) Und dennoch: inwiefern leben wir? Wir haben uns an der Erkenntnis aller Dinge erfreut: wir wissen, aus welchen Bausteinen sich die Natur emporhebt, wie sie die Welt gehörig ordnet, im Verlauf welcher Zeitpunkte das Jahr sich erneuert, wie sie alle Dinge, die irgendwo sein werden, einschließt und sich deren Zweck selbst zu eigen macht; wir wissen, dass Himmelskörper aufgrund ihres Umschwungs [am Himmel] wandeln, dass abgesehen von der Erde nichts stillsteht, dass alles sonst mit beständiger Geschwindigkeit dahineilt; wir wissen, wie der Mond an der Sonne vorbeizieht, weshalb der Langsamere die Schnellere hinter sich zurücklässt, auf welche Weise er das Licht empfängt und [wieder] einbüßt, welche Ursache die Nacht aufziehen, welche den Tag wieder zurückkehren lässt: man muss dorthin gehen, von wo aus man diese Dinge aus der Nähe betrachten kann.

(10) „Aber“, sagt jener Weiser, „in dieser Erwartung gehe ich nicht tapferer hinfort, weil ich glaube, dass mir der Weg zu meinen Göttern offensteht. Ich habe es sicherlich verdient, eingelassen zu werden; auch habe ich bereits unter ihnen gelebt und meine Seele dorthin geschickt – und je-

ne hatten das Ihre zu mir geschickt. Aber stell dir vor, dass man aus der Welt geschafft wird und nach dem Tode nichts von einem Menschen übrig bleibt: ich bewahre in gleicher Weise eine erhabene Einstellung, auch wenn ich scheide und danach nirgends hin übergehen werde."

(11) Er (Metronax) hat nicht so viele Jahre gelebt, wie er gekonnt hätte. Auch kann ein Buch aus wenigen Zeilen bestehen und unstreitig anerkennenswert und nützlich sein: du weißt, wie gewichtig die Annalen des Tanusius sind und wie sie genannt werden. So ist es mit dem langen Leben etlicher, und zwar [deshalb], weil es sich an die Annalen des Tanusius hält.

(12) Hältst du etwa den, der am letzten Tag der Gladiatorenspiele getötet wird, für glücklicher als den, der mittendrin getötet wird? Glaubst du etwa, irgendjemand sei dem Leben in einem Maße töricht ergeben, dass er lieber [aufgrund schwerer Verletzung] in der Umkleide getötet werden will als auf dem Kampfplatz? Nicht allzu groß ist der Zeitraum, den wir einander vorangehen. Über alle zieht der Tod hinweg; derjenige, der tötet, folgt dem Getöteten. Am Unwichtigsten ist das, was einen in größte Sorge versetzt. Welchen Sinn hat es aber, dass man allzu lange vermeidet, was nicht vermieden werden kann? Lebe wohl.

————

# Buch 15 – Brief 94

Seneca grüßt seinen Lucilius,

(1) Nur diesen Teil der Philosophie, der Charakteristisches und jedem Individuum seine eigenen Regeln zuweist und den Menschen nicht im Allgemeinen formt, sondern dem Ehemann anrät, wie er sich gegenüber der Ehefrau verhalten, dem Vater, wie er die Kinder erziehen, dem Hausherrn, wie er die Sklaven anleiten soll, haben einige angenommen, die übrigen, gleichsam außerhalb unseres Interesses umherschweifend, weggelassen, als ob irgendeiner über ein Teilgebiet Rat geben könnte, wenn er nicht zuvor die Gesamtheit allen Lebens erfasst hat.

(2) Der Stoiker Ariston meint dagegen, dieser Teil sei unbedeutend und er dringe nicht bis in die Seele ein, weil er altmütterliche Ratschläge enthält; am meisten, sagt er, bewirkten allein die Grundsätze der Philosophie und die Bestimmung des höchsten Guts; „wer dieses erkannt und erforscht hat, lehrt sich selbst, was in jeder einzelnen Angelegenheit zu tun ist."

(3) Wie derjenige, der zu werfen lernt, eine bestimmte Stelle erfasst und die Hand anleitet, dahin zu zielen, wohin sie wirft, [und] wenn er diese Stärke durch Disziplin und Training erlangt hat, sich ihrer bedient, wohin auch immer er [werfen] will (er hat nämlich gelernt, nicht dieses oder jenes zu treffen, sondern das, was er wollte), so wünscht derjenige, der sich auf das ganze Leben vorbereitet hat, nicht stückweise belehrt zu werden, da er [bereits] im Ganzen unterwiesen wurde, auf jeden Fall nicht wie er mit der Ehefrau oder mit dem Sohn zu leben, sondern wie er ein sittlich gutes Leben zu führen hätte. Darin findet sich auch, auf welche Weise er zusammen mit der Ehefrau und den Kindern leben soll.

(4) Kleanthes hält zwar auch diesen Teilbereich für brauchbar, aber für nutzlos, wenn er nicht vom Ganzen ausgeht, wenn er die Prinzipien und

Hauptpunkte der Philosophie selbst nicht anerkannt hat. Dieses Thema teilt sich also in zwei Fragenbereiche auf: ob es nützlich oder nutzlos ist und ob es allein einen tugendhaften Mann hervorbringen kann, das heißt, ob es überflüssig ist oder ob es alle [anderen] überflüssig macht.

(5) Diejenigen, die dieses Teilgebiet als überflüssig erscheinen lassen wollen, sagen Folgendes: wenn etwas vor die Augen gehalten und dadurch der Blick gefesselt wird, muss man es entfernen; solange dadurch [der Blick] verstellt ist, vergeudet seine Mühe, wer vorschreibt: „So wirst du gehen, dorthin die Hand ausstrecken." Wenn irgendeine Sache den Geist verdunkelt und ihn davon abhält, die Ordnung der pflichtgemäßen Handlungen zu erkennen, setzt in gleicher Weise nichts in Bewegung, wer die Vorgabe macht: „so wirst du mit dem Vater, so mit der Mutter leben." Denn Anweisungen werden nichts ausrichten, solange der Irrtum sich im Geiste verbreitet: wenn man diesen abschüttelt, wird offenkundig werden, was jeder Pflicht geschuldet ist. Andernfalls lehrst du ihn, was von einem vernünftigen [Menschen] getan werden muss, bringst aber keinen vernünftigen [Menschen] hervor.

(6) Du verordnest dem Armen, dass er einen Reichen spielt: wie kann das zuwege gebracht werden, wenn die Armut andauert? Einem Hungernden erklärst du, was er tun soll, als ob er satt wäre: befreie ihn lieber vom Hunger, der ihn bis ins Mark getroffen hat. Dasselbe sage ich dir hinsichtlich der ganzen Verfehlungen: sie selbst muss man abwenden, [und] nicht etwas vorschreiben, was von jenen, die in ihnen verharren, nicht geleistet werden kann. Wenn man die falschen Vorstellungen, unter denen wir leiden, nicht abschüttelt, wird weder der Geizhals darauf hören, wie er sein Geld verwenden sollte, noch der Furchtsame, wie er gefährliche [Situationen] gleichgültig hinnehmen kann.

(7) Man muss erreichen, dass er versteht, dass Vermögen weder ein Gut noch ein Übel ist; du könntest ihm die unglücklichsten Reichen zeigen; du

könntest erreichen, dass er versteht, dass was auch immer uns gewöhnlich entsetzt, nicht so gefürchtet werden muss, wie das es Gerücht verbreitet, dass weder irgendjemand lange leidet noch irgendjemand mehrmals stirbt: im Tod, den zu erleiden Gesetz ist, liegt großer Trost, weil er zu niemandem ein zweites Mal kommt; im Schmerz wird sich wie ein Heilmittel eine Beharrlichkeit des Geistes finden, der sich alles, was er unbeugsam erlitten hat, erträglicher macht; dass es die beste Eigenschaft des Schmerzes ist, dass der, der sich hinzieht, nicht heftig sein kann, und der, der heftig ist, sich nicht lange hinziehen kann; dass alles tapfer ertragen werden muss, was uns die Unvermeidlichkeit der Weltordnung auferlegt.

(8) Wenn du ihm mit diesen Lehrsätzen seine Lage vor Augen geführt hast, und er die Einsicht gewonnen hat, dass ein Leben glücklich ist, das nicht von der Lust gesteuert, sondern naturgemäß ist, wenn er an der Tugend als einzigem Gut des Menschen Freude gewonnen, die Unsittlichkeit als einziges Übel verworfen und verstanden hat, dass alles übrigen Dinge – Reichtum, Ehrenämter, eine gute Gesundheit, Körperkraft, Befehlshaberposten – als zweideutige Fälle weder den Gütern noch den Übeln zuzurechnen sind, wird er den Mahner nicht vermissen, der hinsichtlich der jeweiligen Einzelfälle wahrscheinlich sagt: „So gehe einher, so speise; so geziemt es sich für einen Mann, so für eine Frau, so für einen Ehemann, so für einen Unvermählten."

(9) Gerade diejenigen, die sehr gewissenhaft dazu auffordern, können das allerdings nicht bewirken; das eine lehrt der Lehrer dem Kind, das andere die Großmutter dem Enkel, und ein äußerst jähzorniger Lehrmeister hält einen Vortrag darüber, dass man nicht jähzornig sein darf. Wenn du eine Elementarschule betrittst, wirst du einsehen, dass das, was die Philosophen mit außerordentlichem Hochmut im Munde führen, sich [bereits] in den Regeln für die Kinder findet.

(10) Ob du weiterhin Augenscheinliches oder Zweifelhaftes vorschreiben wirst? Augenscheinliches verlangt nicht nach einem Mahner, einem, der Zweifelhaftes lehrt, wird nicht geglaubt; es vorzuschreiben, ist also überflüssig. So lerne besonders dieses: wenn du zu etwas anrätst, das unklar und zweideutig ist, muss es mit Beweisen gestützt werden; wenn du die Absicht hast, es durch Beweise glaubhaft zu machen, richtet das, womit du es beweist, mehr aus [als die Mahnungen] und ist für sich allein ausreichend.

(11) „So behandle den Freund, so den Mitbürger, so den Bundesgenossen." „Warum?" „Weil es wohl begründet ist." Dies alles lehrt mich der Standpunkt zur Gerechtigkeit: dort erfahre ich, dass Gerechtigkeit an sich erstrebt werden muss, dass wir weder aus Angst zu ihr gezwungen, noch durch Bezahlung verdingt werden, dass der nicht gerecht ist, dem irgendetwas an ihr gefällt ausgenommen ihrer selbst. Wenn mich das überzeugt hat und ich es ganz in mich aufgenommen habe, was nützen [dann] diese Vorschriften, die einen Gelehrten belehren? Einem Wissenden Anweisungen zu geben, ist überflüssig, sie einem Unwissenden zu geben nicht genug; er muss nämlich nicht nur erfahren, was ihm vorgeschrieben wird, sondern auch warum.

(12) Ob sie für denjenigen notwendig sind, der vernünftige Ansichten über Güter und Übel hat, frage ich, oder für denjenigen, der sie nicht hat? Wer sie nicht hat, wird in keiner Weise durch dich gefördert werden, das Gerede der Leute hat sich deinen Meinungen zuwider seiner Ohren bemächtigt; wer eine gut überlegte Ansicht darüber besitzt, was zu meiden und was zu wünschen ist, weiß, was er zu tun hat, auch wenn du schweigst. Dieses ganze Teilgebiet der Philosophie kann man folglich abtreten lassen.

(13) Zwei Gründe gibt es, weswegen wir Fehler begehen: entweder wohnt dem Geist eine aufgrund verkehrter Vorstellungen verursachte Schlechtig-

keit inne, oder er ist, auch wenn er nicht von Unwahrheiten in Beschlag genommen wurde, dem Falschen zugeneigt und wird schnell vom äußeren Glanz verführt, der ihn dahin zieht, wohin er nicht soll. Daher müssen wir entweder den angegriffenen Geist völlig heilen und von seinen Fehlern befreien oder, wenn er zwar von ihnen frei ist, aber zum Schlechten neigt, sich seiner vorher bemächtigen. Beides tun die Lehrsätze der Philosophie; also führt eine solche Art der Belehrung in keiner Weise zur Vollendung.

(14) Wenn wir überdies jedem Einzelnen Weisungen erteilen, ist das eine nicht endende Aufgabe; die einen müssen wir nämlich denen geben, die Geld gegen Zins verleihen, die anderen denen, die das Feld bestellen, die einen denen, die Handel treiben, die anderen denen, die die Freundschaft der Könige suchen, die einen denen, die Zuneigung zu Gleichrangigen, die anderen denen, die Zuneigung zu Geringeren empfinden werden.

(15) Für die Ehe wirst du vorschreiben, wie einer mit seiner Gattin leben soll, die er als junge Frau geheiratet hat, wie mit derjenigen, die schon Erfahrungen aus der Ehe mit einem anderen erlangt hat, wie mit einer wohlhabenden [Frau], wie mit einer ohne Mitgift. Oder meinst du nicht, dass ein nennenswerter Unterschied besteht zwischen einer unfruchtbaren und einer fruchtbaren Frau, zwischen einer Bejahrten und einem Mädchen, zwischen einer Mutter und einer Stiefmutter? Wir können nicht alle einzelnen Fälle schildern: und doch verlangen die jeweils Einzelnen nach individuellen [Anweisungen]; die Gesetze der Philosophie aber sind kurz gefasst und verbinden alles.

(16) Füge nun hinzu, dass die Lehrsätze der Philosophie durch Grenzen festgesetzt und unzweifelhaft sein müssen; wenn sie insofern nicht begrenzt werden können, liegen sie außerhalb der Vernunft; die Weisheit kennt die Grenzen der Dinge. Also muss der Teil, der die Weisungen be-

trifft, entfernt werden, weil das, was er wenigen verspricht, nicht allen erweisen kann; die Weisheit jedoch bindet alle.

(17) Es besteht kein Unterschied zwischen dem allgemeinen Wahnsinn und demjenigen, der den Ärzten überlassen wird, außer das der letztere aufgrund einer Krankheit besteht, der erstere aufgrund irriger Auffassungen; bei dem einen leiten sich die Ursachen des Wahnsinns aus einem körperlichen Leiden ab, bei dem anderen beruht er auf einer verderblichen Krankheit des Geistes. Falls irgendjemand einem Verrückten Anweisungen geben sollte, wie er sprechen, wie er auftreten, wie er sich öffentlich, wie er sich privat betragen müsse, er wäre sogar verrückter als derjenige, den er belehrt: man muss die schwarze Galle kurieren und so die eigentliche Ursache des Wahnsinns beseitigen. Dasselbe ist bei dieser anderen Geistesgestörtheit zu tun: sie selbst muss ausgetrieben werden; andernfalls werden die Worte des Ermahnenden in den Wind gesprochen sein.

(18) Das eben aufgeführte wird von Ariston gesagt; wir werden ihm darauf im Einzelnen antworten. Zuerst räume ich gegenüber dem, was er sagt, ein, dass, wenn etwas dem Auge im Weg steht und das Sehen beeinträchtigt, es entfernt werden muss, dass es keine Anweisungen benötigt, um zu sehen, sondern ein Heilmittel, mit dem das Auge gereinigt wird und es dem sich entgegenstellenden Hindernis entgeht; wir sehen aufgrund unserer natürlichen Veranlagung, derjenige, der beseitigt, was in den Weg tritt, stellt ihre Funktion wieder her; was jedoch im Einzelnen pflichtgemäß geschuldet ist, lehrt die Natur nicht.

(19) Und weiter: nachdem der graue Star geheilt wurde, kann einer, wenn er seine Sehkraft wiedererlangt hat, diese nicht sogleich auch anderen zurückgeben: von seiner böswilligen Gesinnung befreit, befreit er auch [andere]. Man braucht keine Mahnung, nicht einmal einen Rat, damit das Auge die charakteristischen Eigenschaften der Farben erkennt; auch ohne einen Mahnenden wird es weiße Farbe von schwarzer unterscheiden. Der

Geist benötigt dagegen viele Weisungen, um zu begreifen, was im Leben zu tun ist. Obgleich ein Arzt die Kranken auch hinsichtlich der Augen nicht nur behandelt, sondern auch ermahnt.

(20) „Die schwache Sehkraft", sagt er, „darfst du nicht gleich einer übermäßig [starken] Lichtquelle aussetzen; aus der Dunkelheit geh zuerst in den Schatten, dann wage mehr und gewöhne dich nach und nach daran, das helle Licht zu ertragen. Du darfst nach dem Essen nicht studieren, darfst den dick geschwollenen Augen nicht zu viel zumuten; vermeide Zugluft und eine strenge, auf das Gesicht treffende Kälte" – und andere solche Dinge, die ebenso sehr helfen wie die Medikamente. Die Heilkunst fügt den Arzneimitteln einen Ratschlag bei.

(21) „Der Irrtum", behauptet er, „ist die Ursache falschen Handelns: diesen entreißen uns die Weisungen nicht und sie überwinden auch nicht die falschen Auffassungen über Güter und Übel." Ich gebe zu, dass Weisungen an sich nicht nachhaltig wirkend sind, um eine fehlerhafte Überzeugung des Geistes auszutreiben; aber sie sind nicht deshalb unnütz, weil sie anderen Dingen hinzugefügt wurden. Erstens frischen sie die Erinnerung auf; sodann nimmt man das, was im Ganzen genommen allzu verworren erschien, gründlicher in Augenschein, nachdem es in Abschnitte aufgeteilt wurde. Sonst wäre es auf diese Weise auch möglich, Tröstungen und Ermunterungen als überflüssig zu bezeichnen: sie sind nun aber nicht überflüssig; also sind es auch die Mahnungen nicht.

(22) „Es ist töricht", fährt er fort, „einem Kranken vorzuschreiben, was er gleichsam als ein Gesunder tun sollte, während seine Gesundheit [erst] wiederhergestellt werden muss, ohne welche die Anweisungen vergeblich sind." Was ist, wenn Kranke und Gesunde manche Dinge gemeinsam haben, worüber man sie belehren muss? Zum Beispiel, dass sie nicht unmäßig nach Essen verlangen, dass sie Erschöpfung vermeiden sollen. Etliche Weisungen gelten für arm und reich gemeinsam.

(23) „Heile die Habgier", sagt [Ariston], „und du wirst keinen Grund haben, einen Armen oder einen Reichen zu mahnen, wenn die Habsucht beider sich legt." Was, wenn es eines ist, den Reichtum nicht zu begehren, ein anderes, zu verstehen, sich des Reichtums zu bedienen? Die Habsüchtigen kennen nicht sein Maß, die, die nicht habsüchtig sind, verstehen selbst seine Notwendigkeit nicht. „Beseitige die Irrtümer", sagt er. „Weisungen sind [dann] überflüssig." Das ist falsch. Stell dir vor, die Habsucht habe nachgelassen, stell dir vor, die Verschwendungssucht sei in Schranken gewiesen, der Unbesonnenheit die Zügel angelegt, der Trägheit die Sporen gegeben worden: auch nachdem die Verfehlungen abgewendet worden sind, muss man lernen, was wir tun und auf welche Weise wir tätig sein müssen.

(24) „Nichts", führt er weiter aus, „werden die nahegelegten Mahnungen gegen schwere Verfehlungen bewirken." Auch die Medizin bezwingt keine unheilbaren Krankheiten, trotzdem wird sie hinzugezogen – bei den einen als Mittel zur Heilung, bei den anderen als Mittel zur Linderung. Nicht einmal die Macht der gesamten Philosophie selbst, mag sie dafür auch all ihre Kräfte um Beistand ersuchen, wird eine schon beschwerliche und lang bestehende Krankheit den Seelen entreißen; aber [nur] weil sie nicht alles heilt, heilt sie deswegen nicht gar nichts.

(25) „Was nützt es", fragt er, „auf Offenkundiges hinzuweisen?" Sehr viel; manchmal wissen wir nämlich etwas, richten aber nicht unsere Aufmerksamkeit darauf. Eine Ermahnung belehrt nicht, sondern macht aufmerksam, sondern ermuntert, sondern hält die Erinnerung aufrecht und lässt nicht zu, dass sie entgleitet. An den meisten Dingen, die vor unseren Augen liegen, gehen wir [achtlos] vorbei: zu ermahnen ist eine Art des Ansporns. Der Verstand beachtet das Offenkundige nämlich oft nicht; die Kenntnis der als bewährt erwiesenen Dinge muss man ihm daher aufnötigen. An dieser Stelle sollte das bekannte Votum des Calvus gegen Vatini-

us in Erinnerung gerufen werden: „Ihr wisst, dass die Amtserschleichung eine Tatsache ist, und alle wissen, dass ihr das wisst."

(26) Du weißt, dass Freundschaften gewissenhaft gepflegt werden müssen – du tust es aber nicht. Du weißt, dass derjenige ein Schuft ist, der von seiner Ehefrau Sittsamkeit verlangt, selbst [aber] ein Verführer fremder Ehefrauen ist; du weißt, dass so, wie sie nicht mit einem Ehebrecher, du auch nicht mit einer Geliebten zusammen sein darfst – du handelst aber nicht [entsprechend]. Deshalb muss es von Zeit zu Zeit wieder in Erinnerung gebracht werden; dergleichen sollte nämlich nicht aufbewahrt, sondern bereit gehalten werden. Alles, was nützlich ist, muss oft ausgeübt, oft überdacht werden, damit es uns nicht nur bekannt ist, sondern auch leicht zu Diensten steht. Nimm jetzt noch hinzu, dass auch Offenkundiges gewöhnlich [noch] offenkundiger wird.

(27) „Wenn es umstrittene Dinge sind, die du vorschreibst", sagt er, „wirst du Beweise hinzufügen müssen; folglich bewirken diese [Beweise] etwas, nicht die Anweisungen." Was ist, wenn selbst ohne Beweise allein schon die Autorität des Mahnenden ihre Wirkung entfaltet? Auf eine Weise wie die Gutachten der Rechtsgelehrten Geltung besitzen, selbst wenn keine Begründung herausgegeben wird. Darüber hinaus besitzt das, was angeordnet wird, bereits an sich ein bedeutendes Gewicht, besonders wenn es entweder in eine Dichtung eingeflochten oder in ungebundener Rede auf einen Gedanken verdichtet ist; zum Beispiel die bekannten [Belehrungen] von Cato: „ Man sollte nicht einkaufen, weil ein Bedürfnis vorhanden ist, sondern weil eine Notwendigkeit vorliegt; was nicht gebraucht wird, ist keinen Pfennig wert", von gleicher Art, entweder durch einen Orakelspruch oder durch Ähnliches wiedergegeben, sind jene bekannten [Aussprüche]: „Geh sparsam mit der Zeit um", „Erkenne dich selbst".

(28) Wirst du etwa einen Beweis einfordern, wenn dir irgendjemand folgenden Vers vorträgt:

———————— ❦ ————————

*Ein Heilmittel gegen Kränkungen ist das Vergessen.*
*Den Wagemutigen kommt das Glück zu Hilfe,*
*der Faule steht sich selbst im Wege.*

Solcherlei erfordert keinen Rechtsbeistand: es berührt unmittelbar die Gefühle und bewirkt etwas, weil eine natürliche Denkart ihre Macht ausübt.

(29) Unsere Herzen tragen die Samen aller sittlich guten Dinge in sich, die durch Anweisung hervorgerufen werden, nicht anders als ein Funke, begünstigt durch einen leichten Windhauch, die ihm innewohnende Flamme sich ausbreiten lässt. Die Tugend hebt sich empor, sooft sie berührt und angetrieben wird. Überdies ist manches zwar im Geiste (aber nicht gleich zur Hand), das erst einsatzbereit ist, wenn es angesprochen wird; manches liegt an verschiedenen Orten unbeachtet da, das ein ungeübter Geist nicht aufzulesen vermag. Also muss es zu einem Einzigen zusammenfasst und verbunden werden, um zu mehr imstande zu sein und den Geist höher emporzutragen.

(30) Oder aber, wenn Anweisungen nicht förderlich sind, müsste jedweder Unterricht abgeschafft werden; wir müssten uns allein mit der natürlichen Veranlagung begnügen. Die das sagen, erkennen nicht, dass der eine im Geiste beweglich und aufmerksam, der andere träge und abgestumpft und damit der eine gescheiter als der andere ist. Die Geistesstärke wird durch Anweisungen gefördert und steigert sich, sie fügt dem Angeborenen neue Überzeugungen hinzu und bringt Verdorbenes in Ordnung.

(31) „Wenn irgendjemand nicht die richtigen Grundsätze hat", sagt er, „was werden ihm die Ermahnungen helfen, solange er durch seine fehlerhaften [Grundsätze] eingeschränkt ist?" Dies freilich, dass er von ihnen befreit wird; denn die natürliche Begabung in ihm ist nicht erloschen, sondern verborgen und unterdrückt. Auch so versucht sie, wieder hervorzukommen, und stemmt sich gegen das Verkehrte; nachdem sie aber Hil-

fe bekommen hat und durch Anweisungen ermutigt wurde, nimmt sie an Kräften zu, jedoch nur, wenn eine langwierige Seuche sie nicht vergiftet und entkräftet hat: eine solche nämlich stellt nicht einmal eine mit vollem Eifer bemühte philosophische Lehre wieder her. Welcher Unterschied besteht denn zwischen Lehrsätzen der Philosophie und Vorschriften, außer dass erstere allgemeine, letztere spezielle Anweisungen sind? Beide belehren, aber die einen im Ganzen, die anderen portionsweise.

(32) „Wenn irgendjemand", sagt er, „richtige und sittlich gute Grundsätze hat, wird er unnötigerweise ermahnt." Keineswegs; denn auch dieser ist zwar darüber belehrt worden, was er tun soll, aber er durchdringt es nicht hinlänglich. Wir werden nämlich nicht nur aufgrund der Leidenschaften daran gehindert zu tun, was als tüchtig anzuerkennen ist, sondern auch durch die Unerfahrenheit zu finden, was jeder einzelne Sachverhalt verlangt. Zuweilen bringen wir eine geeignete Geisteshaltung mit uns, jedoch unbeschäftigt und ungeübt im Auffinden des pflichtgemäßen Weges, den die Mahnung weist.

(33) „Beseitige die falschen Vorstellungen über die Güter und die Übel", sagt er, „setze an deren Stelle wieder die richtigen ein, und eine Ermahnung wird überhaupt nichts [mehr] zu tun haben." Der Geist wird auf diesem Weg ohne Zweifel ordentlich eingerichtet, aber nicht nur auf diesem; denn obgleich sich aufgrund von Beweisen ergeben hat, was Güter und Übel sind, haben Belehrungen nichtsdestoweniger ihre Aufgabe. Auch Klugheit und Gerechtigkeit beruhen auf pflichtgemäßem Handeln: pflichtgemäßes Handeln wird durch Anweisungen bestimmt.

(34) Überdies wird gerade die Urteilsfähigkeit über Güter und Übel bei Ausführung pflichtgemäßen Handelns gestärkt, zu denen die Anweisungen hinleiten. Denn die beiden harmonieren miteinander: und jene können nicht vorangehen, ohne dass diese folgen, und zugleich folgen diese ihrer eigenen Ordnung, weswegen es einleuchtet, dass jene vorangehen.

(35) „Es gibt grenzenlos [viele] Anweisungen", sagt er. Das ist falsch; denn in Hinsicht auf die bedeutendsten und unentbehrlichsten Dinge sind sie nicht grenzenlos. Sie weisen aber feine Unterschiede auf, welche nach Zeiten, Orten [und] Personen abwägen, aber auch für diese werden allgemeine Anweisungen gegeben.

(36) „Niemand", sagt er, „kann den Wahnsinn mit Anweisungen heilen; also auch nicht eine böswillige Gesinnung." Das ist nicht dasselbe; denn wenn man den Wahnsinn beseitigt, ist die geistige Gesundheit wiederhergestellt; wenn wir [aber] falsche Vorstellungen ausgesperrt haben, schließt sich nicht sofort eine allseitige Erwägung von dem an, was zu tun ist; selbst wenn sie sich anschließt, wird eine Ermahnung gleichwohl den rechten Sinn hinsichtlich der Güter und Übel stärken. Ein dieses ist freilich auch falsch, dass Anweisungen bei Wahnsinn gar nicht helfen. Denn allein sind sie zwar nicht wirksam, aber sie unterstützen [doch] die Behandlung; sowohl Androhung als auch Zurechtweisung halten Wahnsinnige im Zaum – ich spreche jetzt von jenen Wahnsinnigen, bei denen der Verstand in Unruhe geraten ist, nicht denen er geraubt wurde.

(37) „Gesetze", sagt er, „bewirken nicht, dass wir tun, was notwendig ist, und was anderes sind sie, als Drohungen, die mit Vorschriften vermengt sind?" Zuallererst überzeugen erstere nicht deswegen, weil sie drohen, hingegen letztere nicht erzwingen, sondern erbitten; zweitens halten Gesetze nicht von einem Verbrechen ab, Belehrungen ermuntern zu einem pflichtgemäßen Handeln. Nimm noch hinzu, dass auch Gesetze den guten Sitten dienlich sind, besonders wenn sie nicht nur gebieten, sondern auch belehren.

(38) In dieser Sache stimme ich nicht mit Poseidonios überein, der sagt: „Ich missbillige, dass den Gesetzen Platons Grundsätze hinzugefügt wurden. Ein Gesetz muss nämlich kurz gefasst sein, wodurch es leichter von den Laien erfasst werden kann. Es sollte wie ein Gebot sein, das von ei-

nem Gott ausgesandt wurde: befehlen sollte es, nicht diskutieren. Nichts scheint mir trivialer, nichts läppischer als ein Gesetz mit einer Vorrede. Ermahne, sag, was du von mir zu tun verlangst: ich studiere nicht, ich gehorche." Sie sind nun aber doch hilfreich; daher wirst du sehen, dass in Staaten, die sich schlechter Gesetze bedienen, schlechte Sitten herrschen.

(39) „Aber sie richten nicht bei allen etwas aus." Selbst die Philosophie nicht; aber deshalb ist sie nicht unnütz und unfähig zur Anleitung der Gedanken. Was nun aber? Gilt die Philosophie nicht als das Gesetz des Lebens? Aber nehmen wir an, dass Gesetze nichts bewirken: daraus folgt nicht, dass auch Ermahnungen nichts bewirken. Oder streite auf gleiche Weise auch ab, dass Ermutigungen und Gegenreden, Aufmunterungen, Verweise und Belobigungen etwas ausrichten. All diese sind Arten von Ermahnungen; mit ihrer Hilfe wird ein vollkommener Zustand des Geistes erreicht.

(40) Nichts verschafft den Gemütern mehr Anstand und bringt Zweifelnde und diejenigen, die leicht zum Schlechten neigen, auf den richtigen Weg zurück als der Lebenswandel von rechtschaffenen Männern; was man oft sieht, was man oft hört, dringt nämlich nach und nach in die Herzen ein und erlangt die Bedeutung von Anweisungen. Wahrhaftig, schon die Begegnung mit Weisen ist erbaulich, und es ist nicht wenig, was man durch einen großen Mann gewinnt, selbst wenn er schweigt.

(41) Ich kann dir jedoch nicht [so] leicht erklären, auf welche Weise es nützt, wie ich erkennen kann, dass es genützt hat. „Einige winzige Lebewesen werden, wenn sie beißen, nicht wahrgenommen", wie Phaidon ausführt. „Eine so minimale und bei dem Wagnis unbemerkt bleibende Stärke besitzen sie; eine Schwellung verrät den Biss, und in der Schwellung selbst zeigt sich keine Verletzung." Dasselbe wird dir im Umgang mit weisen Männern passieren: du wirst nicht erkennen, wie oder wann er dir nützen mag, dass er dir nützlich war, wirst du [aber] erkennen.

(42) „Worauf das abzielt?", fragst du. Geeignete Anweisungen, wenn man sie sich oft vergegenwärtigt, werden dir ebenso nützlich sein, wie gute Vorbilder. Pythagoras sagt, dass bei denen, die in einen Tempel eintreten, [und] die Bildnisse der Götter aus der Nähe sehen und einen Spruch des Orakels erwarten, eine andere Denk- und Handlungsweise eintreten wird.

(43) Wer wird aber abstreiten, dass mit manchen Anweisungen selbst auf Unkundige ein nachhaltiger Eindruck ausgeübt wird? Wie zum Beispiel durch diese äußerst kurzen, aber eine große Bedeutung in sich tragenden Äußerungen:

*Nichts im Übermaß.*
*Ein unersättliche Seele wird durch keinen Reichtum befriedigt.*
*Erwarte von einem anderen, was du ihm gegeben hast.*

Wir hören diese nicht ohne eine gewisse Regung [des Geistes], und niemandem steht es frei, das zu bezweifeln oder zu fragen: „Warum?"; so sehr leuchtet die Wahrheit auch ohne Begründung aus sich selbst hervor.

(44) Wenn Ehrfurcht die Herzen leitet und schlechte Eigenschaften unterdrückt, warum sollte nicht auch eine Ermahnung dasselbe vermögen? Wenn eine Strafe Schamgefühl verursacht, warum sollte eine Ermahnung, wenn sie sich gar noch einfacher Anweisungen bedient, das nicht tun? Diejenige [Ermahnung] ist allerdings wirksamer und dringt tiefer ein, die durch Beweisführung befördert, was sie lehrt, die hinzufügt, weshalb irgendetwas getan werden sollte und aufgrund welcher Anweisungen einer, der sie ausführt und ihnen gehorcht, einen Ertrag erwarten darf. Wenn aufgrund eines Befehls etwas bewirkt wird, [dann] auch aufgrund einer Ermahnung; es wird aber doch aufgrund eines Befehls [offensichtlich] etwas bewirkt, also auch aufgrund einer Ermahnung.

(45) Die Tugend lässt sich in zwei Bereiche aufteilen, in die geistige Betrachtung des Wahren und in ihre praktische Anwendung: Unterweisung lehrt die geistige Betrachtung, Ermahnung die praktische Anwendung. Das rechte Handeln trainiert und offenbart die Tugend. Wenn jedoch ein Ratgeber demjenigen hilft, der zu handeln beabsichtigt, wird ihm auch derjenige helfen, der ihn ermahnt. Wenn nun das rechte Handeln für die Tugend notwendig ist, andererseits eine Ermahnung auf das rechte Handeln hinweist, ist auch die Ermahnung notwendig.

(46) Zwei Dinge geben der Seele ihre größte Stärke, der Glaube ans Wahre und das Selbstvertrauen. Eine Ermahnung bringt beides hervor. Man vertraut ihr nämlich, und weil man ihr Vertrauen schenkt, schöpft der Geist großen Mut und wird mit Selbstvertrauen erfüllt; folglich ist eine Ermahnung nicht überflüssig. Marcus Agrippa, ein Mann von außerordentlichem Verstand, der als einziger von denen, die im Bürgerkrieg berühmt und einflussreich geworden sind, für das Gemeinwesen von Glück war, pflegte zu sagen, dass er folgendem Ausspruch viel verdankt: „Denn durch Eintracht wachsen die kleinen Dinge, durch Zwietracht werden die größten verfallen". Dadurch, sagte er, sei er sowohl ein sehr guter Bruder als auch ein sehr guter Freund geworden.

(47) Wenn derartige Sprüche, sofern sie im Geiste freundlich aufgenommen wurden, diesen anleiten, warum sollte nicht derjenige Teil der Philosophie, der auf solchen Sprüchen beruht, dasselbe können? Ein Teil der Tugend beruht auf Unterweisung, ein Teil auf Übung; man sollte sowohl lernen, als auch das, was gelernt wurde, durch sein Handeln festigen. Wenn dem so ist, sind nicht nur die Lehrsätze der Philosophie hilfreich, sondern auch die Anweisungen, die unsere Leidenschaften gleichsam durch Verordnung bändigen und fernhalten.

(48) „Die Philosophie", sagt er, „wird in folgende Hälften geteilt: Wissen und Geisteshaltung; denn derjenige, der gelernt und begriffen hat, was man

tun und was man vermeiden muss, ist noch nicht weise, wenn sein Charakter nicht dem Gelernten gemäß geformt wurde. Der dritte Teil, der des Unterrichtens, besteht aus beiden: sowohl aus philosophischen Lehrsätzen als auch dem erworbenen Verhalten; daher ist er zur Vollendung der sittlichen Vollkommenheit, für welche die beiden vorgenannten [bereits] genügen, überflüssig.

(49) Nach diesem Maßstab ist Trost also überflüssig (denn auch er beruht auf den beiden) und ebenso die Ermahnung und der Rat und die Darlegung eines Beweises; auch diese geht nämlich aus einer wohlgeordneten und gesunden Geisteshaltung hervor. Aber obwohl sich die genannten aufgrund einer vortrefflichen Geisteshaltung einstellen, beruht eine vortreffliche Geisteshaltung auf diesen; sie bringt sie hervor und wird selbst aus ihnen hervorgebracht.

(50) Alsdann besitzt ein vollkommener Mann, der den Gipfel der menschlichen Glückseligkeit erreicht hat, bereits das, was du ansprichst. Dahin gelangt man jedoch [nur] allmählich; unterdessen muss auch dem Unvollkommen, aber Voranschreitendem bezüglich seines Handelns der rechte Weg gewiesen werden. Auf diesen wird sich die Weisheit, die den Geist schon so weit geführt hat, dass er sich nur zum sittlich Guten hin bewegen kann, wohl auch von sich aus ohne Ermahnung begeben. Für die kraftloseren Naturen ist es allerdings erforderlich, doch manches anzuordnen: „Dieses hier meide, dieses hier tue."

(51) Wenn er überdies einen Zeitpunkt erhofft, ab dem er von selbst weiß, was am besten zu tun ist, wird er zwischenzeitlich von der Wahrheit abirren und durch sein Abirren gehindert werden, dorthin zu gelangen, wo er mit sich zufrieden zu sein vermag; also muss er geleitet werden, bis er sich anschickt, sich selbst leiten zu können. Kinder lernen nach Vorschrift, ihre Finger werden gehalten und von fremder Hand über die Abbildungen von Buchstaben geführt, dann werden sie aufgefordert, die Vorlagen nach-

zuahmen und gemäß diesen die eigene Handschrift zu verbessern: auf diese Weise, indem er nach Vorschrift unterwiesen wird, wird unser Geist gefördert.

(52) Dies sind Überlegungen, die glaubhaft machen, dass dieser Teil der Philosophie nicht überflüssig ist. Fernerhin wird untersucht, ob er allein ausreichend ist, um einen Weisen hervorzubringen. Dieser Frage werden wir uns an einem geeigneten Tag widmen: weil die Beweisführungen beiseite gelassen wurden, ist es unterdessen doch wohl offenkundig, dass wir einen Beistand benötigen, der uns entgegen den Vorschriften des Volkes Vorschriften erteilt.

(53) Keine Stimme wird ohne Gefahr an unsere Ohren dringen: diejenigen, die [Gutes] wünschen, richten Unheil an, diejenigen, die Verwünschungen ausstoßen, richten [ebenso] Unheil an. Denn eine Verwünschung der letzteren pflanzt uns unbegründete Ängste ein und die Liebe der ersteren lehrt Schlechtes, indem sie Gutes wünscht; sie schickt uns nämlich los zu entfernten, [und] unsicheren und unsteten Gütern, obwohl wir das Glück zu Hause hervorbringen könnten.

(54) Es ist uns nicht möglich, behaupte ich, auf direktem Wege loszumarschieren; die Eltern, die Diener verleiten uns zu den verkehrten Dingen. Niemand irrt für sich allein, sondern verbreitet seinen Unverstand unter seinen Nächsten und nimmt ihn wechselseitig [auch] entgegen. Und es finden sich daher in den Einzelnen die schlechten Eigenschaften der Massen, weil die Masse sie ihnen eingeflößt hat. Indem jeder Einzelne einen schlechteren Menschen hervorbrachte, ist er es selbst geworden; er hat Schlechteres gelernt, dann gelehrt, und durch die Ansammlung von dem, was für den Einzelnen als außerordentlich schlecht erkannt wird, in einem Ganzen, wurde jene ungeheure Dekadenz hervorgebracht.

(55) Folglich sollte irgendjemand über uns wachen und uns immer wieder [an das Richtige] erinnern, [und] die Gerüchte verbannen und den Lob spendenden Massen laut widersprechen. Du irrst dich nämlich, wenn du glaubst, dass wir mit unseren schlechten Eigenschaften geboren werden: sie kommen über uns, sie sind uns aufgedrängt worden. Daher können die Meinungen, die rings um uns ertönen, durch fortgesetzte Ermahnungen ferngehalten werden.

(56) Die Natur verleitet uns zu keiner Verfehlung: sie hat uns unverdorben und frei erschaffen. Nichts hat sie angelegt, wodurch sie unsere Habgier reizen könnte: Gold und Silber hat sie uns unter die Füße gelegt und was auch immer es gibt, weswegen wir verachtet und unterdrückt werden, überlässt sie uns, um es [unsererseits] zu verachten und zu unterdrücken. Sie lässt uns unsere Blicke zum Himmel erheben und wollte, dass alles was sie an Großartigem und Wunderbarem geschaffen hat, von denen, die aufblicken, betrachtet wird: die Auf- und Untergänge der Gestirne und den unbeständigen Lauf der eilenden Welt, der bei Tage das Irdische enthüllt, bei Nacht das Himmlische, das Dahinziehen der Sterne, langsam, wenn man das Ganze vergleichend betrachtet, sehr schnell jedoch, wenn man bedenkt, welche große Weiten sie mit niemals nachlassender Geschwindigkeit durchwandern, die Verfinsterung von Sonne und Mond, wenn sie einander gegenüberstehen, sodann [alle] anderen bewunderungswürdigen Dinge, sei es, dass sie der Reihe nach herannahen, sei es, dass sie, von unerwarteten Ursachen getrieben, hervorschießen – zum Beispiel nächtliche Feuerzüge und das Wetterleuchten des sich öffnenden Himmels ohne irgendeinen Blitz- und Donnerschlag und Feuersäulen und Feuerbalken und verschiedenste Flammengebilde.

(57) Diese Dinge hat die Natur über uns hinaus bereit gestellt, allerdings hat sie das Gold und das Silber und das, was derentwegen niemals Frieden hält, das Eisen, verborgen, als wenn sie uns kaum nur anvertraut werden sollten. [Aber] wir haben ans Licht gebracht, weswegen wir in Streit

geraten sollten, wir haben sowohl die Ursachen als auch die Werkzeuge unserer Gefahren in der zerstreuten Erdmasse aufgestöbert, wir haben unser Verderben dem Schicksal preisgegeben und wir schämen uns nicht, dass bei uns als das Höchste betrachtet wird, was sich im Untersten der Erde befunden hatte.

(58) Du willst wissen, wie sehr ein falscher Glanz deine Augen täuscht? Nichts ist scheußlicher, nichts dunkler als dieses [Zeug], solange es versteckt und verhüllt in seinem Schlamm liegt. Warum das so ist? Es wird durch die Finsternis von endlos langen Stollen herausgeschleppt; nichts ist unförmiger als dieses, während es bearbeitet und von seinem Bodensatz getrennt wird. Betrachte schließlich die Arbeiter selbst, durch deren Hände die unfruchtbare und zur Unterwelt gehörige Art von Erdreich gereinigt wird: du wirst sehen, mit wie viel Ruß sie besudelt werden.

(59) Und doch verunreinigen sie mehr die Seelen als die Körper, und bei deren Besitzern findet sich eine größere schmutzige Habgier als bei dem Arbeiter. Deshalb ist es notwendig, daran erinnert zu werden, irgendeinen Beistand mit geeignetem Charakter [an seiner Seite] zu haben und in dem ganzen Getöse und Trubel der Unwahrheiten wenigstens die eine Stimme zu vernehmen. Welche Stimme das sein wird? Selbstverständlich diejenige, die dir, abgestumpft von dem so großen Getöse, heilsame Worte einflüstert, die sagt:

(60) es gibt keinen Grund, dass du diejenigen beneidest, die das Volk bedeutend und glücklich nennt, es gibt keinen Grund, dass dir [deren] Beifall deine ruhige Geisteshaltung und deine Gesundheit austreibt, es gibt keinen Grund, dass dir jener, hinter diesen Rutenbündeln mit Purpur geschmückt, Verachtung vor deinem Seelenfrieden hervorruft, es gibt keinen Grund, dass du denjenigen für glücklicher hältst, dem Platz gemacht wird, als dich selbst, den der Liktor vom Weg abdrängt. Wenn du eine für dich

nützliche, jedoch für keinen schwer zu ertragende Herrschaft ausüben willst, lass deine schlechten Eigenschaften nicht zu.

(61) Es lassen sich viele finden, die Städte in Brand stecken, die geschützte Orte, seit Jahrhunderten unüberwindlich und über etliche Lebensalter hinweg sicher, gewaltsam niederwerfen, die Belagerungsdämme ebenso hoch wie die Festungen auftürmen und mit Rammböcken und Belagerungsmaschinen die in bewundernswerter Höhe aufgezogenen Mauern zerschmettern. Es gibt viele, die Heerscharen vor sich hertreiben und die Feinde von hinten hart bedrängen und, gebadet im Blut der Völker, womöglich zum großen Meer gelangen, aber auch diese wurden, selbst wenn sie den Feind besiegt hatten, von der Habsucht überwältigt. Niemand leistete den Herannahenden Widerstand, aber auch sie selbst hatten der Ruhmsucht und der Unbarmherzigkeit keinen Widerstand geleistet; dann, wenn sie andere zu quälen schienen, wurden sie selbst gequält.

(62) Eine blinde Leidenschaft trieb den unglücklichen Alexander dazu, fremden Grund und Boden zu verwüsten, und schickte ihn ins Unbekannte. Oder hältst du etwa einen für bei Verstand, der mit den Verwüstungen zuerst in Griechenland beginnt, wo er ausgebildet worden ist? Der das fortnimmt, was jedem als das Höchste gilt: den Spartaner auferlegt zu dienen, den Athenern zu schweigen? Sich mit der Unterwerfung so vieler Städte nicht begnügend, die Phillip entweder bezwungen oder gekauft hatte, wirft er andere anderswo nieder und trägt den Krieg in die ganze Welt; und wie bei grausamen [und] wilden Tieren, die öfter angreifen, als es der Hunger verlangt, macht seine Erbarmungslosigkeit nirgendswo ermattet Halt.

(63) Schon hat er viele Herrschaften zu einer einzigen [Herrschaft] zusammengeführt, schon befürchten Griechen und Perser dasselbe, schon empfangen selbst die von Dareios unabhängigen Völkerschaften das Sklavenjoch; dennoch stürmt er weiter hinaus zum Ozean und zur Sonne hin,

hält es für unwürdig, sich im Sieg von den Spuren des Herkules und des Liber abzuwenden, selbst der Natur tut er Gewalt an. Er will nicht weitergehen, doch er kann nicht stehenbleiben, nicht anders als in den Abgrund herabgeworfene Gewichte, die erst aufhören zu fallen, wenn sie auf den Boden aufschlagen.

(64) Selbst dem Gnaeus Pompeius rieten nicht Sittlichkeit und Vernunft zu seinen Kriegen im In- und Ausland, sondern ein unvernünftiger Drang nach falscher Größe. Bald brach er auf nach Spanien und gegen die Heeresmacht des Sertorius, bald, um die Piraten zusammenzutreiben und die Meere zu befrieden: [aber] diese Gründe wurden von ihm als Vorwand gebraucht, um seinen politischen Einfluss weiter auszubauen.

(65) Was hat ihn nach Afrika gezogen, was in den Norden, was gegen Mithridates und nach Armenien und in alle Winkel Asiens? Natürlich sein grenzenloses Verlangen, Macht zu gewinnen, obgleich nur er sich für nicht groß genug hielt. Was hat Gaius Iulius Caesar in gleicher Weise in sein eigenes Verderben wie in das des Staates getrieben? Ruhmsucht und Ehrgeiz und keinerlei Maß darin, über andere hinauszuragen. Nicht einen einzigen konnte er vor sich ertragen, während dagegen die Republik zwei über sich ertrug.

(66) Was, du glaubst, dass Gaius Marius, Konsul [nur] ein einziges Mal (ein Konsulat hat er nämlich empfangen, die übrigen Male hat er es an sich gerissen), als er die Teutonen und die Kimber vernichtete, als er Jugurtha durch die Wüsten Afrikas verfolgte, so viele Gefahren angegangen ist aufgrund einer Eingebung der Sittlichkeit? Marius trieb die Heere an, der Ehrgeiz den Marius.

(67) Während sie alles erschüttert haben, wurden [auch] sie wie von Wirbelstürmen durchgeschüttelt, die das, was sie mit sich reißen, im Kreise umherschleudern, sich jedoch schon vorher [um sich selbst] drehen und

[gerade] deswegen mit umso größerer Gewalt heranstürmen, weil sie sich selbst keine Richtung vorgeben können, und dadurch, dass sie vielen [Menschen] zum Verderben gereicht haben, empfinden sie auch selbst jenen schädlichen Einfluss, mit dem sie so vielen geschadet haben. Es gibt keinen Grund zu glauben, dass irgendjemand durch das Unglück anderer glücklich wird.

(68) Diese ganzen Beispiele, die unseren Augen und Ohren aufgedrängt werden, muss man erneuern, und den vom üblen Gerede erfüllten Geist entleeren; an in die Besitz genommene Stelle muss die Sittlichkeit hineingebracht werden, die die Lügen und das, was der Wahrheit zuwider Beifall findet, ausrotten, die uns von der Menge, der wir zu sehr vertrauen, trennen und die uns unsere unverdorbenen Ansichten zurückgeben soll. Denn das ist Weisheit, sich der Natur zuzuwenden und sich dorthin zurückzuversetzen, von wo uns der allgemeine Irrsinn vertrieben hat.

(69) Ein Großteil der Vernunft beruht darauf, diejenigen, die zur Unvernunft ermuntern, hinter sich gelassen zu haben und von einer solchen, für beide Seiten schädlichen Verbindung weggekommen zu sein. Um zu erkennen, dass dies wahr ist, schau dir an, wie viel anders ein jeder in der Menge lebt, wie viel anders für sich selbst. Alleinsein ist keine Lehrmeisterin an sich und Landgüter lehren keine Sparsamkeit, sondern wo Zeuge und Beobachter wegfallen, schwächen sich die Laster ab, die dadurch gewinnen, dass man auf sie hinweist und sie die Blicke auf sich ziehen.

(70) Wer hat [je] ein Purpurgewand angelegt, das er keinen sehen lassen wollte? Wer hat seine Speise [je] für sich allein auf goldenem Geschirr aufgetragen? Wer hat [je], auf dem Lande im Schatten eines Baums ausgestreckt, allein den Prunk seines Überflusses ausgebreitet? Niemand putzt sich für die eigenen Augen im Bad heraus, nicht einmal für die einiger weniger oder die der Familie, sondern er breitet die Pracht seiner Laster nach der Größe der Menschenmenge aus, die ihn bestaunt.

(71) Es ist so: der Bewunderer und der Mitwisser sind die Triebfeder zu allem, auf das wir ganz verrückt sind. Dass wir kein Begehr hegen, wirst du erreichen, wenn du es fertig bringst, dass wir uns nicht zur Schau stellen. Ehrgeiz und Prunkliebe und Zügellosigkeit sehnen sich nach der Bühne: du wirst sie beseitigen, wenn du sie verbirgst.

(72) Wenn wir inmitten des städtischen Getöses Quartier bezogen haben, sollte daher ein Mahner an unserer Seite stehen und entgegen denen, die ungeheures Besitztum loben, denjenigen preisen, der [sich] mit Wenigem reich [fühlt] und den Reichtum nach seiner Nützlichkeit bemisst. Entgegen jenen, die Gefälligkeit und Macht hervorheben, sollte er selbst die für die Wissenschaft zugestandene Muße und den von den äußeren Dingen der Welt zu sich selbst zurückgekehrten Geist hochachten.

(73) Er sollte uns die Glücklichen sehen lassen (nach der Begriffsbestimmung des einfachen Volkes), die in ihrer beneidenswert hohen Stellung, zitternd und in Bestürzung versetzt, eine weit andere Meinung von sich selbst haben, als die anderen über sie [haben]; denn das, was anderen als hoher Gipfel erscheint, ist für sie selbst ein schroffer Abgrund. Deshalb werden sie des Atems beraubt und geraten in Unruhe, sooft sie in jenen Abgrund ihrer Größe herabblicken; sie denken nämlich über die vielfältigen und in großer Höhe ganz besonders gefährlichen Absturzmöglichkeiten nach.

(74) In diesem Augenblick empfinden sie Grausen vor dem, was sie erstrebten, und ihr Glück, das sie für andere unerträglich gemacht hat, lastet drückender auf ihnen selbst. In diesem Augenblick preisen sie die ruhige Mußezeit und die Unabhängigkeit, verhasst ist der Ruhm und es wird eine Gelegenheit zur Flucht aus den Verhältnissen gesucht, an denen sie bisher unerschütterlich festhielten. In diesem Augenblick schließlich erkennt man diejenigen, die aus Furcht philosophieren, und zugleich die vernünftigen Vorsätze eines erschöpften Glücks. Denn wie ein gewogenes Schick-

sal und ein gutes Denkvermögen einander feindselig gegenüber stehen, so gebrauchen wir unseren Verstand besser in der Not: glückliche Umstände raffen das sittliche Gute dahin. Lebe wohl.

———

# Buch 15 – Brief 95

Seneca grüßt seinen Lucilius,

(1) Du wünschst von mir, dir dasjenige sogleich vorzustellen, von dem ich gesagt hatte, dass es auf einen geeigneten Tag verschoben werden muss, und dir zu schreiben, ob dieser Teil der Philosophie, den die Griechen den paränetischen nennen, wir sprechen von dem praezeptiven, ausreichend sei, um Weisheit zu erlangen. Ich weiß, dass du es gelten lassen würdest, wenn ich es abschlage. Umso lieber sage ich zu und lasse nicht geschehen, dass ein gebräuchliches Sprichwort verloren geht: „Sodann erbitte ja nicht, was du nicht [wirklich] erlangen willst."

(2) Manchmal erbitten wir nämlich inständig das, was wir ausschlagen würden, wenn man es uns anböte. Sei es Leichtsinn oder sei es kriecherische Freundlichkeit, ein solches muss mit der Gefälligkeit einer Zusage bestraft werden. Vieles meinen wir anscheinend zu wollen, das wir [gar] nicht wollen. Ein Vorleser hat ein überaus umfangreiches Geschichtswerk mitgebracht, sehr klein geschrieben, sehr eng zusammengerollt, und, nachdem er einen Großteil vorgetragen hat, sagt er: „Wenn ihr wollt, werde ich aufhören": „Lies weiter, lies weiter", wird ihm von denen zugerufen, die sich wünschen, dass er auf der Stelle schweigt. Oft wollen wir das eine, wünschen das andere, und die Wahrheit sagen wir nicht einmal den Göttern, doch entweder erhören uns die Götter nicht oder sie erbarmen sich unserer.

(3) Ich werde die Barmherzigkeit zurückstellen, meine Verbindlichkeiten erfüllen und dir einen überaus umfangreichen Brief aufnötigen; wenn du ihn mit Widerwillen liest, kannst du sagen: „Das habe ich mir selbst zugefügt", und zähl dich [dann] zu jenen, die von ihrer Frau geplagt werden, die sie mit großem Ehrgeiz verführt haben, zu jenen, denen ihr Reichtum übel mitspielt, den sie unter größter Anstrengung erworben haben, zu je-

nen, die von ihren Ehrenämter gepeinigt werden, die mit Geschick und Anstrengung angestrebt wurden, und zu den übrigen, die in den Genuss ihrer Missgeschicke kommen.

(4) Aber, um die Grundlage[n] beiseite zu lassen und [gleich] zur Sache zu kommen: „Ein glückliches Leben", wird gesagt, „beruht auf sittlich guten Handlungen; Anweisungen führen zu sittlich guten Handlungen; folglich reichen Anweisungen für ein glückliches Leben aus." Nicht immer führen Anweisungen zu sittlich guten Handlungen, sondern [nur], wenn der Geist Folge leistet; manchmal werden sie vergebens hinzugezogen, wenn verkehrte Vorstellungen den Geist besetzt halten.

(5) Als Nächstes: selbst wenn man sittlich richtig handelt, weiß man nicht, dass man sittlich richtig handelt. Niemand kann nämlich, wenn er nicht von Anfang an unterwiesen und durch vollständige theoretische Kenntnis gebildet wurde, alle Regeln [derart] nachvollziehen, dass er weiß, wann und inwieweit und mit wem und auf welche Weise und weshalb sich etwas gebührt. Er kann sich [daher] nicht mit ganzem Herzen am sittlich Guten versuchen, nicht einmal ausdauernd und bereitwillig, sondern er wird zurückblicken, sondern er wird zweifeln.

(6) „Wenn sittlich gutes Handeln aus den Anweisungen hervorgeht", heißt es, „sind Anweisungen für ein glückliches Leben mehr als genug: ersteres ist nun aber der Fall, also auch letzteres." Darauf werden wir erwidern, dass sittlich gutes Handeln *auch* aufgrund von Anweisungen bewirkt werden, nicht *nur* aufgrund der Anweisungen.

(7) „Wenn die anderen Künste mit Anweisungen zufrieden sind", sagt man, „wird auch die Weisheit damit zufrieden sein: denn sie ist die Kunst des Lebens: zum Steuermann macht nun einmal derjenige, der Weisung erteilt: ‚So bewege das Steuer hin und her, so hole das Segel ein, so nutze den günstigen Wind, so widerstehe dem entgegenbrausenden, so mach dir

den wechselhaften und gewöhnlichen zunutze.' Anweisungen schulen auch die anderen Künstler; folglich vermögen sie dasselbe auch bei dem genannten Künstler des Lebens."

(8) Alle diese Künste sind mit den Hilfsmitteln des Leben beschäftigt, nicht mit dem Leben in Gänze. Daher hemmt und hindert sie vieles von außen, Hoffnung, Habsucht, Furcht. Aber die uns beschäftigende, die offenkundig eine Lebenskunst ist, kann durch nichts daran gehindert werden, dass sie ohne Rast sich übt; Hemmnisse beseitigt sie nämlich und das, was ihr hinderlich ist, wirft sie ab. Willst du wissen, wie sich die Situation der anderen Künste von dieser unterscheidet? Mit Absicht einen Fehler zu begehen, ist bei den ersteren eher entschuldbar als durch Zufall, bei letzterer besteht die größte Schuld darin, aus eigenem Willen den rechten Weg zu verlassen.

(9) Was ich meine, ist Folgendes. Ein Grammatiklehrer wird sich für eine falsche syntaktische Verbindung der Wörter nicht schämen, wenn er sie sachkundig durchgeführt hat, schämen wird er sich, wenn er es nicht konnte; ein Arzt, wenn er nicht bemerkt, dass ein Kranker im Sterben liegt, begeht hinsichtlich seiner Kunstfertigkeit im höheren Grade eine Verfehlung, als wenn er sich nicht anmerken lässt, dass er es bemerkt hat: in der Kunst zu leben, ist eine absichtliche Verfehlung dagegen schändlicher. Füge nun hinzu, dass auch die Kunstfertigkeiten in der Mehrzahl – ja gewiss von allen die vornehmsten – eigene Lehrsätze besitzen, nicht nur Anweisungen, wie zum Beispiel die Medizin; daher gibt es den einen Lehrsatz von Hippokrates, den anderen von Asklepiades, wieder einen anderen von Themison.

(10) Außerdem gibt es keine theoretische Kunst ohne eigene Anweisungen, welche die Griechen δόγ α nennen; uns steht es frei, sie als ‚decreta' zu bezeichnen oder ‚scita' oder ‚placita'; du wirst auch in der Geometrie und der Astronomie auf sie stoßen. Die Philosophie jedoch ist sowohl

theoretisch als auch praktisch: sie betrachtet und handelt zugleich. Du irrst nämlich, wenn du glaubst, dass sie nur Dienste fürs Irdische verspricht: sie strebt nach Höherem. „Die ganze Weltordnung suche ich zu erforschen", sagt sie, „und ich beschränke mich nicht auf das menschliche Zusammenleben, damit zufrieden gebend, euch anzuraten oder abzuraten: Bedeutendes und über euch hinaus Bestimmtes fordern mich heraus:

(11) *Denn über den obersten Beweggrund der Himmelswelt und der Götter werde ich mit dir zu sprechen beginnen und dir die Uranfänge des Universums kundtun,*
*weswegen die Natur alle Dinge erschafft, bereichert und fördert,*
*dieselbe Natur, die nach ihrer Vernichtung sie auch wieder auflöst.*

wie es Lukretius sagt." Weil sie eine theoretische Wissenschaft ist, folgt daraus, dass sie eigene Lehrsätze besitzt.

(12) Was ist, wenn jemand auch die Dinge, die getan werden müssen, nur gehörig erledigen wird, wenn ihm das, was zur Vernunft gereicht, [zuvor] gelehrt wurde, so dass er in jedem Fall alle Verpflichtungen vollständig auszuführen vermag? Für diese wird nicht Sorge tragen, wer Anweisungen [nur] für Einzelnes, nicht für alles erhält. Sie sind an sich unwirksam und welche, die sozusagen ohne Wurzel in Teilstücken überlassen werden. Es sind die Lehrsätze, die [uns] schützen, die unsere Gemütsruhe und unseren Seelenfrieden bewahren, die das ganze Leben und zugleich die Natur insgesamt umfassen. Es besteht derselbe Unterschied zwischen den Grundsätzen und den Anweisungen der Philosophie wie zwischen den Grundstoffen und den Körperteilen: letztere hängen von ersteren ab, sie sind sowohl deren als auch aller Dinge Ursache.

(13) „Die frühere Philosophie", sagt man, „lehrte nichts anderes als das, was getan und was vermieden werden muss, und [trotzdem] lebten damals weit tüchtigere Männer: seitdem die wissenschaftlich Gebildeten hervor-

getreten sind, mangelt es an tüchtigen Männern; denn jene einfache und zugängliche Moral wurde in eine unverständliche und kunstfertige Wissenschaft verdreht, und man unterweist uns zu diskutieren, nicht zu leben."

(14) Ohne Zweifel war, wie ihr sagt, jene frühere Weisheit, die eben erst ihren Anfang nahm, nicht weniger ungeschliffen als die übrigen Kunstfertigkeiten, deren Genauigkeit während ihres Fortschreitens zugenommen hat. Aber man benötigte bis zu diesem Zeitpunkt auch keine vorsorglichen Heilmittel. Die Verdorbenheit hatte noch nicht so stark zugenommen und sich noch nicht so weit ausgebreitet: einfache Heilmittel waren in der Lage, einfachen Verfehlungen entgegenzutreten. Heutzutage muss es in dem Maße wirksamere Bollwerke geben, wie das, von dem wir bedroht werden, an Stärke gewinnt.

(15) Die Medizin beruhte einst auf der Kenntnis weniger Heilkräuter, mit denen der Blutfluss gehemmt werden, die Wunden sich schließen konnten; nach und nach gelangte man dann zu den heutigen so zahlreichen feinen Abstufungen [in dieser Wissenschaft]. Wegen der bis dahin kräftigen und robusten Körper und einer geeigneten Nahrung, die noch nicht durch Künstlichkeit und Genusssucht verdorben war, ist es auch nicht erstaunlich, dass sie damals weniger Aufgaben umfasste: seitdem man begonnen hat, nach irgendwelcher [Nahrung] zu suchen, nicht um den den Hunger zu stillen, sondern um ihn herbeizuführen, und folglich unzählige Zubereitungen ausfindig gemacht worden sind, mit denen der Appetit angeregt werden sollte, ist das, was für die Hungernden Nahrung war, für die Gesättigten eine Last.

(16) Daher die Blässe und das Zittern der vom Wein getränkten Muskeln und die Auszehrung, jämmerlicher wegen eines verdorbenen Magens als infolge von Hunger; daher der unsichere Gang eines Wankenden und das stete Stammeln wie bei der Trunkenheit selbst; daher die unter die Haut

eingelassene Flüssigkeit und der angeschwollene Bauch, solange er noch schlecht daran gewöhnt war, mehr aufzunehmen, als er konnte; daher die Gelbsucht, [und] das verfärbte Gesicht, [und] das Siechtum des in sich Verfaulenden, [und] die verdorrten Finger aufgrund der versteifenden Gelenke, [und] die Lähmung der gefühllos darniederliegenden Muskeln oder das Zucken des ohne Unterlass zitternden Körpers.

(17) Wozu soll ich über Schwindelanfälle reden? Wozu über Augen- und Ohrenentzündungen und die kribbelnden Schmerzen des sich erhitzenden Gehirns und über all die von inneren Wunden geschwächten [Organe], mit denen wir uns erleichtern? Ferner über die zahllosen Arten von Fieberanfällen, die einen wütend im Ansturm, die anderen schleichend aufgrund einer einfachen ansteckenden Krankheit, wieder andere mit Fieberschauer und häufigem Schüttelfrost sich einstellend?

(18) Warum soll ich über die anderen unzähligen Krankheiten – Strafen der Genusssucht – berichten? Unberührt von diesen Übeln blieben diejenigen, die von den Genüssen noch nicht abgeschlafft waren, die sich beherrschten, die sich nicht bedienen ließen. Ihre Körper haben sie durch Anstrengung und mit echter Arbeit abgehärtet, wurden weder durch einen Wettlauf noch durch die Jagd noch durch das Pflügen des Bodens erschöpft; sie ertrugen Nahrung, die nur denen genügen konnte, die Hunger litten. Daher war eine übermäßige Ausstattung der Ärzte gar nicht nötig und auch nicht so viele Instrumente und Arzneibüchsen. Eine natürliche Gesundheit war aus einem einfachen Grund gegeben: die vielen Speisefolgen haben viele Krankheiten hervorgebracht.

(19) Schau, wie viel von dem, was die Kehle durchqueren soll, die Genusssucht, die Verwüsterin von Ländern und Meeren, durcheinandermengt. Und so ist es unausweichlich, dass die unterschiedlichen [Speisen] einander widerstreben und, nachdem man sie verschlungen hat, schlecht verdaut werden, weil die einen den anderen entgegenarbeiten. Und es ist gar

nicht verwunderlich, dass durch die unverträgliche Nahrung eine unbere-
chenbare und launenhafte Krankheit entsteht und das, was aus den entgegengesetzten Gegenden der Welt in ein und denselben Magen gezwungen
wurde, [wieder] von sich gegeben wird. Wir sind daher in einem Maße
krank, wie wir uns auf neuartige Weise nähren.

(20) Jener bedeutendste aller Ärzte und Begründer dieser Wissenschaft
behauptete, dass den Frauen weder die Haare ausgehen noch dass sie an
den Füßen [von der Gicht] geplagt werden: und doch verlieren sie ihre
Haare und haben schmerzende Füße. Die Natur der Frauen hat sich nicht
gewandelt, sondern sie wurde bezwungen; denn als sie den Männern an
Zügellosigkeit gleichgekommen sind, haben sie auch die Nachteile der
männlichen Körper erfahren.

(21) Sie haben nicht weniger oft die Nacht durchgemacht, haben nicht
weniger oft gezecht, haben die Männer sogar mit Öl und unvermischtem
Wein herausgefordert; sie speien auf gleiche Weise durch den Mund aus,
was sie ihrem unwilligen Inneren aufgedrängt hatten, und erbrechen den
ganzen Wein wieder; ebenso lutschen sie Schnee zur Linderung bei Sod-
brennen. In ihrem Trieb stehen sie tatsächlich nicht einmal den jungen
Männern nach: erschaffen, um sich hinzugeben (die Götter und Göttinnen
mögen sie übel zugrunde richten!), haben sie sich eine so sehr verdrehte
Art von Schamlosigkeit ausgedacht, dass sie selbst an die Männer herantreten. Was ist es also verwunderlich, dass der bedeutendste Arzt und verständigste Kenner der Natur bei einer Lüge ertappt wird, da [doch] so
viele Frauen schmerzende Füße haben und kahlköpfig sind? Aufgrund ihrer Verfehlungen haben sie das Privileg ihres Geschlechts eingebüßt und,
weil sie sich der Weiblichkeit entledigt haben, sind sie zu männlichen
Krankheiten verdammt.

(22) Die früheren Ärzte verstanden es nicht, häufiger Kost zu verabrei-
chen und den fallenden Puls mit Wein zu stärken, verstanden es nicht, zur

Ader zu lassen und fortwährendes Siechtum durch Baden und Ausschwitzen zu erleichtern, verstanden es nicht, durch Fesseln der Arme und Beine die verborgene und im Inneren feststeckende [schädliche] Kraft in die Extremitäten abzuführen. Es war nicht notwendig, sich nach vielen Arten von Hilfsmitteln umzuschauen, da es sehr wenige gefährliche Leiden gab.

(23) Heutzutage aber, wie weit sind die Gebrechen aufgrund von Krankheit [bereits] fortgeschritten! Wir zahlen die Zinsen der über jedes Maß und Gebot hinaus von uns begehrten Genüsse. Dass es unzählige Krankheiten gibt, wird dich nicht verwundern: zähle die Köche. Jede wissenschaftliche Beschäftigung bleibt aus und diejenigen, die sich offen zu den eines Freien würdigen Dingen bekennen, führen an einsamen Ecken ohne irgendeine größere Zuhörerschaft die Aufsicht – in den Schulen der Rhetoriker und Philosophen herrscht [indessen] Menschenleere: wie gut besucht sind dagegen die Küchen, wie zahlreich drängt sich die Jugend um die Herde der Genießer.

(24) Ich übergehe die Schar der unglücklichen Knaben, auf die nach dem Ende der Gelage im Schlafraum andere entehrende Handlungen warten, ich übergehe die Heerscharen der Lustknaben, geordnet nach Herkunft und Hautfarbe, so dass alle die gleiche glatte Haut, die gleiche Länge des ersten Flaums, den gleichen Haarschnitt haben, damit sich nicht einer ohne Locken mit den Kraushaarigen vermische; ich übergehe den Schwarm der Bäcker, übergehe den der Bediensteten, unter deren Anleitung auf ein bestimmtes Signal hin umhergeeilt wird, um das Essen aufzutragen. Gütige Götter, wie viele Menschen hält ein einziger Bauch in Bewegung.

(25) Was? Du meinst, dass jene essbaren Pilze, ein genussreiches Verderben, in keiner Weise eine verborgene Wirkung entfalten, wenn sie auch nicht sogleich gewirkt haben? Was? Du denkst nicht, dass jener Schnee im Sommer die Leber abstumpft? Was? Jene Austern, ein geschmackloses Fleisch mit Unrat gemästet, schätzt du so ein, dass sie, voll von Schleim,

keineswegs einen krankhaften Zustand herbeiführen? Was? Jene Würzso-
ße von unseren Bundesgenossen [in Spanien], der wertvolle Saft aus verdorbenen Fischen, du glaubst nicht, dass sie, aufgrund der Fäulnis beißend
schmeckend, die Eingeweide plagt? Was? Jene noch rohen Fleischstücke,
die sogar fast direkt vom Feuer in den Mund geschoben werden, du bist
der Meinung, dass sie ohne Schaden von selbst im Inneren erlöschen? Wie
abstoßend und verpestet ist deshalb das Aufstoßen, wie groß der Ekel vor
sich selbst, wenn man den vorherigen Rausch ausdünstet! Man sollte verstehen, dass das, was zu sich genommen wurde, in Fäulnis übergeht, nicht
verdaut wird.

(26) Ich erinnere mich daran, dass einmal ein vorzügliches Pfannengericht
im Gespräch war, bei dem ein Imbisstand alles, was bei feinen Leuten gewöhnlich den Tag in die Länge zieht, zum eigenen Schaden eilends zusammengehäuft hatte: Venus- und Stachelmuscheln sowie Austern, sofern
sie fertig zum Verzehr ringsum geöffnet waren, wurden mit dazwischenliegenden Seeigeln ausgeschmückt, und gänzlich unschädlich gemachte
Meerbarben, ohne jedwede Gräten, bildeten die obere Schicht.

(27) Einzelnes erregt bereits Unmut: man häuft die Leckerbissen zu einem
einzigen [Gericht] auf. Bei Tisch geschieht, was im Magen geschehen
sollte: ich warte schon darauf, dass Vorgekautes angerichtet wird. Aber,
die Schalen und Gräten abzusondern und den Koch die Arbeit der Zähne
verrichten zu lassen, liegt das nicht nahe beieinander? „Mühsam ist es, mit
einzelnen [Leckerbissen] die Schranken der Mäßigung zu überschreiten:
man sollte alles mit dem gleichen Geschmack versehen und dann erst ser-
vieren. Warum sollte ich für eine einzige [Speise] die Hand ausstrecken?
Mehrere sollten sich zugleich einstellen, [und] die Vorzüge vieler Gänge
sollten zusammentreffen und sich miteinander verbinden.

(28) Sogleich sollen diejenigen, die behaupten, dass mit diesen [Gerich-
ten] um Beifall und Ehre nachgesucht wird, wissen, dass diese nicht den

Blicken dargeboten, sondern dass innere Überzeugungen von sich gegeben werden. Ebenso sei das, was gewöhnlich getrennt angerichtet wird, mit einer einzigen Soße übergossen worden; es bestehe keinerlei Unterschied; Austern, Seeigel, Stachelmuscheln, Meerbarben sollten durcheinander gebracht und miteinander verkocht serviert werden." Erbrochenes wäre kein größeres Durcheinander.

(29) Auf gleiche Weise wie diese wirr durcheinander [vermengt] sind, so entstehen daraus nicht einzelne Krankheiten, sondern unzählige, im Widerspruch stehende, vielgestaltige, gegen die sich auch die Heilkunst mit zahlreichen Verfahrensweisen [und] mit vielen Regeln zu wappnen begann.

Dasselbe sage ich dir über die Philosophie. Einst war sie unkomplizierter, unter Menschen, die geringere Verfehlungen begingen und daher durch Behandlung auch leichter heilbar waren: gegen eine so große Umwälzung der Sitten muss [daher] alles versucht werden. Und wenn derart doch diese Seuche endlich überwunden werden könnte!

(30) Nicht nur im Privaten, sondern auch öffentlich lassen wir uns völlig gehen. Totschläge und einzelne Ermordungen unterbinden wir: [aber] was ist mit den Kriegen und dem ruhmvollen Verbrechen des Völkermords? Kein Maß kennt die Habgier, kein Maß die Grausamkeit. Und solange die ersteren heimlich und von Einzelnen begangen werden, sind sie weniger schädlich und weniger monströs: schreckliche Dinge werden aufgrund von Senatsbeschlüssen und Volksentscheiden verübt, und im Namen des Staates wird angeordnet, was privat verboten ist.

(31) Was sie, heimlich ausgeführt, mit dem Leben bezahlt hätten, heißen wir sodann gut, weil sie es im Feldherrenmantel begangen haben. Die Menschen, die sanfteste Gattung, beschämt es nicht, Vergnügen am gegenseitigen Blutvergießen zu empfinden, [und] Kriege zu führen und die-

jenigen, die man führen muss, den Kindern zu überlassen, während selbst die sprachlosen und wilden Tiere miteinander in Frieden leben.

(32) Gegen so einen mächtigen und so weit verbreiteten Wahnsinn ist die Philosophie tätig geworden und sie hat um so viel an Kräften gewonnen, wie jene, gegen die sie Vorkehrungen traf, sich feindlich genähert hatten. Leicht war es diejenigen zurechtzuweisen, die sich dem Wein hingaben und nach feinerer Speise verlangten; es bedarf keiner großen Kraft einen Geist zur Genügsamkeit zurückzuführen, von der er sich nur wenig entfernt hatte:

(33) *nun bedarf es schneller Hände, nun der Hilfe der Kunst.*

In allem wird der sinnliche Genuss gesucht. Kein Laster verbleibt in seinen Grenzen: die Genusssucht führt übergangslos in die Habsucht. Ein Vergessen der sittlich guten Dinge hat eingesetzt; nichts ist schändlich, bei dem der Preis gefällt. Der Mensch, etwas dem Menschen Heiliges, wird nun beim Spiel und zur Kurzweil getötet und derjenige, für den es als Frevel galt, zum Schlagen und im Aufsichnehmen von Verletzungen ausgebildet zu werden, wird sogar unbekleidet und ohne Waffen öffentlich vorgeführt, und [allein] der Tod durch Menschenhand ist [bereits] genügend für eine Aufführung in der Arena.

(34) Nach einer solchen Entartung der Sitten verlangt man üblicherweise entschiedener nach irgendetwas, das die altgewohnten Übel beseitigt: man muss gemäß den Lehrsätzen vorgehen, um eine tief verankerte allgemeine Überzeugung auszuradieren. Wenn wir diesen Vorschriften, Ermutigungen, [und] Ermahnungen hinzufügen, werden sie wirksam sein: für sich allein sind sie wirkungslos.

(35) Wenn wir diejenigen, die sich schuldig gemacht haben, an unserer Seite haben und von den Übeln fernhalten wollen, von denen sie schon

beherrscht werden, sollten sie lernen, was ein Übel, was ein Gut ist, [und] verstehen, dass alles außer der Tugend den Namen ändert, dass es manchmal ein Übel, manchmal ein Gut wird. Wie die Bindung an den Kriegsdienst anfangs auf dem verbindlichen Eid beruht, [und] auf der Liebe zu den Bannern der Legionen und dem Frevel zu desertieren, darauf dann das Übrige aufgrund des erzwungenen Eides ohne Widerrede gefordert und befohlen wird, so müssen bei denen, die man zu einem glücklichen Leben führen will, zuerst die Grundlagen gelegt werden und die Tugendhaftigkeit eingeimpft werden. Sie sollten von ihr erfüllt werden in einer Art heiliger Scheu, sie lieben, mit ihr leben wollen, nicht ihr abgeneigt sein.

(36) „Was jetzt? Sind nicht manche [auch] ohne gründliche Unterweisung rechtschaffene Menschen geworden und haben bedeutende Erfolge errungen, indem sie nur bloßen Befehlen gehorchten?" Das gebe ich zu, aber sie besaßen eine vom Glück begünstigte Veranlagung und haben die [ihnen] zuträglichen Dinge im Vorübergehen ergriffen. Denn wie die unsterblichen Götter keine vortreffliche Eigenschaft erlernt haben, weil mit ein jeder die Welt zu betreten und sittlich gut zu sein, ein Teil ihrer Natur ist, so haben einige ausgesuchte Menschen ohne langen Unterricht eine natürliche Begabung darin erlangt, was gewöhnlich gelehrt wird, und sie haben sittlich Gutes mit dem Geiste erfasst, sobald sie erstmals [davon] vernommen haben; daher diese der Tugend so fähigen oder aus sich selbst heraus reichen Begabungen. Bei jenen Stumpfsinnigen und Dummen aber oder jenen, die sich eine schlechte Angewohnheit angeeignet haben, muss der Rost des untätigen Geistes eine ganze Zeit lang abgeschliffen werden.

(37) Außerdem: wie einer, der jenen die Grundsätze der Philosophie lehrt, diejenigen, die einem Gut zugeneigt sind, schneller zum Gipfel emporführt, [so] wird er auch diese eher Kraftlosen ermutigen und von ihren verderblichen Ansichten befreien; wie sehr diese vonnöten sind, kann man auch aus Folgendem ersehen. Gewisse Dinge, die uns in manchem träge, in anderem leichtsinnig machen, prägen sich uns tief ein; weder kann die-

se Verwegenheit unterdrückt, noch jene Trägheit ermuntert werden, wenn man nicht deren Ursachen beseitigt: unbegründete Bewunderung und grundlose Angst. Solange uns diese in ihrem Besitz haben, ist es einem vergönnt zu sagen: „Dies muss man dem Vater erweisen, dies den Kindern, dies den Freunden, dies den Gästen." Den, der es versucht, wird die Habsucht zurückhalten. Man versteht, dass für das Vaterland gekämpft werden muss, die Furchtsamkeit wird [davon] abraten; man versteht, dass sich für die Freunde bis zum letzten Schweißtropfen abgemüht werden muss, aber Komfort und Luxus werden ihr Veto einlegen; man versteht, dass eine Gespielin die schwerste Art der Beleidigung für die Ehefrau bedeutet, aber der Lusttrieb wird einen zum Gegenteil treiben.

(38) Folglich wird es nichts nützen, Anweisungen zu geben, wenn man nicht vorher die Gebote beseitigt hat, die dem im Weg stehen werden, ebenso wenig wie es nützen wird, [jemandem] Waffen offen vor Augen gestellt und näher hingehalten zu haben, wenn die Hände nicht in Bereitschaft versetzt werden, um sie zu bedienen. Damit die Gedanken zu den von uns gebildeten Lehrsätzen gelangen können, müssen sie befreit werden.

(39) Stellen wir uns vor, das irgendjemand das tut, was notwendig ist: er wird es nicht unablässig tun, er wird es nicht gleichmäßig tun; er wird nämlich nicht wissen, warum er es tut. Entweder durch Zufall oder durch Übung werden dabei irgendwelche rechten Dinge herauskommen, es wird aber keine Regel zur Hand sein, anhand der man beurteilen könnte, wem er Glauben schenken kann, dass das, was er tut, sittlich gut ist. Einer, der aus Zufall tugendhaft ist, stellt nicht in Aussicht, dass er für immer so ist.

(40) Ferner werden dir die Anweisungen möglicherweise Gewähr dafür bieten, dass er tut, was er soll; sie werden keine Gewähr dafür bieten, dass er es tut, so wie er soll; wenn sie dies nicht gewährleisten, führen sie nicht zur sittlichen Vollkommenheit. Nachdem er dazu aufgefordert wurde, wird

er tun, was er soll, das räume ich ein; aber das ist nicht genug, weil der Verdienst ja nicht auf der Tat beruht, sondern darauf wie sie erwirkt wird.

(41) Was ist schändlicher als ein kostspieliges Festessen, das sogar ein ritterliches Vermögen verschlingt? Was ist so sehr einer strengen Rüge wert, als wenn irgendeiner, wie diese Vielfraße es nennen, sich und seinem Schutzgeist ein solches auftischt? Und trotzdem haben die Festgelage zum Amtsantritt [selbst] den sparsamsten Männern eine Million Sesterzen gekostet. Für ein und dasselbe gilt: wenn es dem Gaumen gewidmet wird, ist es schändlich, wenn es dem Ansehen [gewidmet wird], entgeht es der Zurechtweisung; es gilt [dann] nämlich nicht als Verschwendungssucht, sondern als ein üblicher Aufwand.

(42) Nachdem Kaiser Tiberius eine Seebarbe ungeheuren Ausmaßes übersandt worden war – weshalb gebe ich nicht das Gewicht an und reize so die Gaumen mancher Leute? Man behauptete, dass sie ein Gewicht von viereinhalb Pfund hatte – befahl er, dass sie auf den Markt gebracht und verkauft wird, und sagte dabei: „Freunde, ich sollte mich sehr täuschen, wenn diese Seebarbe nicht entweder an Apicius oder P. Octavius verkauft würde." Über seine Erwartung hinaus ist seine Vermutung eingetroffen: sie haben [beide] geboten: es siegte Octavius und er erlangte außerordentlichen Ruhm unter den Seinen, weil er für fünftausend Sesterzen einen Fisch gekauft hatte, den ein Kaiser versteigert, den nicht einmal Aspicius für sich gewonnen hatte. [Dafür] zu zahlen, war nur für Octavius schändlich, nicht für denjenigen, der ihn gekauft hatte, um ihn Tiberius zu widmen, obschon ich auch ihn tadeln würde: er hat etwas bewundert, von dem er glaubte, dass es [nur] ein Kaiser verdient.

(43) Jemand setzt sich zu seinem kranken Freund – das heißen wir gut. Er tut dieses aber aufgrund einer Erbschaft: er ist ein Geier, er hofft auf den Kadaver. Dieselben Dinge sind entweder schändlich oder ehrenwert: es kommt darauf an, warum oder wenigstens auf welche Weise sie zuwege

gebracht werden. Alles jedoch wird ehrenwert geschehen, wenn wir uns der Sittlichkeit zuwenden und in den menschlichen Angelegenheiten einzig das für ein Gut erklären, was auf ihr beruht; alle übrigen sind vorübergehende Güter.

(44) Folglich muss sich eine Überzeugung beigebracht werden, die auf das ganze Leben abzielt: das ist, was ich einen Grundsatz nenne. Wie diese Überzeugung beschaffen ist, so wird [auch] die Art sein, wie wir handeln, wie wir denken werden; wie solcherlei beschaffen ist, so wird [auch] das Leben sein. In Teilbereichen überzeugt zu haben, reicht demjenigen, der eine Ordnung für das Ganze aufstellt, nicht aus.

(45) M. Brutus erteilt in der Schrift, die mit dem Titel περὶ καθήκοντος versehen ist, zahlreiche Anweisungen sowohl an Eltern als auch an Kinder und Brüder: niemand wird diese ausführen, wie er es soll, wenn er nicht etwas in sich trägt, wonach er sie beurteilen kann. Wir müssen uns das Ziel des höchsten Gutes vor Augen halten, zu dem wir streben, das wir bei all unseren Taten und Worten berücksichtigen sollten; gleichsam wie der Kurs derer, die zur See fahren, mit Hilfe irgendeines Sternes bestimmt werden muss.

(46) Ohne Ziel ist ein Leben unstet; wenn man es daher unbedingt angehen muss, werden Anweisungen unvermeidlich sein. Ich denke, du wirst zugeben, dass nichts schändlicher ist, als einer, der seinen Fuß unschlüssig, [und] unsicher und ängstlich zurückzieht. Das wird uns bei allen Gelegenheiten passieren, wenn nicht entfernt wird, was den Geist aufhält und fesselt und zudem verhindert, dass er losrückt und sich mit aller Kraft anstrengt.

(47) Wie man die Götter verehren muss, wird gewöhnlich vorgeschrieben. Lasst uns verbieten, dass irgendjemand am Sabbat Lampen anzündet, da doch die Götter kein Licht benötigen und sich auch die Menschen nicht

am Ruß erfreuen. Lasst uns verbieten, den morgendlichen Aufwartungen nachzukommen und sich vor den Toren der Tempel niederzusetzen: durch solche Dienste wird die menschliche Ehrsucht verlockt; einen Gott verehrt, wer ihn erkannt hat. Lasst uns verbieten, Jupiter Leinentücher und Schabeisen darzubringen und Juno den Spiegel zu halten: ein Gott sehnt sich nicht nach Untergebenen. Warum nicht? Er selbst wartet der Menschheit auf, überall und für alle ist er da.

(48) Mag einer auch vernehmen, welche Regel er bei den Opferhandlungen einhalten, wie weit er sich vom peinlichen Aberglauben zurückziehen sollte, einen hinlänglichen Fortschritt wird es nur geben, wenn er durch Nachdenken begriffen hat, welcherlei er einer Gottheit schuldet, die alles besitzt, die alles gewährt, die aus Gnade wohltätig ist.

(49) Welchen Grund gibt es für die Götter, gnädig zu handeln? Ihre Natur. Es ist ein Irrtum, wenn irgendeiner glaubt, dass jene nicht schaden wollen: sie sind dazu nicht imstande. Sie können ein Unrecht weder erleiden noch begehen; denn zu verletzen und verletzt zu werden, hängt miteinander zusammen. Die Natur, dieses Höchste und Schönste aller Dinge, hat diejenigen, die sie der Gefahr entrückt hat, selbst nicht gefährlich gemacht.

(50) Die Verehrung der Götter besteht zuerst darin, an die Götter zu glauben; hierauf ihnen ihre Größe zuzugestehen, ihnen Güte zuzugestehen, ohne die es keine Größe gibt; zu erkennen, dass sie es sind, die die Welt behüten, die das Universum dank ihrer Macht gehörig einrichten, die die Vormundschaft über das Menschengeschlecht führen, bisweilen besorgt über Einzelne. Sie bringen weder ein Übel hervor, noch tragen sie es in sich; aber sie weisen manche zurecht, [und] halten sie in Schranken, [und] erlegen ihnen Mühen auf und in Gestalt eines Gutes bestrafen sie zuweilen. Willst du dir die Götter geneigt machen? Sei ein guter Mensch. Genügend ehrt sie ein jeder, der ihnen nacheifert.

(51) Da bleibt die andere Frage, wie mit den Menschen umgegangen werden muss. Warum handeln wir? Welche Vorschriften geben wir? Wie können wir uns des menschlichen Blutvergießens enthalten? Wie wenig ist es, demjenigen nicht zu schaden, dem man helfen sollte? Selbstverständlich, es ist ein großer Verdienst, wenn ein Mensch freundlich zu einem [anderen] Menschen ist. Werden wir ihm vorschreiben, dass er dem Schiffbrüchigen die Hand reicht, dass er dem Verirrten den Weg weist, dass er sein Brot mit dem Hungernden teilt? Warum sollte ich alles benennen, was getan und was vermieden werden muss, wenn ich es kürzer mit folgender Bestimmung der menschlichen Pflicht lehren kann:

(52) alles das, was du siehst, in dem Göttliches und Menschliches einschlossen ist, ist ein Einziges; wir sind die Glieder eines großen Körpers. Die Natur hat uns als Blutsverwandte in die Welt gesetzt, weil sie uns aus demselben und für dasselbe hervorgebracht hat, sie hat uns gegenseitige Liebe eingeflößt und uns gesellig gemacht. Sie hat Recht und Billigkeit ersonnen; ihrer Bestimmung zufolge ist es erbärmlicher zu schaden, als geschädigt zu werden; auf ihren Befehl hin sollten die Hände bereit sein zu helfen.

(53) Dieser Vers möge sich sowohl im Herzen als auch in der Rede finden:

*„Ich bin ein Mensch, nichts Menschliches erachte ist als fremd für mich."*

Besitz sollten wir zum Allgemeinwohl erlangen: wir sind für die Gemeinschaft geboren worden. Unsere Gesellschaft ähnelt sehr einem Gewölbe aus Steinen, das durch sich selbst getragen wird – [die Steine] würden zu Boden fallen, wenn sie sich nicht wechselseitig stützten.

(54) Nach den Göttern und den Menschen sollten wir herausfinden, wie mit den Dingen umgegangen werden muss. Vergebens werden wir Anwei-

sungen allgemein verbreiten, wenn dem nicht vorausgegangen ist, was für eine Meinung wir über jedwede Sache haben sollten: über die Armut, über den Reichtum, über den Ruhm, über die Schande, über das Vaterland, über die Verbannung. Frei vom Urteil der Menge sollten wir sie im Einzelnen beurteilen und zu ergründen suchen, was sie sind, nicht wie sie benannt werden.

(55) Kommen wir nun zu den Tugenden. Irgendeiner wird uns vorschreiben, dass wir die Klugheit hochschätzen, dass wir Tapferkeit erlangen, [und], falls möglich, uns noch näher an die Gerechtigkeit anlehnen sollten als an andere [Werte]; er wird aber nichts bewirken, wenn wir nicht wissen, was die Tugend genau ist, ob es eine einzige oder mehrere gibt, ob sie getrennt oder verknüpft sind, ob derjenige, der eine besitzt, möglicherweise auch die übrigen besitzt, [und] wodurch sie sich voneinander unterscheiden.

(56) Für den Handwerker ist es nicht notwendig, eine Untersuchung über sein Handwerk anzustellen, worin sein Ursprung bestehen, was sein Nutzen sein könnte, ebenso wenig wie der Pantomime über die Technik des Tanzens: All diese Künste verstehen sich von selbst, es fehlt nichts; sie betreffen nämlich nicht das ganze Leben. Die Tugend beruht sowohl auf der Kenntnis anderer Dinge als auch auf der ihrer selbst; es muss gleichfalls über sie gelernt werden, damit sie selbst erlernt wird.

(57) Eine Handlung wird nur tugendhaft sein, wenn sie auf einem sittlich guten Willen beruht; denn aus ihm geht sie hervor. Andererseits wird der Wille nicht sittlich gut sein, wenn er nicht auf einer tugendhaften Geisteshaltung beruht, denn aus ihr geht der Wille hervor. Um die Geisteshaltung wird es aber nur zum Besten stehen, wenn [einer] die Regeln des Lebens insgesamt klar erfasst und bestimmt, wie jede einzelne Sache beurteilt werden sollte, wenn er die Dinge auf ihren wahren Kern reduziert. Es stellt sich kein Seelenfrieden ein, wenn er nicht ein unwandelbares und si-

cheres Urteil erlangt hat: andere kommen von Zeit zu Zeit zu Fall, [und]
werden wieder aufgesetzt und schwanken abwechselnd zwischen Aufge-
gebenem und Begehrtem umher.

(58) Was ist der Grund für ihren Wankelmut? Die Tatsache, dass für diejenigen, die sich an einer unzuverlässigen Führung erfreuen – dem Gerede der Leute – nichts einleuchtend ist. Wenn du immer dasselbe zu wollen
wünschst, musst du das Wahre wollen. Ohne Grundsätze gelangt man
nicht zum Wahren: sie umfassen das Leben. Gutes und Schlechtes, Sittliches und Schändliches, Gerechtes und Ungerechtes, Pflichtbewusstes und
Gewissenloses, Tugenden und die Notwendigkeit der Tugenden, der Besitz angemessener Vermögen, Ansehen und Würde, Gesundheit, Körperkräfte, Aussehen, scharfe Sinne: all das verlangt einen Beurteiler. Es muss
möglich sein zu wissen, wie hoch ein jedes [davon] einzuschätzen ist.

(59) Du täuscht dich nämlich und hältst manches für mehr wert, als es ist,
und machst ja sogar vergessen, dass diejenigen Dinge, die unter uns als
außerordentlich bedeutend gelten – Reichtum, Einfluss, Macht – keinen
Pfennig wert sind. Du wirst das nur erkennen, wenn du die Rangordnung
selbst untersuchst, wonach sie untereinander bewertet werden. Wie Blätter nicht von selbst grünen können (sie verlangen nach einem Zweig, an
dem sie hängen, aus dem sie Saft ziehen können), so sind auch diese Anweisungen kraftlos, wenn sie alleine stehen; sie ziehen es vor, sich an eine philosophische Lehre anzuheften.

(60) Außerdem begreifen diejenigen, die die philosophischen Grundsätze
abschaffen, nicht, dass man gerade jene, die abgeschafft werden, dadurch
festigt. Was nämlich behaupten sie? Dass das Leben durch Anweisungen
hinreichend erklärt wird, dass die Grundsätze für die Weisheit überflüssig
sind. Aber gerade das, was sie sagen, ist doch, bei Herkules, ebenso ein
Grundsatz, wie wenn ich jetzt sagen würde, man soll von Weisungen als
etwas Überflüssiges absehen, soll sich der Grundsätze bedienen, soll sein

Studium allein darauf richten; eben dadurch, dass ich bestreite, dass man den Vorschriften nachkommen soll, würde ich welche erteilen.

(61) Manches in der Philosophie verlangt nach Belehrung, manches einen Beweis, und zwar einen starken, weil es unklar ist und sich nur bei höchster Sorgfalt und höchster Genauigkeit enthüllt. Wenn Beweise erforderlich sind, sind es auch die Grundsätze, welche die Wahrheit aus den Beweisen herleiten. Manche sind offensichtlich, manche unverständlich: Offensichtliches ist das, was mit dem Sinne, was durch das Gedächtnis wahrgenommen wird; Unverständliches das, was sich außerhalb davon befindet. Die Vernunft aber wird durch Augenscheinliches nicht befriedigt: ihre bedeutendere und vortrefflichere Seite liegt im Verborgenen. Verborgenes verlangt nach einem Beweis, ohne Grundsätze gibt es keinen Beweis; also sind Grundsätze unentbehrlich.

(62) Das, was einen verständigen Verstand hervorbringt, bringt ebenso einen vollkommenen hervor: eine feste Meinung über die Wirklichkeit; wenn ohne sie alles im Geiste ungewiss ist, sind Lehrsätze erforderlich, die dem Geist ein unbeugsames Urteilsvermögen verleihen.

(63) Wenn wir schließlich jemanden ermahnen, damit er einen Freund als vom selben Rang betrachtet wie sich selbst, damit er erwägt, dass aus einem Feind ein Freund gemacht werden kann, er bei ersterem Liebe erweckt, bei letzterem seiner Abneigung Herr wird, fügen wir hinzu: „Das ist recht [und] tugendhaft." Das philosophische System unserer Lehrsätze aber enthält in sich das Rechte und das Tugendhafte; also ist dieses unumgänglich, ohne welche es jene nicht gibt.

(64) Aber wir sollten beide Dinge verbinden; denn ohne Wurzel sind auch Zweige nutzlos, und durch das, was sie hervorgebracht haben, werden die Wurzeln ihrerseits begünstigt. Jedem ist es möglich zu erkennen, welch großen Vorteil die Hände besitzen, sie sind offensichtlich nützlich: jener

Verstand, durch den die Hände leben, aus dem sie ihren Antrieb gewinnen, durch den sie bewegt werden, ist verborgen. Dasselbe kann ich über die Weisungen sagen: sie sind klar verständlich, die Grundsätze der Weisheit jedoch sind im Verborgenen gelegen. Wie nur die Eingeweihten die heiligeren [Aspekte] der Götterkulte kennen, so werden in der Philosophie die Geheimnisse jenen offenbart, die in ihr Heiligtum eingelassen und aufgenommen worden sind; dagegen sind Anweisungen und anderes dieser Art auch den Nichteingeweihten bekannt.

(65) Poseidonios erklärt nicht nur die Weisung (denn nichts hindert uns daran, diesen Ausdruck zu gebrauchen), sondern auch das Ratgeben, [und] den Trost, und die Ermahnung für notwendig; diesen fügt er die Erforschung von Ursachen hinzu – ich begreife nicht, warum wir es nicht wagen dürfen, diese als Ätiologie zu bezeichnen, wenn die Grammatiker, Wächter der lateinischen Sprache, sie mit vollem Recht so benennen. Nützlich, sagt er, würde auch die Beschreibung jeder einzelnen Tugend sein; Poseidonios bezeichnet diese als „ethologia", einige nennen sie „charakterismos", welche die Kennzeichen und Merkmale jeder Tugend und auch jeder schlechten Eigenschaft wiedergibt, wodurch ähnliche [Eigenschaften] voneinander unterschieden werden können.

(66) Dieses hat die gleiche Wirksamkeit wie Anweisungen zu geben; denn einer, der anweist, sagt: „Dies muss du tun, wenn du maßvoll sein willst", [und] derjenige, der beschreibt, sagt: „Maßvoll ist, wer jenes tut, wer sich von jenem fernhält." Du fragst, worin der Unterschied liegt? Der eine gibt Anweisungen für einen tugendhaften Wandel, der andere ein Musterbeispiel. Dass diese Beschreibungen und, um den Ausdruck der Steuerpächter zu verwenden, Ikonismen von Nutzen sind, gestehe ich zu: lasst uns öffentlich machen, was gelobt werden muss – ein Nachahmer wird sich finden.

(67) Siehst du es als vorteilhaft an, dir die Kennzeichen an die Hand geben zu lassen, an denen du ein edles Pferd erkennen kannst, damit du bei einem anstehenden Kauf nicht getäuscht wirst, damit du keine Zeit mit einem faulen [Gaul] vergeudest? Um wie viel nützlicher ist es, die vortrefflichen Merkmale des Geistes zu kennen, die man von einem anderen auf sich übertragen darf.

(68) *Stolzer schreitet das Junge des edlen Tieres sogleich auf der Weide einher und setzt die geschmeidigen Schenkel auf;*
*sowohl den Weg voranzuschreiten, als auch drohende Ströme zu*
*versuchen und sich der unbekannten Brücke anzuvertrauen,*
*wagt er als erster, und er scheut auch nicht vor nichtigem Gelärme.*
*Hochragend sein Hals und ausdrucksvoll das Haupt, flach der Bauch*
*und wohlgenährt der Leib, von Muskeln strotzend die stolze Brust …*

*… dann, wenn aus der Ferne die Waffen ihren Lärm erschallen lassen,*
*kann es kaum mehr still auf der Stelle stehen, zuckt mit den Ohren*
*und erzittert in den Gliedern, [und] unter den Nüstern stürzt hervor*
*das zurückgehaltene und unterdrückte Feuer.*

(69) Während er [etwas] anderes ausführte, hat unser Vergil einen tapferen Mann beschrieben: ich wenigstens würde kein anderes Gleichnis von einem tapferen Mann abgeben. Wenn ich einen M. Cato anschaulich beschreiben müsste, der inmitten des Getöses des Bürgerkriegs furchtlos und zuvorderst auf die schon zu den Alpen herangerückten Heere losgeht und sich dem Krieg entgegenstürzt, ich würde ihm keine andere Miene, keine andere Haltung geben.

(70) Bestimmt konnte niemand stolzer einherschreiten als derjenige, der sich gegen Caesar und Pompeius [zugleich] erhoben hat und während die einen die Bemühungen Caesars, die anderen die des Pompeius förderten, hat er beide herausgefordert und gezeigt, dass im Staat [noch] andere Par-

teien existieren. Denn es genügt nicht, über Cato zu sagen: „Vor nichtigem Getöse schreckt er nicht zurück." Warum nicht? Weil er vor echtem und nahen [Getöse] nicht zurückschreckt, weil er gegen 10 Legionen und die gallischen Hilfstruppen und die mit römischen Bürgern vermengte Heeresmacht der Barbaren seine freie Stimme erhebt und die Republik auffordert, dass sie um der Freiheit Willen kein Abkommen trifft, sondern alles wagt, weil es ehrenhafter ist, in Knechtschaft zu geraten als [freiwillig] zu gehen.

(71) Welch Frische und Begeisterung in ihm steckt, welch Zuversicht trotz des allgemeinen Wirrwarrs! Er weiß, dass er der einzige ist, über dessen Lage nicht entschieden wird, denn es stellte sich nicht die Frage, ob Cato als freier [Mann], sondern ob er unter Freien lebe: daher sein gleichgültiges Hinwegsetzen über die Gefahren und die Schwerter. Wer die unerschütterliche Standhaftigkeit eines Mannes bewundert, der inmitten des allgemeinen Untergangs nicht wankt, mag sagen: „von Muskeln strotzend die stolze Brust."

(72) Es wird nichts nützen, nur lobend zu erzählen, von welcher Art berühmte Männer oft sind und deren Charakter und Gesichtszüge kunstvoll auszuarbeiten, sondern zu berichten und darzulegen, wie sie gelebt haben, über jene letzte und tapferste Verwundung Catos, mit der die Freiheit ihren Geist aushauchte, die Weisheit des Laelius und dessen Eintracht mit seinem Scipio, die außergewöhnlichen Taten des anderen Catos daheim und auswärts, die hölzernen Liegen des Tubero, obschon in der Öffentlichkeit gepolstert, [und] die Felle von jungen Ziegenböcken anstatt von Decken und die am Tempel, selbst des Jupiter, für Festmähler vorgesetzten irdenen Gefäße. Was anderes ist das, als der Armut auf dem Capitol die göttliche Weihe zu geben? Gesetzt, dass ich keine andere Tat von ihm kennen würde, für die ich ihn unter die Catonen aufnehmen könnte – hielten wir Geringeres von ihr? Es war dies eine Kritik, kein Gastmahl.

(73) Ach, wie wenig die nach Ruhm gierenden Menschen darüber wissen, worauf dieser [eigentlich] beruht oder auf welche Weise man ihn anstreben muss! An jenem Tag haben die Römer den Hausrat vieler betrachtet, einen einzigen angestaunt. Das Gold und Silber all jener ist zerbrochen und tausendfach eingeschmolzen, doch die irdenen Gefäße des Tubero werden alle Zeitalter überdauern. Lebe wohl.

———

# Buch 16 – Brief 96

Seneca grüßt seinen Lucilius,

(1) Trotzdem empörst oder beklagst du dich über dies und jenes und bemerkst nicht, dass darin nichts von Übel ist, außer dieses eine, dass du dich empörst und beklagst? Wenn du mich fragst, sieh für einen Mann nichts als Unglück an, außer es gibt etwas in der Welt, das er für ein Unglück hält. An dem Tag, an dem ich nicht imstande sein werde, etwas zu ertragen, werde ich mich [selbst] nicht [mehr] ertragen. Ich bin kaum noch bei Kräften: das ist ein Teil meiner Bestimmung. Die Hausgemeinschaft lag krank darnieder, die Schulden erregten Unbill, das Haus knirschte, Schäden, Wunden, Mühen, Ängste sind mir zuteilgeworden: solches geschieht gewöhnlich. [Aber] das ist nicht genug: es ist bestimmt zu geschehen. Diese Dinge werden entschieden; sie passieren nicht [einfach].

(2) Wenn du mir etwas Vertrauen schenkst, enthülle ich dir auch noch meine innersten Empfindungen: hinsichtlich all der Dinge, die als Unglück und Härte erscheinen, wurde ich auf diese Weise unterwiesen: ich unterstehe keiner Gottheit, sondern ich pflichte ihr bei; ich folge ihr vom Herzen, nicht weil ich muss. Nichts überkommt mich jemals, was ich als unheilvoll, was ich mit böser Miene aufnehmen würde; ich werde keinen Tribut mit Widerwillen aufbringen. Alles jedoch, was wir beklagen, wovor wir zurückschrecken, ist ein Tribut ans Leben: eine Befreiung davon, mein Lucilius, darfst du weder erwarten noch beanspruchen.

(3) Ein Schmerz in der Harnblase hat dich beunruhigt, wenig angenehme Schreiben sind eingetroffen, Verluste reihen sich ununterbrochen aneinander – ich werde dir noch näher treten: du hast um dein Leben gefürchtet. Was, du wusstest nicht, dass du dieses wähltest, als du dir ein hohes Alter gewünscht hast? All diese Dinge finden sich auf einem langen Lebens-

weg, so wie auf einem langen Marsch der Staub, [und] der Schlamm und
der Regen.

(4) „Aber ich wollte gut leben, gleichwohl frei von allen Widrigkeiten
sein." So eine weibische Rede ziemt sich nicht für einen Mann. Überlege
dir, wie du folgenden Wunsch von mir aufnimmst; ich schreibe ihn in edler Gesinnung, nicht nur mit guter Absicht nieder: weder die Götter noch
die Göttinnen können bewirken, dass das Schicksal dich in Komfort und
Luxus gefangen hält.

(5) Frag dich selbst, ob du, wenn ein Gott dir die Möglichkeit geben würde, auf dem Fleischmarkt oder im Feldlager dein Leben zubringen willst.
Zu leben, mein Lucilius, heißt nun aber Kriegsdienst zu leisten. Deshalb
sind diejenigen im Feldlager die tapfersten und ranghöchsten Männer, die
hin und her getrieben werden, [und] die unter Mühen und Schwierigkeiten auf- und abwärts laufen und den riskantesten Unternehmungen entge-
gengehen; solche, die ein nach Moder riechender Friede schwach hält,
während die anderen sich abmühen, sind Turteltäubchen, wohl verwahrt
aufgrund ihrer Schande. Lebe wohl.

———————

# Buch 16 – Brief 97

Seneca grüßt seinen Lucilius,

(1) Du irrst dich, mein Lucilius, wenn du meinst, dass das Vergehen unseres Zeitalters in der Genusssucht liegt und in der Vernachlässigung der guten Sitten und anderem, das ein jeder den eigenen Zeiten vorwirft: es sind dies [die Vergehen] der Menschen, nicht die der Zeiten. Kein Zeitalter ist frei von Schuld gewesen; und wenn du anfängst, die Zügellosigkeit jedes einzelnen Zeitalters zu beurteilen – ich schäme mich, es zu sagen – ist niemals offenkundiger gesündigt worden als vor den Augen Catos.

(2) Würde [heute] irgendjemand glauben, dass Geld im Spiel gewesen ist in dem Prozess, in dem Publius Clodius wegen jenes Ehebruchs angeklagt war, den er im Geheimen mit der Ehefrau Caesars begangen hatte, unter Verletzung der religiösen Bräuche jenes Opfers, das für ‚das Volk‘ vollzogen werden soll, mit der Bestimmung, dass, nachdem alle Männer hinter die Umzäunung verbannt wurden, auch Bilder von männlichen Geschöpfen verhüllt werden? Doch den Richtern sind Gelder überreicht worden und, was auch jetzt noch schändlicher als dieses geheime Abkommen ist, es sind obendrein Unzüchtigkeiten von ehrbaren Frauen und ganz jungen adeligen Männer anstatt eines kleinen Trinkgelds verlangt worden.

(3) Weniger durch das Vergehen als durch die Freisprechung ist gesündigt worden: ein des Ehebruchs Beklagter hat Ehebrüche zum Kauf ausgegeben und hinsichtlich seines Wohlergehens war er nicht eher frei von Sorgen, als bis er seine Richter zu Gleichgesinnten gemacht hat. Solches ist in einem Prozess geschehen, in dem Cato, beschränkt auf den einen Fall, Zeugnis abgelegt hatte. Ich werde Ciceros eigene Worte anführen, weil der Fall jede Glaubwürdigkeit übersteigt [erstes Buch der Briefe Ciceros an Atticus].

(4) „Er ließ die Richter zu sich kommen, machte Versprechungen, stellte Bürgschaft für sich, leistete Zahlungen. Dann aber sind es (oh, gute Götter, welche Verdorbenheit!) sogar Nächte mit gewissen Frauen und eine Vermittlung junger adeliger Männer als Gipfel der Bestechungszahlung an einige Richter gewesen."

(5) Es ist müßig, über die Bestechung zu klagen, [das größere Übel] waren die Zugaben. „Du verlangst nach der Frau jenes sittenstrengen [Mannes]? Ich werde sie dir überreichen. Du willst die von dem Reichen da? Ich stehe für einen Beischlaf [mit ihr] ein. Wenn du selbst keinen Ehebruch begangen hast, fälle ein Schuldurteil. Jene Schönheit, nach der du dich sehnst, wird [zu dir] kommen. Ich verspreche dir eine Nacht mit ihr und ich werde es nicht aufschieben; innerhalb der dreitägigen Urteilsvertagung wird sich die Verlässlichkeit meines Versprechens zeigen." Ehebrüche zu vermitteln, ist schändlicher, als sie zu begehen; wahrhaftig bedeutet es, sie den Familienmüttern zuzumuten.

(6) Diese von Clodius [bestochenen] Richter hatten vom Senat Geleitschutz erbeten, der nur im Falle einer Verurteilung notwendig gewesen wäre, und sie hatten [dort] Gehör gefunden; daher hat Catulus nach der Freisprechung des Angeklagten geistreich zu ihnen gesagt: „Warum habt ihr Geleitschutz von uns erbeten? Etwa damit euch keine Gelder geraubt werden?" Inmitten dieser Spötteleien jedoch blieb er ungestraft: vor dem Prozess ein Ehebrecher, in dem Prozess ein Kuppler, der einer Verurteilung auf eine niederträchtigere Tat entgangen ist, als diejenige, für die er sie verdient hat.

(7) Glaubst du, dass [jemals] etwas verdorbener war als jene Sitten, bei denen der Wollust weder durch heilige Bräuche noch durch Richter Einhalt geboten werden konnte, bei denen in eben der Gerichtsverhandlung, die außerhalb der eigentlichen Prozessordnung durch einen Senatsbeschluss gehandhabt wurde, ein größerer Frevel entstand, als derjenige, der

vor Gericht verhandelt wurde? Es wurde untersucht, ob irgendeiner nach einem Ehebruch ungefährdet leben könne: es hat sich gezeigt, dass einer [auch] ohne einen Ehebruch nicht ungefährdet leben kann.

(8) Dieser [Frevel] ist unter Pompeius und Caesar, ist unter Cicero und Cato begangen worden; jenes Cato, ich betone es, in dessen Anwesenheit das Volk sich nicht erlaubt haben soll, beim Floralienfest die Spiele der entblößenden Liebesdamen für sich einzufordern; sofern du dem Glauben schenkst, sind die Menschen damals beim Zuschauen sittenstrenger gewesen als beim Richten. Diese Dinge sind geschehen und werden geschehen, und die Zügellosigkeit der Städte wird sich manchmal aufgrund strenger Erziehung und Furcht, niemals aus eigenem Antrieb legen.

(9) Es gibt deshalb keinen Grund zu glauben, dass wir der Maßlosigkeit sehr viel, den Gesetzen sehr wenig durchgelassen haben; die heutige Jugend ist nämlich weitaus rechtschaffener als die frühere, als ein Angeklagter seinen Ehebruch in Gegenwart der Richter leugnete, die Richter [den ihren] in Gegenwart des Angeklagten gestanden haben, als im Zuge einer zu urteilenden Rechtsangelegenheit Unzucht verübt wurde, als ein Clodius, der aufgrund derselben Verfehlungen in Gunst stand, wegen denen er schuldig war, sogar während des Vortrags seiner Gerichtsrede Kuppelei betrieben hat. Kann das irgendjemand glauben? Derjenige, den man aufgrund eines einzigen Ehebruch verurteilen wollte, ist aufgrund vieler [Ehebrüche] freigesprochen worden.

(10) Jede Zeit wird einen Clodius hervorbringen, nicht jede einen Cato. Für Schlechtes sind wir leicht empfänglich, weil [hierbei] weder der Anstifter noch der Komplize seinen Beistand entziehen kann, und die Angelegenheit sogar von selbst, ohne Führer, ohne Gefährte, ihren Lauf nimmt. Man ist den Verfehlungen nicht nur zugeneigt, sondern man stürzt sich darauf – und was die meisten unverbesserlich macht – in allen anderen

Künsten schämen sich Künstler für ihre Fehltritte und einen, der abirrt, beleidigen sie, die Fehltritte des Lebens bereiten [dagegen] Freude.

(11) Ein Steuermann freut sich nicht über das [von einer Welle] umgeworfene Schiff, ein Arzt freut sich nicht über den zu Grabe getragenen Patienten, ein Redner freut sich nicht, wenn der Angeklagte den Prozess durch Verschulden des Anwalts verloren hat, das eigene Verbrechen gilt dagegen allen als Vergnügen: jener freut sich über einen Ehebruch, zu dem er gerade durch seine schwierige Umsetzung gereizt worden ist; jener freut sich über Betrug und Diebstahl, und sein schuldhaftes Vergehen missfiel erst, als es einen schlechten Ausgang nahm. Solches wächst aus einer unrechten Lebensweise hervor.

(12) Im Übrigen – damit du verstehst, dass auch den Seelen, die zum Schlechtesten verleitet wurden, der Sinn fürs Gute innewohnt, und man Schändliches sehr wohl kennt, aber nicht beachtet – verleugnen sie alle ihre Vergehen, und wenn sie auch noch so glücklich vonstatten gegangen sind, genießen sie [zwar] deren Früchte, sie selbst [aber] verbergen sie. Ein gutes Gewissen jedoch will sich zeigen und die Blicke auf sich ziehen: die Verdorbenheit fürchtet selbst die Dunkelheit.

(13) Ich halte daher eine Äußerung von Epikur für richtig: „Dem Schuldigen kann es glücken, dass er verborgen bleibt, eine Garantie dafür, verborgen zu bleiben, kann es nicht geben", oder, falls du der Meinung bist, dass dieser Gedanke auf folgende Weise besser erklärt werden kann: „Denen, die eine Straftat begehen, nützt es deshalb nichts, verborgen zu bleiben, weil selbst wenn sie das Glück haben, verborgen zu bleiben, sie nicht darauf vertrauen [können]." So ist es, Verbrecher können ungefährdet leben, sie können nicht frei von Sorgen leben.

(14) Wenn es auf diese Weise dargelegt wird, glaube ich nicht, dass dies unserer philosophischen Lehrmeinung widerspricht. Warum nicht? Weil

es die erste und größte Strafe der Sünder ist, die Verfehlung begangen zu haben, und keine ruchlose Tat, mag das Glück sie mit seinen Gaben ausschmücken, mag es sie decken und schützen, bleibt ungesühnt, weil ja die Strafe des Verbrechens im Verbrechen [selbst] liegt. Doch um nichts weniger bedrängen und begleiten sie auch diese nachrangigen Strafen: sich immer zu fürchten, [und] zu erschrecken und dem Gefühl der Sicherheit nicht zu trauen. Warum sollte ich die Verdorbenheit von dieser Qual befreien? Warum sollte ich sie nicht für immer im Ungewissen belassen?

(15) Uneins sind wir mit Epikur dort, wo er sagt, dass in der Natur nichts gerecht ist und man Verbrechen vermeiden muss, weil [dadurch] Ängste nicht vermieden werden können: einigen können wir uns darauf, dass schlechte Taten vom Gewissen gegeißelt werden und es sehr viele Qualen dadurch bereitet, dass eine immerwährende Unruhe es bedrängt und plagt, weil es den Bürgen seiner Sicherheit nicht vertrauen kann. Dies nämlich ist gerade der Beweis dafür, Epikur, dass wir von Natur aus vor einem Verbrechen zurückschrecken, weil keiner frei von Furcht lebt, selbst während er in Sicherheit ist.

(16) Viele befreit der Zufall von der Strafe, von der Angst niemanden. Warum, wenn nicht deshalb, weil uns eine Abneigung gegen das eingeimpft ist, was die Natur als tadelnswert verworfen hat? Bei denen, die sich verbergen, kehrt daher niemals die Gewissheit ein, verborgen zu bleiben, weil das Gewissen sie der Schuld bezichtigt und sich ihnen entgegenstellt. Sich in ängstlicher Unruhe zu befinden, ist jedoch die Eigenschaft derer, die Unrecht tun. Weil viele Schurken sowohl dem Gesetz und dem Richter entgehen als auch den schriftlich festgesetzten Strafen, stünde es schlecht um uns, wenn nicht jene naturgegebenen und schwer zu ertragenden [Strafen] sie noch zu Lebzeiten schwächen und anstelle deren Ertragens die Angst [bei ihnen] einhergehen würde. Lebe wohl.

# Buch 16 – Brief 98

Seneca grüßt seinen Lucilius,

(1) Halte niemals irgendeinen für vom Glück begünstigt, der vom Glück emporgehoben wurde. Auf Zerbrechliches stützt sich, wer froh ist über das, was von außen kommt: diese Freude wird gehen, wie sie gekommen ist. Jene hingegen, die dem Inneren entspringt, ist verlässlich und dauerhaft, [und] sie wächst und begleitet uns bis zu unserem Ende: alles Übrige, das die Bewunderung der Masse besitzt, sind Güter nur für einen Tag. „Was jetzt? Können sie nicht [gleichzeitig] nützlich sein und Vergnügen bereiten?" Wer bestreitet das? Aber nur dann, wenn sie von uns abhängen, nicht wir von ihnen.

(2) Alles, worauf das Schicksal sieht, wird nur dann Früchte tragen und erfreulich, wenn der, der es in Besitz nimmt, auch sich selbst in Besitz hat und nicht seinem Vermögen unterworfen ist. Diejenigen irren nämlich, Lucilius, die meinen, dass das Schicksal uns entweder etwas Gutes oder etwas Schlechtes zuweist: es überlässt uns [nur] das Material für die Güter und die Übel sowie die Grundprinzipien der Dinge, die in uns zum Guten oder Schlechten ausschlagen werden. Denn der Geist ist mächtiger als jedes Schicksal, er führt das Seinige von sich aus in eine der beiden Richtungen und es ist sich selbst Ursache für ein glückliches oder für ein elendes Leben.

(3) Das Schlechte wendet alles zum Schlechten, selbst diejenigen Dinge, die ihm in Gestalt des Besten zugefallen sind: das Tugendhafte und Anständige bringt Missliches vom Schicksal auf den rechten Weg und mildert Härten und Widriges, weil es zu erdulden versteht, und es nimmt zugleich die glücklichen Umstände dankbar und bescheiden und die ungünstigen besonnen und tapfer an. Mag einer klug sein, mag er in allem nach genauer Überlegung handeln, mag er nichts in Angriff nehmen, was

über seine Kräfte geht, ihm wird jenes unantastbare und außerhalb von Bedrohungen gelegene Gut nicht zufallen, wenn er [sich seiner] nicht gewiss ist entgegen den Ungewissheiten.

(4) Ob du es vorziehst, andere zu beobachten (ein Urteil über andere ist ja unbefangener), oder, falls du jede persönliche Geneigtheit abgelegt hast, dich selbst: du wirst ein dieses einsehen und bekennen, dass nichts von diesen gewünschten und kostbaren Dingen zuträglich ist, wenn du dich nicht gegen den Wankelmut des Zufalls und der dem Zufall folgenden Dinge gerüstet, wenn du dir Folgendes nicht oft und bei jedem Verlust ohne Klage gesagt hast:

*den Göttern hat es anders gefallen.*

(5) Im Gegenteil, beim Herkules, um sich an einen kräftigeren und richtigeren Spruch zu halten, durch den du deinen Geist eher stärken magst, solltest du dieses sagen, sooft irgendetwas anderes eintritt, als du dachtest: „Die Götter haben es besser gemacht." So beschwichtigt, wird sich nichts [Unvorhergesehenes] ereignen. Auf diese Weise wird er aber [nur] beschwichtigt werden, wenn er bedacht hat, wozu die Mannigfaltigkeit der menschlichen Natur imstande sein kann, bevor er sie empfindet, wenn er sowohl Kinder als auch Ehefrau und Vermögen auf eine Weise in sich aufnimmt, als ob er sie nicht unbedingt immer bei sich haben wird und [als ob] er deswegen nicht unglücklicher sein wird, wenn er sie nicht mehr hat.

(6) Verderblich ist eine um die Zukunft sich ängstigende und [schon] vor dem Unglück unglückliche Seele, die sich sorgt, dass die Dinge, an denen sie Freude hat, ihr bis zu ihrem Ende verbleiben; zu keiner Zeit nämlich wird sie Ruhe finden und in Erwartung auf die Zukunft wird sie ihre Gegenwart, an der sie sich erfreuen könnte, einbüßen. Der Kummer über eine verlorene Sache und die Furcht davor, sie aufgeben zu müssen, stehen aber auf einer Stufe.

(7) Ich schreibe dir deswegen aber keine Sorglosigkeit vor. Halte du dich fern vor dem, was vernünftigerweise zu fürchten ist; siehe alles voraus, was durch Überlegung vorausgesehen werden kann; beobachte alles, was schädigen wird, lange bevor es eintritt und wende es ab. Gerade Selbstvertrauen und der feste Wille, alles zu ertragen, wird dir dabei viel nützen. Vor dem Schicksal kann sich vorsehen, wer es ertragen kann; sicher wird er bei ruhigem Wetter nicht beunruhigt sein. Nichts ist armseliger und törichter als [schon] vorher in Furcht zu geraten: was für ein Wahnsinn ist es, dem Unheil vorauszueilen?

(8) Zuletzt, um kurz zusammenzufassen, was ich meine, und um dir diese überängstlichen und sich selbst schwer ertragenden Menschen zu schildern: sogar im Unglück sind sie so unbesonnen wie vor dem Unglück. Derjenige, der einen Schmerz eher empfindet als notwendig, empfindet mehr Schmerz als notwendig; er schätzt den Schmerz nämlich mit derselben geistigen Schwäche ein, wegen der er ihn nicht erwartet; mit derselben Unmäßigkeit stellt er sich seine immerwährende Glückseligkeit vor; denkt, dass alles, was ihm zuteilgeworden ist, sich mehren muss, dass es nicht nur Bestand hat, und dieses unsichere Gerüst vergessend, auf dem sich die menschlichen Geschicke hin und her bewegen, ist allein er sich Bürge für die Beständigkeit zufälliger Geschehnisse.

(9) Metrodoros scheint es mir daher ausgezeichnet in einem Brief ausgedrückt zu haben, in welchem er seiner Schwester nach dem Verlust des außerordentlich tugendhaften Sohnes zuspricht: „Sterblich ist jedes Gut der Sterblichen." Er redet [dabei] über die Güter, zu denen von allen Seiten herbeigeeilt wird; denn jenes wahre Gut verliert sich nicht, es ist sicher und immerwährend, Weisheit und Tugend; dieses eine unsterbliche Gut wird den Sterblichen zuteil.

(10) Doch sie sind so unverschämt und haben in einem Ausmaß vergessen, wohin sie gehen, wohin die einzelnen Tage sie treiben, dass sie sich

wundern, selbst etwas zu verlieren, obschon sie eines Tages alles verlieren werden. Was auch immer es ist, als dessen Herr du bezeichnet wirst, es ist bei dir, [aber] es ist nicht das Deine; nichts ist sicher für den Charakterschwachen, nichts ewig und unerschütterlich für den Vergänglichen. Es ist ebenso unvermeidlich, sein Leben wie sein Eigentum zu verlieren, und wenn wir dies verstanden haben, ist es sogar ein Trost. Das, was [ohnehin] verloren werden muss, verliere mit Gleichmut.

(11) Was finden wir nun an Hilfe gegen diese Verluste? Dieses, dass wir Verlorenes in Erinnerung behalten und nicht zulassen, mit ihm auch den Ertrag einzubüßen, den wir aus ihnen gewonnen haben. Besitz wird uns entrissen, Besessenes niemals. Äußerst undankbar ist, wer nach dem Verlust für das Empfangene in keiner Weise dankbar ist. Der Zufall entreißt uns etwas, den Nutzen und den Ertrag, den wir aufgrund unseres sündhaften Verlangens verloren haben, lässt er [bei] uns zurück.

(12) Sag zu dir selbst: „Von dem, was als Schrecken erscheint, ist nichts unüberwindbar." Einzelne [von ihnen] haben schon viele überwunden: Mucius das Feuer, Regulus die Folter, Sokrates den Gifttrank, Rutilius die Verbannung, Cato den Tod durch das [selbst] hineingetriebene Schwert: und auch wir werden irgendetwas überwinden.

(13) Andererseits ist das, was die breite Masse als Glänzendes und Glückbringendes an sich zieht, oft auch von vielen verachtet worden. Fabricius hat als Feldherr den Reichtum zurückgewiesen, als Zensor gebrandmarkt; Tubero urteilte die Armut sowohl seiner selbst als auch des Kapitols für würdig, als er bei einem öffentlichen Festmahl durch die Verwendung von Tongefäßen veranschaulichte, dass der Mensch mit dem zufrieden sein müsse, was [auch] die Götter immer noch verwendeten. Sextius, der Vater, verschmähte die Ehrenämter: er war zwar aufgrund seiner Abstammung verpflichtet, eine politische Laufbahn einzuschlagen, hat jedoch das vom göttlichen Caesar überreichte Senatorengewand nicht angenommen;

er hat nämlich verstanden, dass das, was gegeben wurde, auch genommen werden konnte. Lasst uns ebenfalls mutig etwas tun: lasst uns inmitten der Vorbilder leben.

(14) Warum sind wir mutlos geworden? Warum haben wir die Hoffnung aufgegeben? Es ist alles möglich, was möglich war, wenn wir nur unseren Geist reinigen und der Natur folgen; wer von ihr abkommt, der muss Leidenschaft empfinden, muss Furcht verspüren, muss den zufälligen Gütern dienen. Es steht uns frei, auf den [richtigen] Weg zurückzukehren, es steht uns frei, den früheren Zustand wiederherzustellen: wir sollten uns zurückversetzen, um Schmerzen, auf welche Weise auch immer sie den Körper befallen, ertragen zu können und zum Schicksal zu sagen: „Du hast es mit einem Mann zu tun: suche einen, den du bezwingen kannst."

(15) *** Durch diese und ähnliche Gespräche wird die erwähnte Wirkung des Geschwürs gemildert, von dem ich mir, bei Herkules, wünsche, dass es sich mildert und entweder geheilt wird oder zu stehen kommt und mit ihm zusammen altert. Aber um ihn selbst bin ich ohne Sorge: es geht um den Verlust für uns, denen ein außergewöhnlicher Greis entrissen wird. Denn er selbst ist voller Leben, dem er nichts um seiner selbst willen hinzuzufügen wünscht, sondern um deren willen, denen er nützlich ist.

(16) Er handelt in edler Gesinnung und genießt daher sein Leben. Ein anderer hätte diesen Qualen bereits ein Ende gesetzt: dem Tod zu entfliehen hält er für ebenso schändlich wie im Tod Zuflucht zu nehmen. „Was also? Wird er nicht dahinscheiden, wenn die Umstände es ratsam machen?" Warum sollte er nicht dahinscheiden, wenn sich niemand länger seiner bedienen könnte, wenn er sich mit nichts anderem als seinem Schmerz beschäftigen wird?

(17) Das heißt es, mein Lucilius, die Philosophie anhand ihrer Wirkung zu erlernen und mit Bezug auf tatsächliche Begebenheiten einzuüben, zu se-

hen, welche Geisteshaltung ein verständiger Mann gegenüber dem Tod, gegenüber dem Schmerz einnimmt, wenn jener sich nähert, dieser ihm hart zusetzt; was getan werden soll, muss von dem gelernt werden, der es tut.

(18) Bisher ist anhand von Erzählungen entschieden worden, ob irgendjemand dem Schmerz widerstehen, ob der herannahende Tot auch große Geister unterwerfen kann. [Doch] was braucht es Worte? Lass uns zum gegenwärtigen Fall übergehen: der Tod macht jenen weder unerschrockener gegenüber dem Schmerz noch [macht] der Schmerz [ihn unerschrockener] gegenüber dem Tod. Gegen beide vertraut er auf sich selbst; er erleidet in Hoffnung auf den Tod weder geduldig den Schmerz noch stirbt er gerne aus Angst vor dem Schmerz: letzteren erträgt er, ersteren erwartet er. Lebe wohl.

———

# Buch 16 – Brief 99

Seneca grüßt seinen Lucilius,

(1) Den Brief, den ich an Marullus geschrieben habe, nachdem er seinen sehr jungen Sohn verloren hatte, und dem man nachsagte, er habe es nicht männlich genug ertragen, habe ich dir zugesendet; in diesem bin ich nicht der gebräuchlichen Sitte gefolgt, und meinte auch nicht, ihn sanft behandeln zu müssen, weil eine Zurechtweisung angemessener als Trost war. Einem unglücklichen Menschen muss freilich ein Weilchen nachgegeben werden, auch wenn er sich seinen großen Kummer zu sehr anmerken lässt; er soll sich sättigen oder sich wenigstens im ersten Ansturm verbrauchen:

(2) diejenigen [dagegen], die anfangen, sich selbst zu betrauern, sollten sogleich zurechtgewiesen werden und lernen, dass gewissermaßen auch Tränen Ungehörigkeiten sind.

„Du erwartest Trost? Empfange Tadel. So unmännlich hast du den Tod deines Sohnes ertragen? Was würdest du tun, wenn du einen Freund verloren hättest? Dein Sohn ist aus dem Leben geschieden, mit ungewisser Aussicht, sehr jung; ein sehr kurzer Zeitabschnitt geht verloren.

(3) Wir gehen auf die Suche nach Anlässen zur Sorge und auch über das Schicksal wollen wir unbillig klagen, als ob es nicht triftige Gründe zum Klagen liefern würde: aber, bei Herkules, du schienst mir bereits ausreichend Selbstvertrauen gegenüber echten Übeln zu besitzen, geschweige denn gegen diese Schattenbilder von Übeln, über welche Menschen aus Gewohnheit seufzen. Wenn du einen Freund verloren hättest, was als größter aller Verluste gilt, hättest du darauf hinarbeiten müssen, dass du dich mehr darüber freust, ihn gehabt zu haben, als das du bedauerst, ihn verloren zu haben.

(4) Aber sehr viele rechnen nicht mit ein, wie viel sie empfangen, wie viel Freude sie gehabt haben. Dein Schmerz über das Unglück hat unter anderem Folgendes an sich: er ist nicht nur nutzlos, sondern undankbar. Wenn du also einen solchen Freund gehabt hast, ist das vergebene Mühe? In so vielen Jahren, bei so großer Seelenverwandtschaft, in so vertrauter Studiengemeinschaft ist nichts bewegt worden? Hast du mit dem Freund die Freundschaft zu Grabe getragen? Und was schmerzt es dich, ihn verloren zu haben, wenn es nicht nützlich ist, ihn besessen zu haben? Glaub mir, ein bedeutender Teil von denen, die wir geliebt haben, besteht in uns fort, mag auch ein Unglücksfall sie selbst hinweggerafft haben; uns gehört die Zeit, die vergangen ist, und nichts ist an einem sichereren Ort als das, was gewesen ist.

(5) Aus Hoffnung auf Bevorstehendes sind wir undankbar gegenüber dem Empfangenen, als ob nicht das, was in der Zukunft liegt, wenn es sich uns einmal genähert hat, schnell in Vergangenes sich wandeln wird. Wer sich nur am Gegenwärtigen erfreut, setzt seinen Erträgen enge Grenzen: sowohl Künftiges als auch Vergangenes bereitet Freude, ersteres in Erwartung, letzteres in der Erinnerung; aber das eine hängt in der Schwebe und kann [auch] nicht geschehen, das andere unmöglich nicht stattgefunden haben. Welch ein Wahnsinn ist es also, den sichersten [Ertrag] aufzugeben? Lasst uns mit dem zufrieden sein, was wir bereits aufgenommen haben, sofern wir es nicht mit einem löchrigen Gedächtnis aufgenommen haben, das alles passieren ließ, was es entgegengenommen hatte.

(6) „Ungezählt sind die Beispiele derer, die ihre jungen Kinder ohne Tränen zu Grabe getragen haben, die vom Scheiterhaufen in den Senat oder irgendeiner [anderen] öffentlichen Tätigkeit zurückgekehrt sind und sofort auf anderes hingearbeitet haben. Und nicht zu Unrecht: denn erstens ist es überflüssig zu trauern, wenn man durch das Trauern nichts erreichen kann, zweitens ist es ungerecht über das zu klagen, was einem Einzelnen zugestoßen ist, [aber] allen bevorsteht, und ferner ist das sehnsüchtige Wehkla-

gen töricht, wenn zwischen dem, der dahingegangen ist, und dem, der ihn vermisst, nur eine kurze Zeitspanne liegt. Wir müssen also umso gelassener sein, da wir denen, die wir verloren haben, folgen [werden].

(7) Berücksichtige das rasche Vorbeiziehen der verzehrenden Zeit, bedenke die Kürze dieses Zeitraums, den wir so rasch durcheilen, beachte diese Gesellschaft des menschlichen Stammes, die zu ein und derselben Stelle strebt, gehörig in kleinste Abstände eingeteilt, selbst dort, wo sie [uns] sehr groß erscheinen: derjenigen, den du für verloren gegangen hältst, ist nur vorausgegangen. Was aber ist unsinniger, als einen zu beweinen, der vorangegangen ist, wenn du denselben Weg zurücklegen musst?

(8) Jemand beweint ein Geschehnis, von dem er genau wusste, dass es bevorsteht? Wenn er für den Menschen den Tod nicht in Erwägung gezogen hat, so hat er sich selbst betrogen. Er beweint ein Geschehnis, von dem er sagte, dass es eintreten muss? Jeder, der sich beklagt, dass jemand gestorben ist, beklagt, dass er ein Mensch war. Ein und dieselbe Übereinkunft hat jeden gebunden: wem es zugefallen ist, geboren zu werden, steht es bevor zu sterben. Hinsichtlich des Zeitraums werden wir unterschieden, hinsichtlich des Endes gleichgestellt.

(9) Vielfältig und ungewiss ist das, was zwischen dem ersten und dem letzten Tag liegt: wenn du die Beschwerlichkeiten erwägst, lang [die Zeit] auch für einen Knaben, wenn du das rasche Vergehen erwägst, knapp zugemessen auch für einen alten Mann. Alles ist flüchtig und trügerisch und unbeständiger als jedes Wetter. Auf Geheiß des Schicksals wird alles hin und her geschleudert und ins Gegenteil verkehrt, und in der großen Unbeständigkeit des menschlichen Seins ist einem nichts sicher außer dem Tod; dennoch klagen alle über das, worüber allein niemand getäuscht wird.

(10) „Aber ein Junge ist gestorben." Noch sage ich nicht, dass es demjenigen besser geht, der früh aus dem Leben scheidet: wir sollten uns [erst]

dem zuwenden, der ein hohes Alter erreicht hat – wie wenig übertrifft er das Kind! Halte dir das ungeheure Ausmaß der unerschöpflichen Zeit vor Augen und erfasse die ganze Welt, dann vergleiche das, was wir ein Menschenalter nennen, mit dem Unendlichen: du wirst sehen, wie unbedeutend ist, was wir uns wünschen, was wir in die Länge ziehen [wollen].

(11) Wie viel davon nehmen die Tränen, wie viel davon die Sorgen in Anspruch? Wie viel der Tod, herbeigesehnt, bevor er kommt, wie viel die Krankheit, wie viel die Furcht? Wie viel behalten die Jahre [entweder] der Unerfahrenheit oder der Nutzlosigkeit ein? Die Hälfte davon wird schlafend verbracht. Nimm die Mühseligkeiten hinzu, die traurigen Ereignisse, die Gefahren, und du wirst einsehen, dass es auch im längsten Leben nur eine sehr kurze Zeit gibt, in der das Leben genossen wird.

(12) Wer aber wird dir nicht zugestehen, das derjenige es besser hat, dem es erlaubt ist, rasch zurückzukehren, der seinen Marsch vor der [völligen] Erschöpfung beendet hat. Das Leben ist weder ein Gut noch ein Übel: es ist der Schauplatz des Gutes und des Übels. Deshalb hat jener [Junge] nichts verloren außer ein Glücksspiel, bei dem der Verlust sicher ist. Er hätte bescheiden und klug werden können, hätte unter deiner Aufsicht zum Besserem angeleitet werden können, aber, was mit Recht gefürchtet wird, er hätte [auch] den Vielen ähnlich werden können.

(13) Schau dir jene jungen Leute an, welche ihre Zügellosigkeit aus den vornehmen Häusern heraus in die Arena treten ließ; schau dir diejenigen an, die eigenes und fremdes Verlangen in wechselseitiger Unzucht in Gange halten, bei denen kein Tag ohne Trunkenheit, kein Tag ohne irgendeine unerhörte Schandtat vergeht: es wird offenbar, dass [für den Jungen] mehr hätte gefürchtet als gehofft werden können. Du darfst also die Ursachen des Leids nicht herbeirufen und leichtes Ungemach durch deinen Unwillen vergrößern.

(14) Ich ermuntere dich nicht, damit du dich aufrichtest und erhebst; ich urteile nicht so schlecht über dich, dass ich glaube, deine ganze Stärke müsse gegen das Geschehene aufgeboten werden. Dies ist kein Schmerz, sondern ein Stich: du [selbst] bewirkst jenen Schmerz. Ohne Zweifel hat die Philosophie viel erreicht, wenn du einen Sohn, der Amme bis dahin näher als dem Vater, mit tapferem Herzen verlierst.

(15) Was jetzt? Rate ich nun zur Gefühllosigkeit, [und] verlange ich, selbst bei einem Todesfall keine Miene zu verziehen, und gestatte nicht einmal, dass sich das Herz zusammenkrampft? Keineswegs. Die Leichen der Seinen mit denselben Augen anzusehen wie diese leibhaftig und auf die erste Trennung von den Angehörigen hin nicht erschüttert zu sein, das ist Unmenschlichkeit, nicht Tugendhaftigkeit. Nimm im Gegenteil an, dass ich davon abrate: manche Dinge unterstehen einer [ganz] eigenen Macht; Tränen entrinnen unbeabsichtigt auch denen, die sie zurückhalten [wollen], und ihr Vergießen erleichtert das Herz.

(16) Was folgt also daraus? Wir sollten ihnen gestatten zu fließen, es ihnen nicht befehligen; es mag so viel dahinströmen, wie der Affekt es hinaustreibt, nicht wie die Nachahmung es verlangt. Wir sollten einer echten Trauer nichts hinzufügen und sie nicht nach unangemessenem Vorbild steigern. Das Zurschautragen eines Schmerzes bietet mehr auf als der Schmerz [selbst]: wie wenige sind für sich selbst traurig? Sie klagen recht laut, wenn sie gehört werden, und still und ruhig, solange sie sich in Abgeschiedenheit befinden, wo sie sich, wenn sie andere erblicken, zu neuen Tränenströmen hinreißen lassen; dann werfen sie die Hände an ihren Kopf (was sie allzu leicht tun konnten, da keiner sie [davon] abhielt), dann erflehen sie den Tod für sich, dann wälzen sie sich auf dem Leichenbett: ohne Zuschauer bleibt der Schmerz aus.

(17) Wie in anderen Situationen, so schließt sich uns auch in diesem Fall die schlechte Eigenschaft an, dass wir uns nach dem Vorbild der Vielen

richten und nicht das betrachten, was sich gebührt, sondern das, was wir gewohnt sind. Wir entfernen uns von der Natur, wir setzen uns der Menge aus, die in keiner Angelegenheit ein guter und in dieser Sache wie in allen Dingen ein äußerst wankelmütiger Ratgeber ist. Sie sieht jemanden stark in seiner Trauer – sie nennt ihn lieblos und verroht; sie sieht jemanden, der zusammenbricht und sich auf den Leichnam wirft – sie behauptet, er ist verweichlicht und unmännlich.

(18) Alles ist daher auf die Vernunft zurückzuführen. Es ist wahrhaftig nichts törichter, als den Ruf der Traurigkeit aufzunehmen und die Tränen gutzuheißen, die, meine ich, [auch] bei einem weisen Mann fließen – bald gestattet, bald aus eigener Kraft hervorgebracht. Ich werde [dir] sagen, worin der Unterschied besteht. Wenn uns die erste Nachricht über einen schmerzlichen Todesfall erschüttert, wenn wir den Leichnam im Arme halten, der aus unserer Umarmung ins Feuer übergehen wird, nötigt uns ein naturgegebener Zwang die Tränen ab und, von einem schmerzlichen Schicksalsschlag zu Fall gebracht, quält der Geist, gleichwie den ganzen Körper, so [auch] die Augen, aus denen er die darin liegende Flüssigkeit in einem fort herausdrückt und hinaustreibt.

(19) Durch das Herauspressen fließen diese Tränen gegen unseren Willen: andere sind es, denen wir Ausfluss gewähren, wenn das Andenken von denen, die wir verloren haben, wieder berührt wird, und es liegt manch süße Traurigkeit darin, wenn uns die angenehmen Gespräche mit ihnen, der vergnügliche Umgang, ihre gefällige Dankbarkeit in den Sinn kommen; dann erweitern sich die Augen ganz wie bei ausgelassener Freude. Letzteren geben wir nach, von ersteren werden wir überwältigt.

(20) Deshalb gibt es keinen Grund wegen derjenigen, die um dich herumstehen und -sitzen, die Tränen zurückzuhalten oder sie herauszupressen: weder bleiben sie aus noch strömen sie jemals so peinlich, wie sie geheuchelt werden: sie sollten von sich aus fließen. Bei denen, die ruhig und

gelassen sind, können sie hingegen fließen; oft sind sie, ohne eine Verletzung des Ansehens des Weisen, mit so großer Mäßigung entströmt, dass es ihnen weder an Menschlichkeit noch an Würde mangelte.

(21) Es ist möglich, sage ich, der Natur unter Bewahrung der Würde zu gehorchen. Auf der Beerdigung ihrer Angehörigen habe ich verehrungswürdige Menschen gesehen, aus deren Anlitz in der Nähe der Trauernden eine Liebe frei von jeder Maskerade hervorstrahlte; da war nichts, außer dem, was an echten Gefühlen preisgegeben wurde. Es gibt auch eine Angemessenheit des Trauerns; diese muss der Weise wahren und so wie in den übrigen Dingen, so gibt es selbst bei den Tränen ein Genug: die der Unwissenden haben sowohl Freuden als auch Schmerzen ausströmen lassen.

(22) Unvermeidliches nimm mit Gleichmut auf. Was ist Unglaubliches, was ist Neues geschehen? Für wie viele wird eben jetzt der Leichenzug aufgestellt, für wie viele das Leichentuch gekauft, wie viele trauern nach deiner Trauer? Sooft du darüber nachdenkst, dass er [noch] ein Junge war, erwäge, dass er auch ein Mensch war, dem nichts Sicheres versprochen ist, den das Schicksal nicht unbedingt ins Greisenalter führt: es schickt fort, von wo es ihm beliebt.

(23) Du aber sprich häufig über ihn und belebe, wann immer du kannst, die Erinnerung an ihn; sie wird öfter zu dir zurückkehren, wenn sie sich ohne Bitterkeit nähert; denn niemand hat gerne Umgang mit einem Traurigen, geschweige denn mit der Traurigkeit. Wenn du irgendwelche Äußerungen, wenn du irgendwelche Scherze von ihm, wenn auch die eines Kleinkinds, mit Vergnügen gehört hast, erinnere dich öfter daran; beteure kühn, dass er deine Erwartungen, die du mit väterlichem Herzen ersonnen hattest, hätte erfüllen können.

(24) Die Seinigen aber zu vergessen und die Erinnerung mit den Leichen zu Grabe zu tragen und sie dabei völlig maßlos zu beweinen, sie seltenst zu gedenken, ist eine unmenschliche Geisteshaltung. So lieben Vögel ihresgleichen, so Tiere, deren Liebe kurz und heftig, [und] geradezu rasend ist, aber bei einem tödlichen Verlust völlig erlischt. Für einen einsichtsvollen Menschen ist das unangemessen: er sollte nicht aufhören zu gedenken, sollte nicht davon ablassen zu trauern.

(25) Keinesfalls lasse ich jenes gelten, was Metrodoros sagte: dass es irgendein der Traurigkeit verwandtes Vergnügen gibt, [und] dass man in einer solchen Zeit danach streben muss. Ich habe die genauen Worte von Metrodoros angefügt: ‚Μητροδώρου ἐπιστολῶν πρὸς τὴν ἀδελφήν. Ἔστιν γάρ τις ἡδονὴ λύπῃ συγγενής, ἣν χρὴ θηρεύειν κατὰ τοῦτον τὸν καιρόν.'

(26) Ich bin mir sicher, welches Urteil du darüber abgeben wirst; denn was ist schändlicher, als gerade in der Trauer, ja sogar unter dem Vorwand von Trauer, nach Vergnügung zu trachten, und auch unter Tränen darauf zu sinnen, was Befriedigung gewährt? Das sind diejenigen, die uns eine allzu große Strenge zum Vorwurf machen und unsere Lehren der Gefühllosigkeit verdächtigen, weil wir sagen, dass man den Schmerz entweder nicht in sein Gemüt eindringen lassen darf oder ihn rasch austreiben muss. Welches von beiden ist denn unglaublicher oder unmenschlicher: keinen Schmerz beim Verlust des Freundes zu empfinden oder selbst in der Trauer dem Vergnügen nachzujagen?

(27) Das, was wir lehren, ist moralisch richtig: nachdem eine Gemütsaufwallung so manche Träne vergossen hat und, wie ich es ausdrücken würde, abgeschäumt wurde, darf man den Geist nicht der Trauer überlassen. Wie bitte? Du behauptest, dass gerade dem Schmerz eine Freude beigemengt werden muss? So beschwichtigen wir Kinder mit Zuckerplätzchen, so bezähmen wir die Tränen der noch Kleinen, indem wir sie mit Milch stillen. Nicht einmal zu jener Zeit, in der dein Sohn [von den Flammen]

verzehrt wird oder dein Freund den Tod findet, lässt du das Vergnügen ruhen, sondern willst den Schmerz selbst dazu reizen? Was ist sittlicher,
dass der Schmerz aus der Seele vertrieben oder das Vergnügen auch im
Schmerz zugelassen wird? ‚Zugelassen‘, sage ich? Es wird ihm nachge-
jagt, und zwar infolge des Schmerzes.

(28) ‚Es gibt ein Vergnügen ähnlich der Traurigkeit‘, behauptet er weiter.
Das dürfen wir sagen, ihr dürft es aber nicht. Ihr habt als einziges Gut das
Vergnügen, als einziges Übel den Schmerz anerkannt: wie kann zwischen
einem Gut und einem Übel eine Ähnlichkeit bestehen? Aber nimm an,
dass es sie gibt: wird sie gerade jetzt an den Tag gebracht? Und erforschen
wir den Schmerz selbst, ob er etwas Erfreuliches und Vergnügliches an
sich hat?

(29) Manche Arzneimittel, heilsam für die einen Körperteile gleichwie
schimpflich und unschicklich für die anderen, können nicht herangezogen
werden, und was anderswo ohne ein Verlust des Schamgefühls genützt
hat, das wird unanständig wegen der Stelle einer Verletzung: beschämt es
dich nicht, Trauer durch sinnliche Freuden zu heilen? Diese Wunde muss
sittenstrenger behandelt werden. Erinnere dich vielmehr an Folgendes:
dass zu dem, der gestorben ist, keine Empfindung eines Leids gelangt;
denn wenn sie ihn erreicht hat, ist er [zuvor] nicht gestorben.

(30) Nichts verletzt denjenigen, sage ich, der nicht existiert: falls er verletzt wird, lebt er [auch]. Meinst du etwa, er sei unglücklich, weil er nicht
existiert oder weil er noch existiert? Nun kann ihm aber weder daraus eine Qual erwachsen, dass er nicht existiert (welche Empfindung besitzt
denn einer, der nicht existiert?), noch daraus, dass er existiert. Dem größten Nachteil des Todes ist er nämlich entgangen – nicht zu existieren.

(31) Auch Folgendes wollen wir dem sagen, der einen beweint und zu-
rücksehnt, der in frühester Jugend dahingerafft wurde: wir alle, und zwar

Jünglinge und Greise, befinden uns, wenn man es mit dem Universum vergleicht, hinsichtlich der Kürze des Lebens auf der gleichen Stufe. Denn weniger von der ganzen Zeit gelangt zu uns, als das, was irgendeiner als das Geringste [zu sein] bezeichnet hätte, weil ja das Geringste wenigstens irgendein Teil ist: das, was wir an Leben besitzen, ist dem Nichts sehr nahe; und trotzdem, ach unsere Unvernunft, wird es weithin verplant.

(32) Ich habe dir dies geschrieben, nicht als ob du von mir ein so spätes Heilmittel gewünscht hättest (denn es ist mir klar, dass du alles, was du lesen wirst, dir [bereits] selbst gesagt hast), sondern um jenen kurzen Zeitraum zu beschränken, in dem du dich aufgegeben hast, und dich für die Zukunft zu ermuntern, Mut gegen das Schicksal zu fassen und all seine herannahenden Pfeile vorherzusehen, nicht als ob sie kommen könnten, sondern als ob sie es in jedem Fall tun werden. Lebe wohl."

———————

## Buch 16 – Brief 100

Seneca grüßt seinen Lucilius,

(1) Du schreibst, dass du die Bücher von Fabianus Papirius, die den Titel ‚Über die Staatsgeschäfte' tragen, sehr begierig gelesen hast, sie aber deiner Erwartung nicht entsprochen haben; daraufhin tadelst du seine Darstellungsweise, vergessend, dass sie von einem Philosophen vorgetragen wird. Stell dir vor, es ist [so], wie du sagst, und seine Worte würden dahinströmen, [und] nicht haftenbleiben. Zunächst einmal hat dieser Stil einen gewissen Liebreiz und eine sanft dahinfließende Rede besitzt eine eigentümliche Schönheit; denn es besteht ein großer Unterschied, meine ich, ob sie herausstürzt oder dahinfließt. Nimm jetzt hinzu, dass auch in dem, was ich vorbringen werde, ein gewaltiger Unterschied liegt:

(2) mir scheint, Fabianus vergießt seine Rede nicht, sondern lässt sie fließen; so reichlich ist sie und ohne Affekt, bei alledem nicht ohne raschen Fluss einherkommend. Dies verrät und offenbart deutlich, dass sie weder überarbeitet noch lange geprüft wurde. Aber lass uns glauben, dass es so ist, wie du behauptest: Charaktere, nicht Worte hat er geformt, und er hat dies für den Geist geschrieben, nicht für die Ohren.

(3) Außerdem wäre dir bereits aufgrund vom dem, was er sagte, keine Zeit geblieben, [einzelne] Teile zu berücksichtigen, so sehr hätten dich die wesentlichen Gedanken mitgerissen; und gewöhnlich zeichnet sich das, was durch seinen Schwung gefällt, weniger aus, wenn es schriftlich überliefert wurde; aber auch dieses ist bedeutend: beim ersten Hinschauen die Augen zu fesseln, auch wenn eine sorgfältige Betrachtung [etwas] finden wird, was es tadeln kann.

(4) Wenn Du mich fragst, ist derjenige bedeutender, der ein günstiges Urteil herbeigeführt hat, als derjenige, der sich [nur] einen Anspruch darauf

erworben hat; und ich weiß, dass letzterer vorsichtiger ist, ich weiß, dass er sich hinsichtlich der Zukunft allzu kühn hoffen lässt. Ein besorgter Vortrag ziemt sich nicht für einen Philosophen: wo um Himmels willen wird einer tapfer und standhaft sein, wo wird einer sich selbst erproben, der sich um seine Wortwahl sorgt?

(5) Fabianus war nicht nachlässig in der Rede, sondern sicher. Du wirst daher nichts Schimpfliches finden: seine Worte sind gewählt, nicht spitzfindig gedeutet, und nicht nach Sitte unserer Zeit entgegen ihrer Natur verwendet und mit einem anderen Sinn unterlegt, bei alledem lebendig, obgleich sie aus der Umgangssprache entnommen sind. Edle und bedeutende Gedanken nimmst du entgegen, nicht zu einem Sinnspruch zusammengefasst, sondern ausführlich erklärt. Wir werden sehen, was vielleicht zu kurz gefasst, was zu wenig geordnet ist, was nicht diese moderne Glätte besitzt: [selbst] wenn du alles genau betrachtest, wirst du keine leeren Spitzfindigkeiten bemerken.

(6) Es mag die Vielfalt des Marmors fehlen, [und] die durch die Zimmer verlaufenden Wasserzuleitungen, [und] das Armenstübchen und alles andere, was eine Verschwendungssucht zusammenmengt, die sich mit einfachem Zierrat nicht zufrieden gibt: [dennoch] ist das Haus, wie ich zu sagen pflege, ohne Makel.

Nimm nun hinzu, das hinsichtlich der Darstellungsweise keine Allgemeingültigkeit besteht: manche wollen [ihre Rede] aus dem Rohen heraus stilistisch ausfeilen, manche haben so sehr Freude an einem rauen [Stil], dass sie auch das, was der Zufall fließender entfalten ließ, mit Absicht auseinanderreißen und Schlussverse [unvermutet] abbrechen, um nicht dem zu entsprechen, was erwartet wurde.

(7) Lies Cicero: seine Darstellungsweise bildet eine Einheit, sie rundet das Versmaß, ist geschmeidig und ohne Schmähliches weich. Diejenige von

Asinius Pollio ist dagegen holprig und hervorspringend und sie wird einen im Stich lassen, wo man es am wenigsten erwartet. Kurzum, bei Cicero läuft alles ruhig aus, bei Pollio fällt alles in sich zusammen, ausgenommen der sehr wenigen Stellen, die nach einem bestimmten Takt und einem einzigen Muster rhythmisch gebunden sind.

(8) Du sagst, dass dir [bei Fabianus] außerdem alles ohne Schwung und wenig erhaben erscheint: diesen Fehler, meine ich, vermeidet er. [Sein Vortrag] ist nämlich nicht schwunglos, sondern ruhig und an seine bedächtige und gelassene Geisteshaltung angepasst, und er gleicht nicht einem Tale, sondern einer Ebene. Ihm fehlt es an rhetorischer Lebendigkeit und an den rhetorischen Reizen, nach denen es dich verlangt, und zudem an plötzlichen Denkanstößen; aber das Gesamtwerk – du wirst erkannt haben, wie gefällig es ist – zeigt sich wohlgestaltet. Seine Rede besitzt keinen Wert, sondern sie bringt ihn hervor.

(9) Führe einen an, den du Fabianus vorziehen würdest. Nenne einen Cicero, von dem es fast ebenso viele Bücher gibt, welche die Philosophie betreffen, wie von Fabianus: da werde ich mich beugen, aber wenn etwas weniger ist als das Größte, ist es nicht sogleich winzig. Nenne einen Asinius Pollio: da werde ich mich beugen; und trotzdem würden wir erwidern: in einer so großen Sache bedeutet hervorzuragen, [gleich] nach diesen beiden zu kommen. Führe noch Titus Livius an: er hat nämlich auch Dialoge geschrieben, die man ebensogut der Philosophie wie der Geschichtsschreibung zurechnen könnte, und Bücher, die ausdrücklich einen philosophischen Gegenstand umfassen: auch diesem will ich seinen Platz zugestehen. Gleichwohl erkenne, wie vielen derjenige vorausgeht, der [nur] von dreien übertroffen wird, und zwar von den drei vollkommensten Rednern.

(10) Aber er steht nicht für alles ein: seine Rede ist nicht kraftvoll, mag sie auch noch so erhaben sein; sie ist nicht ungestüm und nicht wild flie-

ßend, obgleich sie dahinströmt; sie ist nicht augenscheinlich, aber ohne Fehler. „Man würde sich wünschen", sagst du, „dass streng gegen Verfehlungen, beherzt gegen Gefahren, hoch aufgerichtet gegen das Schicksal, herabwürdigend gegen die Ehrsucht so manches gesprochen wird. Ich lege Wert darauf, dass die Verschwendungssucht getadelt, die Wollust lächerlich gemacht, [und] die Zügellosigkeit gebändigt wird. Es sollte sich etwas an rhetorischer Schärfe, an tragischer Größe, an komischer Schwäche finden." Du willst, dass er sich für Unbedeutendes hinsetzt, für Worte: er hat sich den großen Dingen gewidmet, die Redekunst zieht er wie einen Schatten hinter sich her, obwohl er das nicht beabsichtigt.

(11) Ohne Zweifel sind einzelne Dinge nicht bedacht und miteinander verbunden worden und nicht jedes Wort, das gebe ich zu, wird begeistern und berühren; vieles wird zum Vorschein kommen, aber keinen Eindruck hinterlassen und zuweilen wird der Vortrag geruhsam vorbeifließen, aber oft wird sich in der Gesamtheit ein Licht finden und über einen sehr großen Zeitraum wird kein Überdruss herrschen. Kurz, er wird den Vorzug haben, dass dir klar ist, dass er meinte, was er schrieb. Du wirst einsehen, dass dies getan wurde, damit du weißt, was ihm gefällt, nicht damit er dir gefällt. Alles strebt zum Fortschritt hin, zu einem gesunden Geist – Beifall wird nicht erwartet.

(12) Ich bezweifle nicht, dass seine Schriften von solcher Art sind, auch wenn ich mich eher an sie erinnere, als dass sie mir gegenwärtig sind, und mir ihre Beschaffenheit nicht aus aktuellem Umgang, sondern [nur] der Hauptsache nach vertraut ist – wie gewöhnlich bei angegrautem Wissen; doch wenigstens als ich sie hörte, erschienen sie mir so: nicht vollkommen, aber reich an dem, was einen jungen Mann mit angeborenem Talent emporwachsen lässt und zu seiner Nachahmung reizt, ohne ihm die Hoffnung darauf zu nehmen, ihn übertreffen zu können, was mir als eine äußerst nachhaltig wirkende Aufmunterung erscheint. Derjenige nämlich schreckt ab, der die Lust auf Nachahmung erweckt, die Hoffnung darauf

geraubt hat. Im Übrigen besaß er einen überreichen Wortschatz, [und] ohne zu Empfehlendes in den einzelnen Teilbereichen war er in der Gesamtheit großartig. Lebe wohl.

———

# Buch 17 und 18 – Brief 101

Seneca grüßt seinen Lucilius,

(1) Jeder Tag, jede Stunde offenbart uns, wie nichtig wir sind, und erinnert uns durch manch neuen Beweis an unsere vergessene Hinfälligkeit; sodann zwingen sie uns, wenn wir über das Ewige nachdenken, auf den Tod zu sehen. Was diese Einleitung bezweckt, fragst du? Du kanntest Senecio Cornelius, den angesehenen und pflichteifrigen römischen Ritter: aus kleinen Anfängen hatte er sich aus eigenem Antrieb vorangebracht und schon ebnete sich ihm der Weg zu [allem] Übrigen; leichter nämlich entwickelt sich eine gesellschaftliche Stellung weiter als sie ihren Anfang nimmt.

(2) Umgeben von Armut ist auch [der Aufbau von] Vermögen mit vielen Hindernissen verbunden; bis es aus ihr emporgeklettert ist, weicht sie ihm nicht von der Seite. Senecio war sogleich dem Reichtum zugeneigt, zu dem zwei Dinge ihn sehr erfolgreich hinführten: die Fähigkeit zu dessen Erwerb als auch zu dessen Erhalt; selbst eine von den beiden hätte ihn wohl reich gemacht.

(3) Nachdem er mich morgens wie gewohnt aufgesucht, nachdem er den ganzen Tag einem schwer angeschlagenen und in der Nacht hoffnungslos darniederliegenden Freund beigestanden, nachdem er vergnügt zu Tische gesessen hatte, wurde dieser Mann von größter Enthaltsamkeit, der sein Vermögen nicht weniger lieb und wert hielt als seinen Körper, von einer ins Verderben stürzenden Art von Krankheit ergriffen, einer Angina; durch die verengte Luftröhre zurückgehalten, konnte er bis in den Tag hinein nur mit Mühe Atem holen. Innerhalb sehr weniger Stunden ist er deshalb verstorben, nachdem er [kurz zuvor] allen Verpflichtungen eines gesunden und kräftigen Mannes nachgekommen war.

(4) Er, der sowohl auf dem Meer als auch an Land dem Vermögen nach-
jagte, der, weil er keine Art des Erwerbs unversucht ließ, sich auch dem
Gemeinwesen gewidmet hatte, wurde, mitten im Betreiben seiner günstig
verlaufenden Geschäfte, mitten im Schwung des stürmisch sich entwi-
ckelnden Vermögens, dahingerafft.

*Pfropfe jetzt die Birnbäume, Meliboeus,*
*stell die Rebstöcke in Reih und Glied auf.*

Wie dumm ist es, seine Lebenszeit einzuteilen, aber nicht einmal Herr
über den morgigen Tag zu sein! Ach, welch Unverstand herrscht bei denen, die ihre Hoffnung auf weit Entferntes richten. Ich werde kaufen, werde bauen, werde Kredit geben, werde eintreiben, werde Ämter bekleiden
und anschließend dann mein mattes und erfülltes Greisenalter dem Müßiggang hingeben.

(5) Glaube mir, auch für die vom Glück Begünstigten ist alles unsicher;
keiner darf sich etwas für die Zukunft verheißen; auch das, was man besitzt, entgleitet der Hand, und selbst die Stunde, die wir festhalten wollen,
gelangt an ihr Ende. Die Zeit vergeht zwar nach einer bestimmten Regelmäßigkeit, aber im Verborgenen: was aber kümmert es mich, ob für die
Natur sicher ist, was für mich unsicher ist?

(6) Lange Seereisen und, nachdem wir die fremden Küsten durchirrt haben, eine späte Heimkehr, Kriegsdienst und späten Lohn für die Strapazen
im Militärlager, Aufgaben in der Finanzverwaltung und das Durchlaufen
der Dienstgrade während der Amtsgeschäfte stellen wir uns zur selben
Zeit in Aussicht wie uns der Tod schon zur Seite steht, [und] weil ja immer nur der von anderen in Erwägung gezogen wird, werden uns von Zeit
zur Zeit Beispiele für die Vergänglichkeit vorgehalten, die [aber] nicht
länger verfangen werden, als während wir sie staunend betrachten.

(7) Was aber ist dümmer, als sich zu wundern, dass an irgendeinem Tag geschieht, was an jedem geschehen kann? Gewiss steht ein Grenzstein für uns da, wo die unerbittliche Notwendigkeit des Schicksals ihn gesetzt hat, aber niemand von uns weiß, wie nahe am Grenzstein er sich befindet; daher sollten wir unseren Geist so einrichten, als ob er an die äußerste Grenze gelangt sei. Wir sollten nichts aufschieben; Tag für Tag sollten wir unsere Rechnung mit dem Leben begleichen.

(8) Der größte Fehler des Lebens ist es, dass es immer unvollendet ist, weil irgendetwas von ihm aufgeschoben wird. Wer täglich die letzte Hand an sein Leben angelegt hat, bedarf keiner Zeit; aus diesem Bedürfnis aber entspringt die Angst und das Verlangen auf Zukünftiges, das die Seele aufzehrt. Nichts ist beklagenswerter als die Ungewissheit darüber, wie sich das Kommende entwickeln könnte; beunruhigt dadurch, wie viel es sein mag, was zurückbleibt oder wie es beschaffen ist, wird der Geist aufgrund eines unerklärbaren Grausens in Unruhe versetzt.

(9) Auf welche Weise werden wir dieser Unruhe entgehen? Nur wenn sich unser Leben nicht [auf die Zukunft] erstrecken, wenn es auf sich selbst konzentriert wird; denn derjenige, der sich an Zukünftiges hängt, für den ist Gegenwärtiges nicht von Belang. Sobald allerdings alles, was ich mir schuldig bin, erstattet ist, sobald mein gefestigter Geist erkennt, dass kein Unterschied besteht zwischen einem Tag und einem Jahrhundert, sieht er aus der Höhe vorher, was auch immer darauf folgend an Tagen und Ereignissen kommen wird, und er sinniert mit einem unablässigen Lächeln über den Ablauf der Zeiten nach. Was nämlich will die Vergänglichkeit und der Wankelmut der Geschicke in Unruhe versetzen, wenn man sicher ist gegenüber dem Unsicheren?

(10) Deshalb eile dich zu leben, mein Lucilius, und sieh die einzelnen Tage als einzelne Leben an. Derjenige, der sich auf diese Weise gerüstet hat, wer sein Leben Tag für Tag im vollen Umfang lebte, der ist unbesorgt: de-

nen, die ihr Leben in Hoffnung verbringen, entgleitet gerade der nächste Augenblick, die Begierden überkommen sie und die verachtenswertesten Dinge und eine Todesfurcht, die all das so Elende hervorbringt. Daher jener äußerst schändliche Wunsch des Maeceans, in dem er weder Verkrüppelung noch Missbildung noch zuletzt das spitze Marterholz zurückweist, falls nur inmitten dieser Leiden sein Leben verlängert werde.

(11) *Soll er mich verkrüppeln an Hand,*
*mich verkrüppeln an Fuß und Hüfte,*
*einen buckeligen Höcker füge hinzu.*
*die Zähne schlage [mir] wacklig,*
*solange ein Rest vom Leben übrig bleibt, ist es gut;*
*dies bewahre mir, selbst wenn ich*
*auf dem spitzen Marterholz sitzen sollte.*

(12) Ausgewählt wird das, was das Elendste wäre, wenn es einem widerfahren würde, und gleichwie das Leben wird ein Aufschub der Strafe erbeten. Ich hielte es für äußerst verächtlich, wenn er bis zum Kreuze leben wollte: „Du magst mich vollends verstümmeln", sagt er, „wenn nur mein Geist in dem gebrochenen und unbrauchbaren Körper verbleibt; du magst mich entstellen, wenn mein scheußlicher und verkrüppelter [Körper] nur etwas an Zeit gewinnt; du magst mich ans Kreuz schlagen und mir das Marterholz zum Sitzen unterlegen": ist es so viel wert, seinen Schmerz zu unterdrücken und ausgestreckt am Querbalken des Kreuzes zu hängen, wenn er nur das aufschiebt, was im Schlechten das Beste ist: ein Ende der Qual? Ist es so viel wert, die Seele zu halten, um in den letzten Zügen zu liegen?

(13) Was kann man solch einem wünschen außer gnädige Götter? Was hat er im Sinn mit dieser Schändlichkeit von einem feigen Gedicht? Was mit dieser Übereinkunft aufgrund einer so unsinnigen Angst? Was mit dieser

schmählichsten Bettelei ums Leben? Würde man denken, dass Vergil ihm vorgelesen hat:

*ist zu sterben so sehr beklagenswert?*

Er wünscht sich die Schlimmsten der Leiden und verlangt, dass das, was am schwersten zu ertragen ist, in die Länge gezogen und ausgehalten wird: für welchen Lohn? Für den eines längeren Lebens selbstverständlich. Wenn nun aber zu leben bedeutet, lange zu sterben?

(14) Findet sich irgendjemand, der Wert darauf legen würde, unter Qualen zu vergehen und Glied um Glied zugrunde zu gehen und ebenso oft tropfenweise seine Seele zu entsenden, anstatt sie ein für alle Mal auszuhauchen? Findet sich irgendjemand, der, an das unselige Holz herangeführt, schon kraftlos, schon missgestaltet und mit abscheulichen, aus Schultern und Brust herausgetriebenen Geschwülsten, der auch ohne das Kreuz viele Gründe hatte zu sterben, Wert darauf legen würde, ein Leben in die Länge zu ziehen, das so viele Qualen mit sich bringen wird? Bestreite nun, dass die Notwendigkeit zu sterben, eine große Wohltat der Natur ist.

(15) Viele sind bereit, sich zu schlimmeren Dingen zu verpflichten: selbst einen Freund zu verraten, um länger zu leben, und auch die Kinder eigenhändig der Schande auszuliefern, damit es ihnen zuteil werden kann, den Tagesanbruch zu sehen, den Zeugen so vieler Verbrechen. Man muss das Verlangen nach dem Leben abschütteln und lernen, dass es gar nicht von Wichtigkeit ist, wann man erleidet, was über kurz oder lang erlitten werden muss, dass es darauf ankommt, wie man lebt, nicht wie lange, dass gut zu leben aber oft darauf beruht, nicht lange zu leben. Lebe wohl.

---

# Buch 17 und 18 – Brief 102

Seneca grüßt seinen Lucilius,

(1) Wie derjenige lästig ist, der uns weckt, während wir angenehm träumen (denn er nimmt uns ein Vergnügen, das auch wenn es nicht wirklich ist, trotzdem die Wirkung eines echten hat), so hat mir dein Brief Unbill zugefügt: er hat mich nämlich von dem angefügten Gedanken abgebracht, dem ich nachhing und den ich, wenn es möglich gewesen wäre, weiterverfolgt hätte.

(2) Es gefiel mir, über die Unvergänglichkeit der Seele zu sinnieren, ja, bei Herkules, sogar an sie zu glauben; ich habe mich nämlich bereitwillig den Ansichten der bedeutenden Männer überlassen, welche die äußerst wünschenswerten Dinge eher versprechen als beweisen. Ich habe mich so großer Hoffnung hingegeben, schon war ich mir selbst zuwider, schon habe ich die Überreste meiner geschwächten Lebenszeit verschmäht, in der Absicht, in jene unermessliche Zeit und in den Besitz der ganzen Ewigkeit überzugehen, als ich, weil ich deinen Brief in Empfang genommen hatte, plötzlich erwacht und um den so schönen Traum gekommen bin. Ich werde ihn wieder aufnehmen, wenn ich dich aus den Händen gelassen habe, und ihn [dann] beenden.

(3) Du schreibst am Anfang deines Briefs, ich hätte die Untersuchung, in der ich zu beweisen versucht habe, dass, was die Meinung der Unsrigen ist, der Ruhm, der einem nach dem Tod zuteil wird, ein Gut ist, nicht in seiner Gesamtheit abgehandelt. Denn ich hätte ihr dasjenige nicht gegenübergestellt, was uns entgegengehalten wird. „Kein Gut", sagen sie, „besteht aus Getrenntem; dieser [Nachruhm] jedoch besteht aus Getrenntem."

(4) Was du anfragst, mein Lucilius, betrifft ein anderes Thema derselben Untersuchung, und deshalb hatte ich nicht nur dieses, sondern auch ande-

res, das dazu gehört, eben dorthin verschoben; manches, was die Vernunft betrifft, ist nämlich, wie du weißt, mit dem Moralischen verknüpft. Daher habe ich jenen abgegrenzten Teilbereich, der sich auch auf die Sitten bezieht, abgehandelt: ob es etwa töricht und nutzlos ist, über den letzten Lebenstag hinaus sich den Sorgen zu widmen, ob unsere Güter mit uns verfallen und ob von einem, der tot ist, nichts verbleibt, oder ob von dem, was wir nicht wahrnehmen werden, sobald es da ist, irgendein Ertrag sich angeeignet oder angestrebt werden kann, bevor es da ist.

(5) Dies alles zielt auf die Sitten ab; daher wurden sie an der entsprechenden Stelle abgelegt. Was hingegen von den Dialektikern gegen diese Auffassung vorgebracht wurde, musste abgetrennt werden und ist deswegen aufgespart worden. Nun, da du alles einforderst, werde ich alles ausführen, was sie [dazu] sagen, dann den jeweils einzelnen Punkten entgegentreten.

(6) Wenn ich nicht manches vorausschicke, werden sie nicht ersehen können, was als irrig zurückgewiesen wird. Was ist es [also], das ich vorausschicken will? Dass einige Körper in sich zusammenhängend sind wie ein Mensch; dass einige zusammengesetzt sind wie ein Schiff, ein Haus, überhaupt alles, bei dem unterschiedliche Teile durch Zusammenfügung zu einem Einzigen verbunden wurden; dass einige aus verschiedenen [Teilen] bestehen, deren Glieder bis dahin getrennt waren, wie ein Heer, ein Volk, der Senat. Denn jene, durch die diese Körper geschaffen werden, sind durch Recht oder Pflicht verbunden, von Natur aus [aber] sind sie getrennt und jeweils Einzelne.

(7) Was will ich darüber hinaus noch vorausschicken? Wir meinen, dass nichts ein Gut ist, das aus voneinander getrennten Dingen besteht; ein Gut muss nämlich von einer einzigen Gesinnung zusammengehalten und gelenkt werden, ein Gut muss einen Hauptcharakter besitzen. Dieses wird, wenn man es je einmal wünscht, durch sich selbst bewiesen: vorläufig

muss es vorausgesetzt werden, weil unsere Waffen gegen uns selbst eingesetzt werden.

(8) „Ihr behauptet", heißt es, „dass kein Gut aus voneinander getrennten
Dingen existiert; dieser [angesprochene] Nachruhm aber basiert auf der
günstigen Meinung ehrbarer Männer. Denn wie ein guter Ruf nicht auf der
Äußerung eines Einzelnen und ein schlechter Ruf nicht auf der nieder-
trächtigen Beurteilung eines Einzelnen beruht, so auch der Nachruhm
nicht darauf, dass es einem einzelnen rechtschaffenen Mann [so] gefallen
hat; es müssen sich viele hervorragende und ansehnliche Männer darüber
einig sein, damit Nachruhm entstehen kann. Er wird nämlich aufgrund der
Beurteilungen vieler hervorgebracht, das heißt aufgrund derer, die voneinander getrennt sind; also ist es kein Gut."

(9) „Nachruhm", so sagt man, „ist eine von vortrefflichen Männern an
einen vortrefflichen Mann zugewiesene Anerkennung; Anerkennung ist
eine Äußerung, eine mündliche Abstimmung, die auf etwas hindeutet; eine Äußerung aber, mag sie auch von vortrefflichen Männern sein, ist kein
Gut. Denn auch nicht alles, was ein vortrefflicher Mann tut, ist ein Gut; er
klatscht ja auch Beifall und pfeift jemanden aus, aber niemand, wenn er
auch alles an ihm bewundern und loben würde, bezeichnet Beifallklat-
schen und Auspfeifen als ein Gut – ebenso wenig wie Niesen oder Husten.
Also ist Nachruhm kein Gut."

(10) „Kurz: sagt uns, ob es das Gut des Lobenden oder des Gelobten ist:
falls ihr behauptet, dass [der Nachruhm] ein Gut des Gelobten ist, bringt
ihr so etwas Lächerliches vor, als wenn ihr behaupten würdet, dass es
mein [Gut] ist, wenn ein anderer [Mann] tüchtig ist. Aber für würdig Er-
achtetes zu loben, ist eine sittlich gute Handlung; es ist daher ein Gut des
Lobenden, dessen Handlung es ist – nicht eines von uns, die wir gelobt
werden: dies nun aber ist zu ergründen gesucht worden."

(11) Ich werde nun rasch auf die einzelnen Punkte antworten. Zuerst stellt sich immer noch die Frage, ob es ein Gut aus voneinander getrennten Dingen geben kann, und tatsächlich hat jede der beiden Seiten ihre Ansichten [hierzu]. Ferner: verlangt ein glänzender Name nach vielen Stimmen? Er kann auch mit dem Urteil eines einzigen vortrefflichen Mannes zufrieden sein: ein [einziger] vortrefflicher Mann erklärt uns für vortrefflich.

(12) „Wie also?", fragt man, „wird auch der gute Ruf auf der Einschätzung eines Einzigen und der schlechte Ruf auf dem boshaften Gerede eines Einzigen beruhen?" Weiter heißt es: „Ich denke mir, dass auch der Ruhm im größeren Umfang verbreitet wurde; er verlangt nämlich nach der Zustimmung vieler." Deren Ausgangslage und die von jenem [Einzelnen] ist eine ganz andere. Warum? Weil, wenn ein vortrefflicher Mann sein Urteil über mich abgibt, ich mich in derselben [Lage] befinde, wie wenn alle vortrefflichen Männer dasselbe Urteil abgeben würden. Denn, wenn sie mich kennen, werden alle dasselbe Urteil über mich abgeben. Sie haben ein und dieselbe Ansicht, sie ist in gleicher Weise mit Wahrheit durchtränkt. Sie sind nicht imstande, verschiedener Meinung zu sein; also ist [das einzelne Urteil] ebenso so gut, wie wenn alle dasselbe denken würden, weil sie [gar] nicht anders denken können.

(13) Für den Ruhm und den guten Ruf ist die Ansicht eines Einzelnen nicht ausreichend. In jener Sache [die des glänzenden Namens] vermag eine einzige Meinung dasselbe wie die aller, weil, wenn reihum gefragt würde, alle eine einzige [Meinung] haben werden: in diesem Fall [aber] finden sich im Widerspruch stehende Überzeugungen von sich unähnlichen Menschen. Du wirst auf eigenwillige Stimmen des Beifalls stoßen, auf jede zweifelhafte, unhaltbare, befangene. Glaubst du, dass es eine einzige Meinung aller geben kann? Es existiert nicht die eine Meinung des Einzelnen. In jenem Fall gefällt das Wahre, es existiert eine einzige Bedeutung, eine einzige Erscheinung des Wahrhaftigen: bei diesen sind es

die falschen Dinge, denen sie beipflichten. Niemals jedoch sind falsche Dinge von Beständigkeit; sie sind veränderlich und [in sich] widersprüchlich.

(14) „Aber Lob", heißt es, „ist nichts anderes als eine Äußerung, eine Äußerung ist jedoch kein Gut." Wenn sie behaupten, dass der glänzende Name eine von guten Männern an gute Männer erteilte Anerkennung sei, führen sie das nicht auf die [gesprochene] Äußerung zurück, sondern auf ihr Urteil. Denn mag ein vortrefflicher Mann auch schweigen, aber [zugleich] jemanden für des Lobes würdig halten, [so] ist er lobenswert.

(15) Außerdem ist ein Lob das eine, eine Lobrede das andere – diese fordert eine Äußerung ein; deshalb spricht niemand von einem zum Leichenbegräbnis gehörenden Lob, sondern einer [dazu gehörenden] Lobrede, deren Pflicht in einem Vortrag besteht. Wenn wir sagen, irgendjemand ist des Lobes würdig, verheißen wir ihm keine wohlwollenden Worte seiner Mitmenschen, sondern [wohlwollende] Beurteilungen. Also gibt es auch Lob, das unausgesprochen ist – von einem der günstig urteilt und einen vortrefflichen Mann bei sich [im Geiste] lobt.

(16) Sodann ist das Lob, wie ich sagte, auf den Geist zurückzuführen, nicht auf Worte, die das innerlich entstandene Lob ausgesprochen und zur Kenntnis vieler von sich gegeben haben. Es lobt derjenige, der urteilt, dass gelobt werden muss. Wenn der berühmte Tragiker vor uns verlauten lässt, dass es großartig ist, „von einem lobenswerten Mann gelobt zu werden", meint er den des Lobes Würdigen. Und wenn ebenso ein alter Poet sagt: „Ein Lob fördert die Künste", heißt er es nicht eine Lobrede, welche die Künste herabwürdigt; nichts nämlich verdirbt in gleicher Weise sowohl die Beredsamkeit als auch jede auf Zuhörer bedachte Beschäftigung als der Beifall der Menge.

(17) Ein guter Ruf verlangt unbedingt nach einer Äußerung, ein glänzender Name kann einem auch ohne eine Äußerung zuteil werden, wenn er auf einem Urteil beruht; er ist vollkommen nicht nur unter dem Schweigenden, sondern auch unter dem Widersprechenden. Ich werde dir sagen, welcher Unterschied zwischen einem glänzenden Namen und dem Ruhm besteht: der Ruhm beruht auf den Urteilen vieler, der glänzende Name auf denen der Vortrefflichen.

(18) „Wessen Gut", fragt man, „ist ein glänzender Name, das heißt, das Lob, das von vortrefflichen Männern an einen vortrefflichen Mann erteilt wurde? Das des Gelobten oder etwa das des Lobenden?" Das von beiden. Für mich, der ich gelobt werde, weil die Natur mich, der alles liebt, hervorgebracht hat, und ich froh darüber bin, sittlich gut gehandelt zu haben, und mich freue, die willkommenen Vermittler der Tugend gefunden zu haben. Es ist dies ein Gut vieler, dass sie dankbar sind, aber auch das meine; so ist es nämlich durch meinen Charakter bestimmt, dass ich ein Gut anderer für mein eigenes halte, jedenfalls das derjenigen, für die ich selbst Ursache des Guts bin.

(19) Es ist dies ein Gut derer, die loben; denn es wird durch die Tugend hervorgebracht; jede Handlung der Tugend ist ein Gut. Jenen hätte dieses Gut nicht zuteilwerden können, wenn ich nicht von solcher Art wäre. Verdientermaßen gelobt zu werden, ist deshalb ein Gut beider, so wie, bei Herkules, gut geurteilt zu haben ein Gut des Urteilenden ist und desjenigen, zu dessen Gunsten geurteilt wurde. Bezweifelst du etwa, dass Gerechtigkeit ein Gut dessen ist, der sie mit sich bringt, aber auch dessen, dem sie abträgt, was geschuldet wurde? Zu loben, der es verdient, ist Gerechtigkeit; also ist es für beide ein Gut.

(20) Diesen Sophisten haben wir wohl mehr als genug geantwortet. Aber es darf dies nicht unsere Aufgabe sein, geistreiche Dinge zu erörtern und die Philosophie aus ihrer Erhabenheit in diese Spitzfindigkeit herabzuzie-

hen: wie viel besser ist es, den offenen und direkten Weg zu gehen als sich selbst Umwege einzurichten, die mit großer Beschwerlichkeit zurückgelegt werden müssten? Denn diese Erörterungen sind nichts anderes als die Spiele derer, die einander geschickt zu überlisten suchen.

(21) Trage vielmehr vor, wie es den Gesetzen der Natur gemäß ist, seinen Geist ins Unendliche auszudehnen. Groß und edel ist der menschliche Geist; er lässt nicht zu, dass ihm Grenzen gesetzt werden, außer denen, die er auch mit einem Gott gemeinsam hat. Zuerst gibt er sich nicht mit dem bescheidenen Vaterland zufrieden, [nicht] mit Ephesos oder Alexandria oder, falls es das gibt , einer Gegend zahlreicher an Bewohnern oder günstiger für Behausungen: Vaterland ist für ihn alles, was es insgesamt in seinem äußersten Umkreis einschließt, diese ganze Wölbung, innerhalb derer die Meere mit den Ländern liegen, innerhalb derer der Äther wieder verbindet, was Göttliches vom Menschlichen trennt, in der hier und da verteilt so viele göttliche Wesen wachsam sind auf ihren Posten.

(22) Als nächstes lässt er nicht zu, dass ihm eine beschränkte Lebenszeit zugestanden wird: „Alle Jahre", sagt er, „gehören mir; kein Zeitalter ist den großen Geistern versperrt, jede Zeit dem Denken zugänglich. Sobald jener Tag gekommen sein wird, der diese Vereinigung des Göttlichen und Menschlichen trennt, werde ich meinen Körper hier, wo ich ihn vorgefunden habe, zurücklassen [und] mich selbst zu den Göttern zurückbegeben. Ich bin auch jetzt nicht ohne sie, werde aber von drückender Erdenlast zurückgehalten.

(23) Während dieses Aufenthalts in der dem Tod unterworfenen Lebenszeit wird sich auf jenes bessere und längere Leben vorbereitet. Wie uns der mütterliche Schoß zehn Monate festhält und nicht auf sich selbst vorbereitet, sondern auf jenen Ort, an den wir anscheinend entsendet werden, bereits dazu fähig, Atem zu holen und es unverhüllt [außerhalb] auszuhalten, so reifen wir in dem erwähnten Zeitraum, der sich von der Kindheit

bis ins hohe Alter erstreckt, für eine andere Geburt. Eine andere Familie erwartet uns, eine andere Beschaffenheit der Welt.

(24) Noch können wir die Himmelshöhe nur aus der Entfernung ertragen. Darum erblicke unerschrocken vor dir jene entscheidende Stunde: die letzte ist sie nicht für den Geist, sondern für den Körper. Betrachte all die Dinge, die um dich herum liegen, wie die Beigaben eines gastfreundlichen Ortes: du musst vorübergehen. Die Natur entreißt sie dem, der zurückkehrt, wie dem, der eintritt.

(25) Man darf nicht mehr hinaus- als hineinbringen, im Gegenteil, auch von dem, was du ins Leben mitgebracht hast, muss ein Großteil aufgegeben werden. Es wird dir deine ringsum befindliche Haut genommen, die äußerste deiner Umhüllungen; es wird dir das Fleisch genommen und das darunter befindliche und alles durchströmende Blut; es werden die Knochen und Muskeln genommen, die Stützen schlaffer und dahinfließender [Körper].

(26) Dieser Tag, den du wie den letzten fürchtest, ist der Geburtstag der Ewigkeit. Leg deine Last beiseite: was zögerst du, als ob du nicht auch früher einen Körper, in dem du sicher verwahrt warst, zurückgelassen hättest und danach emporgestiegen wärest? Du wankst, du sträubst dich: auch damals wurdest du nach einer großen Anstrengung deiner Mutter hinausgestoßen. Du stöhnst, du weinst: allein, auch dieses Beklagen ist typisch für einen Neugeborenen, aber zu diesem Zeitpunkt musste man es verzeihen: unkundig und in allen Dingen unerfahren bist du gekommen. Aus der warmen und weichen Hülle des Mutterleibs entlassen, wehte dir ein freierer Luftzug entgegen, dann erregte die Berührung einer harten Hand deinen Unwillen, und bis dahin zart und keiner Sache kundig warst du vor Schrecken erstarrt inmitten des Unbekannten:

(27) so aber ist es nicht neu für dich, von dem getrennt zu werden, dessen Teil du vorher warst; gib die nunmehr überflüssigen Gliedmaßen mit Gleichmut auf und leg diesen lang bewohnten Körper ab. Er wird zerteilt, vergraben, vertilgt werden: warum bist du betrübt? So geschieht es gewöhnlich: die Hüllen derer, die geboren werden, gehen immer verloren. Was liebst du sie, als wäre sie dein Eigentum? Du bist von ihr verhüllt: der Tag wird kommen, der dich [von ihr] losreißt und aus der Gemeinschaft mit dem abscheulichen und übelriechenden Leib heraus in die Höhe führt.

(28) Entziehe dich ihm auch jetzt, so weit du es vermagst, und [auch] der Sinneslust, wenn sie nicht mit dem Natürlichen und dem Notwendigen verbunden ist; von da an [ihm] schon entfremdet, sinne auf etwas Höheres und Erhabeneres: eines Tages werden die Geheimnisse der Natur offenbart, jene Finsternis wird vertrieben werden und von überall her wird ein glänzendes Licht dich treffen. Stell dir vor, wie stark jenes Leuchten sein wird, wenn so viele Gestirne ihr Licht miteinander vereinen. Kein Schatten wird die Helligkeit trüben; gleichmäßig wird jede Seite des Himmelraums erstrahlen: Tag und Nacht sind ein Wechsel [nur] des unteren Dunstkreises. Dann wirst du sagen, dass du in der Dunkelheit gelebt hast, wirst mit völliger Klarheit auch das Ganze erblickt haben, das du im gegenwärtigen Augenblick durch einen sehr engen Spalt der Augen [nur] undeutlich siehst und es dennoch schon aus der Ferne bewunderst: wie wird dir das göttliche Licht erscheinen, wenn du es von einem günstigen Orte aus erblicken wirst?

(29) Keineswegs lässt dieser Gedanke zu, dass sich Schmutziges im Geiste festsetzt, keineswegs Kleinmütiges, keineswegs Rohes. Er sagt uns, dass die Götter die Zeugen aller Dinge sind; ihnen zu gefallen, das heißt er uns, ihnen in Zukunft gleichauf geschätzt zu werden und uns die Ewigkeit vor Augen zu halten. Wer diese mit seinem Geiste erfasst hat, der

schreckt vor keinen Kriegsheeren zurück, wird nicht eingeschüchtert von der Kriegstrompete, wird durch keine Drohungen in Furcht versetzt.

(30) Warum sollte sich einer fürchten, der zu sterben hofft? Auch derjenige, der meint, dass seine Seele nur solange andauert, wie sie durch das hemmende Band des Körpers zurückgehalten wird, dass sie, nachdem sie befreit wurde, sich sofort zerstreut, arbeitet darauf hin, dass er auch nach seinem Tod nützlich sein kann. Wenn er nämlich selbst auch den Augen entrückt sein mag: trotzdem

*kehrt der Verdienst eines Mannes oft ins Bewusstsein zurück*
*und oft der Ruhm seines Geschlechts.*

Bedenke, wie viel uns geeignete Vorbilder nützen: du wirst einsehen, dass die Anwesenheit bedeutender Männer ebenso dienlich ist wie die Erinnerung [an sie]. Lebe wohl.

———

# Buch 17 und 18 – Brief 103

Seneca grüßt seinen Lucilius,

(1) Was hältst du Ausschau nach Dingen, die dir vielleicht widerfahren können, [vielleicht] aber auch nicht widerfahren können? Ich spreche von einer Feuersbrunst, einem Einsturz des Hauses [und] anderes, was über uns hereinbricht, es nicht auf uns abgesehen hat: achte besser auf das, meide [besser] das, was uns auflauert. Unglücksfälle, wenngleich folgenschwer, sind selten: Schiffbruch erleiden, mit dem Wagen umgeworfen zu werden: gewöhnlich geht die Gefahr für einen Menschen vom Menschen aus. Dagegen rüste dich, das beachte mit wachsamen Blick; kein Übel ist häufiger, keines ist hartnäckiger, keines verlockender.

(2) Ein Unwetter ragt drohend empor, bevor es ausbricht, Gebäude knirschen, bevor sie einstürzen, ein Feuer kündigt der Rauch [schon] vorher an: plötzlich tritt die Gefahr durch einen Menschen ein, und sie wird umso sorgfältiger verborgen, je näher sie heranrückt. Du machst einen Fehler, wenn du den Mienen derer, die sich dir nähern, Vertrauen schenkst: sie haben die Gestalt von Menschen, die Herzen wilder Tiere, außer dass [nur] deren erster Angriff verhängnisvoll ist: denen, die ihnen entgangen sind, setzen sie nicht weiter nach. Niemals jedenfalls, um ihnen Leid zuzufügen, wenn nicht die Not sie antreibt; entweder durch Hunger oder durch Furcht werden sie zum Kampf genötigt: dem Menschen [aber] gefällt es, einen Menschen zugrunde zu richten.

(3) Du bedenke jedoch, welche Gefahr von einem Menschen ausgeht, mit der Einschränkung, dass du darauf bedacht bist, was die Pflicht eines Menschen ist; habe den einen im Auge, damit du nicht verletzt wirst, den anderen, damit du nicht verletzt. Du solltest dich am Glück aller erfreuen, von ihrem Unglück bewegt werden und dich darauf besinnen, was du gewähren, [und] wovor du dich hüten musst.

(4) Was kannst du durch ein solches Leben erreichen? Nicht, dass sie dich nicht verletzen, aber dass sie dich nicht täuschen. Sofern du es vermagst, ziehe dich aber auf die Philosophie zurück: sie wird dich in ihrem Schoß behüten, in ihrem Tempel wirst du sicher oder wenigstens sicherer sein. Nur diejenigen stoßen aneinander, die auf ein und demselben Weg umherspazieren.

(5) Die Philosophie selbst wirst du jedoch nicht zur Schau tragen dürfen; vielen war sie eine Quelle der Gefahr, weil sie übermäßig und eigensinnig betrieben wurde: sie soll dir deine schlechten Eigenschaften entreißen, sie nicht den anderen zum Vorwurf machen. Sie soll nicht im Widerspruch zu den üblichen Gebräuchen stehen und sich nicht zum Hauptgeschäft machen, anscheinend alles zu verdammen, was nicht sie hervorbringt. Es ist möglich, ohne Prunk, ohne Anfeindung weise zu sein. Lebe wohl.

—————

# Buch 17 und 18 – Brief 104

Seneca grüßt seinen Lucilius,

(1) Ich bin auf mein Landgut bei Nomentum geflohen. Was meinst du wovor? Der Stadt? Keineswegs: vor dem Fieber und zwar einem schleichenden; schon hatte es mich in Besitz genommen. Der Arzt sagte, dass die Anfänge, ein in Unruhe geratener, [und] unsteter und den natürlichen Zustand trübender Puls, vorhanden sind: ich habe daher unverzüglich angeordnet, dass ein Wagen vorbereitet wird; ich beharrte darauf zu reisen, obgleich meine Paulina mich zurückzuhalten suchte. Jenes Wort meines Herren Gallio lag mir auf der Zunge, der, nachdem er in Achaia Fieber bekommen hatte, sofort ein Schiff bestieg, wobei er ausrief, dass es sich nicht um eine Krankheit des Körpers, sondern um eine des Ortes handelt.

(2) Dies erklärte ich meiner Paulina, der an meiner Gesundheit gelegen ist. Weil ich ja weiß, dass sich ihr Geist zu meinem hinwendet, fange ich an, mich zu schonen, um sie zu schonen. Und obgleich mich das Alter in vielerlei Hinsicht unerschrockener gemacht hat, lasse ich diese Wohltat des Alters fahren; es kommt mir nämlich in den Sinn, dass in einem alten Mann auch ein junger sich befindet, auf den er Rücksicht nimmt. Da ich nun also bei ihr nicht erreiche, dass sie mich allzu sehr liebt, erreicht sie bei mir, dass ich achtsamer mich selbst schätze.

(3) Den edlen Regungen des Herzens gegenüber muss man nämlich nachsichtig sein; und zuweilen muss, selbst wenn gute Gründe drängen, zur Achtung seiner Angehörigen auch unter Qual der Lebenshauch zurückgehalten und sogar [noch] auf den Lippen festgehalten werden, weil ein tugendhafter Mann sein Leben erhalten sollte, nicht so lange es ihm gefällt, sondern solange es sich gebührt: verweichlicht ist, wer nicht seine Frau, wer nicht seinen Freund für so viel wert hält, dass er länger im Leben verweilen will, wer darauf beharrt zu sterben. Auch dies sollte sich der Geist

auferlegen: wenn es das Glück der Seinen verlangt, sollte er nicht nur wenn er sich den Tod wünscht, sondern auch wenn er [schon] nahe ist, von ihm ablassen und sich den Seinen widmen.

(4) Um eines anderen willen ins Leben zurückzukehren, ist typisch für einen außerordentlichen Charakter, was bedeutende Männer oft bewiesen haben; aber auch dies sehe ich als Höhepunkt der menschlichen Natur an, für sein Alter – dessen größter Vorteil die Wahrung seines selbst ohne Sorgen und ein mutigerer Gebrauch des Lebens ist – aufmerksamer Sorge zu tragen, wenn man weiß, dass es für einen der Seinen angenehm, vorteilhaft und wünschenswert ist.

(5) Außerdem bringt eine solche Handlungsweise nicht wenig Freude und Lohn mit sich; denn was ist erfreulicher, als der Gattin so sehr wert zu sein, dass man sich dadurch selbst mehr wert ist? Meine Paulina kann mir daher nicht nur ihre Furcht zuschreiben, sondern auch die meine.

(6) Du fragst nun, welchen Ausgang mein Reiseplan genommen hat? Sobald ich erst aus dem üblen Geruch der Stadt herausgetreten war und auch aus dem Gestank jener Dampfküchen, die, nachdem sie in Gang gebracht wurden, alles, was sie an mörderischem Dampf eingesaugt haben, zusammen mit Asche herausströmen lassen, habe ich sofort ein verbessertes körperliches Befinden verspürt. Wie viel an [körperlicher] Stärke, glaubst du, ist sodann hinzugekommen, als ich die Weinberge erreicht hatte? Auf die Weide hinausgelassen, bin ich auf mein Futter losgegangen. Ich habe mich also bereits erholt; jene Mattigkeit eines in misslicher Lage befindlichen Körpers – nachteilig auch für den, der über etwas nachdenkt – dauerte nicht weiter an. Ich fange an, mit Leib und Seele zu philosophieren.

(7) Ein Ort trägt nicht viel zu etwas bei, wenn der Geist es sich nicht selbst gewährt, der, wenn er es will, inmitten zerstreuender Beschäftigungen einen abgeschiedenen Ort besitzen wird: jener hingegen, der eine Ge-

gend auswählt und dabei Ruhe sucht, wird überall etwas finden, wodurch er gestört wird. Tatsächlich soll Sokrates einem, der sich beklagte, dass Reisen in keiner Weise nützlich für ihn gewesen seien, erwidert haben: „Dies ist dir nicht zu Unrecht widerfahren; du warst nämlich mit dir selbst in der Fremde."

(8) Ach, wie gut ginge es manchen, wenn sie von sich selbst loskommen könnten! So aber bedrängen, beunruhigen, verderben, erschrecken sie sich selbst. Was hilft es, das Meer zu überqueren und die Stadt zu wechseln? Wenn du vor den Dingen fliehen willst, von denen du bedrängt wirst, ist es nicht nötig, anderswo zu sein, sondern ein anderer. Stell dir vor, du seiest nach Athen gekommen, [stell dir vor] nach Rhodos; wähle nach deinem freien Ermessen eine Bürgerschaft aus: was tut es zur Sache, welche Bräuche sie hat? Du bringst deine [eigenen] mit.

(9) Du wirst Reichtum für ein Gut halten: die Armut wird dich quälen, [und] was das Erbärmlichste ist, keine echte [Armut]. Denn wenn du auch noch so viel besitzen solltest, wirst du, weil irgendeiner mehr hat, trotzdem denken, dass dir um so viel fehlen wird, wie du übertroffen wirst. Du wirst Ehrenämter für ein Gut halten: es wird dich übel mitnehmen, dass dieser zum Konsul gewählt, jener sogar wiedergewählt wurde; du wirst neidisch sein, sooft du irgendeinen [Namen] häufiger in den Amtskalendern liest. So groß wird die Verblendung deines Ehrgeizes sein, dass du denkst, es gibt niemanden hinter dir, falls irgendeiner vor dir gewesen ist.

(10) Den Tod wirst du für das größte Übel erklären, obwohl nichts an ihm von Übel ist, außer dem, was unmittelbar davor liegt: dass man ihn fürchtet. Es werden dich nicht nur [echte] Gefahren schrecken, sondern auch Ahnungen; von Einbildungen wirst du getrieben werden. Was wird es nämlich nützen

*so vielen argolischen Städten glücklich entronnen*
*und mitten durch die Feinde hindurch geflüchtet zu sein?*

Sogar der Friede wird Gründe zur Besorgnis liefern; und selbst sicheren Orten wird ein einmal aus der Fassung gebrachter Geist kein Vertrauen schenken, der, nachdem er sich eine achtlose Furcht zur Gewohnheit gemacht hat, unfähig zum Erhalt seines eigenen Wohlergehens ist. Er sucht nämlich nicht zu entgehen, sondern er flieht; stärker jedoch sind wir den Gefahren ausgesetzt, nachdem wir uns [ihnen] abgewendet haben.

(11) Du wirst es für das schlimmste Unheil halten, irgendeinen von denen zu verlieren, die du liebst, obgleich dies doch ebenso töricht ist wie zu beklagen, dass von den schönen Bäumen, die auch dein Haus schmücken, die Blätter fallen. Alles, was dich erfreut, erblicke so, wie du es betrachten würdest, wenn es in seiner Blüte steht – genieße es. Der Tod wird es [dir] von einem auf den anderen Tag entreißen. Aber gleichwie der Verlust des Laubs leichter [zu ertragen] ist, weil es wieder nachwächst, so der Verlust derer, die du liebst und die du als Trost deines Lebens ansiehst, weil sie wiederhergestellt, wenn auch nicht wiedergeboren werden.

(12) „Sie werden aber nicht dieselben sein." Auch du wirst nicht derselbe sein. Jeder Tag, jede Stunde verändert dich; aber bei anderen ist das Fortgeraffte leichter zu sehen, deines bleibt [dir] verborgen, weil es nicht offensichtlich geschieht. Die anderen werden fortgerissen, doch wir selbst entfernen uns in Heimlichkeit. Wirst du nichts davon erwägen und gegen deine Verluste auch keine Heilmittel einsetzen, sondern dir selbst die Ursachen deiner Sorgen schaffen, bald aus Hoffnung, bald aus Verzweiflung? Wenn du klug bist, vermengst du eines mit dem anderen: du solltest nicht hoffen ohne Verzweiflung und nicht verzweifeln ohne Hoffnung.

(13) Wie hätte der Aufenthalt in der Ferne für irgendeinen von Nutzen sein können? Er hat die Leidenschaften nicht gemäßigt, die Begierden

nicht gezügelt, den Zorn nicht unterdrückt, den ungezügelten Ansturm der Liebe nicht abgeschwächt, hat letztendlich keine Übel von der Seele weggeführt. Er hat keine Urteilskraft verliehen, nicht das Abweichen vom rechten Weg vereitelt, sondern wie einen Jungen, der das Feuer bestaunt, hat er dich für kurze Zeit mit etwas Neuartigem beschäftigt.

(14) Im Übrigen reizt gerade ein unsteter Aufenthalt die Unbeständigkeit eines Geistes, der [bereits] sehr erschöpft ist, macht ihn erregbarer und haltloser. Deshalb verlassen sie recht begierig die Orte, die sie so begierig angestrebt hatten, und nach Art der Vögel fliegen sie vorüber und reisen schneller ab, als sie angekommen sind.

(15) Das Reisen in die Ferne wird Kenntnis über die Welt verleihen; neue Gebirgszüge lässt es dich sehen, die unbekannten Weiten der Ebenen und die durch nie versiegende Quellen bewässerten Täler, wird die einzigartige Beschaffenheit irgendeines Stroms der Beobachtung für wert halten: sei es, wie der Nil beim sommerlichen Anstieg [des Wasserstands] anschwillt, sei es, wie der Tigris dem Blick entzogen und, nachdem er im Verborgenen seinen Lauf nahm, in seiner ganzen Erhabenheit wieder ausgestoßen wird, sei es, wie der Mäander, Übungsstoff und Zeitvertreib aller Dichter, sich in zahlreichen Biegungen verwickelt und, nachdem er in die Nähe seines Flussbetts gelangt ist, häufig abgelenkt wird, bevor er hineinfließt: gleichwohl wird es dich weder besser noch gesünder machen.

(16) Wir müssen uns mit wissenschaftlichen Studien und den Lehrmeistern der Weisheit beschäftigen, um das zu lernen, was erforscht wurde, um nach dem zu suchen, was noch nicht entdeckt wurde; auf diese Weise wird der Geist, den man von seiner elenden Knechtschaft erlösen muss, in Freiheit gesetzt. Solange du aber nicht verstanden hast, was man meiden, was man anstreben muss, was notwendig, was überflüssig, was gerecht, was ungerecht, was sittlich, was unsittlich ist, wird es kein in der Fremde aufhalten sein, sondern ein [in der Fremde] umherirren.

(17) Diese Hin- und Herlauferei wird dir keine Hilfe bringen; du reist nämlich zusammen mit deinen Gemütsstimmungen umher und deine schlechten Eigenschaften folgen dir. Ja, wenn sie doch nur folgten! Sie blieben länger fern: so aber trägst du sie an dir, lenkst sie nicht. Daher belasten sie dich allerorten und plagen dich mit immergleichen Widrigkeiten. Der Kranke muss ein Heilmittel finden, keine [neue] Weltgegend.

(18) Irgendeiner hat sich das Bein gebrochen oder sich den Knöchel verrenkt: er besteigt keinen Wagen oder ein Schiff, sondern er ruft einen Arzt herbei, damit das gebrochene Stück zusammengefügt, damit das Verrenkte wieder an die rechte Stelle gesetzt wird. Was nun also? Du glaubst, dass ein Geist, der bei so vielen Gelegenheiten verletzt und genötigt wurde, durch eine Ortsänderung geheilt werden kann? Allzu groß ist dieses Übel, als dass es durch eine Spazierfahrt kuriert werden könnte.

(19) Das Reisen bringt keinen Arzt hervor, keinen Redner; durch [einen Aufenthalt] an einem Ort wird keine Kunstfertigkeit gelernt. Wie nun? Wird die Weisheit, die höchste aller Künste, beim Gehen aufgelesen? Glaub mir, es gibt keinen Weg, der dich aus den Begierden, aus den Zornausbrüchen, aus den Ängsten herausführt; oder aber die ganze Menschheit würde sich, wenn es ihn gäbe, im geschlossenen Zug dorthin aufmachen. Diese Übel werden dich, durch Länder und Meere umherziehend, so lange bedrängen und schwächen, wie du die Ursachen der Übel mit dir führst.

(20) Du wunderst dich, dass dir die Flucht nicht von Nutzen ist? Wovor du fliehst, befindet sich bei dir. Befreie dich also, schaff dir die Bürden vom Hals und halte deine Wünsche innerhalb eines gesunden Maßes im Zaum; tilge alles an Verdorbenheit aus deinem Geiste. Wenn du erfreuliche Reisen verleben willst, heile deinen Weggefährten. Die Habsucht wird an dir hängen bleiben, solange du mit einem Geldgierigen und Geizigen zusammenlebst; der Stolz wird an dir hängen bleiben, solange du Umgang

mit einem Hochmütigen hast; niemals wirst du die Grausamkeit in Gesellschaft eines Folterknechts ablegen; der gesellige Umgang mit Ehebrechern wird deine sinnlichen Gelüste erregen.

(21) Wenn du dich deiner Fehler entledigen willst, muss du dich von den Vorbildern der Verfehlungen weithin fernhalten. Der Geizhals, der Verführer, der Grausame, der Betrügerische, die, wenn sie dir nahe wären, viel Unheil anrichten würden, befinden sich in dir selbst. Geh über zu den sittlich Besseren: lebe mit den Catonen, mit Laelius, mit Tubero. Wenn es dir aber gefällt, auch mit den Griechen zusammenzuleben, beschäftige dich mit Sokrates, mit Zenon: der eine wird dich lehren zu sterben, wenn es unausweichlich ist, der andere, bevor es unausweichlich ist.

(22) Lebe mit Chrysipp, mit Poseidonios: diese werden dir das Wissen über Menschliches und Göttliches anvertrauen, diese werden dich auffordern, tätig zu sein, und nicht nur klug daherzureden und zur Unterhaltung der Zuhörer Sinnsprüche zu verbreiten, sondern den Geist zu stählen und gegen Drohungen aufzurichten. Denn der einzige Hafen in diesem wogenden und verworrenen Leben ist es, das, was geschehen wird, geringzuschätzen, entschlossen standzuhalten und gut vorbereitet die Pfeile des Schicksals mit zugewandter Brust zu erwarten, ohne sich zu verstecken oder Ausflüchte zu suchen.

(23) Die Natur hat uns großherzig erschaffen, und wie sie manchen Tieren einen wilden, manchen einen heimtückischen, manchen einen furchtsamen Geist gab, so [verlieh sie] uns einen hochstrebenden und erhabenen [Geist], der zu ergründen sucht, wo er das ehrbarste, nicht wo er das ungefährdetste Leben führen kann, ähnlich der kosmischen Ordnung, der er folgt und nacheifert, soweit es den Schritten der Sterblichen möglich ist; er zeigt sich der Welt, vertraut darauf, gelobt und mit Bewunderung angesehen zu werden.

(24) Er ist der Herr aller Dinge, steht jenseits von allem; daher sollte er sich keiner Sache unterordnen, nichts sollte ihm beschwerlich erscheinen, nichts von dem, was einen Mann beugen könnte.

*Schrecklich die Gestalten anzusehen, und der Tod und die Mühsal.*

Keineswegs jedoch, wenn einer mit ruhigem Blick sie zu betrachten und die Finsternis zu durchdringen vermag; vieles, was in der Nacht für ein Schrecknis gehalten wurde, hat der Tag der Lächerlichkeit preisgegeben.

*Schrecklich die Gestalten anzusehen, und der Tod und die Mühsal.*

Vorzüglich hat es unser Vergil gesagt: dass sie nicht wirklich schrecklich sind, sondern nur schrecklich anzusehen, das heißt, sie werden dafür gehalten, sind es [aber] nicht.

(25) Was an ihnen, frage ich, ist in einem Grade furchtbar, wie es das Reden der Leute überall verbreitet? Welchen Grund gibt es, ich bitte dich, Lucilius, weshalb ein Mann die Anstrengung, der Mensch den Tod fürchten sollte? So oft begegnen mir solche, die nicht glauben, dass all das geleistet werden kann, was sie nicht leisten können, und sie behaupten, wir würden immer von Größerem sprechen, als es die menschliche Natur aushalten kann.

(26) Ach, wie viel besser urteile ich über sie! Auch sie selbst können diese Dinge leisten, aber sie wollen es nicht. Wen haben sie überhaupt jemals nach einem Versuch zurückgelassen? Wen haben sie bei ihrer Verrichtung nicht leichter Anerkennung finden lassen? Nicht weil sie schwierig sind, wagen wir uns nicht heran, sondern weil wir uns nicht heranwagen, sind sie schwierig.

(27) Wenn ihr dennoch ein Vorbild verlangt, nehmt Sokrates, ein alter Mann, der viel ausgestanden hat, von den ganzen Härten [des Lebens] hin- und hergetrieben, trotzdem unbesiegt sowohl von der Armut, welche ihm die häuslichen Verpflichtungen schwerer machte, als auch von den Mühseligkeiten, die er ebenso im Felde ertrug. Von solchen Dingen wurde er in der Heimat geplagt, sei es, dass ich über den Lebenswandel seiner Frau spreche, frivol mit böser Zunge, oder über die ungeschickten und dabei mehr der Mutter als dem Vater ähnlichen Kinder, oder darüber, dass er entweder im Krieg, [oder] in einer Tyrannei oder in einem Frieden lebte, der schrecklicher war als Krieg und Gewaltherrschaft.

(28) Siebenundzwanzig Jahre ist gekämpft worden; nach dem Ende des Kriegs ist die Bürgerschaft dem Verbrechenswerk von dreißig Tyrannen ausgesetzt worden, von denen die meisten seine Feinde waren. Zuletzt wurde unter unerträglichen Vorwänden eine Verurteilung erreicht: man machte ihm sowohl eine Verletzung der religiösen Bräuche zum Vorwurf als auch die Verführung der Jugend, die er gegen die Götter, gegen die Väter, gegen den Staat aufgehetzt haben soll. Danach Kerker und Gift. Dies hatte das Gemüt des Sokrates so wenig erschüttert, dass es nicht einmal seine Miene bewegte. Ach, jene bewundernswerte und einzigartige Ruhmestat! Weder hat irgendjemand Sokrates bis zu seinem Ende heiterer noch trauriger gesehen; er blieb sich gleich in der so großen Ungleichheit des Schicksals.

(29) Du verlangst ein weiteres Beispiel? Nimm unseren M. Cato, den Jüngeren, den das Schicksal [noch] feindseliger und auch hartnäckiger behandelt hat. Obgleich es sich ihm bei allen Gelegenheiten entgegengestellt hatte, zuletzt sogar im Tode, hat er dennoch gezeigt, dass ein tapferer Mann dem Schicksal zum Trotze gut leben kann, ihm zum Trotze sterben kann. Sein ganzes Leben hat er entweder im Bürgerkrieg verbracht oder in einem Frieden, der den Bürgerkrieg bereits in sich nährte; und man kann sagen, dass er nicht weniger als Sokrates unter den Sklaven hervor-

getreten ist, außer du glaubst vielleicht, Pompeius, Caesar und Crassus seien Verbündete der Freiheit gewesen.

(30) Trotz der so häufigen Veränderungen im Staate, hat niemand Cato verändert gesehen; er hat sich in jeder Lage als derselbe erwiesen, im Amt des Prätors, bei seiner erfolglosen Amtsbewerbung, unter Anklage, bei der Verwaltung einer Provinz, in der Volksversammlung, im Heer, im Tode. Schließlich, in jenem politischen Wirrwarr, als sich Caesar auf der einen Seite befand, gestützt auf zehn kampflustige Legionen, auf sämtliche Verstärkungen der auswärtigen Stämme, auf der anderen Seite Pompeius, allein gegen alle genügend, hat nur Cato, als die einen Caesar zuneigten, die anderen Pompeius, auf eine andere Partei hingearbeitet – und zwar auf eine der Republik.

(31) Wenn du im Geiste ein Bild jener Zeit zu erlangen wünschst, wirst du auf der einen Seite das Volk und den ganzen, zum Umsturz entschlossenen Pöbel erblicken, auf der anderen die Optimaten und den Ritterstand, was auch immer im Staate ehrwürdig und auserwählt war, zwei in der Mitte außer acht gelassen: die Republik und Cato. Du wirst dich wundern, sage ich, wenn du gewahr wirst:

*die Atriden und Priamos – und unversöhnlich beiden der Achill;*

denn beide weist er zurück, beide entkräftet er.

(32) Folgendes Urteil äußerte er über beide: falls Caesar Oberhand behielte, sagte er, werde er sterben, falls Pompeius, werde er in Verbannung leben. Was hatte einer zu fürchten, der für sich selbst als Besiegten wie als Sieger bestimmte, was von seinen erzürntesten Feinden hätte bestimmt werden können? Er kam demnach aus eigener Entscheidung ums Leben.

(33) Du siehst, dass Menschen Strapazen überstehen können: mitten durch die Wüsten Afrikas hat er zu Fuß sein Heer geführt. Du siehst, dass Durst ertragen werden kann: mit den Resten seines geschlagenen Heeres auf ausgetrockneten Anhöhen ohne irgendwelche Versorgungstruppen sich dahinschleppend, hat er in schwerer Rüstung den Wassermangel ertragen und, jedes Mal, wenn sich ab und an Wasser fand, als letzter getrunken. Du siehst, dass Verehrung und Beschimpfung geringeschätzt werden können: an demselben Tag, an dem seine Bewerbung abgewiesen wurde, hat er auf dem Wahlplatz Ball gespielt. Du siehst, dass es möglich ist, die Macht der Sieger nicht zu fürchten: beide, Pompeius und Caesar, von denen keiner wagte, dem anderen nahe zu treten, außer um sich den anderen zu verpflichten, hat er zugleich herausgefordert. Du siehst, dass auf diese Weise sowohl der Tod als auch die Verbannung gleichgültig hingenommen werden kann: die Verbannung und den Tod und zuweilen den Krieg hat er sich selbst auferlegt.

(34) Deshalb können wir gegen diese Dinge so großen Mut aufbringen – wenn es uns nur beliebt, ihrem Sklavenjoch den Nacken zu verweigern. Zuerst jedoch muss man die Vergnügungen zurückweisen: sie entkräften, [und] sie verweichlichen und sie fordern viel ein; viel jedoch muss [dann] vom Schicksal gefordert werden. Alsdann muss der Reichtum verschmäht werden: er ist der Sold der Sklaverei. Gold, [und] Silber und alles andere, das die vom Glück begünstigten Häuser belastet, sollte man aufgeben: Freiheit kann es nicht umsonst geben. Wenn du diese als bedeutend erachtest, musst du alles [andere] als gering ansehen. Lebe wohl.

--------

# Buch 17 und 18 – Brief 105

Seneca grüßt seinen Lucilius,

(1) Ich werde dir sagen, worauf du achtgeben musst, um ungefährdet zu leben. Doch du solltest dir diese Anweisungen so anhören, meine ich, wie wenn ich dir vorschreiben würde, auf welche Weise du in Ardea deine gute Gesundheit bewahren kannst. Überlege, welche Dinge es sind, die einen Menschen zum Verderben eines [anderen] Menschen treiben: du wirst auf die Hoffnung stoßen, den Neid, den Hass, die Furcht [und] die Verachtung.

(2) Von all diesen ist die Verachtung so wenig ins Gewicht fallend, dass sich wegen ihrer lindernden Wirkung viele dahinter versteckt haben. Denjenigen, den einer verachtet, den tritt er mit Füßen, aber ohne Zweifel geht er über ihn hinweg; niemand schadet einem verachteten Menschen unablässig, niemand [schadet] ihm gründlich; auch im Feld geht man an dem am Boden Liegenden vorbei, gekämpft wird mit dem, der steht.

(3) Der Hoffnung der Bösewichter wirst du entgehen, wenn du nichts an dir hast, was eine fremde und boshafte Begierde erregt, wenn du nichts Auffallendes besitzt; auch nach geringfügigen Dingen wird nämlich getrachtet, wenn sie wenig bekannt, wenn sie rar sind. Dem Neid wirst du entkommen, wenn du dich nicht den Blicken aufdrängst, wenn du nicht mit deinem Vermögen prahlst, wenn du es verstehst, dich innerlich zu freuen. Hass beruht entweder auf einer Kränkung (das wirst du vermeiden, indem du niemanden reizt) oder er ist grundlos, wovor dich der gesunde Menschenverstand schützen wird. Für viele war er gefährlich: manch einer ist verhasst gewesen, hatte aber keinen Feind.

(4) Dafür, das du nicht gefürchtet wirst, werden dir sowohl ein moderates Vermögen als auch ein gelassener Geist Gewähr bieten: die Menschen

sollten wissen, dass du einer bist, den sie ungefährdet kränken können; eine Versöhnung mit dir sollte einfach und glaubwürdig sein. Gefürchtet zu werden, ist jedoch daheim ebenso unliebsam wie außer Haus, von Sklaven ebenso wie von Freien: jeder besitzt ausreichend Mittel, um Schaden anzurichten. Nimm nun noch hinzu, dass derjenige, der gefürchtet wird, selbst in Furcht lebt: niemand kann gefahrlos Furcht einflößend sein.

(5) Übrig bleibt noch diejenige Verachtung, deren Ausmaß derjenige unter seiner Kontrolle hat, der sie sich erworben hat, der verachtet wird, weil er es wollte, nicht weil er dazu bestimmt war. Sowohl [die Beschäftigung] mit den freien Künsten beseitigen deren Nachteil als auch die Freundschaft derer, die bei einem Mächtigen über Einfluss verfügen, denen sich anzuschließen, sich [aber] nicht an sie zu ketten, von Nutzen sein wird, damit das Schutzmittel nicht teurer zu stehen kommt als die Gefahr.

(6) Dennoch wird nichts im gleichen Maße nützlich sein, wie sich zurückzuziehen und wenig mit anderen zu sprechen, viel mit sich selbst. Es gibt eine gewisse Lust zum Klatsch, die sich einschleicht und einschmeichelt, und nicht anders als die Trunksucht oder die Liebe Geheimnisse hervorlockt. Niemand wird verschweigen, was er gehört hat, niemand nur im Munde führen, so viel er gehört hat; wer einen Sachverhalt nicht verschweigt, wird [auch] dessen Quelle nicht verschweigen. Ein jeder kennt einen anderen, dem er anvertraut, was ihm selbst anvertraut wurde; selbst wenn er seine Geschwätzigkeit kontrolliert und sich mit den Ohren eines Einzigen zufrieden gibt, wird er ein Publikum hervorbringen; so wird zum Gerede der Leute, was eben noch ein Geheimnis war.

(7) Ein großer Teil der Gemütsruhe beruht darauf, in keiner Weise feindselig zu handeln: Menschen ohne Selbstbeherrschung führen ein zügelloses und auch unruhiges Leben. Sie fürchten ebenso viel, wie sie Schaden zufügen, und sind zu keiner Zeit frei davon. Sie sind in Unruhe, wenn sie etwas verbrochen haben, sind ratlos; ihr Gewissen lässt es nicht zu, sich

mit anderen Dingen zu befassen, sondern zwingt sie, sich immer wieder gegen sich selbst zu verteidigen. Strafe zahlt jeder, der sie erwartet; jeder aber, der sie verdient hat, erwartet sie.

(8) Bei einem schlechten Gewissen verschafft manch etwas Sicherheit, [aber] keine Sorgenfreiheit; auch wenn einer nicht ertappt wird, hält er es für möglich, ertappt zu werden, sogar mitten im Schlaf wird er davon aufgewühlt und immer wenn das Verbrechen irgendeines anderen besprochen wird, denkt er über das eigene nach; es scheint ihm nicht ausreichend aus dem Gedächtnis geschwunden, sich nicht ausreichend verborgen zu haben. Einer, der Unrecht begeht, hat zuweilen das Glück, verborgen zu bleiben, niemals die Gewissheit. Lebe wohl.

———

---

# Buch 17 und 18 – Brief 106

Seneca grüßt seinen Lucilius,

(1) Ich antworte spät auf deine Briefe, [aber] nicht weil ich durch Geschäfte in Anspruch genommen bin. Du solltest einer solchen Ausrede ja kein Gehör schenken: ich habe Zeit, und tatsächlich hat jeder Zeit, der es will. Die Geschäfte verfolgen niemanden: [die Menschen] selbst halten sie umschlungen und glauben, dass die geschäftliche Beanspruchung ein Zeichen des Erfolgs ist. Was war also der Grund, warum ich dir nicht unverzüglich geantwortet habe? Das, wonach du gefragt hast, zeigte eine enge Verknüpfung zu meiner Arbeit;

(2) denn du weißt, dass ich die Moralphilosophie zusammenfassend darstellen und alle sich darauf beziehenden Fragestellungen erörtern will. Ich war daher unsicher, ob ich dich solange vertrösten sollte, bis die passende Stelle für diesen Sachverhalt käme, oder dir ausnahmsweise ein Vorrecht aussprechen sollte: es erscheint mir höflicher, einen, der von so weit her kommt, nicht hinzuhalten.

(3) Daher werde ich sowohl deine Frage aus jener Reihe von zusammenhängenden Sachverhalten herausnehmen, als auch, wenn sie solches erfordern, dir obendrein schreiben, was du [bisher] nicht nachgefragt hast. Was für Sachverhalte dies sein könnten, fragst du? Diejenigen, deren Kenntnis eher erfreut als nützt, wie zum Beispiel das, was du zu ergründen suchst: ob ein Körper ein Gut sein kann?

(4) Ein Gut ist tätig; es nützt nämlich; das, was tätig ist, beruht auf einem Körper. Ein Gut setzt die Seele in Bewegung und formt und erhält sie auf eine gewisse Art und Weise, welche folglich auf den Eigentümlichkeiten eines Körpers beruht. Was Güter eines Körpers sind, sind Körper; also sind es auch die der Seele, denn auch diese ist ein Körper.

(5) Das Gut eines Menschen ist notwendigerweise der Körper, weil er selbst körperlich ist. Ich will ein Lügner sein, wenn nicht sowohl das, was ihn nährt, als auch das, was seine Gesundheit entweder bewahrt oder wiederherstellt, Körper sind; also ist auch dessen Gut ein Körper. Ich denke, du wirst nicht erwägen, ob Affekte auf Körpern beruhen (um auch anderes anzufügen, wonach du nicht fragst) wie Zorn, Liebe, [oder] Traurigkeit, außer du hegst Zweifel daran, ob sie unseren Gesichtsausdruck, ob sie unsere Stirn in Falten legen, ob sie unser Gesicht aufheitern, ob sie Schamesröte hervorlocken, ob sie uns erblassen lassen. Wie also? Glaubst du, dass so offensichtliche Körpermerkmale außer durch den Körper [selbst] aufgedrückt werden [könnten]?

(6) Wenn Affekte auf Körpern beruhen, tun es auch die Krankheiten der Seele wie die Habsucht, die Grausamkeit, die verhärteten und in einen unheilbaren Zustand versetzten Laster; also auch die Bosheit und all deren Erscheinungen: Missgunst, Gehässigkeit, Hochmut;

(7) also tun es auch die guten Eigenschaften, zuerst weil sie jenen entgegengesetzt sind, dann weil sie dir dieselben Merkmale aufzeigen werden. Oder siehst du nicht, welch Kraft die Tapferkeit dem Blick verleiht? Welch Aufmerksamkeit die Klugheit? Welch Besonnenheit und Ruhe die Ehrfurcht? Welch Heiterkeit die Freude? Welch Härte die Strenge? Welch Gelassenheit die Milde? Es sind also die Körper, die die Gesichtsfarbe und die Körperhaltung verändern, die in ihnen ihre Herrschaft ausübt. All die guten Eigenschaften aber, die ich angeführt habe, sind Güter und auch alles, was auf ihnen beruht.

(8) Gibt es etwa Zweifel, ob das, wodurch berührt werden kann, der Körper ist?

*Denn nichts kann berühren und nichts kann berührt werden außer ein Körper,* wie es Lukrez sagt. All das jedoch, was ich genannt habe, könnte einen Körper nur verändern, wenn er ihn berührte; also beruht es auf Körpern.

(9) So ist es nun aber auch der Körper, der so viel Kraft hat, dass er antreibt und drängt, [dass er] hemmt und zurückhält. Was also? Hält uns die Furcht nicht zurück? Treibt uns der Wagemut nicht an? Spornt uns die Tapferkeit nicht an und gibt uns Schwung? Hemmt nicht die Mäßigung und ruft [uns] zurück? Zieht uns die Traurigkeit nicht herunter?

(10) Kurz, alles, was wir tun, führen wir entweder auf Befehl der Bosheit oder der Tugend aus: was auf den Körper einwirkt, ist der Körper, was dem Körper Kraft gibt, ist der Körper. Das Gut des Körpers ist körperlich, das Gut des Menschen ist auch ein Gut des Körpers; deshalb ist es körperlich.

(11) Nachdem ich, wie du es gewünscht hast, deinem Willen nachgekommen bin, werde ich mir nun selbst sagen, was ich vorhersehe, dass du es mir sagen wirst: wir vertreiben uns die Zeit mit Spielsteinchen: an unnützen Dingen reibt sich unser Scharfsinn ab: solcherlei macht uns nicht tugendhaft, sondern gelehrt.

(12) Naheliegender ist es, seinen Verstand zu gebrauchen, ja sogar einfacher: sich nur weniger wissenschaftlicher Kenntnisse zu bedienen, ist ausreichend für einen gesunden Geist, aber wie wir uns sonst im Unnützen verlieren, so auch in der Philosophie. Wie in allen Dingen, so leiden wir auch in der Wissenschaft an Maßlosigkeit: nicht fürs Leben lernen wir, sondern für die gelehrte Unterhaltung. Lebe wohl.

———

# Buch 17 und 18 – Brief 107

Seneca grüßt seinen Lucilius,

(1) Wo ist deine frühere Klugheit? Wo dein Scharfsinn im Erkennen von Tatsachen? Wo deine Größe? So sehr berührt dich eine geringfügige Angelegenheit? Die Sklaven haben deine geschäftliche Inanspruchnahme als Gelegenheit zur Flucht angesehen. Wenn Freunde dich hintergangen haben (denn sie mögen durchaus den Namen behalten, den ihnen unsere Verblendung beigelegt hat, und so genannt werden, umso viel schändlicher sie es nicht sind) \*\*\* bei allen deinen Angelegenheiten fehlen sowohl jene, die deine Mühe zunichte machten, als auch glaubten, dass du anderen eine Last bist.

(2) Nichts davon ist ungewöhnlich, nichts unerwartet; von diesen Dingen gekränkt zu werden, ist ebenso lächerlich wie sich zu beschweren, dass man im Bad [mit Wasser] bespritzt oder auf offener Straße hin und her gestoßen oder im Straßendreck beschmutzt wird. Die Verhältnisse des Lebens sind die gleichen wie im Bad, in der Menschenmenge, auf der Reise: manches wird [absichtlich] auf dich geworfen, manches fällt [zufällig] auf dich herab. Zu leben, ist keine angenehme Sache. Du hast einen langen Weg beschritten: man darf straucheln, anstoßen, zu Boden fallen, ermatten und ausrufen: „Oh, der Tod [kommt]!", das heißt, man nimmt es irrtümlich an. Bei der einen Gelegenheit wirst du einen Gefährten aufgeben, bei einer anderen zu Grabe tragen, bei wieder einer anderen zu fürchten haben: unter solchen Unerträglichkeiten muss dieser holprige Weg zurückgelegt werden.

(3) Einer will sterben? Sein Geist möge sich auf alles vorbereiten; er sollte wissen, dass er angekommen ist, wo der Donnerkeil laut ertönt, sollte wissen, dass er angekommen ist, wo

*Jammer und Gewissensbisse ihre Lager errichtet haben,*
*auch bleiche Krankheiten und das traurige Greisenalter wohnen.*

In solcher Gesellschaft muss man sein Leben verbringen. Du kannst dem nicht entfliehen, du kannst es [nur] gleichgültig hinnehmen. Gleichgültig hinnehmen aber wirst du es, wenn du oft darüber nachdenkst und die Zukunft vorwegnimmst.

(4) Ein jeder nähert sich unerschrockener einer Sache, über die er vorher nachgedacht hat, und harten Behandlungen leistet er Widerstand, wenn er sich darauf gefasst gemacht hat: unvorbereitet hingegen erschrickt er auch vor Geringfügigem. Darauf muss man hinarbeiten, damit uns irgendetwas nicht unerwartet trifft; und weil alles, was neu ist, beschwerlicher ist, wird ständiges Sich-Vorstellen gewährleisten, dass du in keiner unheilvollen Situation als Neuling dastehst.

(5) „Die Sklaven haben mich verlassen." Einen anderen haben sie ausgeplündert, einen anderen angeklagt, einen anderen getötet, einen anderen verraten, einen anderen verprügelt, gegen einen anderen sind sie mit Gift, gegen wieder einen anderen mit einer falschen Anschuldigung vorgegangen. Alles, was du erwähnen magst, ist vielen geschehen. Es werden weiterhin Geschosse auf uns gerichtet, die zahlreich und launenhaft sind. Manche haben uns getroffen, manche schwirren umher und kommen oft erst noch, manche streifen uns, obgleich sie zu anderen gelangen wollten.

(6) Über nichts von dem, für das wir geboren sind, sollten wir uns wundern; worüber sich deshalb keiner beklagen darf, weil es gleicherweise für alle gilt. Richtig, ich sage: „Es gilt gleicherweise"; denn [das Unheil], dem einer entgangen ist, hätte er auch erleiden können. Gleiches Recht ist jedoch nicht das, woran sich alle erfreut haben, sondern das, was von allen ertragen wurde. Gleichmut sollte dem Geist verordnet werden und ohne Klagen sollten wir der Sterblichkeit unseren Tribut entrichten.

(7) Der Winter bringt die Kälte: man muss frieren. Der Sommer bringt die Wärme zurück: man muss schwitzen. Eine wechselnde Witterung greift die Gesundheit an: man muss leiden. Auch wird uns irgendwo ein wildes Tier angreifen und, gefährlicher als alle wilden Tiere, ein Mensch. Einiges wird das Wasser rauben, anderes das Feuer. Dieses Los der Natur können wir nicht wandeln, [aber] wir können Folgendes [tun]: uns einen edlen und für einen Mann von Ehre angemessenen Charakter aneignen, dank dem wir schicksalhafte Ereignisse tapfer erdulden und mit der Welt im Einklang stehen können.

(8) Diese Herrschaft, die du wahrnimmst, mäßigt die Natur jedoch durch Veränderungen: dem trüben Wetter folgt ein heiterer Himmel nach; die Meere werden wieder aufgewühlt, nachdem sie zur Ruhe gekommen waren; wechselhafte Winde wehen; auf die Nacht folgt der Tag; ein Teil des Himmelsgewölbes steigt empor, ein Teil versinkt: auf Gegensätzen beruht die Unvergänglichkeit der Welt.

(9) Nach diesem Gesetz muss sich unser Geist richten, ihm folge er, ihm gehorche er; und er sollte verstehen, dass alles, was geschieht, geschehen musste, und nicht der Natur Vorwürfe machen wollen. Am besten ist es, zu erdulden, was du nicht heilen kannst, und sich ohne Murren dem Gott anzuschließen, auf dessen Veranlassung hin alles hervorgeht: es ist ein schlechter Soldat, der seinem Befehlshaber [nur] stöhnend folgt.

(10) Lasst uns unverdrossen und freudig Befehle empfangen und die Bahn dieses so vortrefflichen Werkes nicht verlassen, in der alles, was wir erdulden werden, eingewoben ist; und wir sollten Jupiter, durch dessen Leitung dieser Riesenbau seine Richtung nimmt, auf eine Weise ansprechen, wie ihn unser Kleanthes in sehr ausdrucksvollen Versen anspricht, die ich mir erlaube, nach dem Vorbild Ciceros, des so außerordentlich beredten Mannes, in unsere Redeweise abzuändern. Wenn sie dir gefallen, wirst du

sie gut aufnehmen; wenn sie dir missfallen, weißt du, dass ich hierbei dem Vorbild Ciceros gefolgt bin.

(11) *Führe mich, o Vater und erhabener Herrscher des Himmels,*
*wohin auch immer es dir gefällt: ohne Verzug ist zu gehorchen;*
*unverdrossen steh ich dir zur Seite.*
*Gesetzt den Fall, dass ich nicht will, werd ich seufzend dich begleiten*
*und übel gesinnt zu tun ertragen, was dem Wohlgesinnten frei stand.*
*Die Beschlüsse der Götter führen den Willigen,*
*den Unwilligen schleifen sie hinter sich her.*

(12) So sollten wir leben, so sollten wir sprechen; bereitwillig und unverdrossen lass das Schicksal uns antreffen. Wer sich ihm anvertraut hat, der besitzt eine edle Gesinnung: doch jener kleinliche und unwürdige [Geist] stemmt sich dagegen, [und] urteilt schlecht über den Zustand der Welt und will lieber die Götter bessern als sich selbst. Lebe wohl.

———

# Buch 17 und 18 – Brief 108

Seneca grüßt seinen Lucilius,

(1) Das, wonach du fragst, gehört zu denjenigen Dingen, die es nur zu dem Zweck zu wissen gilt, dass man sie weiß. Aber, weil es von Interesse ist, betreibst du (das Thema) eifrigst und willst die Bücher nicht abwarten, die ich eben jetzt verfasse und die den kompletten Teil der Moralphilosophie enthalten. Ich werde es sogleich erläutern; doch will ich zunächst darstellen, auf welche Weise dir diese Begeisterung zu lernen, von der ich sehe, dass sie in dir entflammt ist, einzuteilen ist, damit sie sich nicht selbst hinderlich ist.

(2) Man darf sich weder planlos etwas heraussuchen noch gierig alles an sich reißen: über die Teile wird man zum Ganzen gelangen. Man muss eine schwere Aufgabe an seine Kräfte anpassen und darf nicht mehr in Angriff nehmen, als wir imstande sind auszuhalten. Nicht so viel du willst, sondern so viel du fassen kannst, musst du schöpfen. (Aber) hab nur guten Mut: du wirst fassen, so viel du willst. Je mehr der Geist aufnimmt, desto weiter dehnt er sich aus.

(3) Ich erinnere mich, dass Attalus uns dieses gelehrt hat, als wir in seiner Vorlesung saßen und als erste kamen und als letzte gingen, als wir ihn, der den Lernenden gegenüber nicht nur gut vorbereitet, sondern gefällig war, auch beim Spazierengehen zu diesen und jenen Abhandlungen verleiten konnten. „Sowohl der Lehrende als auch der Lernende", sagt er, „müssen dasselbe Ziel verfolgen, so dass ersterer Wert darauf legt zu helfen, letzterer, Fortschritte zu machen."

(4) Wer sich der Philosophie nähert, kann Tag für Tag etwas Gutes für sich mitnehmen: er soll entweder geheilter nach Hause zurückkehren oder heilbarer. Jedenfalls wird ihm etwas zufallen: darin liegt die Stärke der

Philosophie, dass sie nicht nur diejenigen unterstützt, die danach streben, sondern auch diejenigen, die (nur) Umgang mit ihr haben. Wer ins Sonnenlicht tritt, mag er auch deswegen nicht hineingetreten sein, wird Farbe bekommen; diejenigen, die in einem Salbenladen Platz genommen und (dort) ein wenig länger verweilt haben, tragen den Geruch des Ortes mit sich fort; und diejenigen, die bei einem Philosophen waren, werden sich notwendigerweise etwas angeeignet haben, weshalb es auch denen nützt, die sich nichts daraus machen. Beachte, was ich sage: denen, die sich nichts daraus machen, nicht denen, die sich widersetzen.

(5) „Was nun also? Haben wir nicht einige gekannt, die viele Jahre ohne Unterlass bei einem Philosophen saßen und nicht einmal Farbe bekommen haben?" Wie könnte ich sie nicht kennen? Es sind nämlich die sehr Ausdauernden und Beharrlichen, die ich nicht die Schüler der Philosophen nenne, sondern deren Mitbewohner.

(6) Einige kommen, um zu hören, nicht um zu studieren; so wie wir uns des Vergnügens wegen ins Theater locken lassen, um unsere Ohren mit einer Rede oder einer Stimme oder mit Geschichten zu erfreuen. Du wirst diesen großen Teil der Zuhörerschaft ausmachen, dem die Lehrstätte des Philosophen als Schlupfwinkel für ihren Müßiggang dient. Sie haben nicht beabsichtigt, dadurch irgendwelche Fehler abzulegen, irgendeine Lebensregel zu erlernen, anhand der sie ihren Lebenswandel überdenken könnten, sondern sich an dem Ohrenschmaus zu erquicken. Immerhin kommen auch andere mit ihren Schreibtäfelchen – nicht um den Unterrichtsgegenstand, sondern um die Worte aufzuzeichnen, die sie einem anderen ebenso ohne Gewinn zueignen, wie sie sie ohne eigenen [Gewinn] vernehmen.

(7) Einige werden von großartigen Reden angefeuert und versetzen sich in die Stimmung des Vortragenden, lebhaft in Miene und Geist, und sie werden nicht anders angeregt wie die phrygischen Eunuchen, die gewohnt

sind, beim Klang einer Flöte und auf Befehl in Raserei zu geraten. Die Schönheit einer Sache selbst reißt sie mit sich und spornt sie an, nicht das Tönen seelenloser Worte. Wenn mutig etwas gegen den Tod, wenn unbeugsam etwas gegen das Schicksal gesprochen wurde, macht es Freude, das, was man hört, auszuführen. Sie werden davon erfüllt und verhalten sich wie geheißen, wenn der Geist nur an jenem Ideal festhalten könnte, wenn nicht die Menge, Widersacher der Tugend, den außerordentlichen Schwung sofort abfangen würde: wenige waren in der Lage, jene geistige Haltung, die sie empfangen haben, [mit sich] nach Hause zu tragen.

(8) Es ist leicht, einen Zuhörer zum Begehr des sittlich Guten anzuregen; die Natur hat nämlich allen die Grundlagen und den Samen der Tugendhaftigkeit überreicht. Zu all diesem sind wir alle geboren: wenn uns einer dazu anreizt, dann werden diese, gleichsam schlummernden Güter des Geistes aufgeweckt. Nimmst du nicht wahr, wie die Theater widerhallen, immer wenn etwas vorgetragen wurde, das wir allgemein anerkennen und das wir in einhelligem Urteil bekunden, wahr zu sein?

(9) *Der Armut mangelt es an vielem, der Habgier an allem.*
*Zu keinem ist ein Geizhals gut, zu sich selbst am schlechtesten.*

Bei diesen Versen klatscht der so geizige Mensch Beifall und er freut sich darüber, dass er für seine Verfehlungen getadelt wird: um wie viel mehr glaubst du, dass dies geschieht, wenn solcherlei von einem Philosophen ausgesprochen wird, wenn in den Versen heilsame Weisungen eingeflochten werden, um sie auf eben diesem Wege wirksamer in den Geist der Unerfahrenen einzuprägen.

(10) Denn, wie es Kleanthes sagte: „So wie unser Atem einen klareren Ton von sich gibt, wenn ihn die Tuba, durch die Enge eines langen Kanals geleitet, zuletzt durch das sich öffnende Ende herausströmen lässt, so bringt die Notwendigkeit geschlossener Verse unsere Gedanken klarer

hervor." Ein und dasselbe wird achtloser gehört und beeindruckt weniger, solange es in Prosa vorgetragen wird: immer wenn ein rhythmischer Tonfall hinzukommt und festgesetzte Versmaße einen ungewöhnlichen Gedanken straffend zusammenfassen, wird eben derselbe Inhalt gleichsam wie mit weit ausgeholtem Arm herausgeschleudert.

(11) Über die Geringschätzung des Geldes wird viel gesprochen und in sehr langen Vorträgen wird gelehrt, dass die Menschen denken sollen, ihr Reichtum liege im Geiste, nicht im Vermögen, es sei derjenige begütert, der sich seiner Armut gefügt und mit wenigem sich reich gemacht hat; trotzdem berührt es die Gemüter mehr, wenn solches in Versen vorgetragen wird:

*Derjenige Sterbliche entbehrt am wenigsten, der das Wenigste begehrt.*

*Es besitzt, was er sich wünscht, der in der Lage ist, zu wünschen,*
*was genügend ist.*

(12) Wenn wir dieses und dergleichen hören, werden wir dazu bewegt, uns zur Wahrheit zu bekennen. Jene nämlich, denen nichts genügt, bewundern es, bejubeln es, offenbaren ihren Hass auf das Geld. Wenn du eine solche Stimmung bei ihnen wahrnimmst, lass sie sich senken, verstärke sie, und gib dabei die Zweideutigkeiten, [und] die Syllogismen, [und] die Spitzfindigkeiten und die übrigen Spielereien eines nutzlosen Scharfsinns auf. Sprich gegen die Habsucht, sprich gegen die Verschwendungssucht; wenn du bemerkst, dass du etwas ausrichtest und Eindruck auf die Gemüter der Zuhörer gemacht hast, setze noch energischer nach: man macht sich keine Vorstellung, wie viel eine solche Rede bewirken kann, wenn sie als Heilmittel beabsichtigt und auf den Nutzen der Zuhörer gerichtet ist. Empfindsame Geister werden nämlich sehr leicht für die Liebe zur Tugend und zum sittlich Guten gewonnen, und noch immer legt die Wahr-

heit den gelehrigen und nur wenig verdorbenen Menschen ihre Hand auf, wenn sie einen geeigneten Fürsprecher gefunden hat.

(13) Ich hatte, sooft ich Attalus zuhörte, wenn er eine Rede hielt über Verfehlungen, über Irrungen, über die Unglücke des Lebens, in der Tat oft Mitleid mit der Menschheit und hielt ihn für erhaben und hoch über dem Gipfel der Menschheit emporragend. Er sei sich selbst ein König, sagte er, aber einer, der es sich erlauben konnte, Kritik an den Herrschenden zu betreiben, schien mir mehr als zu herrschen.

(14) Wenn er gar begonnen hat, die Armut zu empfehlen und darzulegen, dass alles, was über die Notwendigkeit hinausgeht, eine überflüssige Last und zudem schwer zu tragen ist, verlangte es uns oft, die Unterrichtsstunde in Armut zu verlassen. Wenn er begonnen hat, unsere Vergnügungen zu verhöhnen, einen keuschen Leib, ein nüchternes Mahl, einen nicht nur von unerlaubten, sondern auch von überflüssigen Leidenschaften reinen Geist zu loben, verlangte es uns, Gaumen und Magen im Zaum zu halten.

(15) Davon ist mir manches verblieben, Lucilius; denn ich bin mit großer Begeisterung an all das herangetreten; nach der Rückkehr ins öffentliche Leben habe ich dann wenig von dem, was sich [so] gut anließ, beibehalten. Von da an wurde fürs ganze Leben auf Muscheln und Pilze verzichtet; sie sind nämlich kein Nahrungs-, sondern Genussmittel, die gesättigte Menschen zum Essen nötigen (was für die Gefräßigen und diejenigen, die mehr in sich hineinstopfen, als sie aufnehmen können, sehr willkommen ist), die leicht hinabgleiten, die leicht wieder hochkommen werden.

(16) Seitdem verzichten wir fürs ganze Leben auf Salböl, weil ja der beste Geruch für den Körper kein [Geruch] ist. Seitdem verzichtet unser Magen auf den Wein. Seitdem meiden wir fürs ganze Leben eine öffentliche Badeanstalt; den Körper stark zu erhitzen und durch Ausschwitzen zu erschöpfen, hielten wir für unnütz und zu gleich für verweichlichend. Das

Übrige, was verschmäht wurde, ist zurückgekehrt, doch auf eine Weise, dass ich dort, wo ich die Enthaltsamkeit aufgegeben habe, Maß halte, und zwar eines der Enthaltsamkeit sehr nahes, vermutlich schwierigeres, da doch manches dem Geist leichter [ganz] entzogen wird, als es sich mäßigen lässt.

(17) Nachdem ich nun begonnen habe, dir vor Augen zu führen, mit wie viel größerem Schwung ich mich als junger Mann der Philosophie gewidmet habe, als ich sie als alter Mann weiter verfolge, werde ich mich nicht schämen einzugestehen, welche Liebe zu Pythagoras Soton in mir hervorrief. Er erklärte, warum jener sich tierischer Speisen enthielt, warum später [auch] Sextius. Der Grund war bei beiden verschieden, aber bei beiden großartig.

(18) Letzterer war der Überzeugung, dass der Mensch [auch] ohne Blutvergießen genügend Nahrungsmittel besitzt und ein vertrauter Umgang mit der Grausamkeit hervorgerufen wird, wenn das damit einhergehende Zerfleischen zum Vergnügen geworden ist. Er fügte hinzu, dass man die Genussmittel beschränken muss; er folgerte, dass verschiedenartige und unseren Körpern fremde Nahrungsmittel einer guten Gesundheit entgegenstehen.

(19) Pythagoras hat hingegen vorgebracht, dass alles mit allem verwandt ist und ein Austausch der Seelen stattfindet, welche bald diesen, bald jenen Körper durchwandern. Wenn man ihm glaubt, geht die Seele nicht verloren und sie liegt nicht brach, außer in der kurzen Zeit, während sie in einen anderen Körper übertragen wird. Wir werden sehen, durch welche Wechsel der Zeiten hindurch und wann sie nach dem Durchstreifen vieler Wohnstätten in einen Menschen zurückkehren kann: unterdessen flößt sie bei den Menschen Angst vor Verbrechen und Mord ein, weil sie ahnungslos auf die Seele eines Ahnherrns stoßen und sie durch Messer oder Biss

verletzen könnten, wenn sich in irgendeinem Körper eine verwandte See-le befindet würde.

(20) Nachdem Soton dies vorgetragen und durch eigene Argumente er-gänzt hatte, sagte er: „Glaubst du nicht, dass die Seelen bald in diese, bald in jene Körper verteilt werden und dass ein Umzug ist, was wir den Tod nennen? Glaubst du nicht, dass im Vieh und in den wilden oder den im Wasser lebenden Tieren zuweilen die frühere Seele eines Menschen ver-weilt? Glaubst du nicht, dass nichts in dieser Welt verloren geht, sondern [nur] das Wohnviertel wechselt? Und dass sich nicht nur die Himmelskör-per auf fest bestimmten Bahnen befinden, sondern auch die Lebewesen Wechselseitigkeiten durchlaufen und ihre Seelen sich auf einer Kreisbahn bewegen? Bedeutende Männer haben es [jedenfalls] geglaubt.

(21) Deshalb verschiebe wenigstens dein Urteil, [und] bewahre dir außer-dem deine Unparteilichkeit. Wenn diese Dinge zutreffend sind, ist es rechtschaffen, auf Tierisches zu verzichten; wenn es falsch ist, gilt es als Genügsamkeit. Welchen Nachteil hat hier deine Bereitschaft, mir zu glau-ben? Ich entreiße dir die Nahrung der Löwen und Geier."

(22) Dadurch angefeuert, habe ich begonnen auf Tierisches zu verzichten, und nachdem ein Jahr vergangen war, fiel mir die [neue] Lebensweise nicht nur leicht, sondern sie war angenehm. Ich glaubte, mein Geist sei lebhafter, könnte dir aber heute nicht bestätigen, ob es tatsächlich so war. Du fragst, wie ich davon abgelassen habe? Die Zeit meiner Jugend fiel in die erste Regierungs[zeit] des Kaisers Tiberius: fremde Kulthandlungen wurden damals verbannt und den Verzicht auf manche Tiere hielt man für Beweise des Aberglaubens. Auf Bitten meines Vaters, der keine verleum-derische Anklage fürchtete, sondern die Philosophie hasste, kehrte ich deshalb zu meiner vorherigen Lebensweise zurück; und er überzeugte mich nur unschwer, so dass ich wieder anfing, allzu gut zu speisen.

(23) Attalus pflegte eine Matratze gutzuheißen, die dem Körper Widerstand entgegenbringt: eine solche, in der sich kein Abdruck zeigen kann, verwende ich auch im Alter.

Ich habe daran erinnert, um dir glaubhaft zu machen, welche leidenschaftliche erste Begeisterung junge Schüler für jedes der höchsten Ziele zeigen, wenn irgendjemand sie ermutigt, wenn irgendjemand sie anstößt. Aber schwere Fehler werden durch das Verschulden der Lehrer begangen, die uns beibringen zu disputieren, nicht zu leben, schwere der Schüler, die mit dem Vorsatz zu ihren Lehrern kommen, nicht ihre Seele, sondern ihren Scharfsinn zu vervollkommnen. Und so wurde aus dem, was Philosophie war, eine Beschäftigung mit der Literatur gemacht.

(24) Es macht aber viel aus, mit welcher Zielsetzung man an eine Sache herangeht. Wer als künftiger Grammatiker Vergil erforschen wird, liest jenes Herausragende

*es flieht der unwiederbringliche Augenblick*

nicht in dem Sinne: „Man muss wachsam sein; wenn wir uns nicht eilen, werden wir zurückbleiben; es treibt uns der dahineilende Tag und [auch] er wird getrieben; unversehens werden wir fortgerissen; wir richten alles für die Zukunft ein und sind säumig inmitten von Gefahren"; sondern um darauf zu lauern, wie oft Vergil vom raschen Vorübergehen der Zeiten spricht, wie oft er sich des Wortes ‚fugit' bedient.

*Gerade die besten Tage des Lebens*
*entfliehen den elenden Sterblichen zuerst;*
*Krankheiten folgen nach und ein freudloses Alter,*
*auch Mühsal,*
*und die grausame Strenge des Todes reißt sie mit sich fort.*

(25) Einen, der zur Philosophie strebt, führt dies eben dahin, wo es soll. Er wird anführen: „Niemals sagt Vergil, dass der Tag geht, sondern dass er flieht, weil es die rascheste Art und Weise des Dahineilens ist, und dass gerade die besten [Tage] zuerst entrissen werden: warum zögern wir also, uns selbst anzutreiben, damit wir der Geschwindigkeit der so reißend schnellen Ereignisse gleichkommen können? Die heiteren [Tage] fliegen vorüber, die weniger guten treten an ihre Stelle."

(26) Wie aus einem Krug zuerst herausfließt, was am reinsten ist, und gerade das Schwerste und Trübe sich [am Boden] absetzt, so steht das, was am besten ist, am Anfang unseres Lebens. Lassen wir zu, dass es vornehmlich von anderen ausgeschöpft wird, um für uns [nur] den Bodensatz zu behalten? Folgendes sollte im Bewusstsein haften bleiben und Gefallen finden, als sei es von einem Orakel ausgestoßen:

*Gerade die besten Tage des Lebens*
*entfliehen den elenden Sterblichen zuerst.*

(27) Warum die besten [Tage]? Weil das, was übrig bleibt, ungewiss ist. Warum die besten [Tage]? Weil wir als junge Menschen imstande sind zu lernen, weil wir imstande sind, unseren gewandten und noch immer empfänglichen Geist zum Besseren zu wenden; weil diese Zeit geeignet ist für Unternehmungen, geeignet ist, durch Studien die geistigen Fähigkeiten zur Vollendung zu führen und durch Anstrengungen die Körper auszubilden. Weil das, was übrig bleibt, träger, [und] schwächer und fast am Ende ist. Wir sollten deshalb mit ganzem Herzen danach streben und, beiseitelassend, was uns davon ablenkt, auf diese einzige Sache hinarbeiten, um diese Geschwindigkeit der dahineilenden Zeit, die wir nicht festhalten können, nicht erst nach ihrem Zurückbleiben zu verstehen. Gerade die erste Zeit sollte gleichsam als die beste Gefallen finden und zu dem Unsrigen gemacht werden.

(28) Was entfliehen will, muss an sich gerissen werden. Darüber denkt nicht nach, wer dieses Gedicht mit den Augen eines Grammatikers durchliest: dass [nämlich] die erste Zeit gerade deshalb am besten ist, weil Krankheiten unmittelbar nachfolgen, weil das Alter uns zusetzt und uns drohend im Nacken sitzt, während wir noch über die Jugend nachdenken, sondern er versichert, dass Vergil Krankheiten und das Alter immer gemeinsam anführt – mit Recht, bei Herkules; das Alter ist fürwahr eine unheilbare Krankheit.

(29) „Überdies", wird er sagen, „hat er dem Alter einen Beinamen hinzugefügt, er heißt es ,freudlos':

*Krankheiten folgen nach und ein freudloses Alter.*

An anderer Stelle sagt er:

*Fahle Krankheiten und ein freudloses Alter wohnen [dort]."*

Du brauchst dich also nicht wundern, dass aus demselben Stoff ein jeder das folgert, was genau in seine Studien hineinpasst: auf derselben Wiese sucht das Rind das Gras, der Hund den Hasen, der Storch die Eidechse.

(30) Wenn hier irgendein Philologe, dort ein Grammatiker, dort einer, der sich der Philosophie widmet, Ciceros Buch über den Staat ergreift, richtet der eine sein Interesse hierhin, der andere dorthin. Der Philosoph wundert sich, dass so viel gegen die Gerechtigkeit vorgebracht werden konnte. Wenn sich der Philologe mit eben derselben Lektüre befasst, merkt er darunter an, es gebe zwei römische Könige, von denen der eine keinen Vater hat, der andere keine Mutter. Denn über die Mutter von Servius ist man im Zweifel; der Vater von Ancus ist unbekannt, er wird [nur] der Enkel des Numa genannt.

(31) Außerdem merkt er an, dass der, den wir Diktator nennen, und von dem wir lesen, dass er so in den Geschichtswerken bezeichnet wird, zur Zeit der Alten ‚magistrum populi‘ genannt wurde. Und auch heute findet sich dies in den Augural-Büchern, und es gibt Zeugnis dafür, dass derjenige, der von ihm ernannt wird, der ‚magister equitum‘ ist. Auf gleiche Weise nimmt er wahr, dass Romulus während einer Sonnenfinsternis ums Leben gekommen ist; dass man seit den Königen auch an das Volk appellieren durfte; dass es so in den Pontifikalbüchern steht, nehmen sowohl Fenestella als auch andere an.

(32) Nachdem ein Grammatiker dieselben Bücher auseinandergerollt hat, trägt er als erstes – wortwörtlich wiedergegeben – in sein Notizbuch ein, dass von Cicero [das Wort] ‚reapse‘ verwendet wird anstatt ‚re ipsa‘ und ebenso [das Wort] ‚sepse‘ anstatt ‚se ipse‘. Dann geht er zu dem über, was der Sprachgebrauch über lange Zeiträume verändert hat, so wie Cicero sagt: ‚quoniam sumus ab ipsa *calce* eius interpellatione revocati.‘ Das, was wir heutzutage auf der Rennbahn als ‚creta‘ bezeichnen, nannten die Alten ‚calx‘.

(33) Darauf überdenkt er die Verse des Ennius und zwar vor allem jene Schriften über Scipio Africanus:

*dem weder ein Mitbürger noch ein Fremder für seine Taten*
*der Mühe Lohn vergelten kann.*

Deshalb verstehe sich von selbst, behauptet er, dass bei den Alten ‚ops‘ nicht nur Hilfe bedeutet, sondern auch Mühe. Ennius sagt nämlich, dass weder ein Mitbürger noch ein Fremder Scipio den Lohn für seine Mühe habe vergelten können.

(34) Sodann glaubt er sich vom Glück begünstigt, weil er entdeckt hat, an welcher Stelle es Vergil zu sagen gefiel:

*über ihm ertönt das gewaltige Himmelstor.*

Er behauptet, Ennius habe dies bei Homer, Vergil bei Ennius gestohlen; es findet sich nämlich bei Cicero, eben in den [Büchern] über die Republik, folgendes Epigramm des Ennius:

*wenn es irgendeinem erlaubt ist,*
*sich in himmlische Gegenden emporzuschwingen*
*öffnet sich mir allein das so gewaltige Himmelstor.*

(35) Aber damit ich nicht, während ich anderes ausführe, auch selbst zu einem Philologen oder Grammatiker herabsinke, erinnere ich daran, dass Vortrag und Lektüre der Philosophen auf das Ziel eines glücklichen Lebens hin überdacht werden müssen, nicht um nach altertümlichen Worten oder Erdichtetem und schlechten Übersetzungen und Redewendungen zu trachten, sondern nach nützlichen Weisungen für die Zukunft und erhabenen und leidenschaftlichen Äußerungen, die im Laufe der Zeit vorteilhaft angewendet werden können. Wir sollten sie so gründlich erlernen, damit zu Taten wird, was Worte waren.

(36) Ich glaube jedoch, dass sich niemand weniger um alle Sterblichen verdient macht als diejenigen, die die Philosophie wie irgendeine käufliche Kunstfertigkeit erlernt haben, die auf eine andere Weise leben, als sie vorschreiben, dass man leben müsse. Denn sie reichen sich selbst als Beispiele fruchtloser Unterweisung umher, jeder Verfehlung unterworfen, gegen die sie vorgehen.

(37) Ein solcher Lehrer kann mir nicht mehr zunutze sein als ein Steuermann, der im Sturm dem Erbrechen nahe ist. In der fortreißenden Woge muss das Steuer fest ergriffen, mit dem Meer selbst gerungen, die Segel dem Wind entrissen werden: wie kann mich ein Steuermann unterstützen, der in Bestürzung versetzt ist und sich übergibt? Von einem wie viel grö-

ßeren Sturm, glaubst du, wird dein Leben durcheinandergeworfen als irgendein Schiff? Nicht reden, sondern steuern muss man.

(38) All die Dinge, die sie sagen, mit denen sie vor großer Zuhörerschaft
prahlen, beruhen auf fremdem Gut: Platon trug sie vor, Zenon trug sie vor,
Chrysipp und Poseidonios und eine ungeheure Schar von so vielen und
großen Berühmtheiten trug sie vor. Wie sie beweisen könnten, dass es das
Ihre ist, will ich lehren: sie mögen tun, was sie gesagt haben.

(39) Da ich ja bereits vorgetragen habe, was ich dir berichten wollte, werde ich jetzt deinen Wunsch erfüllen und das, worum du in Vollständigkeit
gebeten hattest, auf einen anderen Brief verschieben, damit du nicht ermattet an einem Sachverhalt herantrittst, der voller Dornen ist und der mit
aufgerichteten und aufmerksamen Ohren angehört werden muss. Lebe
wohl.

———

# Buch 17 und 18 – Brief 109

Seneca grüßt seinen Lucilius,

(1) Du wünschst zu wissen, ob ein Weiser einem Weisen von Nutzen ist. Wir behaupten, dass ein Weiser reichlich mit jedem Gut versehen ist und das Äußerste erreicht hat: man fragt sich, wie jemand für einen, der das höchste Gut besitzt, nützlich sein kann. Die sittlich Guten nützen einander gegenseitig. Sie bilden nämlich die Tugenden aus und erhalten die Weisheit in ihrer sicheren Stellung; jeder der beiden sehnt sich nach jemanden, mit dem er Gespräche führen, mit dem er sich beraten kann.

(2) Ihr Training lässt erfahrene Ringer nicht zu Atem kommen; den Musiker regt an, wer es ebenbürtig erlernt hat. Auch der Weise braucht die Beschäftigung mit den Tugenden; so wie er sich selbst geistig anregt, so wird er von einem anderen Weisen geistig angeregt.

(3) Wie ist ein Weiser einem Weisen von Nutzen? Er wird ihm Begeisterung einflößen, wird ihm genau die Möglichkeiten eines tugendhaften Handelns aufzeigen. Darüber hinaus wird er manch eigene Überlegungen zum Ausdruck bringen; das, was er entdeckt hat, wird er lehren. Denn für einen Weisen wird immer noch etwas übrig bleiben, das er entdecken und durch das sein Geist hervorragen kann.

(4) Ein Nichtsnutz schadet dem [anderen] Nichtsnutz, und dadurch, dass er seine Wut steigert, dass er ihm seine üble Laune zugesteht, dass er seinen Hang zu sinnlichen Vergnügungen gutheißt, schafft er einen noch größeren Nichtsnutz; und ganz besonders werden die Nichtsnutzigen geplagt, wenn sie ihre Laster eifrigst vermischt haben und ihre Verdorbenheit auf einem einzigen Haufen zusammengetragen wurde. Folglich wird dagegen der Tugendhafte dem Tugendhaften von Nutzen sein.

(5) „Auf welche Weise?", fragst du. Er wird ihm Freude bringen, er wird sein Selbstvertrauen stärken; durch das Sichtbarwerden der gegenseitigen Gemütsruhe wird sich die Freude beider steigern. Außerdem wir er ihm Einsicht in etliche Dinge vermitteln; ein Weiser nämlich weiß nicht alles; selbst wenn er alles wüsste, könnte einer kürzere Wege dorthin ersinnen und Dinge vorbringen, vermittelst derer ein Werk insgesamt leichter zu Gebrauch sein wird.

(6) Der Weise wird dem Weisen eben nicht nur durch seine Tugenden nützlich sein, sondern sogar durch diejenigen dessen, den er unterstützen will. Gewiss kann er auch unbeachtet gelassen seine Aufgaben bewerkstelligen: man bedient sich seiner eigenen Schnelligkeit, aber trotzdem wird derjenige, der ihn anfeuert, einem Läufer noch förderlich sein. „Der Weise ist nicht dem Weisen, sondern sich selbst von Nutzen. Um das zu verstehen, entreiße dem einen seine ihm eigene Stärke und der andere wird nichts bewirken."

(7) In diesem Sinne wäre es dir möglich zu behaupten, dass Honig keine Süßigkeit ist; denn ebenjener, für den er bestimmt ist, wird Anstoß daran nehmen, wenn nicht Zunge und Gaumen für eine derartige Kostprobe auf eine Weise angepasst wurde, dass ihn ein solcher Geschmack verlocken könnte; es gibt nämlich manche, denen der Honig aufgrund eines krankheitsbedingten Mangels bitter vorkommt. Jeder der beiden muss gesund sein, damit der eine nützlich sein kann, und der andere für den, der zu nützen beabsichtigt, von geeigneter geistiger Anlage ist.

(8) „Wie es überflüssig ist", heißt es, „etwas zu erhitzen, das [bereits] zur äußersten Hitze gebracht wurde, [so] ist es auch überflüssig, wenn einer demjenigen von Nutzen sein wollte, der [bereits] zur höchsten Sittlichkeit geführt worden ist. Trachtet etwa ein mit allem ausgestatteter Bauer danach, von einem anderen ausgestattet zu werden? Verlangt etwa ein Soldat, der so weit als nötig bewaffnet ist, um in die Schlacht zu ziehen, nach

irgendwelchen weiteren Waffen? Also auch nicht der Weise; er ist nämlich fürs Leben ausreichend ausgerüstet, ausreichend bewaffnet.

(9) Darauf erwidere ich: auch etwas, das [bereits] zur äußersten Hitze gebracht wurde, benötigt zusätzliche Hitze, um die höchste [Temperatur] zu halten. „Aber die Hitze erhält sich selbst", wird gesagt. Zunächst einmal besteht ein großer Unterschied zwischen den Dingen, die du vergleichst. Die Hitze ist eine einzige Sache, das Nützlichsein ist vielfältig. Sodann wird die Hitze durch Aufnahme von Hitze nicht darin gefördert, dass sie heiß ist: der Weise [aber] kann in seiner Geisteshaltung nur fest bleiben, wenn er einige ihm ähnliche Freunde hinzuzieht, mit denen er seine Tugenden teilen kann.

(10) Nimm jetzt noch hinzu, dass unter allen Tugenden Freundschaft besteht; daher ist derjenige von Nutzen, der die Tugenden irgendeines ihm Gleichen liebt und anderseits gewährt, die seinen zu lieben. Gleiches zieht sich an, besonders wenn es tugendhaft ist und Beifall zu schenken und Beifall zu erwerben versteht.

(11) Mit Einsicht auf den Geist eines Weisen einzuwirken, vermag immer noch kein anderer als ein Weiser; so wie nur ein Mensch vernünftig auf einen Menschen einzuwirken vermag. Wie es also notwendig ist, durch Vernunft zur Vernunft angeregt zu werden, so braucht es eine vollkommene Vernunft, um zur vollkommenen Vernunft angeregt zu werden.

(12) Man sagt, dass auch diejenigen von Nutzen sind, die uns die [sittlich] unbestimmten [Güter] schenken: Geld, Ansehen, Wohlbefinden, [und] anderes für die Bedürfnisse des Lebens Kostbares oder Notwendiges. Hinsichtlich dieser Dinge, heißt es, ist für den Weisen auch der Tor nützlich. Von Nutzen zu sein, bedeutet jedoch gemäß der Natur den Geist durch die eigene Tugend anzuregen. Wie dies nicht ohne das Gut dessen, der angeregt wird, geschehen wird, so auch nicht [ohne das Gut] eben dessen, der

von Nutzen ist; denn durch die Ausbildung einer fremden Tugend bildet er notwendigerweise auch die eigene aus.

(13) Aber selbst wenn du das ausschließt, was entweder höchste Güter sind oder welche, die sie hervorbringen, können sich Weise nichtsdestoweniger untereinander von Nutzen sein. Einen Weisen zu finden, ist für den Weisen nämlich an sich etwas Erstrebenswertes, weil aufgrund seiner Beschaffenheit jedes Gut für einen tugendhaften Menschen kostbar ist und sich infolgedessen jeder mit einem tugendhaften Mann gleichwie mit sich selbst in Einklang befindet.

(14) Der Beweisgründe wegen muss ich von dieser Fragestellung zu einer anderen übergehen. Es stellt sich nämlich die Frage, ob der Weise um Rat fragen, ob er für eine Entscheidung einen anderen zur Beratung hinzuziehen sollte. Er wird dies notwendigerweise tun, wenn er zu diesen öffentlichen, häuslichen, wie ich es nenne, sterblichen Dingen kommen wird; für diese benötigt er daher einen fremden Ratgeber, wie den Arzt, wie den Steuermann, wie den Anwalt und den Einleiter eines Prozesses. Der Weise wird also zuweilen für einen Weisen nützlich sein; er wird nämlich Rat geben. Aber auch in jenen großen und göttlichen Dingen wird er, wie wir sagten, durch die gemeinsame Erörterung des Sittlichen und die Vereinigung ihrer Seelen und Gedanken dienlich sein.

(15) Außerdem ist es gemäß der Natur, auch die Freunde [liebend] zu umfassen und sich am Gedeihen der Freunde zu erfreuen wie an seinem eigenen; denn wenn wir das nicht tun, wird uns auch die Tugend nicht bleiben, die [nur] durch die Ausbildung unserer Urteilsfähigkeit zur Geltung gelangt. Die Tugend empfiehlt jedoch, die Gegenwart gehörig einzurichten, für die Zukunft Sorge zu tragen, Rat einzuholen und den Geist anzustrengen: bereitwilliger wird sich derjenige anstrengen und entwickeln, der sich jemanden zum Freund genommen hat. Er wird sich daher entweder einen vollkommenen Mann suchen oder einen, der voranschreitet und der

Vollkommenheit nahe ist. Jener, der vollkommen ist, wird aber [nur] nützlich sein, wenn er eine Überlegung aufgrund seiner allgemeinen Lebensklugheit fördert.

(16) Man sagt, dass Menschen in fremden Angelegenheiten mehr wahrnehmen als in den eigenen. Dies widerfährt jenen, welche die Liebe zu sich selbst blind macht und welchen die Furcht bei Gefahren [die Möglichkeit] zur Wahrnehmung ihres Vorteils raubt: furchtloser und frei von Angst wird er anfangen, seinen Verstand zu gebrauchen. Aber nichtsdestoweniger gibt es einiges, das auch die Weisen an einem anderen genauer als an sich selbst wahrnehmen. Überdies wird der Weise dem Weisen jenes außerordentlich angenehme und würdige „dasselbe zu wollen und dasselbe nicht zu wollen" gewähren; sein vortreffliches Werk wird er am gleichen Joch ziehend herbeiführen.

(17) Ich habe abgeleistet, was du verlangt hast, obgleich es in den Ordnungsbereich der Themen fiel, die wir in den Büchern zur Moralphilosophie zusammenfassend darstellen. Bedenke, was ich dir gewöhnlich sage, dass wir hierbei nichts anderes als den Scharfsinn trainieren. Ich komme nämlich so oft auf folgende [Frage] zurück: was hilft mir das? Mach mich tapferer, gerechter, maßvoller. Noch ist keine Zeit vorhanden zu trainieren: ich brauche immer noch einen Arzt.

(18) Warum verlangst du von mir nutzloses Wissen? Du hast bedeutende Dinge versprochen: halte dein Wort. Du hast gesagt, ich würde furchtlos sein, selbst wenn um mich herum die Schwerter blitzten, selbst wenn eine Klinge meine Kehle berührte; du hast gesagt, ich würde unbekümmert sein, selbst wenn um mich herum die Feuer loderten, selbst wenn ein unerwarteter Sturm mein Schiff über das ganze Meer mit sich fortschleppte: erweise mir diese Aufmerksamkeit, damit ich das Vergnügen, damit ich den Ruhm geringschätze. Später wirst du mich darin unterweisen, Verwi-

ckeltes aufzulösen, Zweideutiges genau zu bestimmen, im Dunkel Lie-
gendes zu erkennen: jetzt lehre mich, was notwendig ist. Lebe wohl.

# Buch 19 – Brief 110

Seneca grüßt seinen Lucilius,

(1) Ich grüße dich von meinem Landgut bei Nomentum und trage dir auf, eine gesunde Denkart zu erlangen, das heißt, die Gunst aller Götter, die jeder besänftigt und wohlwollend an seiner Seite hat, der sich selbst gewogen ist. Lass zum gegenwärtigen Zeitpunkt beiseite, was von manchen Beifall findet, dass jedem Einzelnen von uns ein Gott als Erzieher überlassen wird, nicht einmal ein hochstehender, sondern einen der unbedeutenderen Art aus der Schar derer, die Ovid „Götter aus dem Plebs" nennt. Daher wünschte ich, du würdest wenigstens dieses beiseite lassen, selbst wenn du wüßtest, dass unsere Ahnen, die daran glaubten, Stoiker waren; sie bewilligten nämlich jedem Einzelnen sowohl einen Genius als auch eine Iuno.

(2) Später werden wir erwägen, ob die Götter genug Zeit haben, um die Angelegenheiten von gewöhnlichen Menschen zu besorgen. Einstweilen solltest du wissen – mögen wir einem [Gott] zugewiesen oder mögen wir unbeachtet geblieben und dem Schicksal überlassen worden sein –, dass du keinem irgendetwas Schlimmeres wünschen kannst, als wenn du ihm wünschtest, dass er auf sich selbst zornig ist. Aber es gibt keinen Grund demjenigen, für den du eine Strafe für angemessen hältst, zu wünschen, dass er die Götter zum Feind hat: er hat sie zum Feind, sage ich, auch wenn es scheint, dass er durch deren Gunst gefördert wird.

(3) Übe dich in gründlicher Forschung und betrachte, wie unsere Angelegenheiten tatsächlich stehen, nicht, wie sie genannt werden, und du wirst erkennen, dass mehr Übel uns begegnen, als dass sie uns hart mitnehmen. Denn wie oft war Ursache und Anlass des Glücks das, was man als Unglück bezeichnet hat! Wie oft hat eine unter vielen Glückwünschen übernommene Sache die Stufe in den Abgrund angelegt und irgendeinen, der

schon hervorragt, nochmals emporgehoben, als ob er immer noch dort stehen würde, von wo man ohne Gefahr abstürzen könnte.

(4) Aber das Abstürzen selbst trägt nichts an Üblem in sich, wenn man das Lebensende in Betracht zieht, über das hinaus die Natur niemanden herabgestoßen hat. Nah ist das Ende aller Dinge, nah ist, sage ich, auch jener [Zeitpunkt], wo der Glückliche hinausgeworfen, jener [Zeitpunkt], wo der Unglückliche herausgelassen wird: jeden der beiden schieben wir hinaus und verzögern [unser Ende] aufgrund von Hoffnung und Furcht. Wenn du aber weise bist, bemisst du alles in Hinblick auf das menschliche Los; beschränke zugleich, sowohl was dich erfreut als auch was du fürchtest. Es lohnt jedoch, sich über nichts lange zu freuen, um nichts lange zu fürchten zu haben.

(5) Aber warum schränke ich ein Übel ein? Es gibt keinen Grund, dass es gefürchtet werden muss: Nichtigkeiten sind die Dinge, die uns erschüttern, die uns mächtig ergriffen haben. Niemand von uns hat gründlich untersucht, was wahrhaftig ist, sondern einer hat dem anderen die Furcht weitergereicht; niemand ist darauf begierig, sich dem, was ihn in Unruhe versetzt hat, zu nähern und Natur und Nutzen seiner Furcht wahrzunehmen. Weil er nicht widerlegt wird, besitzt ein falscher und gehaltloser Sachverhalt also immer noch Glaubwürdigkeit.

(6) Wir sollten es als so wichtig ansehen, den Blick hierauf zu lenken: alsbald wird sichtbar werden, wie flüchtig, wie zweifelhaft, wie gefahrlos ist, was gefürchtet wird. Die Verwirrung unseres Geistes ist von solcher Art, wie sie Lukrez erschien:

*Denn wie Kinder sich ängstigen und besorgt sind*
*über alles im Dunkeln Verborgene,*
*so fürchten wir uns im Licht des Tages.*

Was also? Sind wir, die wir uns bei Tageslicht fürchten, nicht törichter als jedes Kind?

(7) Aber das ist nicht richtig, Lukrez, wir fürchten uns nicht bei Tageslicht: wir haben uns alles zur Dunkelheit gemacht. Nichts nehmen wir wahr, weder das, was uns schaden, noch das, was uns nützen könnte. Das ganze Leben stoßen wir [irgendwo] an, und weder halten wir inne noch setzen wir besonnener den Schritt. Du begreifst aber, welch unsinnige Sache ein ungestümes Vordringen in der Dunkelheit ist. Aber wir legen es wahrhaftig darauf an, dass man uns von allzu fern zurückrufen muss, und obwohl wir nicht wissen, wohin wir getrieben werden, setzen wir gleichwohl unsere Reise rasch dahin fort, wohin wir uns gewendet haben.

(8) Aber es kann hell werden, wenn wir es wollen. Es ist jedoch auf [nur] eine einzige Art und Weise möglich: wenn jemand dieses Wissen über Menschliches und Göttliches [im Geiste] aufgenommen hat, wenn er sich mit ihm nicht übergossen, sondern durchtränkt hat, wenn er ein und dasselbe, mag er es auch noch so gut kennen, von neuem überdacht und oft für sich selbst wiederholt hat, wenn er zu ergründen gesucht hat, was Güter, was Übel sind, welchen Dingen dieser Name fälschlich zugeschrieben wurde, wenn er Untersuchungen angestellt hat über die sittlichen und schimpflichen Dinge, über die Vorhersehung.

(9) Und der Scharfsinn des menschlichen Geistes wird innerhalb dieser [Grenzen] nicht stillstehen: es gefällt ihm, über die Himmelswelt hinauszublicken, wohin er fortgetragen wird, woraus er emporgestiegen ist, zu welchem Ende hin die so große Schnelligkeit der Welt sich eilt. Von dieser Betrachtung des Göttlichen haben wir unseren abgelenkten Geist zu schimpflichen und unbedeutenden Dingen hingelockt, damit er der Habgier diente, damit er die Himmelswelt, [und] ihre Grenzen und ihre Herren, die mit allem ihr wechselvolles Spiel treiben, aufgab und stattdessen

die Erde durchwühlte und danach forschte, welches Übel er aus ihr ausgraben könnte, sich nicht mit dem begnügend, was dargeboten wurde.

(10) Alles, was uns ein Gut sein sollte, hat unser Gott und Vater in nächster Nähe hinterlegt; er hat nicht auf unser Suchen gewartet, sondern von sich aus gegeben: das, was uns schaden sollte, hat er möglichst tief verborgen. Wir können uns nur über uns selbst beklagen: gegen den Willen der Natur und von ihr versteckt, haben wir das hervorgeholt, woran wir zugrunde gehen können. Wir haben unseren Geist der sinnlichen Freude überlassen, der nachzugeben der Anfang aller Übel ist, wir haben ihn dem Ehrgeiz und dem Ruhm preisgegeben und ebenso den anderen nichtigen und eitlen Dingen.

(11) Was ermuntere ich dich also nun zu tun? Nichts Neues – denn es werden keine Heilmittel gegen neue Übel gesucht – sondern zuerst Folgendes: dass du für dich selbst herausfindest, was notwendig, was überflüssig ist. Notwendigkeiten werden dir überall begegnen: Überflüssiges muss man sich stets und mit ganzem Herzen zu verschaffen suchen.

(12) Es gibt aber keinen Grund, dass du dich allzu sehr lobst, wenn du auf goldene Betten und auf mit Edelsteinen verzierten Hausrat verzichtest; was ist es denn für eine Tugend, Überflüssiges geringzuschätzen? Bewundere dich [eher] dann, wenn du Notwendiges geringschätzt. Du leistest keine große Sache, wenn du ohne königlichen Prunk leben kannst, wenn du dich nicht nach tausend Pfund schweren Ebern und den Zungen von Flamingos und anderen Anzeichen eines üppigen Lebens sehnst, das sich bereits vor Tieren im Ganzen ekelt und von einzelnen bestimmte Teilstücke auswählt: ich werde dich dann bewundern, wenn du auch Schwarzbrot nicht verschmähst, wenn du überzeugt bist, dass Grünzeug, immer wenn es notwendig ist, nicht nur für das Vieh, sondern auch für den Menschen geeignet ist, wenn du verstehst, dass die spitzen Enden der Bäume Sättigungsmittel für den Magen sind, in welchem wir Kostbarkeiten so

anhäufen, als ob er das Aufgenommene bei sich hielte. Ohne den verwöhnten Gaumen muss er gefüllt werden; denn was tut es zur Sache, was er aufnimmt, wenn er alles, was er aufnimmt, [wieder] verlieren wird?

(13) [Zum Verzehr] bereitgestellt, gewährt dir Genuss, was an Land und im Meer gefangen wurde; das eine umso willkommener, wenn es frisch auf den Tisch gelangt, das andere, wenn es, lange gemästet und zum Fett werden genötigt, zerfließt und sein Fett kaum an sich hält; es erfreut dich dessen durch Kunstfertigkeit erworbene fettige Glanz. Aber, bei Herkules, wenn diese sorgfältig ersonnenen und verschiedenartig gewürzten Dinge in den Magen gelangen, wird ein und dieselbe Scheußlichkeit ihn anfüllen. Du willst den Genuss der Speisen geringschätzen? Sieh dir das Endresultat an.

(14) Ich erinnere mich, dass Attalus zur großen Verwunderung aller folgende Rede hielt: „Lange hat mich der Reichtum getäuscht", sagte er. „Ich staunte, wenn etwas von ihm an der einen oder anderen Stelle hervorschimmerte; ich glaubte, dass das, was von ihm verborgen war, dem ähnelte, was er sehen ließ. Aber auf einem Festumzug sah ich sämtliche Schätze der Stadt, kunstvoll ausgeführt sowohl mit Gold als auch mit Silber und mit solcherlei [Zierrat], der den Wert von Gold und Silber überstieg, erlesene Farben und Gewänder, die nicht nur von jenseits unserer, sondern auch von jenseits der Grenze unserer Feinde herangeschafft worden sind; dann [sah ich] die aufgrund ihrer Ausstattung und ihres schönen Äußeren ansehnlichen Scharen hier der Kinder, dort der Frauen, und andere Dinge, die den Erfolg des größten Reiches zur Erinnerung an seine Taten vorgeführt hatte.

(15) ‚Was bedeutet dies anderes', frage ich, ‚als die von sich aus heftigen Begierden der Menschen zu reizen? Was hat es auf sich mit diesem Triumphzug des Vermögens? Sind wir zusammengekommen, um die Habgier zu erforschen?' Aber ich trage wahrhaftig weniger an Begierde von hier

fort, als ich mitgebracht habe. Ich habe dem Reichtum getrotzt, nicht weil er nutzlos ist, sondern weil er so unbedeutend ist.

(16) Hast du gesehen, wie jener Zug – wenn auch noch so langsam und geordnet – innerhalb weniger Stunden vorübergezogen ist? Das, was nicht einen ganzen Tag in Besitz zu nehmen vermag, will unser ganzes Leben beanspruchen? Hinzu kam auch Folgendes: [der Reichtum] erschien mir für diejenigen, die in besitzen, ebenso nutzlos wie für diejenigen, die ihn bestaunten.

(17) Sooft irgendetwas von dieser Art meine Augen blendet, sooft sich mir ein prächtiger Palast darbietet, eine herausgeputzte Schar von Sklaven, [oder] eine Sänfte, die man den wohlgestalteten Stallknechten aufgebürdet hat, sage ich mir also ein dieses: ‚Warum schaust du bewundernd? Warum staunst du? Es ist ein Umzug.‘ Diese Dinge werden dargeboten, nicht in Besitz genommen, und während sie Beifall finden, ziehen sie vorüber.

(18) Wende dich lieber den wahren Reichtümern zu; lerne, mit weniger zufrieden zu sein und rufe heftig und leidenschaftlich das bekannte Wort aus: ‚Wir haben Wasser, wir haben Gerstengraupen‘; hinsichtlich des Glücks können wir es selbst mit Jupiter aufnehmen. Das sollten wir auch tun, ich bitte dich, wenn es an diesen Dingen mangeln sollte; schändlich ist es, dass ein glückliches Leben auf Gold und Silber beruht, desgleichen auf Wasser und Gerstengraupen. ‚Was soll ich also tun, wenn solches nicht vorhanden ist?‘

(19) Du fragst, welches Heilmittel es gegen den Nahrungsmangel gibt? Der Hunger beendet den Hunger: überhaupt, welchen Unterschied macht es, ob es bedeutende oder unbedeutende Dinge sind, die dich dazu zwingen, ihr Sklave zu sein? Was kommt es darauf an, wie gering ist, was das Schicksal dir verweigern kann?

(20) Selbst das Wasser und die Gerstengraupen unterliegen der Willkür eines anderen; frei ist jedoch nicht derjenige, gegen den das Schicksal wenig, sondern gegen den es nichts vermag. Es ist so: du darfst dir nichts ersehnen, wenn du Jupiter herausfordern willst, der sich nichts ersehnt."

Uns hat Attalus dies verkündet, das Gesetz der Natur hat es allen verkündet; wenn du willens bist, häufig darüber nachzudenken, wirst du danach streben, glücklich zu sein, nicht glücklich zu erscheinen, und dabei dir selbst glücklich zu erscheinen, nicht den anderen. Lebe wohl.

———

## Buch 19 – Brief 111

Seneca grüßt seinen Lucilius,

(1) Du hast mich gefragt, wie auf Lateinisch die „Sophismata" bezeichnet werden. Viele haben versucht, ihnen einen Namen beizulegen, keiner ist haften geblieben; weil die Sache an sich nicht von uns aufgenommen und auch nicht verwendet wurde, widersetzte man sich offensichtlich auch der Bezeichnung. Sehr passend erscheint mir gleichwohl diejenige, die Cicero gebrauchte: er nennt sie ‚Wortklauberei'.

(2) Jeder, der sich ihnen gewidmet hat, denkt sich zwar spitzfindige kleine Fragen aus, für sein Leben gewinnt er aber nichts: er wird weder mutiger, noch maßvoller, noch edler. Aber derjenige, der die Philosophie als angemessenes Heilmittel ausgebildet hat, wird überaus groß im Geiste, voll des Selbstvertrauens, [und] unüberwindlich und größer für den, der sich ihm nähert.

(3) Denn dieses geschieht bei hohen Bergen, die den Betrachtern von ferne weniger hoch erscheinen: wenn man sich nähert, dann wird offenbar, in welch steiler Höhe sich die Gipfel befinden. Von solcher Art, aufgrund von Taten, nicht aufgrund von Kunstgriffen, ist auch der wahre Philosoph, mein Lucilius. Er steht auf einer Anhöhe, bewundernswert, hervorragend, von wahrhaftiger Größe; er erhebt sich nicht auf die Sohlen und geht auch nicht auf den Spitzen seiner Zehen umher nach Art derer, die durch Täuschung dem Wuchs nachhelfen und größer erscheinen wollen, als sie es sind; er ist mit seiner Größe zufrieden.

(4) Warum sollte er nicht damit zufrieden sein, bis dahin aufgestiegen zu sein, wohin die Hand des Schicksals nicht reicht? Er steht also über den menschlichen Geschicken und bleibt sich gleich bei jedem Stand der Dinge, sei es, dass sein Leben auf günstigem Kurs vorankommt, sei es, dass

es auf den Wogen umhertreibt und Widrigkeiten und Schwierigkeiten durchläuft: eine solche Standhaftigkeit können diese Wortklaubereien, über die ich vor kurzem gesprochen habe, nicht gewähren. Der Geist vertreibt sich die Zeit mit ihnen, er macht keine Fortschritte, und er führt die Philosophie zurück vom Gipfel in die Ebene.

(5) Ich werde dich nicht davon abhalten, solche [Themen] zuweilen zu behandeln, aber [nur] dann, wenn du [sonst] nichts vor hast. Freilich haben sie dieses äußerst Schlechte an sich: aus ihnen geht ein gewisser Reiz hervor und sie fesseln den verführten Geist durch den Anschein von Scharfsinn und sie halten ihn auf, während eine so große Menge an Ereignissen ihn herausfordert, während das ganze Leben kaum ausreicht, um dieses eine zu lernen: das Leben geringzuschätzen. „Wie du es beherrschen sollst?", fragst du. Das ist die zweite Aufgabe; denn niemand beherrschte [das Leben] gehörig, außer demjenigen, der es gleichgültig hingenommen hatte. Lebe wohl.

---

## Buch 19 – Brief 112

Seneca grüßt seinen Lucilius,

(1) Ich wünsche wahrhaftig, dass dein Freund unterwiesen und, wie du es ersehnst, ausgebildet wird, aber er ist sehr hart zu fassen, ja vielmehr, was beschwerlicher ist, er ist sehr schlüpfrig zu fassen und aufgrund schlechter und langjähriger Gewohnheit entmutigt. Ich will dir [dazu] aus unserer Kunstfertigkeit ein Beispiel anführen.

(2) Nicht jede Weinrebe gestattet das Pfropfen: wenn sie alt und aufgezehrt, wenn sie geschwächt und dünn ist, wird sie entweder das Pfropfreis nicht annehmen oder es nicht nähren, und sie wird sich weder mit ihm verbinden noch in seine Beschaffenheit und sein Äußeres übergehen. Wir schneiden sie daher gewöhnlich oberhalb der Erdbodens an, damit man, wenn [das Pfropfreis] nicht anschlägt, sein Glück ein zweites Mal versuchen, und es beim erneuten Versuch noch einmal unterhalb des Erdbodens hineingesteckt werden kann.

(3) Der, von dem du mir schreibst und den du mir anempfiehlst, besitzt keine Stärke: er hat sich seinen Verfehlungen hingegeben. Er ist gleichzeitig welk und hart geworden; er kann nicht Vernunft annehmen, er kann sie nicht nähren. „Aber er wünscht es doch selbst." Glaub das nicht. Ich behaupte nicht, dass er dich anlügt: er glaubt, dass er es sich wünscht. Die Genusssucht hat seinen Unwillen erregt: er wird sich schnell mit ihr aussöhnen.

(4) „Aber er hat gesagt, dass er aufgrund seiner Lebensweise verstimmt wird." Das gebe ich gerne zu; denn wer wird [davon] nicht verstimmt? Die Menschen lieben und hassen ihr Leben zugleich. Wir werden also dann ein Urteil über ihn fällen, wenn er uns glaubhaft gemacht hat, dass

ihm sein ausschweifendes Leben bereits verhasst ist: im Augenblick besteht nur ein schlechtes Verhältnis [zwischen ihnen]. Lebe wohl.

———

# Buch 19 – Brief 113

Seneca grüßt seinen Lucilius,

(1) Du wünschst, dass ich dir schreibe, was ich über diese zur Zeit der Unsrigen wiederholt aufgeworfene Frage denke, ob die Gerechtigkeit, die Tapferkeit, die Klugheit und die übrigen Tugenden Lebewesen sind. Mit solchem Scharfsinn, wertester Lucilius, haben wir es zuwege gebracht, dass wir inmitten dieser unnützen Dinge unseren Geist zu üben und unsere Freizeit mit Erörterungen zu vertreiben glaubten. Ich werde tun, was du wünschst, und darlegen, was die Ansicht der Unsrigen ist; aber ich gestehe, dass ich [dazu] eine andere Meinung habe. Ich denke, dass es manches gibt, das [nur] denen mit weißen Schuhen und griechischem Mantel gut ansteht. Was es also ist, das die Vorväter geistig bewegt hat, beziehungsweise was es ist, das die Vorväter angeregt haben, werde ich [dir] sagen.

(2) Fest steht, dass die Seele ein Lebewesen ist, weil gerade sie bewirkt, dass wir Lebewesen sind, weil die Lebewesen ihren Namen von ihr herleiten; die Tugend jedoch ist nichts anderes als eine Seele, die sich auf eine gewisse Art und Weise verhält; also ist sie ein Lebewesen. Sodann setzt die Tugend etwas in Bewegung; ohne ein drängendes Verlangen kann jedoch nichts in Bewegung gesetzt werden; wenn sie ein drängendes Verlangen in sich trägt, die nur ein Lebewesen besitzt, ist sie ein Lebewesen.

(3) „Wenn die Tugend ein Lebewesen ist", wird man sagen, „besitzt sie selbst Tugend." Warum sollte sie sich nicht selbst innehaben? Wie der Weise alles mit Hilfe der Tugend vollbringt, so die Tugend durch sich selbst. „Also", so fährt man fort, „sind auch alle Kunstfertigkeiten Lebewesen, und alles, was wir denken und was wir mit unserem Geist erfassen. Daraus folgt, dass viele tausend Lebewesen in dieser Enge des Verstandes sich aufhalten und jeder Einzelne aus vielen Lebewesen besteht oder wir

viele Lebewesen in uns haben." Du fragst, was man darauf antworten soll? Jede Einzelne von diesen wird ein Lebewesen sein: viele Lebewesen werden es [aber] nicht sein. Warum? Ich werde es ausführen, wenn du mir deinen Scharfsinn und deine Aufmerksamkeit widmest.

(4) Jedes einzelne Lebewesen muss notwendig ein Einziges enthalten; sie alle haben eine einzige Seele; daher sind sie imstande, jeweils Einzelne zu sein, können nicht viele sein. Ich bin sowohl ein Lebewesen als auch ein Mensch, trotzdem wirst du nicht behaupten, dass wir zwei [Lebewesen] sind. Warum? Weil sie getrennt sein müssten. Also sage ich: das eine muss vom anderen getrennt sein, damit es zwei sind. Alles, was vielfach in einem Einzigen existiert, wird einem einzigen Wesen unterworfen; deshalb ist es ein Einziges.

(5) Meine Seele ist ein Lebewesen und auch ich bin ein Lebewesen, dennoch sind wir nicht zwei [Wesen]. Warum? Weil die Seele ein Teil von mir ist. Etwas wird dann für sich allein gezählt, wenn es für sich allein besteht; wenn es jedoch Teil eines anderen ist, wird man es nicht als verschieden ansehen können. Warum? Ich will es dir sagen: weil das, was verschieden ist, ein Eigenes sein muss – sowohl beständig als auch ungeteilt und in sich vollendet.

(6) Ich habe zugegeben, dass ich anderer Meinung bin; denn wenn man ein solches annimmt, werden nicht nur die Tugenden Lebewesen sein, sondern auch die ihnen entgegengesetzten schlechten Eigenschaften und Begierden wie Zorn, Furcht, Trauer [und] Argwohn. Über diese hinaus wird es weitergehen: alle Meinungen, alle Überlegungen werden [gleichfalls] Lebewesen sein. Deshalb darf man [solches] keinesfalls annehmen; nicht alles nämlich, was von einem Menschen hervorgebracht wird, ist ein Mensch.

(7) „Gerechtigkeit, was ist das?", wird gefragt. Die Seele, die sich auf eine gewisse Art und Weise verhält. „Wenn also die Seele ein Lebewesen ist, [ist es] auch die Gerechtigkeit." Keineswegs; diese ist nämlich ein Zustand und eine gewisse Wirkkraft der Seele. Ein und dieselbe Seele wandelt sich in verschiedene Erscheinungsformen und sie ist nicht ebenso oft ein anderes Lebewesen, wie sie etwas anderes hervorbringt; und auch nicht ein jedes, das durch die Seele veranlasst wird, ist ein Lebewesen.

(8) Wenn die Gerechtigkeit ein Lebewesen ist, wenn es die Tapferkeit [ist], wenn es die anderen Tugenden [sind], geben sie es von Zeit zu Zeit auf, ein Lebewesen zu sein? Oder schicken sie sich erneut dazu an? Oder sind sie es immer? Tugenden können kein Ende nehmen. Folglich halten sich viele, ja sogar unzählige Lebewesen in dieser Seele auf.

(9) „Es sind nicht viele", sagt man, „weil sie an der einen [Seele] gebunden und Teile und Glieder der Einen sind." Wir stellen uns die Erscheinungsform der Seele also so vor wie die einer Hydra, die viele Köpfe hat, von denen jeder einzelne für sich allein kämpft, für sich allein Unheil anrichtet. Aber keiner von diesen Köpfen ist ein Lebewesen, sondern der Kopf eines Lebewesens: an sich ist sie aber ein einziges Lebewesen. Niemand hat behauptet, dass der Löwe oder die Schlange an der Chimäre ein Lebewesen ist. Sie waren Teile von ihr; Teilstücke sind aber keine Lebewesen.

(10) Welchen Grund gibt es also dafür zu folgern, dass die Gerechtigkeit ein Lebewesen ist? „Sie bewirkt etwas", wird erwidert, „und sie ist nützlich; weil sie aber etwas bewirkt und nützlich ist, hat sie ein drängendes Verlangen; weil sie aber ein drängendes Verlangen hat, ist sie ein Lebewesen." Gesetzt den Fall, dass sie ein drängendes Verlangen hat, ist das richtig; ein eigenes hat sie aber nicht, sondern das der Seele.

(11) Solange bis es stirbt, ist jedes Lebewesen so beschaffen, wie es seinen Anfang nahm: solange bis er stirbt, ist der Mensch ein Mensch, das Pferd ein Pferd, der Hund ein Hund; er kann nicht in ein anderes übergehen. Die Gerechtigkeit, das heißt die Seele, die sich auf eine gewisse Art und Weise verhält, ist ein Lebewesen. Lass uns das für wahr halten: sodann ist die Tapferkeit ein Lebewesen, das heißt die Seele, die sich auf eine gewisse Art und Weise verhält. Welche Seele? Jene, die gerade erst als Gerechtigkeit existierte? Sie wird im vorherigen Lebewesen festgehalten, es ist ihr nicht möglich, in ein anderes Lebewesen überzugehen; sie muss in demjenigen verweilen, in dem sie erstmals zu existieren begann.

(12) Außerdem kann die Seele nicht [gleichzeitig] ein Lebewesen beider sein, viel weniger die von vielen. Wenn Gerechtigkeit, Tapferkeit, Selbstbeherrschung und die übrigen Tugenden Lebewesen sind, wie können sie eine einzige Seele haben? Sie müssen jeweils eine einzelne haben oder sie sind nicht Lebewesen.

(13) Ein einziger Körper kann nicht vielen Lebewesen gehören. Das geben sie auch selbst zu. Welchen Körper hat die Gerechtigkeit? ‚Die Seele.‘ Wie? Welchen Körper hat die Tapferkeit? ‚Dieselbe Seele.‘ Aber ein einziger Körper kann nicht zu zwei Lebewesen gehören.

(14) „Aber ein und derselbe Geist," wird entgegnet", nimmt die Beschaffenheit der Gerechtigkeit, [und] der Tapferkeit und der Selbstbeherrschung an." Dieses könnte geschehen, wenn zu der Zeit, in der die Gerechtigkeit vorhanden ist, die Tapferkeit nicht da wäre, zu der Zeit, in der die Tapferkeit vorhanden ist, die Selbstbeherrschung nicht da wäre; so aber sind alle Tugenden zugleich vorhanden. Wie also können die jeweils einzelnen [Tugenden] als Lebewesen vorhanden sein, wenn es eine einzige Seele gibt, die nicht mehr als ein einziges Lebewesen zustande bringen kann?

(15) Schließlich ist kein Lebewesen Teil eines anderen Lebewesens; die Gerechtigkeit jedoch ist Teil der Seele; also ist sie nicht Lebewesen.

Es scheint mir, dass ich Arbeit auf eine als zweifelsfrei erwiesene Sache vergeude; man muss sich eher darüber entrüsten als darüber diskutieren. Kein Lebewesen ist einem anderen gleich. Betrachte ringsum von allen die Körper: jeder hat sowohl eine charakteristische Farbe als auch eine bestimmte Form und Größe.

(16) Ich meine, dass neben den übrigen Dingen, die typisch sind für die bewundernswerte Phantasie eines göttlichen Schöpfers, auch das gehört, dass er bei einer so großen Fülle an Erscheinungen niemals auf dasselbe verfallen ist; auch diejenigen, die ähnlich erscheinen, sind unterschiedlich, wenn man sie einem [genauen] Vergleich unterzieht. So viele Arten von Blättern hat er erschaffen: ein jedes mit einer bestimmten Eigentümlichkeit gekennzeichnet; so viele Lebewesen: keines stimmt von der Größe mit einem anderen überein, wenigstens in etwas unterscheidet es sich. Er hat von sich selbst eingefordert, dass das, was ein anderes ist, sowohl unähnlich als auch ungleich sein soll. Die Tugenden sind, wir ihr sagt, alle gleich; also sind sie nicht Lebewesen.

(17) Jedes Lebewesen handelt aus sich heraus; die Tugend aber handelt nichts aus sich heraus, sondern [nur] unter der Mitwirkung eines Menschen. Alle Lebewesen sind entweder vernunftbegabt wie die Menschen, wie die Götter, oder unvernünftig wie die wilden Tiere, wie das Vieh; die Tugenden sind durchaus vernünftig; sie sind nun aber weder Menschen noch Götter; also sind sie nicht Lebewesen.

(18) Jedes vernunftbegabte Lebewesen handelt nur, wenn es durch die Vorstellung von irgendeiner Sache gereizt wurde, es hierauf einen Antrieb empfangen, sodann seine Zustimmung zu diesem Antrieb bestätigt hat. Wie sich die Zustimmung äußert, will ich dir sagen. Es ist nötig zu reisen:

ich werde erst dann reisen, wenn ich mir dies zugesagt habe und diese meine Meinung gebilligt habe; es ist nötig zu verweilen: dann endlich verweile ich. Bei der Tugend liegt diese Zustimmung nicht vor.

(19) Denn stell dir vor, es sei Lebensklugheit vorhanden: wie wird sie beipflichten, „dass ich verweilen muss?" Die Natur gestattet es nicht. Die Lebensklugheit allerdings sorgt vor für den, der sie besitzt, nicht für sich selbst; denn sie [an sich] kann weder reisen noch verweilen. Folglich gewährt sie keine Zustimmung; was keine Zustimmung gewährt, ist kein vernunftbegabtes Lebewesen. Wenn die Tugend vernunftbegabt ist, ist sie ein Lebewesen; sie ist jedoch nicht vernunftbegabt, demnach ist sie auch kein Lebewesen.

(20) Wenn die Tugend ein Lebewesen ist, jedes Gut jedoch eine Tugend ist, [dann] ist jedes Gut ein Lebewesen. Das geben die Unsrigen zu. Auf den Vater acht zu geben, ist ein Gut, und klug im Senat abzustimmen, ist ein Gut, und gerecht zu urteilen, ist ein Gut; folglich ist sowohl auf den Vater acht zu geben als auch klug abzustimmen ein Lebewesen. In einem fort wird das so weit getrieben, dass man ein Lachen nicht unterdrücken kann: klug zu schweigen, ist ein Gut, *** zu essen, ist ein Gut; also ist sowohl zu schweigen als auch zu essen ein Gut.

(21) Ich kann nicht aufhören, zu sticheln und mit diesen scharfsinnigen Albernheiten mein Spiel zu treiben. Die Gerechtigkeit und die Tapferkeit gehören, wenn sie Lebewesen sind, zu den irdischen Wesen; jedes irdische Lebewesen friert, hungert, dürstet; also friert die Gerechtigkeit, hungert die Tapferkeit, dürstet die Gnade.

(22) Wie nun aber? Werde ich jene nicht fragen, welche Gestalt diese Lebewesen haben können? Die eines Menschen oder eines Pferdes oder eines wilden Tieres? Wenn sie ihnen eine runde [Gestalt] gewähren so wie einem Gott, werde ich fragen, ob vielleicht auch die Habgier und die Ge-

nussucht und die Gnade rund sind; denn sie sind gleichfalls Lebewesen. Wenn sie auch diese rund machen, werde ich außerdem fragen, ob kluges Auf- und Abgehen ein Lebewesen ist. Sie müssen es wohl eingestehen, daraufhin würden sie behaupten, dass das Auf- und Abgehen ein Lebewesen ist, und zwar ein rundes.

(23) Damit du aber nicht glaubst, dass ich als erster der Unsrigen nicht gemäß dem Vorgeschriebenen rede, sondern eine eigene Meinung habe: Kleanthes und sein Schüler Chrysipp sind nicht darin übereinkommen, was das Auf- und Abgehen ist. Kleanthes behauptet, dass es der Lebensgeist ist, der vom herrschenden Teil [der Seele] bis in die Füße geleitet wurde, Chrysipp, dass es der herrschende Teil [der Seele] selbst ist. Welchen Grund gibt es also, warum sich nicht jeder nach dem Vorbild Chrysipps persönlich in Freiheit setzen und diese so vielen Lebewesen, wie sie die Welt selbst nicht fassen kann, lächerlich machen soll?

(24) „Die Tugenden", sagt er, „sind nicht viele Lebewesen, und doch sind sie Lebewesen. Denn so wie jemand sowohl Dichter als auch Redner ist, und trotzdem eine einzige [Person], so sind diese Tugenden Lebewesen, aber [sind] nicht viele. Es ist ein und dieselbe Seele und zwar eine gerechte und kluge und tapfere Seele, die hinsichtlich der einzelnen Tugenden eine gewisse Beschaffenheit aufweist."

(25) Nachdem *** beiseite geräumt wurde, sind wir uns einig. Denn auch ich gestehe einstweilen zu, dass die Seele ein Lebewesen ist, später wird sich zeigen, welches Urteil ich in dieser Angelegenheit fälle: ich bestreite, dass ihre Handlungen Lebewesen sind. Andernfalls würden sowohl alle Aussagen als auch alle Verse Lebewesen sein. Denn wenn eine kluge Äußerung ein Gut ist, jedes Gut aber ein Lebewesen [ist], ist jede Äußerung ein Lebewesen. Ein kluger Vers ist ein Gut, jedes Gut aber ein Lebewesen; ein Vers ist also ein Lebewesen. Daher ist

ein Lebewesen, das man [nur] nicht rund nennen kann, weil es sechs Versfüße hat.

(26) „Wahrhaftig", sagst du, „ein Spinnennetz [ist] dieses Ganze, das eben jetzt behandelt wird." Ich platze vor Lachen, wenn ich mir vorstelle, dass der Solözismus und der Barbarismus und der Syllogismus Lebewesen sind, und ich ihnen wie ein Maler eine geeignete äußere Gestalt zuweise. Setzen wir uns mit hochgezogenen Augenbrauen damit auseinander? Mit Falten auf der Stirn? Ich vermag an dieser Stelle nicht jene [Worte] des Caecilius vorbringen: „Ach, [welch] traurige Albernheiten!" Sie sind lächerlich.

Warum erörtern wir also nicht lieber etwas für uns Nützliches und Heilsames und untersuchen, wie wir zu den Tugenden gelangen können, welcher Weg uns zu ihnen hinführt.

(27) Lehre mich [also] nicht, ob die Tapferkeit ein Lebewesen ist, sondern dass kein Lebewesen ohne Tapferkeit glücklich ist, wenn es nicht gegen schicksalhafte Ereignisse an Kraft gewonnen und jeden Unglücksfall, eher er ihn erleidet, im voraus gebändigt hat. Was ist Tapferkeit? Das unüberwindliche Bollwerk des menschlichen Geistes, weshalb derjenige, der sich mit ihm umgeben hat, unbeeindruckt in diesem Belagerungszustand des Lebens aushält; er bedient sich nämlich seiner eigenen Kräfte, seiner eigenen Waffen.

(28) An dieser Stelle will ich dich an einen Denkspruch unseres Poseidonios erinnern: „Es gibt keinen Grund zu glauben, dass du jemals vor den Waffen des Schicksals sicher bist: kämpfe mit den deinigen. Gegen sich selbst bewaffnet [dich] das Schicksal nicht; daher ist man gegen Feinde gerüstet, ihm selbst gegenüber wehrlos."

(29) Alexander hat zwar die Perser, [und] die Hyrkaner, [und] die Inder und alle Volksstämme, welche der Osten sich bis zum Ozean ausdehnen ließ, vernichtend geschlagen und vertrieben, er selbst aber ist bald nach der Ermordung, bald nach dem Verlust eines Freundes in Finsternis versunken, das eine Mal das Verbrechen, das andere Mal den Gegenstand seiner Sehnsucht betrauernd, ein Sieger über so viele Könige und Völker, der dem Zorn und der Traurigkeit unterliegt; denn dazu hatte er es gebracht, dass er alles lieber in seiner Macht hielt als seine Leidenschaft.

(30) Ach, von welch großen Irrtümern werden Menschen erfüllt, die das Recht zu herrschen über die Meere hinaus zu erstrecken wünschen und sich für die Glücklichsten halten, wenn sie viele Provinzen mit ihrem Heer besetzt halten und neue an die schon bestehenden angliedern, nicht wissend, was für ein ungeheures, den Göttern gleiches Reich dieses hier ist: die mächtigste Herrschaft besteht darin, über sich selbst zu herrschen.

(31) Er sollte mich lehren, welch ehrwürdige Sache eine Gerechtigkeit ist, die für andere das Beste beabsichtigt, die nichts von sich fordert außer der eigenen Nützlichkeit. Mit Ehrgeiz und Ruhm möge sie nichts zu tun haben: sie sollte mit sich selbst zufrieden sein. Vor allem hiervon überzeuge sich jeder: es ist nötig, dass ich ohne Lohn gerecht bin. Das ist nicht genug. Von dem hier überzeuge er sich: es sollte mir Freude bereiten, mich für diese so vortreffliche Tugend sogar noch aufzuopfern; das ganze Denken sollte persönlichen Vergünstigungen gegenüber so weit wie möglich abgeneigt sein. Es gibt keinen Grund, einen Lohn für eine gerechte Tat anzustreben: der höhere [Lohn] liegt in der Gerechtigkeit selbst.

(32) Präge dir noch das ein, was ich kurz vorher gesagt habe, dass es nichts zur Sache tut, wie viele deinen Sinn für Recht und Billigkeit bemerken. Derjenige, der seine Tugend öffentlich zeigen will, müht sich nicht für die Tugend ab, sondern für den Ruhm. Wünschst du [dir] nicht gerecht zu sein ohne den Ruhm? Aber, wahrhaftig, oft wirst du von

Schande begleitet gerecht sein müssen, und dann sollte dich, wenn du weise bist, der schlechte Ruf erfreuen, den du dir tugendhaft erworben hast. Lebe wohl.

———

# Buch 19 – Brief 114

Seneca grüßt seinen Lucilius,

(1) Du fragst, warum zu gewissen Zeiten eine schlechte Redeweise aufkommen und wie die Neigung kluger Köpfe zu gewissen Verfehlungen geweckt werden konnte, so dass manchmal eine aufgeblähte, manchmal eine abgehackte Darstellungweise in Ansehen stand und nach Art eines Sprechgesangs aufgeführt wurde; warum bald kühne und über [jede] Gewissheit hinausgehende Gedanken Gefallen finden konnten, bald abgerissene und Argwohn erregende Gedanken, bei denen sich eher etwas hätte gedacht als herausgehört werden musste; warum es irgendein Zeitalter gab, das sich schamlos des Rechts einer bildhaften Sprache bediente. Es gibt ein Grund für das, was du allgemein zu hören pflegst, was bei den Griechen zum Sprichwort geworden ist: so wie die Menschen gesprochen haben, so war ihr Leben.

(2) Wie aber das Handeln eines Einzelnen seiner Sprechweise ähnlich ist, so bildet die Sprechweise zuweilen die öffentlichen Sitten nach, wenn nämlich die Manneszucht eines Staates gelitten und man sich den Vergnügungen hingegeben hat. Die Zügellosigkeit der Rede ist der Beweis für eine allgemeine Genussucht, wenn sie nicht bei dem einen oder anderen vorhanden ist, sondern wenn sie anerkannt und gebilligt worden ist.

(3) Der Geist kann nicht den einen, die Seele einen anderen Charakter besitzen. Wenn sie gesund, wenn sie wohlgeordnet, besonnen, [und] maßvoll ist, ist auch der Geist nüchtern und verständig: ist jene verdorben, wird auch dieser vergiftet. Bemerkst du nicht, dass, wenn die Seele ermattet, die Glieder hinter sich hergezogen werden und die Füße sich langsam bewegen? Dass, wenn sie verweichlicht wurde, eine Verweichlichung selbst im Gang zutage tritt? Dass, wenn sie tatkräftig und unerschrocken ist, der Schritt in Schwung gebracht wird? Dass, wenn sie wütend oder, was der

Wut ähnelt, zornig ist, die Bewegung des Körpers gestört ist und man nicht einherschreitet, sondern rasch dahineilt? Um wie viel mehr, denkst du, mag dies dem Geist widerfahren, der vollständig mit der Seele verflochten ist, von ihr geformt wird, ihr gehorcht, [und] daher nach ihrem Gebot trachtet?

(4) Wie Maecenas gelebt hat, ist zu bekannt, als dass man nun erzählen müsste, wie er stolz einherschritt, wie verzärtelt er war, wie [sehr] er sich anderen zu zeigen wünschte, wie wenig er seine Verfehlungen im Verborgen halten wollte. Wie nun also? Ist seine Rede nicht auf gleiche Weise ungebunden gewesen wie er selbst ungegürtet? Sind seine Worte nicht im gleichen Maße auffallend wie seine Lebensweise, wie sein Gefolge, wie sein Wohnsitz, wie seine Ehefrau? Er wäre ein Mann von bedeutendem Charakter gewesen, wenn er nach einem tugendhaften Weg gestrebt hätte, wenn er es nicht vermieden hätte, zur Einsicht zu gelangen, wenn er nicht auch in der Rede ausschweifend gewesen wäre. Du wirst deshalb die schwer verständliche Redegewandtheit eines betrunken Mannes erkennen: sowohl verwirrt als auch voller Ausschweifungen. [Maecenas in: ‚Über seine Lebensweise'].

(5) Was ist unschön klingender als „am Fluss und am Ufer mit belaubten Wäldern"? Sieh wie „sie das Flussbett mit Kähnen durchfurchen und, dem Wasser sich zugewendet, die Gärten aufgeben." Wie bitte? Wenn einer „durch die Haarlocke einer Frau kräuselt und mit den Lippen schnäbelt und zu seufzen beginnt, wie des Waldes Tyrannen mit ermüdetem Nacken umherrasen." „Bei Mahl und Trank forschen und spähen die unversöhnlichen Aufständischen die Häuser aus und vertreiben sie durch die Aussicht auf den Tod." „Den Schutzgeist, kaum Zeuge von seinem Festtag." „Den dünnfädigen Dochten und das knisternde Schrotmehl." „Die Mutter oder die Tochter bekränzen den Altar."

(6) Wenn du dieses von ihm liest, kommt dir nicht sofort in den Sinn, dass er derjenige ist, der immer in schlotternden Tuniken in der Stadt einherging (selbst dann, als er die Pflichten Caesars in dessen Abwesenheit übernommen hat, wurde von dem Ungegürteten der Befehl geholt); dass er derjenige ist, der bei Gericht, auf der Rednerbühne, bei jeder öffentlichen Zusammenkunft auf eine Weise erschienen ist, dass der Kopf mit einem weiten Überwurf umhüllt wurde, wobei die Ohren auf beiden Seiten ausgespart waren, nicht anders, als die entlaufenen Sklaven eines reichen Mannes es gewöhnlich in der Komödie tun; dass er derjenige ist, der damals in den gerade tobenden Bürgerkriegen und der heftig erschütterten und zum Kampf gerüsteten Stadt diese im Gefolge hatte: zwei Eunuchen (gleichwohl mannhafter als er selbst); dass er derjenige ist, der tausendmal eine Ehefrau heimführte, obgleich er nur eine einzige Ehefrau besaß?

(7) Diese so unsinnig aneinandergefügten, so nachlässig hingeworfenen, so gegen alle Gewohnheit eingesetzten Worte zeigen, dass auch die Sitten nicht weniger revolutionär, [und] verkommen und absonderlich waren. Höchstes Lob wurde ihm wegen seiner Milde zuteil: er hielt das Schwert zurück, dem Blutvergießen blieb er fern, und wozu er die Macht hatte, zeigte er durch nichts anders als seine Ungebundenheit. Und selbst diese seine Anerkennung hat er mit diesen Spielereien einer so sehr unnatürlichen Redeweise verdorben; denn es wird offenbar, dass er weichlich war, nicht milde.

(8) Diese Zweideutigkeiten in der Satzstellung, die schrägen Ausdrücke, die seltsamen Gedanken – zwar oft bedeutend, aber kraftlos, wenn sie hervorkommen, machen jedem ohne Unterschied ein dieses deutlich: durch sein allzu großes Glück ist sein Kopf in Unordnung gebracht worden. Dieses pflegt manchmal die Verfehlung eines Menschen, manchmal die Verfehlung einer Zeit zu sein.

(9) Sobald das Glück weithin Überfluss hervorgebracht hat, beginnt man zuerst, die Körperpflege höher wertzuschätzen; hierauf kümmert man sich um den Hausrat; sodann wird die Aufmerksamkeit auf die Häuser selbst gerichtet, damit es sich über die Weite eines Landguts erstreckt, damit die Wände mit dem übers Meer herangeschafften Marmor erstrahlen, damit die Dächer mit Gold gesprenkelt werden, damit die getafelten Decken dem Glanz der Fußböden entsprechen; später wird der Luxus auf die Gastmähler übertragen und dabei durch Neuartiges und einen Wechsel der üblichen Speisefolge eine Empfehlung zu erreichen gesucht, so dass [die Speisen], die gewöhnlich einer Mahlzeit beigegeben sind, zuerst vorgesetzt werden, so dass die [Aufmerksamkeiten], die bei der Ankunft dargereicht wurden, beim Abschied übergeben werden.

(10) Wenn sich der Geist daran gewöhnt hat abzulehnen, was auf Überliefertem beruht, und er Gewohntes für verächtlich hält, sucht er auch in der Rede nach dem, was neuartig ist, und bald holt er wieder altertümliche Worte hervor und verbreitet sie, bald denkt er sich [auch] neue aus oder wandelt sie um, bald, das hat in neueren Zeiten überhandgenommen, wird kühne und häufige Bildsprache als Kultivierung angesehen.

(11) Es gibt diejenigen, die einen Gedanken abbrechen und eine Gunstbezeugung dafür erwarten, wenn der Sinn im Ungewissen bleibt und beim Zuhörer [nur] eine Vermutung darüber aufkommen lässt; es sind diejenigen, die sie zurückhalten und ausdehnen; es sind diejenigen, die keiner [sprachlichen] Verfehlung nahe gekommen sind (wer etwas Großes in Angriff nimmt, muss das nämlich tun), an und für sich aber an der Verfehlung Gefallen finden.

Wo immer du also siehst, dass eine verschrobene Sprache Gefallen findet, sind dort zweifelsohne auch die Sitten vom rechten Weg abgekommen. Wie die Prunkliebe bei Gastmählern und bei Gewändern Anzeichen einer zerrütteten Bürgerschaft sind, so offenbart eine Willkür in der Sprache, wenn sie nur häufig anzutreffen ist, dass auch die Seelen niedergesunken sind, von denen die Worte ausgehen.

(12) Du musst dich jedenfalls nicht wundern, dass Entstelltes nicht nur vom gewöhnlichen Zuhörer, sondern auch von dieser kultivierten Menge da aufgenommen wird; sie unterscheiden sich nämlich voneinander durch ihre Toga, nicht durch ihr Urteil. Umso mehr kannst du dich wundern, dass nicht nur Fehlerhaftes, sondern die Fehler [selbst] gerühmt werden. Denn dieses ist von je her geschehen: kein Talent hat ohne Nachsicht Gefallen gefunden. Nenn mir einen Mann von großem Namen nach deiner Wahl: ich werde dir sagen, was seine Zeit ihm verziehen hat, was sie an ihm wissentlich unbeachtet ließ. Ich werde dir viele nennen, denen ihre Fehler nicht geschadet haben, [und] einige, denen sie nützlich waren. Ich will dir, sage ich, welche von höchstem Ansehen nennen und welche, die als bewunderungswürdig vor Augen gestellt wurden, die man auslöscht, wenn einer sie ‚gerade biegt'; denn die schlechten Eigenschaften sind auf eine Weise mit den tugendhaften verbunden, dass sie diese mit sich fortschleppen würden.

(13) Nimm nun hinzu, dass eine Sprache keine feststehenden Regeln hat: der allgemeine Sprachgebrauch in einer Bürgerschaft, der niemals lange derselbe bleibt, ist [eng] mit ihr verflochten. Viele entlehnen Wörter aus einem anderen Zeitalter, sie führen [die Sprache] des Zwölftafelgesetzes im Munde. Ihnen sind Gracchus, Crassus und Curio zu kultiviert und modern, sie kehren immer wieder zu Appius und Coruncanius zurück. Einige [andere] dagegen verfallen dadurch ins Unflätige, dass sie nichts außer Bekanntes und Gebräuchliches vorziehen.

(14) Beides ist auf gegensätzliche Art verkehrt, ebenso wie, bei Herkules, nur glänzende, klingende und poetische [Worte] verwenden zu wollen, notwendige und für den Gebrauch bestimmte [dagegen] zu vermeiden. Ich versichere dir, dass dieser ebenso eine Verfehlung begeht wie jener: der

eine schmückt sich mehr als gehörig heraus, der andere vernachlässigt sich mehr als gehörig; jener enthaart sich auch die Beine, dieser nicht einmal die Achseln.

(15) Lass uns zum Satzgefüge übergehen. Wie viele typische Stile werde ich dir dabei nennen, bei denen ein Fehler gemacht wird? Manche erproben einen schroffen und rohen [Stil]; sie schaffen absichtlich Unruhe, wenn etwas sanft entströmt; sie wollen nicht, dass sich ohne eine stilistische Unebenheit etwas [miteinander] verbindet; sie halten das, was aufgrund seiner Ungleichmäßigkeit das Ohr stutzig macht, für männlich und kraftvoll. Der [Stil] manch anderer beruht nicht auf der Satzstellung, sondern auf der Satzmelodie; so sehr schmeichelt er, so sanft fließt er dahin.

(16) Was soll ich über jenen sagen, bei dem die Worte aufgeschoben werden und, lange erwartet, gerade noch am Ende wieder hervorkommen? Was über jenen am Ende schwerfälligen, welcher typisch für Cicero ist, der sich hinzieht und sanft fesselt, und ganz wie gewohnt seinem Charakter und Maß entspricht. Nicht nur in der Art der Inhalte liegt die Verfehlung, wenn sie nämlich entweder kleinlich und kindisch oder übertrieben und gewagter sind, als es dem gesunden Schamgefühl erlaubt ist, wenn sie blumig und allzu lieblich sind, wenn sie ins Leere laufen und ohne Wirkung nichts mehr als tönen.

(17) Irgendein Einzelner führt diese Verfehlungen herbei, bei dem dann die Kunst der Rede liegt, die übrigen ahmen sie nach und einer gibt sie an den anderen weiter. So galten, während Sallust im Ansehen stand, abgebrochene Gedanken, [und] Worte, die enden, bevor man es wartet, sowie eine unverständliche Kürze als kultiviert. L. Arruntius, ein Mann von seltener Genügsamkeit, der die Geschichte des punischen Kriegs geschrieben hat, war ein Anhänger von Sallust und arbeitete daher auf diesen Stil hin. Bei Sallust heißt es: „Er machte ein Heer mit Silber", das bedeutet, er verschaffte es sich mit Geld. Diesen [Ausdruck] hat Arruntius gleich liebge-

wonnen; er hat ihn auf allen Seiten verwendet. An einer Stelle sagt er: „Er machte den Unsrigen die Flucht", an anderer Stelle: „Hieron, König der Syrakusaner, machte Krieg", und weiter: „Diese Gerüchte machten, dass sich die Bewohner von Panhormus den Römern auslieferten."

(18) Ich wollte dir [nur] eine Kostprobe geben: das ganze Buch ist daraus zusammengesetzt. Das, was bei Sallust vereinzelt vorkam, findet sich bei ihm alle Augenblicke, und das nicht ohne Grund; denn jener ist auf sie gestoßen, dieser hingegen hat sie gesucht. Du erkennst aber, was folgt, wenn eine Verfehlung irgendjemanden als Vorbild dient.

(19) Sallust sagte: „Wenn die Gewässer ihr Winterquartier beziehen". In seinem ersten Buch über den punischen Krieg heißt es bei Arruntius: „Plötzlich hat schlechtes Wetter Quartier bezogen", und an anderer Stelle, als er sagen wollte, dass es das ganze Jahr kalt gewesen ist, schrieb er: „Das ganze Jahr hat der Winter Quartier bezogen", und an einer weiteren Stelle: „Hierauf schickte er, als der Nordwind Quartier bezog, sechzig leichte Transportschiffe nebst Soldaten und den erforderlichen Seeleuten". Er hat nicht aufgehört, diesen Ausdruck in jeden Absatz hineinzustopfen. An irgendeiner Stelle sagt Sallust: „Während er inmitten der Bürgerkriegskämpfe das lobende Urteil eines Gerechten und Tüchtigen suchte." Arruntius hielt sich nicht zurück, sogleich in seinem ersten Buch zu äußern, dass die lobenden Urteile der Menge über Regulus außerordentlich waren.

(20) Dies also und auch Verfehlungen von der Art, welche die Nachahmung irgendeinem beigebracht hat, sind weder Zeichen von Zügellosigkeit noch die eines verdorbenen Geistes; es müssen nämlich individuelle und aus einem selbst hervorgegangene [Verfehlungen] sein, anhand derer man jemandes Leidenschaften einschätzen kann: aufbrausend ist die Rede eines jähzornigen Menschen, allzu aufgeregt die eines beunruhigten, weich und fließend die eines verzärtelten.

(21) Du siehst, dass sich diejenigen solcherlei anschließen, die den Bart entweder entfernen oder hier und da abzupfen, die rasieren, was um die Lippen wächst, und stutzen, was erhalten blieb und was vom übrigen Teil [des Gesichts] lang herabhängt, die übermäßig gefärbte Überwürfe, die eine durchscheinende Toga tragen, die nichts tun wollen, was den Augen der Menschen entgehen könnte: sie reizen sie und ziehen sie auf sich, sie wollen sogar zurechtgewiesen werden, wenn sie [dabei] nur Aufsehen erregen. Von solcher Art ist die Sprache eines Maecenas und aller anderen, die nicht zufällig fehlgehen, sondern wissentlich und mit Absicht.

(22) Dieses rührt aus einer schweren Krankheit des Geistes her: wie beim Wein die Stimme nicht eher stockt, als bis der Verstand seiner Wirkung nachgibt und ihm zugetan oder ausgeliefert ist, so ist diese der Sprache, was nichts anderes ist als eine Trunkenheit, jedem nur peinlich, wenn der Geist im Wanken ist. Er sollte daher behandelt werden: von ihm gehen die Gedanken, von ihm die Worte aus, von ihm die Haltung, die Miene, [und] der Gang. Wenn jener gesund und stark ist, ist auch die Sprache kräftig, kühn, [und] männlich: wenn er in Verfall gerät, folgt alles andere seinem Untergang.

(23) *Ist der König wohlbehalten, sind alle eines Geistes:*
*Mit seiner Entlassung haben sie ihren Treueschwur gebrochen.*

Unser König ist der Geist: ist dieser unverletzt, bleiben die übrigen treu, sie dienen, sie gehorchen: wenn er nur etwas ins Wanken geraten ist, zögern sie zugleich. Wenn er jedoch dem Vergnügen nachgegeben hat, sind auch seine Fertigkeiten und sein Tun kraftlos, und träge und schlaff ist jede Unternehmung.

(24) Nachdem ich mich dieser Analogie bedient habe, will ich sie fortführen. Unser Geist ist bald König, bald Tyrann: König, wenn er die sittlich guten Dinge erblickt, [wenn] er für die Gesundheit des ihm anvertrauten

Körpers sorgt und ihm nichts Schändliches, nichts Schimpfliches aufträgt; sobald er unbeherrscht, gierig, genusssüchtig ist, verwandelt er sich in eine verabscheuenswerte und grausame Person und wird zum Tyrann. Dann nehmen ihn seine maßlosen Begierden in Beschlag und bestürmen ihn mit Forderungen; anfangs findet er zwar Gefallen, wie gewöhnlich das Volk, wenn es von schädlicher Spende vergeblich gesättigt auch das antastet, was es nicht verschlingen kann;

(25) wenn die Krankheit seine Stärke jedoch immer weiter aufgezehrt hat und Komfort und Luxus in Mark und Nerven eingedrungen sind, bringt ihm der Anblick von dem Freude, was er durch allzu große Gier für sich überflüssig gemacht hat, [und] er betrachtet das Schauspiel anderer als seine eigenen Freuden, [ist] Helfershelfer und Zeuge von Ausschweifungen, deren Freude er sich beraubt hat, indem er sich in sie hineinbegab. Und Ergötzliches ist ihm nicht so willkommen wie schmerzlich, weil er all das, was vorbereitet wurde, nicht durch Kehle und Magen gehen lassen, weil er es nicht mit der ganzen Schar der Lustknaben und Frauen treiben [kann], und er betrauert, dass, durch die Beschränktheit des Körpers ausgeschlossen, ein Teil seines Glücks brachliegt.

(26) Liegt darin etwa keine Verblendung, mein Lucilius, dass niemand von uns sich für sterblich, dass niemand sich für schwach hält? Ja sogar, dass niemand von uns bedenkt, [nur] ein Einziger zu sein? Schau dir unsere Küchen an und die zwischen so vielen Herden hin und her laufenden Köche: glaubst du, dass man für nur einen Magen Sorge trägt, dem unter so großem Trubel die Speise zubereitet wird? Schau dir unsere Vorräte alten Weins an und die mit den Weinernten vieler Zeitalter gefüllten Lager: glaubst du, dass man für nur einen Magen Sorge trägt, für den die Weine so vieler Jahrgänge und Gegenden verschlossen werden? Schau dir an, an wie vielen Ort die Erde [mit dem Pflug] gewendet wird, wie viele tausend Bauern sie durchfurchen, wie viele sie umgraben: glaubst du, dass man für

nur einen Magen Sorge trägt, für den sowohl in Sizilien als auch in Afrika gepflanzt wird?

(27) Wir werden maßvoll sein und Angemessenes erwünschen, wenn jeder Einzelne [seine Jahre] zählt, zugleich den Leibesumfang misst, [und] erkennt, dass er weder viel noch lange etwas in sich aufnehmen kann. Doch nichts könnte dir zur Mäßigung in allen Angelegenheiten in gleicher Weise nützlich sein, wie das häufige Nachdenken über die Kürze des Lebens und dessen Ungewissheit: was auch immer du tun wirst, denke an den Tod. Lebe wohl.

————

# Buch 19 – Brief 115

Seneca grüßt seinen Lucilius,

(1) Ich möchte nicht, dass du bezüglich deiner Worte und der Satzstellung allzu besorgt bist, mein Lucilius: ich weiß Wichtigeres, um das du dich kümmern solltest. Frag dich, was du schreiben sollst, nicht wie; und selbst das nicht, um es niederzuschreiben, sondern um es zu denken, um dir jenes, was du denkst, stärker anzuheften und gleichsam einzukerben.

(2) Du solltest wissen, dass bei jedem, dessen Sprache dir ängstlich und geschliffen erscheint, auch der Geist mit ebenso geringfügigen Dingen beschäftigt ist. Jener, der bedeutend ist, redet gelassener und unbekümmerter; alles, was er von sich gibt, besitzt mehr Selbstvertrauen als Sorgfalt. Du kennst die übermäßig zurechtgemachten jungen Männer, Bart und Haar glänzend, ganz wie aus dem Schmuckkästchen: von ihnen solltest du nichts Kraftvolles, nichts Echtes erwarten. Die Sprache ist der Schmuck des Geistes; wenn sie gekünstelt, [und] aufgeputzt und affektiert ist, dann offenbart sie, dass auch er nicht aufrichtig ist und etwas Schwaches an sich hat. Geschnörkeltes ist keine männliche Zierde.

(3) Wenn es uns möglich wäre, in den Geist eines bedeutenden Mannes zu blicken, ach, welch herrliche, welch Ehrfurcht gebietende, welch vor Größe und Sanftheit strahlende Erscheinung könnten wir erblicken, wenn hier Gerechtigkeit, dort Tapferkeit, da Mäßigung und Klugheit hervorstrahlten! Über diese hinaus würden Genügsamkeit, [und] Selbstbeherrschung, [und] Toleranz, [und] Freigebigkeit und Zuvorkommenheit sowie das, wer mag es glauben, beim Menschen seltene Gut, die Menschlichkeit, ihren Glanz über ihn verströmen. Dann die Fürsorge begleitet von einem feinen Auftreten und infolge dieser eine außerordentliche Seelengröße, wie viel an Würde, gütige Götter, wie viel an gewichtigem Ernst und an Erhabenheit könnten sie ihm verleihen. Wie groß wäre sein mit Beliebtheit verbunde-

nes Ansehen! Niemand würde es liebenswürdig nennen, wenn nicht zugleich verehrungswürdig.

(4) Wenn irgendjemand diese Erscheinung sehen könnte, erhabener und strahlender als es im Menschlichen gewöhnlich wahrgenommen wird, sollte er etwa nicht innehalten, gleichsam betäubt aufgrund der Begegnung mit einem göttlichen Wesen, und still beten, dass es ihm möglich war, sie zu erblicken, sodann, allein von der Güte des Gesichtsausdrucks herbeigerufen, sie ausgiebig verehren und ihr Dankgebete darbringen, und nachdem die weit hervorragende und über jedes Maß, das wir untereinander zu sehen gewohnt sind, erhabene Erscheinung mit ihren wahrhaft sanften, aber trotzdem mit lebhaftem Feuer glänzenden Augen betrachtet wurde, sollte er hierauf nicht ehrfürchtig und verzückt jenes Wort unseres Vergils ausstoßen?

(5) *Ach, wie nenne ich dich, Jungfrau?*
*Denn du besitzt nicht das Aussehen einer Sterblichen*
*und deine Stimme klingt nicht wie die eines Menschen.*
*Wer immer du auch bist, magst du Glück bringen*
*und lindern unsere Pein.*

Sie wird zur Stelle sein und erquicken, wenn wir sie verehren wollen. Sie wird jedoch nicht durch das Opfern von fetten Stierleibern geehrt, nicht durch als Weihegeschenk aufgehängtes Gold und Silber, nicht durch die in ihren Tempelschatz hineingeschütteten Gaben, sondern durch gottesfürchtiges und tugendhaftes Wollen.

(6) Jeder, behaupte ich, würde sich vor Liebe zu ihr verzehren, wenn es uns glücken könnte, sie zu sehen; dem stehen nun aber viele Dinge im Wege und sie blenden unser Auge entweder durch allzu großen Glanz oder halten es in der Dunkelheit zurück. Aber wenn wir, wie das Sehvermögen der Augen durch manche Heilmittel oft geschärft und wiederhergestellt

wird, den Scharfsinn unseres Geistes auf diese Weise von Hindernissen zu befreien wünschten, werden wir die sittliche Vollkommenheit erkennen können, selbst wenn sie von einem Körper umhüllt ist, selbst wenn Armut ihr entgegensteht, selbst wenn Demut und Schande vor ihr liegen; jene Schönheit, sage ich, mag sie noch so sehr unter Schmutz begraben sein, werden wir deutlich erkennen.

(7) Anderseits werden wir in gleicher Weise die böswillige Gesinnung und die Lethargie eines von Trübsal heimgesuchten Geistes erkennen, auch wenn der helle Glanz des ringsum strahlenden Reichtums uns noch so behindert und den Betrachter hier der trügerische Ruhm der Ehrenämter, dort der von mächtigen Herrschern trifft.

(8) Dann wird es uns möglich sein zu erkennen, dass wir bewundern, was verachtet werden muss, ähnlich den Knaben, für die jede Spielerei einen Wert hat; denn sie ziehen für wenig Geld gekaufte Halsbänder den Eltern und ebenso den Geschwistern vor. Welcher Unterschied besteht also zwischen uns und ihnen, wie Ariston fragt, wenn nicht der, dass wir verrückt geworden sind in Hinsicht auf Gemälde und Statuen, allzu hoch im Preis für ihre Geschmacklosigkeit? Jene erfreuen sich an den eine bunte Vielfalt besitzenden Steinchen, die am Strand gefunden werden, wir uns an der Maserung der gewaltigen Säulen, die, nachdem sie entweder aus den Sandwüsten Ägyptens oder den Einöden Afrikas herangeschleppt wurden, irgendeine Säulenhalle oder einen Speisesaal tragen – groß genug für eine Bürgerschaft.

(9) Wir bewundern Wände, die von feinem Marmor überzogen sind, obwohl wir wissen, wie beschaffen ist, was verborgen wird. Wir täuschen unsere Augen, und wenn wir die Dächer mit Gold bedecken, an was anderem erfreuen wir uns als an der Täuschung? Wir wissen nämlich, dass sich unter diesem Gold hässliches Holz versteckt. Und nicht nur den Wänden oder den getäfelten Decken setzt man eine dürftige Zierde vor: das Glück

all derer, die du erhaben einherschreiten siehst, ist nur äußerlich schimmernd. Schau genau hin und du wirst erkennen, wie viel Schlechtes unter dieser dünnen Haut des gesellschaftlichen Ansehens liegt.

(10) Seitdem ebendiese Sache, die so viele Amtsträger, die so viele Richter beschäftigt, die sowohl Amtsträger als auch Richter [ins Amt] bringt, das Geld, begonnen hat, im Ansehen zu stehen, ist die echte Wertschätzung der Dinge im Schwinden begriffen, und nachdem wir wechselweise Käufer und Käufliche geworden sind, fragen wir nicht wie irgendetwas beschaffen, sondern wie teuer es ist; für Lohn sind wir gottesfürchtig, für Lohn sind wir gottlos, und wir folgen den sittlich guten Dingen solange ihnen irgendeine Aussicht [auf Lohn] anhaftet, werden [aber] zum Entgegengesetzten übergehen, wenn Freveltaten mehr versprechen.

(11) Die Bewunderung für das Gold und das Silber haben die Eltern bei uns erweckt, und nachdem das Verlangen in die Jugendlichen eingedrungen ist, hat es sich tief festgesetzt und ist mit uns gewachsen. Dann ist das ganze Volk, in anderen Dingen uneins, darin übereingekommen: dieses bewundern sie, dieses wünschen sie den Ihren, dieses weihen sie, wenn sie dankbar erscheinen wollen, den Göttern, gleichsam als Höchstes der irdischen Güter. Kurz: die Sitten sind so weit verfallen, dass Armut zur Schmähung und zur Schande gereicht – von den Reichen verachtet, den Armen verhasst.

(12) Dann kommen die Lieder der Dichter hinzu, die unsere Leidenschaften entzünden, [und] von denen der Reichtum gepriesen wird, als wenn er der einzige Schmuck und die einzige Zierde des Lebens sei. Weder scheinen ihnen die unsterblichen Götter Besseres gewähren zu können, noch zu besitzen.

(13) *Erhaben war der Saal des Sonnengotts auf seinen emporragenden Säulen, leuchtend vom strahlenden Gold.*

Erblicke seinen Wagen:

*Golden war die Achse, golden die Deichsel,*
*golden der Außenrand der Felgen,*
*silbern die Reihe der Speichen.*

Schließlich nennen sie das Zeitalter, von dem sie wollen, dass es als das bedeutendste angesehen wird, das goldene.

(14) Auch bei den griechischen Tragikern mangelt es nicht an solchen, die ihre Rechtschaffenheit, ihre Gesundheit, [und] ihren guten Ruf für einen Gewinn eintauschen würden:

*Lasse zu, mich den Schlechtesten zu nennen,*
*sobald ich nur reich geheißen werde.*

*Ob er reich ist, fragen wir alle, nicht ob er anständig ist.*

*Nicht wodurch und woher, nur nach dem, was du besitzt, fragen sie.*

*Überall galt jeder so viel, wie er hatte.*

*Du fragst, was zu besitzen für uns schändlich sein könnte? Nichts.*

*Ich wünsche, reich zu leben oder arm zu sterben.*

*Ein jeder, der stirbt, während er Reichtum erwirbt, stirbt gut.*

*Geld, gewaltiges Gut des menschlichen Geschlechts,*
*dem nicht die Freude einer Mutter*
*oder eines liebkosenden Kindes gleichkommen kann,*
*nicht dem aufgrund seiner Wohltaten ehrwürdigen Vater;*

*Wenn etwas so lieblich im Blick der Venus funkelt,*
*erregt es mit Recht die Liebe der Götter und der Menschen.*

(15) Nachdem in einer Tragödie des Euripides diese letzten Zeilen vorgetragen wurden, erhob sich das ganze Volk in einer einzigen empörten Aufwallung, um sowohl den Schauspieler als auch die Dichtung auszupfeifen, solange bis Euripides selbst auf die Theaterbühne sprang, darum bittend, dass sie abwarten und zusehen, welches Ende der Bewunderer des Goldes erleidet. Bellerophon hat in jener Tragödie die Strafen erhalten, die jeder in seiner eigenen erhält.

(16) Obgleich sie selbst Strafe genug ist, gibt es nämlich keine Habgier ohne Strafen. Ach, wie viele Tränen, wie viele Anstrengungen fordert sie ein! Wie erbärmlich ist sie in ihren Sehnsüchten, wie erbärmlich in ihren Erwerbungen! Nimm die täglichen Sorgen hinzu, die jeden entsprechend der Größe seines Besitzes quälen. Mit größerer Pein wird das Geld in Besitz gehalten als es erworben wird. Wie viele stöhnen auf unter ihren Verlusten, die hoch ausfallen und als noch höher angesehen werden. Selbst wenn ihnen das Schicksal nichts entreißt, gilt alles, was nicht hinzugewonnen wird, als ein Verlust.

(17) „Aber die Menschen bezeichnen ihn als glücklich und reich und sie machen sich Hoffnung, so viel zu erlangen, wir er besitzt." Das gebe ich zu. Wie nun? Meinst du, dass sich irgendeiner in schlechterer Lage befindet als diejenigen, die sowohl Anstrengungen als auch Missgunst zu erdulden haben? Wenn sich doch diejenigen, die sich Reichtum wünschen wollen, [zuerst] mit den Reichen beratschlagen würden; wenn sich doch diejenigen, die sich um Ehrenämter bewerben wollen, [zuerst] mit den Ehrgeizigen und denen, die den höchsten Ehrenrang erreicht haben, [beratschlagen würden]! Wahrhaftig hätten sie ihre Wünsche geändert, weil jene inzwischen neue hegten, nachdem sie die vorherigen verworfen haben. Denn es gibt keinen, dem sein Erfolg, selbst wenn er im Laufschritt

daherkommt, hinreichend [Besitz] verschaffen könnte; sie klagen sowohl über ihre Pläne als auch über ihre Fortschritte und wollen immer das, was sie hinter sich gelassen haben.

(18) Daher wird dir die Philosophie das zur Verfügung stellen, von dem ich in der Tat glaube, dass es nichts Bedeutenderes gibt: du wirst niemals mit dir selbst unzufrieden sein. An dieses so dauerhafte Glück, das kein Sturm erschüttern kann, werden dich keine geschickt zusammengefügten Worte und keine sanft fließende Rede heranführen: sie mögen dahinströmen, wie sie wollen, wenn der Geist nur seinen Charakter beibehält, wenn er nur in seinen Ansichten groß und furchtlos ist und sich gerade für das gefällt, was den anderen missfällt, der seinen Fortschritt nach seiner Lebensweise einschätzen und er sich nur für einen Wissenden erklären wird, insoweit er keine Leidenschaft empfindet, insoweit er keine Furcht hegt. Lebe wohl.

———

## Buch 19 – Brief 116

Seneca grüßt seinen Lucilius,

(1) Es wird häufig gefragt, ob es besser ist, gemäßigte oder keine Leidenschaften zu haben. Die Unsrigen treiben sie aus, die Peripatetiker mäßigen sie. Ich sehe nicht ein, wie das Maßhalten einer Krankheit für irgendeinen heilsam oder nützlich sein könnte. Hab keine Angst: ich nehme dir nichts von dem, was du dir nicht verweigern lassen willst. Ich werde mich als umgänglich und nachsichtig in den Dingen zeigen, nach denen du strebst und die du entweder für lebensnotwendig oder für nützlich oder für angenehm hältst: ich werde dir deine Verfehlung nehmen. Denn immer wenn ich dir untersage, Leidenschaft zu empfinden, werde ich dir erlauben, sie zu wollen, so dass du eben dasselbe furchtlos, so dass du es in festerer Absicht tust, so dass du dir sogar der Vergnügungen stärker bewusst wirst: warum sollten sie dir nicht im höheren Grade zuteilwerden, wenn du ihnen gebieten anstatt dienen wirst?

(2) „Aber es ist doch natürlich", entgegnest du, „dass ich von der Sehnsucht nach dem Freunde gequält werde: räume den Tränen, die so wohlberechtigt herabfließen, ihr Recht ein. Es ist natürlich, dass ich von den Meinungen der Menschen berührt und durch ungünstige betrübt werde: warum kannst du mir diese so ehrenwerte Furcht vor einer schlechten Meinung nicht gestatten?" Es gibt kein Laster ohne Patronat; jedes ist zu Anfang zurückhaltend und leicht zu erbitten, aber von da an breitet es sich weiter aus. Du wirst nicht durchsetzen, dass es ein Ende nimmt, wenn du zulässt, dass es seinen Anfang nimmt.

(3) Anfangs ist jedes Laster kraftlos; dann treibt es sich selbst an und es erlangt Stärke, während es voranschreitet: leichter wird es ferngehalten als ausgetrieben. Wer bestreitet, dass jedes Laster gewissermaßen von einem natürlichen Ursprung ausgeht? Die Sorge um die Unsrigen hat uns die

Natur auferlegt, aber sobald du ihr zu sehr nachgibst, ist sie eine Verfehlung. Die Natur hat den notwendigen Dingen Genuss beigemischt, nicht um ihn anzustreben, sondern damit dessen Hinzukommen uns die Dinge, ohne die wir nicht leben können, willkommener macht: tritt es als Recht an sich auf, ist es Genusssucht. Also sollten wir denen, die in uns eindringen, Widerstand leisten, weil sie, wie ich sagte, leichter empfangen werden, als sie [uns] verlassen.

(4) „Erlaube mir", sagst du, „bis zu einem gewissen Grade betrübt zu sein, bis zu einem gewissen Grade Angst zu verspüren." Aber dieses ‚bis zu einem gewissen Grade' wird lange ausgedehnt und es findet nicht sein Ende, wenn du es willst. Für den Weisen ist es sicher, ohne unruhige Sorge über sich zu wachen, er wird sowohl seine Tränen als auch seine Leidenschaften zurückhalten, sobald er es will: für uns [dagegen], weil es nicht leicht ist zurückzugehen, ist es das Beste, nicht vorauszugehen.

(5) Auf die Frage von irgendeinem jungen Burschen, ob sich ein Weiser verlieben würde, scheint mir Panaitios geistreich geantwortet zu haben: „Hinsichtlich des Weisen", sagte er, „werden wir [Folgendes] sehen: du und ich, die wir noch immer von einem Weisen weit entfernt sind, dürfen es nicht dazu kommen lassen, dass wir in eine erregte Lage geraten: leidenschaftlich, in der Verfügungsgewalt eines anderen stehend, [und] sich selbst verächtlich. Denn wenn [der Geliebte] auf uns Rücksicht nimmt, werden wir durch seine Freundlichkeit gereizt, oder, wenn er uns zurückweist, durch seinen Hochmut aufgeregt. Die Gefälligkeit der Liebe schadet auf gleiche Weise wie ihre Unleidlichkeit. Wegen der Gefälligkeit wird sie ergriffen, gegen ihre Unleidlichkeit kämpfen wir an. In Kenntnis unserer Schwäche sollten wir deshalb innehalten. Weder sollten wir unsere schwache Seele dem Wein preisgeben noch der Schönheit noch der Schmeichelei noch irgendwelchen verführerisch lockenden Vorteilen.

(6) Was Panaitios auf die Frage zur Liebe geantwortet hat, das behaupte ich über alle Leidenschaften: soweit wir es können, sollten wir von einem schlüpfrig glatten Boden zurücktreten; nicht einmal auf einem trockenen stehen wir fest genug.

(7) Du wirst mir an dieser Stelle jene gewöhnlich gegen die Stoiker gerichtete Äußerung entgegenhalten: „Allzu Großes habt ihr versprochen, allzu Mühsames habt ihr unterrichtet. Wir sind schwache Geschöpfe; wir können uns nicht alles versagen. Wir werden Schmerz empfinden, aber nicht sonderlich großen; wir werden begehren, aber maßvoll, wir werden erzürnen, aber uns besänftigen lassen."

(8) Weißt du, warum wir dazu nicht in der Lage wären? Weil wir nicht glauben, dass wir es können. Aber, bei Herkules, in Wirklichkeit ist es ja anders: wir nehmen unsere Verfehlungen in Schutz, weil wir sie mögen, und wir wollen sie lieber entschuldigen als abschütteln. Die menschliche Natur gewährt genug an Stärke – wenn wir sie nur verwenden würden, wenn wir unsere Kräfte sammeln und sie ganz für uns, doch wenigstens nicht gegen uns aufbieten würden. Das Nichtwollen ist die Ursache, das Nichtkönnen wird vorgeschützt. Lebe wohl.

———

# Buch 19 – Brief 117

Seneca grüßt seinen Lucilius,

(1) Solange bis du es verstanden hast, wirst du mir viel Arbeit machen und mich zu heftigem Streit und Ärger nötigen, wenn du mir solche Fragen auferlegst, in denen ich weder von den Unsrigen abweichen kann, ohne die Freundschaft zu verletzen, noch mit reinem Gewissen zustimmen kann. Du fragst, ob es wahr ist, was die Stoiker meinen, dass die Weisheit ein Gut ist, weise zu sein, kein Gut ist; zuerst werde ich dir darlegen, wie es von den Stoikern gesehen wird; daraufhin werde ich es wagen, meine [eigene] Meinung zu äußern.

(2) Es ist die Ansicht der Unsrigen, dass ein Gut auf einem Körper beruht, weil das, was ein Gut ist, tätig ist, [und] alles, was tätig ist, auf einem Körper beruht. Was ein Gut ist, ist nützlich. Um nützlich zu sein, muss es aber irgendetwas bewirken; wenn es etwas bewirkt, ist es ein Körper. Die Weisheit, sagen sie, ist ein Gut; daraus folgt, dass man sie als körperlich bezeichnen muss.

(3) Sie glauben jedoch, dass weise zu sein, nicht von derselben Beschaffenheit ist. Es ist unkörperlich und anderem, das heißt der Weisheit, noch hinzukommend; daher bewirkt es weder etwas noch ist es nützlich. „Was nun", wird gefragt, „behaupten wir nicht: weise zu sein, ist ein Gut?" Wir behaupten es darauf bezogen, wovon es abhängt, das heißt, auf die Weisheit selbst.

(4) Hör dir an, was von anderen ihnen gegenüber erwidert wird, bevor ich mich [davon] entfernen und auf die andere Seite treten will. „Nach dieser [Denk-]Weise", heißt es, „ist auch glücklich zu leben kein Gut. Ob sie es wollen oder nicht, muss darauf erwidert werden, dass das glückliche Leben ein Gut ist, glücklich zu leben [dagegen] kein Gut ist."

(5) Noch immer wird den Unsrigen auch Folgendes entgegengehalten: „Ihr wollt weise sein; also ist es etwas Erstrebenswertes, weise zu sein; wenn es etwas Erstrebenswertes ist, ist es ein Gut." Die Unsrigen werden gezwungen, ihre Aussage zurechtzubiegen und bei ‚erstreben' eine Silbe einzuschieben, die einzufügen unsere Sprache nicht erlaubt. Ich werde sie, wenn du es gestatten magst, hinzufügen: „Zu erstreben ist", sagen sie, „was ein Gut ist, erstrebbar [ist], was uns zuteil wird, wenn wir ein Gut erlangt haben. Es wird nicht gleichwie ein Gut erstrebt, sondern es kommt dem angestrebten Gut hinzu.

(6) Ich bin nicht derselben Meinung und glaube, dass sich die Unsrigen dazu verstiegen haben, weil sie bereits durch ihre erste Festlegung gebunden werden und es ihnen nicht möglich ist, das Schema zu ändern. Wir sind es gewohnt, viel auf die Vermutung der Menschen in ihrer Gesamtheit zu geben, und es ist für uns ein Beweis der Wahrheit, dass etwas von allen als richtig angesehen wird; dass es Götter gibt, folgern wir unter anderem daraus, dass allen eine Vorstellung von den Götter eingeprägt ist und nirgendwo ein Volk existiert, welches so weit außerhalb der Gesetze und Sitten verbannt wurde, dass es nicht an irgendwelche Götter glaubt. Wenn wir die Unvergänglichkeit der Seelen besprechen, hat die übereinstimmende [Neigung] der Menschen, Bewohner der Unterwelt entweder zu fürchten oder zu verehren, keine geringe Bedeutung bei uns. Ich bediene mich hier einer allgemeinen Überzeugung: du wirst niemanden finden, der nicht sowohl die Weisheit als auch weise zu sein für ein Gut hält.

(7) Ich werde es nicht so machen, wie es die Besiegten gewöhnlich tun, dass ich an das Volk appelliere: wir fangen an, mit unseren eigenen Waffen zu kämpfen. Was irgendeiner Sache zustößt: ob es wohl außerhalb von derjenigen liegt, der es zustößt, oder innerhalb derjenigen, der es zustößt? Wenn es innerhalb derjenigen liegt, der es zustößt, ist es ebenso körperlich wie jene, der es zustößt. Ohne eine Wirkung kann nämlich nichts hinzustoßen; das, was bewirkt, ist ein Körper. Wenn es außerhalb liegt, dann hat

es sich zurückgezogen, nachdem es hinzugestoßen war; was sich zurückgezogen hat, weist Bewegung auf; was Bewegung aufweist, ist ein Körper.

(8) Du erwartest, dass ich behaupten werde, ein Lauf sei nichts anderes, als zu laufen, Wärme nichts anderes, als warm zu sein, Helligkeit nichts anderes, als hell zu sein: ich gebe zu, dass sie etwas anderes sind, aber nicht, dass sie von anderer Art sind. Wenn Gesundheit weder gut noch schlecht ist, ist auch das Gesundsein weder gut noch schlecht; wenn schönes Aussehen weder gut noch schlecht ist, ist es ebenso das Schönsein. Wenn die Gerechtigkeit ein Gut ist, ist es auch das Gerechtsein, wenn Sittenlosigkeit ein Übel ist, dann ist auch das Sittenlossein ein Übel, ebenso, bei Herkules, wie wenn eine Augenentzündung ein Übel ist, es auch ein Übel ist, entzündete Augen zu haben. Damit du es weißt: keines kann ohne das andere sein: wer Weisheit besitzt, ist weise, wer weise ist, besitzt Weisheit. Dass letzteres so beschaffen ist wie ersteres, kann so wenig bezweifelt werden, dass manchen beides als ein und dasselbe erscheint.

(9) Aber ich möchte gerne Folgendes untersuchen: wenn alles Übel oder Güter oder unentschiedene Dinge sind, zu welcher Klasse gehört es [dann], weise zu sein? Sie bestreiten, dass es ein Gut ist; ein Übel ist es gewiss nicht; es folgt, dass es in der Mitte liegt. Dazwischenliegend und unentschieden nennen wir aber das, was ebenso dem Schlechten wie dem Guten zuteil werden kann, zum Beispiel Vermögen, Schönheit, vornehme Abstammung. Dass einer weise ist, das kann nur einem Guten zuteil werden; also ist es nicht unentschieden. Es ist aber auch kein Übel, weil es dem Schlechten nicht zuteil werden kann; also ist es ein Gut. Was nur der Gute besitzt, das ist ein Gut; weise zu sein, wohnt nur dem Guten inne; also ist es ein Gut.

(10) „Es ist etwas", wird gesagt, „das der Weisheit hinzukommt." Das also, was du weise zu sein nennst, bringt die Weisheit hervor oder lässt sie

zu? Sei es, dass es sie hervorbringt, sei es, dass es sie zulässt, in jedem Fall ist es ein Körper; denn sowohl das, was bewirkt wird, als auch das, was bewirkt, ist ein Körper. Wenn es ein Körper ist, ist es ein Gut; es hat ihm nämlich nur das Eine dazu gefehlt, um ein Körper zu sein, dass es unkörperlich war.

(11) Die Peripatetiker sind der Meinung, dass kein Unterschied besteht zwischen der Weisheit und dem Weisesein, weil sich in jedem der beiden auch das andere befinden würde. Meinst du etwa wirklich, dass irgendjemand weise ist, wenn er keine Weisheit besitzt? Glaubst du etwa, dass irgendjemand, der nicht weise ist, Weisheit besitzt?

(12) Die alten Dialektiker haben dieses unterschieden; von ihnen gelangte die Aufteilung bis zu den Stoikern. Ich will dir sagen, wie sie beschaffen ist. Das eine ist der Acker an sich, das andere, den Acker zu besitzen, – wie könnte es anders sein? Da einen Acker zu besitzen doch denjenigen betrifft, der ihn besitzt, nicht den Acker [selbst]. Auf diese Weise ist [auch] die Weisheit eines, weise zu sein, ein anderes. Ich denke, du wirst einräumen, dass es zwei [unterschiedliche] Dinge sind: das, was besessen wird, und derjenige, der besitzt: Weisheit wird besessen, wer weise ist, besitzt sie. Weisheit beruht auf einem vollkommenen oder auf einem zum Höchsten und Besten geführten Geist; es ist nämlich die Kunst des Lebens. Was bedeutet es [folglich], weise zu sein? Ich kann nicht sagen, ein vollkommener Geist‘, sondern das, was demjenigen zuteil wird, der einen vollkommenen Geist besitzt; daher ist ein vortrefflicher Geist das eine, einen vortrefflichen Geist gleichsam zu besitzen das andere.

(13) „Es gibt", sagt man, „natürliche Eigenarten der Körper, so wie dieses ein Mensch ist, dieses ein Pferd; diesen schließen sich dann geistige Tätigkeiten an, die etwas über die Körper aussagen. Sie besitzen eine gewisse Eigentümlichkeit und von Körpern Getrenntes; zum Beispiel sehe ich Cato, der spazieren geht: die Sinneswahrnehmung ließ ihn sehen, der

Geist schenkte dem Glauben. Der Körper ist das, was ich sehe, auf den ich sowohl die Augen als auch den Geist gerichtet habe. Darauf sage ich: ‚Cato geht spazieren'. Es ist nicht der Körper, über den ich jetzt spreche", heißt es weiter, „sondern etwas über den Körper Ausgesagtes, was die einen eine Behauptung nennen, andere einen Ausspruch, wieder andere eine Aussage. So stellen wir uns etwas Körperliches vor, wenn wir von ‚Weisheit' sprechen; wir reden über einen Körper, wenn wir ‚er ist weise' sagen. Es besteht jedoch ein großer Unterschied, ob du etwas benennst, oder über etwas sprichst."

(14) Lass uns augenblicklich annehmen, dass dies zweierlei ist (denn ich trage noch nicht vor, was mir als richtig erscheint): was verhindert, dass es gewiss ein anderes, aber trotzdem ein Gut ist? Ich sagte gerade eben, dass ein Acker das eine ist, einen Acker zu besitzen, das andere. Wie könnte es anders sein? Denn von der einen Wesensart ist derjenige, der besitzt, von einer anderen dasjenige, was besessen wird; letzteres ist das Erdreich, ersteres ein Mensch. Aber in dem Fall, der besprochen wurde, sind beide von derselben Wesensart: sowohl derjenige, der sie besitzt, als auch sie selbst.

(15) Außerdem ist bei jenem das, was besessen wird, eines, derjenige, der besitzt, ein anderes: bei diesem stimmen sowohl das, was besessen wird, als auch derjenige, der besitzt, überein. Der Acker wird aufgrund eines Rechtsanspruchs besessen, die Weisheit dank der Natur; ersterer kann veräußert und auf einen anderen übertragen werden, letztere trennt sich nicht von ihrem Eigentümer. Es gibt also keinen Grund, Verschiedenes miteinander zu vergleichen.

Wie gesagt, sie könnten zweierlei und trotzdem beide ein Gut sein, so wie Weisheit und ein Weiser zweierlei sind und du zugestehst, dass jedes von beiden ein Gut ist. Wie nichts dem entgegensteht, dass sowohl die Weisheit ein Gut ist als auch der Besitzer der Weisheit, so steht [auch] dem nichts entgegen, dass sowohl die Weisheit ein Gut ist als auch die Weisheit zu besitzen, das heißt, weise zu sein.

(16) Ich will deshalb ein Weiser sein, damit ich weise bin. Wie nun? Ist dieses nicht ein Gut, ohne durch das jenes kein Gut ist? Gewiss behauptet ihr, dass die Weisheit nicht angenommen werden darf, wenn sie ohne Gebrauch überlassen würde. Was ist der Gebrauch der Weisheit? Weise zu sein: das ist das Kostbarste an ihr, durch deren Wegnahme wird sie überflüssig gemacht. Wenn Folter ein Übel ist, ist auch das Gefoltertwerden ein Übel, aber nur insoweit, dass es kein Übel ist, wenn man ihm das, was es beabsichtigt, vorenthalten kann. Weisheit ist der Zustand eines vollkommenen Geistes, weise zu sein, der Gebrauch des vollkommenen Geistes: wie kann deren Gebrauch kein Gut sein, die [doch] ohne Gebrauch kein Gut ist?

(17) Ich frage dich, ob man Weisheit erstreben müsse: du gestehst es ein. Ich frage, ob man den Gebrauch der Weisheit erstreben müsse: du gestehst es ein. Du sagst nämlich, dass du sie nicht annehmen wirst, wenn man dich abhielte, sie zu gebrauchen. Was erstrebt werden muss, das ist ein Gut. Weise zu sein, ist der Gebrauch der Weisheit, wie es der der Redegewandtheit ist zu reden, wie es der der Augen ist zu sehen. Weise zu sein, ist also der Gebrauch der Weisheit, der Gebrauch der Weisheit muss nun aber erstrebt werden; folglich muss es [ebenso] erstrebt werden, weise zu sein; wenn es erstrebt werden muss, ist es ein Gut.

(18) Manchmal verurteile ich mich selbst, dass ich jene nachahme, während ich Klage über sie führe und Worte für eine offensichtliche Sache opfere. Wer nämlich kann darüber im Zweifel sein, dass, wenn die Hitze ein Übel ist, auch [vor Hitze] zu glühen ein Übel ist? Wenn die Kälte ein Übel ist, es ein Übel ist zu frieren? Wenn das Leben ein Gut ist, auch zu leben ein Gut ist? All dieses liegt nahe bei der Weisheit, nicht in ihr selbst; wir jedoch müssen in ihr selbst verweilen.

(19) Auch wenn es beliebt, etwas weiter auszugreifen – [die Weisheit] hat ausgedehnte und geräumige Rückzugsorte: wir können nach der Natur der Götter fragen, nach dem Brennstoff der Gestirne, nach dem so unbeständigen Umherlaufen der Sterne, ob aufgrund von deren Bewegungen das Unsrige beeinflusst werden kann, ob von dort für die Körper und Seelen aller [Wesen] ein Anstoß komme, ob auch das, was Zufälligkeit genannt wird, in eine feste Ordnung gebunden und nichts in unserer Welt aus dem Stehgreif und frei von Regeln überdacht werden kann. Dieses liegt bereits entfernt von der Charakterbildung, aber sie erquicken den Geist und heben ihn zur Größe gerade dessen empor, was er überdenkt; das aber, von dem ich kurz vorher gesprochen habe, schwächt und hält ihn nieder, es treibt ihn nicht an, wie ihr meint, sondern es setzt ihn herab.

(20) Ich bitte euch, wir vergeuden die so notwendige, bedeutenderen und besseren Dingen gebührende Sorgfalt an eine möglicherweise unrichtige, doch gewiss unnütze Sache. Was wird es mir von Nutzen sein zu wissen, ob Weisheit das eine ist, das Weisesein ein anderes? Was wird es mir von Nutzen sein zu wissen, dass jenes ein Gut ist, dieses kein Gut ist? Ich werde mich unbesonnen verhalten, werde das Wagnis folgenden Wunsches auf mich nehmen: dir soll Weisheit zuteil werden, mir das Weisesein. Wir werden ebenbürtig sein.

(21) Mach es besser so, dass du mir den Weg aufzeigst, wie ich dorthin gelangen kann. Sag mir, was ich meiden, was ich anstreben soll, mit welchen Beschäftigungen ich einen schwankenden Geist stärke, wie ich das, was mich unvermutet trifft und fortreißt, weit von mir fern halte, wie ich so vielen Übeln gewachsen sein kann, wie ich diese Unglücke, die über mich hereingebrochen sind, abwende, gleichwie jene, in die ich mich gestürzt habe. Lehre mich, wie ich den Kummer ohne mein Klagen, das Glück ohne fremdes Klagen ertrage, wie ich das Letzte und Unvermeidliche nicht erwarte, sondern selbst entfliehe, sobald es [mir] richtig erscheinen wird.

(22) Nichts erscheint mir schändlicher, als sich den Tod zu wünschen. Denn wenn du leben willst, warum wünschst du zu sterben? Oder wenn du es nicht willst, warum bittest du die Götter um das, was sie dir zugestanden haben, als du geboren wurdest? Dass du irgendwann einmal stirbst, ist nämlich auch gegen deinen Willen vorbestimmt, wenngleich, wenn du es willst, er in deiner Hand liegt; das eine ist unausweichlich für dich, das andere steht dir frei.

(23) Das schändlichste Prinzip habe ich in diesen Tagen bei einem wahrhaftig redegewandten Mann gelesen: „Also", sagt er, „möchte ich möglichst bald sterben." Törichter Mensch, du wünschst dir das Deinige. „Also möchte ich möglichst bald sterben." Du bist wohl inmitten dieser Aussprüche ein alter Mann geworden; was hindert dich im Übrigen daran? Niemand hält dich ab: geh hinaus, wie es dir richtig erscheint: wähle ganz nach Belieben einen Teil der Schöpfung aus, welchen du bestimmst, dir dein Hinausgehen zu gewähren. Es gibt natürlich auch die folgenden Elemente, von denen diese Welt geleitet wird: Wasser, Erde, Luft, all diese sind sowohl Ursachen des Lebens als auch Wege zum Tod.

(24) „Also möchte ich möglichst bald sterben": ‚möglichst bald', was meinst du damit? Welchen Tag legst du dafür fest? Das kann schneller geschehen, als du es dir wünschst. Es sind die Worte eines schwächlichen Geistes, der durch dieses Sich-Lossagen auch nach Mitleid trachtet: es will nicht sterben, wer den Wunsch danach äußert. Ersuche die Götter um Leben und Heil: wenn der Beschluss gefasst ist zu sterben, ist dies der Ertrag des Todes, dass man aufhört, einen Wunsch zu äußern.

(25) Diese Dinge sollten wir erörtern, durch diese den Geist ausbilden. Das ist Weisheit, das ist es, weise zu sein, nicht in inhaltslosen kleinen Abhandlungen einen fruchtlosen Scharfsinn zu betreiben. So viele Fragen hat dir das Schicksal gestellt, du hast sie noch enträtselt: schon betreibst du spitzfindige Wortspiele? Wie töricht ist es, in der Luft herum zu ste-

chen, wenn du das Zeichen für einen Kampf empfangen hast. Schaff diese kindischen Waffen weg: es sind entscheidende nötig. Verkünde, dank welcher Überlegung keine Trübsal, keine Furcht den Geist verwirrt, dank welcher Überlegung ich diese Last der verborgenen Leidenschaften ablegen kann. Nach Großem sollte man streben.

(26) „Die Weisheit ist ein Gut, weise zu sein, ist kein Gut": so geschieht es, dass man uns abspricht, weise zu sein, dass unsere ganze Wissenschaft gleichwie eine Beschäftigung mit nutzlosen Dingen verlacht wird.

Was, wenn du wüsstest, dass auch dies gefragt wird: ob künftige Weisheit ein Gut ist? Denn welcher Zweifel besteht darüber, ich bitte dich, dass weder die Lagerhäuser sich einer künftigen Ernte bewusst sind noch das Knabenalter aufgrund [geistiger] Kräfte oder jedweder Körperstärke die Jugend richtig zu beurteilen weiß? Die Gesundheit, die sich künftig einstellen wird, hilft dem Kranken vorerst nichts, ebenso wenig wie einen Läufer oder Ringer das Nichtstun neu belebt, das erst viele Monate später folgt.

(27) Wer weiß nicht, dass etwas, das zukünftig sein wird, eben [deshalb] kein Gut ist, weil es zukünftig sein wird? Denn was ein Gut ist, ist unbedingt nützlich; nur Gegenwärtiges kann [jedoch] nützlich sein. Wenn es nicht nützlich ist, ist es kein Gut; wenn es nützlich ist, ist es schon vorhanden. In Zukunft werde ich weise sein; dies wird ein Gut sein, sobald ich es geworden bin: in der Zwischenzeit ist es das nicht. Zuerst muss etwas vorhanden sein, dann von irgendeiner Beschaffenheit sein.

(28) Ich bitte dich, wie kann etwas, das bis zu diesem Augenblick gar nicht existiert, schon jetzt ein Gut sein? Wie willst du dir aber deutlicher beweisen lassen, das etwas nicht vorhanden ist, als wenn ich sage: „Es wird in der Zukunft existieren?" Es ist nämlich offenkundig, dass das, was eintreten wird, noch nicht eingetreten ist. Der Frühling wird sich einstel-

len: ich weiß, dass es jetzt Winter ist. Der Sommer wird sich einstellen: ich weiß, dass es nicht Sommer ist. Ich halte das für den besten Beweis, dass das noch nicht Gegenwärtige erst künftig existieren wird.

(29) Ich werde weise sein, hoffe ich, aber vorerst bin ich nicht weise; wenn ich jenes Gut besitzen würde, wäre ich bereits frei von Leid. Es liegt in der Zukunft, dass ich weise sein werde: daran kannst du ersehen, dass ich [momentan] noch nicht weise bin. Ich kann nicht gleichzeitig sowohl jenes Gut als auch dieses Übel besitzen; diese zwei Dinge sind nicht vereinbar und bei ein und demselben [Menschen] sind Gut und Übel nicht zugleich vorhanden.

(30) Wir sollten den so kunstfertigen Unfug übergehen und uns eilends zu den Dingen begeben, die uns irgendeine Hilfe bieten. Niemand, der in Sorge um seine gebärende Tochter eine Hebamme kommen lassen will, liest sich eine amtliche Verordnung oder die Reihenfolge der Gladiatorenspiele durch; niemand, der zu seinem brennenden Haus eilt, schaut sich ein Spielbrett an, um in Erfahrung zu bringen, wie ein eingeschlossenes Steinchen entwischen könnte.

(31) Aber, bei Herkules, von überall her wird dir alles Mögliche gemeldet: ein brennendes Haus, eine Gefahr für die Kinder, die Belagerung des Vaterlands und der Raub des Hab und Guts; füge noch Schiffbruch und Erdbeben hinzu und alles andere, das man befürchten kann: gequält inmitten dieser [Nachrichten], hast du nur Zeit für Dinge, die den Geist erheitern? Du fragst, welcher Unterschied zwischen der Weisheit und dem Weisesein besteht? Du knüpfst und löst Knoten, während eine so große Last drohend über deinem Kopfe schwebt.

(32) Die Natur hat uns nicht so reichlich und freigebig Zeit zugestanden, als dass es uns frei stünde, etwas von ihr zu verschwenden. Und sieh, wie viel selbst den Gewissenhaftesten verloren geht: den einen Teil raubt ei-

nem jeden das eigene Leiden, den anderen das der Seinen; den einen nehmen notwendige, den anderen öffentliche Angelegenheiten in Besitz; der
Schlaf teilt mit uns das Leben. Was hilft es uns weiter, den größeren Teil
von dieser so knappen, [und] reißend schnellen und uns dahinraffenden
Zeit ins Leere laufen zu lassen?

(33) Nimm jetzt hinzu, dass sich der Geist daran gewöhnt, sich eher zu
unterhalten, als gesundzumachen, und die Philosophie, obgleich sie ein
Heilmittel ist, zum Vergnügen zu betreiben. Worin der Unterschied zwischen der Weisheit und dem Weisesein besteht, das weiß ich nicht: ich
weiß [aber], dass es für mich keinen Unterschied macht, ob ich es weiß
oder nicht weiß. Sag mir: werde ich weise sein, wenn ich gelernt habe,
worin der Unterschied zwischen der Weisheit und dem Weisesein besteht?
Warum also hältst du mich lieber mit den Bezeichnungen der Weisheit als
mit ihren Werken beschäftigt? Mach mich tapferer, mach mich sorgloser,
mach mich dem Schicksal ebenbürtig, mach mich ihm überlegener. Ich
kann ihm jedoch nur überlegen sein, wenn ich alles, was ich lerne, auf
dieses Ziel hin ausrichte. Lebe wohl.

---

# Buch 20 – Brief 118

Seneca grüßt seinen Lucilius,

(1) Du wünschst, öfter Briefe von mir [zu erhalten]. Lass uns eine Übersicht zusammenstellen: du dürftest nicht [alles] zurückgezahlt haben. Es war ja vereinbart, dass deine [Briefe] die vorangehenden sein sollten: du solltest schreiben, ich antworten. Aber ich werde nicht ärgerlich sein: ich weiß, dass es sicher ist, dir Kredit zu gewähren. Daher werde ich im Voraus zahlen und nicht das tun, was Cicero, der so ausdrucksstarke Mann, Atticus zu tun hieß, dass er nämlich, „selbst wenn er keinen Gesprächsstoff hat, schreiben sollte, was ihm in den Sinn kommt."

(2) Nie kann es an dem fehlen, über das ich schreiben könnte, selbst wenn ich all jenes, das die Briefe Ciceros anfüllt, überginge: welcher Amtsbewerber sich in bedrängter Lage befand; wer mit fremden, wer mit eigenen Mitteln kämpfte; wer das Konsulat im Vertrauen auf Cäsar erstrebte, wer auf Pompeius, wer auf seine Geldkiste; wie hartherzig Caecilius war, der Geldverleiher, von dem [selbst] die Verwandten keinen Sesterz für weniger als ein Prozent herauskriegen konnten. Es ist besser, seine eigenen Laster zu erörtern als die der anderen, sich gründlich zu prüfen und zu erkennen, dass zahlreiche Geschäftsinteressen typisch für einen Bewerber sind, und sich überdies nicht selbst die Stimme zu geben.

(3) Dies hier ist ehrenvoll, mein Lucilius, dies hier gefahrlos und befreiend: nichts anzustreben und all die vom Glück abhängigen Wahlversammlungen nicht wahrzunehmen. Stell dir vor, wie angenehm es ist – während sich die Kandidaten nach Einladung vom Wahlbezirk voller Ungewissheit in ihren abgegrenzten Feldern aufhalten, und der eine Geldstücke verspricht, der andere für eine Mittelsperson handelt, wieder ein anderer die Hand derer wund küsst, denen er nach seiner Ernennung abschlagen wird, ihm die Hand zu geben, [während] alle voller Spannung den Ausruf des

Herolds erwarten – sorglos dazustehen und jenes Geschacher dort zu betrachten und dabei weder irgendetwas zu kaufen noch zu verkaufen?

(4) Wie viel mehr Freude empfindet einer, der nicht nur unbekümmert auf die Wahlen für das Amt des Prätors oder des Konsuls blickt, sondern auch auf jene umfangreichen [Wahlen], bei denen die einen jährliche Ehrenämter anstreben, die anderen lebenslange Stellungen, die einen den erfolgreichen Ausgang des Krieges und Triumphzüge, die anderen Reichtum, die einen Ehefrauen und Kinder, die anderen Gesundheit für sich und die Ihren! Welch großen Geistes Tat ist es, allein nichts zu erstreben, niemanden anzuflehen, und zu sagen: „Nichts habe ich mit dir zu schaffen, Schicksal; ich gewähre dir keine Macht über mich. Ich weiß, dass in deiner Gegenwart ein Cato abgewiesen, ein Vatinius erwählt wird. Um nichts bitte ich." Das heißt, sein Glück als Privatmann zu machen.

(5) Wir dürfen uns solches also gegenseitig schreiben und dieses immer frische Thema fortsetzen, da wir viele tausend ruhelose Menschen um uns herum erblicken, die sich, um etwas Verderbliches zu erlangen, durch Übles hindurch ins Übel stürzen und Dinge erstreben, denen man bald darauf entfliehen, oder die man doch wenigstens zurückweisen muss.

(6) Wem nämlich war das Erreichte ausreichend? Das, als man es [noch] wünschte, jedes Maß zu überschreiten schien? Das Glück ist nicht unmäßig, wie es die Menschen erwarten, sondern unerheblich; daher befriedigt es niemanden. Du hältst diese Dinge für emporragend, weil du weit von ihnen daniederliegst; für den jedoch, der zu ihnen hingelangt ist, sind sie unbedeutend. Ich wäre ein Lügner [zu behaupten], dass er nicht immer noch darauf sinnt emporzusteigen: das, was du für das Höchste hältst, ist [nur] eine Stufe.

(7) Die Unkenntnis des Wahren bringt jedoch allen Schlechtes. Vom Gerede der Leute getäuscht, werden sie gleichsam zu solchen Gütern hinge-

leitet, hierauf begreifen sie, dass das, was sie erreicht und für das sie vieles erduldet haben, entweder nichtige Übel sind oder weniger [wert] ist, als sie sich erhofft hatten; die Mehrheit schaut bewundernd an, was aus der Entfernung täuscht, und der Masse gelten diese Güter als bedeutend.

(8) Damit dies nicht auch uns widerfährt, sollten wir zu ergründen suchen, was ein Gut ist. Es gab hierzu verschiedene Deutungen, der eine hat es so, der andere so ausgedrückt. Manche bestimmen es auf diese Weise: „Ein Gut ist das, was die Seelen zu Gast bittet, was sie zu sich ruft." Diesem wird sofort entgegnet: was, wenn es zwar einlädt – aber ins Verderben? Du weißt, dass viele Laster verlockend sind. Wahres und dem Wahren Ähnliches unterscheiden sich voneinander. So wird, was ein Gut ist, mit dem Wahren verbunden; denn es ist kein Gut, wenn es nicht wahr ist. Aber das, was zu sich einlädt und verlockt, ist dem Wahren [nur] ähnlich: es schleicht sich heran, es verführt, es zieht an sich.

(9) Einige grenzen es auf diese Weise ab: „Ein Gut ist das, was ein Verlangen zu sich erweckt oder ein heftiges Verlangen der Seele erregt, die sich ihm entgegenstreckt." Auch diesem wird ebendasselbe entgegnet; vieles nämlich erregt ein heftiges Verlangen des Geistes, was zum Unheil des Begehrenden begehrt wird. Besser [machen es] jene, die es so bestimmen: „Ein Gut ist, was ein der Natur gemäßes heftiges Verlangen zu sich erweckt und dann erst anzustreben ist, wenn es angefangen hat, erstrebenswert zu sein." Dann ist es gewiss auch sittlich gut; dieses muss nämlich zur Vollkommenheit angestrebt werden.

(10) Die Sache selbst fordert mich auf zu benennen, worin der Unterschied zwischen gut und sittlich gut besteht. Sie weisen untereinander etwas Gemeinsames und Untrennbares auf: gut kann nur sein, dem etwas sittlich Gutes innewohnt, und sittlich Gutes ist in jedem Fall ein Gut. Welcher Unterschied besteht also zwischen den beiden? Das sittliche Gute ist

das vollkommene Gut, durch das ein glückliches Leben vollendet wird, durch dessen Berührung auch andere Dinge zu Gütern werden.

(11) Was ich sage ist Folgendes: manches ist weder ein Gut noch ein Übel, wie der Militärdienst, das Legatenamt, die Zivilgerichtsbarkeit. Wenn diese sittlich gut verrichtet wurden, fangen sie an, Güter zu sein, und gehen aus der Unentschiedenheit über in ein Gut. Ein Gut wird aufgrund der Gemeinschaft mit dem sittlich Guten hervorgebracht, das sittlich Gute ist ein Gut an sich; ein Gut entsteht aus dem sittlich Guten, das sittlich Gute ist es von sich aus. Was ein Gut ist, hätte auch ein Übel sein können; was sittlich gut ist, kann nur ein Gut sein.

(12) Einige haben nachstehende Definition vorgebracht: „Ein Gut ist, was gemäß der Natur ist." Gib acht, was ich sage: was ein Gut ist, ist gemäß der Natur; was gemäß der Natur ist, ist nicht zugleich auch ein Gut. Vieles stimmt zwar mit der Natur überein, aber es ist so geringfügig, dass dafür der Name Gut nicht passt; es ist nämlich unbedeutend und man muss es mit Gleichgültigkeit behandeln. Kein Gut darf als sehr unbedeutend mit Gleichgültigkeit behandelt werden, denn solange es unbedeutend ist, ist es kein Gut; sobald es anfängt ein Gut zu sein, ist es nicht unbedeutend. Woran erkennt man ein Gut? Wenn es vollumfänglich gemäß der Natur ist.

(13) „Du gestehst ein", erwiderst du mir, „dass das, was als Gut gilt, gemäß der Natur ist; dies ist seine besondere Eigenschaft. Du gestehst ein, dass zwar auch andere Dinge gemäß der Natur sind, sie jedoch keine Güter sind. Wie kann ersteres also ein Gut sein, wenn es letztere nicht sind? Wie kann es eine andere besondere Eigenschaft erreichen, obwohl beide den genannten Vorzug haben, dass sie gemäß der Natur sind?"

(14) Selbstverständlich gerade aufgrund seiner Größe. Es ist auch nicht ungewöhnlich, dass sich manches, während es wächst, verändert. Er war

ein Kind; er ist erwachsen geworden: seine ihm eigene Art wird eine andere; jener ist nämlich unvernünftig, dieser vernünftig. Durch das Wachstum geht manches nicht nur zu Größerem, sondern auch zu anderem über.

(15) „Was größer wird", heißt es, „wird nicht anders. Es kommt nicht darauf an, ob man eine Flasche oder ein Fass mit Wein befüllt: in beiden befindet sich das dem Wein Wesenseigene. Auch besteht zwischen einer kleinen und einer großen Menge Honig kein Unterschied im Geschmack." Du führst ganz entgegengesetzte Beispiele an; denn bei diesen liegt dieselbe Beschaffenheit vor; wie sehr sie auch vermehrt werden, [ihre Beschaffenheit] bleibt erhalten.

(16) Manches, das vermehrt wurde, bleibt in seiner Beschaffenheit und der ihm eigenen Art erhalten; manches verwandelt, nach vielen Zuwächsen, erst die letzte Zunahme und sie prägt ihm einen neuen und anderen Zustand auf, als den, in dem er sich befand. Ein einziger Stein bringt den Gewölbebogen hervor: derjenige, der die sich zugeneigten Seiten verkeilt und sie durch seine Verwendung befestigt hat. Warum die letzte Zunahme, selbst eine unbedeutende, das meiste bewirkt? Weil sie nicht vermehrt, sondern vollendet.

(17) Manches entledigt sich beim erstem Wachstum seiner Gestalt und geht in eine neue über. Wenn der Geist etwas lange vorwärtsgetrieben hat und beim Streben nach dessen Größe ermattet ist, fängt er an, es als grenzenlos zu bezeichnen; es ist weit anderes geworden, als es vorher war, wo es groß, aber begrenzt erschien. Auf dieselbe Art und Weise haben wir uns überlegt, dass etwas schwierig zu zerteilen ist: mit zunehmender Schwierigkeit erschien es zuletzt als unteilbar. So sind wir von dem, was sich kaum und [nur] mit Mühe bewegen ließ, weiter zu den unbeweglichen Dingen gekommen. Mit derselben Begründung war etwas gemäß der Natur: seine Größe hat es zu einer anderen Wesensart übergehen lassen und zu einem Gut gemacht. Lebe wohl.

———

Seneca grüßt seinen Lucilius,

(1) Jedes Mal wenn ich etwas entdeckt habe, warte ich nicht solange bis du sagst „wir machen gemeinsame Sache": ich sage es zu mir selbst. Du fragst, was es ist, dass ich entdeckt habe? Öffne den Bausch deiner Toga, es gibt nichts als Gewinn. Ich werde dich lehren, wie du am schnellsten reich werden kannst. Wie sehr du es zu hören wünschst! Und zwar mit Recht: ich führe dich auf direktem Wege zu höchstem Reichtum. Trotzdem wirst du einen Darlehensgeber brauchen: um Geschäfte treiben zu können, ist es notwendig, Schulden zu machen, aber ich will nicht, dass du dir das Darlehen über einen Vermittler aufnimmst, ich will nicht, dass Makler deinen Namen zur Schau tragen.

(2) Ich werde dich auf jenen bereitwilligen Kreditgeber Catos verweisen: du wirst bei dir selbst ein Darlehen aufnehmen. Wie wenig es auch ist, es wird genug sein, wenn wir all das, was fehlen wird, von uns selbst verlangen. Denn es besteht kein Unterschied, mein Lucilius, ob du nicht begehrst oder ob du nicht besitzt. In beiden Fällen läuft es auf dasselbe heraus: du wirst nicht gequält werden. Auch schreibe ich dir nicht vor, dass du irgendetwas der Natur versagst – sie ist unbeugsam, man kann sie nicht erweichen, sie verlangt das Ihre –, sondern dass du weißt, dass alles, was über die Natur hinausgeht, unsicher [und] nicht notwendig ist.

(3) Ich bin hungrig: ich muss essen. Ob es minderwertiges Brot ist oder welches aus Weizenmehl, die Natur berührt es nicht: sie will nicht, dass der Magen erfreut, sondern gefüllt wird. Ich bin durstig: ob es Wasser ist, das ich aus dem nächsten Trog schöpfe, oder welches, das ich mit viel Schnee umgebe, damit es durch dessen Kälte abgekühlt wird, die Natur berührt es nicht. Sie verlangt nur das eine: dass der Durst gelöscht wird;

ob es ein Becher aus Gold oder aus Kristall oder aus Flussspat oder ein ti-burtinischer Becher oder die hohle Hand ist, tut nichts zur Sache.

(4) Betrachte das [eigentliche] Ziel aller Dinge und du wirst auf Überflüssiges verzichten. Hunger kündigt sich an: zum Nächstbesten sollte man die Hand ausstrecken; er wird mir von sich aus empfehlen, was auch immer ich in die Hand nehme. Wer Hunger leidet, weist nichts zurück.

(5) Was es also ist, das mich erfreut, fragst du? Vortrefflich scheint mir der Ausspruch: „Der Weise ist ein eifrigst nach natürlichem Reichtum Suchender." „Mit leerer Schale beschenkst du mich", sagst du. „Wozu ist das gut? Ich hatte schon die Kasse vorbereitet; habe überlegt, auf welches Meer ich mich hinausschicken lassen sollte, um Geschäfte zu treiben, welche Staatspacht ich eintreiben, welche Waren ich erwerben sollte.

Das heißt zu täuschen: Armut zu lehren, obgleich man Reichtum versprochen hat." Demnach hältst du einen für arm, dem es an nichts mangelt? „Mit Hilfe von sich selbst und seiner Genügsamkeit, nicht des Schicksals", so sagt man. Hältst du einen also deshalb nicht für reich, weil sein Reichtum nicht enden kann?

(6) Willst du lieber viel oder ausreichend besitzen? Wer viel besitzt, verlangt nach mehr, weil es als Beweis dafür dient, dass er noch nicht genug besitzt; der ausreichend besitzt, hat sein Ziel erreicht, was einem Reichen niemals gelingt. Oder denkst du, dass es deswegen kein Reichtum ist, weil seinetwegen niemands Eigentum eingezogen wurde? Weil seinetwegen keinem der Sohn, keinem die Gattin einen giftigen Trank in die Hand gedrückt hat? Weil er im Kriege außer Gefahr ist? Weil er im Frieden unbeschäftigt ist? Weil es weder gefährlich ist, es zu besitzen, noch mühevoll, es zu verwalten?

(7) „Zu wenig besitzt aber doch, wer gerade eben nicht friert, nicht hungert, nicht dürstet." [Selbst] Jupiter besitzt nicht mehr. Niemals ist zu wenig, was genug ist, und niemals ist viel, was nicht genug ist. Nach Darius und den Indern ist Alexander arm. Ich irre mich? Vergeblich sucht er, was er unterwerfen könnte, durchforscht die unbekannten Meere, schickt neue Flotten auf das Weltenmeer, durchbricht sozusagen die Schranken der Welt. Was der Natur genug ist, reicht dem Menschen nicht aus.

(8) Man ist auf jemanden gestoßen, der ein Verlangen nach allen Dingen in sich trug: so groß ist die Verblendung des Geistes und bei jedem Einzelnen so vollständig das Vergessen seiner Anfänge, wenn er es weit gebracht hat. Jener, eben erst, nicht ohne Streit, der Herr eines unbekannten, abgelegenen Winkels, ist er nach Erreichen des Endes der Welt bekümmert, weil er durch das eigene Reich hindurch zurückkehren soll.

(9) Geld hat niemanden reich gemacht, ja, im Gegenteil, es hat bei jedem eine größere Habgier nach Eigentum erregt. Du fragst, was die Ursache dafür ist? Es nimmt darin seinen Anfang, dass derjenige in der Lage ist, mehr zu besitzen, der [bereits] mehr besitzt. Überhaupt, es steht dir frei, mir wen du willst von denen herauszusuchen, deren Namen mit Crassus und Licinus [gleichauf] angeführt werden; er soll sein Vermögen offenbaren und alles, was er besitzt, und alles, worauf er hofft, zusammenrechnen: er ist arm, wenn du meinem Worte glaubst, er kann [arm] sein, wenn du dem deinen glaubst.

(10) Derjenige aber, der sich gemäß dem eingerichtet hat, was die Natur verlangt, ist nicht nur über das Gefühl der Angst hinaus, sondern auch jenseits der Furcht vor ihr. Damit du aber weißt, wie schwierig es ist, seinen Besitz auf das natürliche Maß zu beschränken: selbst derjenige, den wir zurechtgestutzt haben, [und] den du arm nennst, besitzt noch etwas an Überflüssigem.

(11) Doch der Reichtum blendet das Volk und lenkt die Blicke auf sich, wenn viel Bargeld aus dem Haus gebracht wird, wenn viel Gold auch auf dessen Dach aufgetragen wird, wenn die Dienerschaft entweder aufgrund des Körpers ausgewählt wurde oder ansehnlich ist aufgrund ihrer Kleidung. Das Glück all dieser ist auf die Öffentlichkeit gerichtet: derjenige, den wir sowohl dem Volk als auch dem Schicksal entrissen haben, ist im Innersten glücklich.

(12) Denn was jene betrifft, bei denen die in Anspruch genommene Armut trügerisch den Namen des Reichtums an sich reißt, so besitzen sie den Reichtum [auf eine Art], wie wir sagen, dass wir Fieber haben, obgleich es [tatsächlich] uns beherrscht. Sind wir dagegen gewohnt zu sagen: „Das Fieber hat ihn in seiner Gewalt", muss [auch] auf dieselbe Weise gesagt werden: „Der Reichtum hat ihn in seiner Gewalt."

Auf nichts lieber wollte ich dich daher aufmerksam machen als auf das, worauf niemand genug aufmerksam gemacht werden kann: dass man alles nach den natürlichen Bedürfnissen bemessen sollte, denen entweder umsonst oder für sehr wenig Genüge getan wird: nur mische keine Laster unter die Bedürfnisse.

(13) Du fragst, auf welchem Tisch, auf welchem Silbergeschirr und auf welche Weise von den sich gleichenden jungen Sklaven die Speisen herbeigeschafft werden sollten? Die Natur verlangt nach nichts als Nahrung.

*Fragst du denn, wenn dir vor Durst die Kehle brennt,*
*nach goldenen Bechern?*
*Verschmähst du denn, wenn du hungerst,*
*alles außer Pfau und Steinbutt?*

(14) Hunger ist nicht eitel, er ist zufrieden damit, ein Ende zu finden: wodurch er endet, kümmert ihn nicht allzu sehr. Dies sind die Qualen der un-

glückseligen Genusssucht: sie sinnt darauf, wie sie auch nach der Sättigung hungern kann, wie sie den Magen nicht füllt, sondern mästet, wie sie den Durst, vom ersten Trunk gestillt, wieder hervorruft. Ausgezeichnet sagt daher Horaz, dass es den Durst nicht berührt, in welchem Becher oder mit wie eleganter Hand das Wasser gereicht wird. Denn wenn du meinst, dass es Einfluss auf dich hat, wie langhaarig der Junge und wie durchsichtig der Becher ist, den er dir reicht, bist du nicht durstig.

(15) Neben anderen Dingen hat uns die Natur vor allem diesen Vorzug erwiesen, dass sie der Notwendigkeit den Überdruss entreißen konnte. Überflüssiges lässt eine Auswahl zu: „Dieses ist nicht schön genug, jenes nicht fein genug, dieses beleidigt meine Augen." Das ist vom Schöpfer der Welt, der uns die Gesetze des Lebens vorgeschrieben hat, beabsichtigt gewesen, damit wir wohlbehalten, nicht damit wir üppig leben können: zum Wohlergehen ist alles gut vorbereitet und zur Hand, für die Lustbarkeiten wird alles elend und in Sorge herbeigeschafft.

(16) Dieser Wohltat der Natur, die zu den bedeutenden zu zählen ist, sollten wir uns deshalb bedienen und bedenken, dass sie sich in keiner Hinsicht mehr um uns verdient gemacht hat als dadurch, dass alles, was aus Notwendigkeit verlangt wird, man ohne Widerwillen zu sich nimmt. Lebe wohl.

———————

# Buch 20 – Brief 120

Seneca grüßt seinen Lucilius,

(1) Dein Brief hat viele kleine Fragen aufgeworfen, ist aber bei einer stehen geblieben und wünscht, dass Folgendes erörtert wird: auf welche Weise gelangt das Wissen über ein Gut und über das sittlich Gute zu uns? Diese zwei Dinge sind bei den anderen ganz unterschiedlich, bei uns nur getrennt.

(2) Ich werde dir sagen, was das bedeutet. Einige sind der Meinung, dass ein Gut ist, was nützlich ist. Daher legen sie sowohl dem Reichtum als auch dem Pferd und dem Wein und dem Schuh diesen Namen bei; eine solch große Geringschätzung des Gutes erwächst in ihrer Nähe und so weit lässt es sich gar ins Gemeine herab. Als sittlich Gutes sehen sie an, was auf dem Prinzip des natürlichen Pflichtgefühls beruht, wie die treusorgende Pflege des Vaters im Alter, die Unterstützung des Freundes bei Armut, eine mutige Unternehmung, eine kluge und besonnene Meinung.

(3) Wir legen zwar Wert auf beide, [sehen sie] aber aus einem Einzigen hervorgehend. Ein Gut ist nur das, was sittlich gut ist; was sittlich gut ist, ist in jedem Fall ein Gut. Ich halte es für überflüssig hinzuzufügen, welcher Unterschied zwischen ihnen besteht, da ich es [bereits] oft vorgebracht habe. Ich sage nur das eine: dass uns nichts als ein Gut erscheint, was irgendeiner auch in übler Absicht gebrauchen kann; du siehst aber, wie viele ihren Reichtum, ihren Ruhm, [und] ihre Macht im Schlechten verwenden.

Ich werde also zu dem zurückkehren, worüber auf deinen Wunsch hin gesprochen werden sollte: wie ein erstes Wissen über das Gute und das sittlich Gute zu uns gelangt ist.

(4) Die Natur hat uns dies nicht lehren können: sie überließ uns den Samen der Erkenntnis, das Wissen [selbst] überreichte sie uns nicht. Einige behaupten, dass wir zufällig auf Wissen gestoßen sind, wenn es auch kaum zu glauben ist, dass uns die Vorstellung einer sittlichen Vollkommenheit zufällig vor Augen getreten ist. Uns erscheint es, dass sie wechselseitig aus Beobachtung und Vergleich häufiger auftretender Ereignisse erlangt worden ist; mittels einer Analogie erklären die Unsrigen sowohl die Idee der sittlichen Vollkommenheit als auch die eines Gutes. Da die lateinischen Grammatiker diesem Wort das Bürgerrecht verliehen haben, darf man es nicht verdammen, meine ich, sondern muss es vielmehr im eigenen Bürgerrecht für mustergültig erklären. Ich werde es also nicht so sehr wie ein in Besitz genommenes, sondern wie ein gebräuchliches verwenden. Worin diese Analogie besteht, werde ich [dir] erklären.

(5) Wir kannten körperliche Gesundheit: deswegen haben wir erwogen, dass auch eine des Geistes existiert. Wir kannten körperliche Stärke: daraus zogen wir den Schluss, dass auch eine geistige Kraft existiert. Einige gütige, einige edle, einige heldenhaften Taten haben uns in Erstaunen versetzt: diese begannen wir gleichwie Vollkommenes zu bewundern. Viele Verfehlungen lagen ihnen zugrunde, die der Schein und der Glanz manch hervorragender Tat verbarg: wir haben sie übersehen. Die Natur legt uns auf, das Lobenswerte zu preisen; jeder verbreitet den Ruhm über das Tatsächliche hinaus: daraus also haben wir die Vorstellung eines außerordentlichen Guts abgeleitet.

(6) Fabricius verschmähte das Gold des Königs Pyrrhos und für größer als eine Königsherrschaft hielt er es, königliche Schätze zurückweisen zu können. Eben dieser riet Pyrrhos, als dessen Arzt ankündigte, dass er den König [Pyrrhos] vergiften werde, sich vor einem Anschlag zu hüten. Es war ein Zeichen derselben Geisteshaltung, vom Gold nicht überwältigt zu werden, mithilfe eines Gifttranks nicht zu siegen. Wir haben einen großen Mann bewundert, den weder die Versprechungen des Königs noch die ge-

gen den König umgestimmt hatten, der – am guten Beispiel festhaltend, [und] im Krieg, was schwer ist, rechtschaffen – überzeugt war, dass manches auch gegen Feinde nicht erlaubt sei, der in größter Armut, die er sich zur Zierde gemacht hatte, den Reichtum nicht anders als das Gift scheute. „Lebe aufgrund meiner Wohltat, Pyrrhos", sagte er „und freue dich über das, was du bisher bedauert hast, dass Fabricius nicht bestochen werden kann."

(7) Horatius Cocles hat allein den Engpass der Brücke besetzt und befohlen, dass ihm von hinten die Rückkehr verwehrt wird, wenn [so] nur der Weg des Feindes abgeschnitten werden könne, und er widersetzte sich so lange denjenigen, die ihn bedrängten, bis in einem gewaltigen Sturze die abgebrochenen Balken erdröhnten. Danach blickte er sich um und wurde sich bewusst, dass das Vaterland durch sein Wagnis außer Gefahr war. „Wenn mir einer auf diesem Weg folgen will, mag er kommen", sagte er und warf sich in die Tiefe, und aus jenem reißenden Flussbett, nicht weniger besorgt, dass er in voller Rüstung als unversehrt herauskommt, kehrte er so sicher im bewahrten Glanz der siegreichen Waffen zurück, als wenn er über die Brücke gegangen wäre.

(8) Diese und ähnliche Taten haben uns eine Vorstellung der Tugendhaftigkeit vermittelt. Ich will hinzufügen, was vielleicht verwunderlich erscheint: Schlechtes zeigt sich bisweilen in der Gestalt der Tugend und aus dem Verderblichsten strahlt das Beste hervor. Es gibt nämlich, wie du weißt, den Tugenden nahestehende Verfehlungen und das Sittliche besitzt auch eine Ähnlichkeit mit dem Nichtsnutzigen und dem Schändlichen: so täuscht der Verschwender einen Freigebigen vor, obwohl es ein großer Unterschied ist, ob einer zu geben weiß oder nicht zu sparen versteht. Es gibt viele, behaupte ich, Lucilius, die nicht schenken, sondern wegwerfen. Einen, der seinem Vermögen zürnt, nenne ich nicht freigebig. Gleichgültigkeit ist der Umgänglichkeit ähnlich, Verwegenheit der Tapferkeit.

(9) Diese Ähnlichkeit zwingt uns aufzupassen und zu unterscheiden, was sich der äußeren Erscheinung nach zwar nahe kommt, in der Sache jedoch einander ganz uneins ist. Während wir diejenigen beobachteten, die ein vortreffliches Werk berühmt gemacht hatte, fingen wir an zu bemerken, wer eine Tat aus edler Gesinnung und mit großer Leidenschaft, aber einmal nur, zuwege gebracht hat. Solche sahen wir tapfer im Kriege, furchtsam auf dem Forum, die Armut mit Selbstvertrauen, die üble Nachrede kleinmütig ertragend: wir lobten die Taten, wir verachteten den Mann.

(10) Einen anderen sahen wir gütig gegenüber den Freunden, maßvoll gegenüber den Feinden, der Öffentliches und Privates gewissenhaft und gottesfürchtig verrichtete; [sahen], dass ihm in dem, was zu ertragen war, nicht die Geduld, für das, was getan werden musste, nicht die Einsicht fehlte. Wir sahen ihn mit vollen Händen Geschenke machend, wenn gegeben werden musste, beharrlich und eifrig und die Erschöpfung des Körpers mit der Kraft des Willens unterstützend, wenn man arbeiten musste. Außerdem blieb er stets derselbe und in allem Tun sich selbst treu, nun nicht mehr aufgrund eines Entschlusses rechtschaffen, sondern durch Gewohnheit dahin gebracht, dass er nicht nur in der Lage war, tugendhaft zu handeln, sondern dass er nicht anders als tugendhaft handeln konnte.

(11) Wir haben erkannt, dass jener eine vollendete Tugend besitzt. Diese zerlegten wir in [Einzel-]Teile: die Leidenschaften sollten gezügelt, die Angst unterdrückt, was zu tun ist, vorausgesehen, was darzubringen ist, zugeteilt werden. Wir haben die Selbstbeherrschung, die Tapferkeit, die Klugheit, die Gerechtigkeit in Worte gefasst und jedem eine bestimmte Verpflichtung auferlegt. Woran haben wir also die Tugend erkannt? Ihre Ordnung, [und] ihre Anmut, [und] ihre Beständigkeit, [und] die Harmonie all ihrer Handlungen untereinander und ihre sich über alles erhebende Größe hat uns sie offenbart. Hierauf hat man das Wesen jenes glücklichen Lebens verstanden, das, ganz im freien Ermessen, auf günstiger Bahn verläuft.

(12) Auf welche Weise also ist uns gerade dieses offenkundig geworden? Ich werde es dir sagen. Niemals hat jener vollkommene Mann, der die sittliche Vollkommenheit erreicht hat, schlecht über sein Schicksal gesprochen, niemals unglückliche Ereignisse verdrießlich aufgenommen, und weil er sich für einen Bürger und Soldaten der ganzen Welt hielt, hat er Anstrengungen gleich wie befohlen auf sich genommen. All das, was über ihn hereinstürzte, hat er nicht gleichsam als Übel und zufällig an ihn Herangetragenes abgewiesen, sondern sich gewissermaßen als Auftrag auferlegt. „Wie auch immer es beschaffen ist", sagte er, „es ist das Meine; es ist mühsam, es ist hart, gerade deshalb sollten wir uns anstrengen."

(13) Groß erschien notwendigerweise einer, der bei Unglücken niemals aufstöhnte, der über sein Schicksal sich niemals beschwerte; vielen verschaffte er Einsicht in das Seine und er leuchtete auf nicht anders als ein Licht in der Dunkelheit und lenkte die Aufmerksamkeit aller auf sich, da er friedlich und sanftmütig war, in gleicher Weise gleichmütig gegenüber menschlichen und göttlichen Dingen.

(14) Er besaß eine vollkommene und zu ihrer höchsten Vollendung geführte Seele, über die hinaus nichts existiert außer dem göttlichen Geist, aus dem sich ein Teil auch in dieses sterbliche Herz ergossen hat, das niemals göttlicher ist, als wenn es seine Sterblichkeit bedenkt und versteht, dass der Mensch geboren wurde, um zu sterben, nicht damit dieser Körper ein Zuhause sei, sondern eine Herberge, und zwar eine vorübergehende Herberge, die hinter sich gelassen werden muss, sobald man erkennt, dass man dem Gastwirt lästig ist.

(15) Der beste Beweis, mein Lucilius, für einen aus erhabenerer Stätte stammenden Geist ist es, wenn er das, worin er sich befindet, für ärmlich und beengt hält, wenn er nicht fürchtet, es zu verlassen; wer nämlich gedenkt, woher er gekommen ist, der weiß, wohin er gehen wird. Sehen wir

nicht, wie viele Widrigkeiten uns plagen, wie schlecht dieser Körper zu uns passt?

(16) Bald beklagen wir uns über den Kopf, bald über den Magen, bald über das Herz und den Rachen; das eine Mal quälen uns die Nerven, das andere Mal die Füße, bald Durchfall, bald Schnupfen; manchmal ist Blut im Überfluss vorhanden, manchmal mangelt es daran: hier und dort werden wir bedroht und vertrieben. Solches passiert gewöhnlich denen, die fremdes Eigentum bewohnen.

(17) Doch obwohl wir einen so welken Körper bekommen haben, stellen wir uns nichtsdestoweniger die Ewigkeit vor Augen, und so weit die menschliche Lebenszeit sich erstrecken kann, so lange ergreift uns Hoffnung, mit keinem Vermögen, mit keinem Ansehen zufrieden. Was kann unverschämter, was kann törichter sein als so etwas? Nichts genügt dem zu Tode Bestimmten, ja sogar nichts dem Sterbenden; denn Tag für Tag stehen wir näher vor dem letzten, und jede Stunde treibt uns dorthin, wo wir enden müssen.

(18) Sieh in welch großer Verblendung sich unser Geist befindet: das, was ich bevorstehend nenne, geschieht eben jetzt, und ein Großteil dessen ist bereits gewährt worden; denn die Zeit, die wir gelebt haben, ist an eben dem Ort, wo sie war, bevor wir sie gelebt haben. Wir, die wir den letzten Tag fürchten, irren aber, da jeder einzelne gleich viel zum Tod beiträgt. Jener [letzte] Schritt, bei dem wir erlahmen, bringt die Erschöpfung nicht hervor, sondern er macht sie offenkundig; der letzte Tag fällt dem Tod zu, ein jeder nähert sich ihm. Er entkräftet uns allmählich, er übermannt uns nicht. Sich seiner edleren Natur bewusst, bemüht sich ein bedeutender Geist daher zwar, sich auf dem Posten, auf den er gestellt wurde, würdig und eifrig zu zeigen, im Übrigen nichts von dem, was sich um ihn herum befindet, für das Seine zu halten, sondern es wie Geliehenes zu gebrauchen – ein Fremder, der sich eilt.

(19) Wenn wir einen von solcher Charakterfestigkeit erkennen können, warum überkommen uns [dann] nicht die Ideale dieses ungewöhnlichen Charakters? Zumal wenn [dessen] Beständigkeit, wie ich sagte, zeigt, dass diese Größe begründet ist. Dem Wahren verbleibt seine Eigenart, Falsches hat keinen Bestand. Etliche sind mal ein Vatinius, mal ein Cato; und bald ist ihnen ein Curius nicht streng genug, ein Fabricius nicht arm genug, ein Tubero nicht sparsam und mit Geringem nicht zufrieden genug, bald provozieren sie einen Licinius mit ihren Kostbarkeiten, einen Apicius mit ihren Tischgesellschaften, einen Maecenas mit ihren Vergnügungen.

(20) Das deutlichste Zeichen eines untauglichen Charakters ist die Unentschlossenheit und das ständiges Schwanken zwischen der Vortäuschung von Tugenden und dem Verlangen nach Lastern.

*Oft besaß er zweihundert,*
*oft [nur] 10 Sklaven; bald mit Königen und Fürsten,*
*mit allen großen Männern im Gespräche, bald [sagend]:*
*,Einen dreifüßigen Tisch bräuchte ich nur*
*und eine Schale einfachen Salzes,*
*eine Toga, wie grob auch immer, welche die Kälte abwehren kann.'*
*Würdest du ihm eine Million [Sesterzen] geben,*
*diesem Sparsamen, dem wenig genügt:*
*nach fünf Tagen wäre ihm nichts [verblieben].*

(21) Viele Menschen sind so wie dieser hier, den Horatius Flaccus beschreibt: [sich] niemals derselbe, sich nicht einmal ähnlich – so sehr irrt er ins Entgegengesetzte ab. Ich sage viele? Es fehlt wenig, dass es alle sind. Jeder ändert täglich Wunsch und Absicht: bald will er eine Ehefrau haben, bald eine Freundin, bald will er herrschen, bald ist er bestrebt, gefälliger als irgendein Sklave zu sein, bald breitet er sich bis zum Verhasstsein aus, bald kauert er sich nieder und beschränkt sich auf den niederen Rang der-

rer, die tatsächlich darnieder liegen; in einem Augenblick verschleudert er sein Geld, im nächsten rafft er es an sich.

(22) Ganz besonders auf diese Weise wird der unkundige Geist aufgezeigt: es kommt mal das eine und mal das andere zum Vorschein, und, weshalb ich nichts für schimpflicher halte, er bleibt sich selbst nicht derselbe. Sieh es als etwas Bedeutendes an, als ein und derselbe Mensch zu handeln. Doch abgesehen von einem Weisen bleibt niemand sich selbst derselbe, wir übrigen haben einen unbeständigen Charakter. Bald werden wir dir besonnen und ernst erscheinen, bald verschwenderisch und eitel; immer wieder ändern wir die Persönlichkeit und nehmen eine ihr entgegengesetzte an. Dies also fordere für dich, dass du [die Art], wie du dich zu betragen begonnen hast, bis zu deinem Tode beibehältst; erreiche es, dass man dich loben kann; wenn nicht das, dass man dich [zumindest] wiedererkennt. Bei manch einem, den du [erst] kürzlich gesehen hast, kann mit Recht gefragt werden: „Wer ist das?" – so groß ist die Veränderung. Lebe wohl.

———————

# Buch 20 – Brief 121

Seneca grüßt seinen Lucilius,

(1) Ich sehe, du wirst [mit mir] streiten, wenn ich dir die heutige kleine Untersuchung darlege, bei der wir recht lange steckengeblieben sind; du wirst nämlich wieder ausrufen: „Was hat das mit den Sitten zu tun?" Aber schreie [nur], während ich dir zunächst diejenigen entgegenhalten werde, mit denen du dich streiten kannst, Poseidonios und Archedemos (sie werden die Verhandlung annehmen), dann werde ich behaupten: nicht alles, was die Sitten betrifft, bringt gute Sitten hervor.

(2) Das eine betrifft die Ernährung des Menschen, ein anderes seine körperliche Ertüchtigung, ein drittes seine Kleidung, ein viertes seinen Unterricht, ein letztes [schließlich] seine Unterhaltung; gleichwohl betrifft alles den Menschen, auch wenn ihn nicht alles besser macht. Die Sitten berührt eines auf diese, eines auf andere Weise: manches verbessert und ordnet sie, manches untersucht deren Natur und Ursprung.

(3) Wenn ich zu ergründen suche, warum die Natur den Menschen hervorgebracht, warum sie ihn den übrigen Lebewesen vorgezogen hat, glaubst du, ich hätte die Sitten lange unerwähnt gelassen? Falsch! Wie könntest du denn wissen, welche man sich geben muss, wenn du nicht herausgefunden hast, was das Beste für den Menschen ist, wenn du nicht seine Natur untersucht hast? Dann erst wirst du verstehen, was du tun musst, was du vermeiden musst, wenn du erfahren hast, was du deiner Natur schuldig bist.

(4) „Ich will lernen", sagst du, „wie ich weniger Leidenschaft, wie ich weniger Furcht empfinden kann. Treibe mir den Aberglauben aus; lehre mich, dass das, was Glück genannt wird, unbedeutend und nichtig ist, dass ihm leicht die Silbe [‚Un-'] hinzutreten kann." Ich werde dein Ver-

langen befriedigen: ich werde sowohl die Tugenden ermuntern als auch die Verfehlungen züchtigen. Mag mich einer in dieser Beziehung für übertrieben und ohne Maß halten, ich werde nicht davon ablassen, die Verschwendungssucht zu bekämpfen, [und] den wildesten Leidenschaften Einhalt zu gebieten, [und] die Sinneslüste, die in Schmerz übergehen werden, zu unterdrücken und den Wünschen [danach] in den Weg zu treten. Warum auch nicht? Da wir uns doch die größten Übel [selbst] gewünscht haben, und alles, was wir trösten [müssen], aus einem Glückwunsch entstanden ist.

(5) Inzwischen erlaube mir das zu untersuchen, was etwas entfernt [zu liegen] scheint. Wir fragten, ob alle Tiere ein Bewusstsein ihres [von der Natur bestimmten] Zustands besitzen. Dass sie es jedoch haben, zeigt sich besonders daran, dass sie ihre Körperglieder geschickt und leicht bewegen – nicht anders, als wenn man sie darin unterwiesen hätte; jedes verfügt über eine Beweglichkeit der entsprechenden Glieder. Leicht handhabt der Künstler seine Werkzeuge, kundig wendet der Steuermann das Ruder, außerordentlich schnell unterscheidet der Maler die vielen verschiedenen Farben, die er vor sich ausgebreitet hat, um die Ähnlichkeit [mit dem Original] wiederzugeben, und er wandert mit gewandtem Blick und leichter Hand zwischen der Wachstafel und dem Kunstwerk hin und her: derart behend ist ein Tier bei jedem Gebrauch einer ihm eigentümlichen [Fähigkeit].

(6) Wir sind es gewohnt, diejenigen zu bewundern, die geschickt in der pantomimischen Aufführung sind, weil ihre Hand zu jeder Deutung einer Sache oder eines Gefühls fähig ist und ihre Gesten die Schnelligkeit von Worten erreichen: ihnen gewährt dies die Kunst, [den Tieren] ihre Natur. Keines setzt seine Körperglieder mit Mühe in Bewegung, keines zögert beim Gebrauch einer ihm eigentümlichen [Fähigkeit]. Sie bringen es sogleich nach der Geburt zuwege; mit diesem Wissen kommen sie [aus dem Mutterleib] hervor; [bereits] ausgebildet nehmen sie ihren Anfang.

(7) „Tiere bewegen deshalb geschickt ihre Glieder", sagt man, „weil, wenn sie sie anders bewegten, Schmerz empfinden würden. So seien sie, wie ihr es sagt, dazu gezwungen, und die Angst treibe sie zur richtigen [Bewegung], nicht ihr Wille." Das ist falsch; langsam sind nämlich diejenigen [Tiere], die zum Notwendigen angetrieben werden, Schnelligkeit wird ohne Zutun hervorgebracht. So wenig aber treibt sie dazu die Angst vor dem Schmerz, dass sie zu ihrer natürlichen Bewegung streben, selbst wenn ein Schmerz sie zu hindern sucht.

(8) Ebenso [macht es] das Kind, welches das Stehen übt und sich an rascher Bewegung gewöhnt: sobald es angefangen hat, seine Kräfte zu erproben, fällt es zu Boden und steht ebenso oft unter Tränen wieder auf, bis es sich unter Schmerzen in dem geübt hat, was die Natur verlangt. Nachdem sie auf den Rückenschild umgedreht wurden, winden sich manche Tiere hin und her, strecken und krümmen ihre Beine so lange, bis sie wieder in gehöriger Lage aufgerichtet sind. Eine auf dem Rücken liegende Schildkröte empfindet keinen Schmerz, trotzdem ist sie wegen ihres Verlangens nach einer naturgegebenen Lage ohne Ruhe und hört nicht eher auf sich anzustrengen, sich zu plagen, bis sie wieder fest auf den Füßen steht.

(9) Also besitzen alle ein Bewusstsein ihres [von der Natur bestimmten] Zustands und daraus [resultiert] der mühelose Gebrauch ihrer Körperglieder, und wir haben keinen besseren Beweis dafür, dass sie mit diesem Wissen ins Leben eintreten, als dass kein Tier ungeschickt hinsichtlich ihres Gebrauchs ist.

(10) „Der [von der Natur bestimmte] Zustand", wird entgegnet, „beruht, wie ihr es sagt, auf einem führenden Seelenprinzip, das auf eine gewisse Art und Weise gegenüber dem Körper auftritt. Wie soll ein Kind dieses so unklare und fein unterscheidende und auch von euch kaum darstellbare [Prinzip] begreifen? Alle Tiere müssten als Dialektiker geboren werden,

damit sie diese, einem Großteil der Erwachsenen unverständliche Erklärung verstehen."

(11) Was du einwendest, wäre richtig, wenn ich behaupten würde, dass die Erklärung des [von der Natur bestimmten] Zustands von den Tieren verstanden würde, nicht der Zustand selbst. Man versteht die Natur leichter als man sie erklärt. Deshalb wusste jenes Kind nicht, was sein [von der Natur bestimmte] Zustand ist, erkannte [aber] seinen eigenen Zustand; auch versteht es nicht, was ein Lebewesen ist, fühlt [aber], dass es ein Lebewesen ist.

(12) Außerdem nimmt es seinen eigenen Zustand [nur] grob, [und] oberflächlich und undeutlich wahr. Auch wir wissen, dass wir eine Seele besitzen: was die Seele ist, wo sie sich befindet, wie sie beschaffen ist oder woher sie kommt, [das] wissen wir nicht. So wie das Bewusstsein unserer Seele zu uns gelangt ist, obwohl wir ihre Natur und ihren Aufenthaltsort nicht kennen, so existiert bei allen Lebewesen ein Bewusstsein ihres [von der Natur bestimmten] Zustands. Denn sie müssen dasjenige wahrnehmen, mit Hilfe dessen sie auch anderes wahrnehmen; sie müssen ein Bewusstsein von dem erlangen, dem sie gehorchen, von dem sie gelenkt werden.

(13) Jeder von uns versteht, dass etwas existiert, dass seine Neigungen hervorbringt: was dieses [genau] ist, weiß er nicht. Er erkennt auch, dass er einen triebhafter Drang besitzt: was er ist oder woher er stammt, weiß er nicht. Auf diese Weise haben auch Kinder und Tiere ein (etwas unklares und undeutliches) Bewusstsein ihres führenden Seelenteils.

(14) „Ihr behauptet", wird gesagt, „dass sich jedes Tier zuerst seinem [von der Natur bestimmten] Zustand zuwendet, dass der [von der Natur bestimmte] Zustand des Menschen jedoch auf Vernunft beruht, und dass sich der Mensch daher sozusagen nicht am Tierischen, sondern gleichsam am

Vernünftigen ausrichtet; in dieser Hinsicht ist sich der Mensch nämlich lieb und teuer, als er ein Mensch ist. Wie also kann sich ein Kind seinem zur Vernunft fähigen Zustand zuwenden, wenn es nicht vernünftig ist?"

(15) Ein jedes Alter besitzt seinen eigenen [von der Natur bestimmten] Zustand – einen das Kleinkind, einen anderen der Knabe, einen dritten der junge Mann, einen weiteren der Greis: alle wenden sich dem Zustand zu, in dem sie sich befinden. Das Kleinkind hat keine Zähne, nach diesem Zustand richtet es sich. Sobald die Zähne herausgekommen sind: nach diesem Zustand richtet es sich. Denn auch die Getreidesaat, die später auf dem Feld und in Frucht stehen wird, weist [zuerst] den einen Zustand auf, zart und kaum aus der Furche herausragend, einen anderen [dann], wenn sie kräftig herangewachsen ist und aus einer zwar weichen, doch ihre Last tragenden Ähre besteht, wieder einen anderen, wenn sie goldgelb wird und zur Tenne strebt und ihre Ähre verhärtet ist: in welchen Zustand auch immer sie übergeht, sie gibt auf sich acht, sie wird sich darin einrichten.

(16) Das Leben eines Kleinkinds, eines Knaben, eines jungen Mannes, eines Greises unterscheidet sich: trotzdem bleibe ich derselbe, der ich als Kleinkind, als Knabe, als junger Mann war. Obgleich ein jeder sich bald in diesem, bald in jenem [von der Natur bestimmten] Zustand befindet, bleibt die Selbstwahrnehmung seines Zustands dieselbe. Die Natur vertraut mir nämlich nicht den Knaben, [oder] den jungen Mann oder den Greis an, sondern mich selbst. Also wendet sich das Kleinkind demjenigen Zustand hin, in welchem es sich zu diesem Zeitpunkt als Kleinkind befindet, nicht demjenigen, in dem es sich als junger Mann befinden wird; denn auch wenn ihm Bedeutenderes noch bevorsteht, in das es übergehen kann, ist auch dasjenige, in das es hineingeboren wird, in Übereinstimmung mit der Natur.

(17) Ein Lebewesen wendet sich zuerst sich selbst zu; es muss nämlich etwas geben, an das alles andere ausgerichtet werden kann. Ich suche nach

Vergnügen. Für wen? Für mich; also trage ich Sorge für mich. Ich meide den Schmerz. Um wessen willen? Um meiner willen; also trage ich Sorge für mich. Wenn ich alles aus Sorge um mich tue, steht die Sorge um mich über allem. Dieses wohnt allen Lebewesen inne, und es ist nicht hinzugefügt, sondern angeboren.

(18) Die Natur begleitet ihre Sprösslinge, lässt sie nicht fallen; und weil es aus der Nähe am sichersten ist, ist jeder Einzelne sich selbst anvertraut. Deshalb erkennen, wie ich es in früheren Briefen geäußert habe, auch die zarten und eben erst aus dem Mutterleib oder einem Ei hervorgekommenen Tiere sofort von selbst, was feindselig ist, und das, was den Tod bringt, vermeiden sie. Den Vögeln preisgegeben, die sich von dem nähren, was sie mit sich fortreißen, schrecken sie auch vor dem Schatten derer zurück, die über sie hinwegfliegen. Kein Tier tritt ins Leben hinaus ohne die Angst vor dem Tod.

(19) „Wie kann ein Tier", fragt man, „gerade geboren, Kenntnis über etwas Heilsames oder Tobringendes besitzen?" Zuerst wird zu ergründen gesucht, *ob* es Kenntnis darüber hat, nicht *wie* es sie hat. Dass [Tiere] aber Kenntnis darüber haben, zeigt sich dadurch, dass sie nur tun, worüber sie Kenntnis haben. Welchen Grund gibt es, dass eine Henne nicht vor dem Pfau, nicht vor der Gans flieht, aber vor dem so viel kleineren und ihr nicht einmal bekannten Habicht? Weshalb fürchten die jungen Hühner eine Katze, fürchten [aber] keinen Hund? Es ist offensichtlich, dass ihnen eine Kenntnis von dem, was schaden wird, innewohnt, die nicht aus Erfahrung gewonnen wurde; denn bevor sie es durch Erfahrung hätten lernen können, nehmen sie sich [bereits] in Acht.

(20) Ferner, damit du nicht glaubst, dass dies durch Zufall geschieht: sie fürchten nichts anderes, als sie müssen, und niemals vergessen sie diesen Schutz und diese Achtsamkeit; die Flucht vor dem Verderblichen ist ihnen gleichbleibend [verinnerlicht]. Außerdem werden sie im Laufe des Lebens

nicht furchtsamer; eben dadurch zeigt sich, dass sie dazu nicht aufgrund ihrer Erfahrung kommen, sondern aus dem natürlichen Verlangen nach dem eigenen Wohlergehen. Sowohl langsam [sich entfaltend] als auch verschiedenartig ist, was die Erfahrung lehrt: alles, was die Natur überreicht, ist für alle gleich und sofort vorhanden.

(21) Wenn du dennoch darauf drängst, werde ich dir erklären, auf welche Weise jedes Tier dazu gebracht wird, Verderbliches zu bemerken. Es fühlt, dass es aus Fleisch besteht; deshalb versteht es auch, was es ist, wodurch das Fleisch verwundet, wodurch es versengt, wodurch es zermalmt werden kann, [und] welche Geschöpfe fähig sind, ihnen zu schaden: deren Äußeres sieht er als verderblich und feindselig an. Dieses ist miteinander verbunden: es wendet sich nämlich dem eigenen Wohlbefinden zu und erstrebt, was ihm nützen wird, fürchtet [aber] zugleich, was ihn verletzen wird. Natürlich ist der Trieb zum Nützlichen, natürlich ist die Abweisung des Gegenteiligen; ohne irgendeinen Gedanken, der es diktiert, [und] ohne Plan geschieht alles, was die Natur verfügt.

(22) Siehst du nicht, wie viel Feingefühl die Bienen beim Bau ihrer Behausung besitzen, wie groß der Gemeinsinn, wenn sie sich von allen Seiten zur Übernahme der zugeteilten Arbeit einfinden? Siehst du nicht, wie unnachahmlich jenes Spinngewebe für einen Menschen ist, welche große Anstrengung [es ist], die Fäden anzuordnen, die einen zur Stütze in gerader Richtung eingezogen, die anderen von dichtgedrängt zu weitmaschig im Kreis verlaufend, in denen kleine Geschöpfe, zu deren Verderben sie gespannt werden, wie in Netzen eingewickelt, festgehalten werden können.

(23) Diese Kunst ist angeboren, nicht erlernt. Deshalb ist kein Tier gelehrter als ein anderes: du wirst das gleichartige Gewebe der Spinnennetze bemerken, das gleiche Winkelmaß in allen Bienenwaben. Unbestimmt und ungleichmäßig ist alles, was die Kunst uns lehrt; von gleicher Art zeigt

sich das, was die Natur verteilt. Sie unterrichtet in nichts mehr, als deren Selbsterhalt und die [notwendige] Kenntnis hierzu, daher fangen sie auch gleichzeitig an sowohl zu lernen als auch zu leben.

(24) Und es ist auch nicht verwunderlich, dass sie mit dem geboren werden, ohne welches sie vergebens geboren würden. Dieses Hilfsmittel zum Überleben hat ihnen die Natur als Erstes dargebracht: die Wahrnehmung und die Wertschätzung ihrer selbst. Sie können nicht am Leben bleiben, wenn sie es nicht wollen; auch hätte dies nicht an und für sich genützt, ohne jedoch wäre es gar nichts von Nutzen gewesen. Aber bei keinem wirst du eine Geringschätzung seiner selbst entdecken, nicht einmal eine Vernachlässigung; auch stumme und schwerfällige [Lebewesen], obgleich sie bei allem Übrigen in Untätigkeit verharren, besitzen Klugheit, um zu leben. Du wirst sehen, dass [auch] diejenigen, die für andere ohne Nutzen sind, sich selbst nicht vernachlässigen. Lebe wohl.

# Buch 20 – Brief 122

Seneca grüßt seinen Lucilius,

(1) Der Tag spürt bereits sein Vergehen; er ist ziemlich zusammenge-schrumpft, aber auf eine Weise, dass immer noch reichlich vorhanden ist, wenn man sozusagen mit dem Tag selbst aufstehen möchte. Eifriger und tüchtiger [ist jemand], wenn er ihn erwartet und das erste Licht des Tages empfängt: schändlich derjenige, der bei hochstehender Sonne verschlafen daliegt, dessen Wache mitten am Tag beginnt; und für viele ist das „noch vor Tagesanbruch".

(2) Es gibt solche, die die Obliegenheiten des Tages und der Nacht völlig verkehrt haben und die ihre vom gestrigen Rausch schweren Augen nicht eher öffnen, als bis die Nacht [wieder] anbricht. Wie über den Zustand de-rer gesagt wird, welche, wie es Vergil berichtet, auf der entgegengesetzten Seite [des Erdballs] wohnend, die Natur unter unsere Füße versetzt hat,

*und sobald uns die aufgehende Sonne*
*mit schnaubenden Rossen anhaucht,*
*erhellt jene zu später Zeit*
*der rote Abendstern die Augen,*

Solcherart ist nicht deren Weltengegend allen [anderen] entgegengesetzt, sondern deren Leben.

(3) Etliche Antipoden leben sogar in Rom, die, wie Marcus Cato sagt, nie-mals einen Sonnenaufgang, niemals einen Sonnenuntergang gesehen ha-ben. Glaubst du, dass diejenigen wissen, wie man leben muss, die nicht wissen wann?

Und sie fürchten den Tod, in den sie sich zu Lebzeiten [selbst] eingerichtet haben? Ein ebenso schlechtes Omen sind sie, wie die Vögel der Nacht. Mögen sie auch unter Wein und Salböl an dunklen Orten weilen, mögen sie mit Mahlzeiten, darunter viele Gerichte gewiss auch aus der Garküche, die ganze Zeit der töricht durchwachten Nächte verleben, sie halten kein Gastmahl, sondern sie erweisen sich die letzte Ehre. Den Verstorbenen wird wenigstens bei Tage ein Opfer dargebracht. Aber bei Herkules, für den, der etwas anstrebt, ist kein Tag [zu] lang. Lasst uns das Leben verlängern: sein Zweck und sein Inhalt ist die Tätigkeit. Die Nacht sollte in seine gehörigen Schranken zurückgewiesen und etwas von ihr auf den Tag verlegt werden.

(4) Die Vögel, die für diese Gastmähler beschafft werden, hält man im Dunklen eingeschlossen, damit sie ungestört leichter fett werden können; ohne irgendeine Bewegung daliegend, quellen daher ihre trägen Körper auf und unter dem immerwährenden Schatten wächst ein schlaffes Masttier heran. Die Körper derer jedoch, die sich ganz der Dunkelheit hingegeben haben, sind grässlich anzuschauen, ja ihre Gesichtsfarbe ist Argwohn erregender als die von denen, die aufgrund einer Krankheit blass sind: sie haben die weiße [Gesichtsfarbe] des Siechenden und Hinfälligen, und an den Lebenden findet sich das Fleisch von Verstorbenen. Ich würde es gleichwohl das Kleinste ihrer Übel nennen: um wie viel tiefer ist die Finsternis in ihrem Geiste! Er ist in sich erstarrt, er ist verblendet, er beneidet die Blinden. Wer hat jemals um der Finsternis willen Augen besessen?

(5) Du fragst, wie eine solche Verkommenheit im Geist entstehen kann: sich vom Tage abzuwenden und das ganze Leben in die Nacht zu verlegen? Alle Verfehlungen kämpfen gegen die Natur an, alle geben die gebotene Ordnung auf; es ist dies das Ziel eines ausschweifenden Lebens, sich an den verdrehten Dingen zu erfreuen, und sich von den richtigen nicht nur abzugrenzen, sondern sich möglichst weit von ihnen zu entfernen, um dann sogar im Gegensatz zu ihnen zu stehen.

(6) Scheint es dir nicht so, dass diejenigen gegen die Natur leben, die auf nüchternem Magen trinken, die den Wein in ihr leeres Inneres aufnehmen und betrunken zum Essen übergehen? Und doch ist dieses eine häufige Verfehlung von jungen Männern, die ihre Kräfte üben, dass sie beinahe schon auf der Schwelle des Bades zwischen den Nackten trinken, ja sogar saufen und immer wieder den Schweiß abreiben müssen, den sie durch zahlreiche [und] heiße Getränke angeregt haben. Nach dem Mittag- oder Abendessen zu trinken ist alltäglich; das machen die Familienväter vom Lande und solche, denen wahrhaftiger Genuss fremd ist: es erfreut der unvermischte Wein, der sich nicht über das Essen ergießt, der ungehindert zu den Nerven dringt; [gerade] jene Trunkenheit gefällt, die auf einen leeren [Magen] trifft.

(7) Scheint es dir nicht so, dass diejenigen gegen die Natur leben, die mit den Frauen die Kleidung tauschen? Leben diejenigen nicht gegen die Natur, die nach Gelegenheit suchen, um zur Unzeit [wieder] durch Jugend zu glänzen? Was könnte man tun, das widernatürlicher und armseliger ist? Wird einer niemals als Mann leben, [nur] um sich allzu lange einem Mann hingeben zu können? Und wenn sein Geschlecht ihn schon nicht von der Schande hat befreien können, wird sie ihm auch das Alter nicht entreißen?

(8) Leben diejenigen nicht gegen die Natur, die im Winter eine Rose verlangen und eine Lilie, eine Frühlingsblume, in einer Hülle wärmenden Wassers und durch einen geschickten Wechsel des Standorts in der Winterkälte zum Blühen nötigen? Leben diejenigen nicht gegen die Natur, die auf den höchsten Türmen Obstgärten anlegen? Deren Bäume auf den Dächern und Giebeln ihrer Häuser sich hin und her neigen, die Wurzeln von dort aus ihren Ursprung nehmend, wo die höchsten Wipfel sich hätten bewegen sollen? Leben diejenigen nicht gegen die Natur, die die Fundamente ihrer Thermen im Meer errichten und die sich einbilden, nur angenehm schwimmen zu können, wenn die wohl temperierten Bassins den Wogen und Stürmen ausgesetzt werden?

(9) Sobald sie anfangen, alles entgegen der natürlichen Lebensweise zu wollen, sagen sie sich zuletzt gänzlich von ihr los. „Es ist Tag: Zeit schlafen zu gehen. Es ist Nacht: jetzt wollen wir Gymnastik treiben, jetzt uns ausfahren lassen, jetzt frühstücken. Schon rückt das Tageslicht heran: Zeit fürs Abendessen. Man darf nicht tun, was das Volk tut; verächtlich ist es, sich auf einer oft betretenen und für jeden zugänglichen Straße aufzuhalten. Der Tag mag dem Volk überlassen werden: für uns soll ein persönlicher und ganz besonderer Morgen geschaffen werden.

(10) Für mich sind sie tatsächlich wie tot; wie wenig nämlich fehlt denen, die bei Fackel- und Kerzenlicht leben, zu ihrem Begräbnis, und zwar einem vorzeitigen? Ein solches Leben führten, wie wir uns erinnern, viele zur gleichen Zeit, unter ihnen auch der Prätor Acilius Buta, dem Tiberius sagte, als er ihm nach der Vergeudung seines ungeheuren Vermögens seine Armut gestand: „Zu spät bist du erwacht."

(11) Montanus Iulius, ein leidlicher Poet, bekannt sowohl aufgrund der Freundschaft mit Tiberius als auch dessen [späterer] Ungnade, trug ein Gedicht vor. Er fügte außerordentlich gerne Sonnenauf- und Untergänge darin ein; als sich jemand empörte, dass jener den ganzen Tag vorgelesen hat, und sich weigerte, [weiterhin] zu seinen Lesungen zu gehen, sagte daher Natta Pinarius: „Kann ich etwa anständiger handeln? Ich bin bereit, ihm von Sonnenauf- bis Sonnenuntergang zuzuhören."

(12) Nachdem er folgenden Vers vorgetragen hatte:

*Flammende Strahlen beginnt Phöbus zu erschaffen,*
*glühend rot bereitet sich das Licht des Tages aus,*
*schon schickt sich an die traurige Schwalbe,*
*immer wiederkehrend Futter in die zwitschernden Nester einzubringen,*
*und [wohl] eingeteilt reicht sie es mit sanftem Schnabel dar,*

ruft Varus, ein römischer Ritter, ein Gefährte von Marcus Vinicius, ein ständiger Begleiter bei vortrefflichen Gastmählern, die er sich durch die Verwegenheit seiner Lästerzunge verdiente, laut aus: „Buta trifft Vorbereitungen, schlafen zu gehen."

(13) Sodann, als er unmittelbar darauf vorgelesen hat:

*schon haben die Hirten ihre Herden in die Ställe gebracht,*
*schon beginnt die Nacht, den schlummernden Ländern*
*eine träge Ruhe zu gewähren,*

fragte derselbe Varus: „Was sagst du? Ist es schon Nacht? Ich werde losgehen und Buta die morgendliche Aufwartung machen." – Nichts war besser bekannt als diese seine ins Gegenteil verkehrte Lebensweise; die, wie ich sagte, gerade zu derselben Zeit viele anstrebten.

(14) Der Grund aber für einige so zu leben ist nicht der, dass sie meinen, die Nacht habe etwas Angenehmeres an sich, sondern dass sie Gewohntes überhaupt nicht [mehr] erfreut und dass der Tag für ein schlechtes Gewissen schwer zu ertragen ist und das kostenlose Tageslicht einem, der alles begehrt oder verachtet, je nachdem ob es für viel oder wenig erworben wurde, zuwider ist. Außerdem wollen sie, dass ihre ausschweifende Lebensweise im Gespräch bleibt, während sie [noch] leben; denn wenn darüber geschwiegen wird, halten sie ihre Mühe für vergeudet. Daher tun sie mehr als einmal, was Gerede hervorruft. Viele verschleudern ihr Hab und Gut, viele haben Geliebte: um unter solchen Berühmtheit zu erlangen, muss man nicht nur etwas Ausschweifendes, sondern etwas Denkwürdiges tun; in einer so von Geschwätz in Anspruch genommenen Stadt findet sich keine gewöhnliche Dekadenz.

(15) Wir hatten von Pedo Albinovanus gehört, der berichtete (er war aber auch ein sehr geistreicher Erzähler), dass er oberhalb des Hauses von Sex-

tus Papinius gewohnt hat. Er war einer aus der Schar jener, die das Licht scheuen. „Ich höre", schildert er, „etwa zur dritten Nachtstunde das Geräusch von Knuten. Ich frage, was er mache. Man sagt mir, er gehe die Rechnungen durch. Um die sechste Nachtstunde herum höre ich lautes Geschrei. Ich frage, was los ist: man sagt mir, er übe seine Stimme. Ungefähr zur achten Nachtstunde frage ich, was das Getöse der Wagenräder bedeute, man sagt mir, er lasse sich ausfahren.

(16) Etwa bei Tagesanbruch beginnt ein Hin und Her; die Sklaven werden gerufen, die Kellermeister, die Köche lärmen. Ich frage, was los sei: man sagt mir, dass er Honigwein und Graupensuppe verlangt habe, dass er aus dem Badezimmer gekommen sei. ‚Sein Abendessen', sagt man, ‚habe sich bis in den Tag erstreckt'. Keineswegs; er lebte nämlich sehr sparsam; er verbrauchte nichts als die Nacht." Als ihn deshalb einige geizig und habsüchtig nannten, entgegnete Pedo: „Ihr könntet ihn auch einen Nachtschwärmer nennen."

(17) Du brauchst dich nicht zu wundern, dass du auf so viele eigentümliche Arten von Verfehlungen stößt: sie sind mannigfach, haben unzählige Gesichter, ihre Erscheinungsformen kann man nicht [alle] aufzählen. Einfach ist das Bemühen ums Richtige, kompliziert das ums Verdorbene, und es nimmt beliebig viele neue Abweichungen auf. Dasselbe passiert mit dem Charakter: folgt er der Natur, ist er umgänglich, ist er sorgenfrei, weist er geringe Unterschiede auf; der gequälte [Charakter] lebt mit allen [anderen] und sich selbst meistens in Zwietracht.

(18) Dennoch erscheint mir der Widerwille gegenüber der allgemein üblichen Lebensweise als die besondere Ursache dieser Krankheit. Wie sie sich von den Übrigen durch die Kleidung unterscheiden, wie durch die Feinheit der Mahlzeiten, durch die Eleganz der Sänften, so wollen sie sich auch durch die Einteilung der Zeit absondern. Solche, denen ein schlechter Ruf als Belohnung ihrer begangenen Verfehlungen gilt, wollen keine

gewöhnlichen Verfehlungen begehen. Das erstreben alle diejenigen, die sozusagen umgekehrt leben.

(19) Deshalb, Lucilius, müssen wir uns an den Weg halten, den die Natur vorgegeben hat, und nicht von ihm abweichen: für die, die ihm folgen, ist alles leicht und frei von Hindernissen, für jene, die sich gegen ihn stemmen, ist das Leben nicht anders als das derer, die gegen den Strom rudern. Lebe wohl.

————

# Buch 20 – Brief 123

Seneca grüßt seinen Lucilius,

(1) Erschöpft von einer eher unbequemen als langen Reise, bin ich spät in der Nacht in meiner Villa in den Albaner Bergen angekommen: außer mich selbst habe ich nichts vorbereitet. Und so bringe ich meine Mattigkeit zu Bette, nehme die Verspätung des Kochs und des Bäckers gut auf. Genau darüber führe ich nämlich ein Gespräch mit mir selbst: dass gar nicht schwer ist, was man leicht nimmt, dass man sich über nichts ärgern muss, wenn man nur selbst nichts durch seine Verärgerung dazu beiträgt.

(2) Mein Bäcker hat kein Brot; aber der Gutsverwalter hat welches, aber der Hausmeister hat welches, aber der Pächter hat welches. „Minderwertiges Brot", sagst du. Warte es ab: es wird köstlich sein; auch ein solches wird dir der Hunger wieder als feines Weizenbrot erscheinen lassen. Deswegen darf man nicht eher essen, als er es befiehlt. Ich werde also abwarten und nicht eher essen, als bis ich mich entweder aufmache, ein gutes Brot zu bekommen, oder davon ablasse, das minderwertige zu verschmähen.

(3) Es ist nötig, sich an die geringen Dinge zu gewöhnen: viele räumliche, viele zeitliche Schwierigkeiten halten auch die Reichen und [gut] Ausgestatteten von ihrem Vergnügen ab und stellen sich ihnen in den Weg. Niemand kann alles haben, was er will; er kann nur so viel: nicht zu wollen, was er nicht hat, [und] das, was angeboten wird, mit Freude zu genießen. Ein großer Teil der Freiheit beruht auf einem genügsamen und Misshandlung ertragenden Magen.

(4) Man kann nicht [hoch genug] einschätzen, wie viel Freude ich darüber empfinde, dass sich meine Erschöpfung von selbst legt: nicht nach Masseuren, nicht nach einem Bad, nicht nach einem anderen Heilmittel ver-

lange ich als das der Zeit. Denn was die Anstrengung verursacht hat, hebt die Ruhe auf. Diese Mahlzeit, wie auch immer beschaffen, wird ergötzlicher sein als ein Antrittsschmaus.

(5) Ich habe jedenfalls unerwartet eine Charakterprobe abgelegt; das ist tatsächlich aufrichtiger und ehrlicher. Denn sobald man sich vorbereitet und Genügsamkeit auferlegt hat, offenbart sich nicht auf gleiche Weise, wie viel an echter Standhaftigkeit man besitzt: die sichersten Beweise sind solche, die man aus dem Stehgreif liefert, wenn man Beschwerlichkeiten nicht nur gelassen, sondern mit heiterer Ruhe betrachtet, wenn man nicht in Jähzorn gerät, sich nicht streitet; wenn man das, was einem gewährt werden müsste, gerade dadurch ersetzt, dass man es sich nicht wünscht, und versteht, dass es seiner Gewohnheit an etwas mangelt, einem selbst an nichts.

(6) Wir haben erst verstanden, dass vieles überflüssig ist, als es irgendwann nicht mehr da war; wir gebrauchten es nämlich nicht, weil wir es mussten, sondern weil wir es hatten. Wie viele Dinge aber kaufen wir, weil andere sie gekauft haben, weil sehr viele sie haben! Es gehört zu den Ursachen unserer Leiden, dass wir nach dem Beispiel [anderer] leben und nicht von der Vernunft bestimmt, sondern von der Gewohnheit verführt werden. Was wir nicht nachahmen wollten, wenn es wenige tun würden, dem schließen wir uns an, wenn viele es zu tun beginnen, als ob etwas angesehener sei, weil es häufiger geschieht; und sobald es allgemein gebräuchlich geworden ist, nimmt die Verwirrung bei uns die Stellung des Vernünftigen ein.

(7) Schon jetzt reisen alle auf eine Weise umher, dass ihnen eine numidische Reiterschaft vorauseilt, dass ihnen ein Schar von Läufern voranschreitet: schändlich ist es, keine zu haben, die Entgegenkommende von der Straße jagen, die mit einer großen Staubwolke kundtun, dass ein vornehmer Mann sich nähert. Alle besitzen bereits Maultiere, die ihre Kris-

tall-, [und] ihre Murra- und ihre von großen Künstlern fein von Hand ausgeführten Gefäße tragen: schändlich ist es zu offenbaren, man habe nur solches Gepäck, das gefahrlos durchgeschüttelt werden kann. Alle jungen Sklaven werden mit eingesalbtem Gesicht befördert, damit keine Sonne, damit keine Kälte die junge Haut schädigen kann: schändlich ist es, einen in seinem Gefolge junger Sklaven zu haben, dessen reine Schönheit sich nicht nach einer Salbe sehnt.

(8) Ein Gespräch mit all diesen muss man vermeiden; sie sind es, die ihre schlechten Eigenschaften weitergeben und von dem einen auf den anderen übertragen. Als schlimmste Art von Menschen galten diejenigen, die leeres Gerede verbreitet haben: es gibt etliche, die [dabei] ihre Laster verbreiten. Eine Unterredung mit ihnen schadet oft; denn auch wenn sie nicht sofort etwas bewirkt, lässt sie ihre Saat in der Seele zurück, und das Übel verfolgt uns selbst [dann], wenn wir uns von ihnen entfernt haben, um zu einem späteren Zeitpunkt wieder hervorzukommen.

(9) Wie diejenigen, die ein Konzert gehört haben, den Rhythmus und die Süße der Melodien in ihren Ohren mit sich forttragen, welche das Denken behindern und nicht zulassen, es auf ernsthafte Dinge zu lenken, so bleiben die Worte der Speichellecker und derer, die das Unrechte preisen, eine längere Zeit haften, als sie gehört werden. Und es ist nicht leicht, den lieblichen Klang aus dem Geiste zu vertreiben: er verfolgt einen, [und] dauert fort und kehrt nach geraumer Zeit zurück. Deshalb muss man seine Ohren vor üblem Gerede verschließen, und zwar [gleich] beim ersten; denn wenn es erst angefangen und man es zugelassen hat, erdreistet es sich [immer] mehr.

(10) Dann kommt es zu solchen Aussagen: „Tugend und Philosophie und Gerechtigkeit sind ein Rauschen nichtiger Worte; Glück besteht einzig darin, sich das Leben angenehm zu machen; essen, trinken, sein Vermögen genießen, das heißt es zu leben, das heißt es, sich darauf zu besinnen,

sterblich zu sein. Die Tage fließen dahin und unwiederbringlich verrinnt das Leben. [Warum] zögern wir? Was nützt es, weise zu sein und unterdessen dem Leben, das nicht immerwährend Freuden empfangen wird, solange es das kann, solange es das verlangt, Genügsamkeit aufzudrängen? Weshalb willst du dem Tod vorauseilen und alles, was er hinweggraffen wird, schon jetzt aus der Welt schaffen? Du wirst keine Mätresse haben, keinen jungen Sklaven, der die Eifersucht der Mätresse erregen könnte; Tag für Tag trittst du [in der Öffentlichkeit] nüchtern auf; deine Mahlzeiten sind derart, als ob du das Wirtschaftsbuch deines Vaters zufrieden stellen wolltest: das bedeutet nicht zu leben, sondern einem anderen Leben beizuwohnen.

(11) Welch eine Torheit, das Vermögen seines Erben zu verwalten und sich selbst alles zu versagen, sodass die große Erbschaft aus einem Freund einen Feind macht; er wird nämlich, da er ja mehr empfängt, eine größere Freude über deinen Tod empfinden. Auf diese mürrischen und finsteren Richter über die Lebensweise anderer, diese Feinde der eigenen, diese Volkserzieher sollte man keinen Pfennig geben und nicht zögern, sich lieber ein gutes Leben als einen guten Ruf zu wünschen."

(12) Solchen Worten muss man entfliehen, wie jenen, an denen Odysseus nur vorbeisegeln wollte, nachdem man ihn [an den Mast] festgebunden hatte. Sie vermögen ein und dasselbe: sie verleiten zum Abfall vom Vaterland, von den Eltern, von den Freunden, von den Tugenden, und [stoßen dich in ein schändliches und elendes Leben, wenn du nicht unbeachtet an ihnen vorbeikommst]. Wie viel besser ist es, dem rechten Weg zu folgen und es bis dahin zu bringen, dass dir schließlich das angenehm ist, was sittlich gut ist!

(13) Wir werden imstande sein, dies zu erreichen, wenn wir verstehen, dass zwei Arten von Dingen existieren, die uns entweder anlocken oder flüchten lassen. Es reizen uns der Reichtum, das sinnliche Vergnügen, ein

schönes Äußeres, Prunk, [und] die übrigen verführerischen Dinge, die Beifall finden: flüchten lassen uns Anstrengung, Tod, Schmerz, Schande, [und] eine karge Kost. Wir müssen uns also üben, damit wir diese nicht fürchten, jene nicht begehren. Gegen diese ganz entgegengesetzten Dinge sollten wir kämpfen und uns von denen, die uns reizen, lossagen, gegen die, die wir begehren, angespornt werden.

(14) Siehst du nicht, wie verschieden die Haltung von Herab- und Hinaufsteigenden ist? Diejenigen, die bergab gehen, beugen ihre Körper zurück, diejenigen, die bergauf [gehen], beugen ihn vor. Denn beim Herabsteigen sein Gewicht nach vorne zu legen, es beim Hinaufsteigen nach hinten zu verlagern, bedeutet, Lucilius, mit einem Fehler gemeinschaftliche Sache zu machen. Zu den sinnlichen Freuden steigt man herab, zu den harten und beschwerlichen muss man emporsteigen: in diesem Fall sollten wir unsere Körper antreiben, in jenem zügeln.

(15) Du glaubst, ich sage nun Folgendes: dass für unsere Ohren nur diejenigen verderblich sind, welche die sinnliche Freude preisen, welche uns Angst vor dem Schmerz – an sich schon eine furchtbare Sache – einflößen? Ich meine, auch jene Dinge schaden, die uns unter dem Schein der stoischen Lehre zu Verfehlungen ermutigen. Dies nämlich führen sie im Munde: dass nur ein Weiser und Gebildeter ein [guter] Liebhaber sei. „Allein er ist zu dieser Kunst fähig; er ist gleichermaßen kundig des Zechens wie des gemeinsamen Speisens. Wir sollten untersuchen, bis zu welchem Alter man junge Männer lieben kann."

(16) Solches mag der griechischen Lebensweise überlassen bleiben, wir wollen lieber dem hier Gehör schenken: „Niemand ist aus Zufall sittlich gut: Tugendhaftigkeit muss erlernt werden. Der sinnliche Genuss ist etwas Schwaches und Geringfügiges und muss als wertlos betrachtet werden; er ist uns mit den Tieren gemeinsam, die Geringsten und Verächtlichsten eilen ihm zu. Ruhm ist etwas Nichtiges und Unbeständiges, leichter zu be-

wegen als ein Lufthauch. Die Armut ist für keinen ein Übel, außer man kämpft gegen sie an. Der Tod ist kein Übel: was er [dann] sei, fragst du? Einzig das gleiche Recht der Menschen. Der Aberglaube ist ein unsinniger Wahn: er fürchtet [die Götter], die man lieben muss, er beleidigt diejenigen, die er anbetet. Welchen Unterschied macht es nämlich, ob man die Götter leugnet oder entehrt?"

(17) Folgendes muss gelernt, ja sogar auswendig gelernt werden: die Philosophie darf keine Rechtfertigung für einen Fehltritt liefern. Keine Hoffnung auf Gesundheit besitzt ein Kranker, den der Arzt zur Maßlosigkeit ermutigt. Lebe wohl.

———

# Buch 20 – Brief 124

Seneca grüßt seinen Lucilius,

(1) *Viele Lehrsätze der Ahnen kann ich dir vortragen,*
*wenn du dich nicht sträubst und es nicht deinen Widerwillen erregt,*
*einfache Schriften zu studieren.*

Aber du sträubst dich nicht und etwas Gründlichkeit schreckt dich nicht
ab: es entspricht nicht deinem Stil, nur dem Bedeutenden nachzujagen, so
wie ich anerkenne, dass du alles zu deinem Vorteil verwandelst und nur
dann Anstoß nimmst, wenn trotz äußerster Gründlichkeit nichts vorwärts-
geht. Ich werde mich bemühen, dass dies auch jetzt nicht geschieht.

Es wird untersucht, ob ein sittliches Gut mit dem Empfindungsvermögen
oder dem Verstand erfasst wird; dem ist anzufügen, dass bei sprachlosen
Tieren und Kindern kein [sittliches Gut] vorhanden ist.

(2) Alle, die das sinnliche Vergnügen als den höchsten Gipfel ansehen,
halten es für ein unsere Sinne betreffendes Gut, wir dagegen, die es dem
Geist zuweisen, für ein geistig wahrnehmbares. Wenn die Sinne über ein
Gut urteilen dürften, würden wir keine Vergnügung verschmähen; denn
jede verlockt, jede macht Freude; und umgekehrt würden wir freiwillig
keinen Schmerz ertragen; jeder [Schmerz] greift nämlich unser Empfinden an.

(3) Außerdem würden diejenigen keine Zurechtweisung verdienen, die
übermäßig Gefallen an der sinnlichen Freude finden und größte Angst vor
Schmerz[en] haben. Doch wir missbilligen [Menschen], die der Gefräßigkeit und der Wollust sklavisch ergeben sind, und verachten jene, die aus
Furcht vor Schmerz[en] nichts tapfer in Angriff nehmen. Was machen sie
nun aber falsch, wenn sie sich von ihren Sinnen, das heißt von Richtern

über Gut und Böse, leiten lassen? Diesen habt ihr nämlich die Entscheidung über Angriff und Flucht anvertraut.

(4) Aber offensichtlich hat die Vernunft in dieser Angelegenheit das Kommando: wie sie über das glückliche Leben, wie sie über die Tugend, über das sittlich Gute entscheidet, so auch über Gut und Böse. Denn bei diesen da wird dem wertlosesten Teil das Urteil über den besseren zugestanden, sodass die Sinneswahrnehmung über das Gute entscheidet, obgleich sie geschwächt und abgestumpft und träger ist beim Menschen als bei anderen Lebewesen.

(5) Was [wäre], wenn einer ganz kleine Dinge nicht mit den Augen, sondern mit dem Tastsinn beurteilen wollte? Keine noch genauere und aufmerksamere Sinnesschärfe als die der Augen könnte uns befähigen, Gut und Böse zu unterscheiden. Du erkennst, in welch großer Unwissenheit über die Wahrheit sich derjenige befindet, bei dem der Tastsinn über das höchste Gut und das größte Übel entscheidet, und wie er [dabei] Erhabenes und Göttliches fahren lässt.

(6) „Wie jede Wissenschaft und jede Kunst", sagt man, „etwas mit der Hand Greifbares und durch die Sinne Wahrnehmbares besitzen muss, aus dem es entstehen und sich entwickeln kann, so leitet das glückliche Leben seine Grundlage und Ursprünge von dem ab, was man mit der Hand greifen kann, und folglich von dem, was unter die Sinneswahrnehmung fällt. Denn ihr behauptet doch, dass aufgrund greifbarer Dinge das glückliche Leben seinen Anfang nimmt."

(7) Wir sagen, dass gesegnet ist, was sich in Übereinstimmung mit der Natur befindet. Was sich aber in Übereinstimmung mit der Natur befindet, zeigt sich offen und sogleich, als ob es ganz frisch ist. Das Naturgemäße, das gleich zu Anfang dem Neugeborenen zuteilwird, nenne ich nicht Gut,

sondern den Anfang eines Guts. Das höchste Gut, das Vergnügen, schenkst du der Kindheit, sodass ein Neugeborenes dort anfängt, wo der vollkommene Mensch [erst] hingelangt; du setzt den Wipfel an die Stelle der Wurzel.

(8) Wenn jemand behaupten würde, dass jener im Mutterleib Verborgene, von unbestimmtem Geschlecht noch, zart und unvollendet und unförmig, schon irgendein Gut besitzt, erschiene es offensichtlich, dass er sich irrt. Aber wie klein ist doch der Unterschied zwischen dem, der eben erst sein Leben wahrnimmt, und jenem, der eine im Mutterleib verborgene Last ist? Beide haben, was das Verständnis von Gut und Böse betrifft, die gleiche Reife, und ein Kleinkind ist noch ebenso wenig zum Guten befähigt wie ein Baum oder ein irgendein sprachloses Tier. Warum aber gibt es kein Gut in einem Baum oder einem sprachlosen Tier? Weil sich [dort] auch keine Vernunft befindet. Deswegen ist es auch bei einem Kleinkind nicht vorhanden; denn auch ihm fehlt sie. Es wird [erst] dann zu einem Gut gelangen, wenn es zur Vernunft gelangt ist.

(9) Es gibt vernunftlose, es gibt noch nicht vernünftige, es gibt vernünftige, aber unvollendete Lebewesen: in keinem von ihnen ist ein Gut vorhanden, die Vernunft bringt es [erst] mit sich. Wie also unterscheiden sich diese hier Angeführten? In dem, das vernunftlos ist, wird sich niemals ein Gut befinden; in dem, das noch nicht vernünftig ist, kann es zu diesem Zeitpunkt kein Gut geben; in dem, das vernünftig, aber unvollendet ist, könnte ein Gut vorhanden sein, ist es aber nicht.

(10) Daher, Lucilius, sage ich: ein Gut findet sich nicht in jedem beliebigen Körper, nicht in jedem beliebigen Alter, und es ist so weit vom Säuglingsalter entfernt wie vom Anfang das Ende, wie vom ersten Beginn die Vollkommenheit; es ist also auch nicht in einem zarten, eben erst gedeihenden Körperchen vorhanden. Könnte es dort nicht doch eines geben? Ebenso wenig wie in einem Samenkorn.

(11) Man könnte es so ausdrücken: wir bemerken etwas Gutes an einem Baum oder einer Pflanze: [doch] es steckt nicht im ersten Grün, das gerade erst hervorgetrieben die Erdkruste durchbricht. Es befindet sich etwas Gutes im Weizen: [aber] es ist noch nicht in dem sich nährenden Halm vorhanden, auch nicht, wenn sich die weiche Ähre aus ihrer Hülle befreit, sondern [erst dann], wenn der Sommer und die erforderliche Blütezeit den Weizen zur Reife gebracht hat. Wie alles in der Natur sein Gutes nur zeigt, nachdem es vollendet ist, so findet sich das menschliche Gut nur in einem Menschen, wenn die Vernunft in ihm vollendet ist.

(12) Was jedoch ist dieses Gut? Ich will es [dir] sagen: ein freier, ein erhabener Geist, der sich andere Dinge unterordnet, sich selbst [aber] keiner Sache. Das Säuglingsalter nimmt dieses Gut so wenig an, dass die Kindheit es nicht erhoffen kann, die Jugend es nicht allzu sehr erwarten darf; das Greisenalter kann sich glücklich schätzen, wenn es nach langem und eifrigem Streben es erlangt. Wenn es ein Gut ist, ist es vom Geist erfassbar.

(13) „Du sagtest", wird erwidert, „dass auch ein Baum, auch eine Pflanze irgendein Gut besitzt; also kann auch ein Kleinkind ein Gut besitzen." Ein wahres Gut ist weder in Bäumen noch in den sprachlosen Tieren [zu finden]: das, was in jenen Gutes ist, nennt man [nur] gnadenhalber ein Gut. „Was ist es [dann]?", fragst du. Das, was der Natur eines jeden Einzelnen gemäß ist. Ein Gut jedoch kann keinesfalls einem sprachlosen Tier zufallen; ein glücklicheres und besseres Geschöpf besitzt es. Nur dort, wo die Vernunft ihren Platz hat, existiert ein Gut.

(14) Es gibt folgende vier natürliche Wesensarten: die eines Baumes, die eines Tieres, die eines Menschen, [und] die eines Gottes: die zwei letzteren, die vernunftbegabt sind, haben dieselbe Natur, [und] unterscheiden sich nur insoweit, dass der eine unsterblich, der andere sterblich ist. Bei diesen nun vollendet die Natur das Gut des einen, nämlich das des Gottes,

ihr neugieriges Bestreben das des anderen, des Menschen. Die anderen [beiden] sind nur hinsichtlich ihrer natürlichen Wesensart vollendet, nicht tatsächlich vollkommen, ihnen fehlt die Vernunft. Denn erst das ist vollkommen, was in Übereinstimmung mit der natürlichen Ordnung insgesamt vollkommen ist; in seiner Gesamtheit aber ist die natürliche Ordnung vernunftbasiert: das Übrige kann [nur] hinsichtlich seiner Wesensart vollkommen sein.

(15) Worin kein glückliches Leben existieren kann, kann es auch nichts geben, durch das ein glückliches Leben hervorgebracht wird; ein glückliches Leben jedoch wird durch Güter hervorgebracht. Im sprachlosen Tier gibt es kein glückliches Leben und auch nichts, wodurch ein glückliches Leben hervorgebracht wird: das sprachlose Tier besitzt kein Gut.

(16) Das sprachlose Tier erfasst durch eine Sinneswahrnehmung die Gegenwart; es erinnert sich an Vergangenes, wenn es auf etwas stößt, durch das es an seine Sinneswahrnehmung erinnert wird, so wie ein Pferd sich des Weges erinnert, wenn es an dessen Anfang geführt wird. Im Stall allerdings hat es keine Erinnerung an den Weg, mag er auch noch so oft betreten worden sein. Die dritte Zeit aber, das heißt die Zukunft, ist ohne Einfluss auf die Sprachlosen.

(17) Wie kann also die natürliche Wesensart derer als vollkommen erscheinen, denen der Gebrauch der vollkommenen Zeit nicht möglich ist? Denn die Zeit besteht aus drei Abschnitten: Vergangenheit, Gegenwart, [und] Zukunft. Tiere verfügen nur über den, der ihnen allzu kurz im Vorbeieilen gewährt ist: die Gegenwart. Selten besitzen sie eine Erinnerung an die Vergangenheit und nur bei der Begegnung mit Gegenwärtigem wird sie je einmal hervorgerufen.

(18) Folglich kann das Gut einer vollkommenen Natur sich nicht in einem unvollkommenen Wesen befinden, oder aber, wenn ein solches Wesen es

besitzt, [müssten] es auch die Pflanzen besitzen. Und ich bestreite nicht, dass die sprachlosen Tiere in Hinsicht darauf, was augenscheinlich ihrer Natur entspricht, starke und heftige Triebe besitzen, aber ungeordnete und ungestüme; niemals aber ist ein Gut ungeordnet oder ungestüm.

(19) „Was nun also", fragst du, „bewegen sich die sprachlosen Tiere ohne Ordnung und Vorbereitung fort?" Ich würde behaupten, dass sie sich ohne Ordnung und Vorbereitung fortbewegten, wenn sich ihre Natur eine richtige Vorstellung von Ordnung machen könnte: so aber bewegen sie sich gemäß ihrer Natur fort. Ungeordnet nämlich ist, was auch einmal geordnet sein kann; beunruhigt ist, das auch sorglos sein kann. Ein Laster hat nur jemand, der imstande ist, Tugend zu besitzen. Bei den sprachlosen Tieren entspricht eine solche Fortbewegung ihrer Natur.

(20) Aber ich will dich nicht allzu lange aufhalten: in einem sprachlosen Tier wird sich irgendetwas Gutes, irgendeine Tugend, irgendetwas Vollkommenes befinden, aber kein uneingeschränktes Gut und weder Tugend noch Vollkommenheit. Denn dies wird nur vernunftbegabten [Wesen] zuteil, denen es gegeben ist, das Warum, das Inwiefern, [und] das Wie nachzuvollziehen. Daher ist ein Gut nur dort vorhanden, wo die Vernunft sich findet.

(21) Du fragst, worauf diese Erörterung nun abzielt und wie sie deinem Geist zu Nutzen sein könnte? Ich sage: sie übt und schärft ihn und hält den, der auf etwas hinarbeitet, in tugendhafter Beschäftigung. Nützlich ist aber auch das, wodurch einer aufgehalten wird, der zum Verderblichen eilt. Aber ich sage auch dieses hier: auf keine Weise kann ich nützlicher sein, als wenn ich dir dein eigenes Gut entgegenhalte, als wenn ich dich von sprachlosen Tieren absondere, als wenn ich dich einem Gott gleichstelle.

(22) Warum, frage ich dich, förderst und trainierst du deine Körperkräfte? Dem Vieh und den Wildtieren hat die Natur größere [Stärke] geschenkt. Warum schmückst du dein Äußeres aus? Nachdem du alles für es getan hast, wirst du von sprachlosen Tieren an Schönheit übertroffen. Warum machst du mit überaus großer Sorgfalt dein Haar zurecht? Auch wenn du es nach Gewohnheit der Parther herabwallen lässt oder es nach Art der Germanen zusammenbindest oder es, wie es gewöhnlich die Skythen tun, ausgebreitet trägst: jedes Pferd schüttelt eine dichtere Mähne, bei jedem Löwen wird eine ansehnlichere im Nacken sich sträuben. Obgleich du dich in Schnelligkeit geübt hast, wirst du einem Häschen nicht ebenbürtig sein.

(23) Willst du nicht lieber dasjenige hinter dich lassen, bei dem du dadurch, dass du dich um dir Wesensfremdes kümmerst, übertroffen werden musst, [nicht lieber] zu dem dir eigenen Gut zurückkehren? Welches das ist? Selbstverständlich ein von seinen Fehlern befreiter und unbefleckter Geist, ein Nacheiferer Gottes, der über das Menschliche hinaus sich erhebt, der auf nichts außer dem Seinen baut. Du bist ein vernunftbegabtes Wesen. Welches Gut ist also in dir vorhanden? Eine vollendete Vernunft. Rufe du sie zu deinem Zwecke hervor, damit sie sich möglichst weit entwickeln kann.

(24) Halte dich dann [erst] für glücklich, wenn aus dir selbst heraus alle Freude erwächst, wenn du bei der Ansicht dessen, was die Menschen an sich reißen, was sie wünschen, was sie behüten auf nichts stößt, das du, ich sage nicht, lieber wolltest, sondern das du [überhaupt] wolltest. Ich will dir eine kurze Formel geben, dank der du dich bemessen, dank der du urteilen kannst, ob du vollkommen bist: du wirst dann im Besitz des Deinen sein, wenn du begreifst, dass die [scheinbar] Glücklichen am unglücklichsten sind. Lebe wohl.

———